風工学ハンドブック

―構造・防災・環境・エネルギー―

日本風工学会 編集

朝倉書店

まえがき

「地震と風，どっちが怖いですか」と問うと，日本人の大半が地震と答える．地震は予知できないからである．しかし，昔は台風も突然やって来た．台風の直径は 1,000 km にも及び，地震と違って被害範囲は列島規模である．かつ毎年やって来る．社会へのインパクトは凄まじかった．昭和以降に 1000 人以上の死者を出した台風被害は，室戸台風（1934）3,036 人，周防灘台風（1942）1,158 人，枕崎台風（1945）3,756 人，カスリン台風（1947）1,930 人，洞爺丸台風（1954）1,761 人，狩野川台風（1958）1,269 人，伊勢湾台風（1959）5,098 人である．数年おきに発生している．1960 年以前の台風による年平均死者数は実に 700 人にも及び，天災中で最も恐れられたのは，地震ではなく暴風雨であった．終戦のほぼ 1 ヶ月後，1945 年 9 月 17 日に，巨大台風が薩摩半島の枕崎付近に上陸した．"枕崎台風"である．戦争による荒廃で通信回線が途絶した状態での，稀有の強さの台風であった．台風の進路にあたる諸地域でも，被害の実況を何も把握できないまま，いたずらに被害が拡大していった．とくに，原爆直後の広島では，死者行方不明者が 3,066 名を数えた．情報伝達の重要性を強く訴える台風となった．

1960 年以降，人的被害は激減した．住宅等の質の向上もあるが，予報業務，情報伝達手段の進歩によるところが大きい．しかし，建物や農作物の被害は決して減少していない．1991 年の台風 19 号での損害保険支払額は 5,675 億円に達し，一つの自然災害で支払われた損害保険金額の史上最高を記録した．2004 年は，台風が例年の 3 倍にもあたる 10 個上陸し，損害保険の総支払額は 7,000 億円を超えた．2005 年には，ハリケーン・カトリーナが米国マイアミを襲い，国家そのものの存在を揺るがすほどの災害をもたらした．世界的には自然災害による経済的損失の 85％以上が風による．インドなどでは，サイクロンで 10 万人，20 万人に及ぶ死者がいまだに出ている．強風災害の人類や社会へのインパクトはきわめて大きい．竜巻やダウンバーストなどの突風は，現状では予報も難しく，建築物や交通機関に時として激甚な被害をもたらす．強風災害を低減させることは，ガラス壁面の超高層建築物が林立する大都市や，木造家屋が密集する住宅地を持つ日本では，特に重大な意味を持ち，都市や国家の安全保障の観点からも急務である．

風の問題は，強風災害だけに限らない．通風，換気，空気汚染などは，風に関連する環境的問題であり，比較的弱い風が対象となる．東南アジア，インド，中国などの急激な経済発展に伴うエネルギー消費の増大は，地球環境の悪化の原因にもなっており，エネルギー消費量削減のための自然通風エネルギーの利用や，環境負荷の少ないサステナブル社会の実現は，CO_2 問題と関連して社会的急務といえる．風を積極的に発電用エネルギーとして利用する風力発電も，永遠に枯渇しないクリーンなエネルギー源として，積極的に研究，開発されるべき課題である．

シックハウスなど人体まわりの空気環境，建物近傍での汚染物排出，地域熱供給プラントから市街地に排出される汚染ガスなど，建築物内や都市域での空気汚染問題も深刻であり，人類の健康に重大な影響を及ぼしている．今後，自然や生活環境の保護がさらに重要視されること

は明らかであり，生活空間における空気環境は問題の解決は，世界各国共通の重要課題といえる．

　気象，建築，土木，機械，電気などの工学分野で，上記のような強風および弱風に関連する諸問題を扱う学問を「風（かぜ）工学」と呼んでいる．本書は，風工学に関連する技術者や研究者の集まりである「日本風工学会」の社会貢献，教育・普及活動の一環として取りまとめられた．

　学生諸君はもとより，実務設計者，技術者，研究者などの専門家，あるいは地方自治体における防災，環境担当者など，幅広い読者層を想定して執筆された．風工学の基礎知識，基礎的情報はほぼ網羅されており，設計や実務，あるいは防災に役立つ最新の応用的知識まで，幅広く解説されている．建築物や構造物の風災害の低減，空気汚染や風環境の改善，あるいは消費エネルギー削減などにおいて，本書が少しでも貢献できれば幸いである．

　最後に，企画段階から辛抱強く作業を見守って頂いた，朝倉書店編集部の方々に，心より感謝の意を表する次第である．

2007年2月

編集委員を代表して

松本　勝

田村幸雄

■編集委員

委員長	松本　勝	京都大学
副委員長	田村幸雄	東京工芸大学
委員（五十音順）	牛山　泉	足利工業大学
	大熊武司	神奈川大学
	加藤信介	東京大学
	河井宏允	京都大学
	野村卓史	日本大学
	林　泰一	京都大学
	日比一喜	清水建設（株）
	藤野陽三	東京大学
	村上周三	慶應義塾大学
	山田　均	横浜国立大学
幹事	白土博通	京都大学

■執筆者（五十音順）

青木繁夫	（独）文化財研究所
浅見　豊	大成建設（株）
麻生　茂	九州大学
荒川忠一	東京大学
有賀清一	東京大学
石川智巳	（財）電力中央研究所
石川裕彦	京都大学
石原　孟	東京大学
井上浩男	三井造船（株）
岩谷祥美	日本大学
上田哲彦	名古屋大学
上田　宏	千葉工業大学
上原　清	（独）国立環境研究所
植松　康	東北大学
牛山　泉	足利工業大学
内田孝紀	九州大学
老川　進	清水建設（株）
大岡龍三	東京大学生産技術研究所
大熊武司	神奈川大学
大塚清敏	（株）大林組
大幢勝利	（独）産業安全研究所
大場正昭	東京工芸大学
大橋えり	福井大学
大屋祐二	九州大学応用力学研究所
岡島　厚	金沢学院短期大学
岡田　恒	（独）建築研究所
奥田泰雄	（独）建築研究所
小園茂平	宮崎大学
片岡浩人	（株）大林組
片桐純治	（株）泉創建エンジニアリング
勝地　弘	横浜国立大学
加藤真志	JFE技研（株）
加藤信介	東京大学
加藤千幸	東京大学
亀本喬司	横浜国立大学
河井宏允	京都大学
川口正明	損害保険料率算出機構
川端三朗	日本板硝子ディー・アンド・ジー・システム（株）
木村吉郎	九州工業大学
久保喜延	九州工業大学
小林信行	東京工芸大学
小林文明	防衛大学校
小綿寿志	（独）農業工学研究所
近藤宏二	鹿島建設（株）
近藤裕昭	（独）産業技術総合研究所
斎藤　通	三菱重工業（株）
坂口　淳	県立新潟女子短期大学
佐瀬勘紀	（独）農業工学研究所
佐藤弘史	土木研究所
澤田秀夫	（独）航空宇宙技術研究所
柴　慶治	清水建設（株）
嶋田健司	清水建設（株）
島村　誠	JR東日本研究開発センター
清水幹夫	（財）電力中央研究所
志村正幸	前田建設工業（株）
白土博通	京都大学
須田健一	（株）都市未来建築コンサルタントネットワーク
高橋岳生	東京大学
武内隆文	住友重機械工業株式会社
谷池義人	大阪市立大学
谷口徹郎	大阪市立大学
田村哲郎	東京工業大学
田村幸雄	東京工芸大学
富永禎秀	新潟工科大学
内藤玄一	防衛大学校
中尾　徹	イー・アンド・イー・ソリューションズ（株）
長尾文明	徳島大学
中村　修	（株）風工学研究所
成田健一	日本工業大学
新野　宏	東京大学
西川雅高	国立環境研究所
西村宏昭	（財）日本建築総合試験所

執筆者

野々村 善民	(株)フジタ
野村 卓史	日本大学
林 泰一	京都大学
林 吉彦	(独)建築研究所
日比 一喜	清水建設(株)
平田 勝哉	同志社大学
藤井 健	京都産業大学
藤野 陽三	東京大学
藤本 信弘	長菱エンジニアリング(株)
本田 明弘	三菱重工業株式会社
増山 豊	金沢工業大学
松井 正宏	東京工芸大学
松坂 知行	八戸工業大学
松田 一俊	石川島播磨重工業(株)
松本 勝	京都大学
丸川 比佐夫	(株)泉創建エンジニアリング
丸山 敬	京都大学
溝田 武人	福岡工業大学
三橋 博巳	日本大学
村上 周三	慶應義塾大学
村田 清満	(財)鉄道総合技術研究所
持田 灯	東北大学
森 育子	国立環境研究所
森井 順之	(独)文化財研究所
森川 泰成	大成建設(株)
森 征洋	香川大学
八木 知己	京都大学
安井 八紀	(株)泉創建エンジニアリング
山口 敦	東京大学
山田 均	横浜国立大学
山田 道夫	京都大学
雪野 昭寛	関西電力(株)
吉崎 正憲	(独)海洋研究開発機構
吉田 昭仁	東京工芸大学
吉田 伸治	福井大学
余田 成男	京都大学

目　次

1章　自然風の構造

- 1.1 大気の構造 ··· 1
  - 1.1.1 大気の大循環と変動 ············[余田成男]···1
  - 1.1.2 大気境界層の構造 ··············[林　泰一]···3
- 1.2 自然風の成因 ··· 5
  - 1.2.1 台風 ····························[藤井　健]···5
  - 1.2.2 局地風 ··························[森　征洋]···7
  - 1.2.3 海陸風 ························[近藤裕昭]···11
  - 1.2.4 竜巻 ··························[新野　宏]···12
  - 1.2.5 雷雨 ························[吉崎正憲]···16
  - 1.2.6 台風などの強風の原因のシミュレーション ····················[石川裕彦]···18
- 1.3 強風の乱流構造 ·· 22
  - 1.3.1 時空間相関と乱流スケール ····················[内藤玄一]···22
  - 1.3.2 時空間スペクトル ············[岩谷祥美]···24
  - 1.3.3 大気境界層の非定常現象 ······················ 26
    - (1) 強風中の非定常現象 ······[林　泰一]···26
    - (2) 強風の非定常現象解析法 [山田道夫]···27
- 1.4 強風の統計 ··· 29
  - 1.4.1 強風の再現期間 ··············[藤野陽三]···29
  - 1.4.2 台風に伴う気圧と強風の記録 ····················[林　泰一]···30

2章　構造物周りの流れ

- 2.1 構造物周りの流れ場の特徴 ···································· 33
  - 2.1.1 流れの可視化 ················[久保喜延]···33
  - 2.1.2 2次元物体周りの流れ ······[河井宏允]···35
  - 2.1.3 3次元物体周りの流れ ···························· 35
- 2.2 はく離と粘性 ·· 37
  - 2.2.1 境界層とレイノルズ数 ·····[河井宏允]···37
  - 2.2.2 はく離流れの特性 ············[松本　勝]···38
- 2.3 流れ場の基礎方程式と理論解析 ······························· 39
  - 2.3.1 完全流体の力学 ··············[内田孝紀]···39
  - 2.3.2 渦なし流れと複素関数解析 ····················[河井宏允]···42
  - 2.3.3 粘性流体の力学－ナビエ-ストークスの方程式 ························ 45
- 2.4 カルマン渦列とエッジトーン ································ 46
  - 2.4.1 カルマン渦列 ················[溝田武人]···46
  - 2.4.2 エッジトーン ················[平田勝哉]···48
- 2.5 各種構造物周りの流れ ·· 50
  - 2.5.1 基本断面周りの流れ ······························· 50
    - (1) 2次元円柱周りの流れ ····[岡島　厚]···50
    - (2) 2次元角柱周りの流れ ·························· 51
    - (3) その他の2次元物体周りの流れ ····················[西村宏昭]···53
    - (4) 2次元傾斜円柱周りの流れ ····················[八木知己]···55
  - 2.5.2 複数物体周りの流れ－直列および並列に並んだ2次元物体周りの流れ ····················[武内隆文]···57
  - 2.5.3 3次元物体周りの流れ ··························· 59
    - (1) 3次元円柱周りの流れ ····[植松　康]···59
    - (2) 3次元角柱周りの流れ ····[奥田泰雄]···61
    - (3) 球の周りの流れ ··············[溝田武人]···63
  - 2.5.4 実構造物周りの流れ ······························ 64
    - (1) 橋梁断面周りの流れ ······[木村吉郎]···64
    - (2) 高層建築物周りの流れ ····[奥田泰雄]···66
    - (3) 住宅周りの流れ ··············[上田　宏]···68
    - (4) 都市内の建築群周りの流れ ····················[田村哲郎]···70

3章　構造物に作用する風圧力

- 3.1 風力の発生 ··· 73
  - 3.1.1 抗力の発生 ··················[田村幸雄]···73
  - 3.1.2 揚力の発生 ··················[白土博通]···74
- 3.1.3 カルマン渦とストローハル数 ················ 77
- 3.2 静的な風圧力 ·· 78
  - 3.2.1 速度圧と風圧係数 ············[田村幸雄]···78

3.2.2 外圧係数と内圧係数………[松井正宏]…79
3.2.3 風力係数………………………[植松 康]…79
3.2.4 角柱の平均抗力および平均揚力
　　　………………………………[嶋田健司]…80
3.2.5 角柱の平均風圧分布………[日比一喜]…82
3.2.6 円柱の平均抗力係数………[岡島 厚]…83
3.2.7 円柱の平均風圧分布……………………85
3.3 動的な風圧力………………………………86
3.3.1 風圧の時間変動……………[田村幸雄]…86
3.3.2 非定常な流れ場の圧力……[白土博通]…90
3.3.3 準定常仮定…………………[河井宏允]…91
3.3.4 外圧変動の空間的スケール
　　　………………………………[田村幸雄]…93
3.3.5 内圧の時間変動……………[松井正宏]…96
3.3.6 通常の3次元的構造物の変動風力
　　　………………………………[須田健一]…97
3.3.7 線状構造物の変動風力……[谷池義人]…100
3.3.8 ラチス構造物………………[石川智巳]…102
3.3.9 振動に伴う付加的な変動風力
　　　………………………………[八木知己]…103
3.3.10 角柱の変動風圧力…………[日比一喜]…106
3.3.11 円柱の変動風圧力…………[岡島 厚]…107

4章 風による構造物の挙動

4.1 構造物の風による振動事例………………109
4.1.1 建築構造物…………………[田村幸雄]…109
4.1.2 橋梁構造物…………………[佐藤弘史]…112
4.1.3 その他の構造物……………[雪野昭寛]…115
4.2 空力振動の種類と発生機構………………116
4.2.1 渦励振………………………[松本 勝]…116
4.2.2 ギャロッピング……………………………121
 (1) 準定常理論，デン・ハルトークの条件
　　　………………………………[勝地 弘]…121
 (2) 低風速ギャロッピングと高風速ギャ
　　ロッピング……………………[平田勝哉]…122
 (3) ウェイクギャロッピング
　　　………………………………[溝田武人]…124
 (4) 流れ場：内部循環流，その他……124
4.2.3 フラッター…………………………………126
 (1) ねじれフラッター……………[松本 勝]…126
 (2) 曲げねじれ連成フラッター………………127
 (3) 横たわみ・曲げ・ねじれ連成フラッ
　　ター……………………………………129
 (4) 多自由度フラッター……[勝地 弘]…130
 (5) フラッター解析………………[松本 勝]…131
 (6) 全橋のフラッター解析…[山田 均]…132
 (7) 非定常空気力係数の役割
　　　………………………………[松本 勝]…133
 (8) フラッターの安定化…………………………133
 (9) ウェイクインデューストフラッター
　　　………………………[松本 勝・勝地 弘]…135
4.2.4 バフェッティング…………………………136
 (1) 空力アドミッタンス……[木村吉郎]…136
 (2) 空気力，圧力の構造軸方向相関……138
 (3) ガスト応答の周波数軸での(統計的)評
　　価と時刻歴応答評価……[白土博通]…139
 (4) 最大応答期待値……………………………140
4.2.5 レインバイブレーション
　　　………………………………[八木知己]…141
4.2.6 その他の振動………………[八木知己]…142
4.3 空力干渉問題……[松本 勝・八木知己]…142
4.3.1 単一モードにおける空力干渉現象
　　　…………………………………………143
4.3.2 異種モード間における空力干渉現象…143
4.4 振動に及ぼす因子………………[山田 均]…145
4.4.1 構造物の幾何学的形状……………………145
4.4.2 レイノルズ数………………………………145
4.4.3 風の特性……………………………………146
4.4.4 構造物の動特性……………………………147
4.5 振動制御，耐風安定………………………147
4.5.1 振動制御………………………[藤野陽三]…147
4.5.2 機構的減衰要素……………[田村幸雄]…149
4.5.3 剛性の付加…………………[白土博通]…150
4.5.4 空力的制御……………………[斎藤 通]…151
4.6 耐風設計における空力振動現象への対応…155
4.6.1 建築物………………………[大熊武司]…155
4.6.2 橋梁…………………………[佐藤弘史]…156
4.6.3 送電線………………………[石川智巳]…158

5章 構造物の耐風設計

5.1 耐風設計の手順……………………………161
5.1.1 建築物の耐風設計
　　　………………………[大熊武司・近藤宏二]…161
5.1.2 橋梁の耐風設計……………[佐藤弘史]…164
5.1.3 送電鉄塔の耐風設計………[石川智巳]…166
5.1.4 塔状構造物の耐風設計
　　　………………………………[丸川比佐夫]…169
5.1.5 鉄道構造物の耐風設計……[村田清満]…171
5.1.6 構造物の分類………………[大熊武司]…172
5.2 設計風速の算定………………………………173

- 5.2.1 設計風速……………［日比一喜］…173
- 5.2.2 風速の鉛直分布……………………176
- 5.2.3 風向係数……………［松井正宏］…177
- 5.2.4 地形の影響…［近藤宏二・本田明弘］…179
- 5.3 風荷重の評価……………………………180
  - 5.3.1 等価静的風荷重………［田村幸雄］…180
  - 5.3.2 風荷重の組合せ………［浅見 豊］…183
  - 5.3.3 最大風荷重分布………［田村幸雄］…184
  - 5.3.4 外装材用の風荷重……［川端三朗］…186
- 5.4 各種耐風性能と対策……………………187
  - 5.4.1 安全性能評価……………………187
    - (1) 安全性の確保………［大熊武司］…187
    - (2) 建築物……………………………188
  - (3) 土木構造物……………［井上浩男］…189
  - 5.4.2 使用性能評価……………………190
    - (1) 風振動による居住性………［中村修］…190
    - (2) 風騒音……………………………192
    - (3) 橋・道路の風に関する使用性
      ……………………………［野村卓史］…193
  - 5.4.3 疲労………［安井八紀・勝地 弘］…195
  - 5.4.4 遮風対策，飛散物対策…［植松 康］…198
- 5.5 風応答の抑制……………………………200
  - 5.5.1 建築物………………［柴 慶治］…200
  - 5.5.2 橋梁…………………［斎藤 通］…203
  - 5.5.3 送電線………………［石川智巳］…206

6章 強風災害

- 6.1 強風災害概論………………［野村卓史］…209
  - 6.1.1 強風災害の種類と位置付け……………209
  - 6.1.2 強風災害をもたらす気象現象と被害の動向………………………………209
  - 6.1.3 保険金支払額の傾向……………………211
  - 6.1.4 激しい気象変動…………………………211
- 6.2 強風災害をもたらす風の種類
  ……………………………［小林文明］…212
- 6.3 建築物の強風被害………………………215
  - 6.3.1 概 要……………［植松 康］…215
  - 6.3.2 住家の強風被害………［岡田 恆］…218
  - 6.3.3 非住家の強風被害……［西村宏昭］…221
- 6.4 橋・土木構造物の強風被害……………225
  - 6.4.1 テイ橋の落橋…………［長尾文明］…225
  - 6.4.2 風による橋梁の振動……………………225
  - 6.4.3 主塔の振動………………………………226
  - 6.4.4 引張り材の振動…………………………227
  - 6.4.5 ケーブルの振動…………………………227
  - 6.4.6 橋梁付帯設備の振動……………………228
  - 6.4.7 その他の土木構造物の風による被害……228
  - 6.4.8 タコマ橋落橋…………［松本 勝］…229
- 6.5 建設工事の強風被害………［大幢勝利］…231
  - 6.5.1 足場の倒壊………………………………231
  - 6.5.2 労働災害…………………………………232
- 6.6 文化財の強風被害
  ……………………［森井順之・青木繁夫］…233
  - 6.6.1 文化財建造物の台風被害………………233
  - 6.6.2 五重塔の台風被害………………………233
  - 6.6.3 被害対策と問題点………………………234
- 6.7 電力関係施設の強風被害………………234
  - 6.7.1 鉄塔など………………［石川智巳］…234
  - 6.7.2 送電線のギャロッピング振動と被害
    ……………………………［清水幹夫］…236
- 6.8 鉄道の強風被害……………［島村 誠］…238
  - 6.8.1 強風被害の概要…………………………238
  - 6.8.2 横風を受けて走行する車両にはたらく外力………………………………239
  - 6.8.3 転覆限界風速の評価……………………239
  - 6.8.4 運転規制の実施条件……………………240
- 6.9 道路の強風被害……………［木村吉郎］…240
  - 6.9.1 走行車両の被害…………………………240
  - 6.9.2 道路の強風被害の対策…………………241
  - 6.9.3 吹雪による視程障害……………………241
- 6.10 航空の強風による被害………［上田哲彦］…242
  - 6.10.1 大気乱流による被害……………………242
  - 6.10.2 ウインドシアーによる被害……………243
  - 6.10.3 後流渦による被害………………………243
  - 6.10.4 事故防止対策……………………………244
- 6.11 農業関係の強風被害………［佐瀬勘紀］…244
  - 6.11.1 農業施設の構造的特徴…………………244
  - 6.11.2 被害事例…………………………………244
  - 6.11.3 被害の低減対策…………………………245
- 6.12 強風災害に関する損害保険
  ……………………………［川口正明］…246
  - 6.12.1 風災害に関する保険制度………………246
  - 6.12.2 保険金支払……………………………246
  - 6.12.3 損害保険の新しい取組み………………246
- 6.13 自治体の防災……………［奥田泰雄］…247
  - 6.13.1 災害対策基本法…………………………247
  - 6.13.2 中央防災会議……………………………248
  - 6.13.3 地方自治体ほか…………………………248
- 6.14 強風災害の調査と分析………［丸山敬］…249
  - 6.14.1 災害調査の意義…………………………249
  - 6.14.2 調査分析プロセスの具体事例…………249
  - 6.14.3 情報源と協力機関………………………251

7章　風環境

- 7.1　都市・建築近傍の風環境……………253
  - 7.1.1　都市の強風による風環境障害（ビル風）
    ………………………………[加藤信介]…253
  - 7.1.2　都市における強風対策…[中村　修]…255
  - 7.1.3　都市の適風環境…………[持田　灯]…256
  - 7.1.4　都市の風の道……………[成田健一]…258
- 7.2　都市，建築近傍の汚染質拡散…………260
  - 7.2.1　建物近傍汚染……………[小林信行]…260
  - 7.2.2　沿道大気汚染……………[上原　清]…262
  - 7.2.3　ヒートアイランド………[大岡龍三]…264
  - 7.2.4　有風下における火災性状
    ………………………………[林　吉彦]…266
- 7.3　通風・換気………………………………270
  - 7.3.1　住宅の通風・換気………[坂口　淳]…270
  - 7.3.2　ハイブリッド換気………[加藤信介]…272
- 7.4　広域拡散と防風雪………………………272
  - 7.4.1　広域汚染……………………[近藤裕昭]…272
  - 7.4.2　酸性雨と黄砂飛来
    ……………………[森　育子・西川雅高]…274
  - 7.4.3　スギ花粉飛散
    ……………………[大岡龍三・大橋えり]…277
  - 7.4.4　防風林……………………[佐瀬勘紀]…279
  - 7.4.5　防風フェンス……………[高橋岳生]…280
  - 7.4.6　防風雪と雪の吹きだまり
    ………………………………[三橋博巳]…282
  - 7.4.7　防砂飛………[持田　灯・富永禎秀]…284

8章　風力エネルギー

- 8.1　風力エネルギー資源……………………287
  - 8.1.1　日本と世界の風力エネルギー利用
    ………………………………[牛山　泉]…287
  - 8.1.2　日本の風力エネルギーマップ（地形因子解析）
    ………………………………[中尾　徹]…288
  - 8.1.3　風況予測モデル
    ………………………[持田　灯・大塚清敏]…290
- 8.2　風力エネルギー変換……………………293
  - 8.2.1　風力タービン（水平軸）..[荒川忠一]…293
  - 8.2.2　風力タービン（垂直軸）..[志村正幸]…294
  - 8.2.3　風力発電と系統連系……[松坂知行]…296
  - 8.2.4　オフショア風力発電……[本田明弘]…297
  - 8.2.5　小型風力発電機…………[野々村善民]…300
  - 8.2.6　家庭用小型発電…………[野村卓史]…302
- 8.3　生活の中の風力発電……………………304
  - 8.3.1　風の農業利用………………[小綿寿志]…304
  - 8.3.2　帆船，ヨット………………[増山　豊]…305
  - 8.3.3　凧，グライダー，フリスビー
    ………………………………[麻生　茂]…310

9章　実測

- 9.1　測定項目と各種測器……………………315
  - 9.1.1　実測の意義………………[日比一喜]…315
  - 9.1.2　風速測定…………………[須田健一]…316
  - 9.1.3　実測の意義，測器の応答，較正
    ………………………………[林　泰一]…318
  - 9.1.4　風圧実測の方法…………[上田　宏]…319
  - 9.1.5　振動測定…………………[吉田昭仁]…321
  - 9.1.6　ガス濃度の分析…………[老川　進]…323
  - 9.1.7　積雪深の計測……………………324
- 9.2　実物での実測……………………………325
  - 9.2.1　風観測……………………[中村　修]…325
  - 9.2.2　風圧の実測………………[日比一喜]…326
  - 9.2.3　建築物の応答測定………[嶋田健司]…328
  - 9.2.4　橋梁の応答測定…………[勝地　弘]…329

10章　風洞実験

- 10.1　風をつくり出す装置，測る装置
  　－既存の技術と最新技術－……………333
  - 10.1.1　風洞の形での区別………[山田　均]…333
  - 10.1.2　流れの違い………………[本田明弘]…334
  - 10.1.3　目的別の風洞……………………335
    - (1)　可視化風洞………………[大屋裕二]…335
    - (2)　特殊風洞……………………………336
    - (3)　気流制御，マルチファン，可変翼アクティブ制御………………[小園茂平]…337
  - 10.1.4　測定装置……………………………339
    - (1)　磁力支持天秤装置…………[澤田秀夫]…339
    - (2)　分力天秤……………………[近藤宏二]…340
    - (3)　流れの測定技術……………[大場正昭]…341
- 10.2　目的別の実験法…………………………344
  - 10.2.1　気流実験……………………[川端三朗]…344
  - 10.2.2　風圧（圧力）実験，風力（空気力）

    実験‥‥‥‥‥‥［西村宏昭］…345
  10.2.3 応答実験‥‥‥‥‥‥‥‥‥‥‥ 347
    (1) 建築系‥‥‥‥‥‥［片桐純治］…347
    (2) 土木系‥‥‥‥‥‥［加藤真志］…348
  10.2.4 通風と換気‥‥‥‥‥［加藤信介］…349
  10.2.5 汚染，拡散実験‥‥‥‥［大屋裕二］…350
10.3 風洞実験の基本‥‥‥‥‥‥‥‥‥‥ 352
  10.3.1 相似則‥‥‥‥‥‥‥［松田一俊］…352
  10.3.2 自然風の模擬‥‥‥‥［藤本信弘］…353
10.4 逆引き風洞実験‥‥‥‥‥‥‥‥‥‥ 356
  10.4.1 風車はどこに建てたら効率的か
    ‥‥‥‥‥‥［石原　孟・山口　敦］…356
  10.4.2 周囲の地形模型の範囲はどうしたら
    いい‥‥‥‥‥‥‥［松井正宏］…357
  10.4.3 砂が飛んできて困る‥‥‥［富永禎秀］…358
  10.4.4 近くに建設予定の高層建物のビル風の
    影響が心配‥‥‥‥‥［中村　修］…359
  10.4.5 跳ね上げ式の扉の風力は？
    ‥‥‥‥‥‥‥［丸川比佐夫］…361
  10.4.6 風ゆれが心配‥‥‥‥‥［中村　修］…363
  10.4.7 橋の振動を映画で見たけど
    ‥‥‥‥‥‥‥‥［木村吉郎］…364
  10.4.8 雪が降ると，雨が降ると振動が起こ
    る？‥‥‥‥‥‥‥［八木知己］…366

11章　数値解析

11.1 離散化方程式と解法‥‥‥‥‥‥‥‥ 369
  11.1.1 離散化手法‥‥‥‥‥‥［田村哲郎］…369
  11.1.2 非圧縮性，圧縮性流体解析（浮力流れ
    を含む）‥‥‥‥‥‥［加藤千幸］…371
  11.1.3 渦法解析‥‥‥‥‥‥‥［亀本喬司］…372
  11.1.4 非線形連立方程式の数値計算アルゴリ
    ズム‥‥‥‥‥‥［荒川忠一・有賀清一］…374
  11.1.5 並列計算‥‥‥‥‥‥‥‥‥‥‥‥ 376
  11.1.6 解析格子生成‥‥‥‥‥［森川泰成］…378
  11.1.7 誤差評価‥‥‥‥‥‥‥［加藤信介］…379
11.2 乱流モデル－ブラフボディ周りを中心とし
  て－‥‥‥‥‥‥‥‥‥‥‥‥‥‥‥‥ 381
  11.2.1 乱流モデルの概要‥‥‥‥［村上周三］…381
  11.2.2 DNS（直接シミュレーション）‥‥‥ 381
  11.2.3 RANSモデル‥‥‥‥‥‥‥‥‥‥ 382
  11.2.4 LES‥‥‥‥‥‥‥‥‥‥‥‥‥‥ 384
  11.2.5 樹木のキャノピーモデル
    ‥‥‥‥‥‥‥‥‥［持田　灯］…386
11.3 流体シミュレーションの応用‥‥‥‥ 388
  11.3.1 台風シミュレーション
    ‥‥‥‥‥‥‥‥‥［石原　孟］…388
  11.3.2 メソスケール気象シミュレーション
    ‥‥‥‥‥‥‥［持田　灯・吉田伸治］…390
  11.3.3 LES, $k\text{-}\varepsilon$ における流入風の生成
    ‥‥‥‥‥‥‥‥‥［片岡浩人］…392
  11.3.4 流体音解析‥‥‥‥‥‥［加藤千幸］…394
  11.3.5 多相流れの解析‥‥‥‥‥‥‥‥‥ 396
  11.3.6 構造物の連成解析‥‥‥‥［嶋田健司］…397
  11.3.7 熱輸送・物質輸送・燃焼・化学変化の
    連成解析‥‥‥‥‥‥［加藤信介］…402
  11.3.8 ビジュアリゼーション（解析結果の
    可視化）‥‥‥‥‥‥［森川泰成］…405

コラム　TVL法‥‥‥‥‥‥‥［嶋田健司］…407　　ウェーブレット解析‥‥‥‥‥［谷口徹郎］…408
付　録　強風災害と耐風設計の変遷の一覧‥‥‥‥‥‥‥‥‥‥‥‥‥‥‥‥‥‥‥‥‥‥‥‥‥‥‥‥ 410
索　引‥‥ 413

1 自然風の構造

1.1 大気の構造

1.1.1 大気の大循環と変動
(1) 大気大循環

地球大気は，基本的に太陽からの放射エネルギーによって熱的に駆動され，地表面での摩擦に制御された熱機関と考えることができる．地球は球状なので，地球が吸収する太陽放射量は緯度によって異なっており，年平均をとると，赤道域で最大であり両極域で最小である．一方，地球から出ていく赤外線放射エネルギーの緯度による違いは，吸収量の緯度による違いほどには大きくない．各緯度で吸収する太陽放射量と射出する赤外線放射量を差し引きすると，低緯度域では正味の加熱，高緯度域では正味の冷却となっている．このような高温域での加熱と低温域での冷却によって対流圏内でのグローバルな循環が引き起こされ，それによって低緯度域から高緯度域へと熱エネルギーが輸送されている．このようなエネルギー収支の結果として，大気の平均的な温度構造が決まっている．経度方向に360°平均（帯状平均という）した温度の緯度高度分布の気候図（たとえば [1]）をみると，対流圏ではどの季節でも低緯度域の地表付近が最高温度であり，上空ほど，また，高緯度ほど低温になっている．

図1.1.1は，1月および7月における帯状平均した東西風の緯度高度分布の気候図であるが，このような風速分布は気温分布・気圧分布と互いに密接に関連している．温度（密度）と気圧が静力学平衡にあり，気圧と水平風が地衡風平衡にあるとすると温度風関係が成り立ち，水平風速の鉛直勾配が温度の水平勾配に比例する．対流圏で温度の南北勾配が大きい冬半球の緯度30°付近では，高度とともに西風（東向きの風）が強くなり，圏界面付近には30 m/sを超える亜熱帯ジェット気流が存在する．一方，夏半球では45°付近にやや弱い亜熱帯ジェット気流が存在する．対流圏の東西風分布は，温度分布と同様に，季節による違いがそれほど大きくないが，成層圏以高の風系は

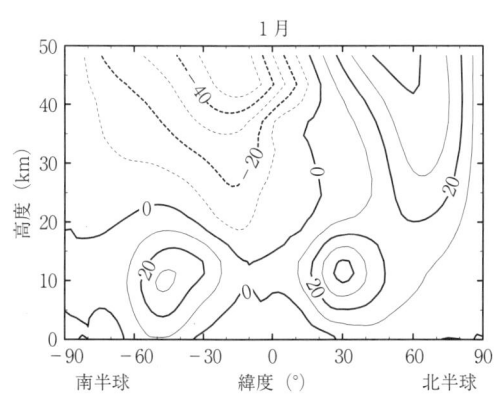 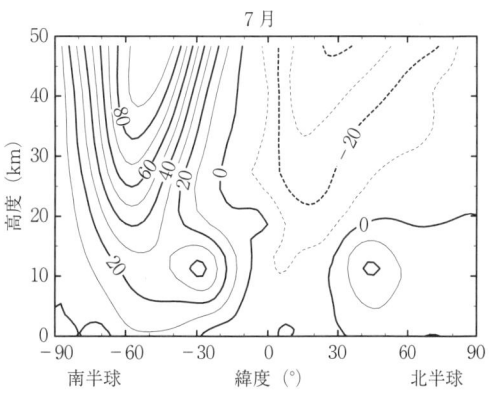

図1.1.1 1月（左）および7月（右）の月平均・帯状平均した東西風の緯度高度分布（ERA40データによる）（正が西風，負が東風）（単位は m/s）

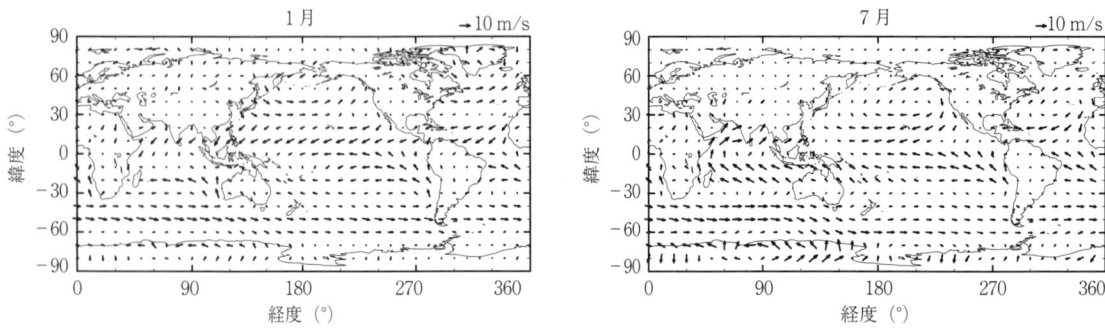

図 1.1.2 1月(左)および7月(右)の月平均した地上風の経度緯度分布(ERA40データによる)

6月と12月でほぼ南北半球を入れ替えた分布となっている．夏半球では東風であり，冬半球ではおよそ西風である．冬半球の緯度50°，成層圏界面付近には西風の極夜ジェット気流が存在し，南半球の風速は90 m/sを超えている．

図1.1.1で北半球と南半球の東西風分布を比較すると，冬の成層圏での違いが最も目立つが，地表面付近にも南北半球の違いが認められる．中緯度域では夏冬ともに南半球のほうが強い西風で，風速は10 m/sに近い．これらは基本的に両半球の海陸分布の違いに起因している．図1.1.2は，1月および7月における地上風の経度緯度分布の気候図である．南緯50°付近では夏冬ともにどの経度でも西風が卓越しており，帯状平均した東西風の気候図でみられた強い西風の実体を示している．また，低緯度域のとくに海上では，偏東貿易風がどの季節でも存在する．

これに対して，北半球中緯度やアジア大陸南部などでは，卓越する風系が季節とともに変化する．たとえば，日本付近をみると，冬季にはシベリア高気圧とアリューシャン低気圧の間で強い北西風が卓越するのに対し，夏季には北太平洋高気圧の影響を受けて南よりの風となる．このような季節に依存する風系，モンスーンは，大陸と海洋の熱的な特性の違いによって生じている．夏季には大陸上の大気がより暖められて地上付近は低気圧となり，冬季には熱容量の大きな海洋の上が相対的に暖かく低気圧となる．南アジア域には顕著なモンスーン循環がみられ，それに伴って雨季(夏)と乾季(冬)がはっきりと分かれている．

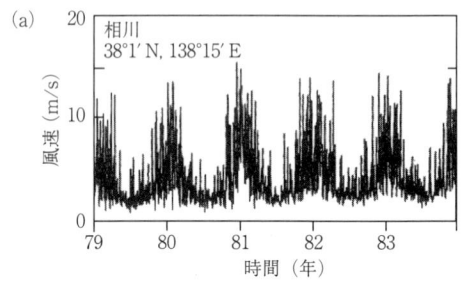

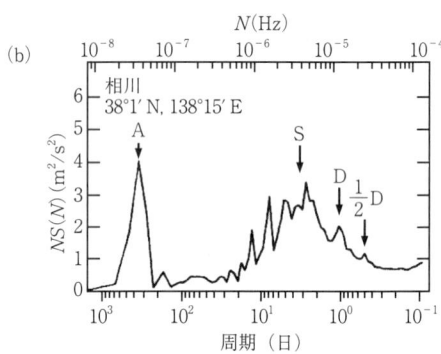

図 1.1.3 相川のアメダス観測点で観測された地上風速変動の時系列(a)とそのスペクトル(b)[2]
スペクトル図中のA, S, D, D/2は，それぞれ年変化，総観規模擾乱の変動，日変化，半日周期変化の成分を表す．

(2) 多重の時間空間変動像

前項でみた大気大循環は地球全体における大気運動の概観であるが，図のような気候状態がつねに実体として存在しているとは限らない．これらは時間あるいは空間の平均操作によって得られた分布図であり，個々の場所では大気状態が時々刻々に平均値のまわりを変動しているのがつねである．

具体的な例として，佐渡島の相川アメダス観測点で得られた地上の風速変動の時系列を図1.1.3aに示す．1979年から5年間の1時間ごとのデータである．大陸からの季節風が強い冬季に風速が

大きく，夏季には小さいという，風速の年変化が卓越している．また，時間スケールの短い数日周期の変動が重なっており，秋から春にかけてその変動幅が大きい．この時系列に高速フーリエ変換をかけて時間変動のスペクトルを求めたのが図1.1.3bである．1年周期成分に明瞭なピークがあり，1日・半日の周期成分もみてとれる．また，数日から1週間程度の周期帯では連続的に変動のパワーが強い．これはおもに，中緯度帯で低気圧と高気圧が交互に通過していくのに伴った風速変動である．時系列図でみたように，この周期帯の変動は冬季に大きく，夏季に小さい傾向にあり，低気圧活動の季節依存性をみていたことになる．また，1日や半日の周期性は，基本的に地球の自転に伴った太陽放射の周期変化に対する大気の応答である．地球規模での熱潮汐波に伴う風速変動とローカルスケールの海陸風や山谷風が考えられるが，複雑な地形に囲まれた地上の場合にはローカルスケールの風速変動が支配的である．同様の解析を他の観測地点で行うと，それぞれの場所に固有の時系列やスペクトルが得られる．とくに，地上付近ではローカルな地形要因に伴う変動成分が大きい［2］．

このような風速変動をもたらす大気現象にはさまざまなものがある（図1.1.4）．旋風や竜巻のような水平スケールが数百m以下の小規模な渦は寿命が短く，時間スケールは1分から10分のオーダーである．また，地面付近の大気乱流は，さらに小さな時空間変動をしている．一方，温帯低気圧・高気圧など天気図で認識できるような水平スケールが数千km程度の総観規模現象は，数日から1週間の時間スケールであり，惑星規模の現象はさらに長寿命である．1月オーダーの季節内変動や季節変化，さらに長周期の年々変動は，基本的に総観規模よりも大きな空間スケールで変動している．

これらの小規模と大規模の間では，水平規模が1km程度の積雲やより大きな積乱雲から，それらが組織化したメソスケール現象，海陸風や山谷風などの局地風，水平規模が100～1000km程度の前線や台風などがあり，大規模になるほどその時間スケールも長くなっている．これらの現象は必ずしも独立にあるのではなく，温帯低気圧に伴う寒冷前線上に積雲群があり，個々の積雲は発生消滅を繰り返して入れ替わり，それらがさらに小規模の擾乱を伴うというように，入れ子状になりながら大気の多重的な時間空間変動をつくり出している．

［余田成男］

文　献

［1］余田成男，2005，中層大気の循環．気象学ハンドブック（第3版），pp. 131-139，朝倉書店
［2］甲斐憲次，2004，大気現象のスペクトル．スペクトル解析ハンドブック，pp. 147-161，朝倉書店

1.1.2　大気境界層の構造

大気境界層は地球の表面の影響を直接受ける大気の最下層に位置している．この領域は人間を含む地球の生物活動の大部分が営まれるため，きわめて重要な場所である．この大気境界層の研究の困難さは，境界条件としての地表面（または海面）の状態が複雑なことである．陸面においては空間的には山岳地域や平野，森林などの自然条件に加えて，長大構造物などの人工的にもきわめて多様な様相を示す．海面は一般に均一と考えられるが，弱風時と台風などの強風時では，うねりや風浪によって波高に大きな差がでて，その様相は大きく違う．

一般に，大気境界層の高さは1000mぐらいといわれていて，図1.1.5に示すように，下層部の

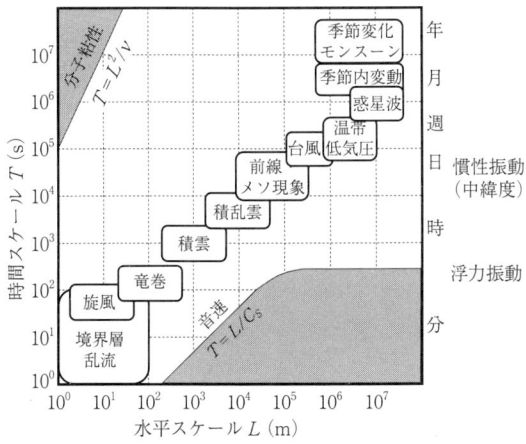

図1.1.4　大気現象の代表的な時間・空間スケール

50～100 m までを接地境界層，その上部を外部境界層（またはエクマン層）という．接地層は地球の回転の影響を受けないと仮定できて，風の場は地面の摩擦と気温の鉛直勾配で決定されるが，外部境界層では地球の回転も影響する．大気境界層の高さは，図1.1.6に示すように時間的にも変化し，日の出とともに日射による地表面加熱で対流混合が活発化し，対流混合層が発達する．正午ごろにその高さが最大となり，夕方までほぼ一定を保つ．それ以降は日射が減少し，安定な成層の接地境界層が地面付近から形成される．

大気接地層では風速や気温はランダムに変動しているが，MoninとObukhov[3]は，乱流状態の風速と気温の変動の統計量は地表面の摩擦応力 τ，顕熱の鉛直フラックス H，浮力のパラメーター g/Θ（g は重力加速度，Θ は温位）および地上高 z で表現されるという仮説を提案し，これは以後にモーニン-オブコフの相似則といわれている．これらの基本量から風速，気温および長さの次元をもつ特徴的なスケールとして，摩擦速度 u_*，摩擦温度 T_*，モーニン-オブコフの長さ L をつくることができる．

$$u_* = \frac{\tau}{\rho} = (-\overline{uw})^{1/2} \quad (1.1.1)$$

$$T_* = -\frac{H/C_p\rho}{u_*} = -\frac{\overline{\theta w}}{u_*} \quad (1.1.2)$$

$$L = -\frac{u_*^3 \Theta}{kg\theta w} \quad (1.1.3)$$

ρ は空気の密度，u, w は主風速および鉛直方向の風速変動，C_p は定圧比熱，θ は気温変動，k はカルマン定数である．無次元化された風速の鉛直分布 $\phi_m = (kz/u_*)\partial u/\partial z$ は接地境界層の安定度 z/L の普遍関数として表現され，一様性が仮定できる観測をもとに次のような式が提案されている[4]．

不安定のとき

$$\phi_m = \left(1 + 16\left|\frac{z}{L}\right|\right)^{-1/4} \quad -2 \leq \frac{z}{L} \leq 0 \quad (1.1.4)$$

安定のとき

$$\phi_m = 1 + \frac{5z}{L} \quad 0 \leq \frac{z}{L} \leq 1 \quad (1.1.5)$$

とくに，成層が中立（$z/L = 0$）のときには，$\partial u/\partial z = u_*/kz$ から，風速の対数則

$$\bar{u} = \frac{u_*}{kz} \ln \frac{z}{z_0} \quad (1.1.6)$$

が導かれる．ここで $\bar{u}$ は高さ z での平均風速，z_0 は風速が0になる高さで地表面の凹凸に関係する．

耐風設計などの工学的な目的の場合には，大気の安定度を考慮しないで，風速の鉛直分布として，対数則より扱いやすい経験的なべき法則が使用されることが多い[4]．

$$\frac{\bar{u}}{\bar{u}_1} = \left(\frac{z}{z_1}\right)^\alpha \quad (1.1.7)$$

ここで，$\bar{u}_1$ は基準高度 z_1 での平均風速である．べき指数 α は観測から決定されるが，地表面の状態によって変化し，なめらかな海面で1/10.5，開けたやや起伏のある農地で1/7，凹凸のある海岸で1/5，市街地で1/4などの値が報告されている[4, 5]．

　　　　　　　　　　　　　　　　　　［林　泰一］

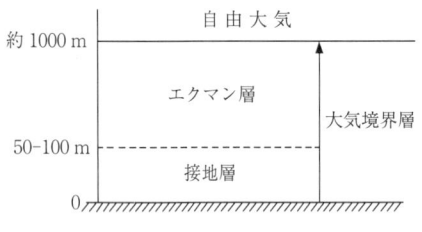

図1.1.5　大気境界層の構造

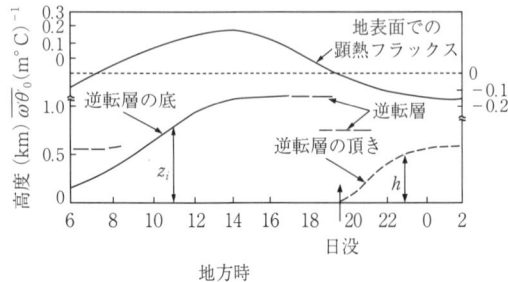

図1.1.6　大気境界層の時間変化

文　献

[1] 竹内清秀, 1981, 地に近い大気, 大気科学講座1, pp. 226, 東京大学出版会

[2] 光田寧, 山田道夫, 1993, 微細気象学, pp. 116, 技報堂出版

[3] Monin, A. S. and Obukhov, A. M., 1954, Basic turbulent mixing laws in the atmospheric surface layer, *Trans. Geophy. Inst. Akad. Nauk USSR*, **151**, pp. 163-187

[4] Businger, J. A., Wyngaard, J. C., Izumi, Y. and Bradley, E. F., 1971, Flux-profile relationships in

the atmospheric surface layer, *J. Atmos. Sci.*, **28**, pp. 181-189
[5] 塩谷正雄, 1979, 強風の性質, pp. 192, 開発社
[6] 岡内功, 伊藤学, 宮田利雄, 1977, 耐風構造, pp. 418, 丸善

1.2 自然風の成因

1.2.1 台風

台風は熱帯低気圧の一種であり,北西熱帯太平洋海域で発生,主として7月から10月にかけて日本を襲い,強い風と激しい降雨により大きな災害をもたらす.

(1) 台風の定義,名称,強さと大きさの分類

低気圧は温帯低気圧と熱帯低気圧に分けられ,発生場所だけでなく,構造や勢力維持のためのエネルギー源が異なっている.熱帯低気圧のほとんどすべては海面水温26℃以上の海域(28℃以上の海域で多い)で発生し,海面から潜熱と顕熱の供給を受け,発達していく.熱帯低気圧のうちとくに強いものについては海域によってよび名が異なり,北西太平洋では typhoon,大西洋と北東太平洋では hurricane,インド洋や南太平洋では cyclone とよばれている.また,気象庁では,東経180°以西の北西太平洋(南シナ海を含む)に存在する熱帯低気圧のうち,域内の最大風速が17.2 m/s(34 kt)以上に達したものを「台風」と定義している.台風は,国内では発生順に番号がつけられており,通し番号では4桁の番号(年号の下2桁と台風番号)で区別されている.国際的には,1999年まではアメリカ人の名前が使われていたが,2000年よりアジア名が使われている.気象庁では,台風の強さと大きさを表1.2.1および表1.2.2のように分類している.

(2) 日本を襲う台風の経路

気象庁では,台風の中心が本州,北海道,九州および四国のいずれかの海岸線に達した場合を「上陸」と定義している.1971～2000年の平均では,台風は年間26.7個発生し,そのうち2.6個が日本に上陸している.1990～2000年の11年間に日本に上陸した台風の経路を図1.2.1に示す.発生場所としては,フィリピン東方からマリアナ諸島付近の海上が多い.台風は,発生直後,西北西から北西に向かって進行するが,南西諸島付近で転向し,北東方向に向かって進み,日本本土に上陸している.

(3) 台風の構造

(a) 気温分布 発達した台風では,中心付近に台風眼が存在している.台風眼の周りの眼の壁域では背の高い積乱雲が群立し,その中では強い上昇流が存在し,水蒸気の潜熱が放出されている.また,眼の中では弱い下降流が存在し,断熱圧縮によって気温は上昇している.このために,台風中心域上空では周囲よりも気温が高く,warm core とよばれている.1964年の Hurricane Hilda においては,高度約9～10 kmの上部対流圏で熱帯平均大気より16℃も高くなっていた[1].この warm core の存在は中心付近における低い海面気圧の維持に大きな役割を果た

表1.2.1 気象庁による台風の強さの分類
(2000年6月1日改正)

階級	最大風速
(表現なし)	33 m/s 未満
強い	33 m/s 以上～44 m/s 未満
非常に強い	44 m/s 以上～54 m/s 未満
猛烈な	54 m/s 以上

表1.2.2 気象庁による台風の大きさの分類
(2000年6月1日改正)

階級	風速15 m/s 以上の半径
(表現なし)	500 km 未満
大型(大きい)	500 km 以上～800 km 未満
超大型(非常に大きい)	800 km 以上

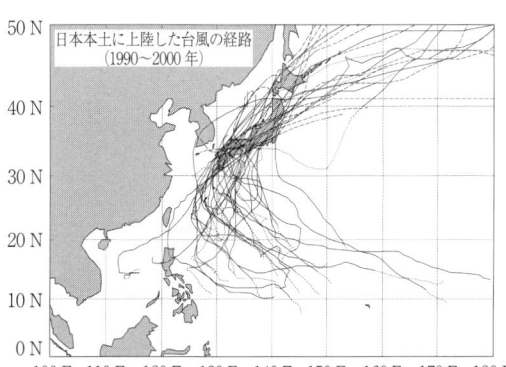

図1.2.1 日本本土に上陸した台風の経路 (1990～2000年)
実線は台風,短破線は熱帯低気圧の期間,長破線は温帯低気圧,「気象庁台風ベストトラックデータ」に基づき作成.

(b) 気圧分布　発達した台風の域内においては，近似的に等圧線が同心円状に分布していると仮定することができる．この仮定のもと，半径方向の気圧分布を表すために種々の経験式が提案されている．その中でよく使われてきたのは，次のSchloemerの式 [2] である．

$$p = p_c + \Delta p \exp\left(-\frac{1}{x}\right) \quad (1.2.1)$$

この式で，p は中心から距離 r における海面気圧であり，p_c は中心気圧，Δp は中心気圧低下量（周辺気圧と中心気圧の差），x は最大風速半径 r_m を基準とした相対的距離 r/r_m である．この他，Fujita の式 [3] もよく使われてきた．

一方，Holland [4] は，オーストラリアを襲った小型であるが強いサイクロンを解析した結果，式 (1.2.1) に，もう一つパラメーター B を追加した次の式を提案した．

$$p = p_c + \Delta p \exp\left(-\frac{1}{x^B}\right) \quad (1.2.2)$$

藤井，光田 [5] は日本本土を襲った強い台風の気圧分布に，この式を適合した結果，$B = 1.0$ とした Schloemer の式で表すことができることを示した．その例として，台風 9313 号の気圧分布を図 1.2.2 に示す．

一方，南西諸島を襲うような小型で強い台風では，パラメーター B を追加する必要があり，その例として，台風 7705 号の気圧分布を図 1.2.3 に示す．半径 20～30 km あたりの大きい気圧傾度のために，Schloemer の式では中心気圧が下がりすぎ，$B = 1.3$ とした Holland の式のほうが現

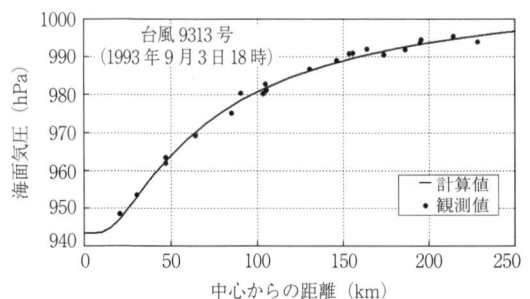

図 1.2.2　台風 9313 号における半径方向の気圧分布（1993 年 9 月 3 日 18 時）[5]
実線は Schloemer の式による近似，点は海面気圧観測値．

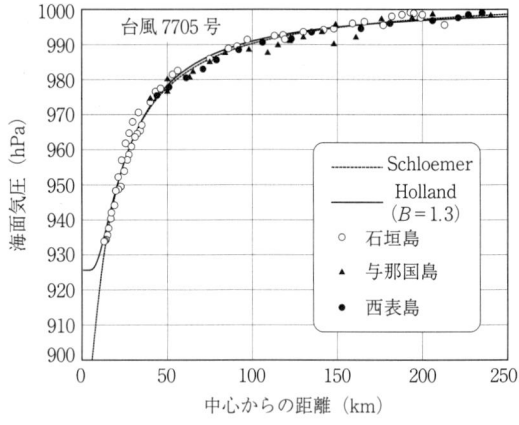

図 1.2.3　八重山諸島を襲った台風 7705 号の気圧分布を Schloemer の式（破線）と Holland の式（実線）で近似した場合の比較 [5]

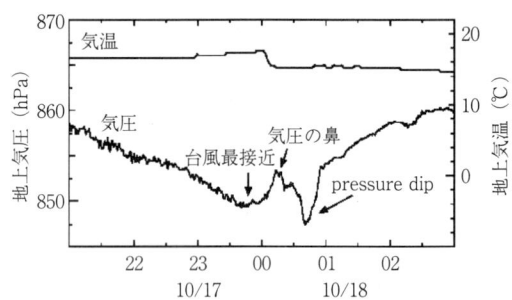

図 1.2.4　台風 9810 号通過時に観測された pressure dip，1998 年 10 月 17～18 日の岡山県那岐山における気圧と気温の記録 [6]

実の気圧分布をよく近似している．

(c) Pressure dip　台風域内において小擾乱が発生することがある．この擾乱により気圧が一時的に下がることがあり，pressure dip とよばれている．pressure dip は突風を伴っていることが多く，風災害上，注意する必要がある．筆保，塚本 [6] によると，台風 9810 号が中国地方を通過したときに，中心気圧よりも低い顕著な pressure dip が観測された（図 1.2.4）．

(d) 風速分布−傾度風方程式　台風域内における陸上の風は，地形や地表面粗度の影響を大きく受け，複雑な分布をしており，解析が容易ではない．そこで，風速よりもはるかに単純な分布をしている海面気圧を解析して傾度風を算出することがよく行われている．傾度風は，地表面摩擦の効果を無視し，気圧傾度力，転向力（コリオリ力）および遠心力がバランスしているとして算出する

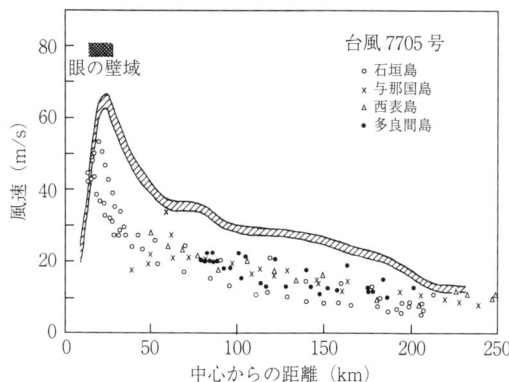

図1.2.5 台風7705号の風速分布．曲線は傾度風風速，点は実測地表風風速 [9]

仮想的な風であり，その風速 V_{gr} は次の式を解くことにより求めることができる．

$$\frac{V_{gr}^2}{r_t} + fV_{gr} = \frac{1}{\rho}\frac{dp}{dr} \quad (1.2.3)$$

この式で，r_t は流跡線の曲率半径，f はコリオリ因子で，ρ は空気の密度である．なお，f は $2\Omega\sin\phi$ に等しく，Ω は地球自転角速度（7.292×10^{-5}/s），ϕ は緯度である．

(e) 風速分布の非対称性 台風は一般風（太平洋高気圧縁辺の風や偏西風）の影響を受けて移動する．一般風は，進行方向の右側では，台風渦による風を強め，左側では弱める結果，左右非対称な風速分布が生じる．台風の移動の効果を考慮して左右非対称な風速分布を算出するには，Blatonの方法（たとば文献[7]）やYoshizumiの方法[8]があるが，定まったものはない．

(f) 大気境界層内の風 大気境界層においては，地表面の摩擦力によって等圧線を横切る内向きの流れが生じる．台風の周辺から中心に向かって回転しながら吹き込んでくると，角運動量の保存により，接線方向の風速成分が増していく．このため，大気境界層内の風は傾度風より強くなることがあり，super-gradient な風とよばれている．図1.2.5に示した台風7705号の解析結果によると，傾度風風速が最大となる半径の内側で，実測された地表風風速は傾度風風速を超えていた．

［藤井　健］

文　献

[1] Hawkins, H. F. and Rubsam, D. T., 1968, Hurricane Hilda, 1964, II, structure and budgets of the hurricane on October 1, 1964, *Mon. Wea. Rev.*, **96**, pp. 617-636

[2] Schloemer, R. W., 1954, Analysis and synthesis of hurricane wind patterns over Lake Okeechobee, Florida, *Hydrometeorological Report, USWB*, **31**, pp. 49

[3] Fujita, T., 1952, Pressure distribution in typhoon, *Rep. Meteor. Lab. Kyushu Inst. of Techn.*, **2**, 1〜2

[4] Holland, G. J., 1980, An analytic model of the wind and pressure profiles in hurricanes, *Mon. Wea. Rev.*, **108**, pp. 1212-1218

[5] 藤井健，光田寧，1995，台風の気圧分布形について，京都大学防災研究所年報，**38**, B-1, pp. 101-116

[6] 筆保弘徳，塚本修，2000，台風9810号で観測された顕著な Pressure Dip，天気，**47**, pp. 443-451

[7] Holmboe, J., Forsythe, G. E. and Gustin, W., 1945, Dynamic meteorology, pp. 207-209, John Wiley and Sons

[8] Yoshizumi, S., 1968, On the asymmetry of wind distribution in the lower layer in typhoons, *J. Meteor. Soc. Japan*, **46**, pp. 153-159

[9] Mitsuta, Y., Suenobu, T. and Fujii, T., 1988, Supergradient surface wind in the eye of a typhoon, *J. Meteor. Soc. Japan*, **66**, pp. 505-508

1.2.2　局地風

地形や地表面の熱的な影響を受けて，狭い範囲に吹く風のことを局地風という．高低気圧系などの大きなスケールの気圧場による風とは違った特性をもち，その地域特有の名前をもつ場合がある．局地風には海陸風のような穏やかな風から，建造物や農作物に被害を与える暴風までさまざまな性質をもったものがある．

局地風は発生原因から次の2種類に分けられる．

(1) 地表面の熱的な性質に起因して生ずる局地風

海陸の熱的な性質の違いにより沿岸部で吹く風を海陸風という（1.2.3項参照）．

山岳地域では日中，斜面が熱せられて，それに接する空気が加熱され，同一高度の谷の中の空気より温度が高くなる．そのため，浮力により斜面を上る風が生ずる．この風を谷風という．夜間は逆に斜面が冷却されるために，それに接する空気が冷却されて滑降する．この風を山風という．これらをあわせて山谷風という．

(2) 地形の影響で生ずる局地風

特定の気象条件のとき，地形の影響で限られた地域にだけ発生する風があり，「オロシ」や「ダシ」という語がつく名前をもつ場合が多い．オロシは山から吹き降りてくる風であり，ダシは出す風で，山から平地に吹き出すか，陸地から海に吹き出す風のことである[1]．日本や世界に固有名をもつ局地風が多数ある[2]．

オロシの代表的な例としてやまじ風や広戸風がある．オロシという名前はついていないが，暴風を生ずる典型的なオロシである．これらと顕著なダシである清川ダシが日本における強風を生ずる代表的な局地風である．

次にこれらの局地風の特徴について述べる．さらに，霧を伴った特徴ある局地風である肱川あらしについて述べる．

(a) やまじ風　やまじ風は四国山地から瀬戸内海に面した平野部に吹き降ろす南よりの強風で，吹きはじめると気温が上昇するフェーンの特徴をもつ．松山平野から香川県東部まで広い範囲にわたってみられるが，とくに強く吹くのは，愛媛県東部の燧灘と法皇山脈の間に挟まれた東西に細長く延びる宇摩平野である（図1.2.6）．この地域では風害をもたらす暴風としておそれられている．

四国山地は西に石鎚山（標高1981 m）と東に剣山（標高1955 m）の二つの山系があり，この間は複雑な地形をした鞍部となっている．やまじ風は，太平洋側から安定成層した気流が四国山地を越えるとき，この鞍部により収束を受け，法皇山脈を越えて北斜面を滝のように加速されながら降りてくるときに生ずる．気流は途中で跳ね上がり，風向の不連続が生じる．そこをやまじ風前線という．この前線が斜面から移動するのに伴い，強風域が平野部に広がる．やまじ風が吹きはじめる前に吹く北よりの風は「誘い風」とよばれる[3]．

やまじ風が発生するとき，上空では山岳波が生じ，稜線に平行な停滞性の帯状の雲がみられることがある．図1.2.7は，松山から四国山地をみたときに観察された雲の模式図である．山には笠雲がかかり，その端は滝のように下がって，途中で

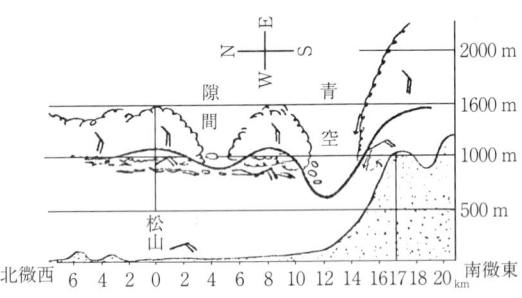

図1.2.7　やまじ風が吹くときに松山から見られた雲の模式図（1952.4.12）[4]

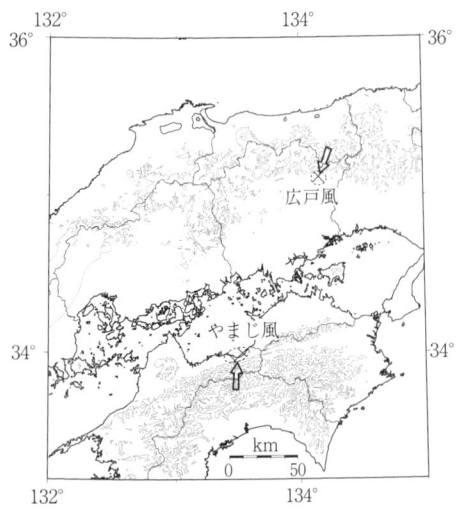

図1.2.6　やまじ風と広戸風の発生場所とおもな風向
（濃い部分は標高1500 m以上）

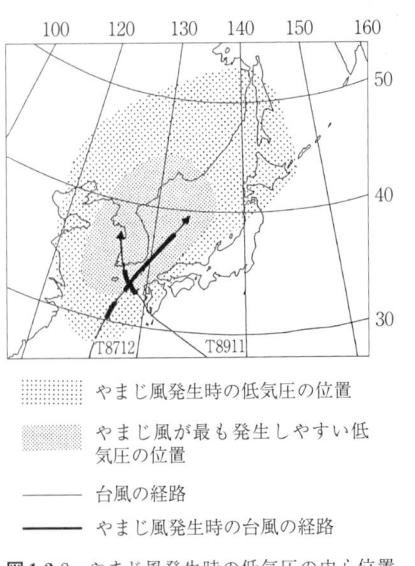

図1.2.8　やまじ風発生時の低気圧の中心位置分布と台風の経路の例[5]

切れている．停滞性の雲が山から離れたところにみられる．

気圧配置は，図1.2.8に示すように低気圧の中心が東シナ海，朝鮮半島，日本海にある場合に生じやすいが，沿海州にある場合など広い範囲にわたる．

やまじ風の年間の発生数は，1980～1998年の統計によると，平均12回程度であるが，年による変動が大きい．月別発生数は図1.2.9に示すように，4月が最も多く月2回程度である．

観測および3次元数値シミュレーションに基づくやまじ風の概念図を図1.2.10に示す[6]．やまじ風の発生には，上空1000～2000mの層に強い南風の存在することと，逆転層を伴う安定成層があることが必要であるといわれている．下層に重たい空気がある気流が山を越える場合の振舞いについては，浅い水の流れが障害物を越える際に生ずる現象との類似で実験的，理論的に研究されている．

いま，深さhの浅い水が速度uで流れる場合を考える．この流れの内部重力波の位相速度cは$c=\sqrt{gh}$で表される．ここでgは重力加速度である．水が障害物（山）を越える場合，uとcの大小関係により，図1.2.11に示すような三つのパターンがある[7]．

① $u<c$のとき，流れは山を上るとき加速され，下るとき減速される（図1.2.11aの①）．
② $u>c$のとき，流れは山を上るとき減速され，下るときに加速される（図1.2.11aの②）．
③ 山を加速されながら上り，山頂で$u=c$になる場合，下るときは$u>c$になり加速される．この流れは，もとの流れ（$u<c$）にもどる際にジャンプする．これをハイドローリックジャンプ（跳ね水）という（図1.2.11aの③）．

やまじ風が発生しているとき，このハイドローリックジャンプが起きていると考えられ，その下がやまじ風前線に対応する．

(b) 広戸風 岡山県北部では，日本海側からくる北よりの気流が，V字形状の地形により収束を受け那岐山から平野部に吹き降りるときに山麓で広戸風とよばれる強風が吹く（図1.2.6）．この風はやまじ風と対照的に，北よりの風が山地を越えるような気圧配置のときに発生する．発生のメカニズムはやまじ風と同様で，跳ね水現象を伴う

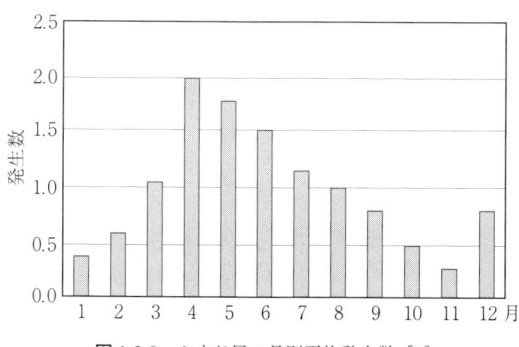

図1.2.9 やまじ風の月別平均発生数 [5]

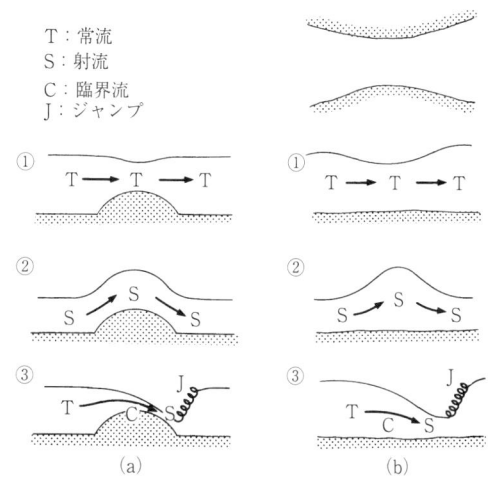

図1.2.11 (a) 底の凸部を越える水の流れ．
(b) くびれをもつ流路の水の流れ [7]

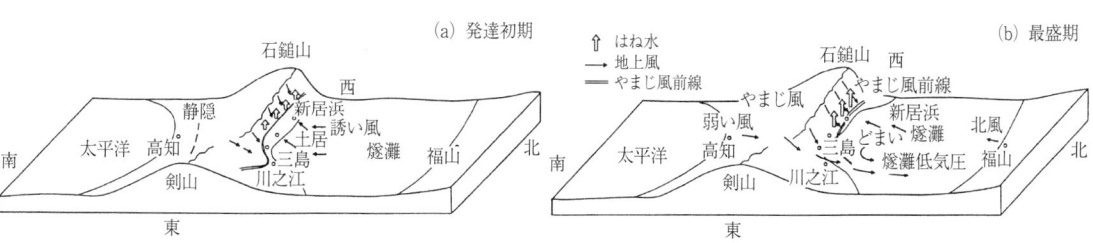

図1.2.10 やまじ風の概念図 [6]

と考えられ，その発生には，安定成層した，山頂と同じくらいの高さに北よりの強い風が必要であるといわれている[8].

(c) 清川ダシ 日本海に面した山形県庄内平野では最上川沿いに清川ダシとよばれる東よりの強風が吹く．庄内平野の東側には南北に連なる山地があり，最上盆地と隔てられている．最上川が流れる峡谷が海への唯一の切れ間となっており，清川付近が平野部への出口となる（図1.2.12）．

清川ダシは日本海側が低圧と太平洋側が高圧となり，東西の気圧傾度が大きくなるような気圧配置のときに発生する．清川ダシの風向は東南東〜南東で，発生する時期は3〜6月に多く，4月にピークをもつ[9]．ダシの高さは，500mから600mで，風速の最大の高度は200〜300mという観測例がある[10]．

清川ダシの発生機構は，盆地からの気流が地峡によって収束効果を受け，噴流となって平野部に流出することによる．安定成層した気流が地峡を通り抜けるときに生ずる強風はオロシの場合と同様，浅水流理論によって統一的に理解できる（図1.2.11b）．しかし，清川ダシ発生時の風の分布は多様で，発生機構にはいくつかの説がある．

(d) 肱川あらし 肱川あらしは秋から冬にか

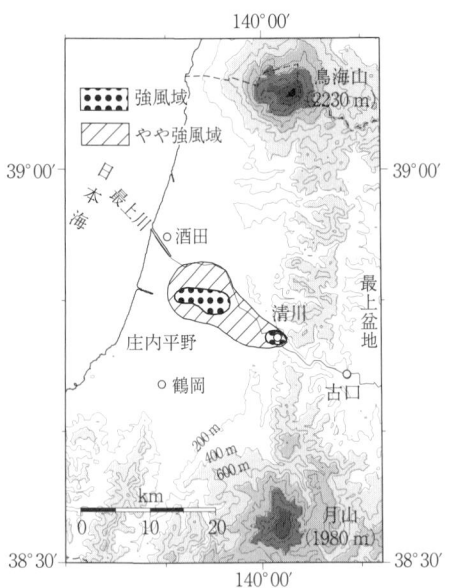

図1.2.12 清川ダシの例（1950年1月18日）（[9]の図を改変）
やや強風は7m/s以上，強風は10m/s以上（概略）．

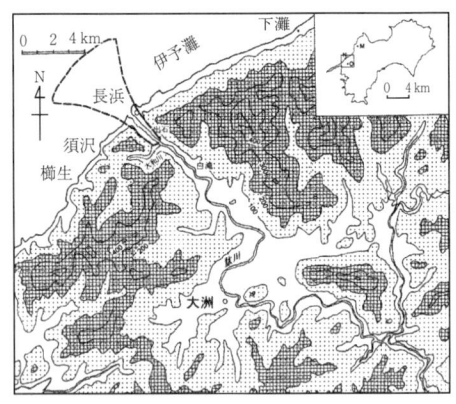

図1.2.13 肱川流域の地形図と強風域（鎖線で囲んだ部分）

図1.2.14 肱川あらしの霧（日本風工学会誌, No.80に掲載された芥川善行氏撮影による航空写真）

けて，肱川の下流域で，夜間から早朝にかけて，川に沿って河口に向かって吹く南南東の強風で，しばしば霧を伴う（図1.2.13）．

肱川中流の大洲盆地では，天気のよい日の夜には放射冷却によって地面が冷え，盆地周辺の斜面で形成された冷気が盆地に溜まり冷気湖が形成される．冷気湖には霧が発生する場合もある．大洲盆地から流れ出る冷気流は，北西に約8km直線的に峡谷を流れ，海に注いでいる（図1.2.14）．谷幅は河口まで数kmのところではとくに峡くなっている．この谷間は冷気が流れることのできる唯一の出口となっている．

肱川あらしが吹いているとき，大洲盆地では2m/s以下の弱風であるが，峡谷部では気流が水平収束を受けて風速が増強され，とくに河口近くの谷幅が狭まったところから強風となり，河口を通って，噴流となって海上に流出する．河口では風速が10m/s前後になり，ときには15m/sを越えるような場合もある．強風は，海上4〜5km

沖まで達するといわれている [11]．[森 征洋]

文 献

[1] 関口武, 1985, 風の事典, pp. 43-47, 原書房
[2] 吉野正敏, 1989, 風の世界, p. 224, 東京大学出版会
[3] 大阪管区気象台, 1958, やまじ風（総合調査報告）, p. 57
[4] 小林清一, やまじ風の予報と発生原因について（序報）, 研究時報, **6**, 8, pp. 83-89
[5] 高見佳浩, 1991,「やまじ風」の調査－やまじ風の発生頻度について－, 日本気象学会関西支部講演要旨集, 58, pp. 18-21
[6] 斉藤和男, 1998, 山越え気流と局地強風, 日本風工学会誌, **76**, p. 79-84
[7] 荒川正一, 2004, 局地風のいろいろ（二訂版）, p. 170, 成山堂
[8] 中村みゆきほか, 2002, 那岐山山頂における観測からみたおろし風（広戸風）の発生条件, 天気, **49**, pp. 23-33
[9] 竹内衛夫, 1986, 山形県庄内平野中部の局地風について, 天気, **33**, p. 219-231
[10] 仙台管区気象台ほか, 1950, "清川ダシ"風害調査報告, p. 59
[11] 森征洋, 1999, 肱川あらし, 日本風工学会誌, **80**, pp. 3-5

1.2.3 海陸風

海岸付近では昼間に海から内陸へ，夜間には陸から海へ風向が日変化する風が吹くことがある．これを海陸風という．

(1) 海風と陸風

海風は暖候期，陸上温度が海上温度よりも高くなるときに出現する．晴天日の昼間は日射が陸面を暖め，その結果陸上に対流境界層が発達する．対流境界層の厚さは数百 m から 2000 m に達する．対流境界層中の温位は，上端部付近を除けば同じ高度の海上の空気よりも温位が高い．このため，陸上の地上気圧が下がって相対的に高圧な海上から低圧の陸上に向かって風が吹く．一方，陸風は地面付近の空気が放射冷却などによって海上温度よりも下がり密度が大きくなることにより起こる．

(2) 海風の構造

海風は対流境界層に吹き込む重力流（密度の差によって起こる流れ）とみることもできる．海風はその先端部に重力流ヘッドとよばれる独特の

図 1.2.15 エアロゾルをトレーサーとしてとらえられた海風前線（霞ヶ浦付近）

構造をもつことがあり（図 1.2.15 [1]），この部分を海風前線とよぶこともある．重力流ヘッドの先端には上昇流が存在し，上部では風向きが逆になっている．このような構造は弱い向かい風の中を海風が進入していくときに顕著となる．逆に追い風の中を海風が進入する場合には，重力流ヘッドは現れないことが多い．海風層の厚さは通常 300〜600 m 程度である．海風は暖められる陸面の大きさが小さいとごくわずかな時間しか出現しない．海風前線が通過すると気温が下がるかまたは気温の上昇が停止する場合が多い．

(3) 陸風の構造

対流境界層が昼間浮力によってどんどん上方へ発達するのに対し，夜間の接地安定層はあまり厚くはならず数十 m から 300 m 程度の厚さとなる．このため陸風の厚さは海風に比べてきわめて薄く，20〜30 m 程度にしかならない場合もある [2]．陸風の場合も小規模ながら重力流ヘッドの構造をもつ場合がある．このヘッドの通過とともに風向きが変わり，気温が数度程度下降する．

(4) 広域的海風

海風が海岸から進入する距離は海岸線から通常 30〜60 km 程度である．進入を遮るものがなければ重力流ヘッドの部分が単独で内陸に進入を続ける場合もある．また特殊な地形が存在すると地形が引き起こす風系と結びついて内陸に向かう風系の構造が広域化する場合がある．

関東平野では夏季の 15 時ころ東京湾から内陸の碓氷峠まで内陸に向かう風が吹くことがある

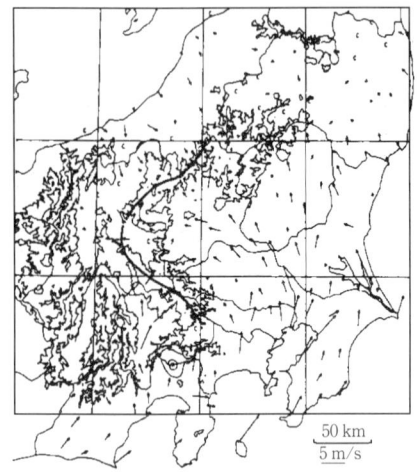

図 1.2.16 関東を覆う広域的海風
このような風系が現れた6日間の15時の平均値.

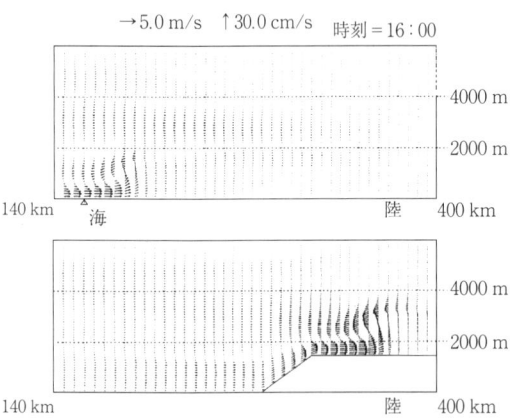

図 1.2.17 海風（上）と台地風（下）
上の図の三角印が海岸である．図は計算領域の一部のみを示している．

（図 1.2.16 [3]）．この風は，海陸の温度差に基づくいわゆる海風，関東地方北西部が碓氷峠方向に谷状地形になっていることによって起こる谷風，長野県の標高が関東平野よりも高いことによって起こる台地風の三つが結びついて起こる [4]．これらのうち，谷風は，谷を取り囲む斜面上に斜面上昇流が発達し，この反流が谷の上空を加熱し谷の気圧を下げることにより起こる．海風が対流境界層の発達を待って起こるため海風の進入開始は日の出よりかなり遅くなるのに対し，斜面上昇流は日の出直後から始まる．関東平野でも内陸に吹き込む風は東京付近の海岸付近よりも内陸の埼玉・群馬県のほうで先に始まることが多い．

台地や高原上では対流境界層の発達がその高度から始まるため，台地上の対流境界層がすでに発達しているのに対し，平野上の対流境界層はその高度まで発達していない状況が存在する．このような状況はちょうど海岸線で海風が発達する状況と類似であり，海風に似た風が台地と平野の境界から台地内に向かって台地風として発達する（図 1.2.17 [5]）.

[近藤裕昭]

文　献

[1] Nakane, H. and Sasano, Y., 1986, Structure of a seabreeze front revealed by scanning lider observation, *J. Meteor. Soc. Japan*, **64**, pp. 787-792

[2] 水野建樹，横山長之，山本晋，1981，接地逆転層における乱流の観測，公害，**16**, pp. 77-87

[3] Kurita, H., Sasaki, K., Muroga, H., Ueda, H. and Wakamatsu, S., 1985, Long-range transport of air pollution under light gradient wind conditions, *J. Climate Appl. Meteor.*, **23**, pp. 425-434

[4] Kondo, H., 1990, A numerical experiment of the "Extended sea breeze" over the Kanto Plain", *J. Meteor. Soc. Japan*, **68**, pp. 419-434

[5] Kondo, H., 1990, A numerical experiment on the interaction between sea breeze and valley wind to generate the so-called "Extended Sea Breeze", *J. Meteor. Soc. Japan*, **68**, pp. 435-446

1.2.4　竜　巻

竜巻は積乱雲がつくり出す鉛直軸周りの激しい渦であり，しばしば積乱雲の雲底から漏斗状あるいは柱状に垂れ下がる雲（漏斗雲）を伴う [1].

(1) 竜巻の発生頻度と被害

1961～1993年の日本の竜巻の統計 [2] によれば，1年あたり日本で発生する竜巻の数は，20.5個である（図1.2.18）．これは，1年間に100km四方あたり0.5個発生していることになる．同じ統計によれば，竜巻による1年あたりの死者は0.58人，負傷者30人，家屋の全壊17棟，半壊39棟，一部損壊290棟であり，台風による被害に比べるとはるかに軽微である．しかしながら，ドップラーレーダーという特殊なレーダーによる最近の観測によれば，強い竜巻の最大風速は142 m/s にも達することがわかってきた [3]．このような想像を絶する風のもとでは，大抵の構造物は壊滅的な被害を受ける．わが国で，ある場所が竜巻の被害域に入る確率は，都道府県の中では

図 1.2.18 1961〜1993年の統計に基づく都道府県別の竜巻発生率 [2]
数字は1年あたり $10^4 \mathrm{km}^2$ あたりの発生数を示す.

図 1.2.19 Fスケールと被害の対応 [5]

表1.2.3 Fスケールと風速・被害との関係 [6]

F値	風速 (m/s)	平均時間	被害の特徴
F0	17～32	約15 s	煙突やテレビのアンテナが壊れる．小枝が折れ，また根の浅い木が傾くことがある．非住家が壊れるかもしれない
F1	33～49	約10 s	屋根瓦が飛び，ガラス窓は割れる．また，ビニールハウスの被害甚大．根の弱い木は倒れ，強い木の幹が折れたりする．走っている自動車が横風を受けると，道から吹き落とされる
F2	50～69	約7 s	住家の屋根がはぎとられ，弱い非住家は倒壊する．大木が倒れたり，またねじ切られる．自動車が道から吹き飛ばされ，また汽車が脱線することがある
F3	70～92	約5 s	壁が押し倒され住家が倒壊する．非住家はバラバラになって飛散し，鉄骨づくりでもつぶれる．汽車は転覆し，自動車が持ち上げられて飛ばされる．森林の大木でも，大半は折れるか倒れるかし，また引き抜かれることもある
F4	93～116	約4 s	住家がバラバラになってあたりに飛散し，弱い非住家は跡形なく吹き飛ばされてしまう．鉄骨づくりでもペシャンコ，列車が吹き飛ばされ，自動車は何十mも空中飛行する．1t以上もある物体が降ってきて，危険このうえない
F5	117～142	約3 s	住家は跡形もなく吹き飛ばされるし，立木の皮がはぎとられてしまったりする．自動車，列車などが持ち上げられて飛行し，とんでもないところまで飛ばされる．数tもある物体がどこからともなく降ってくる

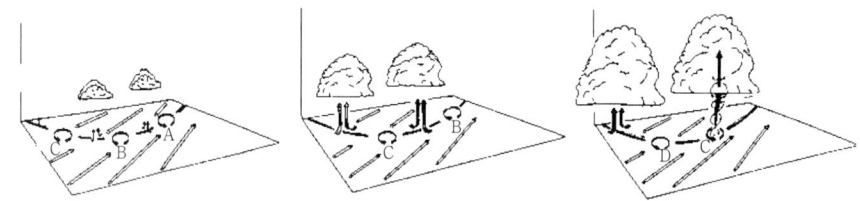

図1.2.20 局地前線に伴う竜巻の発生機構の概念図 [8]

最も再現期間の短い東京都でも7700年に1回程度と低い [2] ので，すべての構造物を竜巻の強風に耐えるようにつくることは現実的ではない．しかし，アメリカでは原子力発電所などの設計にあたって竜巻による強風の発生確率を考慮している．

竜巻の風速を被害状況に基づき簡便に推定する際によく使われてきたものに藤田スケール（Fスケール [4]）がある（図1.2.19，表1.2.3）．Fスケールは風程（空気が移動する距離）が1/4 mile（402 m）に達する時間の平均風速 V と対応づけられており，数式では

$$V = 6.30(F+2)^{3/2} \quad (\text{m/s}) \qquad (1.2.1)$$

で与えられる．最近，藤田スケールを拡張して3秒間の平均風速で表す拡張藤田スケール（Enhanced Fujita Scale）が提案され，2007年2月1日からアメリカ大気海洋庁で公式に採用された [7]．

強い竜巻になると，風による直接の被害だけでなく，破壊された構造物の破片（ミサイルとよばれる）が飛散することによってさらに被害が拡大することが知られている．アメリカの学校などでは，建物の内部に，竜巻の風やミサイルに耐えうる避難所をつくる工夫がなされている．

(2) 竜巻の発生機構

現在のところ竜巻の発生機構には2とおりの状況があると考えられている．一つは局地前線に伴うものである．局地前線というのは，地形などの影響で地上1～2 km程度の範囲で気温や風が水平方向に急に変化しているところで，通常水平収束と水平シアーを伴っていることが多い．図1.2.20はこのような状況の概念図で，局地前線は黒の太線で，風速ベクトルは中抜きの矢印で示してある．前線付近では，強い水平シアーのためにシアー不安定が生じ，A, B, Cで示した三つの渦が存在している．一方，前線は水平収束も伴っているため前線付近には上昇気流が存在し，積雲が発達する．積雲内の上昇気流がたまたま渦の上にくると，引き伸ばされて強い渦（竜巻）が生ずる [8, 9]．

1.2 自然風の成因

図 1.2.21　1961 年 4 月 21 日のスーパーセル（DC-6 上から藤田哲也氏撮影 [6]）

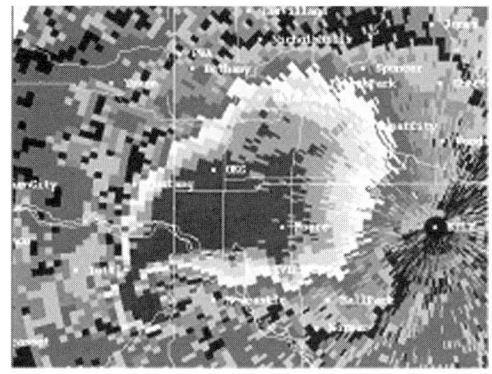

図 1.2.22　1999 年 5 月 3 日アメリカ・オクラホマ州ムーアを襲った竜巻を生じたスーパーセルのレーダー反射強度画像 [11]

これに対して，強い竜巻の多くはスーパーセル [10] とよばれる特殊な積乱雲に伴って発生することが知られている（図 1.2.21）．スーパーセルは，不安定度が大きく，強い鉛直シアのある環境場で発達する積乱雲で，発生後 1 時間くらいすると雲内にメソサイクロンとよばれる直径数 km，鉛直渦度 10^{-2}/s 以上の低気圧性循環を形成する．アメリカではドップラーレーダーにより，雲内にメソサイクロンが検出されると竜巻警報を発令して，住民に地下室などへの避難をよびかける．また，通常のレーダーでも，雨域がメソサイクロンの低気圧循環で流されて，鉤針状の反射強度の分布（フック状エコー，hook echo）を示すことが多いので，これも警報の基準として採用されている（図 1.2.22）．スーパーセルの中で竜巻が発生する機構はまだ十分に解明されておらず，熱心に研究が進められている（たとえば [12]）．

(3) 竜巻の構造

竜巻の中の風速分布は中心から最大風速半径までは剛体回転，その外側では角運動量一定という Rankine の複合渦で近似されることが多い [13]．力学的には第 1 近似で遠心力と気圧傾度力がつりあう旋衡風平衡にあると考えることが多い [14]．実際，強い竜巻の中心付近では気圧が 100 hPa 程度も低くなっていることが最近実測されている [15]．この低圧のため，中心付近では断熱膨張による冷却が起こり，凝結高度が低くなって柱状ないしは漏斗状の雲が生ずる．地表面近くでは，摩擦の影響により，周方向の風は弱くなり，遠心力も弱くなるため，気圧傾度力によって中心への強い吹込みが起きている．竜巻の最大風速半径付近では，この吹込みが上昇流に転ずるため，一度もち上げられた飛散物は，はるか遠方まで運ばれることがある [16]．

強い竜巻では，竜巻は親の渦の中に複数の子供の渦が生じ，親渦の周りを子供の渦が回転する階層構造をもっていることが知られている [17]．

図 1.2.23　多重渦の竜巻（1979 年 4 月 10 日アメリカ・テキサス州ウィチタフォールズ）[18]

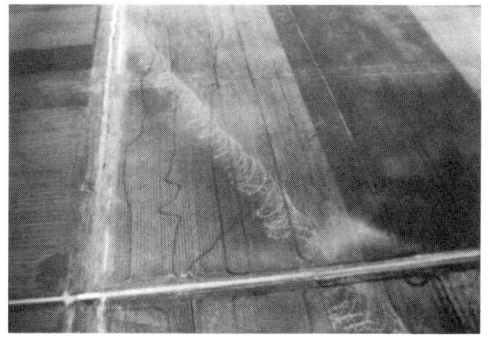

図 1.2.24　多重渦の竜巻の通過後に残された吸い込み渦のトロコイド状の跡 [18]

このような竜巻を多重渦構造の竜巻（multiple-vortex tornado）とよび，子供の渦を吸い上げ渦（suction vortices）とよぶ（図1.2.23）．吸い上げ渦の下では，親渦の風速に吸い上げ渦の風速が加わるので，しばしば局所的に激しい被害がでることが知られており，多重渦の竜巻が畑などを通過した後には，トロコイド状の軌跡が残っていることがある（図1.2.24）．室内実験から，吸い上げ渦の中の風速は親渦の風速の2倍に達すること[19]．理論的な研究から，子供の渦の移動速度は親の渦の回転速度の約半分であることが知られている[20]．

[新野　宏]

文　献

[1] 気象庁，2002，地上気象観測指針，p.154
[2] Niino, H., Fujitani, T. and Watanabe, N., 1993, A statistical study of tornadoes and waterspouts in Japan from 1961 to 1993, *J. Climate*, **10**, pp.1730-1752
[3] Wurman, 2000, 私信
[4] Fujita, T. T., 1971, Proposed characterization of tornadoes and hurricane by area and intensity, SMRP Res. paper, Dept. Geophys. Sci., Univ. Chicago, No.91, p.42
[5] Fujita, T. T., 1992, The Mystery of Severe Storms, SMRP Res. paper, Dept. Geophys. Sci., Univ. Chicago, No.239, p.298
[6] 藤田哲也，1973，たつまき（上）-渦の驚異-，pp.228，共立出版
[7] http://www.spc.noaa.gov/efscale/
[8] Wakimoto, R. M. and Wilson, J. W., 1989, Non-supercell tornadoes, *Mon. Wea. Rev.*, **83**, pp.255-264
[9] Lee, B. D. and Wilhelmson, R. B., 1997, The numerical simulation of nonsupercell tornadogenesis. Part II : Evolution of a family of tornadoes along a weak outflow boundary, *J. Atmos. Sci.*, **54**, pp.2387-2415
[10] Browning, K. A., 1964, Airflow and precipitation trajectories within severe local storms which travels to the right of wind, *J. Atmos. Sci.*, **21**, pp.634-639
[11] http://www.srh.noaa.gov/oun/storms/19990503/radar/ar199905032356z.gif
[12] Noda, A. T. and Niino, H., 2005, Genesis and structure of a major tornado in a numerically-simulated supercell storm : Importance of vertical vorticity in a gust front, *SOLA*, **1**, pp.5-8
[13] Hoecker, W. H. Jr., 1960, Wind speed and airflow patterns in the Dallas tornado of April 2, 1957, *Mon. Wea. Rev.*, **88**, pp.167-180
[14] Hoecker, W. H. Jr., 1961, Three-dimensional pressure patterns of the Dallas tornado and some resultant implications, *Mon. Wea. Rev.*, **89**, pp.533-542
[15] http://www.crh.noaa.gov/fsd/soo/tor062403/samaras/samaras.htm
[16] Snow, J. T., Wyatt, A. L., McCarthy, A. K. and Bishop, E., 1995, Fallout of debris from tornadic thunderstorms : A historical perspective and two examples from VORTEX. *Bull. Amer. Meteor. Soc.*, **76**, pp.1777-1790
[17] Fujita, T. T., 1971, Proposed mechanism of suction spots accompanied by tornadoes. Preprint 7th Conf. Severe Local Storms, Oct. 1971, Kansas City, Amer. Meteor. Soc., pp.208-213
[18] Whipple, A. B. C. and Time-Life Books, 1982, Storm. Alexandria, VA, Time-Life Books, 176pp, ISBN 0809443120
[19] Leslie, F. W., 1977, Surface roughness effects on suction vortex formation : A laboratory simulation, *J. Atmos. Sci.*, **34**, pp.1022-1027
[20] Rotunno, R., 1978, A note on the stability of a cylindrical vortex sheet, *J. Fluid Mech.*, **87**, pp.761-771

1.2.5　雷　雨

雷雨とは，大気成層が不安定なときに積乱雲や積乱雲群によって起こる激しい雨を伴う嵐のことである．これは雷を伴い，その中で竜巻（トルネード）やダウンバーストが起きたりする．アメリカ中西部では巨大積乱雲であるスーパーセルによる雷雨が有名であるが，日本においては積乱雲が繰り返し起きて複数の積乱雲群をもつ雷雨がよくみられる．その例として，2003年7月19日早朝に北九州地方において発生した大雨の例を示す．図1.2.25上は1時間降水量に換算した降水強度の水平分布である．このとき福岡市ではJR駅前が冠水したり福岡県太宰府市では土砂崩れが起こったりした．また翌朝には熊本県水俣市で土砂崩れが起こり，十数人が亡くなった．

この大雨をもたらす実体は丸で囲んだ小さな降水セル（あるいは対流セルとよばれる）である．それは数kmの水平スケールをもつ積乱雲である．この降水セルの時間変動を眺めると，発達期，成熟期，減衰期といったライフサイクルをもつことがわかる．図1.2.25下[1]に示すように，発達期は雲が発達する段階であり，雲の中は上昇流だけである．雲粒ができはじめて雨粒に成長し

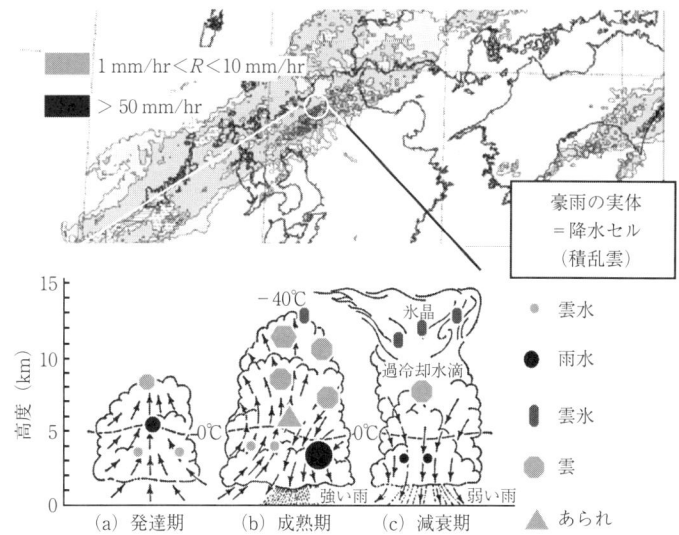

図 1.2.25 （上）2003年7月19日早朝に北九州をおそったときの1時間降水量に換算した降水強度の水平分布．シェード域が降水域を表す．北九州上空を通る南西から北東に並ぶ降水域は寒冷前線によるものである．○をつけたところが降水セルにあたる．（下）降水セル（＝積乱雲）のライフサイクルとそのときにみられるさまざまな降水粒子．降水粒子の大きさや数は模式的に描いてあるので注意する．

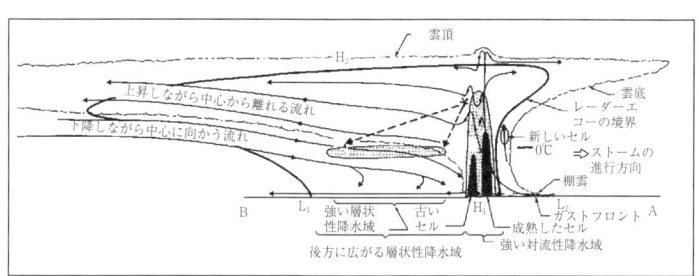

図 1.2.26 スコールラインの模式的な鉛直断面図［2］
波線は雲の境界，実線は等エコー線，ドット域・黒い域は強いエコー域を示す．層状性領域にある強いエコー域はブライトバンドを示す．矢印のついた実線は流れを表す．地上のHとLはメソ高気圧とメソ低気圧を表す．

ているが，まだ粒径が小さくて地上には落下しない．氷点下の高度以上では氷ができはじめる．雲が対流圏上部まで達するころ（成熟期）には，雨粒，あられ，雪のような大きな粒径の降水粒子ができ，上昇流に逆らって落下しはじめる．このために上昇流だけではなく下降流もみられるようになる．地上降水としてはこのころが最も強い雨となる．減衰期になると，上空にはかなとこ雲ができてその下では下降流だけとなる．雨も徐々に弱くなりいずれ消滅してしまう．こうした積乱雲（降水セル）の寿命は30分〜1時間である．

複数の積乱雲群をもつものとして，スコールラインとよばれる降水系がある．スコールラインとは長さ数十kmから数百kmに並んだ線状降水系であり，熱帯や中緯度でしばしばみられる．図1.2.26にスコールラインの成熟期における模式図を示す［2］．横軸のABはスコールラインに直交する方向を表し，Aの方向へシステムは進行する．これをレーダーで眺めると，対流性領域には発生，発達，減衰のいろいろなステージの降水セルが並ぶのがみられる．一方，層状性領域には水平にほぼ一様に広がったブライトバンド（0℃ぐらいの高度で雪が解けて雨になる融解層）がみられたりする．運動場をみると，対流性領域には激しい上

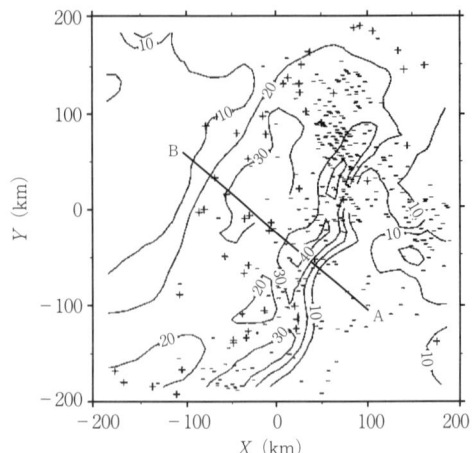

図 1.2.27 1985年6月11日0351UTCにアメリカ・カンザスで観測されたスコールラインにおけるレーダー反射因子と対地放電の水平分布

30分間に起きた対地放電について＋と－の印をつけた．対流性領域は北北東の走向のエコー強度が大きい領域である．便宜的に図1.2.26の断面方向にあわせてABという線を入れた．

昇流と下降流があるのに対して，層状性領域には地上付近の中心から吹き出す流れ，中層の下降しながら中心に向かう流れ，上層の上昇しながら中心から離れる流れといった三層構造がしばしばみられる．

大気電気の立場から雷雨をみると，図1.2.25や図1.2.26のような降水セルが発達する状況でしばしば雷が発生する．図1.2.27は，図1.2.26のスコールラインがきたときに30分間に起こった＋と－の対地放電（落雷）の水平分布である[3]．－（＋）は負（正）極性落雷が起きた地点を意味する．対流性領域では－が数多くみられるのに対して，層状性領域では＋がたまにみられるのがわかる．このように，雷雨とは，力学－熱力学－雲物理－大気電気が密接につながった大気現象であるといえる． ［吉崎正憲］

文　献

[1] 浅井冨雄, 1983, 大気対流の科学, pp. 220, 東京堂出版

[2] Houze, R. A.,Jr., Rutledge, S. A., Biggerstaff, M. I. and Smull, B. F., 1989, Interpretation of Doppler weather-radar displays in midlatitude mesoscale convective systems, *Bull. Amer. Meteor. Soc.*, **70**, pp. 608-619

[3] Rutledge, S. A. and MacGorman, D. R., 1988, Cloud-to-ground lightning activity in the 10-11 June 1985 mesoscale convective system observed during the Okalahoma-Kansas PRE-STORM project, *Mon. Wea. Rev.*, **116**, pp. 1393-1408

1.2.6　台風などの強風の原因のシミュレーション

建物周囲の流れや小地形の気流への影響をシミュレートするための数値モデル（数値風洞）は，すでにさまざまなソフトウェアが開発され商品化もされている．局地的な地形の影響で発生する強風帯や，地形改変に伴う強風発生の変化などは，これらの数値モデルを用いて評価することが可能である．

一方，台風や積乱雲など，強風を引き起こす要因となる気象現象をシミュレートするためには，流体力学過程に加えて，水にかかわる熱力学過程を考慮する必要がある．水を考慮することにより，モデルの中に雲が発生し，潜熱放出による大気加熱が流れの場に反映される．これを熱源として，台風や積乱雲群などの強風発生の原因となるシステムが形成・発達・維持される．太陽光による大気や地表面の加熱，地表面や大気の熱輻射などの放射過程，地表面から大気へのエネルギー伝達にかかわる地表面過程と境界層過程も重要な役割を果たす．

これら諸過程を取り込みメソスケールの気象を再現・予測する数値モデルは，メソスケール数値気象モデルとよばれている．代表的なものは，ペンシルバニア州立大学とアメリカ大気科学研究センター（NCAR）が開発したMM5 (http://www.mmm.ucar.edu/mm5)，コロラド州立大学のPielkeらが開発したRAMS (http://rams.atmos.colostate.edu/)，オクラホマ大学で開発されたARPS (http://www.caps.ou.edu/ARPS/) などが，日本では名古屋大学の坪木らが開発したCReSS (http://www.tokyo.rist.or.jp/CReSS_Fujin/)，気象研究所が開発したNHMなどのモデルがある．NCARでは，MM5の後継モデルとしてのWRF (http://www.wrf-model.org/index.php) の開発が進行している．RAMS以外は，（教育研究目的ならば）無償で利用できるようになっている．ここでは，世界的には現在最も広く使われている

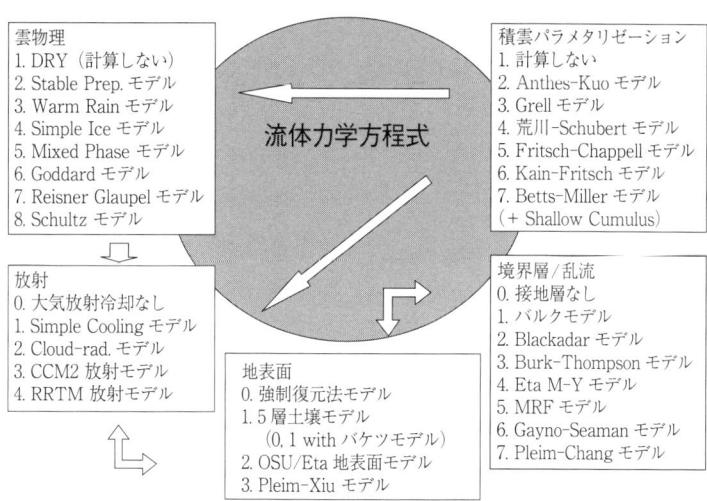

図 1.2.28 メソスケールモデルのモデル構成（MM5 の例）
それぞれの物理モデルにいくつかのオプションが準備されていて，これらを選択的に利用できる．

MM5 を主体として，メソスケール数値気象モデルについて解説する．

(1) モデルの構成

計算モデルは，流体の基礎方程式に基づいて大気の運動を計算する力学モデルと，力学モデルに現れる乱流項や非断熱加熱，降水粒子の形成・消滅などを計算する物理モデルから構成される．図 1.2.28 には，MM5 を例にモデル構成の概略を示す．

力学モデルは，運動量の保存式（運動方程式），連続の式，熱力学の式，状態方程式からなる．運動量保存側の鉛直成分を静力学平衡，

$$\frac{\partial p}{\partial z} = -\rho g \qquad (1.2.4)$$

で置き換えたモデルを静力学モデル，この簡略化を行わないモデルを非静力学モデルとよぶ．積雲スケールの現象を直接再現しようとすると式 (1.2.4) が成り立たない場合が多いため，最近のモデルでは非静力学モデルが主流である．非静力学モデルは，方程式系が音波を含まない非弾性系モデルと，音波を含む弾性系モデルに大別される．音波は位相速度が速いため時間積分のタイムステップを小さく取る必要がある．初期のモデルでは音波を陽に含まない非弾性系モデルが使われたが，このモデルは一方で診断的に気圧を解くときの緩和計算に多くの時間を要した．最近のモデルでは，弾性系モデルを音波をダンプするように工夫された時間積分スキームを用いて解く方法が主流である．弾性系モデルにも，さらに準圧縮系や完全圧縮系など，いくつかのバリエーションがあり，それぞれ一長一短がある．このあたりの議論は，斉藤 [1] に詳しく解説されている．

メソスケールの気象現象には，地形が大きく影響する．メソ気象モデルでは，地形に沿う座標系（地形準拠座標系）を用いて，モデル内での地形表現の向上が図られている．水平方向の座標は球面を平面に投影した地図座標系が用いられ，投影に伴う水平距離の伸縮は，マップファクターとして方程式に反映されている．標高データに関しては，現在では非常に詳細なデータベースが作成されている．MM5 では，USGS の作成した全球 30 秒メッシュの標高データを利用できるようになっている（一部の地域では実際の解像度は悪い）．

(2) 積雲パラメタリゼーションと雲物理過程

雲の発生と降水粒子の生成，降水を計算するには大別して二つの方法がある．第 1 の方法は雲や降水粒子の生成を直接計算する雲物理モデルを用いる方法，もう一つの方法は，積雲パラメタリゼーションの方法である．歴史的には，台風の数値モデル開発の過程で後者が最初に発達し，有名な Arakawa-Schubert スキームや Kuo スキームなど，多くの手法が開発されてきた．これらのス

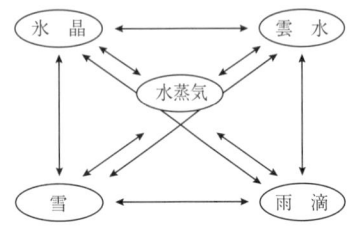

図 1.2.29 バルク雲モデルの概念

キームは，計算機の性能上水平格子間隔を十分細かくできない時代に，計算格子で解像される場の量から上下の格子間の水蒸気鉛直輸送，水蒸気の凝結とこれに伴う降水を計算する手法として開発された．

計算機の性能が向上するに伴い，計算格子を細かくすることが可能となってきたのに呼応して，降水粒子の生成・消滅にかかわる微物理過程を考慮して，雲をまるごと計算する雲物理モデルが開発され使われるようになってきた．この種のモデルで最も詳細なものは雲粒子や降水粒子の粒径までも考慮するが（たとえば [2]），メソスケールモデルでは，粒径分布を仮定した上で，水蒸気とさまざまな降水粒子の量（雲水量，雨水量，雪水量，氷水量，あられ水量）の間での水の移動を計算するバルク雲モデルが実用的に用いられる．バルクモデルでは，各降水要素間のさまざまな変換過程（凝結と蒸発，昇華，凍結と融解，衝突併合など）を変換係数で表現し，それぞれの降水要素の混合比の時間変化を計算する（図 1.2.29）．

水平格子間隔が大きな場合は積雲パラメタリゼーションが有効であり，格子間隔が狭くなるとともに雲物理モデルが重要になる．どの程度のスケールで両者を使い分けるかは議論の残る部分ではあるが，おおむね水平格子間隔 10 km 以下では，雲物理モデルを用い，10 km 以上の水平格子間隔の場合は雲物理モデルと対流パラメタリゼーションを併用するのがよいようである．MM5 では，雲物理モデルと積雲パラメタリゼーションを併用できるようになっている．格子間隔を小さくして雲を直接再現することに力点をおいたモデルを雲解像モデルとよぶこともある．雲解像モデルでは，積乱雲からの下降流により発生する突風前線なども計算される．

(3) 地表面モデル，境界層/乱流モデルおよび放射モデル

地表面（水面）は，太陽の放射エネルギーの一部を吸収する．このエネルギーは，顕熱，潜熱フラックスとして境界層過程を通じて大気へ移動し，さらに乱流輸送で大気上層へと運ばれていく．また，地表面の摩擦効果も同様に大気運動に影響する．これらの過程を表現するのが地表面モデルと境界層/乱流モデルである．地表面モデルは 2〜数層の土壌層から構成され，大気最下層の情報や放射の情報を用いて，地表面温度，大気への熱輸送（顕熱輸送），蒸発量（潜熱輸送）を計算する．また，大気側では，これらの情報から最下層の加熱（冷却）や地表の粗度の影響を受けた風速が計算される．これらのプロセスを計算する際には，土地利用，植生，土壌の種類，土壌水分量などの地表面パラメーターが必要になる．現在では土地利用や土壌の種類に関する詳細なデータベースができており，これらのデータベースを利用すれば地表面特性を反映した計算が可能である（ただし，個々の適用例に際してデータベースの値がどの程度正確であるかは随時検証しておく必要がある）．境界層/乱流モデルに関しては，さまざまな複雑さのモデルが準備されている．使用するモデルにより，計算結果がかなり異なるのが現状であり，個々のモデルの特性に注意して，目的にあった選択をする必要がある．

放射モデルは，大気や雲による太陽放射の吸収，大気および雲からの赤外放射の射出と吸収を簡単化された放射伝達モデルで計算する．大気上端での太陽放射は，緯度，経度，時刻から計算される．地表面からの放射は，地表面温度から計算される．

(4) 計算の実際

上記で述べた各種メソ気象モデルは，いずれも PC Linux からスーパーコンピュータまでの複数のプラットホームに対応している．複数の PC Linux で構成される並列計算システムを用いるのがお薦めである．

MM5 の場合の計算の流れを示したのが図 1.2.30 である．地形データ作成から始まり，気

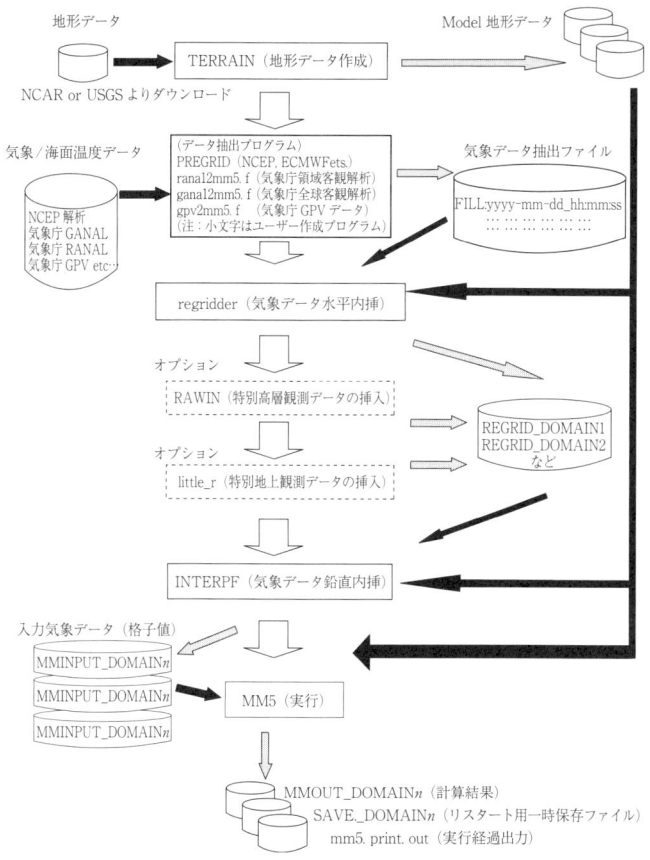

図 1.2.30 MM5 による計算の流れ

象データの準備，計算の実行と続く．MM5 では，GRIB 形式（世界気象機関が定めた気象データ交換用のデータ形式）のデータを標準入力とする気象データ前処理機能がある．これを用いるとアメリカの NCEP（National Center for Environmental Prediction）が行っている客観解析や全球予報データを用いた計算が可能である．簡単な変換プログラムを作成することにより，気象庁の領域客観解析（RANAL）や，気象庁の数値予報データ（GPV）を入力データとすることもできる．

(5) 風工学への応用例

メソスケールモデルは，短期の局地数値予報や，集中豪雨や台風などのメソスケール現象の研究に用いられている．あるいは大気汚染予報モデルの気象場作成などに使われている．韓国では，現業の気象予報に用いられている．

日本における強風災害の中で被害額が圧倒的に大きいのは台風である．台風による強風を推定する手法としては，工学的な台風モデル（標準台風）を用いる手法がよく用いられる．このようなモデルに客観性をもたせるため多くの努力が払われてきたが，とくに地形の影響を強く受けるような場合は，標準台風では不十分であった．たとえば，大澤ら [3] は，伊勢湾台風に伴う地上風を MM5 を用いて計算した．また，金と山下 [4] は，台風 9918 号時の不知火海の高潮を，MM5 と海洋循環モデル（POM, Princeton Ocean Model）および波浪モデルを結合して再現した．MM5 には簡単な4次元同化機能がオプションでついていて，これを用いると，たとえば6時間間隔の客観解析データを逐次入力しながら，解析時刻の間を，力学的に矛盾なく埋めた風速場を作成することができる．このようにして計算された結果を，風力エネルギー算出のための基礎情報とする試みもある．

メソスケール数値モデルは，現在では，誰でも使えるような環境になってきた．気象力学や雲物理学，計算手法をほとんど知らなくても，マニュアルに従ってソフトウェアをインストールし，必要なデータを集めてきてモデルを走らせれば，それらしい結果が出てくるのである．このような環境を調査研究に用いない手はない．数値モデルは，風速計や圧力センサー，あるいは計測結果を数値化するADコンバーターなどの電子機器と同様な「道具」になってきたといっても過言ではない．しかし，各種センサーや電子機器を使用するときに，その応答特性やノイズレベルなどを知らないと計測結果の誤った解釈にいたるのと同様，モデルを使用する場合にも，その適応範囲や限界に関してひととおりの知識を有している必要があることはいうまでもない．数値モデルという道具を上手に使いこなすことが大事である． [石川裕彦]

文献

[1] 斉藤和雄編, 1999, 非静力モデル, 気象研究ノート, 196, 日本気象学会

[2] Takahashi, T. and Kawano, T., 1998, Numerical sensitivity study of Rainband Precipitation and Evolution, *J. Atmos. Sci.*, **55**, pp. 57-87

[3] 大澤輝夫, 竹山剛生, 安田孝志, 2001, メソ気象モデルと台風ボーガスを用いた伊勢湾台風時の風の場のシミュレーション, 海岸工学論文集, 48, pp. 281-285, 土木学会

[4] 金庚玉, 山下隆男, 2004, 大気・波浪・海洋結合モデルによる台風9918号の高潮・高波の追算, 海岸工学論文集, 51, pp. 236-240, 土木学会

1.3 強風の乱流構造

1.3.1 時空間相関と乱流スケール

境界層における乱流すなわち風の乱れの統計的性質は，大気の安定度によって大きく変わる．安定度はリチャードソン数やモーニン-オブコフ長で表される．しかし強風の場合，ほとんど中立に近い成層をなすため安定度は寄与しないと考えてよい．したがって，強風の時空間相関などの乱流構造は，気温に依存しないとする．

乱流はいろいろな空間スケールの渦（eddy，相関渦ともいう）が，平均風速とともに流れながら互いに干渉しあっていると考えられる．乱流構造はほとんどの場合，力学的に因果関係を示すことができないため，統計的な手法によって明らかにされる．

3次元空間の点 $\vec{x}=(x, y, z)$ における風速を $(\bar{u}+u', v', w')$ とおく．風向を x 方向とし，$\bar{u}$ は平均風速である．2点間の風速の相関関数 $R_{ij}(\vec{r})$ は，変動成分のアンサンブル平均で表される．$\vec{r}$ は，2点間の変位を示す．二つの点 $P_1(\vec{x})$，$P_2(\vec{x}+\vec{r})$ において測定された風速変動成分 $u_i'(=u', v', w')$ と $u_j'(=u', v', w')$ の相関関数は次の式で示される．

$$R_{ij}(\vec{r}) = \overline{u_i'(\vec{x})u_j'(\vec{x}+\vec{r})} \quad (1.3.1)$$

または，$\vec{r}=(r_x, r_y, r_z)$ とおくと

$$R_{ij}(r_x, r_y, r_z) = \overline{u_i'(x, y, z)u_j'(x+r_x, y+r_y, z+r_z)} \quad (1.3.2)$$

$R_{ij}(\vec{r})$ を各風速変動成分の標準偏差 $\sqrt{\overline{u_i'(\vec{x})^2}}$ と $\sqrt{\overline{u_j'(\vec{x}+\vec{r})^2}}$ で規格化したものを，相関数 $\rho_{ij}(\vec{r})$ という．

$$\rho_{ij}(\vec{r}) = \frac{\overline{u_i'(\vec{x})u_j'(\vec{x}+\vec{r})}}{\sqrt{\overline{u_i'(\vec{x})^2}}\sqrt{\overline{u_j'(\vec{x}+\vec{r})^2}}} \quad (1.3.3)$$

または，

$$\rho_{ij}(r_x, r_y, r_z) = \frac{\overline{u_i'(x, y, z)u_j'(x+r_x, y+r_y, z+r_z)}}{\sqrt{\overline{u_i'(x, y, z)^2}}\sqrt{\overline{u_j'(x+r_x, y+r_y, z+r_z)^2}}} \quad (1.3.4)$$

一般的には，時間差も考慮した相関関数が定義されるが，実用上乱流場の構造を調べる際には観測条件の簡素化が重要であり用いることが少ない．風速の空間相関の模式図を図1.3.1に示す．

風速のいろいろな振舞いの特性は，空間的に捉えることが最も望ましい．しかしながら広い3次

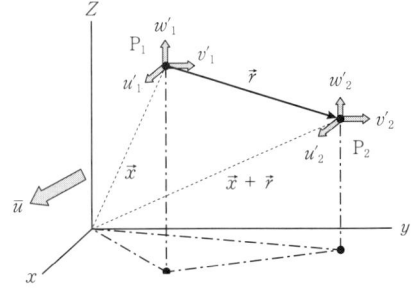

図1.3.1 離れた2点 P_1 と P_2 における風速変動の相関

元空間で，同時に風を測ることは不可能である．そのため一点で連続的に実測した風速の時系列を解析して風速の空間的性質をみいだす．観測時間が有限であるため，また完全な定常状態が観測時間において実現しないため，時系列の解析からは空間的性質は近似的にしか明らかにされない．多くの場合，数カ所の観測点で得られた時系列から風の統計的性質を調べる．

観測時間 T，読み取り時間 Δt の N 個の風速データ（$T=N\Delta t$）$u_i{}'(t)$ と $u_j{}'(t+\tau)$ から求める相関関数 $R_{ij}(\tau)$ と相関係数 $\rho_{ij}(\tau)$ は，式 (1.3.1) と式 (1.3.3) において $\bar{x}$ と $\bar{r}$ を時刻 t と時間差 τ に置き換え時間平均の量として定義される．一点で測った同じ風速成分の場合，$R_{ii}(\tau)$ を自己相関関数といい，それ以外の場合は相互相関関数という．同様に，$\rho_{ii}(\tau)$ を自己相関係数という．

$$R_{ij}(\tau)=\overline{u_i{}'(t)u_j{}'(t+\tau)}=\frac{1}{T}\int_{-T/2}^{T/2}u_i{}'(t)u_j{}'(t+\tau)dt$$
$$=\sum_{n=1}^{N}\frac{u_{in}{}'(t)u_{jn}{}'(t+m\Delta t)}{N} \quad (1.3.5)$$

ただし，$\tau=m\Delta t(m=0,\pm 1,\pm 2,\pm 3,\cdots)$，観測時間 T は理論的には無限大の長さであるが，実際の観測上でも十分長いことが望まれる．

$$\rho_{ij}(\tau)=\frac{\overline{u_i{}'(t)u_j{}'(t+\tau)}}{\sqrt{\overline{u_i{}'(t)^2}}\sqrt{\overline{u_j{}'(t+\tau)^2}}} \quad (1.3.6)$$

自己相関係数では，$\rho_{ii}(0)=1$ となる．

2カ所で同時測定した同じ風速成分 u' の相互相関関数 $R_{ij}(\tau)$ の例を図 1.3.2 に示す．相関関数が極大となる位相差 τ_0 は，水平横方向の2測定点では一様流中においてほぼ0の値をとる．また，自然風では位相差が十分大きくなっても，多くの場合，相関が0に収束しない．

乱流場において時間と空間の変換をするのに Taylor の凍結渦の仮説があり，時系列データから得た時間相関を空間相関に代用するのによく用

いられる．乱流の渦は，ある範囲の時間と空間において性質を変えることなく平均流（平均風速）によって運ばれるというものであり，風向を x 方向とすると次の演算子の関係式で示すことができる．

$$\frac{\partial}{\partial t}=-\bar{u}\frac{\partial}{\partial x}$$

観測している場が有限な時空間の範囲で切り取ったものであり，変動成分が相対的に小さい場合に許される．この仮説に従えば，風向方向の相関は，

$$R_{ij}(l)=R_{ij}(\tau), \quad \text{ただし，} l=\bar{u}\tau$$

いろいろな時間スケールの乱渦が平均流とともに重ね合わさって流れていると考えると，すなわち乱流場（風速変動の時空間の状態）がいろいろな周波数の成分波を合成したものとすると，エネルギースペクトルを導入できる．ウィナー–キンチンの定理によってスペクトル密度関数（パワースペクトル）と相関関数は互いにフーリエ変換の関係にある．したがって風速変動をスペクトル解析した成分波の渦の相関（コヒーレンス）は，スペクトル構造の一つとして評価される．

乱流スケールの最も基本的なものは，風速変動の標準偏差 $\sqrt{\overline{u_i{}'(\bar{x})^2}}$ である．この量は，風速変動の平均的な大きさを表す．一般に最も多く使われる乱流スケールは，自己相関係数 (1.3.4) を用いた積分スケールであり，乱渦（相関渦）の大きさを表す．空間3方向について次式で定義される．

$$\left.\begin{array}{l}I_i{}^x=\int_0^\infty \rho_{ii}(r_x,0,0)dr_x \\ I_i{}^y=\int_0^\infty \rho_{ii}(0,r_y,0)dr_y \\ I_i{}^z=\int_0^\infty \rho_{ii}(0,0,r_z)dr_z\end{array}\right\} \quad (1.3.7)$$

ただし，添え字 i は風速3成分 $u_i{}'(=u',v',w')$ を示す．

また，時系列の自己相関係数 (1.3.6) から風向方向の積分スケールも定義される．

$$L_i{}^t=\int_0^\infty \rho_{ii}(\tau)d\tau \quad (1.3.8)$$

観測時間は有限であるため，自己相関係数の定義の場合と同様に積分の上限はデータ解析において無限大ではない．また，自然風の乱渦を評価する

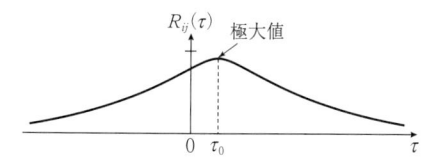

図 1.3.2 時系列データの相互相関関数（τ_0 は極大値を取る位相差）

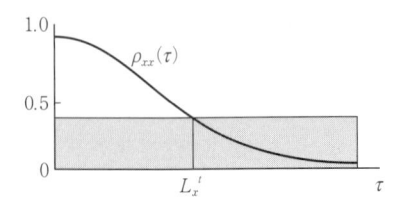

図 1.3.3 風向方向の乱流の時間積分スケール

ときはかなり大きな間隔 $r_i(i=x, y, z)$ あるいはかなり長い時間差 τ でも相関値が 0 に収束しないため，有意性を失わない範囲で積分の上限を切る処理が必要な場合がある．Taylor の仮説が成立するならば，$L_i{}^x = \bar{u} L_i{}^t$ となる．時系列データから求める乱流スケールの事例を図 1.3.3 に示す．

スペクトル解析からは，コヒーレンスの平方根が周波数別相関係数になるため，式 (1.3.7) と同様に積分スケールが定義される．　[**内藤玄一**]

1.3.2 時空間スペクトル
(1) 風速変動のパワースペクトル

パワースペクトルは時間的に変動する量の周波数特性を表すものである．たとえば，風速の変動量 u の標準偏差を σ_u，パワースペクトルを $S_u(f)$ とすると，$S_u(f)df$ は分散 σ_u^2 に対する周波数成分ごとの寄与の大きさを表す量である．自然風では平均流のエネルギーからシアーなどを媒介として生成される力学的乱流と不安定成層によって生成される熱的乱流があり，生成された比較的大きな渦はより小さい渦へと分裂を繰り返し，最終的には熱エネルギーに散逸する．Kolmogorov は次元解析から生成と散逸のいずれにも関係のない中間の波数帯（慣性小領域）において，パワースペクトルは波数の $-5/3$ 乗に比例するという仮説を立てた．凍結乱流の仮定のもとでこの仮説は多くの観測によって実証され，いまでは $-5/3$ 乗則とよばれている．

熱成層の影響のない中立時のパワースペクトルについては多くの実験式が提案されている．パラメーターの扱いは別として，スペクトルの基本的な形にのみ着目すれば，その大部分は Fichtl と McVehil [1] によって提案された次式に包含される．

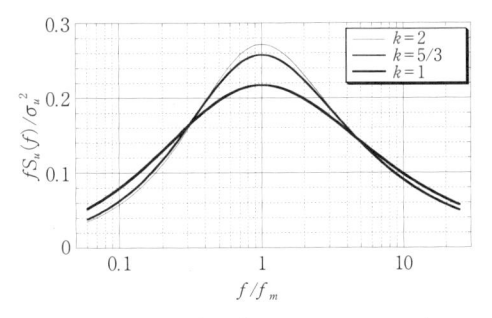

図 1.3.4 式 (1.3.9) で表されるパワースペクトル

$$\frac{fS_u(f)}{\sigma_u^2} = \frac{Af/f_m}{[1+1.5(f/f_m)^k]^{5/3k}} \quad (1.3.9)$$

f_m は $fS_u(f)/\sigma_u^2$ が最大となる周波数，A は定数であるが，

$$\sigma_u^2 = \int_0^\infty S_u(f)df \quad (1.3.10)$$

より，A と k は独立ではなく

$$A = \frac{1.5^{1/k} k \Gamma(5/3k)}{\Gamma(2/3k)\Gamma(1/k)}$$

で与えられる．$k=2, 5/3, 1$ のとき，A はそれぞれ 0.5823, 0.6435, 1.0 となる．この 3 ケースのスペクトルを図 1.3.4 に示す．k の値が大きくなるとともにスペクトルピークの形が鋭くなる．σ_u と f_m とは異なるパラメーターによって式 (1.3.9) が表現される場合もある．たとえば，日本建築学会の『建築物荷重指針・同解説』[2] では k は 2 とし f_m の代わりにスケール L_{ux} を用いている．式 (1.3.9) の場合には，$L_{ux} = AU/4f_m$ が成り立つので，これを用いて式 (1.3.9) から f_m を消去すれば同書の式になる．$k=2$ のタイプをカルマン型スペクトルという．提案された実験式の k の値の多くは 2 またはそれ以下であり，1 より小さい場合もある．Lumley と Panofsky [3] は $k=5/3$，Pasquill と Butler [4] は $k=1$ の形を提唱している．Kaimal ら [5] は中立時には風速 3 成分のスペクトルがいずれも $k=1$ の形で近似できるとしている．また，f_m あるいは L_{ux} はスペクトルピークの位置にかかわる重要なパラメーターであるが，その測定値は大きくばらつく．日本建築学会の同書 [2] では $L_{ux} = 100(z/30)^{0.5}$ としている．

(2) 2地点における風速変動間のクロススペクトル

クロススペクトルは2組の変動量の関係を周波数との関連で表現するときに用いられ、コスペクトル $C_{12}(f)$ とクオドラチャスペクトル $Q_{12}(f)$ の2成分からなる。これらからコヒーレンス $Coh(f)$ と位相差 $\Phi(f)$ が次式で定義される。

$$\Phi(f) = \tan^{-1}\left(\frac{Q_{12}(f)}{C_{12}(f)}\right)$$

$$Coh(f) = \frac{4\{C_{12}^2(f) + Q_{12}^2(f)\}}{S_1(f)S_2(f)}$$

$S(f)$ の定義は2とおりの方法があり、式(1.3.10)の成立する $S(f)$ は one-sided spectrum とよばれるものである。$Coh(f)$ の定義式の分子の4はこれを用いたことによる。$Coh^{1/2}(f)$ は2組の変動における周波数 f の成分間の相関係数という意味合いがあり、$\Phi(f)$ はその両者の平均的な位相のずれを表す。

$Coh(f)$ と $\Phi(f)$ に関する実験式が提案されている。鉛直方向に距離 Δz だけ離れた2点の風速変動について、Davenport [6] は $Coh^{1/2}(f) = \exp(-kf\Delta z/U)$ で近似した。k は decay constant という。Shiotani と Iwatani [7] は z_1, z_2 の2高度（平均高度を z_a とする）の強風時のデータを上記の式で近似して、$k = 13(\Delta z/z_a)^{0.4}$ を得た。測定結果の一例を図1.3.5に示した。位相差については $\Phi(f) = k'f\Delta z/U$ による近似を行い、$k' = 9(\Delta z/z_a)^{0.4}$ とした。k と k' はともに z_1, z_2 とともに変化している。風向に対して水平横方向に Δx だけ離れた2点の風速変動についても、同様の関数近似から、$k = 14(\Delta x/z)^{0.45}$, $k' = 0$ が得られたとしている。この実験式が実際的に応用される場合には、簡単のために k を定数として扱い、8程度の値が用いられることが多い。x, y, z 方向に離れた2点における $Coh(f)$ と $\Phi(f)$ を風速3成分のすべての組合せで定義することができる。非等方的な自然風ではその値は互いに異なるが、Naito [8]、Panofsky と Dutton [9] などによる測定例はあるもののきわめて数が限られており、未解明の部分が多い。上記の指数関数による近似式の他にも、Kristensen と Jensen [10] によって等方性乱流の仮定のもとで、スペクトルの形を仮定した上で導出された式などが提案されている。

［岩谷祥美］

文 献

[1] Fichtl, G. H. and McVehil, G. E., 1970, Longitudinal and lateral spectra in the atmospheric boundary layer at the Kennedy space center, *J. Applied Meteor.*, **9**, pp. 51-63

[2] 日本建築学会、1993、建築物荷重指針・同解説、丸善

[3] Lumley, J. L. and Panofsky, H. A., 1964, The structure of atmospheric turbulence, John Wiley & Sons

[4] Pasquill, F. and Butler, H. E., 1964, A note determining the scale of turbulence, *Quart. J. Roy. Meteor. Soc.*, **90**, pp. 79-84

[5] Kaimal, J. C., Wyngaard, J. C., Izumi, Y. and Coté, O. R., 1972, Spectral characteristics of surface layer turbulence, *Quart. J. Roy. Meteor. Soc.*, **98**, pp. 563-569

[6] Davenport, A. G., 1961, The spectrum of horizontal gustiness near the ground in high winds, *Quart. J. Roy. Meteor. Soc.*, **87**, pp. 194-211

[7] Shiotani, M. and Iwatani, Y., 1980, Gust structures over flat terrains and their modification by a barrier, Wind Engineering, pp. 203-214, Pergamon Press

[8] Naito, G., 1982, Three-dimensional space structure of turbulent eddy in the atmospheric boundary layer above the ocean, *J. Meteor. Soc. Japan*, **60**, pp. 1299-1315

[9] Panofsky, H. A. and Dutton, J. A., 1984, Atmospheric turbulence, John Wiley & Sons

[10] Kristensen, L. and Jensen, N. O., 1979, Lateral coherence in isotropic turbulence and in the natural wind, *Boundary Layer Meteor.*, **17**, pp. 353-373

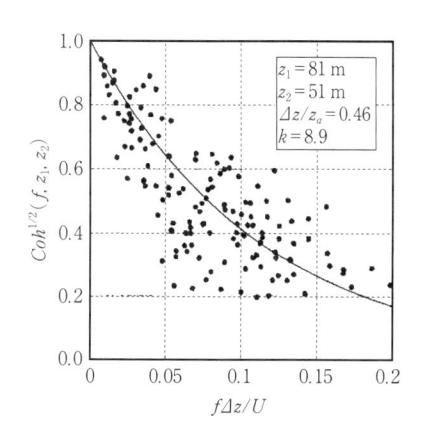

図 1.3.5 $Coh^{1/2}(f)$ の測定例

1.3.3 大気境界層の非定常現象
(1) 強風中の非定常現象

1.1.2大気境界層の構造で述べたように，地面近くの乱流はまったく不規則な現象としてとらえられてきた．しかしながら，1960年代後半に，風洞や水槽などの実験で，境界層の中の乱流に組織運動として，境界面近くの弱風速部分が上昇し（ejection, $u<0$, $w>0$），それを後面から上部の強風部分が追いかけるように降下する（sweep, $u>0$, $w<0$）一連の現象が周期的に発生していることがみいだされ，乱流境界層のエネルギーの生成がおもにこの組織運動に伴って発生していることが示された [1, 2]．その概念図を図1.3.6に示す[3]．この概念を大気境界層に応用してみると，同様な現象が発生していることが示唆されている [4, 5]．

このような組織運動であるejectionとsweepによる運動量輸送の寄与の鉛直分布を，気象庁気象研究所の気象観測塔（高さ213 m）で観測した結果 [4] を図1.3.7に示す．ejectionに伴う運動

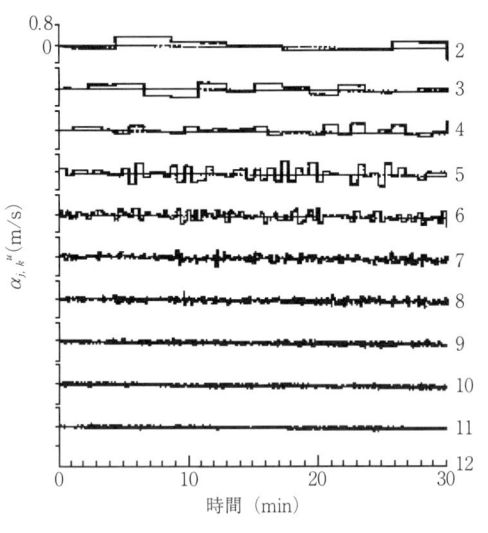

図1.3.8 水平風速のウェーブレット [6]

量輸送は高度に依存して増加する傾向があるのに対し，sweepの場合は25 mまで減少し，その上50 mまでは増加しそれから上部の100 mまではほぼ一定の値を示す．

このような非定常現象の構造を明らかにする目的で，水平風速の風向成分について，その時空間的な情報が得られるウェーブレット解析を適用した結果を図1.3.8に示す [6]．正規直交展開をしているので，時空間スケールについて互いに独立である．

変動の時空間スケールは上から下にいくに従って小さくなる．変動のスケールが小さいときには変動の発生が一様になるのに対し，スケールが大きいときにはその発生は間欠的で非定常性が強くなることがわかる．

以上の現象を考察すると，時空間的内スケールが大きいときにはその発生は，時間的には非定常で，空間的には非均一に発生するが，そのスケールがより小さくなるにつれて，定常均一に発生し，乱流の構造は一様になる． ［林　泰一］

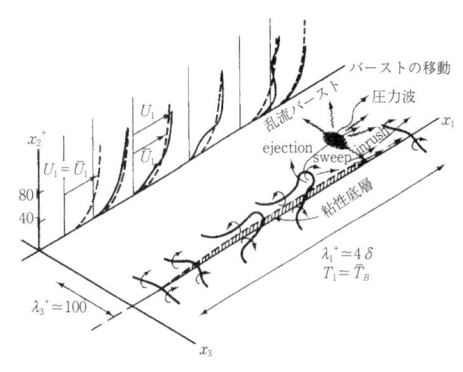

図1.3.6 境界層の中の組織運動の概念図 [3]

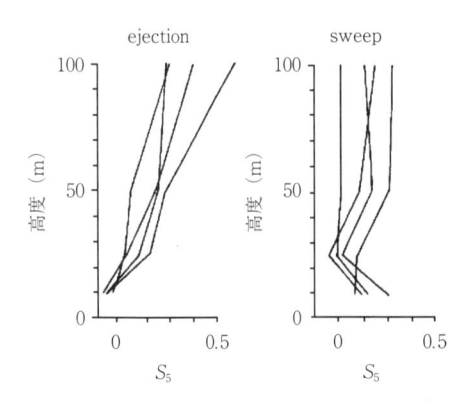

図1.3.7 ejection, sweepの寄与の高度分布 [4]

文 献

[1] Kline, S. J., Reynolds, W. C., Shraub, F. A. and Rundstadler, P. W., 1967, The structure of turbulent boundary layer, *J. Fluid Mech.*, **30**, pp. 741-773

[2] Grass, A. J., 1971, Structural features of turbulent flow over smooth and rough boundaries, *J. Fluid Mech.*, **50**, pp. 223-256

[3] Hinze, J. O., 1975, Turbulence, 2nd edition, pp. 790, McGraw-Hill
[4] 山元龍三郎, 光田寧, 文字信貴, 塚本修, 林泰一, 1984, 大気境界層の乱流の観測的研究, 大気圏・水圏における乱流成果報告書, pp. 45-52
[5] Hayashi, T., 1992, Gust and downward momentum transfer in the atmospheric surface layer, *Boundary Layer Meteor.*, **58**, pp. 33-49
[6] Hayashi, T., 1994, An analysis of wind fluctuations in the atmospheric surface layer using wavelet transform

(2) 強風の非定常現象解析法

定常信号の解析にフーリエ変換が適していることはよく知られている．これは $\exp(i\omega t)$ が時間軸上で一様に広がった関数であるためである．しかし，スペクトル構造の時間変化など信号の非定常性を問題にする場合，フーリエ変換では事象の生起時刻の特定がむずかしく，別種の手法を用いて信号の時間周波数構造を調べることが多い．

最も簡便に用いられるのは窓付きフーリエ変換である [1]．これは信号 $f(t)$ に対し，時刻 t_0 付近でのみ振幅をもつ関数 $g(t-t_0)$ を掛け算して局所化した後，フーリエ変換するもので，時刻 t_0 付近の周波数構造（局所スペクトル）を検出する方法である．

$$\hat{f}(\omega, t_0) = \int_{-\infty}^{\infty} e^{-i\omega t} g(t-t_0) f(t) dt$$

この方法は音声信号などの時間周波数解析（声紋解析）など多くの用途に用いられている．しかし窓関数の形状が結果に影響を及ぼすため，窓関数の選択に注意を払う必要がある．よく用いられる窓関数としては，矩形窓 ($g(t)=1$), Hamming 窓 ($0.54+0.46\cos(2\pi t)$), Gaussian 窓 ($\exp(-18 t^2)$), Hanning 窓 ($\cos^2(\pi t)$), Blackman 窓 ($0.42+0.5\cos(2\pi t)+0.08\cos(4\pi t)$) などがある（いずれも窓の範囲は $[-1/2, 1/2]$）．窓付きフーリエ変換は，簡便ではあるものの，時間分解能が $g(t-t_0)$ で決まり周波数によらず一定であるため，時間分解能の柔軟さに欠けるという欠点がある．また離散データ信号に対し，周波数と時刻を等間隔に離散化する際，離散化された積分核について，直交性などのよい性質と時間周波数面におけるよい局在性の両立が不可能（Balian-Low の定理）という原理的困難も抱えている．

一方，関数展開や線形積分変換ではなく，信号 $f(t)$ の2次形式でエネルギー分布を与えようとするものにウィグナー分布がある [2]．これはもともと量子力学に起源をもつもので，時間と周波数のような共役な変数を同時に独立変数としてもつウィグナー分布関数

$$P_w f(\omega, t_0) = \int_{-\infty}^{\infty} f\left(t_0+\frac{t}{2}\right) f\left(t_0-\frac{t}{2}\right) e^{-i\omega t} dt$$

を用いる．重要な性質は

$$\int_{-\infty}^{\infty} P_w f(\omega, t_0) d\omega = 2\pi |f(t_0)|^2$$

$$\int_{-\infty}^{\infty} P_w f(\omega, t_0) dt_0 = |\hat{f}(\omega)|^2$$

であり，これが $P_w f(\omega, t_0)$ を時間周波数面のエネルギー分布とみなす動機を与える．ウィグナー分布は，時間周波数面において高い分解能を示す場合もあり，時間周波数解析の手法として好まれることも多い．また理論的には，窓付きフーリエ変換や後述する連続ウェーブレット変換におけるエネルギー分布をウィグナー分布の重合せとして表すこともできるため，時間周波数解析における基本的概念の一つと考えることもできる．ただし $P_w f(\omega, t_0)$ は必ずしも正値ではないという重大な問題点があるため，時間周波数面のエネルギー分布という解釈は，言葉どおりに受け取ることはできず便宜的なものに止まる．また信号 $f(t)$ の2次形式であるため複数の事象を含む信号では干渉縞が現れるなど実用にあたって心得ておかなければならない性質もある [2]．このウィグナー分布を一般化したものに，やはり信号の2次形式としてエネルギー分布を与えようとするコーヘン分布がある [2]．これは定義に任意関数を含む非常に一般的な概念であり，とくにこの関数が定数1の場合がウィグナー分布に相当している．

近年，信号の時間周波数解析手法として急速に広まったのはウェーブレット解析である．これは，局所的に振幅をもつ相似な形の関数からなる関数系によって信号を表現する方法であり，フーリエ解析と同様，積分変換と級数展開の二つの形がある．

連続ウェーブレット変換は，アナライジングウェーブレット（あるいはマザーウェーブレット）とよばれる関数 $\psi(t)$ からつくるウェーブレットとよばれる関数系

$$\psi^{(a,b)}(t) = \frac{1}{\sqrt{|a|}} \psi\left(\frac{t-b}{a}\right) \quad (a(\neq 0), \ b \in R)$$

を積分核とする次の積分変換をいう [1, 3].

$$T(a,b) = \frac{1}{\sqrt{C_\psi}} \int_{-\infty}^{\infty} \overline{\psi^{(a,b)}(t)} f(t) dt$$

連続ウェーブレット変換の逆変換は

$$f(t) = \frac{1}{\sqrt{C_\psi}} \int_{-\infty}^{\infty} \int_{-\infty}^{\infty} T(a,b) \psi^{(a,b)}(t) \frac{dadb}{a^2}$$

で与えられる．ここで $f(t)$ は2乗可積分すなわちエネルギー有限の関数で

$$C_\psi = \int_{-\infty}^{\infty} \frac{|\hat{\psi}(\omega)|^2}{|\omega|} d\omega, \ \hat{\psi}(\omega) = \int_{-\infty}^{\infty} e^{-i\omega t} \psi(t) dt$$

である．ウェーブレットの定義から $T(a,b)$ を「時刻 b における周波数 $1/a$ の成分の大きさ（係数）」と解釈して便利に用いることができるが，1個のウェーブレットが特定できる時刻と周波数には幅があること，また原理的にも時刻と周波数の精度には不確定性関係があるため，この解釈には注意が必要である．なおウェーブレット解析では，周波数が高くなるほど，ウェーブレットの幅が狭まるため，時間の分解能は高くなるが，同時に，周波数の分解能は低くなる．

信号の時間周波数解析では，$T(a,b)$ を (a,b) 面のカラー画像として表し，周波数構造の時間変化や信号の微妙な違いを判別するために用いることが多い．また $t=b$ における信号値や導関数あるいは高階導関数に特異性（不連続性）がある場合，$a \to 0$ の $T(a,b)$ の振舞いに特徴的なべき則が現れる．この性質は，信号の特異性の時刻と強度の検出にしばしば応用される．またウェーブレットはその相似性から，自己相似的信号（フラクタル，多重フラクタル）の解析にも適している．

連続ウェーブレット変換では，ウェーブレットが一次従属な関数系であるために $T(a,b)$ に対するフィルター操作などに制限が生じる．この制限を避けるには，特殊なアナライジングウェーブレット $\psi(t)$ を選び，パラメーターを離散化（$a=1/2^j, \ b=k/2^j$) してウェーブレット $\psi_{j,k}(t) = 2^{j/2} \psi(2^j t - k)$ (j, k は整数) が完全正規直交系となるようにすればよい．これを直交ウェーブレットという [1, 4]．直交ウェーブレットは，電気工学におけるフィルターバンク理論と深い関係にあり，多重解像度解析（MRA, multi-resolution analysis）とよばれる数学的枠組みによって構成される．直交ウェーブレットは，なめらかさやサポートの性質についてさまざまな種類のものが知られている．典型的なものとして，メイヤーウェーブレット（無限回微分可能でフーリエ変換がコンパクトサポート）やドブシーウェーブレット（コンパクトサポート）などがある．2乗可積分な信号 $f(t)$ は直交ウェーブレットによって

$$f(t) = \sum_{j=-\infty}^{\infty} \sum_{k=-\infty}^{\infty} \alpha_{j,k} \psi_{j,k}(t)$$

と展開され，展開係数 $\alpha_{j,k}$ は，時刻 $k/2^j$ 付近における周波数 2^j 付近の成分の大きさを表す．また，$|\alpha_{j,k}|^2$ はその成分のもつエネルギーを表し，

$$\int_{-\infty}^{\infty} |f(t)|^2 dt = \sum_{j,k} |\alpha_{j,k}|^2$$

が成り立つ．ウェーブレットの直交性によって，係数に対するフィルター操作が可能となり，通常のフーリエ解析の場合と同様，特定事象に対応する係数の抽出や消去を自由に行うことができる．これを利用した時間周波数面における混合事象の分離や事象の特定は，単なる周波数分解（フーリエ解析）だけでは実行困難なデータ解析に応用されている．また確率的な信号（乱流速度など）では，信号の統計的性質は直交ウェーブレット展開係数の（各 j ごとの）分布関数などに反映され，フーリエスペクトル（2次相関）よりも詳しい解析が可能となる．なお直交ウェーブレット展開の係数

$$\alpha_{j,k} = \int_{-\infty}^{\infty} \overline{\psi_{j,k}(t)} f(t) dt$$

については，多重解像度解析に伴うマラー変換から得られる高速アルゴリズム（高速ウェーブレット変換，FWT）や FFT を用いて計算可能であり，計算時間は通常大きくない．

［山田道夫］

文　献

[1] Daubechies, I., 1992, Ten Lectures on Wavelets,

SIAM
[2] Cohen, L., 1995, Time-Frequency Analysis, Prentice Hall（吉川昭，佐藤俊輔訳，1998，時間周波数解析，朝倉書店）
[3] 榊原進，1995，ウェーヴレットビギナーズガイド，東京電機大学出版局
[4] Strang, G. and Ngyen, T., 1996, Wavelets and Filter Banks, Wellesley-Cambringe Press（高橋進一，池原雅章訳，1990，ウェーブレット解析とフィルタバンク I, II，培風館）

1.4 強風の統計

1.4.1 強風の再現期間

構造物やそれを構成する要素（たとえば外装材やガラスなど）の安全設計や機能設計を行うとき，風や地震などの外力に対しどの程度のものを想定するかということが問題となる．高い外力レベルを考えれば，安全や機能を失う確率は小さくなるが，それに対処するための費用もかさむことになる．被害を起こすような強風や地震など，自然に起因してまれに発生する外乱のレベルを表現する一つの方法として再現期間を用いることが多い [1, 2]．

図1.4.1に示すのは，名古屋の気象における1929年から1999年までの70年間の年最大風速値である．年により年最大風速の値が変化し，その変動には明確な規則性がなく，ランダムであることが理解できる．仮に22m/sをレベルとすると，それを越える風速が起こる時間間隔はもちろん一定ではなく，変動することも図1.4.1からわかる．

再現期間とは，あるレベル以上の外乱（ここでは風速）が発生する時間間隔（図1.4.1）のことであり，その平均をもって平均再現期間という．

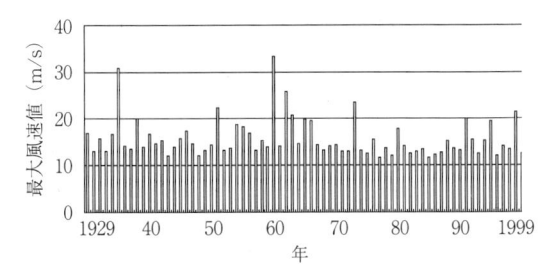

図1.4.1 名古屋気象台における過去70年の年最大風速（10分間平均風速）

平均再現期間が100年とは，平均して100年に一度，そのレベルを越す外乱が発生するということである．注意すべきことは，外乱の強度はランダムであり，平均再現期間が100年であってもそれよりもずっと短い間隔でそのような荷重が発生することがあるということである．

再現期間や平均再現期間というのは，そもそも荷重の発生とその強度が確率的な現象のときに意味をもつもので，確率の考え方を用いてもう少し詳しく考えてみよう．

風の場合，強風をもたらす台風の当たり年とかいうケースもあるが，強い風が吹く確率は年によってそれほど変化はなく，年最大風速は互いに影響を及ぼさない（確率的独立性）と考えるのが自然である．年最大風速を V(m/s) として，ある年にその風速を越す確率を $P_V(<1)$ としよう．その年は越さないが，次の年に越す確率は，1年目に越さない確率が $1-P_V$ で，2年目に越す確率 P_V なので $(1-P_V) \cdot P_V$ である．n 年目に初めて越す確率は，同じような考え方で $(1-P_V)^{n-1} \cdot P_V$ である．n 年目に初めて風速 V を越すということは，再現期間が n 年ということであるから，平均再現期間 N_V は

$$N_V = \sum_{n=1}^{\infty} n \times (1-P_V)^{n-1} \cdot P_V$$
$$= P_V + 2(1-P_V) \cdot P_V + 3(1-P_V)^2 \cdot P_V + 4(1-P_V)^3 \cdot P_V + \cdots$$

と表せる．若干の数学的手続きを経ると

$$N_V = \frac{1}{P_V}$$

となる．この式の意味するところは，1年間に越す確率 P_V の強風が起こる時間間隔の平均，すなわち平均再現期間 N_V は $1/P_V$，すなわち $P_V = 1\%$ なら100年，$P_V = 2\%$ なら50年ということである．

平均再現期間が100年に相当する設計風速を用いたとき，100年間の間にそのレベルを越えない確率は，各年の最大風速はお互いに独立とすれば

$$\left(1-\frac{1}{100}\right)^{100} = 0.37$$

であり，逆に越える確率は0.63となる．100年再現期間風速が100年の間に越える確率は5割よりもかなり大きいということである．

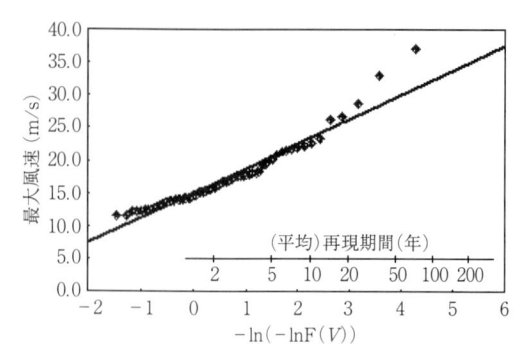

図 1.4.2 年最大風速（名古屋）のグンベル確率紙へのプロットとグンベル分布の当てはめ

図1.4.1に示した名古屋の年最大風速データから，どのようにして（平均）再現期間に対応する風速を求めるのであろうか？よく行われるのは，n年間にわたる年最大風速記録を小さい順に並べ，i番目の風速に非超過確率，たとえば$F=i/(n+1)$を先験的に与え，それを確率紙にプロットして求める方法である[3]．図1.4.2は名古屋の年最大風速記録を極値分布[3]の一つであるグンベル分布の確率紙にプロットしたものである．横軸はある一年に対しての非超過確率$F(V)=P_V^*=1-P_V$であり，平均再現期間N_Vとは，$P_V^*=1-1/N_V$の関係がある．実際の風速データは種々の要因により直線上に乗らないが，ほぼ直線上に並ぶのであれば最小二乗法で直線近似し，その直線から任意の平均再現期間に対応する風速を求めることができる．

構造物の安全性照査のための設計風速は，これまでは平均再現期間にして50年とか100年を用いる場合が多く，高層ビルの風による水平振動恕限度照査や架設時の安全性照査では，数年から10年程度の再現期間を用いる．しかし，最近の耐震設計では，きわめてまれにしか発生しないような地震に対しても人命を損わないために，構造物は崩壊しないことを照査するのが普通になっており，耐風設計においてもこの考えが導入されつつある．そのときは，平均再現期間500年とか1000年に相当する風速を用いて，構造物の終局的な耐風安全性を照査することになる．

平均再現期間500年，1000年の強風は，気象データ[4]の観測期間の長さをはるかに超えるため，観測データを外挿して求めることになり，当然，精度が悪い．図1.4.2の名古屋の例でも，再現期間の長い風速域では，グンベル確率分布の適合性が悪く，確率分布の当てはめによる強風の予測には不安がある．日本の強風を支配するのは台風であり，長い再現期間の風速には台風の影響がとくに大きい．その台風の物理特性を確率モデルで表現して，長い再現期間に対応する風速を求める研究[5～7]が最近行われている．これによれば，任意の地点の，台風による強風をモンテカルロシミュレーションにより推定することが可能になる．

[藤野陽三]

文　献

[1] 大熊武司, 神田順, 田村幸雄, 1996, 建築物の耐風設計, 鹿島出版会
[2] Ang, A. H-S. and Tang, W.（阿部雅人, 能島暢呂訳), 2007, 土木・建築のための確率・統計の基礎, 丸善
[3] Ang, A. H-S. and Tang, W.（伊藤学, 亀田弘行, 黒田勝彦, 藤野陽三訳), 1990, 土木・建築のための確率・統計（応用編), 丸善
[4] 石原孟, 2002, 日本各地の年最大風速データベースの構築と測器補正, 日本風工学会誌, **92**, pp. 5-54
[5] 藤井健, 光田寧, 1986, 台風の確率モデルによる強風のシミュレーション, 日本風工学会誌, **28**, pp. 1-12
[6] 松井正宏, 石原孟, 日比一喜, 1998, 実測と台風モデルの平均化時間の違いを考慮した台風シミュレーションによる年最大風速の予測法, 日本建築学会構造系論文集, 506, pp. 67-74（03. pdf)
[7] 石原孟, ホタイホム, チョンチーリョン, 藤野陽三, 2004, 台風シミュレーションのための混合確率分布関数と修正直交変換法の提案, 第18回風工学シンポジウム論文集, pp. 5-10

1.4.2　台風に伴う気圧と強風の記録

気象災害のなかで，最も広範囲に被害を発生させるのは台風である．過去の台風で記録された最低気圧について，海上，上陸時，観測気圧の海面更正値，最大風速，最大瞬間風速の歴代10位までの順位表を表1.4.1から表1.4.5に示す．なお，出典は，フリー百科事典「ウィキペディア（Wikipedia）http://ja.wikipedia.org/wiki/」の台風の項である．

[林　泰一]

1.4 強風の統計

表 1.4.1 海上における中心気圧が低い台風の順位表

順位	台風名	最低気圧（hPa）	記録した年月日	記録した地点
1	7920号	870	1979.10.12.	沖ノ鳥島南東
2	7315号	875	1973.10.6.	フィリピン東方
3	8310号	877	1983.9.23.	フィリピン東方
3	7520号	877	1975.11.19.	マリアナ近海
3	5822号狩野川台風	877	1958.9.24.	沖ノ鳥島付近
6	7826号	878	1978.10.25.	フィリピン東方
7	8422号	879	1984.10.26.	フィリピン東方
8	6604号	880	1966.6.26.	南大東島南方
9	7135号	884	1971.11.12.	フィリピン東方
9	5909号	884	1959.8.29.	宮古島南方

表 1.4.2 上陸時（直前）の中心気圧が低い台風の順位表

順位	台風名	最低気圧（hPa）	記録した年月日	上陸地点
1	6118号第2室戸台風	925	1961.9.16.09時	室戸岬西方
2	5915号伊勢湾台風	929	1959.9.26.18時	潮岬西方
3	9313号	930	1993.9.3.16時	薩摩半島南部
4	5115号	935	1951.10.14.19時	串木野付近
5	9119号	940	1991.9.27.16時	佐世保市南
5	7123号	940	1971.8.29.23時	大隅半島
5	6523号	940	1965.9.10.08時	安芸市付近
5	6515号	940	1965.8.6.04時	牛深市付近
5	5522号	940	1955.9.29.22時	薩摩半島
10	0418号	945	2004.9.7.09時	長崎市付近
10	9019号	945	1990.9.19.20時	白浜町南
10	7009号	945	1970.8.14.23時	長崎市付近
10	6420号	945	1964.9.24.17時	佐多岬
参考	室戸台風	911.6	1934.9.21.	
	枕崎台風	916.3	1945.9.17	

表 1.4.3 観測気圧最低海面気圧を記録した台風と観測した地点の順位表

順位	台風名	気圧（hPa）	記録した年月日	記録した地点
1	7709号沖永良部台風	907.3	1977.9.9.	沖永良部（鹿児島）
2	5914号宮古島台風	908.1	1959.9.15.	宮古島（沖縄）
3	室戸台風	911.6	1934.9.21.	室戸岬（高知）
4	0314号	912.0	2003.9.11.	宮古島（沖縄）
5	枕崎台風	916.1	1945.9.17.	枕崎（鹿児島）
6	6118号第2室戸台風	918.0	1961.9.15.	室戸岬（高知）
7	台風（命名なし）	922.0	1930.8.9.	南大東島（沖縄）
8	6314号	923.5	1963.9.10.	石垣島（沖縄）
9	0418号	924.4	2004.9.5.	名護（沖縄）
10	9609号	927.1	1996.7.31.	西表島（沖縄）

表 1.4.4 台風に伴う最大風速の順位表

順位	台風名	風速（m/s）	風向	記録した年月日	記録した地点
1	6523号	69.8	WSW	1965.9.10.	室戸岬（高知）
2	5115号	69.3	S	1951.10.14.	細島（宮崎）
3	5115号	67.1	SE	1951.10.14.	佐田岬（愛媛）
4	6118号第2室戸台風	66.7	WSW	1961.9.16.	室戸岬（高知）
5	5413号	65.0	SSW	1954.9.7.	都井岬（宮崎）
6	5417号洞爺丸台風	63.3	SSW	1954.9.27.	神威岬（北海道）
7	6618号第2宮古島台風	60.8	NE	1966.9.5.	宮古島（沖縄）
8	5417号洞爺丸台風	58.8	WSW	1954.9.26.	佐多岬（鹿児島）
9	7010号	57.5	NW	1970.8.21.	土佐沖ノ島（高知）
10	台風（命名なし）	57.0	NE	1930.8.9.	南大東島（沖縄）

表 1.4.5 台風に伴う最大瞬間風速の順位表

順位	台風名	風速(m/s)	風向	記録した年月日	記録した地点
1	6618号第2宮古島台風	85.3	NE	1966. 9. 5.	宮古島（沖縄）
2	6118号第2室戸台風	84.5以上	WSW	1961. 9. 16.	室戸岬（高知）
3	6816号第3宮古島台風	79.8	NE	1968. 9. 22.	宮古島（沖縄）
4	7009号	78.9	ESE	1970. 8. 13.	名瀬（鹿児島）
5	6523号	77.1	WSW	1965. 9. 10.	室戸岬（高知）
6	枕崎台風	75.5	SSE	1945. 9. 17.	細島（宮崎）
7	0314号	74.1	N	2003. 9. 11.	宮古島（沖縄）
8	5612号	73.6	S	1956. 9. 8.	那覇（沖縄）
9	6420号	72.3	W	1964. 9. 25.	宇和島（愛媛）
10	9413号	70.2	SE	1994. 8. 7.	与那国島（沖縄）

2 構造物周りの流れ

2.1 構造物周りの流れ場の特徴

2.1.1 流れの可視化

空気の流れにしても水の流れにしても目にみえないため,目にみえるようにするために流れの可視化という方法が行われてきた.日常的に経験する流れの可視化としては,やかんから立ち上る湯気やタバコの煙,川面に浮いたごみが流れ去る様子などがある.

可視化によって構造物周りの流れの様子を視覚的に知ることができれば,流体が構造物にどのように作用するのかを理解でき,構造物の設計において流体力学に関する概念を描きやすくなる.

流れを表す用語として,流線,流跡線,流脈線などがある.流体中の速度ベクトルと平行な流れを流線といい,流線型物体の周りの流れを可視化した場合にみられる.図 2.1.1 は,対称翼周りの流れをみたものであり,流線となっている.

流れに乗って運ばれる小さな物体の運動の軌跡を流跡線という.川に浮かんだ木の葉の漂う様子を追跡することや,海に浮かべたブイや空に放した風船の動きを追跡したものが流跡線である.図 2.1.2 は,円柱周りの流れを流跡線で示したものである.

流れの中で固定された点から連続的に放出された浮遊物質が形づくる流れの模様が流脈線である.煙突から出る煙の様子,やかんから立ち上る湯気の様子などは,流脈線である.定常な流れにおいては,流線,流跡線,流脈線は一致するが,時間的に変化する流れである非定常流れでは,これら三つは一致しない.図 2.1.3 は円柱の周りの流れを表す流脈線である.円柱の後流は非定常流れであるため,速度ベクトルは時間的に変動しており,流線,流跡線,流脈線は一致しない.流れを可視化する方法のうち,風工学の分野で用いられてきた代表的なものとして,トレーサー法(注入流脈法,注入流跡法,タイムライン法,物体表面反応法,水素気泡法,スモークワイヤー法),

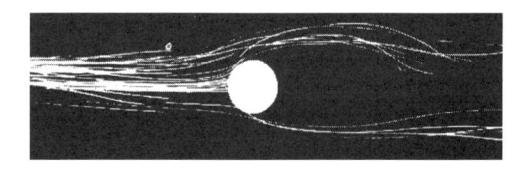

図 2.1.2 円柱周りの流跡線 [1]

図 2.1.3 円柱周りの流脈線(九州大学名誉教授・種子田定俊氏提供)

図 2.1.1 翼周りの流線 [4]

タフト法（表面タフト法，タフトグリッド法），壁面トレース法（油膜法，昇華法）などがある．

トレーサー法についてみる．注入流脈法では線香，タバコ，バルサンの煙や，ケロシン，流動パラフィンなどの油を加熱して蒸気をつくり，冷風を与えて発生させた白煙などをトレーサーとして用いる方法である．この煙を物体上流に設置されたノズルなどから流れと同じ速度で放出し，スリット光をあてて流脈線を観察する．注入流跡法は空気の比重に近いシャボン玉のような気泡を発生させてこの軌跡を追跡する方法である．水中での可視化では，コンプレッサーにより水中に空気泡を発生させて空気泡を追跡することで可視化が行われる．水素気泡法やスモークワイヤー法は簡便な方法であり，よく用いられる方法である．水素気泡法は，水の電気分解によって生じる水素の気泡をトレーサーとして流れを可視化する方法である．水の電気分解により陽極からは酸素が，陰極からは水素が発生するが，水素の発生量が酸素の2倍であるため水素の気泡が用いられる．水中に金属細線を陰極として張り，同じ水中に陽極を置いて適当な電圧を印加すれば無数の水素気泡が金属細線から発生する．この気泡にスリット光源を当てると可視化できる．また，適当な時間間隔で電圧を印加すればタイムラインが得られる．これがタイムライン法である．図2.1.4は水素気泡でのタイムライン法による円柱後流の流れである．スモークワイヤー法はニクロム細線あるいはステンレス細線に流動パラフィンを塗布し，スリット光源を当てて流れの可視化を行う方法で，気流中での可視化にはよく用いられる．

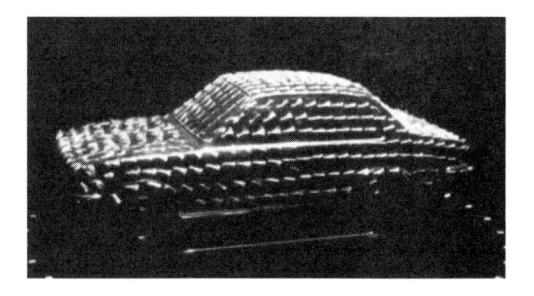

図 2.1.5 表面タフト法による自動車表面の流れの様子 [1]

タフト法について述べる．タフトとは気流の動きをみる目的で使用される細い糸や細い布切れのことである．最も安価な風向計である．表面タフト法とは物体や流路の表面に貼り付けて，タフトが向いた方向で流れを観察する方法で，流れ場の平均的な動きを知るための簡便な方法である（図2.1.5）．タフトグリッド法は，流れの中に置いた格子にタフトを取り付け，格子の面内の流れを観察する方法である．これらの可視化の詳細については，文献を参照いただきたい．

また，最近では，可視化データから流速変動を測定できる手法PIV（particle image velocimetry）も流れ場の観察・計測に用いられる．流れに混入した煙などのトレーサー粒子の画像を解析することで，瞬時の風向と風速を得る方法で，流れを可視化するためのトレーサー粒子を発生する装置，トレーサー粒子を照明するためのレーザー照射装置，可視化画像を撮影するための高解像度CCDカメラ，画像データを計測・解析する装置，レーザー照射装置やCCDカメラの位置を移動させるためのトラバース装置で構成される．

[久保喜延]

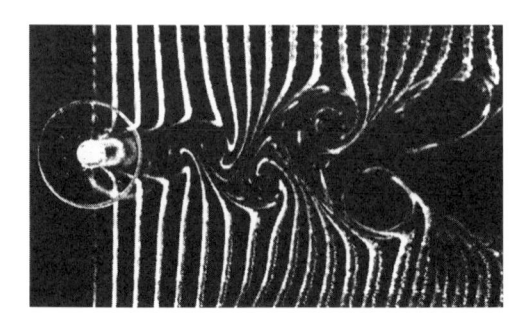

図 2.1.4 水素気泡法による円柱後流のタイムラインによる可視化

文　献

[1] 浅沼強編，1977，流れの可視化ハンドブック，p. 208, 図 5.65, p. 153, 図 4.10, 朝倉書店
[2] 流れの可視化学会編，1986，流れのファンタジー，講談社
[3] 種子田定俊，1988，画像から学ぶ流体力学，p. 98, 図 173, 朝倉書店
[4] Yang, Wen-Jei, 1989, Handbook of Flow Visualization, p. 42, Fig. 1, Hemisphere Publishing
[5] 谷田好通，1996，カラー表現による可視化技術，フジ・テクノシステム

2.1.2 2次元物体周りの流れ

建築物や土木構造物の代表的断面形状である矩形,台形,円形断面(一般にこれらの断面をもつ物体をブラフボディとよんでいる)の周りの流れ場は,前項の可視化写真に示されているように,物体からはがれてきわめて複雑な様相を示す.本項では,2次元のブラフボディ周りの流れ場を特徴とそのキーワードについて解説する.

図2.1.6は2次元角柱周りの流れ場を模式的に示したものである.この図の左から角柱の中央線に沿って流れてきた流体粒子は,角柱によってせき止められ,角柱に当たり流速が0となる.この点をよどみ点とよぶ.その後,流体粒子は上下に分かれて,角柱の風上面表面に沿って角柱の風上角まで移動する.角柱の角では,曲率が無限大となり,流体粒子は遠心力のために角を曲がり切ることができず,角柱表面からはがれてしまう.流体粒子が表面からはがれる点をはく離点という.流れのはく離は,角柱のように角をもつ物体だけではなく,前項の可視化写真に示されているように,円柱のようになめらかな表面をもつ物体でも生じる.

はく離によって物体から離れた流体粒子は,風下に向かうに従って,物体近傍へ向かう負の圧力勾配によって物体に引き寄せられる.角柱の側面が十分長い場合(乱れの小さい一様流中では見付幅の約3倍,すなわち辺長比3以上),流体粒子は角柱に再付着し,再び角柱表面に沿って風下へと流れるようになる.流体粒子が再び角柱側面に再付着する点を再付着点とよぶ.図2.1.6に示したように,再付着点と角柱の風上角のはく離点との間には,閉じた流体領域(はく離泡)が形成される.再付着後,角柱表面に沿って流れてきた流体粒子は角柱側面の風下角で再びはく離し,角柱の後流へ流れ去りカルマン渦を形成する.なお,角柱側面が短く(乱れの小さい一様流中では見付幅の約2.5倍,すなわち辺長比2.5以下)の場合には,角柱の流体粒子は角柱側面に再付着せずに,角柱の後流へ流れ去りカルマン渦を形成する.

はく離後に流体粒子がたどる線をはく離線とよんでいる.はく離線の内側(物体近傍)では流速が遅いため,はく離線を挟んで流速が急速に変化する領域ができる.この領域をはく離せん断層とよぶ.はく離せん断層は,2次元流場では角柱の背後で交互に巻き込まれ,交番渦として後流に流れ去り,カマルン渦列を形成する.[河井宏允]

2.1.3 3次元物体周りの流れ

前項で述べたように,2次元物体周りの流れは,はく離点,付着点(よどみ点と再付着点)の2種類の特異点によって特徴づけられる.3次元物体の流れ場も,これら二つの点によって特徴づけられるが,図2.1.7に示すように,それぞれの点にはさまざまな形態がある.3次元物体の流れ場の特異点は,大きく結節点(nodal point,図2.1.7 (1),(3))と鞍点(saddle point,図2.1.7 (2))に分類される[1].そして,結節点,鞍点のそれぞれに付着点,はく離点がある.単独の3次元物体周りの流れ場の場合には,全結節点の数と全鞍点の数は同じである.

図2.1.8は,平板上に置かれた立方体周りの流れを模式的に示したものである.図2.1.8aが中

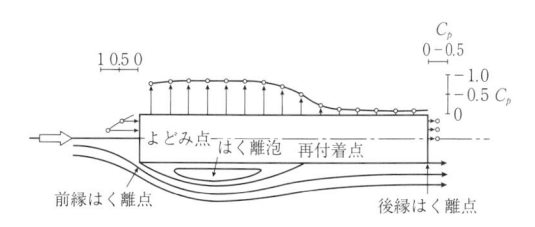

図2.1.6 2次元物体周りの流れ場(仮の図)

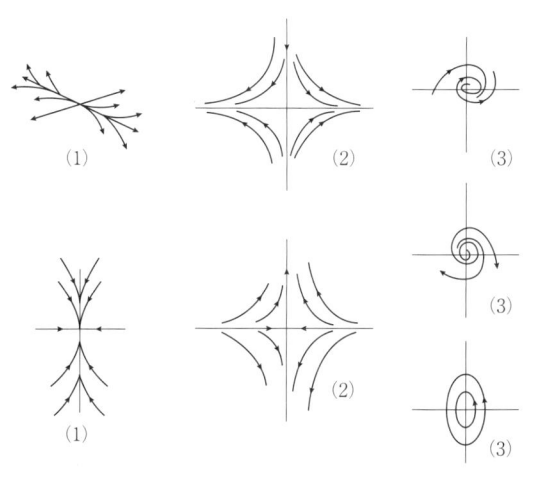

図2.1.7 3次元流れ場の特異点の分類

央断面における平均流線を，図2.1.8bは立方体周りの流れのスケッチを表している[1]．図2.1.8aのNは結節点，Sは鞍点を表す．また，それぞれの添字a, sは，付着点，はく離点を表す．風上から近づいてきた流れは立方体によってせき止められ，その風上で大きく渦巻き立方体を避けるようにその周りを流れていく．この流れの模様の形状は馬の蹄に似ているため，この渦のことを馬蹄形渦とよんでいる．立方体の風上には大きな馬蹄形渦に伴う渦巻きのほか，それによって誘発される逆方向に回転する渦や，さらには第2の馬蹄形渦を形成する渦巻きなど，さまざまな渦が生じる．また，立方体の風上面のよどみ点に当たった流れは2次元物体の場合と同様，上下に分かれた後，立方体の風上側の角ではく離をする．しかし，2次元物体の場合とは異なり立方体の上面には再付着することなく渦巻きながら左右へと分かれる．上面に付着するのは風上からやってくる流れである．立方体の後流では，立方体の直ぐ背後に，後縁での流れのはく離に伴って縦方向の馬蹄形渦が形成されるほか，立方体を超える流れが再付着するなど，流れ場のいたるところに特異点が存在し，流れの状態は非常に複雑となる．

図2.1.8に示した流れは時間平均した流れ場の様子であり，3次元物体周りにも時々刻々変化する渦模様が形成される．図2.1.9は，平板上の有限長の円柱周りの流れのモデルを描いたものである[2]．円柱の長さLを直径Dで割ったアスペクト比L/Dが6～7以下の場合には，円柱の後流にはカルマン渦が形成されず，平板近くに形成される馬蹄形渦と自由先端からの吹き下ろし流れと側面はく離流の干渉による一対の縦渦（随伴渦）が形成される（図2.1.9b）．一方，L/Dが大きい場合には，これに加えて2次元円柱と同様なカルマン渦が形成される（図2.1.9a）．立方体や半球のように高さが幅とほぼ同等な物体では，図2.1.10に示したように，物体の後流にアーチ状の渦が形成される[3,4]．このような複雑な流れ場の形成に伴って，2次元物体の伴流域でみられるような規則的な強いカルマン渦は3次元物体の伴流では一般に形成されず，そのため背圧も2次元物体よりも大きくなり抗力が減少する．

また，直方体に対して斜めから風が当たる場合

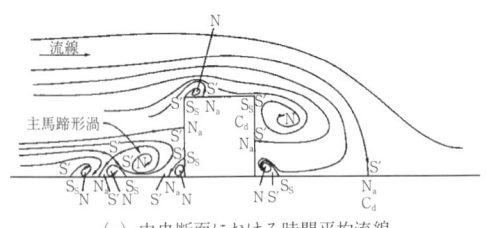

(a) 中央断面における時間平均流線

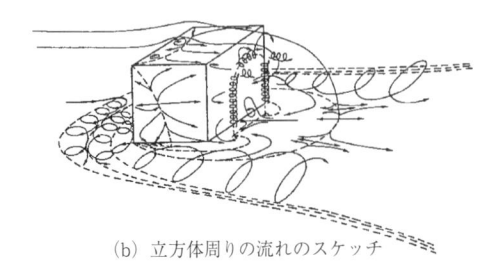

(b) 立方体周りの流れのスケッチ

図2.1.8 平板上にある立方体周りの流れ

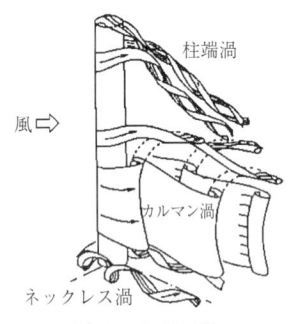

(a) $L/D > (L/D)_{cr}$

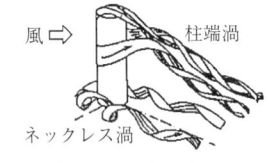

(b) $L/D < (L/D)_{cr}$

図2.1.9 3次元円柱周りの流れ場

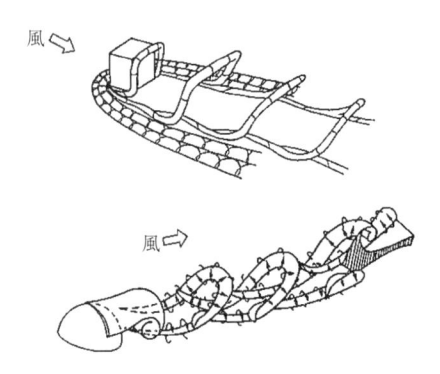

図2.1.10 立方体と半球の後流の流れ場とアーチ状渦

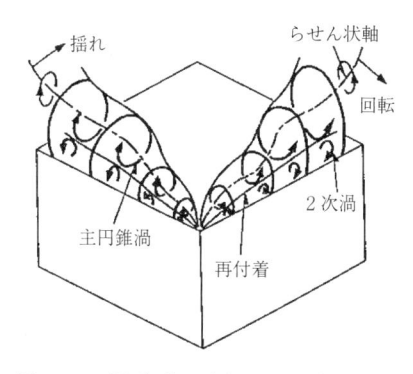

図 2.1.11 陸屋根状に形成される一対の円錐渦

には，図 2.1.11 に示すように，直方体の上面には一対の円錐状の渦が形成され，この渦に伴って上面の風上端付近には大きな負圧が作用する[5]．この負圧は平均値が大きいばかりではなく時間的な変動も大きい．自然風中では，円錐渦の形成に伴って構造物の屋根面に速度圧の 10 倍以上にも達する強烈な負圧が作用することも珍しくなく，強風時にはこの負圧によりしばしば屋根が飛散する [6]．　　　　　　　　　　　　　　　　[河井宏允]

文　献

[1] Hunt, J. C. R., Abell, C. J., Peterka, J. A. and Woo, H., 1978, Kinematical studies of thr flows around free or surface-mounted obstacles : applying topology to flow visualization, *J. Fluid Mech.*, **86**, pp. 179-200

[2] Kawamura, T., Hiwada, M., Hibino, T., Mabuchi, I., and Kumada, M., 1984, Flow around a finite circular cylinder on a flat plate, *Buletttin of the JSME*, **27**, pp. 2142-2151

[3] 奥田泰雄，直方体建築物に作用する風圧力の機構に関する実験的研究, 1994, 博士論文（大阪市立大学）

[4] Acarlar, M. S. and Smith, C. R., 1987, A study of hairpin vorticies in a laminar boundary layer Part 1, *J. Fluid Mech.*, **175**, pp. 1-41

[5] Kawai, H. and Nishimura, G., 1996, Characteristics of fluctuating suction and conical vorticies on a flat roof in oblique flow, *J. Wind Eng. and Industrial Aero.*, **60**, pp. 211-225

[6] Mehta, K. C., Levitan, M. L., Iverson, R. E. and McDonald, J. R., 1992, Roof corner pressure measured in the field on a low building, *J. Wind Eng. and Industrial Aero.* **41-44**, pp. 181-192

2.2　はく離と粘性

2.2.1　境界層とレイノルズ数

（1）境界層とはく離現象

2.1.2 項では，流体粒子はよどみ点で流速が 0 となったあと，物体の風上面にそって次第に加速しながら移動すると説明した．実はこの説明は正確ではない．実流体では，粘性の影響によって，流体粒子の速度は物体表面上ではいたるところで 0 となる．これをすべりなしの条件という．しかし，物体から少し離れると粘性の影響は急速に薄れ，流体粒子は自由に動くようになる．粘性の影響によって流体粒子の運動が制約され流速が減少する層のことを境界層とよぶ．

よどみ点から正の圧力勾配によって次第に加速された境界層内の流体粒子は，負の圧力勾配によって物体の表面近傍で減速しせき止められ，ついには逆流する．この現象を流れのはく離という．はく離の原因は，正の圧力勾配によって獲得した運動エネルギーが，物体表面近くで粘性による摩擦力によって失われ，負の圧力勾配に抗することができずに押し返されることにある（図 2.2.1）．押し返された境界層は，はく離点で物体表面を離れて流れの中に押し出される．はく離した境界層をせん断層とよぶ．したがって，せん断層はいわば境界層のなれの果てであり，せん断層内では速度が急変する．

（2）レイノルズ数

境界層の特性や流れのはく離は，流体のもつ慣性力と粘性力の比であるレイノルズ数によって大きな影響を受ける．レイノルズ数は，流れの代表

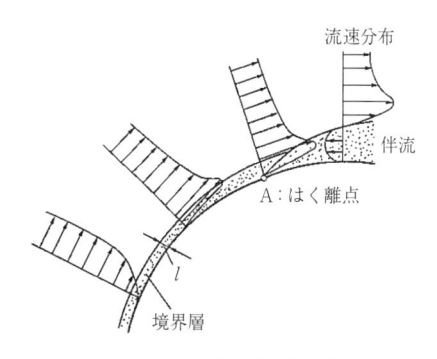

図 2.2.1 境界層とはく離現象

速度を U, 物体の代表長さを D とするとき, 以下の式で定義される.

$$Re = \frac{\rho U^2}{\mu \frac{U}{D}} = \frac{UD}{\frac{\mu}{\rho}} = \frac{UD}{\nu}$$

ここに Re はレイノルズ数, μ は流体の粘性係数, ρ は流体の密度, ν は動粘性係数である.

空気の動粘性係数は 1.6×10^{-5} m^2/s 程度で, 風工学でおもに扱う現象のレイノルズ数は, 10^5〜10^8 程度ときわめて大きい. したがって, 粘性の影響は物体表面近傍に限られ, 境界層もきわめて薄い. しかし, 流れのはく離によって物体の後流の流れ場は大きく変化するため, 流れのはく離に影響のある境界層の特性は物体周りの流れ場に大きな影響を与える.

境界層内の流れ場は, レイノルズ数が小さいときには層流で, レイノルズ数がある限界を超えて大きくなると乱流に移行する. このレイノルズ数を臨界レイノルズ数あるいは限界レイノルズ数とよぶ. 円柱などのなめらかな表面上では, 境界層が層流から乱流に移行すると境界層内の流れの混合が進み, 流れのはく離が押さえられ, はく離点が大きく移動する. これに伴って 2.5 節で述べるように, 円柱に作用する抗力は臨界レイノルズ数付近で劇的に減少する. 臨界レイノルズ数より小さいレイノルズ数領域を亜臨界レイノルズ数領域, 臨界レイノルズ数より大きい領域を超臨界レイノルズ数領域とよんでいる. なお, 超臨界よりさらに大きいレイノルズ数領域を極超臨界領域とよぶ. なお, 吊橋のケーブルや送電線あるいは構造部材などでは, レイノルズ数は亜臨界から超臨界領域に, 橋梁や建築物あるいは煙突などの場合にはレイノルズ数は極超臨界領域にある.

[河井宏允]

2.2.2　はく離流れの特性
(1) はく離流れの不安定性

建築物, 橋梁, ケーブルなどの構造体は, 一般には流体力学的にブラフな形状をしており, その周りの流れははく離を伴う. このはく離した流れは, その外側の領域と, はく離流と物体表面, あるいは二つのはく離流で囲まれる領域の境界で, 流れの不連続面, あるいははく離せん断層が形成される. この境界のはく離せん断層は, いろいろな周波数をもつ渦の集合と考えることができる. これらの渦は一般には不安定であり, はく離点よりかなり後流域では粘性などによりいずれは消滅するが, はく離した直後, 何らかの外的な刺激により不安定な渦が, ある特定の周波数を有する渦として安定化されることがある. たとえば, エッジトーン (edge tone) や後流にくさびを置いたジェット流 (jet tone) では, 強い渦生成がみられる [1, 2]. これらのはく離したせん断層, あるいは流れの不連続面での流れの不安定性については, Michalke [3] らが, ある特定の無次元周波数帯域の刺激により, これらの流れの不連続面, せん断層が安定化されるとしている. このような流れの不安定性については, 層流でかつごく特殊な場合には, Orr-Sommerfeld 方程式の適用で論じられるが [4], 一般のブラフボディ (充腹断面) の乱流はく離流に対する一般化された形での理論的考察はなされていない. しかしながら, 最近の CFD 研究の発展とともに, ナビエ-ストークス方程式を計算機により数値解として流れを求めることにより, このブラフボディ周りの複雑なはく離せん断層の挙動が概略ながら求められつつあるといえよう (比較的高いレイノルズ数域において, より正確に乱流はく離せん断層の不安定性を論じる場合に, 断面近傍では, せん断層の厚さあるいは運動量厚より細かなメッシュ分割が要求され, CFD 解析上においても課題は残されているといえよう). 一方, 風洞実験においては, ブラフボディ周りの流れの可視化や風速変動の計測, 物体表面非定常圧力測定, あるいは, 振動応答の計測により, 間接的にではあるが, はく離せん断層の安定化特性を知ることができる. はく離せん断層への刺激としては, 後流のエッジの存在, 音響付加, 接近気流の変動, 物体の振動 (はく離点の振動), 他のせん断層との空力干渉などが考えられる. このようなさまざまな刺激のもとで, ある条件が満足される場合, 断面周りに比較的安定した渦が結成されることがあり, その渦により,

振動が励起されたり，あるいは特定の周波数を有する音を発することもある．また，ブラフボディ後流域に交番的に放出されるカルマン渦に関しても，2 はく離せん断層間の干渉によるせん断層安定化に伴う渦と考えられ，また，エッジトーンやジェットトーンのような，1 せん断層の不安定性にかかわる渦との関連性など，詳細についての研究が待たれる．

(2) はく離流れの再付着

構造断面によっては，断面前縁部からはく離した流れが，断面側面上に再付着する．NACA0012 型翼が，ある程度の迎角を有した場合，断面前縁部からはく離した流れが，翼面上に再付着し，dynamic stall vortex（あるいは separation bubble）とよばれる閉じた領域が形成される．この領域から vortex patch とよばれる渦が生成され，翼面上に沿って下流側に流れ去ることが知られている［6］．このような，断面側面上に，separation bubble が形成されるか否かは，流体からみた断面の幾何学的な形状によって決まる．さらに，この separation bubble の大きさは非定常に変化し，断面形状によっては，再付着と非再付着が非定常に繰り返されることもある．たとえば，種々の辺長比（B/D，B は流れ方向長さ，D は流れ直角方向長さ）を有する矩形断面で迎角 0°の場合，$B/D<1.0$ 付近では完全はく離型（いかなる瞬間でも流れは再付着しない），0.8 付近<B/D<2.8 では，時間平均流れがはく離型（ある瞬間には，流れは再付着するが，流れを時間平均すると，流れは，再付着しない），2.8<B/D<6.0 では，時間平均流れが再付着する（瞬間的には，再付着しないこともある），6.0<B/D では完全再付着型（いかなる瞬間でも，流れは，必ず再付着する）となる．このように，はく離した流れが断面側面上で再付着することにより，さまざまな空力特性が生まれる．はく離した流れが断面側面上に再付着することで形成される separation bubble 域では，物体表面圧力が低圧になり，またある限定された風速域ではその部分で渦が形成される．さらに，物体が流体中で振動した場合には，この separation bubble の大きさも非定常に変化し，特有の流体力を発生させる．とくに，第 4 章で説明する空力振動のうち，ねじれフラッターや曲げ・ねじれフラッターは，この断面前縁部に形成される断面振動に伴う非定常な separation bubble の挙動によって励起される． ［松本 勝］

文 献

［1］ Zaida, S. and Rockwell, D., 1982, Vortex-leading-edge interaction, *J. Fluid Mech.*, **118**, pp. 79-107
［2］ Staubli, T. and Rockwell, D., 1987, Interaction of an unstable planar jet with an oscillating leading-edge, *J. Fluid Mech.*, **176**, pp. 135-167
［3］ Michalke, A., 1970, The instability of Free Shear Layers-A Survey on the State of Art, *Deutsche Luft-und Raumfahrt, Mitteilung*, 70-04
［4］ 巽友正，後藤金英，1976, 流れの安定性理論第 2 版，産業図書
［5］ McAlister, K. W. and Carr, L. W., Water tunnel visualizations of dynamic stall. Trans., *J. Fluid Engineering*, **101**, pp. 376-380

2.3 流れ場の基礎方程式と理論解析

2.3.1 完全流体の力学

(1) オイラーの運動方程式

粘性がない仮想的な流体を完全流体という．完全流体では，粘性の影響を考慮する必要がないので，その理論的な取扱いは比較的容易である．実際の粘性流体の場合でも，粘性の影響が小さいときにはこれを完全流体とみなして，その運動を論じることができる．

表面積 S，体積 V の任意の流体要素に対して，運動量の保存，すなわち，力のつりあいを考える（図 2.3.1）．ここでは，表面 S の各点で外向き法線方向 $\boldsymbol{n}$ とは逆向きの圧力 p がはたらいている．また，流体の各部分には重力のような外力 $\boldsymbol{F}$ がはたらいているものとする．

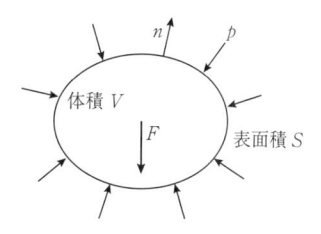

図 2.3.1 流体要素に作用する二つの力，圧力 p と外力 F

このような場では，以下に示す力のつりあいが保たれている．

$$\iiint_V \left(\boldsymbol{F} - \frac{D\boldsymbol{v}}{Dt}\right)\rho dV - \iint_S p\boldsymbol{n}dS = 0 \quad (2.3.1)$$

ここで，$D\boldsymbol{v}/Dt$ は加速度，$\boldsymbol{F}$ は流体の単位質量にはたらく外力である．ガウスの定理によれば，

$$\iint_S p\boldsymbol{n}dS = \iiint_V \nabla p dV \quad (2.3.2)$$

であるので，式 (2.3.2) を式 (2.3.1) に代入して，以下の式を得る．

$$\iiint_V \left(\boldsymbol{F} - \frac{D\boldsymbol{v}}{Dt} - \frac{1}{\rho}\nabla p\right)\rho dV = 0 \quad (2.3.3)$$

式 (2.3.3) がつねに成り立つためには，以下に示す式 (2.3.4) が成立しなければならない．

$$\frac{D\boldsymbol{v}}{Dt} = -\frac{1}{\rho}\nabla p + \boldsymbol{F} \quad (2.3.4)$$

これがオイラーの運動方程式である．$\boldsymbol{v} = (u, v, w)$ および $\boldsymbol{F} = (X, Y, Z)$ を考慮して，式 (2.3.4) を展開すると直角座標系では以下のようになる．

$$\left.\begin{array}{l}\dfrac{\partial u}{\partial t} + u\dfrac{\partial u}{\partial x} + v\dfrac{\partial u}{\partial y} + w\dfrac{\partial u}{\partial z} = -\dfrac{1}{\rho}\dfrac{\partial p}{\partial x} + X \\[6pt] \dfrac{\partial v}{\partial t} + u\dfrac{\partial v}{\partial x} + v\dfrac{\partial v}{\partial y} + w\dfrac{\partial v}{\partial z} = -\dfrac{1}{\rho}\dfrac{\partial p}{\partial y} + Y \\[6pt] \dfrac{\partial w}{\partial t} + u\dfrac{\partial w}{\partial x} + v\dfrac{\partial w}{\partial y} + w\dfrac{\partial w}{\partial z} = -\dfrac{1}{\rho}\dfrac{\partial p}{\partial x} + Z\end{array}\right\} \quad (2.3.5)$$

(2) 連続の式

先と同様，表面積 S，体積 V の任意の流体要素を考える（図 2.3.2）．

S の外向き法線方向 $\boldsymbol{n}$ の速度成分を v_n，流体の密度を ρ とすると，微小面積要素 dS を通って単位時間に S の外側へ流れ出す流体の質量は $\rho v_n dS$ である．これを全表面 S について積分したものは，S の中に含まれる質量が単位時間に減少する量に等しいので，以下の関係が成り立つ．

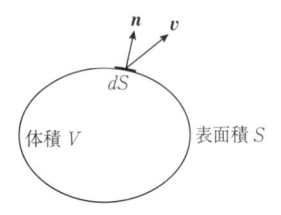

図 2.3.2 流体要素における質量の保存

$$\iint_S \rho v_n dS = -\frac{\partial}{\partial t}\iiint_V \rho dV = -\iiint_V \frac{\partial \rho}{\partial t}dV \quad (2.3.6)$$

ここで，V は S の内部に占める体積を意味する．ガウスの定理から

$$\iint_S \rho v_n dS = \iiint_V \nabla \cdot (\rho \boldsymbol{v})dV \quad (2.3.7)$$

であるので，式 (2.3.7) を式 (2.3.6) に代入して，以下の式を得る．

$$\iiint_V \left(\frac{\partial \rho}{\partial t} + \nabla \cdot (\rho \boldsymbol{v})\right)dV = 0 \quad (2.3.8)$$

式 (2.3.8) がつねに成り立つためには，以下に示す式 (2.3.9) が成立しなければならない．

$$\frac{\partial \rho}{\partial t} + \nabla \cdot (\rho \boldsymbol{v}) = 0 \quad (2.3.9)$$

これが連続の式である．$\boldsymbol{v} = (u, v, w)$ を考慮して，式 (2.3.9) を展開すると直角座標系では以下のようになる．

$$\frac{\partial \rho}{\partial t} + \frac{\partial (\rho u)}{\partial x} + \frac{\partial (\rho v)}{\partial y} + \frac{\partial (\rho w)}{\partial z} = 0 \quad (2.3.10)$$

非圧縮の流体では，$\rho = \text{const}$ であるので，式 (2.3.9) および式 (2.3.10) は以下のように記述される．

$$\nabla \cdot \boldsymbol{v} = 0 \quad (2.3.11)$$

$$\frac{\partial u}{\partial x} + \frac{\partial v}{\partial y} + \frac{\partial w}{\partial z} = 0 \quad (2.3.12)$$

この場合には，流速 $\boldsymbol{v} = (u, v, w)$ および圧力 p の 4 変数が未知量となり，式 (2.3.11)，(2.3.12) および式 (2.3.4)，(2.3.5) によって方程式は閉じる．一方，圧縮性の流体では，密度 ρ が未知量となるので，連続の式および運動方程式のほかにさらに状態方程式が必要になる．

(3) ベルヌーイの定理—流速と圧力

流体力学におけるエネルギーの保存則がベルヌーイの定理である．これは先に述べたオイラーの運動方程式の第一積分であり，これを直接適用してさまざまな流れの場の状態を知ることができる．先に示した式 (2.3.4) を再度以下に示す．

$$\frac{\partial \boldsymbol{v}}{\partial t} + (\boldsymbol{v} \cdot \nabla)\boldsymbol{v} = -\frac{1}{\rho}\nabla p + \boldsymbol{F} \quad (2.3.13)$$

ここで，以下の関係式を用いた．

$$\frac{D}{Dt} = \frac{\partial}{\partial t} + (\boldsymbol{v} \cdot \nabla) \quad (2.3.14)$$

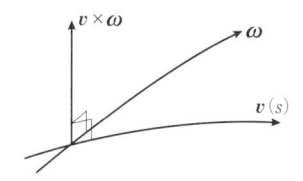

図 2.3.3 ベクトル $\bm{v}$, $\bm{\omega}$ とベクトルの外積 $\bm{v}\times\bm{\omega}$ の関係

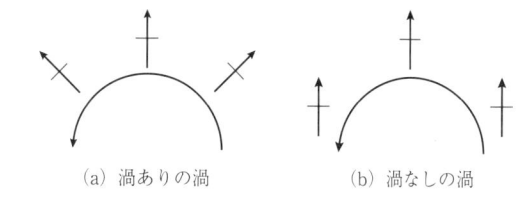

図 2.3.4 十文字型の浮子による渦度の有無の判定
(a) 渦ありの渦　　(b) 渦なしの渦

直角座標系における式 (2.3.13) を曲線座標系で表現すると以下のようになる．

$$\frac{\partial \bm{v}}{\partial t} - (\bm{v}\times \mathrm{rot}\,\bm{v}) = -\frac{1}{\rho}\nabla p - \nabla\left(\frac{q^2}{2}\right) + \bm{F}, \quad q=|\bm{v}| \tag{2.3.15}$$

ここで，以下の関係式を用いた．

$$(\bm{v}\cdot\nabla)\bm{v} = \nabla\left(\frac{q^2}{2}\right) - (\bm{v}\times\mathrm{rot}\,\bm{v}) \tag{2.3.16}$$

いま，保存力場における定常流（バロトロピー流体：密度 ρ が圧力 p の一義的な関数で表される流体）を考える．このとき，

$$\frac{\partial \bm{v}}{\partial t} = 0 \tag{2.3.17}$$

$$\bm{E} = -\nabla\Omega \tag{2.3.18}$$

$$\frac{1}{\rho}\nabla p = \nabla P \tag{2.3.19}$$

であるので，式 (2.3.15) は以下のようになる．

$$\nabla\left(\frac{q^2}{2} + P + \Omega\right) = \bm{v}\times\bm{\omega} \tag{2.3.20}$$

$\bm{v}\times\bm{\omega}$ は $\bm{v}$ に直角であるので，一本の流線 s に沿った成分はゼロとなり，式 (2.3.20) は以下のようになる（図 2.3.3）．

$$\frac{\partial}{\partial s}\left(\frac{q^2}{2} + P + \Omega\right) = 0 \tag{2.3.21}$$

式 (2.3.21) を積分すると以下ようになる．

$$\frac{q^2}{2} + P + \Omega = \mathrm{const} \tag{2.3.22}$$

ここで，const は流線ごとに異なる値でありうる．式 (2.3.22) をベルヌーイの定理という．非圧縮の完全流体では，$\Omega = gz$ および $P = p/\rho$ であるので式 (2.3.22) は以下のようになる．

$$\frac{q^2}{2} + \frac{p}{\rho} + gz = \mathrm{const} \tag{2.3.23}$$

(4) 渦と循環

流体の速度ベクトル $\bm{v} = (u, v, w)$ から，

$$\bm{\omega} = \mathrm{rot}\,\bm{v} = \nabla\times\bm{v} \tag{2.3.24}$$

という演算によって導かれるベクトル量 $\bm{\omega} = (\xi, \eta, \zeta)$ を渦度という．直角座標系における成分は以下のようになる．

$$\xi = \frac{\partial w}{\partial y} - \frac{\partial v}{\partial z}, \quad \eta = \frac{\partial u}{\partial z} - \frac{\partial w}{\partial x}, \quad \zeta = \frac{\partial v}{\partial x} - \frac{\partial u}{\partial y} \tag{2.3.25}$$

$\bm{\omega} = 0$ のときの流れは"渦なしの渦"，$\bm{\omega} \neq 0$ のときの流れは"渦ありの渦"という．流れが"渦あり"か"渦なし"か，すなわち，渦度の有無を判定するには十文字型の浮子を流すことでわかる．流れが"渦あり"の場合には，浮子はつねに渦の中心を向いて回転する．一方，流れが"渦なし"の場合には，浮子はその姿勢を変えることなく回転する（図 2.3.4）．

浴槽の排水口に形成される渦，洗濯機の中に形成される渦，自然界の竜巻や台風で形成される渦は，ほとんどの場合，その中心部は"渦ありの渦"であり，それ以外は"渦なしの渦"である．このように，中心部の流体のみが剛体的に回転する渦で，それ以外は流体力学的に渦とはいえない"渦なしの渦"である流れのモデルをランキン渦という．中心部の剛体回転部分は強制渦とよばれ，それ以外の外側の領域は自由渦とよばれる．

流れの中に任意の閉曲線 C を想定し，C 上に微小線素ベクトル $d\bm{s}$ をとる．$d\bm{s}$ の位置における流体の速度ベクトル $\bm{v}$ の曲線 C への接線 s 方向の成分を v_s とすると，C を一巡する以下の積分を C についての循環という．

$$\Gamma = \oint_C v_s ds = \oint_C \bm{v}\cdot d\bm{s} = \oint_C (udx + vdy + wdz) \tag{2.3.26}$$

ある閉曲線 C についての循環 Γ と，その閉曲線に囲まれた任意の曲面 S 上の渦度 $\bm{\omega}$ の間には以下のような簡単な関係がある．

$$\Gamma = \oint_C \bm{v}\cdot d\bm{s} = \iint_S (\mathrm{rot}\,\bm{v})_n dS = \iint_S (\nabla\times\bm{v})_n dS$$

$$= \iint_S \omega_n dS \qquad (2.3.27)$$

すなわち，循環 Γ は閉曲線 C に囲まれた任意の曲面 S 上における渦度 ω の法線成分 ω_n の積分に等しい．この関係は閉曲線に沿う積分は面積分に変換できるというストークスの定理から導出される．

(5) ケルビンの循環不変定理とヘルムホルツの渦定理

"完全流体中で流体とともに動く任意の閉曲線についての循環は時間が経っても不変である"というのが，ケルビンの循環不変定理である．これを式で表すと以下のようになる．

$$\frac{D}{Dt}\Gamma = 0 \qquad (2.3.28)$$

保存力場におけるバロトロピー流体では，以下に示すヘルムホルツの渦定理が成立する．

① 渦の不生不滅：流体中に渦がなければ，その後も渦は生じない．一方，最初に渦があればいつまでも消滅しない．

② 非粘性流体中の渦線を構成している流体粒子は，いつまでも渦線を構成しつづける．

③ 渦糸・渦管の強さの不変性：一本の渦糸（渦管）の渦の強さはどの断面でも同じである．また，渦糸（渦管）の強さは時間が経っても変化しない．

④ 渦糸に端はない：渦糸は流体中で一つの閉曲線を形成するか，あるいは，流体の境界にその端をもち，流体中で終わることはない．

⑤ 渦管の伸縮と強さ：渦管は引き伸ばされると強さを増し，逆にその長さが縮まるとその強さは弱くなる．循環の不変性について述べているケルビンの循環不変定理と，渦糸の不生不滅を述べているヘルムホルツの渦定理から，渦管の伸縮による渦度の変化（流体粒子の回転角速度）に関する以下の関係が導かれる．

いま，断面積 dA，長さ ds，渦度 ω の渦管の一部を切り出して考える．渦管のこの部分の質量は $\rho dA ds =$ const である．一方，この渦管の循環はケルビンの定理から $\omega dA =$ const である．よって，渦管の渦度 ω について以下の関係が成立する．

$$\omega \propto \frac{1}{dA} \propto \rho ds \qquad (2.3.29)$$

式（2.3.29）は，渦管が引き伸ばされて細くなれば，渦度 ω は大きくなり渦管の中の流体粒子の回転角速度は速くなる．逆に渦管が縮んで太くなれば，渦度 ω は小さくなり渦管の中の流体粒子の回転角速度は遅くなる（図 2.3.5）．

[内田孝紀]

2.3.2 渦なし流れと複素関数解析
(1) ラプラスの方程式

前項で示したオイラーの運動方程式は，移流加速度が流速と流速勾配の積で表されるため，非線形偏微分方程式となる．そのため，一般にはこの方程式を解くことは容易ではない．しかし，2次元渦なし流れ場においては，オイラーの運動方程式は線形のラプラス方程式に帰着し，複素関数解析によって理論解を導くことができる．

前項で述べたように，2次元流れに関するオイラーの運動方程式は，

$$\rho\left(\frac{\partial u}{\partial t} + u\frac{\partial u}{\partial x} + v\frac{\partial u}{\partial y}\right) = \rho f_x - \frac{\partial p}{\partial x}$$

$$\rho\left(\frac{\partial v}{\partial t} + u\frac{\partial v}{\partial x} + v\frac{\partial v}{\partial y}\right) = \rho f_y - \frac{\partial p}{\partial y}$$

となる．また，連続の式は，

$$\frac{\partial u}{\partial x} + \frac{\partial v}{\partial y} = 0$$

となる．ここに，ρ は流体の密度，u, v はそれぞれ x, y 方向の流速，p は圧力，f は外力である．x 方向の運動方程式を y で微分し，y 方向の運動方程式を x で微分して差し引くと，

$$\frac{\partial}{\partial t}\left(\frac{\partial u}{\partial y} - \frac{\partial v}{\partial x}\right) + u\frac{\partial}{\partial x}\left(\frac{\partial u}{\partial y} - \frac{\partial v}{\partial x}\right)$$

$$+ v\frac{\partial}{\partial y}\left(\frac{\partial u}{\partial y} - \frac{\partial v}{\partial x}\right) = \frac{\partial \omega_z}{\partial t} + u\frac{\partial \omega_z}{\partial x} + v\frac{\partial \omega_z}{\partial y}$$

$$= \frac{d\omega_z}{dt} = \frac{\partial f_x}{\partial y} - \frac{\partial f_y}{\partial x}$$

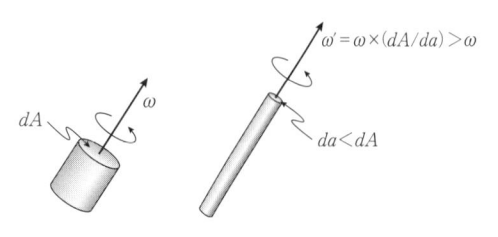

図 2.3.5 渦管の伸縮による渦度（流体粒子の回転角速度）の変化

となる．ここに，ω_z は渦度である．

ここで，外力 f が重力のように保存力であるとすれば，すなわち外力 f がスカラー関数 $F(x, y)$ の勾配（gradient），すなわち，

$$\boldsymbol{f} = (f_x, f_y) = \left(-\frac{\partial F}{\partial x}, -\frac{\partial F}{\partial y}\right)$$

とすれば，$\partial f_x/\partial y - \partial f_y/\partial x = 0$ となるから，

$$\frac{\partial \omega_z}{\partial t} + u\frac{\partial \omega_z}{\partial x} + v\frac{\partial \omega_z}{\partial y} = \frac{d\omega_z}{dt} = 0$$

となる．すなわち，オイラーの運動方程式では渦度は時間とともに変化することはなく保存される．

上式より $\omega_z = 0$，すなわち渦なし流れは明らかに運動方程式を満足する．したがって，$\omega_z = 0$ より，

$$\frac{\partial u}{\partial y} - \frac{\partial v}{\partial x} = 0, \quad \therefore \frac{\partial u}{\partial y} = \frac{\partial v}{\partial x}$$

となる．上式は u, v がスカラー関数 $\Phi(x, y)$ の勾配として表されることを示している．すなわち，

$$u = \frac{\partial \Phi}{\partial x}, \quad v = \frac{\partial \Phi}{\partial y}$$

となる．Φ を速度ポテンシャルという．渦なし流れでは，任意のスカラー関数は運動方程式を満足する．しかし，連続の式 $\partial u/\partial x + \partial v/\partial y = 0$ から，流体の運動を表すスカラー関数は，

$$\frac{\partial^2 \Phi}{\partial x^2} + \frac{\partial^2 \Phi}{\partial y^2} = 0$$

を満足しなければならない．上式はラプラスの方程式とよばれ，偏微分方程式のなかでも最も簡単なものの一つである．渦なし流れを解く問題は，与えられた境界条件を満足する Φ を上式を解いて求めることに帰着する．

また，流線を表す方程式を $\Psi(x, y) = \text{const}$ とすると，Ψ と u, v との間には，

$$u = \frac{\partial \Psi}{\partial y}, \quad v = -\frac{\partial \Psi}{\partial x}$$

の関係が成立する．この Ψ を流れ関数という．前述したように，渦なし流れにおいてはオイラーの運動方程式は自動的に満足されるので，$\omega_z = \partial v/\partial x - \partial u/\partial y = 0$ の条件より，

$$\frac{\partial^2 \Psi}{\partial x^2} + \frac{\partial^2 \Psi}{\partial y^2} = 0$$

となり，流れ関数 Ψ もまたラプラスの方程式を満足する．

(2) 複素ポテンシャルと物体周りの流れ場の解析

2次元渦なし流れ場において，Φ を実部，Ψ を虚部とする複素関数 $W(z)$ を考える．ここに，$z = x + iy$ とする．すなわち，

$$W(z) = \Phi(x, y) + i\Psi(x, y)$$

とする．

ここで，x と iy に関する $W(z)$ の偏微分を求めると，

$$\frac{\partial W}{\partial x} = \frac{\partial \Phi}{\partial x} + i\frac{\partial \Psi}{\partial x}$$

$$\frac{\partial W}{\partial iy} = \frac{1}{i}\left(\frac{\partial \Phi}{\partial y} + i\frac{\partial \Psi}{\partial y}\right) = -i\frac{\partial \Phi}{\partial y} + \frac{\partial \Psi}{\partial y}$$

となる．2次元渦なし流れにおいては，$\partial \Phi/\partial x = \partial \Psi/\partial y = u, \partial \Phi/\partial y = -\partial \Psi/\partial x = v$ であるから，

$$\frac{\partial W}{\partial x} = \frac{\partial W}{\partial iy} = \frac{\partial W}{dz}$$

となる．上式は，$W(z)$ が z の解析関数（z に関して微分可能な関数）であることを示している．いい換えれば，z の任意の解析関数の実部は速度ポテンシャルを，虚部は流れ関数を表している．したがって，渦なし流れの問題を解くことは，与えられた境界条件を満足する z の解析関数 $W(z)$ をみいだす問題に帰着する．しかし，与えられた境界条件を満足する $W(z)$ をみいだすことは簡単ではない．したがって，適当な解析関数がどのような流れ場を満足するかを求め，それらを組み合わせることによって，与えられた境界条件を満足するものをみいだす方法が取られてきた．ここでは，代表的な例として，風工学にとっても有用な，円の周りの流れ場の解析結果を示す．

円の周りの流れ場は，一様流中に二重湧出しを置くことによって得ることができ，その複素ポテンシャルは

$$W(z) = Uz + \frac{Ua^2}{z}$$

となる．ここに，a は円の半径である．

上式から，十分風上すなわち $z \to -\infty$ では，$W(z) = Uz$ となり一様流であることがわかる．また，$z = ae^{i\theta}$ の場合，すなわち円周上では，

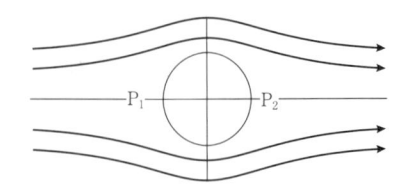

図 2.3.6 一様流中に二重湧出しを置く場合
(円の周りの流れ場)

$$W(z) = Uae^{i\theta} + \frac{Ua^2}{ae^{i\theta}} + Ua(e^{i\theta} + e^{-i\theta}) = 2Ua\cos\theta$$

となり,速度ポテンシャルと流線は

$$\Phi = 2Ua\cos\theta, \quad \Psi = 0$$

となる.円周上では流れ関数は0となるから,円周が流線の一つであり,この複素ポテンシャルで表される流れ場が,図2.3.6に示すように,円の周りの流れを表していることがわかる.

円周上での接線方向の流速は,

$$u_\theta = -\frac{1}{a}\frac{\partial \Phi}{\partial \theta} = 2U\sin\theta$$

となり,$\theta = 0, \pi$ で $u_\theta = 0$,すなわち円の前面と後面の P_1, P_2 がよどみ点となる.また,上式より流速が最大になる点は円の頂部で,そのときの流速は,

$$u_{\theta = \pi/2} = 2U$$

と一様流中の流速の2倍となる.

円柱の周囲の圧力は,ベルヌーイの定理から求まり,

$$p_\infty + \frac{1}{2}\rho U^2 = p + \frac{1}{2}\rho u_\theta^2$$

より,

$$\begin{aligned}p_\theta - p_\infty &= \frac{1}{2}\rho(U^2 - u_\theta^2) \\ &= \frac{1}{2}\rho\{U^2 - (2U\sin\theta)^2\} \\ &= \frac{1}{2}\rho U^2(2\cos 2\theta - 1)\end{aligned}$$

となる.圧力を速度圧で除して基準化した圧力係数 C_p は,

$$C_p = \frac{p_\theta - p_\infty}{\frac{1}{2}\rho U^2} = 2\cos 2\theta - 1$$

となる(図2.3.7).図よりわかるように,最大圧力は $\theta = 0, \pi$ のよどみ点で生じ,そのときの圧力係数は $C_p = 1$ となる.また,最小圧力は,$\theta = \pi/2, 3\pi/2$ の円の頂部で生じ,そのときの圧力係数は $C_p = -3$ となり,頂点での負の圧力のほうが,よどみ点での正の圧力の3倍も大きい.

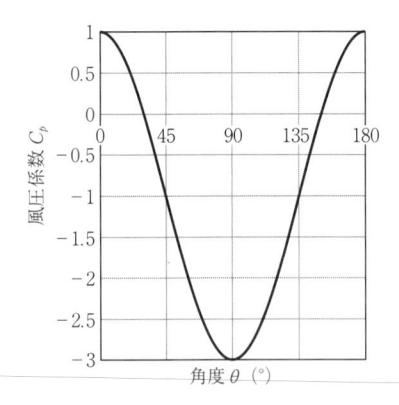

図 2.3.7 円柱周りの圧力係数(ポテンシャル流)

図2.3.7よりわかるように,圧力分布は y 軸に対して対称である.したがって,円柱には流れ方向には力ははたらかない.ポテンシャル流場では,どのような形の物体でも,流れ方向の力,すなわち抗力ははたらかない.これをダランベールの背理とよぶ.しかし,実際の流れ場では,前節で述べたように,流れが物体からはく離し,物体の背面の圧力は負圧となり,物体には大きな抗力が作用する.

なお,複素関数の性質を利用し,等角写像により,円柱周りの流れ場を平板や矩形断面柱などの周りの流れ場に拡張することができる.また,ダランベールの背理を解決し,ポテンシャル流を実際の流れ場に近づけるため,はく離流線で囲まれた伴流領域の圧力を一定として,はく離流線を算出する自由流線理論がある.この方法は,数学的には複雑な写像を用いるが,定常流中の円柱周りの流れ場を精度よく近似することができる.

(3) マグヌス効果とクッタ-ジューコフスキーの式

カーブボールのように回転する円柱の周りの流れ場は,一様流中の円柱周りの流れ場に,渦糸を円柱の中心に置くことによって表すことができる.したがって,その複素ポテンシャル関数は,

$$W(z) = U\left(z + \frac{a^2}{z}\right) + i\frac{\Gamma}{2\pi}\ln z$$

となる.ここに Γ は円柱の中心に置く渦糸の循環を表している.

円柱に作用する力は，前項と同様に，円柱表面の流速よりベルヌーイの定理を用いて求めることができる．すなわち，円柱表面での流速は，複素ポテンシャルを微分し，円柱表面での座標 $z = ae^{i\theta}$ を代入することで求めることができる．すなわち，

$$\frac{dW(ae^{i\theta})}{dz} = u - iv = U\left(1 - \frac{a^2}{a^2 e^{i2\theta}}\right) + i\frac{\Gamma}{2\pi}\frac{1}{ae^{i\theta}}$$
$$= U(1 - e^{-i2\theta}) + i\frac{\Gamma}{2\pi a}e^{-i\theta}$$

より，

$$q^2 = u^2 + v^2 = (u + iv)(u - iv)$$
$$= 2U^2(1 - \cos 2\theta) + \left(\frac{\Gamma}{2\pi a}\right)^2 + 4\left(\frac{U\Gamma}{2\pi a}\right)\sin\theta$$
$$= \left(2U\sin\theta + \frac{\Gamma}{2\pi a}\right)^2$$

となる．したがって，ベルヌーイの定理より，

$$p_\theta - p_\infty = \frac{1}{2}\rho(U^2 - q^2)$$
$$= \frac{1}{2}\rho\left\{U^2 - \left(2U\sin\theta + \frac{\Gamma}{2\pi a}\right)^2\right\}$$

となる．したがって，抗力 D（流れ方向の力）および揚力 L（流れ直角方向の力）は，

$$D = \int_0^{2\pi}(p_\theta - p_\infty)\cos\theta\, d\theta = 0$$
$$L = \int_0^{2\pi}(p_\theta - p_\infty)\sin\theta\, d\theta = \rho U\Gamma$$

となる．物体が回転している場合でも，ダランベールの背理は成立し，流体中にある物体に抗力がはたらかない．一方，物体が回転している場合には，回転速度と流速（物体の速度）の積に比例した揚力が生じる．物体の回転に伴う揚力発生をマグヌス効果とよんでいる．

上に示した揚力の計算式は，ポテンシャル流中の物体なら円柱に限らずどのような形をもつ物体にでもあてはまり，この式をクッタ-ジューコフスキーの式とよんでいる． ［河井宏允］

2.3.3 粘性流体の力学—ナビエ-ストークスの方程式

前項まで示したオイラーの運動方程式では，粘性に伴う流体のずり変形に伴うせん断応力は考慮せず，流体の慣性力（オイラー方程式の右辺）につりあっているのは，圧力と外力（重力）のみである．しかし，2.2.1項に述べたように，物体の表面近傍の境界層では，流速が急速に増大する結果，流体粒子が大きなずり変形を起こし，流体の粘性に伴って大きなせん断応力が作用する．したがって，このような領域での流体の運動は，粘性を無視したオイラーの方程式ではもはや表せない．これがポテンシャル流を対象として導かれた抗力などに関する理論結果（ダランベールの背理）が実際と異なる原因である．

流体の粘性に伴うせん断応力が流速勾配に比例するニュートン流体に関する運動方程式は，フランスの土木技術者のナビエとイギリスの数学者のストークスによって独立に導かれたため，この運動方程式をナビエ-ストークス方程式とよぶ．紙面の都合でナビエ-ストークス運動方程式の詳しい導入は省略し，結果のみを下式に示す．

$$\frac{\partial u}{\partial t} + u\frac{\partial u}{\partial x} + v\frac{\partial u}{\partial y} + w\frac{\partial u}{\partial z}$$
$$= f_x - \frac{1}{\rho}\frac{\partial p}{\partial x} + \frac{\mu}{\rho}\left(\frac{\partial^2 u}{\partial x^2} + \frac{\partial^2 u}{\partial y^2} + \frac{\partial^2 u}{\partial z^2}\right)$$

$$\frac{\partial v}{\partial t} + u\frac{\partial v}{\partial x} + v\frac{\partial v}{\partial y} + w\frac{\partial v}{\partial z}$$
$$= f_y - \frac{1}{\rho}\frac{\partial p}{\partial y} + \frac{\mu}{\rho}\left(\frac{\partial^2 v}{\partial x^2} + \frac{\partial^2 v}{\partial y^2} + \frac{\partial^2 v}{\partial z^2}\right)$$

$$\frac{\partial w}{\partial t} + u\frac{\partial w}{\partial x} + v\frac{\partial w}{\partial y} + w\frac{\partial w}{\partial z}$$
$$= f_z - \frac{1}{\rho}\frac{\partial p}{\partial z} + \frac{\mu}{\rho}\left(\frac{\partial^2 w}{\partial x^2} + \frac{\partial^2 w}{\partial y^2} + \frac{\partial^2 w}{\partial z^2}\right)$$

上式の右辺の第3項が粘性を表す項であり，すべての方向に関する速度の2階の偏微分の和として表される．

上式を，流れ場の代表長さ l と代表流速 U を用いて無次元化する．代表的な時間 T は代表長さと流速により，l/U で表され，代表的な圧力 p は ρU^2 で表される．したがって，位置，流速，時間に関する無次元量は，

$$x^* = \frac{x}{l},\quad y^* = \frac{y}{l},\quad z^* = \frac{z}{l},$$
$$u^* = \frac{u}{U},\quad v^* = \frac{v}{U},\quad w^* = \frac{w}{U},$$
$$t^* = \frac{tU}{l},\quad p^* = \frac{p}{\rho U^2}$$

となる．上式を前述のナビエ–ストークス方程式に入れると，

$$\frac{\partial u^* U}{\partial t^* \frac{l}{U}} + u^* U \frac{\partial u^* U}{\partial x^* l} + v \frac{\partial u^* U}{\partial y^* l} + w \frac{\partial u^* U}{\partial z^* l}$$

$$= f_x - \frac{1}{\rho} \frac{\partial p^* \rho U^2}{\partial x^* l}$$

$$+ \frac{\mu}{\rho} \left(\frac{\partial^2 u^* U}{\partial (x^* l)^2} + \frac{\partial^2 u^* U}{\partial (y^* l)^2} + \frac{\partial^2 u^* U}{\partial (z^* l)^2} \right)$$

$$\therefore \frac{\partial u^*}{\partial t^*} + u^* \frac{\partial u^*}{\partial x^*} + v^* \frac{\partial u^*}{\partial y^*} + w^* \frac{\partial u^*}{\partial z^*}$$

$$= \frac{lf_x}{U} - \frac{\partial p^*}{\partial x^*} + \frac{\mu}{\rho lU} \left(\frac{\partial^2 u^*}{\partial x^{*2}} + \frac{\partial^2 u^*}{\partial y^{*2}} + \frac{\partial^2 u^*}{\partial z^{*2}} \right)$$

となる．上式には lf_x/U, $\mu/\rho lU$ の二つの係数が含まれている．したがって，これらの係数が等しい場合には，代表長さ l や代表風速 U が異なっても方程式は同じであり，同じ流れ場を表すと考えてよい．代表長さ l や代表風速 U が異なる流れ場における，このような相似関係を力学的相似とよび，縮尺模型を用いた実験の理論的なよりどころとなっている．

これらの二つの係数のうちの後者の逆数 $\rho lU/\mu = lU/\nu = Re$ が 2.2.1 項で示したレイノルズ数である．前者の係数 lf_x/U は外力が流れ場に及ぼす影響を表す．重力の場合，$\boldsymbol{f}=(0, 0, -g)$ となるから，z 方向の $gl/U^2 = 1/Fr^2$ のみが重要となる．Fr はフルイド数とよばれ，吊橋など重力が動的特性を左右するような場合にはきわめて重要である．

残念ながら，風工学で問題となるように高レイノルズ数においては，ナビエ–ストークス方程式の理論解を得ることはきわめて困難である．しかし，最近では，ナビエ–ストークス方程式を離散化して，コンピュータによってかなり精度よく数値的に解くことができるようになってきた．流れの数値解析については，第 11 章を参照されたい．

[河井宏允]

2.4　カルマン渦列とエッジトーン

2.4.1　カルマン渦列
(1) カルマン渦列の形成

粘性流体の流れの中に図 2.4.1 のように円柱が置かれているとしよう．その表面には境界層と称される物体の大きさに比べて厚さの薄い流体の層ができる．この層の物体表面上は固体速度と同じで，物体が止まっていれば 0 である（粘着条件）．表面から離れた位置は急激に流れの速度 U に近づく．すなわち，薄い層の中で，激しい速度の変化があることになる．このように速度の違いがあることは，境界層が小さな渦でできていると考えられるのである．

図 2.4.1 で示すように，壁面境界層と記した上半面側の境界層は時計回りの渦で表現できる．この層が物体からはがれるとどうなるか？　境界層では連続的に発生した時計回りの渦が図のようにその列自身で巻き込む性質があるが，やがて独立した渦巻きに発達する．反対側の下半面側には，反時計回りの渦が同じように渦巻きへと発達する．実験室で美しく撮影された結果を図 2.1.3 に示した．この写真は九州大学名誉教授種子田定俊氏より提供された．

さらに後流では，個々の渦は独立して図 2.4.2

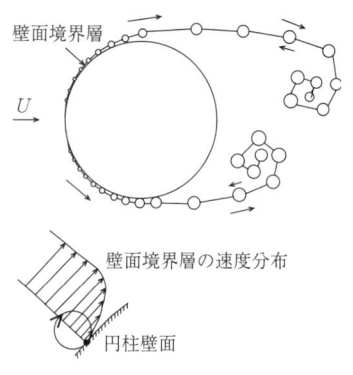

図 2.4.1　円柱表面の境界層からカルマン渦列へ

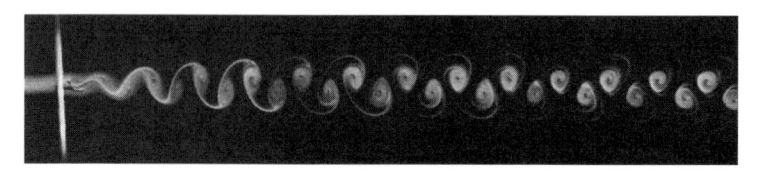

図 2.4.2　カルマン渦列（レイノルズ数 $Re=100$）[1]

2.4 カルマン渦列とエッジトーン

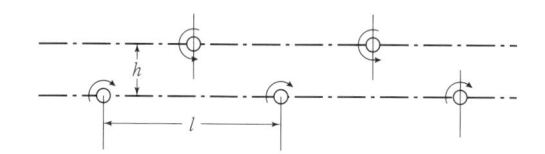

図 2.4.3 カルマン渦列．$h/l = 0.283$ のときに安定な交番配列になる（カルマンのオリジナル論文より）

のように規則正しい交番配列に並ぶ．すなわち境界層は円柱表面で連続的につくられるが，はがれるとその後，個々別々のカルマン渦列へと分かれる．

カルマンはこれを1個1個の非粘性渦として近似的に表した．まず平行な2列の渦を交番に並べ，1個の渦の位置を少し動かして，他の渦による誘起速度を計算し，その渦がもとの位置に戻るか戻らないかを調べた．戻るならそれは安定配列であって自然界では実現しやすい．そうでなければ不安定配列であって，自然界では存在しにくい．その結果，図 2.4.3 のように渦は交番配列で $h/l = 0.283$ の場合のみ渦列として安定に存在することを証明したのである．のちに，この渦列は"カルマン渦列"とよばれるようになった．

直径 d(m) の円柱を通過する流速 U(m/s) の流れの後流に発生する渦の周波数 n(Hz) を無次元化した $St = nd/U$ の値はストローハル数とよばれる．種々の断面の，亜臨界領域付近のレイノルズ数におけるストローハル数は実験的にわかっている [2]．

(2) テアドール・フォン・カルマン [3] について

カルマンは，ハンガリー，ブタペストで生まれ，その後，ドイツのゲッチンゲン大学，アーヘン大学，さらにカリフォルニア工科大学などで教育と研究を続けた．20世紀の科学者の中で最優秀の10名の中に入るといわれている．

その業績は，層流・乱流の摩擦抵抗，ヘリコプターの理論，プロペラの渦理論，超音速飛翔体の抵抗，失速と最大揚力理論などなどたくさんある．"なにがこれを支配している現象か？"と問うことをつねとし，工学的問題を数学を武器にして攻め，"よい理論ほど実用的なものはない"といっていた．

現代ではカルマン渦列とよばれている渦列の計算を行ったのは32歳のときである．当時カルマンはドイツのゲッチンゲン大学にいた．プラントルの境界層理論の検証のために大学院生のヒーメンツはプラントルの指導で流れの中の円柱表面の圧力を測定しようとしていたが，流れが振動するので測定に四苦八苦していた．カルマンは，その様子を観察して流れが振動するのはそれが本質なのでないかと発想を逆転させて考えた．そして，週末を費やして渦列自身が安定に配列する条件の計算を成功させたのである．

カルマン自身はその10年ほど前に，イタリアのボローニャの教会か博物館で1枚のフレスコ画をみたという．それには幼いキリストを肩に抱いて河を渡る聖クリストファーの足下に奇妙な渦が画かれていた．そのとき不思議だと感じている．それが，もやもやと頭の中にあり，10年後に一気に計算を成功させた，と自伝に書いてい

(a) 聖クリストファーのフレスコ画（部分）

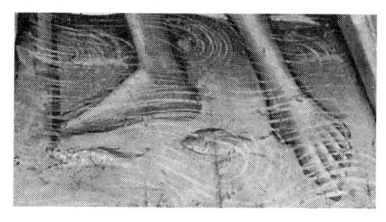

(b) 上図の足下部分

図 2.4.4 聖クリストファーのフレスコ画（部分）（足下の奇妙な線に注意）[4]

る．天才の仕事の動機になったそのフレスコ画が図2.4.4ではないかといわれている[4]．しかし，こればかりはカルマンの死後見つけられたものなので，これだという確証はない．聖クリストファーの足下にかすかに奇妙な流れが画かれており，ルネッサンスの時代のこの絵は画家が忠実な自然観察のもとに画いた芸術であろう．400年後の科学者カルマンの創造性を刺激したのであろうか．いずれにしてもロマンに満ちた科学史である．

[溝田武人]

文献

[1] Zdravkovich, 1997, Flow around Circular Cylinders, p. 39, Oxford University Press
[2] 日本鋼構造協会編, 1997, 構造物の耐風構造, 第2章, 東京電機大学出版局
[3] 野村安正訳, 1995, 大空への挑戦－航空学の父 カルマン自伝－, 森北出版
[4] Mizota, et al., 2000, Nature, **404**, p. 226

2.4.2 エッジトーン

エッジトーン（edge tone）とは，もともと，噴流が楔状の物体に衝突するときに生じる自励音である．パイプオルガンなど多くの管楽器の発音機構として知られており，Sondhaus[1]によって1854年に報告された．キャビティトーン（cavity tone）やホールトーン（hole tone）とよばれる現象も同じ発音機構で説明できるので，それらも含めて広義にエッジトーンという言葉が使われることもある．ここでは，以後，エッジトーンを広義の意味のものとする．図2.4.5[2]には，いろいろなエッジトーンの例を示す．この現象は噴流やせん断層の発振を伴い，より一般的にいえば，流れを伴う振動不安定現象の一つである．しかし，トーンという言葉からわかるように，エッジトーンは現象の音響面に重点を置いた言葉である．この現象は，音響面ではなくカルマン渦列などとの対比のために流動面をより重視した立場から，流れと固体境界との間の相互作用（flow-solid boundary interaction）[3]やせん断層衝突流れ場（shear-layer impingement configuration）で観察される自励振動[2]，せん断層衝突不安定（impinging shear-layer instability）[4]などともよばれる．

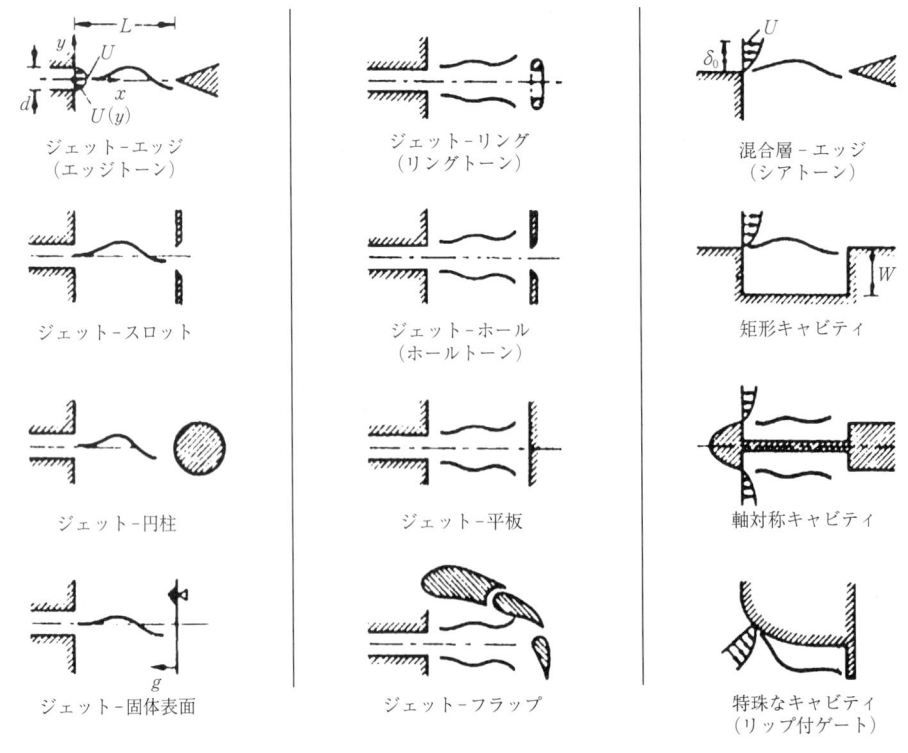

ジェット-エッジ（エッジトーン）　ジェット-リング（リングトーン）　混合層-エッジ（シアトーン）

ジェット-スロット　ジェット-ホール（ホールトーン）　矩形キャビティ

ジェット-円柱　ジェット-平板　軸対称キャビティ

ジェット-固体表面　ジェット-フラップ　特殊なキャビティ（リップ付ゲート）

図 2.4.5 エッジトーンの例 [2]

エッジトーンに関するレビューとしては，[2, 3, 5～8] などがある．エッジトーンは，簡潔にいうと，キャビティの上流端ではく離したせん断層が下流端の影響で発振する現象，および，その際に生じる発音現象である．Rockwell ら [2] によると，その発生機構は，①衝突領域からはく離領域近くの敏感領域への擾乱の伝播，②敏感領域での渦度変動の生成，③せん断層内での生成渦度変動の増幅，④衝突領域での擾乱の生成という一連の過程を繰り返すフィードバックループとして説明されている．

エッジトーンの最大の特徴は，はく離-衝突領域間の流れ方向距離を代表長さにとったストローハル数が階段状に変化することである．各階は，モードあるいはステージなどとよばれる．ここで，モード番号は，はく離-衝突領域間を流下する擾乱の個数に対応する．エッジトーンの他の重要な特徴は，キャビティトーンが典型的例となるが，エッジトーンが本来は単一層せん断不安定であることである．この点は，カルマン渦列が1対2層せん断不安定であることと対照的である．

(1) 偏平断面柱体からの渦放出

風工学では，一様流中に置かれた物体周りの非圧縮高レイノルズ数流れが重要な関心事である．物体は通常，ブラフボディ，すなわち，非流線形物体であることが多く，その周りの流れは，せん断層はく離を伴うことが特徴である．ブラフボディからの渦放出は，一般に，前述のカルマン渦列に支配されることが多い．しかし，流れ方向に偏平な断面をもつ柱体などの場合には，そうでないたとえば円柱や正方形柱などに比べて，長い側面の影響が強く表れるかもしれないと予想することは自然であり，事実，カルマン渦列ではなくてエッジトーンが渦放出をおもに特徴づける．つまり，偏平ブラフボディの多くでは，その両側面のはく離せん断層が後縁と干渉してそれぞれ独立にエッジトーンとして発振し，渦放出周波数はエッジトーンの特徴を示す（もっとも，下流では相互に干渉し交互配列のカルマン渦列を形成する）．このことは，後流中に薄いスプリッター版を挿入しても，同じ周波数で渦放出が起こることからも

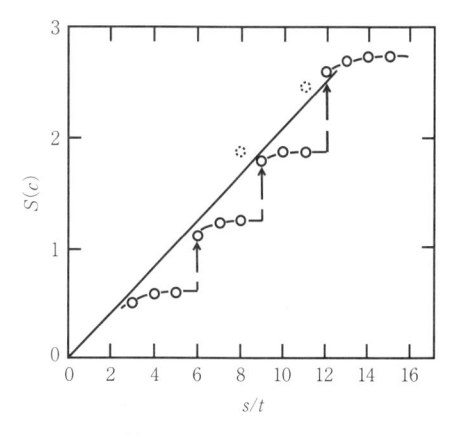

図 2.4.6 一様流中に置かれた矩形からの渦放出の周波数 [12]

確認できる [4]．

矩形柱を例にとれば，$d/h ≒ 3, 6, 9, 12$ を境に渦放出周波数の急変が観察される（図 2.4.6）[4, 9～13]．ここで，d は流れ方向の長さ，h は流れ直角方向の長さである．$St(d)$ は d を代表長さに用いたストローハル数である．これらの境は，渦放出モードの変化，すなわち，カルマン渦列からエッジトーン（$n=1$），エッジトーン（$n=1$）からエッジトーン（$n=2$），エッジトーン（$n=2$）からエッジトーン（$n=3$），エッジトーン（$n=3$）からエッジトーン（$n=4$）への遷移をそれぞれ意味する．また，$St(d) ≒ 0.6n$ であって，$St(d)$ はエッジトーンに関する普遍ストローハル数の一つであることがわかる．なお，流れ場の観察も，しばしば上述の渦放出モードによく対応することがある．たとえば，エッジトーン（$n=2$）では後縁への周期的再付着が観察されるが，$n>2$ では，後縁上流で1周期中のいかなる瞬間も再付着が観察できる [11]．

上述の特徴は，矩形柱に限らず，H型断面柱やT型断面柱などの偏平柱体でも観察されている．さらに，下流の物体が鋭い角をもたなくてもエッジトーンは発生する．極端な場合としては，一様流中に置かれた半無限平板や鈍頭半無限円柱の例がある．このような場合でも，再付着長さを代表長さにとれば，そのストローハル数は0.6に近い．また，偏平物体近くに，微小であってでも付加物を設置する場合は，渦放出モードが容易に急変する場合があり [14]，注意が必要である．

(2) エッジトーン励振

偏平な断面をもつ柱体をばね支持すれば，渦励振が共振風速近くより発生することは，カルマン渦列による渦励振の類推からも容易に予想される．つまり，カルマン渦列タイプの渦励振と同様，多くの偏平断面の構造物には，低風速でエッジトーンタイプの渦励振を生じる可能性がある．たとえば，有名な旧タコマ橋は偏平な H 型断面であり，落橋以前にしばしば低風速で観察された曲げ振動あるいはねじり振動はエッジトーンタイプの渦励振と考えられる．もっとも，当初は，カルマン渦列タイプの渦励振と考えられていたので，矛盾点も多く，ある程度大きな振幅時の詳細な流れ場の観察から前縁はく離渦励振（excitation due to the motion-dependent leading-edge vortices）による説明が提案された [15, 16]. 　　［平田勝哉］

文　献

[1] Sondhaus, C., 1854, Ueber die beim ausstromen der luft entstehenden tone, *Ann. Phys.* (Leipzig), **91**, p. 126 & pp. 214-240

[2] Rockwell, D. and Naudascher, E., 1979, Self-sustained oscillations of impinging free shear layers, *Ann. Rev. Fluid Mech.*, **11**, pp. 67-94

[3] Powell, A., 1961, On the edge tone, *J. Acoust. Soc. Am.*, **33**, pp. 395-409

[4] Nakamura, Y. and Nakashima, M., 1986, Vortex excitation of prisms with elongated rectangular, H and T cross-sections, *J. Fluid Mech.*, **163**, pp. 149-169

[5] Brown, G. B., 1937, The mechanism of edge-tone production, *Proc. Phys. Soc.* (London), **49**, p. 508

[6] Nyborg, W. L., Burkhard, M. D. and Schilling, H. K., 1952, Acoustical characteristics of jet-edge and jet-edge-resonator system, *J. Acoust. Soc. Am.*, **24**, pp. 293-304

[7] Karamcheti, K., et al., 1969, Some features of an edge-tone flow field, *NASA Spec. Publ.*, **207**, pp. 275-304

[8] Rockwell, D. and Naudascher, E., 1978, Review—self-sustaining oscillations of flow past cavities, *J. Fluid Engng., ASME*, **100**, 152-165

[9] 中口博，橋本貴久裕，武藤真理, 1968, 矩形断面の柱の抗力に関する一実験, 日本航空宇宙学会誌, **16**, pp. 1-5

[10] 岡島厚，杉谷賢一郎，溝田武人, 1983, 長方形断面柱のストローハル数と背圧係数（断面辺長比が 1 ～9 の場合），日本機械学会論文集（B 編），**49**, pp. 2551-2558

[11] Stokes, A. N. and Welsh, M. C., 1986, Flow-resonant sound interaction in a duct containing a plate, II : square leading edge, *J. Sound Vib.*, **104**, pp. 55-73

[12] Nakamura, Y., Ohya, Y. and Tsuruta, H., 1991, Experiments on vortex shedding from flat plates with square leading and trailing edges, *J. Fluid Mech.*, **222**, pp. 437-447

[13] Ohya, Y., et al., 1993, A numerical study of vortex shedding from flat plates with square leading and trailing edges, *J. Fluid Mech.*, **236**, pp. 445-460

[14] Hirata, K., Moriya, F. and Funaki, J., 1998, Experiments of vortex shedding from a semi-infinite plate and elongated rectangular cylinders with and without smaller control objects, Proc. FEDSM98, ASME, FEDSM98-5168

[15] Komatsu, S. and Kobayashi, H., 1980, *J. Wind Engineering and Industrial Aerodynamic*, **6**, pp. 335-362

[16] 白石成人，松本勝, 1982, 充腹構造断面の渦励振応答特性に関する研究, 日本土木学会論文報告集, 322, pp. 37-52

2.5　各種構造物周りの流れ

2.5.1　基本断面周りの流れ

(1) 2 次元円柱周りの流れ

円柱周りの流れはレイノルズ数によって複雑に変化し，Zdravkovich [1] はその流れパターンの変化をその特徴によって詳細に分類している．ここではその大きな流れ様相変化を示す．レイノルズ数が極端に小さい場合は，円柱の表面境界層ははく離しがたく，ストークス流とよぶ流れに近い．レイノルズ数が大きくなると流れは表面からはく離し，レイノルズ数が 40 くらいまでは，図 2.5.1a [2] に示すような円柱背面に双子渦が形成される．レイノルズ数が 40 以上になると図 b [3] のカルマン渦とよばれる交番渦列が円柱背後に生じる．さらにレイノルズ数の大きい亜臨界領域（subcritical region）とよばれる 3.7×10^5 までの広いレイノルズ数範囲にわたって図 2.5.2a の模式図のように円柱表面上の境界層が層流はく離し，図 2.5.1c [4] に示すように，はく離せん断層に沿って高い周波数の小さな不安定渦を形成し，やがてカルマン渦列を形成しつつ後流領域は乱流に遷移する．そして，レイノルズ数が $Re = 3.7 \times 10^5$ 付近では，図 2.5.2b の模式図に

2.5 各種構造物周りの流れ

(a) 円柱背後の双子渦[2], $Re=25.5$（アルミ粉末法）

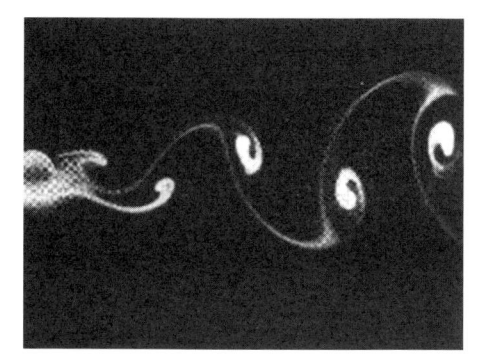

(b) 円柱後流に形成されるカルマン渦[3], $Re=150$（アルミ粉末法＋電解沈殿法）

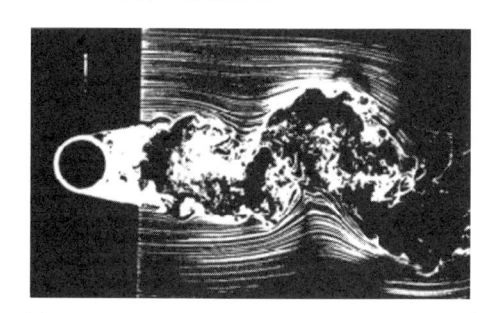

(c) 円柱後流に形成されるカルマン渦[4], $Re=8\times10^3$

図2.5.1 レイノルズ数に対する円柱周りの流れの変化

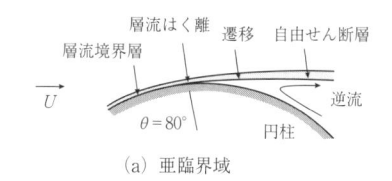

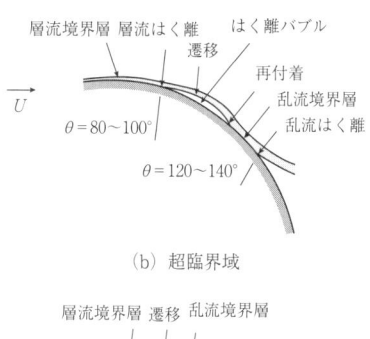

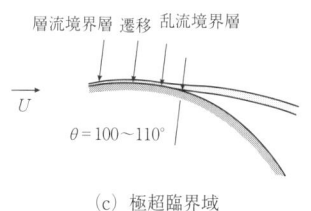

(a) 亜臨界域

(b) 超臨界域

(c) 極超臨界域

図2.5.2 臨界レイノルズ数付近における円柱はく離点近傍の流れの変化の模式図

示すように，層流はく離したはく離せん断層流れがただちに乱流に遷移することによって円柱表面に再度，付着してはく離バブルを形成する．そしてはく離バブル下流の付着した乱流境界層が再びはく離して極端に幅の狭い後流を形成する．この現象はレイノルズ数の変化に対して臨界的に現れるため，このときのレイノルズ数 3.7×10^5 を臨界レイノルズ数（critical Reynolds number）とよぶ．このような臨界レイノルズ数付近においては，円柱表面上に形成されたはく離バブルは流れに対し上下面対称に形成される場合と片側のみの場合など複雑な現象も現れる[5]．はく離バブルが1個の場合には，上下面の流れが非対称とな

り，乱流はく離する位置が異なるために円柱には特異な現象として大きな定常な揚力が生ずる．そして，円柱上下面にはく離バブルが安定して形成されるレイノルズ数 $(0.4\sim4)\times10^6$ の範囲を超臨界域（supercritical region）という．このときの後流幅は極端に狭く，抵抗係数は0.3くらいに減少する．さらに高い $Re\geq4\times10^6$ のレイノルズ数範囲では，図2.5.2cに示すように円柱表面の境界層は乱流境界層に遷移してそのままはく離する．このレイノルズ数範囲を極超臨界域とよび，Roshko[6]は transcritical region とよび，近年，文献[1]では postcritical region とよぶ．後流には亜臨界域と同様に高い周期性をもつカルマン渦列のような交互渦列が再び形成される．

(2) 2次元角柱周りの流れ

正方形周りの流れを図2.5.3[7]に示す．図aの $Re=43$ のようにレイノルズ数が小さい場合，流れは前縁ではく離するが上下面にすぐ再付着し，後縁で再度はく離して円柱と同様に背面に双子渦を形成する．図bの $Re=150$ では，後流にカルマン渦を形成するようになる．さらにレイノ

(a) 角柱背後の双子渦 [9]，（アルミ粉末法）$Re = 43$

(b) 角柱後流に形成されるカルマン渦 [9]，$Re = 150$

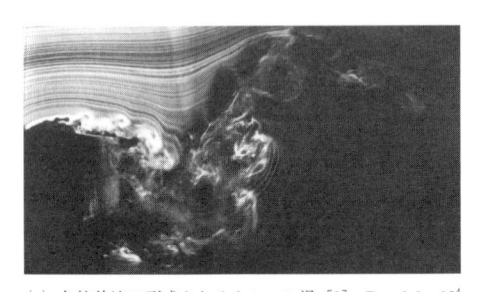

(c) 角柱後流に形成されるカルマン渦 [9]，$Re = 1.1 \times 10^4$

図 2.5.3 レイノルズ数に対する正方形柱周りの流れの変化

れているが，図 b のレイノルズ数 $Re = 1.8 \times 10^3$ では，広い渦間隔で周波数のゆっくりした渦列が形成されることがわかる．そして，図 c のレイノ

(a) $Re = 410$

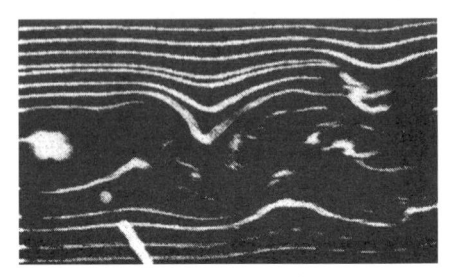

(b) $Re = 1.8 \times 10^3$

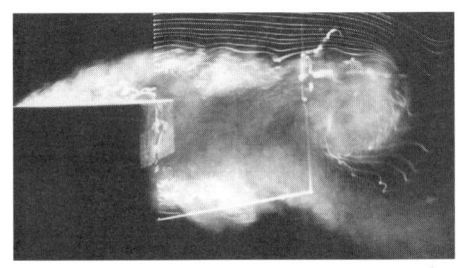

(c) $Re = 7 \times 10^3$

図 2.5.4 レイノルズ数に対する断面比 2 角柱周りの流れの変化

ルズ数が大きくなると図 c の $Re = 1.1 \times 10^4$ のように，前縁ではく離したせん断層には小さな不安定渦がみられ，もはや上下面には再付着しなくなり，幅広い後流域を形成する．この場合，はく離点は前縁に固定され，フローパターンには大きな変化がなく，抵抗係数などは広いレイノルズ数範囲にわたってほぼ一定である．

角柱周りの流れは，レイノルズ数のほかに角柱の断面比 b/d（d は断面高さ，b は断面の流れ方向長さ）によっても大きく変化する．すなわち，角柱前縁ではく離した流れが上下面に付着する現象は，アフターボディの大きさ b にも依存する．たとえば，断面比 $b/d = 2$ の角柱のレイノルズ数に対する流れパターンの変化を図 2.5.4 [7] に示す．この場合，図 a のレイノルズ数 $Re = 410$ では渦間隔の比較的狭い周波数の早い渦列が形成さ

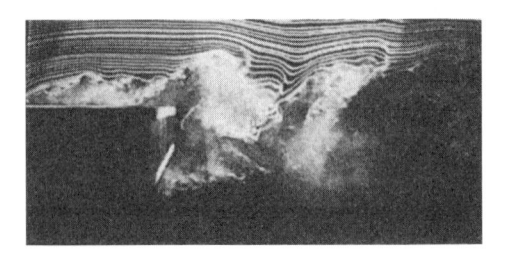

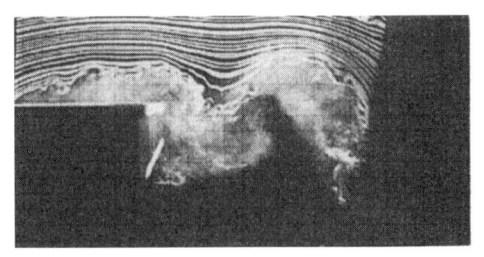

図 2.5.5 レイノルズ数に対する断面比 3 角柱周りの流れの変化（$Re = 7 \times 10^3$）

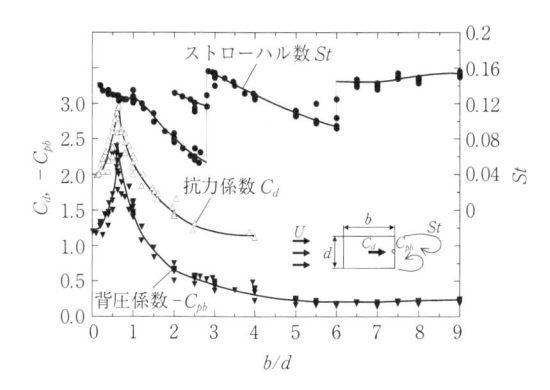

図 2.5.6 角柱の断面比に対する抗力係数，背圧係数およびストローハル数

ルズ数 $Re=7\times10^3$ では，前縁ではく離したせん断層はアフターボディに付着することなく，完全はく離型の流れパターンを呈する．

さらに，大きい断面比の $b/d=3$ 角柱では，図 2.5.5（$Re=7\times10^3$）に示すように，前縁ではく離したせん断層は角柱の上下面に周期的に交互に付着するようになる [7]．

このように，レイノルズ数に対する角柱周りの流れは断面辺長比によって異なるが，$Re\geq10^4$ の高いレイノルズ数領域では，もはや大きな変化はなく，断面辺長比のみに依存するようになる．このような高いレイノルズ数領域における角柱周りの流れには，注目される流力特性の一つに中口ピークとよばれる現象 [8] がある．これは，図 2.5.6 に示すように角柱の断面比 b/d を変えた場合，断面比 $b/d=0.65$ に近い矩形柱では，物体背面の圧力を表す背圧係数 C_{pb} が急激に低下して $C_{pb}=-2.4$ となり，抗力係数は急激に大きい $C_d=3$ に近い値となる．このときの角柱の流れは，前縁ではく離して矩形背面で強く巻き込みながら渦を形成するため [9]，背圧係数が極端に低下して抗力係数が急激に大きくなる．

[岡島　厚]

文　献

[1] Zdravkovich, M. M., 1997, Flow around circular cylinders, vol. 1 Fundamentals, Oxford University Press
[2] 種子田定俊，1988，画像から学ぶ流体力学，p. 34，朝倉書店
[3] 日本鋼構造協会，1997，構造物の耐風工学，p. 7，東京電機大学出版局
[4] Zdravkovich, M. M., 1997, Flow around circular cylinders, vol. 1 Fundamentals, p. 14, Oxford University Press
[5] Bearman, P. W., 1969, On vortex shedding from a circular cylinder in the critical Reynolds number region, J. Fluid Mech., **37**, pp. 577-587
[6] Roshko, A., 1961, Experiments on the flow past a circular cylinder at very high Reynolds number, J. Fluid Mech., **10**, pp. 345-356
[7] 岡島厚，1983，種々の断面辺長比の矩形柱周りの流れ，日本風工学会誌，**17**，pp. 1-19
[8] 中口博，橋本貴久裕，武藤真理，1968，矩形断面の柱の抗力に関する一実験，日本航空学会誌，**16**-168, pp. 1-5
[9] 林正徳，桜井晃，大屋祐二，1981，一様流中に置かれた二次元矩形柱の変動特性，九州大学工学集報，**54**-2, pp. 137-144

(3) その他の2次元物体周りの流れ

流体中の2次元ブラフボディの風上面のよどみ点はその断面上で一点あり，風圧はこの点で正の最大値を示す．これよりはく離点に向かうに従って風圧は小さくなり，はく離点以降では負圧を示す．風が風上面ではらむ形状の物体では，よどみ圧に近い大きい圧力の分布が風上面の比較的広範囲に生じ，結果的に大きい抗力が生じる．図 2.5.7 は一様流中における半円断面柱と円弧断面柱の平均風圧分布を示している [1]．アフターボディ上の両者の風圧分布は一様でほぼ等しい圧力分布を示しているのに対し，風上側の風圧分布は円弧断面のほうがよどみ圧に近い大きい風圧分布が広がっている．同様の現象は三角形断面と L 字型断面との比較や長方形断面とコ字型断面との比較でも生じ，いずれの比較においても，抗力係数で約 0.2 の差がある．

次に，コ字型断面を例にとって，底面（C 型鋼でたとえるとウェブ）の位置による風圧分布の

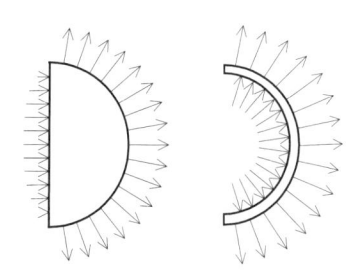

図 2.5.7 半円断面と円弧断面の平均風圧分布

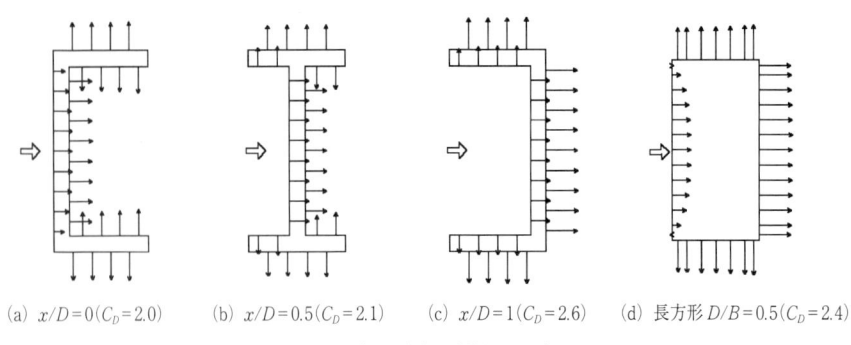

(a) $x/D=0(C_D=2.0)$ (b) $x/D=0.5(C_D=2.1)$ (c) $x/D=1(C_D=2.6)$ (d) 長方形 $D/B=0.5(C_D=2.4)$

図 2.5.8 コ字型断面の平均風圧分布

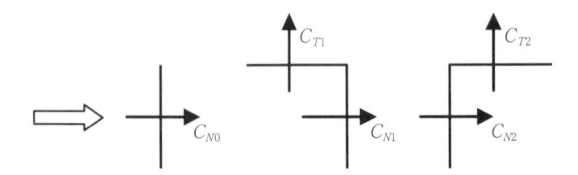

図 2.5.9 山形鋼に作用する風力

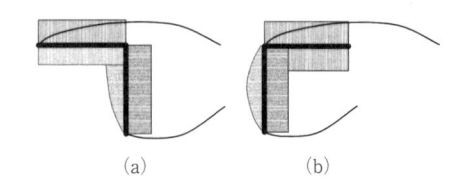

図 2.5.10 山形鋼の風圧分布

変化をみてみよう [2]. 辺長比を $D/B=0.5$（幅 B, 奥行き D）として, 底面の位置 x を風上面から $x/D=0, 0.5, 1$ と変化させる. 比較のために同じ辺長比の長方形断面の風圧分布も示した（図 2.5.8）. 底面の位置が $x/D=0.5$ と 1 の断面では, 風上側で風をはらむので, 風上側の風圧係数はよどみ圧に近い大きい正のほぼ一様な分布を示すのに対し, $x/D=0$ と長方形断面では, 風上面の中央部でよどみ圧を示すが, これより端部に近づくに従って正の値が小さくなる. このときの背面の風圧は負圧のほぼ一様な分布となるが, その絶対値の大きさを比べると, 長方形, $x/D=1$, $x/D=0.5$, $x/D=0$ の順であることがわかる. $D/B=0.5$ の長方形断面は後流域に形成される渦が最も背面に近づく断面に近いといわれており, 背面の負圧ははく離点と背面の位置に強く影響されると考えられる.

空中の細長い板の風力係数が $C_{N0}=2.0$ であることはよく知られている. では, この板に垂直な板を付け, L字型の部材を考えたとき, 図 2.5.9 のような風方向の風力係数 C_N と風直角方向の風力係数 C_T の C_{N0} に対する比率はどれほどであろうか? 答えは $C_{N1} \fallingdotseq C_{N2} \fallingdotseq C_{N0}$, $C_{T1}=1.2C_{N0}$, $C_{T2}=0.1C_{N0}$ である. 図 2.5.10 に示したように, はく離流線の内側の面ではほぼ一様な負圧が生じる.

同図 a では風向と平行な面の下面近くの空気はどこにも移動できず, よどみ圧に近い圧力が一様に分布し, 結果的に風向に正対する面より大きい風力が発生する. 図 b の風向では風向と平行な面は上下面とも死水領域にあるのでほとんど風力が作用しない.

2次元円柱に直径の2%程度の小さいリブをつけると, リブの位置によってはく離点が変化し, 図 2.5.11 に示すように空力特性が著しく変化する [3]. 平滑円柱の抗力係数は $C_D \fallingdotseq 1.2$ であるが, リブをよどみ点から $\beta \fallingdotseq \pm 55°$ 付近につけると抗力係数は $C_D \fallingdotseq 0.6$ 程度に半減する. 図 2.5.12 に示すように, このときはく離はリブ上で生じるが, 直後ではく離流が再付着し, 死水領域は小さくなる. 平均抗力だけでなく, 変動抗力と変動揚力も同時に著しく小さくなり, 平滑円柱の0.14倍の値を示す. リブの位置が $\beta \fallingdotseq \pm 70°$ 付近にあるとき, リブ上ではく離した流れは円柱上で再付着せず, 平均抗力係数および変動抗力・揚力は平滑円柱よりも増加する. 流れのはく離を伴う空力的に鈍い物体の空力特性にははく離せん断層とアフターボディの空力干渉が強い影響を及ぼすことがわかる.

はく離流が再付着することにより空力特性が変化する効果は四角柱に隅欠きをつける例でもみら

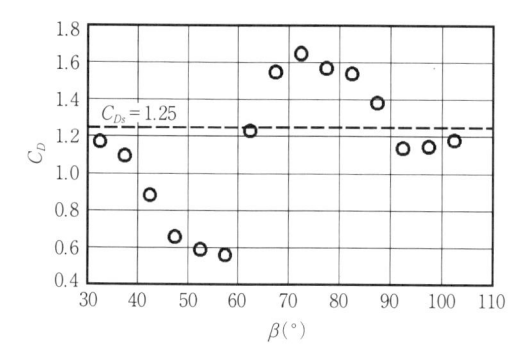

図 2.5.11 リブ付き円柱の抗力係数の変化

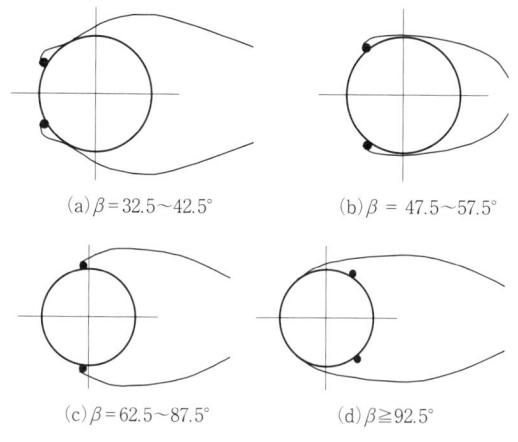

(a) $\beta = 32.5 \sim 42.5°$
(b) $\beta = 47.5 \sim 57.5°$
(c) $\beta = 62.5 \sim 87.5°$
(d) $\beta \geqq 92.5°$

図 2.5.12 リブの位置によるはく離流の変化

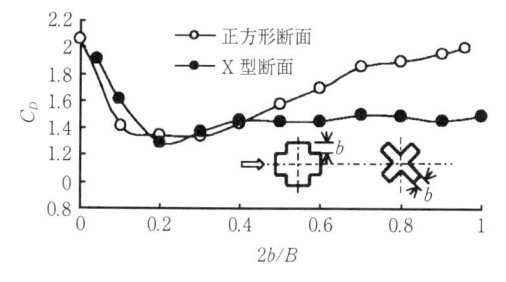

図 2.5.13 隅欠き角柱の抗力係数

れる [4]．図 2.5.13 は隅欠きの程度による抗力係数の変化を示したものである．隅欠きによって流れが再付着すると，抗力係数が著しく減少することがわかる．　　　　　　　　[西村宏昭]

文　献

[1] 西村宏昭, 2002, D型断面柱の空力特性に関する実験的研究, 第17回風工学シンポジウム, pp. 231-236
[2] 西村宏昭, 2002, 風を孕む形状をもつ二次元部材の空力特性, GBRC, No. 106, pp. 19-24
[3] 西村宏昭, 2002, リブによる円柱の空力特性の改良, 第51回理論応用力学講演会論文集, pp. 319-320
[4] 河井宏允, 藤波潔, 2001, 2次元正四角柱に作用する風力について, 日本建築学会大会講演梗概集, pp. 157-158

(4) 2次元傾斜円柱周りの流れ

円柱が風に対して傾斜している場合の空力特性は，傾斜していない通常の2次元円柱の空力特性とは多少異なり，より複雑な性状を示す．したがって，傾斜円柱周りの流れを把握することは，構造物の斜材や斜張橋ケーブルなどの空力特性を議論する上で重要な課題であるが，その流れ構造はきわめて複雑であり，未解明な点も数多く残されている．傾斜円柱の空力振動の実例として，とくに斜張橋における傾斜ケーブルが降雨を伴った強風下で，空力振動を発生することが問題となっている（詳細は，4.2.5項参照）．その空力振動の原因の一つとして，傾斜ケーブル後流域に発生するケーブル軸に沿った流れ（軸方向流れ）があげられる [1, 2]．風に対して水平偏角 $\beta = 45°$ をもつ円柱の後流域に，軸方向流れの存在を可視化した風洞実験結果 [1] を図 2.5.14 に示す．この軸方向流れが，円柱の後方にスプリッター板を挿入した場合と同様の効果をもつことが知られており [1, 3]，傾斜円柱でギャロッピングが発生する原因となる．

一般に，円柱のストローハル数は $St = 0.2$ であるが，円柱が傾斜した場合にはストローハル数は小さくなる．水平偏角 $\beta = 45°$ の円柱におけるストローハル数をスパン方向に沿って計測した結果 [4] を図 2.5.15 に示す．図より，風洞内の傾斜円柱は端部条件（風洞壁）の影響を強く受けて，上流端では $St = 0.2$ であるが下流側では $0.12 \sim 0.15$ 程度の値になっていることがわかる．傾斜円柱のストローハル数は，円柱軸に垂直な風速成

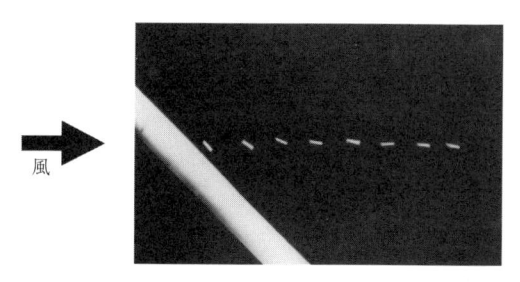

図 2.5.14 小旗を用いた軸方向流れの可視化写真

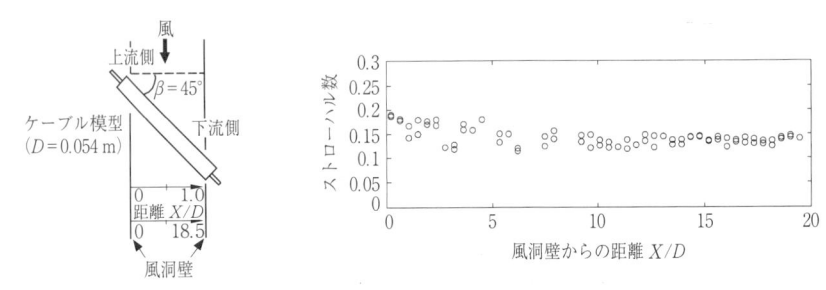

図 2.5.15 非定常圧力から算出した傾斜円柱のストローハル数分布
水平偏角 $\beta=45°$，一様流中，風速 $V=4$ m/s．模型端部には風洞壁に直径 200 mm 径の穴が開けられている．

分で換算すると円柱と同じストローハル数になるというコサイン則で説明できるとされている[5]が，前述の軸方向流れがカルマン渦放出周波数を低下させているという指摘もある[6]．

また傾斜円柱周りの流れは，3次元性や非定常性が強いことが知られており[2, 7]，非常に複雑な渦生成機構が存在すると考えられるが，その詳細は，いまだ不明な点も多い．一例として，図 2.5.16 に傾斜円柱後流域の変動風速をウェーブレット解析したものを示す[8]．図中の V/f_vD は，渦放出周波数 f_v で無次元化した無次元風速（ストローハル数の逆数）を示している．図より，後流域でカルマン渦は存在しているが，きわめて非定常な渦放出となっている．さらに，より低い周波数成分の非定常な渦放出もみられる．実際の傾斜ケーブルにおいても，このような高無次元風速域で振動現象が発生している．これらの低周波の渦成分は，傾斜していない通常の円柱でもみられ，カルマン渦放出周波数の 1/3 [9] や 1/2.6 [10] の周波数で放出されると報告されており，傾斜円柱における低周波の渦もこれらと同様のものと考えられる[2]．

前にも述べたように，軸方向流れ，ストローハル数，さらに低周波の渦生成などの傾斜円柱周りの流れの特性は，円柱の端部条件に非常に敏感である[4, 7]．一般に，斜張橋ケーブルの実験を行う際には，実際のケーブルが長いことを考慮して，軸方向流れが端部にも存在するように，風洞壁に円柱径よりも大きな穴を開け模型を支持するケース，もしくは風洞の吹き出し口に模型を支持するようなケースも多い．この場合，模型の端部条件は，風洞特性にも影響を受ける．また，一般の傾斜円柱の風洞実験では，通常の2次元実験と同様に端板を取り付ける場合や，平板境界層に設置して行われる場合もあり，壁面近傍の流れについて考察した研究も行われている[3, 10]．

［八木知己］

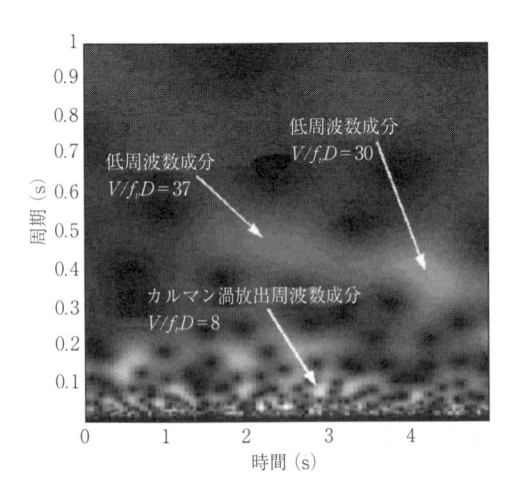

図 2.5.16 傾斜円柱後流域の変動風速のウェーブレット解析結果
水平偏角 $\beta=45°$，一様流中，風速 $V=4$ m/s，$X/D=3$，200 mm 径の窓あり．

文　献

［1］ Matsumoto, M., Shiraishi, N. and Shirato, H., 1992, Rain-wind induced vibration of cables of cable-stayed bridges, *J. Wind Engineering and Industrial Aerodynamics*, **41-44**, pp. 2011-2022

［2］ Matsumoto, M., 1998, Observed behavior of prototype cable vibration and its generation mechanism, Bridge Aerodynamics, A. Larsen, S. Esdahl (Eds.), pp. 189-211, Balkema, Rotterdam

［3］ 宮内宏太郎，志澤高朗，本阿弥眞治，1998，平板境界層に設置した傾斜円柱まわりの流れ（壁面近傍の後流の構造），日本機械学会論文集（B編），**64**，pp. 1748-1754

［4］ Matsumoto, M., Yagi, T. and Tsushima, D., 1999,

Inclined cable aerodynamics －velocity restricted response at high reduced velocity－, Proceedings of the Third International Symposium on Cable Dynamics, pp. 91-96, Trondheim, Norway
［5］白樫正高, 上野真司, 石田康弘, 脇屋正一, 1983, 弾性支持された円柱の流体力学的振動に関する研究, 日本機械学会論文集（B編）, **49**, pp. 2102-2110
［6］白樫正高, 長谷川篤, 脇屋正一, 1985, 傾斜円柱からのカルマン渦流出周波数に対する二次流れの影響, 日本機械学会論文集（B編）, **51**, pp. 2499-2504
［7］林　農, 吉野章男, 若良二, 田辺征一, 河村哲也, 1992, 傾斜円柱からの放出渦の組織構造に関する研究, 日本機械学会論文集（B編）, **58**, pp. 297-304
［8］Matsumoto, M., Yagi, T., Goto, M. and Sakai, S., 2001, Cable aerodynamic vibration at high reduced velocity, Proceedings of the Fourth International Symposium on Cable Dynamics, pp. 43-50, Montreal, Canada
［9］Durgin, W. W., March, A. A. and Lefebvre, P. J., 1980, Lower mode response of circular cylinders in cross-flow, *J. Fluids Engineering, Trans-actions of the ASME*, **102**, pp. 183-190
［10］原　豊, 樋口博, 河村哲也, 林　農, 2003, 傾斜円柱まわりの流れ構造に関する数値的研究　－上流端近傍の流れについての考察－, 日本風工学会論文集, **94**, pp. 107-116

2.5.2　複数物体周りの流れ－直列および並列に並んだ2次元物体周りの流れ

流れの中に複数物体が配置され, その空間距離が接近すると, 物体周りの流れは他の物体の影響を受ける. 相互干渉により流れのパターンは大きく変化し, 同時に静的・動的な特性も複雑に変化する. さらにその変化は, 物体形状, 空間配置, 風向, 物体数などに支配され, 複数物体の配置の効果を, 単独配置の場合から理論的に求めることは現状ではきわめて困難といわざるをえない. それらの中で, 比較的研究成果が多く, 工学的解明の進んでいる, 流れに対し直列（タンデム配列）に並んだ, あるいは並列（side by side 配列）に並んだ2次元円柱および2次元角柱周りの流れについて記す.

円柱の種々の配列における流れのパターン, 空力応答の概要を実験成果から記した Zdravkovich [1], 円柱・角柱基本断面について検討した白土 [2] の研究などが, 複数物体周りの流れに関する有用な情報を与えている.

(1) 2次元円柱周りの流れ

2円柱周りの流れに関して, Zdravkovich [3] は, 図2.5.17に示すような流体パターンの分類を示している. タンデム配置の直列円柱周りの流れを図2.5.18を参考に説明する. L/D（間隔比）$=1$（隙間なし）～2付近までは両柱はあたかも一物体のような流れのパターンを示す. $2.3 \leq L/D \leq 2.5$付近を境に, それまでの準定常な上流渦の下流円柱表面への再付着が間欠的再付着に変化する. さらにL/Dが増加し3.5付近で, 下流円柱は上流円柱の時間平均流線で囲まれた後流領域の外へ出る. これによりこの付近では上・下流柱から別々に二つの渦列が発生する流体パターンが現れ, $3.5 \leq L/D \leq 4$付近ではこの流体パターンと, 2柱が一体となった形で一つの渦列が生じる

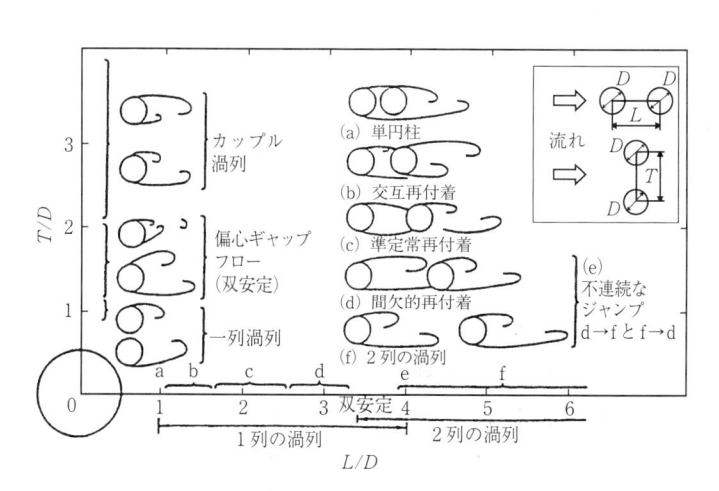

図 2.5.17　隣接2本円柱周りの流体パターンの区分

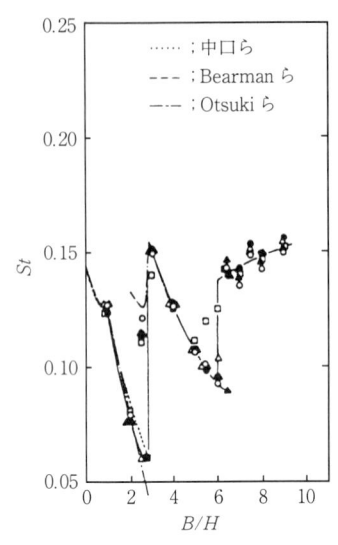

図 2.5.18 矩形柱の断面辺長比とストローハル数の関係 [5]
□ ; $Re=0.6×10^4$, ● ; $Re=1.1×10^4$, △ ; $Re=2.1×10^4$, ▲ ; $Re=3.2×10^4$, ○ ; $Re=4.2×10^4$

流体パターンの2種類のパターンがbistable（双安定）に存在する．このL/Dを境とした流体パターンの変化に伴い，円柱の抗力係数やストローハル数（St数）の大きな変化が現れ，この円柱間隔は臨界円柱間隔とよばれている．次に，$L/D>4$では，上下流柱それぞれから二つの渦放出がL/Dに応じて行われ，L/Dの増大とともに単独流の流れに漸近していく．

流れに直角方向に配置される並列配置2円柱の流れの特性は，円柱の間隔T/Dにより4分類される．$1<T/D<1.1$または1.2では，2柱が一体化した形状周りの流れと類似し一対の渦列が放出される．図2.5.17に示されるように，$1.2<T/D≦2$付近までは，円柱間の隙間流れは円柱間の対称軸上を流下せず，どちらかに偏った流れを形成し，2柱で異なった渦放出，抗力・揚力計数を示す．この2種類の流れは互いに安定しbistableである．$2<T/D≦4$では両円柱間の流れは非対称性を失い，各柱からそれぞれ一対ずつの2対の渦放出がなされる．$T/D<4$では，両円柱の相互作用はわずかとなり，2柱は独立した2単独柱に類似した流れのパターンを示す（以上はレイノルズ数により変化するが，$10^4～10^5$の値での挙動である）．

(2) 2次元角柱周りの流れ

角柱では後流渦のはく離点が隅角部（エッジ）に固定されている点が，円柱の場合との相違点と考えられる．また，単独角柱の場合,断面辺長比（=B/D）によって，角柱単体周りの流れ自体が大きく変化し [4]，St数も，図2.5.18 [5] に示すとおり，流れの非定常・定常な再付着などによる大きな変異点をもつ．ここでは，抗力係数と背圧係数がピークを示す断面辺長比（=0.6～0.7）を含む，辺長比0.5～1.0（正方形）を対象に，角柱が流れに対し迎角0°の場合に関して記す．なお，実際の建築・土木構造物は，この辺長比を取ることが多い．

直列2角柱周りの流れの特性を図2.5.19 [6] に示す．単独角柱では辺長比2.8付近で，時間平均的はく離タイプ流れが同再付着タイプに移行し，ここでSt数はピークを示すが，2角柱においても同様な流れとなり，St数は$2<W/D<2.8$の間でピークを示し，その後W/Dの増大に伴いその値は低下している．$W/D=4.5～5$（前述の円柱の$L/D=3.5$と同じ間隔）付近において，それまで上流はく離渦が下流柱へ再付着していたものが，しなくなる流れの変化とともに，再びSt数は変異点を示し，その後W/Dの増大とともにSt数は単独柱のそれに漸近していく．一方，2角柱を並列配置した場合，物体間の隙間流れに起因し，引力または斥力が作用する．その方向・大きさは物体辺長比および物体間隔により変化し，それは抗力・揚力係数の変化 [10] として現れる．

このような流れは，工学的には，古くは航空分野で，また，機械分野での熱交換器内の管群，建築分野の高層ビル群 [7, 8]，土木の橋梁分野の主塔 [6]，並列橋 [9]，並列ケーブルなどにおいてみられ，静的，動的耐風設計と関連して研究報告が多い．

以上の2次元円柱・角柱が直列または並列に並んだ場合以外に物体が千鳥配列された場合，または，風向が変化した場合，2柱以上の複数柱での物体周りの流れの変化は，より複雑なものとなり風洞実験・シミュレーションなどによる評価が必要と考えられる．

[武内隆文]

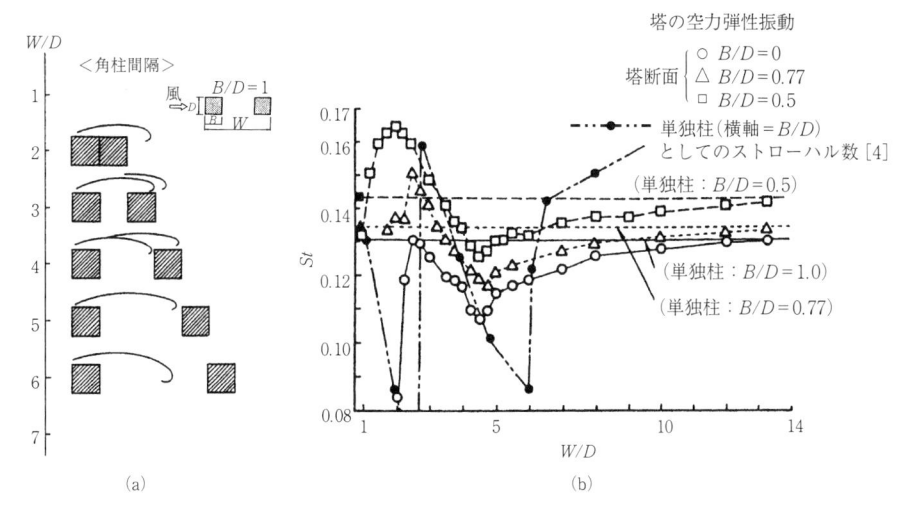

図 2.5.19 塔柱間隔によるストローハル数の変化 [6]

文 献

[1] Zdravkovich, M. M., July 1987, Review of Interface-Induced Oscillations in Flow Past Two Parallel Circular Cylinders in Various Arrangements, Proceedings of the 7th International Conference on Wind Engineering, **2**, pp. 51-66
[2] 白土博通, 1988. 8, 複数構造物の空気力学的挙動に関する研究, 京都大学博士学位論文
[3] Zdravkovich, M. M., 1985, Flow Induced Oscillations of Two Interfering Circular Cylinders, *J. Sound Vib.*, **101** (4), pp. 511-521
[4] 松本勝, 1989. 1, 構造基本断面の空力特性(その2)5. 動的空力特性 矩型断面の限界辺長比, 日本風工学会誌, **38**
[5] 岡島厚, 1983. 9, 種々な断面辺長比の矩型断面周りの流れ, 日本風工学会誌, **17**
[6] 武内隆文, 1993. 3, 橋梁塔状構造物の空力応答挙動とその耐風性評価に関する研究, 京都大学博士学位論文
[7] 大熊武司, 神田順, 田村幸雄, 1996. 3, 建築物の耐風設計, 鹿島出版会
[8] 谷池義人, 1988. 12, 乱流境界層流中における直方体建物の相互作用, 第10回風工学シンポジウム論文集, pp. 247-252
[9] 武内隆文, 大西日出夫, 宝角正明, 斉藤善昭, 1994. 9, 琵琶湖大橋(並列端)の耐風安定性<その1制振対策の検討>, 土木学会第49回年次学術講演会, I-524, pp. 1046-1047
[10] 岡島厚ほか, 1985, 並列2長方形柱まわりの流れ, 機械学会論文集, pp. 51-472

2.5.3 3次元物体周りの流れ
(1) 3次元円柱周りの流れ

3次元円柱では, 平板との干渉や自由先端からのはく離流の影響があるため, 流れの性状は2次元円柱に比べてかなり複雑である. 円柱の長さ L と直径 D との比で定義されるアスペクト比 L/D がある限界値 $(L/D)_{cr} \approx 7$ より小さいと, 円柱背後には2次元円柱でみられたカルマン渦は形成されず, 自由先端からはく離域への吹き降ろし流れと吹き上げを伴う側面はく離流との干渉により, 自由先端直下の背面に1対の縦渦(随伴渦)が形成される. $L/D > (L/D)_{cr}$ の場合には, 2次元円柱の場合と同様のカルマン渦が形成される. ただし, その場合でも自由先端から $2D$ 程度までの範囲では, 後流域での風速変動などには周期的な変動はみられない. 平板上に置かれた3次元円柱周りの流れのモデル図は図 2.1.9 で示した.

(a) 抗力係数 亜臨界域の一様流中での平均局所風力係数 C_{Dz} の高さ方向分布を図 2.5.20 [2] に示す. 図中横軸の z' は円柱自由端からの距離 $(=L-z)$ である. C_{Dz} の値は, アスペクト比 L/D の増大に伴い全体的に増大する. L/D が上述の $(L/D)_{cr}$ より大きいと自由先端近傍の C_{Dz} が2次元円柱の値より大きくなるが, $L/D < (L/D)_{cr}$ の場合には, C_{Dz} の値は全長にわたって2次元円柱の値より小さい. 円柱全体の抗力係数 C_D を D/L (アスペクト比の逆数)に対してプロットしたものが図 2.5.21 [3] である. $L/D < (L/D)_{cr}$ (図 2.5.22 では, D/L が約 0.15 以上)では, C_D の L/D による変化は小さく, 2次元円柱の値の6〜7割程度になる.

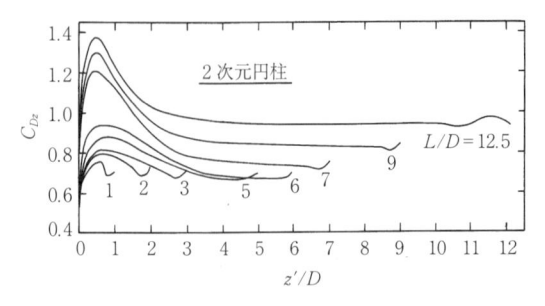

図 2.5.20 局所抗力係数の高さ方向分布 [2]

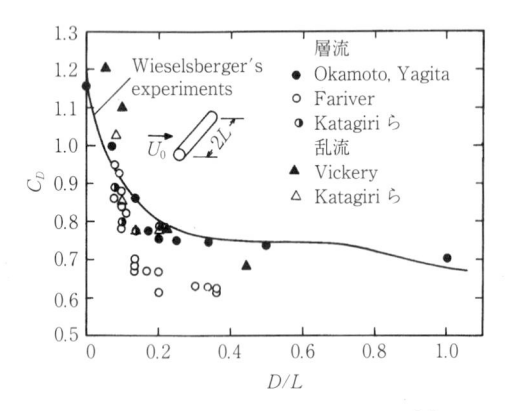

図 2.5.21 平均抗力係数とアスペクト比 [3]

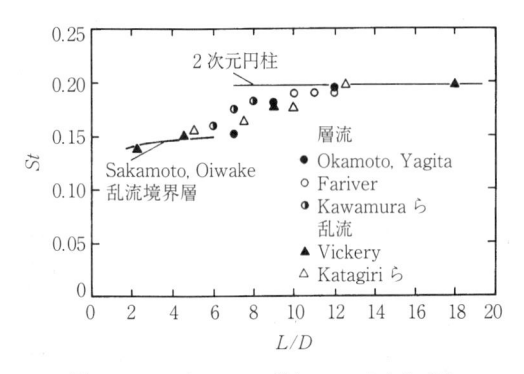

図 2.5.22 ストローハル数とアスペクト比 [3]

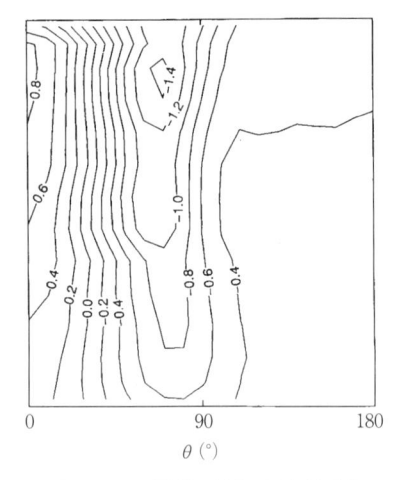

図 2.5.23 平均外圧係数の測定例 [4]

(b) **渦放出とストローハル数** 3次元円柱からの渦放出も L/D の影響を強く受ける．図 2.5.22 [3] は亜臨界域の一様流および一様乱流中でのストローハル数 $St(=f_vD/U,\ f_v$ は渦放出周波数，U は平均風速) と L/D の関係をプロットしたものである．L/D が約 7 以上では明確な渦放出が観察され，$L/D>12$ でのストローハル数は 2 次元円柱の値にほぼ等しい．L/D が約 7 より小さくなると後流の風速変動は不規則となるため，渦放出周波数は風速変動のスペクトルピークで定義される．L/D の減少に伴い，ストローハル数は減少し，L/D が約 1.5 以下ではスペクトル解析によっても卓越周波数を識別することができなくなる．なお，気流の乱れが大きくなるとスペクトルピークのバンド幅は拡大するが，中心周波数はほとんど変わらない．

極超臨界域では，ストローハル数はアスペクト比のほか，円柱の表面粗度の影響も受ける．円柱の表面粗度が大きくなるとストローハル数は減少するが，表面粗度が等しい場合，ストローハル数に及ぼす L/D の影響は亜臨界域の場合とほぼ同様である [4]．

(c) **接近流の速度勾配が風圧特性に及ぼす影響**
市街地風を模擬した境界層乱流中に置かれた $L/D=4$ なる 3 次元円柱に対する平均外圧係数分布を図 2.5.23 [4] に示す．風上の $\theta=0°$ 上の分布はほぼ接近流の速度圧に比例する．側面で負圧が大きくなるが，自由先端からのはく離渦の影響で，先端から $(0.5\sim1.0)D$ の範囲にとくに大きな負圧が作用する．はく離点以降の背面 ($\theta>90°$) ではほぼ一定の負圧を示す．

図 2.5.24 [5] は平均外圧係数のほか，最大および最小ピーク外圧係数の周方向分布を示す．正の平均外圧係数が最大となる位置 (風上よどみ点) で正のピーク外圧係数が最大となり，負の平均風圧係数が最大となる位置の近傍で負のピーク外圧係数が最大となっている． 　　　　[植松　康]

文　献

[1] 河村隆雄，桧和田宗彦，日比野敏晴，馬渕幾夫，熊

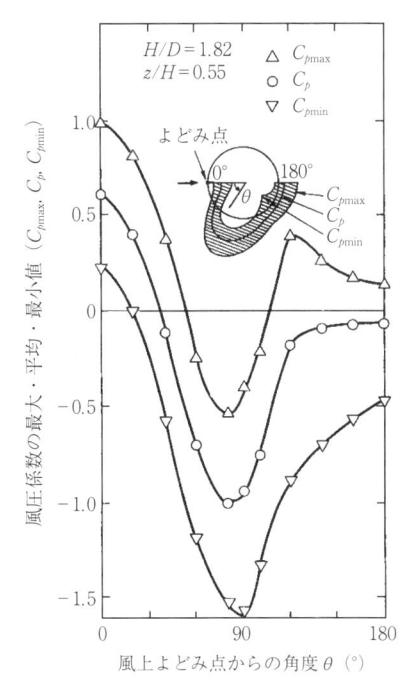

2.5 各種構造物周りの流れ

でさまざまな形状がある．3次元角柱周りの流れはその形状によって大きく変化し，さらに3次元角柱の頂部からの下降流や床面の影響によって2次元角柱周りの流れとは異なった性状を示す．3次元角柱の側面や屋根面の風上側隅角部から流れがはく離するが，そのはく離流は接近流の風向によっても複雑に変化し，3次元角柱周りの流れや3次元角柱に作用する風圧分布は風向によっても大きく変化する．

(a) 平均流れ 2.1.3項の図2.1.8に示したように，3次元角柱の風上側床面付近には複数の馬蹄渦が形成され，両側面を回って風下に流下する．また，3次元角柱の風上面にはよどみ点が角柱高さの1/2～3/4の位置に形成される．よどみ流線上の流れは角柱の風上面上を周辺に向かって放射状に流れ風上面の縁からはく離する．このはく離せん断層は，接近流の乱れ強さや角柱のアフターボディの長さにもよるが，3次元角柱の側面や屋根面に再付着することがある．さらにこのはく離せん断層が3次元角柱背後に後流を形成する．また，この後流域は建築物や構造物レベルのレイノルズ数では乱流化しているが，はく離せん断層の平均流線は3次元角柱の背後で床面に再付着する．この位置は接近流の性状や3次元角柱の形状によって異なる．

(b) 放出渦 3次元角柱の後流中には図2.5.25に示すようにアーチ形渦あるいはカルマン形渦が放出される．これらは角柱のアスペクト比

図 2.5.24 平均・ピーク外圧係数の周方向分布 [5]

田雅弥，1984，平板上に設置された有限長円柱まわりの流れ（円柱長が乱流境界層厚さを越える場合），日本機械学会論文集（B編），**50**，pp. 332-341

[2] 岡本哲史，八木田幹，1972，一様流に平行な平面に垂直に置かれた有限長円柱の流れに関する実験的研究，日本機械学会論文集（第2部），**38**，pp. 2259-2267．

[3] 植松康，山田大彦，石井馨，1988，有限長円柱の空気力学的特性に関する研究－その1 文献研究－，日本風工学会誌，**34**，pp. 3-18

[4] Uematsu, Y. and Yamada, M., 1994, Aerodynamic forces on circular cylinders of finite height, *J. Wind Engineering and Industrial Aerodyn*amic, **51**, pp. 249-265

[5] 阪田一郎，木谷勝，長井仁，有江幹男，1985，乱流境界層内に直立する有限高さ円柱の流力特性（変動風圧の確率密度），日本機械学会論文集（B編），**51**，pp. 445-451

(2) 3次元角柱周りの流れ

3次元角柱とは，有限長さの幅・奥行・高さをもった直方体のことをいい，長方形平面をもつ建築物に代表される建築物の一般的な形状の一つである．高さと幅の比であるアスペクト比によって，倉庫といった扁平な低層建築物からスレンダーな超高層建築物までその形状はさまざまである．また，3次元角柱断面の奥行と幅の比である辺長比によって，その断面も正方形から長方形ま

(a) アーチ形渦

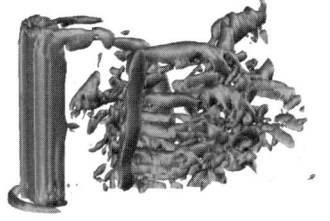

(b) カルマン形渦

図 2.5.25 3次元角柱からの放出渦のスケッチ [3]

[2, 3], 流れのレイノルズ数 [3] によって変化する．ただし，3次元角柱の後流中に放出されるカルマン渦は2次元柱の後流中に周期的に放出されるカルマン渦に比べその周期性は弱い．

(c) 円錐渦　3次元角柱の屋根面や壁面上にはさまざまな渦が形成される．3次元角柱に対して気流が斜めからあたる風向では，接近流が乱流の場合，3次元角柱の屋根面上に図2.5.26に示す左右で大きさの異なる1対の円錐渦が形成され，

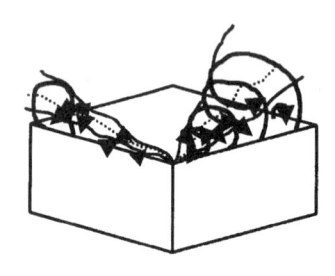

図2.5.26　乱流中での屋根面上の円錐渦 [4]

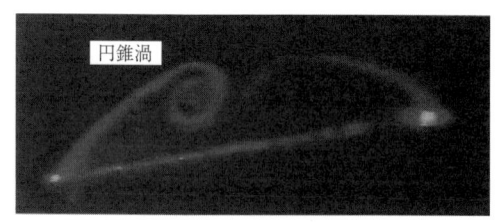

(a) 鉛直断面

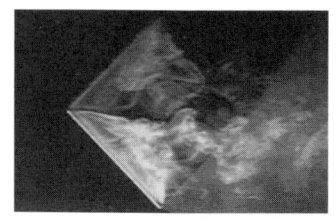

(b) 水平面

図2.5.27　一様中での屋根面上の円錐渦の可視化 [5]

瞬間的な風向変化に応じて屋根面上に強い局部風圧が発生する [4]．接近流が一様流（境界層厚さ≪角柱高さ）の場合には，この円錐渦は1対の円錐渦ではなく図2.5.27aに示すようにどちらか一方に引き込まれる形で形成されることがあり，不規則に円錐渦の形成が切り替わる [5]．

一方，壁面上では接近流が乱流の場合，図2.5.28に示す上向きおよび下向きの円錐渦が形成されることがある [6]．上向きの円錐渦は，3次元角柱の正面に正対する風向から10〜15°くらい斜め方向から気流があたる場合に，3次元角柱の側面上部に形成され隅角部に局所的な強い負圧をもたらす．この風向のことをグランシングアングルとよぶ．下向きの円錐渦は，3次元角柱の正面にほぼ正対する風向の場合に角柱側面上に形成され，風下ならびに下方に向かって移流し，角柱側面に局所的な強い負圧をもたらす．一様流（境界層厚さ≪角柱高さ）の場合には，グランシングアングル時の上向きの円錐渦は形成されるものの下向きの円錐渦は形成されない．　　[奥田泰雄]

文　献

[1] Hunt, J. C. R., Abell, C. J., Peterka J. A. and Woo, H., 1978, Kinematical studies of the flows around free or surface-mounted obstacles; applying topology to flow visualization, *J. Fluid Mechanics*, **86**, Part 1, pp. 179-200
[2] 坂本弘志，森谷優，有江幹男，1983.1，乱流境界層中にある角柱および円柱からの放出渦，日本機械学会論文集（B編），**49**, 437, pp. 44-52
[3] 野津剛，田村哲郎，1998.1，高精度・保存的流体計算法の耐風問題への適用性について　その2 地面上の3次元角柱まわりの渦構造と空力特性，日本建築学会構造系論文集，503, pp. 37-43
[4] Kawai, H., 2002.5, Local peak pressure and conical

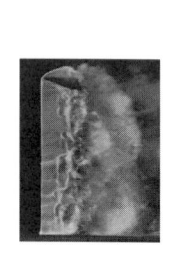

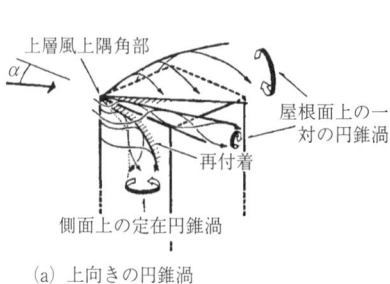

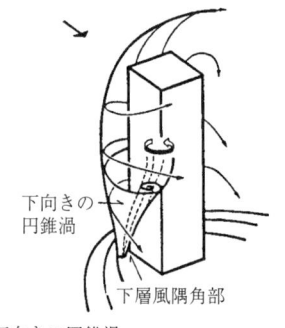

(a) 上向きの円錐渦

(b) 下向きの円錐渦

図2.5.28　壁面上の円錐渦 [6]

vortex on building, *J. Wind Engineering Industrial Aerodynamics*, **90**, pp. 251-263
[5] 谷口徹郎,谷池義人,1996.10,陸屋根面上の円錐渦に関する可視化実験,日本建築学会構造系論文集,488, pp. 31-37
[6] Okuda, Y. and Taniike, Y. 1993. 10, Conical Vortices over Side Face of a Three-Dimensional Square Prism, *J. Wind Engineering Industrial Aerodynamics*, **50**, pp. 163-172

(3) 球の周りの流れ

(a) 球の周りの流れと抗力係数 滑面球の周りの流れはレイノルズ数の違いによりTaneda[1]によって,次のように分類されている.

① $Re<20$ 流れはいたるところ層流ではく離は発生しない.

② $20<Re<400$ 球の背後に定常なリング状の渦ができる.$Re\sim400$ に達すると,リング状の渦はゆらぎはじめる.

③ $400<Re<10^3$ 後流は馬蹄形の渦のループを形成する.

④ $Re>10^3$ 渦のループは急速に拡散し,後流の様子はわからない.

⑤ $10^4<Re<3.8\times10^5$ 後流は,球の主流方向中心軸を通る流れ方向軸を含む平面内で進行波運動をする.進行波の波長は球直径の約4.5倍である.この平面は,ゆっくりとまた不規則に中心軸周りに回転する.

⑥ $3.8\times10^5<Re<10^6$ 後流は主流中心軸に近いところを通る1対の線状渦を形成する.渦対はこの軸周りにゆっくりと,ランダムに回転する.

図2.5.29は,レイノルズ数の違いによる抗力係数の変化である[2].⑥の流れは臨界レイノルズ数領域,さらに超臨界レイノルズ数領域とよばれ,レイノルズ数の増加とともに,表面からの流れのはく離位置が球背面側に移り,抗力係数は極端に低下する.滑面球表面に突起やくぼみがあると,⑤の亜臨界領域の流れでも,境界層内部の流れが乱流になり臨界レイノルズ数領域,⑥の超臨界レイノルズ数領域の流れになる.

(b) 硬式野球ボールの変化球[3] 硬式野球ボールの周りの流れのレイノルズ数は,上記の分類では⑤で亜臨界レイノルズ数領域である.しかし,球の境界層の厚さ程度の縫い目が表面粗さとして作用する.さらには,ボールはいろいろな回転軸方向および回転速度で回転し,不思議な変化球が生まれる.ここでは,ボール回転数が早い変化球(i),(ii)および極端に遅いナックルボール(iii)を説明する.

(i) 直球,カーブ,シュート: よい直球の回転軸は水平でボール進行方向に対してバックスピンしている.このとき,図2.5.30のようにボールの回転により,流れがボール後方で下方に曲げられるので,ボールには反力として垂直上方に揚力がはたらく.この力をマグナス力という.この力が重力とつりあうと,ほとんど自由落下しない威力のある直球になる.ボール回転軸の方向を

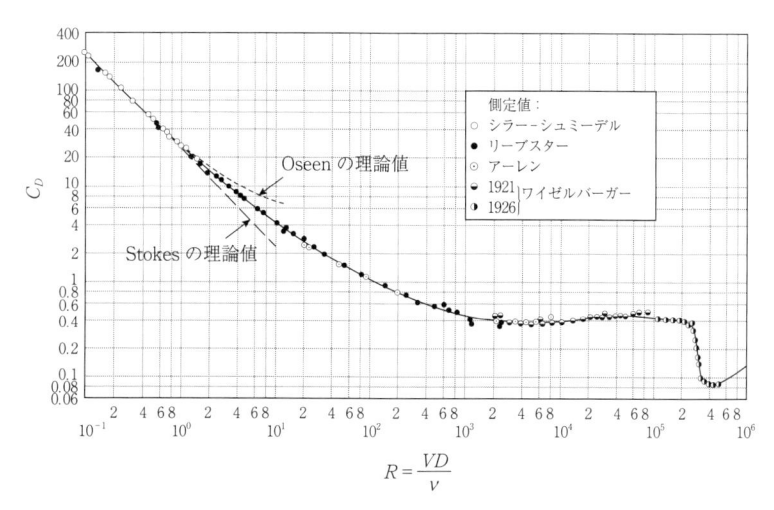

図2.5.29 レイノルズ数の変化と滑面球の抗力係数 [2]

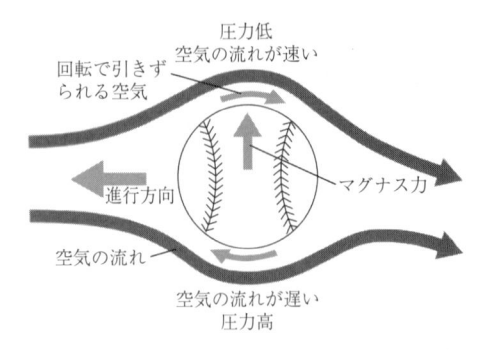

図 2.5.30 ボールのバックスピンとマグナス力方向

種々変化させて投げると,カーブやシュートという変化球が生まれる.

(ii) フォークボールと縦スライダー: 上方への流体力を作用させない変化球が2種類ある.フォークボールと縦スライダーである.フォークボールの回転軸はコマのように垂直方向を向いている.毎秒10～20回転しているので,左右への横力が作用して,その方向には変化するが,揚力は作用しないので,重力で自然落下する.140 km/hのスピードボールの場合は,70 cm以上落下する.

縦スライダーと称されるボールの回転軸はボールの進行方向を向いている.揚力が発生しないので,フォークボールと同様に重力で自然落下する.腕や手首のやわらかいしなりを伴う剛速球投手にしてはじめて投げられるボールのようである.古くから,よく飛ぶ砲弾の研究過程で,このような回転軸の飛翔体の研究はなされており,野球ボールの場合も,抵抗係数が小さいボールとして,スピード変化が少なく,伸びのあるボールとして打者の手元で鋭く落下する威力のある変化球である.回転軸方向がボール進行方向を向いているので,ジャイロ回転ボールともいわれるが,直球ではなくてあくまでも鋭く落ちる変化球である.

(iii) ナックルボール: 回転速度が極端に遅く,飛翔中1,2回転しかしない硬式野球ボールの魔球中の魔球である.(i)のようなマグナス力が原因ではない.ボール表面の縫い目が境界層の局所的な乱流化を生む→その後方のはく離位置が後退する.ボールのゆっくりとした回転により,表面の縫い目の相対位置が変化する.ボール表面のはく離位置がボール進行軸方向に対して非対称になるために後流が傾く.傾いた後流の逆方向に横力や揚力が生まれ,ゆらゆらと軌道が変化する.

実際に,アメリカ大リーグで投げられているナックルボールは大別して回転軸の違いで2種類に分けられる.一つはサイドスピン(垂直軸まわり)やバックスピン(水平軸まわり)のような回転軸で投げるナックルボールで,80 km/hの速度で投げられるものである.これは,ボールの縫い目の4列がボールの回転に伴ってボール前面をよぎるいわゆる4シームナックルとでもよべるボールである.ボール回転速度は0.5 rps以下が望ましい.

もう一つは,回転軸が進行方向を向いているナックルボールである.110 km/h台で投げられている.4シームナックルで横力が最大になる縫い目配置がある.そこでボールが進行方向軸まわりに回転すると,横力が進行方向に直交する面内で回転する.投手からみて,右方向に横力が作用していて,ボールが反時計回りに1回転するにつれて横力は上方への揚力,左方向の横力,下方への揚力,再び右方向横力へと変化して,ボールがゆらゆら揺れる.この場合,3 rps程度の回転速度でも,全振幅2 cm程度は揺れて威力のあるナックルボールになる.

[溝田武人]

文 献

[1] Taneda, S., 1978, *J. Fluid Mechanics*, **85**, part 1, pp. 187-192
[2] Schlichting, H., 1979, Boundary-Layer Theory, McGraw-Hill
[3] 溝田武人, 2004. 6, 科学, **74**, 6 (通算862号), pp. 740-746

2.5.4 実構造物周りの流れ

(1) 橋梁断面周りの流れ

長大橋においては耐風性の検討が重要となるが,耐風性には橋桁に作用する空気力の影響が支配的である.そこでまず,橋桁断面周りの流れについて記述する.

長大橋において一般的な吊形式橋梁において

は，扁平な断面形状をもつ橋桁が用いられることが多い．そうした扁平な断面形状をもつ橋桁に風が作用すると，流れは前縁部ではく離し，形成された渦が橋桁の上面および下面に沿って流下する流れとなることが一般的である．辺長比が5の矩形断面周りの可視化写真と流れの模式図を図2.5.31に示す[1]．図において風は左側から作用しており，左側の4枚の写真はたわみ加振時，右側はねじれ加振時の状況である．無次元風速 $V_r = V/(fB)$ の値が近い場合には，どちらの加振時においても同じ個数の渦が上下面に配置している．上下面に沿って存在する渦の位置では負圧が断面表面に作用することから，渦の配置によって，合力としてはたわみまたはねじれ方向の空気力が断面に作用することになる．その状況を模式的に示したのが図2.5.31の中央の図である．こうした断面をもつ模型を弾性支持して風による応答を測定すると，風速を変化させるに従って，渦の配置パターンに応じたたわみまたはねじれの応答が発現することが確かめられている．また，H型断面においても同様な渦の配置と応答特性が得られていることから，扁平断面の空力振動のメカニズムは，このような渦配置によって説明できるものと推察されている[1]．

橋梁の風による振動を抑制するために，橋桁の形状を工夫する空力的制御が適用されることが多い．空力的制御の際の方針の一つは，振動を生じさせるようなはく離流の生成が抑制されるような形状にするというものである．図2.5.32はPC斜張橋開断面桁周りの可視化写真である[2]．はく離流を抑制するフェアリングとしての役割を果たしている左右両端部分の台形形状のうち，下面の水平面からの角度 θ_L が20°から50°と異なる場合，下面側のはく離流の様子が大きく異なっている．$\theta_L = 20°$ のときは，左端下方の角からはく離した流れがそのまま下流に流れているが，$\theta_L = 30°$ の場合は左端下方の角からはく離した流れが台形の付け根にあたる左下の角で再度はく離するような状況となっており，下面でのはく離流の乱れは小さい．この図は断面が静止している場合のもの

$V_r = 0.80$

$V_r = 0.88$

$V_r = 1.08$

$V_r = 1.40$

たわみ加振時

$V_r = 0.76$

$V_r = 0.90$

$V_r = 1.10$

$V_r = 1.40$

ねじれ加振時

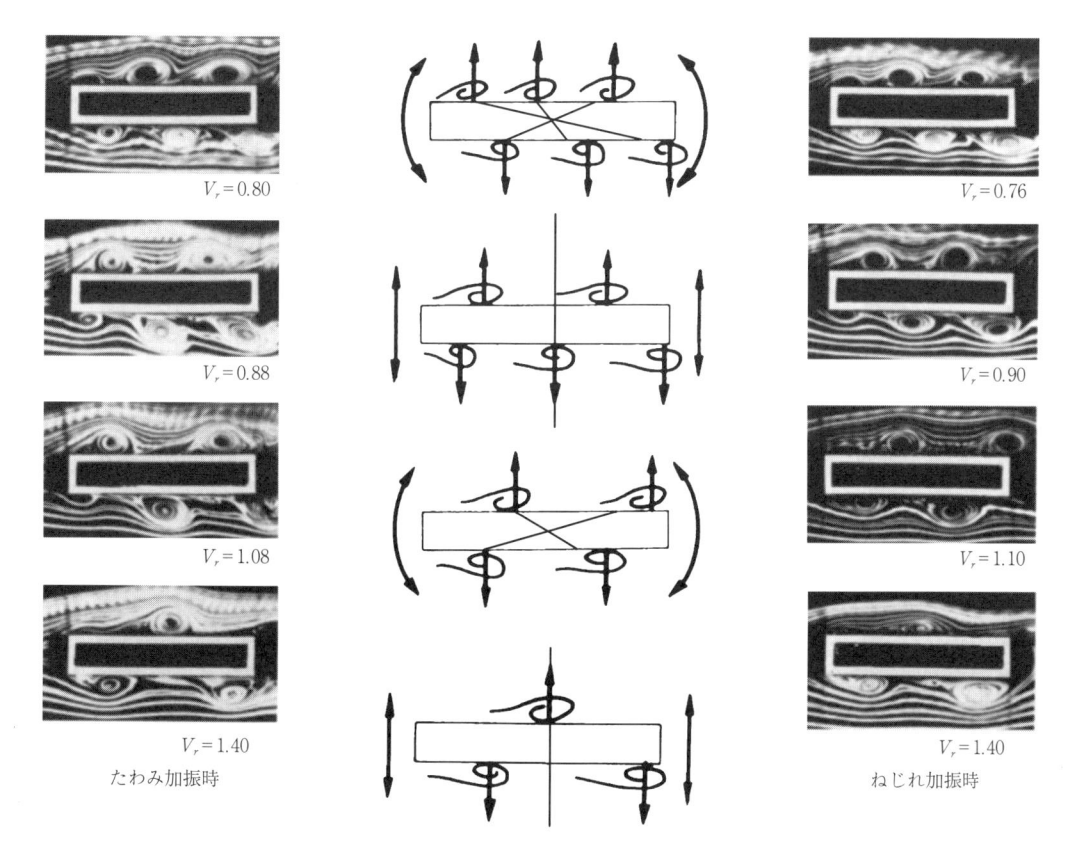

図 2.5.31 矩形断面柱まわりの流れ [1]

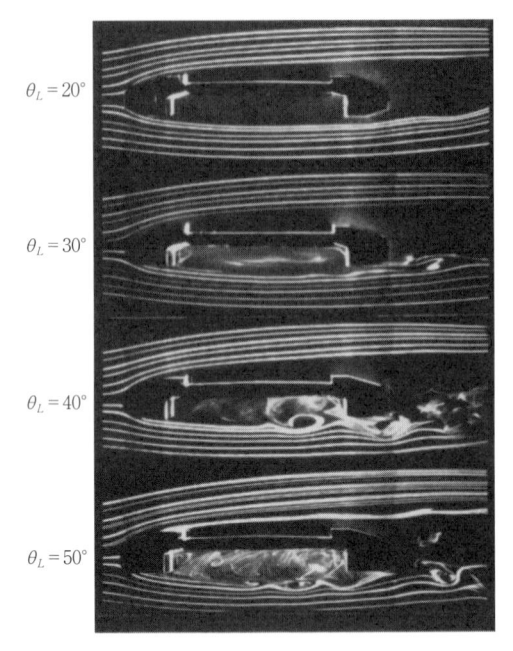

図 2.5.32 PC斜張橋開断面桁周りの流れ [2]

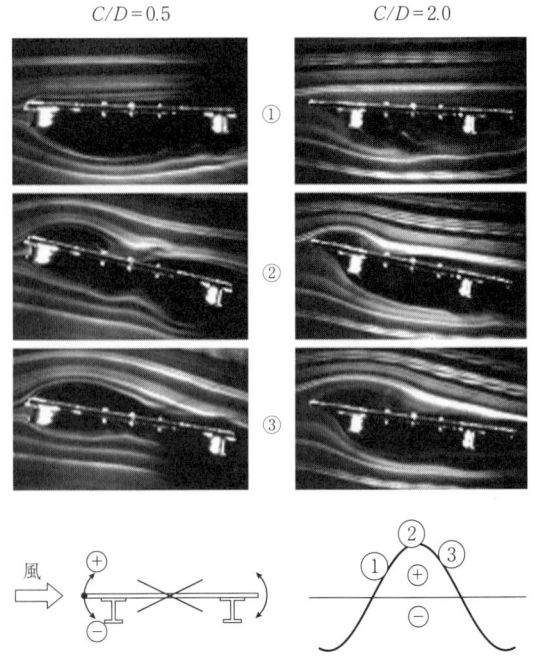

図 2.5.33 2主桁断面周りの流れ [3]

であるが，ねじれ振動をさせている場合の可視化結果も踏まえて，$\theta_L = 30°$ のときのはく離した流れが再度はく離するようなはく離の干渉効果が，空力振動の抑制に寄与しているものと考察されている [2].

2主桁断面は荷重を支持する構造としては合理的であることから，一般的に経済的な設計となるが，耐風性がよくないことが多い．主桁位置を工夫することによって，耐風性を向上させようという研究のうち，主桁の床版端部からの水平方向距離 C と橋桁高さ D の比 C/D が 0.5 と 2.0 の場合について，ねじれ加振時の流れを可視化したものを図 2.5.33 に示す [3]．主桁位置によって流れのパターンが変化しており，とくに③において $C/D = 2.0$ の場合には時計回りのモーメントが作用することが示唆されることから，$C/D = 2.0$ の場合のほうが空力的に安定であることが定性的に説明できる．

吊形式橋梁の耐風性に関しては，架設時において独立状態となる主塔の振動に対する検討も重要である．斜張橋のA型主塔の耐風性は横梁の位置によって異なるが，その原因に対して，可視化に基づく周辺流れの考察がされている [4, 5]．

[木村吉郎]

文 献

[1] Kubo, Y., Hirata, K. and Mikawa, K., 1992, Mechanism of aerodynamic vibrations of shallow bridge girder sections. *J. Wind Engineering and Industrial Aerodynamics*, **41-44**, pp. 1297-1308
[2] 久保喜延, 本多健二, 田崎賢治, 1992, 剥離流干渉効果による PC 斜張橋開断面桁の対風性能改善法, 第12回風工学シンポジウム論文集, pp. 399-404
[3] Kubo, Y., et al., 2001, Improvement of aeroelastic instability of shallow π section. *J. Wind Engineering and Industrial Aerodynamics*, **89**, pp. 1445-1457
[4] 小川一志, 1994, 橋梁塔部の3次元空力特性（A型塔の制振対策の場合）, 日本風工学会誌, **59**, pp. 53-54
[5] 久保喜延ほか, 1996, 中間横梁部材によるA型主塔の空力振動抑制機構に関する一考察, 第14回風工学シンポジウム論文集, pp. 593-598

(2) 高層建築物周りの流れ

風工学の分野では自然風を対象として観測することを実測とよび，風洞実験と区別している．実建築物周りの流れは，基本的には風洞実験内の縮尺模型周りの流れと似た流れのパターンを有していると考えられ，それが風洞実験を行う論拠になっている．しかし，自然風では高レイノルズ数に起因する流れの非定常性により，風洞実験では

2.5 各種構造物周りの流れ

得られないような観測結果を実測で得る場合がある．また，実建築物を用いた実測は測定上の制約が多く，風洞実験のように条件を揃えて観測することが困難なことが多い．実測では準備をしていてもまったく風が吹かない場合すらあり，良好な条件下で観測データを収集することは非常にむずかしい．それでも実建築物周りの風の現象を把握し，建築物の耐風設計や風環境問題に資する目的で，これまで国内外で数多くの実建築物を対象とした実測が行われてきた．

高層建築物周りの流れを対象とした実測では，一般に建築物周りの風向風速の計測，建築物に作用する風圧の計測，建築物の風による振動応答の計測などが行われるが，高層建築物に作用する風荷重を評価する観点から，建築物に作用する風圧を計測する研究例が多い．ここでは，建築物に作用する風圧に関する研究事例を中心に紹介する．

海外ではNewberryら[1]がイギリスのロンドン市内の18階建超高層建築物（Royex House, 高さ81 m）に作用する風圧を計測し，一様流の風洞実験結果よりも大きな局部負圧が存在すること，建築物全体の風荷重を評価する場合には前面の風圧が卓越し背面の風圧は無視できること，などを指摘している．Dalglieshら[2]はカナダのトロント市内の57階建超高層建築物（Commerce Court Tower, 高さ286 m）に作用する風圧の実測結果から室内空調や温度差の影響を排除し，1/200の縮尺模型を使った風洞実験結果と比較を行った．実測において少なくとも20 m/s以上の風速があれば平均風圧係数や変動風圧係数が風洞実験結果とよい一致がみられるとしている．

一方，日本でも超高層建築物を使った実測が盛んに行われ，風洞実験結果との比較が数多くなされた．1970年代には市街地に建つ22階建超高層建築物（大阪ホテルプラザ，高さ77 m）[3]，21階建超高層建築物（中野電電ビル，高さ115 m）[4]，30階建超高層建築物（大阪大林ビル，高さ106 m）[5]，18階高層建築物（早稲田大学51号館，高さ59 m）[6]などの風圧計測が行われた．藤本ら[4]は実測結果と風洞実験結果を比較し，平均風圧係数はよく一致しているとしている．松井ら[6]は風上面の風圧変動は速度圧の変動に非常によく対応すること，風上面の中央部での風圧変動の高周波数成分の減衰が大きいこと，背面の風圧が小さいこと，などを報告している．1980年代にはKitamuraら[7]が千葉市の港湾エリアに建つ細長い超高層タワー（千葉ポートタワー，高さ125 m）の風圧を実測し，カルマン渦による風圧変動，スパイク状の局部負圧が観測できたことを報告している．超高層建築物に作用する風圧の性状は，アスペクト比や辺長比といった建築物の形状，建設地周辺状況に基づく風の性状などに影響を受けていると考えられる．

風圧の実測を行う場合，風圧計の基準点となる室内圧が変動するために風圧計測の基準点を定めなければならない．加藤ら[8]は東京都に建つ29階建超高層建築物（世田谷ビジネススクエア，高さ120 m）の内圧を絶対圧計で計測し，建築物外にある百葉箱内の圧力を基準として，建築物の内圧を評価し内圧係数を求めている．浅見ら[9]は港湾エリアに建つ70階建超高層建築物（横浜ランドマークタワー，高さ296 m）の風圧の実測結果と風洞実験結果の比較から内圧を推定している．実測で風速が25 m/s以上であれば，内圧係数は一定値に収束するとしている．

実構造物を使った実測を実施するには上述のような制約があるため，自然風中に模型を設置して計測した研究例もある．1960年代には立川が鹿児島大学の4階建校舎の屋上（ペントハウス上）に種々の模型を設置し，角柱[10]，立方体などに作用する風圧を測定した．立川[11]は角柱での強い負圧の発生要因として，カルマン渦の発生，はく離流の側面への再付着，屋根面の円錐渦をあげている．迎角が小さい場合にはく離流が側面上に2次元的に再付着するために強い負圧が発生するとしている．また，背面の風圧は小さく−0.5程度で，変動風圧も小さいとしている．亀井[12]は海岸に高さ3.6 mの角柱模型を設置し海風を対象として風圧計測を行い，風洞実験結果と比較を行っている．1970年代には石崎ら[13]が地表面に設置した高さ2.7 mの角柱模型の壁面に作用する変動風圧を計測し，カルマン渦の放出

を確認している．1990年代にOkudaら[14]は，地表面に設置した高さ8mの角柱模型の壁面に作用する風圧を180点の圧力計で同時計測し，風洞実験で示した二つの円錐渦（カルマン渦と同期した下向き円錐渦と小さい迎角のときの上向き円錐渦）により，側面上に局部負圧が発生することを自然風中で確認している．またそのときの負圧値はNewberryら[1]が指摘するように風洞実験結果と比べて大きくなることも確認している．

高層建築物周辺の地表レベルでの風を観測する研究も行われている．Murakamiら[15]は，東京都に建つ26階建超高層建築物（高さ120m）の建設前後の地表レベルでの風環境の変化を観測している．Sanadaら[16]は，当時開発中であった新宿副都心内の6棟の超高層建築物屋上と17カ所の地表レベルで風を観測し，超高層建築物周りのビル風の性状を調べている． [奥田泰雄]

文 献

[1] Newberry, C. W., Eaton, K. J. and Mayne J. R., 1967. 9, The Nature of Gust Loading on Tall Buildings, Proceedings of the International Research Seminar held at the National Research Council, Ottawa, Canada, Vol. 1, pp. 399-428

[2] Dalgliesh, W. A., Templin, J. T. and Cooper, K. R., 1979, Comparison of Wind Tunnel and Full-Scale Building Surface Pressures with Emphasis on Peaks, Proceedings of 5th International Conference on Wind Engineering, pp. 553-565

[3] Kawai, H. and Ishizaki, H., 1976, Local Wind Pressure Characteristics on Full-Scale Tall Building, Proceedings of the Regional Conference on Tall Buildings, pp. 161-173

[4] 藤本盛久，大熊武司，天野輝久，松下一郎，赤木久真，1978，中野電電ビルにおける風圧実測，構造物の耐風性に関するシンポジウム，pp. 115-122

[5] 川口彰久，本間義教，武田寿一ほか，1976，1980，超高層建築物に作用する風荷重－大阪大林ビルでの実測（その1，その2），風工学シンポジウム，pp. 85-92, pp. 139-146

[6] 松井源吾，須田健一，永井亮一，1981.1，高層建築物に作用する風圧力について－早稲田大学51号館における実測をもとにして－，日本建築学会論文報告集，第299号，pp. 9-19

[7] Kitamura, H., Ohkuma, T., Kanda, J., Mataki, Y. and Kawabata, S., 1988. 10, Chiba Port Tower: Full-Scale Measurement of Wind Actions (Part 1-3), Proceedings of International Colloquium on Bluff Body Aerodynamics and Its Applications, pp. 401-428

[8] 加藤信男，大熊武司，新堀善則，栗田剛，1996. 11, 高層建築物の外装材を対象とした風力に関する研究（その1）平均風圧について，日本建築学会論文報告集，第489号，pp. 25-32

[9] 浅見豊，大熊武司，山崎真司，塚谷秀範，中村修，1996. 12, 横浜ランドマークタワーの風・振動観測，その1 風圧の観測結果，第14回風工学シンポジウム論文集，pp. 335-340

[10] 立川正夫，1969. 1, 自然風中において構造物に作用する風圧力に関する実験的研究 －その3・角柱の風圧測定－，日本建築学会論文報告集，第155号，pp. 33-40

[11] 立川正夫，1969. 6, 自然風中において構造物に作用する風圧力に関する実験的研究 －その5・補足的考察と結語－，日本建築学会論文報告，第160号，pp. 17-24

[12] 亀井勇，1970，風の垂直分布を考慮せる角柱の風圧に関する研究，構造物の耐風性に関する第1回シンポジウム論文集，pp. 95-102

[13] 石﨑溌雄，河井宏允，1972，自然風中にある角柱表面に作用する風圧変動に関する基礎的研究，京都大学防災研究所年報，15-B, pp. 231-245

[14] Okuda, Y., Katsura, J. and Kawamura, S., 1997. 12, Local Severe Suctions on the Side of a Prism Model on a Field, J. Wind Engineering and Industrial Aerodynamics, 72, pp. 23-32

[15] Murakami, S., Uehara, K. and Komine, H., 1979, Amplification of Wind Speed at Ground Level Due to Construction of High-Rise Building in Urban Area, J. Wind Engineering and Industrial Aerodynamics, 4, pp. 343-370

[16] Sanada, S., Iwasa, Y. and Yoshida, M., 1980, Full-Scale Measurement of Environmental Wind in the Shinjuku New Metropolitan Center, J. Wind Engineering and Industrial Aerodynamics, 6, pp. 291-309

(3) 住宅周りの流れ [1, 2]

(a) 住宅周りの流れの概況 住宅周辺の流れは，接地境界層流中におけるアスペクト比（高さ/幅）の小さい物体周りの流れであり，図2.5.34a, bに示すようにたいへん複雑である．

図2.5.34aに示すように，風速勾配をもつ接近流（wind speed profile）が壁面に正対するように当たる場合，風上壁面に生じる正圧は，ほぼ軒高さの2/3の位置で最大となる．この位置をよどみ点（stagnation point）という．流れはよどみ点を境に上下や左右へ分岐する．下方へ分岐した流れは，地上付近に到達して風上へ逆流する．こ

2.5 各種構造物周りの流れ

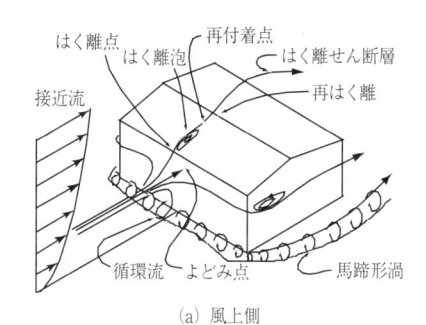

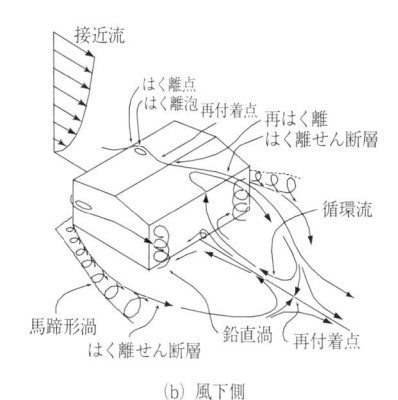

図 2.5.34 流れの概況図
(a) 風上側
(b) 風下側

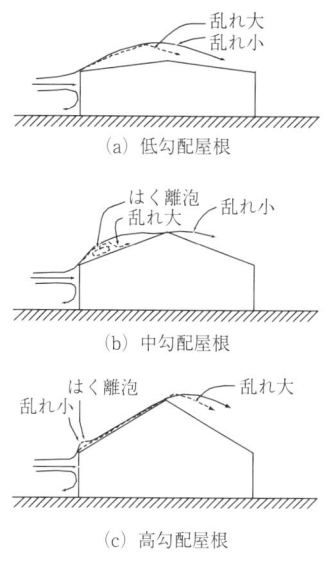

図 2.5.35 勾配屋根と流況
(a) 低勾配屋根
(b) 中勾配屋根
(c) 高勾配屋根

れは下降する流れの運動エネルギーが接近流の運動エネルギーよりも大きくなるためである．逆流した流れは，やがて運動エネルギーを損失してはく離を起こし，地表面の近傍で循環流を形成する．この循環流は左右へ分岐し，妻面の風上稜部より地表面近傍を風下へ流れる渦状の流れを形成する．この渦は形状が馬の蹄鉄に似ていることから馬蹄形渦（horseshoe vortex）とよばれる．妻面近傍の馬蹄形渦がもつ運動エネルギーは上方からの速い流れの運動エネルギーを取り込むため，同じ高さの接近流がもつ運動エネルギーよりも大きくなる．

図 2.5.34b に示すように，屋根面および妻面の風上側の稜部ではく離した流れは伴流（wake）を形成する．流れが稜部などではがれることをはく離（separation）といい，はく離する位置をはく離点（separation point），はがれた流れが形成する層をはく離せん断層（separated shear layer）という．風上稜部ではく離した流れが再び屋根面や妻面に付着することがある．はく離した流れが再び付着することを再付着（reattachment），再付着する位置を再付着点（reattachment point）

という．はく離点から再付着点までをはく離領域（separation zones）といい，ここでははく離泡（separation bubble）が形成される．再付着点より風下側を再付着領域（reattachment zones）という．ここでは流れが面に沿って流れる．この流れを再付着せん断層（reattaching shear layer）とよぶことがある．屋根面や妻面に再付着した流れは，屋根の棟部や妻面の風下側の稜部で再はく離することがある．屋根を超えてきた流れは下降して地表面に再付着して風上へ向かう流れと風下へ流れ去る流れとに分岐する．この位置を再付着点，あるいは風上壁面のよどみ点と区別して後部よどみ点（rear stagnation point）とよぶことがある．風上へ向かう流れは循環流を形成する．各妻面の風上稜部ではく離したはく離せん断層と馬蹄形渦は風下の再付着点で合流して循環流に取り込まれる流れと風下へ流れ去る流れとに分岐する．風下壁面の端部には鉛直渦（vertical vortex）が形成される．

(b) 屋根勾配と流れの概況 屋根勾配の角度が約 10° 以下の低勾配屋根で風向が妻面に平行である場合，屋根の風上稜部ではく離した流れは，図 2.5.35a に示すように，接近流と伴流の縁におけるはく離せん断層の渦度によって屋根のほうへ押し曲げられる．接近流の乱れの増加ははく離せん断層の渦度を強め再付着の発生を促進す

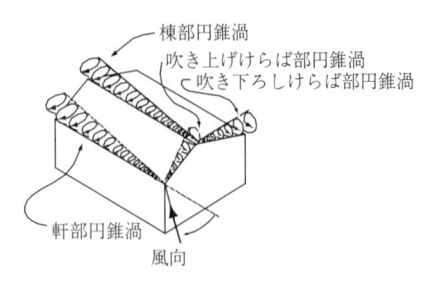

図 2.5.36 屋根の円錐渦

る．図 2.5.35b に示すような屋根勾配が約 20°程度の中勾配屋根で接近流の乱れが大きい場合，軒先ではく離した流れは再付着して風上側にはく離泡を形成する．再付着した流れは棟付近で再はく離する．乱れが小さい場合は再付着点が風下へ移動する．図 2.5.35c に示すような屋根勾配が約 30°程度の高勾配屋根で乱れが大きい場合，流れは軒先ではく離せずに棟付近ではく離する．乱れが小さい場合は流れが軒先近傍ではく離することがある．風向が妻面に正対する場合，屋根勾配による流況の変化は小さく低勾配屋根と同じ流況が他の勾配屋根でもみられる．

(c) 屋根に生じる円錐渦の概況　風向が妻面に偏る場合，風上角部の近傍の稜線ではく離した流れは，図 2.5.36 に示すように，その風下の稜線ではく離した流れの下側へ潜り込む．そして風上側に位置するはく離せん断層の渦度は，風下側に位置するはく離せん断層の渦度に付加される．このような流況が稜線に沿って繰り返されることで稜線に沿う円錐状の渦が形成される．このような渦を円錐渦（conical vortex）という．この円錐渦は一般に流れがはく離する屋根の稜線に沿って一対で発生するが，流れが対象となる場合を除いて両者の性状は同じにならない．　［上田　宏］

文　献

[1] Cook, N. J., 1985, The Designer's Guide to Wind Loading of Building Structures. Part 1 Background, Damage Survey, Wind Data and Structural Classification, Building Research Establishment and Butterworths, London
[2] Holmes, J. D., 2001, Wind Loading of Structures, Spon Press

(4) 都市内の建築群周りの流れ

都市内の建築群周りの流れを考えるうえで，ここでは上空風の鉛直プロファイルと建物高さの数倍程度の厚さのラフネス層の乱流特性を対象とする．大気における風の鉛直構造は，約 1 km の大気境界層とその下層部分に 100 m 程度の厚さの接地層からなる．接地層では風速分布が対数則を示し，地表の粗度に応じて分布が片対数グラフ上をシフトすることになる．そのシフト量を示す尺度として粗度長が定義されているが，都市部においては 0.5 m から，とくに高層建物が林立するような場所では 3 m にまで達することが想定されている［1］．また，工学的な立場からは境界層全体にわたって，風速分布をべき乗則に当てはめる．地表粗度が大きくなるとべき指数が大きくなり，たとえば都市部においては 0.25 以上の数値となる．Counihan［2］によれば，粗度長との関係から 0.4 までの数値を与えている．大気が都市部を覆う場合，建物高さの 2 から 5 倍程度の厚さのラフネス層が存在し，その下に建物高さより下の部分，すなわち建物を覆う下層部としてキャノピー層が形成される．キャノピー層においては，運動量あるいは熱の上下移動が活発に行われ，人間生活の空間と大気の空間での物理量の交換は，主としてここで行われる．建物高さの程度によってはキャノピー層と接地層が重なることになり，乱流特性が平衡となる対数則の領域が不明確となる．したがって高層建物が密集する都市域においてはキャノピー層から上空風にかけての普遍的な風速分布を与えることがかなり困難となる．ただし最近では，都市部における地表被覆状況を示す GIS データが整備されてきており，そういった都市細密データを活用して各種粗度パラメーターを求め，都市細密データを数理モデルに直接的に再現したうえで都市境界層の数値計算を実施し，上空での風速分布との関連性を明らかにしようとする試みもある［3］．粗度パラメーターのなかでも粗度密度（単位地表面積あたりの流れに垂直な見付面積として定義）は，粗度ブロックが一様配列された場合の粗度長と関連づけることが可能であるため［4］，種々の形状の建築物が並ぶ都市域に

対する適用性が吟味されている．しかしながら，これも，一様粗度の場合は，ある程度大きな粗度密度以上ではむしろ平板に近づき粗度長に上限があるといった結果は，都市域のように粗度を与える形状が一定でない場合にはあてはまらず，都市特有の関係式を導く必要がある［3］．

都市を対象とした風の特性については，数値計算によれば，都市域における空間的に広がったデータをまとめて取得することが可能となるので，風の空間構造を把握するうえで，きわめて有利である．以下に，数値計算に基づき得られている都市での風構造に関する知見を示す．

図2.5.37に東京神田地区のLES計算結果を示す［3］．ここでの計算モデルは，数kmオーダーの領域を対象に地表の建築物の形状がそのまま再現されている．また，解析領域の周囲に対して周期境界条件を与えており，圧力勾配が存在するハーフチャネル型の乱流場が想定されている．図2.5.38の都市キャノピー内の風の流れに関する数値計算結果［3］によれば，ストリートキャニオン内への風の流れ込みが明瞭にみられ，道路に沿って風速が高くなっているのが認められる．また，平均風速および乱れの強さの鉛直分布については［5］，荷重指針で示された都市に相当する粗度区分での風速分布形状をほぼ再現している．しかしながら，詳細にみると地表近傍と上空部とで対応する粗度区分が若干ずれ，低い位置のほうがべき指数の大きめの値を示す傾向がある．図2.5.39には東南アジアにおける都市の高層建物が林立する地域での風の流れのLES計算結果を示す［6］．高層建物の後方での風速の低減，側方での風速増加，あるいは主要道路での大きな風速増加などの特性がみられる．

また，建物に作用する風を耐風設計上評価するとき，これまで単独に建てられている状況が対象とされている場合も多い．しかしながら隣接する建物がある場合，その影響を無視することは必ずしもできない．図2.5.40に高層建物群周りの風の流れを示す［7］．LES解析より求めた瞬間的な流れ場に関して，渦度の等値線を示したもので，建物からはがれた流れが後方で渦を形成し，それが隣接する高層建物と複雑に干渉し，建物群での風作用が単独建物と大きく異なっていることがわかる．図2.5.41は建物壁面に作用する風圧分布を示したもので，建物間での生成された渦の

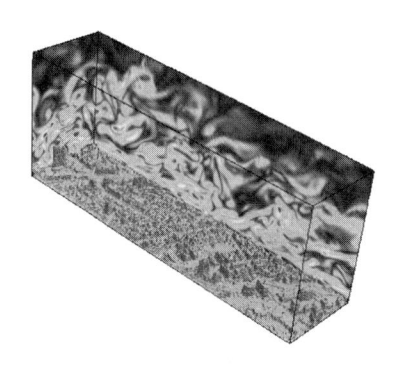

図2.5.37 都市域における風の流れのLES解析（東京）

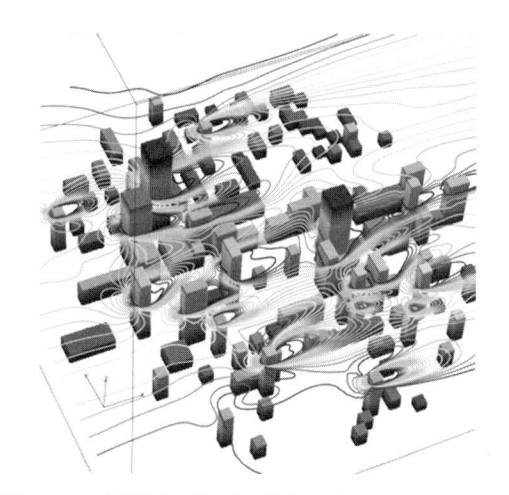

図2.5.39 高層建物が林立する地域での風の流れ（LES計算）

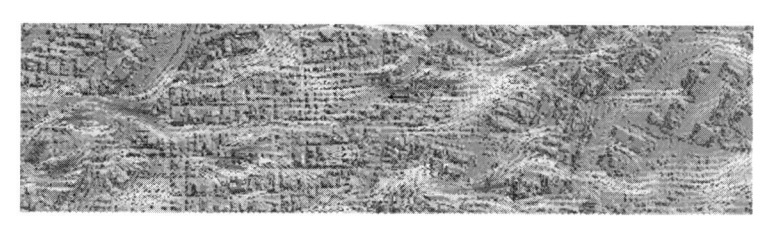

図2.5.38 都市地表近傍での風の流れ（LES計算）

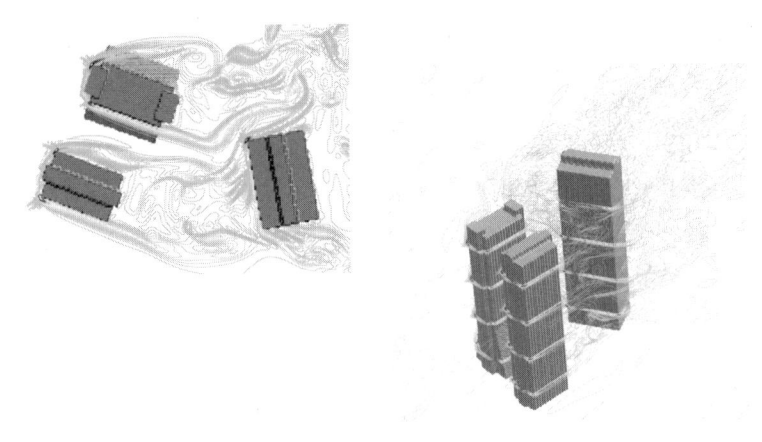

図 2.5.40　複数の高層建物周りの渦構造

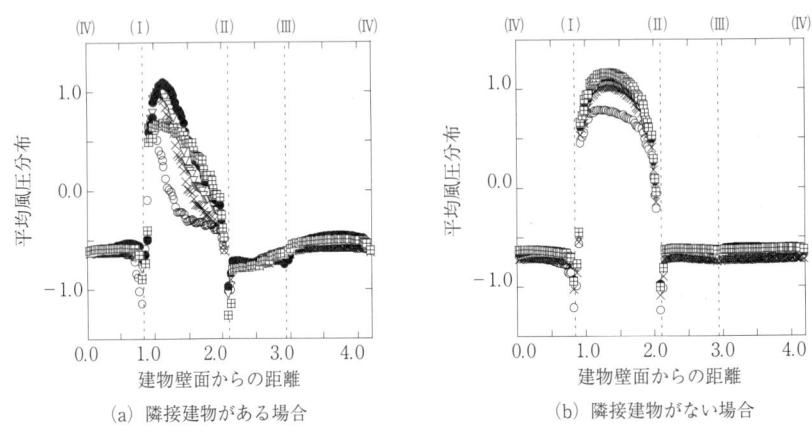

図 2.5.41　高層建物の風圧分布に与える隣接建物の影響
(a) 隣接建物がある場合　(b) 隣接建物がない場合
○：$z/L=4.0$，×：$z/L=3.0$，▽：$z/L=2.0$，●：$z/L=1.0$，⊞：$z/L=0.5$．

作用によって，後流に位置する建物から生じたはく離せん断層の挙動が影響を受け，極端な風圧低下あるいは回復が起こるなど，かなり特徴的な風圧分布性状を示している．また渦に基づく風作用は，平均的にはそれほど高い風圧にならなくても，変動分がかなり大きくなることがある．

[田村哲郎]

文　献

[１] Arya, S. P., 2001, Introduction to micrometeorology (2nd edition), Academic Press
[２] Counihan, J. C., 1975, Adiabatic atmospheric boundary layer, A review and analysis of data from the period 1880-1972, *Atmospheric Environment*, **9**, pp. 871-905
[３] Okuno, A., Tamura T., Okuda, Y. and Kikitsu, H., 2005, LES estimation of wind velocity profiles over various roughened ground surfaces in cities, The sixth Asia-Pacific Conference on Wind Engineering
[４] Raupach, M. R., Antonia, R. A. and Rajagopalan, S., 1991, Rough-wall turbulent boundary layers, *Applied Mech. Review*, **44**, pp. 1-25
[５] 田村哲郎，大野修，奥田泰雄，岡田恒，2005，都市域における強風乱流のLES解析モデルの提案，日本建築学会構造系論文集，589，pp. 49-57
[６] 田村哲郎，大野修，野津剛，2003，高層建物が密集する地域における強風乱流のLES解析，日本建築学会構造系論文集，571，pp. 29-38
[７] Tamura, T. and Kono, T., et al., 2003, Numerical analysis of wind loads on tall buildings in urban area, Proc. CIB-CTBUH Int. Conf. on Tall Buildings, pp. 531-538

3 構造物に作用する風圧力

3.1 風力の発生

3.1.1 抗力の発生

もし流体が完全流体で、渦なし流れであれば物体周りの流れはポテンシャル流として表される。その場合、たとえば2次元円柱周りの流れは図3.1.1 aのようになり、物体の前と後でパターンが対称になり、物体の前面と後面には同じ大きさの正圧が作用する。結果的に、風圧分布は図3.1.1 bのように前後左右対称となり、圧力の合力はゼロとなる。つまり、物体には、何ら流れ方向の抵抗ははたらかず、直交方向の力もはたらかない。これをダランベールの背理（D'Alembert paradox）あるいはオイラーの背理（Euler paradox）とよぶ。

構造物やその部材に対する風の問題を対象とするとき、気流のレイノルズ数（Reynolds number）はおよそ $10^4 \sim 10^9$ の範囲で考えておけばよい。このように、レイノルズ数が十分大きい場合は、一般部での流れはポテンシャル流に近く、粘性の影響は無視できる。しかし、物体表面では粘性の効果を無視できない。物体表面では、流体が付着して、流速はゼロとなる。つまり、物体表面付近には、ポテンシャル流に近い外側流れから表面での流速ゼロ部分まで、急激な速度勾配をもつごく薄い境界層（2.2.1項）が形成される。ブラフな物体（bluff body、非流線形物体）では、物体側面や角部で、境界層のはく離が発生する。したがって、図3.1.1 aのような流れは形成されず、時間平均的な流れ場は図3.1.2 aのようなパターンとなる。表面の風圧分布は図3.1.2 bとなり、前面で正圧、後面で負圧となる。その結果、圧力の合力は流れ方向にはたらき、抗力が発生する。これを圧力抵抗とよび、はく離という現象によってもたらされる。

実在流体の流れでも、レイノルズ数がきわめて小さい場合には、図3.1.1aのような流れのパターンを実現できる。つまり、流速が極端に遅いか、物体のスケールが極端に小さいか、流体の粘性が極端に大きい場合である。このとき、前述のとおり圧力抵抗はゼロとなる。しかし、粘性によって物体表面と流体の間には表面摩擦力が生じ、その合力は流れ方向に作用する。このように、境界層のはく離がなくても抗力は存在し、これを摩擦抵抗とよぶ。

以上のように、実在の流体では、圧力抵抗と摩擦抵抗の和として抗力が生じるが、風を受ける一般の構造物では摩擦抵抗は圧力抵抗に比べると非常に小さく、無視できる。飛行機の翼のような流

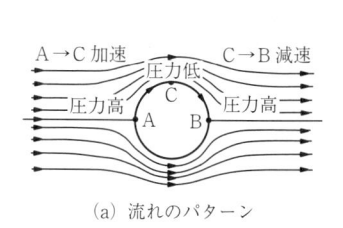

(a) 流れのパターン　　(b) 表面圧力分布

図3.1.1 2次元円柱周りのポテンシャル流と表面圧力分布

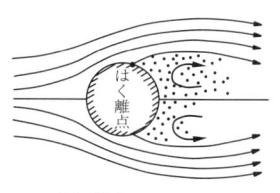

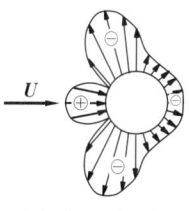

(a) 流れのパターン　　(b) 表面圧力分布

図3.1.2 2次元円柱周りの実在流体中の流れと表面圧力分布

れがはく離しない流線形物体では，抗力のほとんどが摩擦抵抗によるものとなり，抗力の値は非常に小さい．特殊な工場や市場などのように，流れ方向に非常に長い構造物では，摩擦抵抗を無視できない場合がある．

時間的に変動する非定常な流れの中に物体が置かれるか，流体の中で物体が加速度を伴う運動をする場合は，圧力抵抗や摩擦抵抗のほかに，慣性抵抗とよばれる流体力が発生する．たとえば，静止している流体中を物体が加速度 $\dot{U}$ の運動をしている場合，少なくとも物体表面では粘性の影響で流体は物体表面に付着しているため，物体近傍の流体は物体と同じ加速度 $\dot{U}$ の運動をさせられる．つまり，物体は周りの流体を押し広げながら動き，流体に加速度運動を生じさせる．流体が加速度運動するには，そのための力が物体から流体に与えられなければならず，その反作用として物体は加速度 $\dot{U}$ に比例する抵抗を受ける．流体の慣性によるこの抵抗を慣性抵抗とよぶ．なお，物体が加速度運動をしていなくても，流速が時間的に変化する場合，つまり非定常な流れの中に物体が置かれた場合にも，この慣性抵抗は発生する．慣性抵抗は物体の質量が増加したと同等の効果をもたらすので，慣性抵抗 F_A を加速度 $\dot{U}$ で除した値 $M_A = F_A/\dot{U}$ を付加質量あるいは仮想質量とよぶ．構造物などの質量に比べると空気の質量は小さいため，風の場合の慣性抵抗は通常問題とならない．しかし，急激な風速変化を伴う竜巻などでは重要であるといわれている． [田村幸雄]

3.1.2 揚力の発生

物体周囲では，よどみ点における流れの衝突の後，はく離，再付着，渦の発生と流下など複雑な流れが形成される．物体表面は境界層で覆われ，物体後流には圧力低下による流れの逆流が生じることもある．しかもこれらの流れのパターンは時間とともにつねに動いている．前項で述べられたように，物体と流体（空気）の質量比が大きく，比較的高いレイノルズ数範囲（$Re = 10^4 \sim 10^9$ 程度）を対象とする風工学の問題では，おもに表面圧力の積分値で流体力が決定される．非流線形物体で

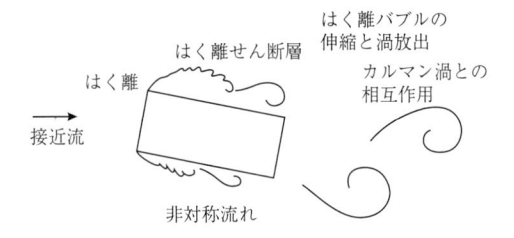

図 3.1.3 2次元非流線形物体周りの流れ

は流れのはく離を伴うことがほとんどである．はく離後，物体表面から離脱したせん断流れ（はく離せん断層）は本質的に不安定性を示し，物体の振動や流速変動，圧力変動，後縁形状，風の乱れ，カルマン渦などの種々の要因により流れのパターンが敏感に変化する（図 3.1.3）．非流線形物体の揚力を決定づける要因には物体上下の流れの非対称性をあげることもできるが，最も重要な要因ははく離せん断層であり，揚力の時間変動ははく離せん断層の非定常な挙動によりその特性が決定される．このような複雑かつ非定常な流れの中で，物体の表面圧力を解析的に精度よく評価することは現在のところ必ずしも容易ではない．

一方，物体の形状が単純で，流れのはく離を伴わず，かつ空気の粘性が空力特性に及ぼす効果が小さい場合には，物体周囲をポテンシャル流れとみなし，次に述べる解析的な揚力の評価が可能となる．

図 3.1.4 のように流れの中に置かれた単一物体を囲む領域を考える．領域内の流体の境界面を S，S の内部の流体が占める領域を V とする．領域 V 内の流体に対する運動量の時間変化率 $(\partial/\partial t)\iiint_V \rho \boldsymbol{v} dV$ は，流体が物体から受ける力 $\boldsymbol{G}$，S に作用する圧力の合力 $-\iint_S p\boldsymbol{n} dA$（$\boldsymbol{n}$ は V より外向きの単位法線ベクトル），および V から S を通って

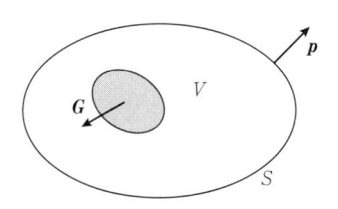

図 3.1.4 物体を囲む流体の力のつりあい

単位時間あたりに流出する運動量 $-\iint_S \rho \boldsymbol{v} V_n dA$ (V_n は S を横切る法線速度成分) の3項の和によって表される. 物体が流体から受ける力 (流体力) は $\boldsymbol{F} = -\boldsymbol{G}$ で表すことができる. したがって, 領域内の流速成分, 圧力が既知であれば, 流体力を求めることができる. たとえば, 図 3.1.5 に示す x 軸に平行な一様な流れの中に置かれた半径 a の回転円柱を考えると, 円柱周囲の2次元流れは次式のような複素速度ポテンシャルで表すことができる.

$$f(z) = \phi(z) + i\psi(z)$$
$$= U\left(z + \frac{a^2}{z}\right) + \frac{i\Gamma}{2\pi} \log z \quad (3.1.1)$$

上式中の Γ は円柱周囲の循環の強さを表し, 最後の項は角速度 $\Gamma/(2\pi a^2)$ で時計回りに回転する円柱周囲の流れを表す (ただし $r > a$). ベルヌーイ (Bernoulli) の定理を用いれば, 円柱を囲む半径 R の円周 C 上の圧力 p も流速成分 $df/dz = u - iv$ により表すことができ, C 上の圧力の合力は x, y 成分それぞれ,

$$\oint_C p\boldsymbol{n} ds = \begin{cases} \int_0^{2\pi} pR\cos\theta d\theta = 0 \\ \int_0^{2\pi} pR\sin\theta d\theta = -\frac{1}{2}\rho U\Gamma\left(1 + \frac{a^2}{R^2}\right) \end{cases} \quad (3.1.2)$$

$$p = p_0 - \frac{1}{2}\rho(u^2 + v^2) \quad (3.1.3)$$

となる. また, 流出運動量は次のように表される.

$$\oint_C \rho \boldsymbol{v} V_n ds = \begin{cases} \int_0^{2\pi} \rho uv_r R d\theta = 0 \\ \int_0^{2\pi} \rho vv_r R d\theta = -\frac{1}{2}\rho U\Gamma\left(1 - \frac{a^2}{R^2}\right) \end{cases} \quad (3.1.4)$$

v_r は円周 C 上の外向き法線速度成分.

流れは定常であるから C 内の運動量変化率は0である. 以上より流体力 $\boldsymbol{F}$ は次のように得られる.

$$\boldsymbol{F} = (F_x, F_y) = (D, L) = (0, \rho U\Gamma) \quad (3.1.5)$$

$F_y = \rho U\Gamma$ は物体周囲の流れが循環をもつときの揚力を表し, クッタ-ジューコフスキー (Kutta-Joukowski) の定理とよばれている. 閉曲線 C を円柱表面に取れば式 (3.1.4) も0となり, 式 (3.1.2) で $R = a$ とおくのみで揚力が与えられることになる. これは表面圧力が既知であればその積分により流体力が得られることを示すものである. なお, 上述のように回転する物体が周囲に循環流を生み, 揚力が生じることはマグヌス (Magnus) によりクッタ, ジューコフスキーより先に説明されており, マグヌス効果とよばれている.

以上の考え方ははく離せん断層や渦放出を含む流れや円柱以外の一般の断面形状にも適用できる. また, 物体が回転を伴わなくても流れのパターンが上下非対称であれば $\Gamma \neq 0$ であるため揚力が発生する. ところで図 3.1.6 のように, 静止流体中に静止している傾斜平板が, 時刻 $t = 0$ で突然一定の速度で動き出した直後には, 平板の後流に大きな反時計回りの渦 (出発渦) が形成される. この渦を除き, 平板を囲む閉曲線に沿う流速分布から循環 Γ が得られ, 式 (3.1.5) より発生する揚力が決定される. 一方, 出発渦の循環はケルヴィン (Kelvin) の循環定理より $-\Gamma$ である.

平板や薄翼に発生する揚力については, 翼理論として上述の複素ポテンシャルを用いた解析が知られている. 非粘性流れを仮定すれば平板表面に発生する境界層の厚さはごく薄く, 平板の上下面に生じる流速差を図 3.1.7 のような渦層で近似で

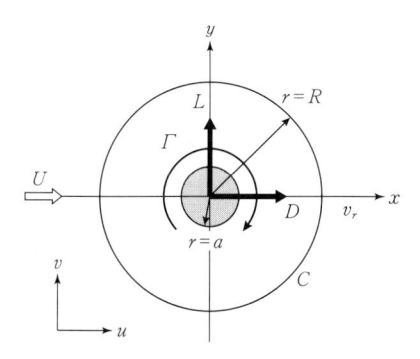

図 3.1.5 回転円柱に作用する流体力

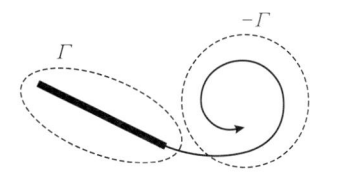

図 3.1.6 静止流体中を急出発した直後の平板周りの流れ

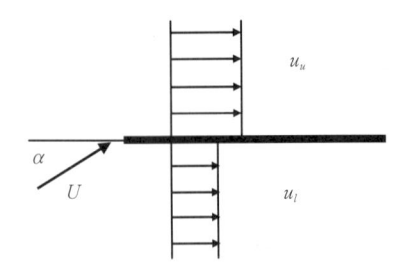

図 3.1.7 平板の渦層近似

きる．微小区間 dx あたりの渦層要素の複素速度ポテンシャルは式 (3.1.1) の最後の項に等しく，

$$f_b(z) = \frac{i\gamma(x)dx}{2\pi}\log z \quad (-b \le x \le b) \quad (3.1.6)$$

である．$\gamma(x)dx$ は渦層要素を囲む循環であり，次式により決定される．

$$\gamma(x)dx = \{u_u(x) - u_l(x)\}dx \quad (3.1.7)$$

一様な流れ（流速 U）の中に静止する平板に作用する時間平均揚力は，前述の回転円柱に対する解法と同様に得られ，閉曲線を平板表面に取れば表面圧力が与えられ揚力が決定できる．平板上面側のある点 ($x=x^+$) と上流無限遠点との間，および同一 x 座標の平板下面側の点 ($x=x^-$) と上流無限遠点との間にそれぞれベルヌーイの定理を適用すれば，上下の圧力差 $\Delta p(x)$（下向きを正）は次のように表すことができる．

$$\frac{\Delta p(x)}{\frac{1}{2}\rho U^2} = -\frac{2}{U}\{u_u(x^+) - u_l(x^-)\} = -\frac{2\gamma(x)}{U}$$

$$(3.1.8)$$

平板表面上のある点における鉛直誘起速度 $w_a(x)$ は次のように表現できる．

$$w_a(x) = -\frac{1}{2\pi}\oint_B \frac{\gamma(\xi)}{x-\xi}d\xi \quad (3.1.9)$$

平板表面上における鉛直速度は 0 であるから，接近流の鉛直速度成分 $U\alpha$ との間に次式が成り立つ．

$$w_a(x) + U\alpha = 0 \quad (3.1.10)$$

$\gamma(x)$ を決定するにはさらに後縁で流速が有限値をとるというクッタの条件を満たすように式 (3.1.9)，(3.1.10) を解かなければならない．クッタの条件は上下面の圧力差 $\Delta p(b)=0$，および循環強さ $\gamma(b)=0$ と同じ意味をもつ．風の傾斜角 α で静止する平板の場合，$\gamma(x)$ および揚力 L，平板

の幅員中央周りのピッチングモーメント M はそれぞれ次のように得られる．

$$\gamma(x) = 2U\alpha\sqrt{\frac{b-x}{b+x}} \quad (3.1.11)$$

$$L = 2\pi\rho U^2 b\alpha \quad (3.1.12)$$

$$M = \frac{b}{2}L \quad (3.1.13)$$

式 (3.1.13) より，揚力の作用点は前縁より幅員の 1/4 点であることがわかる．この点を空力中心とよぶ．

一方，平板が振動する場合や鉛直変動風速（鉛直ガスト）が静止平板に作用する場合は，$\gamma(x)$ は時間的に変化し，さらに後流へ流下する渦の影響も考慮しなければならない．図 3.1.8 のように平板と後流をそれぞれ渦層で表すと，ケルヴィンの循環定理により単位時間あたりの平板の循環変化量と，その間に後流へ放出される渦の循環の和はつねに 0 と考えられるので，放出速度を接近流速 U とすれば，

$$\frac{d}{dt}\left(\int_{-b}^{b}\gamma_b(x,t)dx\right) + U\gamma_w(b,t) = 0 \quad (3.1.14)$$

が成立し，後流の渦層 $\gamma_w(x,t)$ が平板上の渦層 $\gamma_b(x,t)$ で表されることがわかる．また，面の圧力差 $\Delta p(x,t)$ は非定常流に対するベルヌーイの定理を用いて，次式のように表される．

$$\frac{\Delta p(x,t)}{\frac{1}{2}\rho U^2} = -\frac{2\gamma_b(x,t)}{U} - \frac{2}{U^2}\frac{\partial}{\partial t}\int_{-b}^{x}\gamma_b(x,t)dx$$

$$(3.1.15)$$

また，平板表面上の鉛直誘起速度 $w_a(x,t)$ は式 (3.1.10) に後流の影響を加味し，

$$w_a(x,t) = -\frac{1}{2\pi}\oint_B \frac{\gamma_b(\xi,t)}{x-\xi}d\xi - \frac{1}{2\pi}\int_b^{\infty}\frac{\gamma_w(\xi,t)}{x-\xi}d\xi$$

$$(3.1.16)$$

と表される．振動する平板の場合，および鉛直ガストが静止平板に作用する場合の境界条件はそれぞれ次のように表される．

$$w_a(x,t) + U\alpha = \dot{y}(x,t)（振動する平板の場合）$$

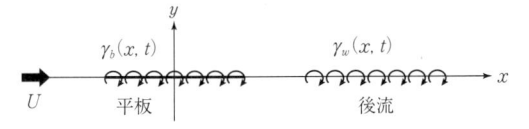

図 3.1.8 平板と後流の渦層近似

$$(3.1.17)$$

$$w_a(x,t) + U\alpha + w(x,t) = 0 \text{ (鉛直ガストを受ける静止平板の場合)} \quad (3.1.18)$$

結局，一様流中で静止する場合と同様に上式の境界条件より$w_a(x,t)$を得，式(3.1.16)を式(3.1.14)とクッタの条件のもとに解いて$\gamma_b(x,t)$を決定し，式(3.1.15)に代入した後，平板全面にわたり積分することにより非定常揚力が求められる．境界条件として，鉛直並進振動（式(3.1.17)）を与えた場合の非定常揚力を表す複素関数としてTheodorsen関数$C(k)$（kは換算振動数，$k = b\omega/U$，ωは鉛直ガストの円振動数）が，また，鉛直ガスト（式(3.1.18)）を与えた場合の非定常揚力を表す複素関数としてSears関数$S(k)$がそれぞれ知られている．

[白土博通]

3.1.3 カルマン渦とストローハル数

粘性流れの中に置かれた物体の隅角部や，物体表面の曲面上で下流に向かって圧力上昇が生じる場合に流れのはく離が生じる．物体表面上には境界層が発達しているため，はく離した後の流れも空間的に大きな速度勾配をもつせん断流れとなり，次第に規模の大きな変動へ成長しながらやがて渦を形成する．静止状態から急激に動き出す物体の背後に形成される出発渦については3.1.2項で述べられているが，十分に時間が経過した後の流れは互いに逆方向に回転する渦の対が周期的に続く．後流に放出された直後のある渦の循環を$-\Gamma$とすれば，それ以前に放出された渦全体の循環は1対の渦列を考えればほぼ0であり無視できることから，物体の循環がΓとなり，クッタ–ジューコフスキーの定理により$\rho U\Gamma$なる揚力を生む．

渦の空間配置は攪乱に対して安定であるように配置される．いま，次式の複素速度ポテンシャルにより図3.1.9に示す静止流体中の1対の渦列を表す．

$$f(z) = \frac{i\Gamma}{2\pi}\log\sin\frac{\pi(z-z_0)}{l} - \frac{i\Gamma}{2\pi}\log\sin\frac{\pi z}{l}$$
$$(z_0 = l + ih) \quad (3.1.19)$$

渦列の各渦が互い違いに配置される場合，および同じ位置に配置される場合のいずれかの状態では渦列に対して直角方向の誘起速度は0となり，渦列に平行な方向に誘起速度をもつ．さらに渦間隔lと渦列間隔hが下の条件を満足するとき，渦列の空間配置は復元しないものの，大きくパターンを変えることはなく（中立安定），実際のカルマン渦もこれに近い配置になることが知られている．

$$\frac{h}{l} = 0.281 \quad (3.1.20)$$

カルマン渦の放出周波数f_sは，流速Uに比例する．物体の代表長をDとすれば次式に示すストローハル数として，渦放出周波数は無次元化される．

$$St = \frac{f_s D}{U} \quad (3.1.21)$$

ストローハル数は流れのパターンがほぼ一定の状況下では物体の形状に固有である．角張った物体でははく離の位置がレイノルズ数によらず一定と考えられることから，ストローハル数もレイノルズ数の影響を受けにくいといわれている．これに対し，円柱のように曲面を有する形状や，はく離せん断層と物体との干渉が物体全体の流体力学的特性を支配するような形状（たとえば矩形の隅角部に隅切りをもつ断面）ではレイノルズ数によりストローハル数の値も大きく変化することが知られている[1]．なお，レイノルズ数による流れのパターンの変化，および空力特性の変化は，物体表面の境界層やはく離せん断層中で生じる乱流遷移の場所とそれに起因するはく離点の位置に密接な関連があり，橋梁断面のような角張った断面にもみられる[2]．また，流れ直角方向にたわみ1自由度加振された円柱の後流は，流速と加振振幅に応じていくつかの流れのパターンに分類され，

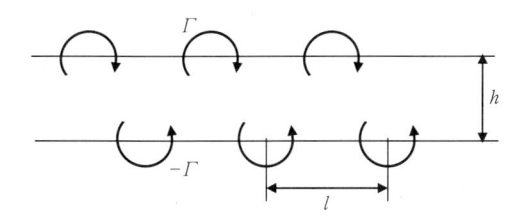

図3.1.9 渦列配置

静止円柱のカルマン渦に比べて複雑な流れを示すことが知られている [3]. **[白土博通]**

文　献

[1] 土木学会構造工学委員会風洞実験相似則検討小委員会活動報告書, 1994.10
[2] Schewe, G., 2001, Reynolds-number effects in flow around more-or-less bluff bodies, *J. Wind Engineering and Industrial Aerodynamics*, **89**, pp. 1267-1289
[3] Laneville, A. and Brika, D., 2001, Experimental simulation of fluid and mechanical coupling between transmission line conductors, Proc. of the fourth International Symposium on Cable Dynamics, Montreal, pp. 7-26

3.2　静的な風圧力

3.2.1　速度圧と風圧係数

　風圧力 p とは, 物体表面に作用する圧力 P そのものをさすのではなく, 物体の影響のない無限遠点での圧力 P_∞ との差, $P-P_\infty$ をさす. 簡単のため, 図 3.2.1 に示されるような, 定常で粘性のない流れ場を仮定してベルヌーイ (Bernoulli) の定理 (2.3.1 項参照) を用いると, 物体表面上 i 点での風圧力 p_i は,

$$\begin{aligned} p_i &= P_i - P_\infty \\ &= \frac{1}{2}\rho U_\infty^2 - \frac{1}{2}\rho U_i^2 \\ &= \frac{1}{2}\rho U_\infty^2 \left\{1 - \left(\frac{U_i}{U_\infty}\right)^2\right\} \end{aligned} \quad (3.2.1)$$

と表される. ここに, P_i は i 点での圧力, U_i は i 点での風速, U_∞ は無限遠点での風速である. このように, i 点での風圧力 p_i は, 定常で粘性のない流れ場では, i 点での風速 U_i と無限遠点での風速 U_∞ と, 空気密度 ρ のみで定まる.

　また, 風圧力 p_i は, 式 (3.2.1) の最終行のように, みかけ上, 無限遠点での動圧,

$$q_\infty = \frac{1}{2}\rho U_\infty^2 \quad (3.2.2)$$

に比例する形で表現できる. 耐風設計や風工学の分野では, 動圧 q_∞ は一般に速度圧とよばれる.

　式 (3.2.1) の中括弧の中は, 風速比 U_i/U_∞ によって定まる無次元量であり, 与えられた流れ場では, この風速比は物体の形状と i 点の位置に

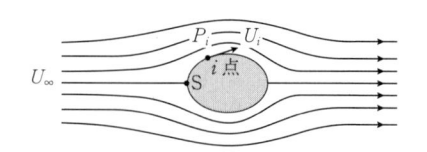

図 3.2.1　定常で粘性のない 2 次元流れの模式図

よってのみ決まる. 風圧力 p_i の値は流れを代表する風速 U_∞ によって変化してしまうが, これを速度圧 q_∞ で除して無次元化した量,

$$C_{p_i} = \frac{p_i}{q_\infty} = \frac{p_i}{\frac{1}{2}\rho U_\infty^2} = 1 - \left(\frac{U_i}{U_\infty}\right)^2 \quad (3.2.3)$$

は, 物体の形状と i 点の位置のみによって決まる量となり, 大変都合がよい. この無次元量 C_{p_i} を風圧係数とよぶ.

　図 3.2.1 に示したように, よどみ点 S では U_i に相当する風速がゼロであり, ここでの風圧力 p_S は, 式 (3.2.1) からわかるように速度圧 q_∞ に等しく, 風圧係数は式 (3.2.3) からわかるように 1 となる. よどみ点のような特殊な点を除けば, 物体表面の風速 U_i は, $U_i \neq 0$ であるから, 一般に風圧係数 C_{p_i} は 1 より小さくなる. つまり, 風圧係数はつねに $C_{p_i} \leq 1$ であり, 正の風圧係数が 1 を超えることはない. ただし, 圧力の低いほうに制限はなく, 大きな負の値をとることは許される.

　ここまでは定常で粘性のない 2 次元流れを例にとって, 速度圧や風圧係数を議論してきた. しかし, 一般の構造物の場合は, 非定常で 3 次元の流れを考えなければならない. このような場合, 式 (3.2.3) の分母の速度圧 q_∞ としては, 構造物の直接の影響を受けない位置で, かつその流れ場を代表できる点 R を基準点として定め, その点での平均風速 U_R に基づく速度圧 q_R が用いられる. これを基準速度圧とよぶ. 風圧係数は, 基準速度圧 q_R によって以下のように定義される.

$$C_{p_i} = \frac{p_i}{q_R} = \frac{p_i}{\frac{1}{2}\rho U_R^2} \quad (3.2.4)$$

　建築物などでは, 基準点 R を建築物の屋根の平均高さに取ることが多い. 風洞実験では, 模型の風上側の適切な位置に計測点を設けたり, 模型

の有無による気流分布の違いなどを厳密に計測することもできるので，流れ場を代表する風速を決めることはむずかしくない．しかし，実測では，適切な場所を選定することは容易ではない．

なお，地表付近の平均風速は高さ方向に変化するので，基準点Rの高さによって基準速度圧 q_R の値が異なる．したがって，基準点Rの高さによっては，正の風圧係数が1を超えることもある．また，式 (3.2.4) において，時間的に変動する風圧力 p_i を考えると，速度圧 q_R が時間平均値であるため，瞬間的には1を超える風圧係数が現れてもおかしくない．　　　　　　　　　　　[田村幸雄]

3.2.2 外圧係数と内圧係数
(1) 外圧係数と内圧係数の定義

居住空間を内包する建築物など，明確に内部，外部が区別できる場合，外殻表面における風圧係数を外圧係数 C_{p_e}，内部空間表面における風圧係数を内圧係数 C_{p_i} とよぶ．

外部空間における風速は内部空間に比べ相対的に大きく，外圧係数は流れのはく離，再付着などにより複雑な様相を示す．開口面積がそれほど大きくない場合は，内部空間における空気の流速は相対的に小さく，内部空間の圧力はおおむね一様である．内圧係数は，建築物などの壁面開口の大きさや分布に大きく影響される．そのため，基規準類では，開口面積とその開口が存在する壁面の面積との比などにより，閉鎖型，部分開放型，開放型などに分類して，内圧の取扱いを区別している．

(2) 内圧の定常値

構造物の壁面に存在する開口を通じた空気の流通を考慮することにより，外圧と内圧の関係が導かれる．

開口部前後の圧力 p_e, p_i と開口部の流速 U の関係は開口面積が微小ならば，

$$p_e - p_i = \zeta \frac{1}{2} \rho U^2 \quad (3.2.5)$$

と表される．ここに ζ はこの開口による圧力損失係数，ρ は空気密度である．流速が一定でレイノルズ数が大きければ ζ は開口の形状によって決

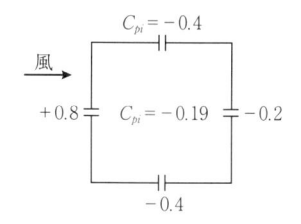

図 3.2.2 外圧と内圧の関係

まる一定値と考えることができるが，流速が小さい場合あるいは非定常な流速の場合は便宜的な係数と考えたほうがよいかもしれない．さらに建物壁面にある複数の開口を流通する流量のバランス（質量保存則）を考えることにより次式が得られる．

$$\sum_j \left\{ \text{sgn}(C_{p,j} - C_{p_i}) A_j \sqrt{\frac{C_{p,j} - C_{p_i}}{\zeta_j}} \right\} = 0 \quad (3.2.6)$$

ここに $A_j, \zeta_j, C_{p,j}$ は開口部 j の開口面積，圧力損失係数，外圧係数，C_{p_i} は内圧係数（内部は単一の空間で内圧は一様であるとする）．sgn(・) は，括弧内の符号を与える関数である．開口面積，圧力損失係数，外圧係数が既知であれば，式 (3.2.6) を数値的に解くことにより C_{p_i} を求めることができる．たとえば，図 3.2.2 に示される空間で，壁面の開口がすべて同じならば，式 (3.2.6) の A_j, ζ_j を考慮しなくてよいから，比較的簡単に $C_{p_i} = -0.19$ と求められる．

ただし，上記では，空気の温度差による浮力の影響や，強制換気などの影響は考慮されていない．実際の構造物ではさらに複雑であると考えなくてはならない．　　　　　　　　　　[松井正宏]

3.2.3 風力係数

気流中に置かれた物体に作用する力 $\boldsymbol{F}$（風力）は，物体表面にはたらく風圧による成分と物体表面の摩擦力による成分の和で表されるが，風工学で対象とする物体の場合，摩擦力が全体風力に及ぼす影響はたかだか1〜2%程度である．したがって，通常風力は物体表面に作用する風圧を面全体について積分することによって計算することができる．また，ある軸を想定すれば，物体表面に分布している風圧はその軸周りのモーメント $\boldsymbol{M}$（空力モーメント）を物体に引き起こす．

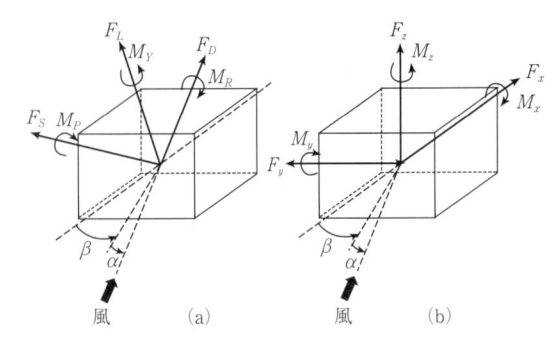

図 3.2.3 物体に作用する風力と空力モーメント

風力 $\boldsymbol{F}$ および空力モーメント $\boldsymbol{M}$ はいずれもベクトルであるから，それぞれ3成分に分解して表示される．表示方法には，風軸を基準とする場合と構造軸を基準とする場合の2とおりが一般に用いられる．風軸基準の場合，図 3.2.3a に示すように表すのが一般的である．ここに，α および β はそれぞれ鉛直面内および水平面内の風向角である．$F_D, F_L, F_S, M_R, M_P, M_Y$ は，それぞれ，抗力（drag），揚力（lift），横力（side force），横揺れモーメント（rolling moment），縦揺れモーメント（pitching moment），片揺れモーメント（yawing moment）とよばれる．構造軸基準の場合，一般には，図 3.2.3b に示すような右手系の座標軸 (x, y, z) を物体の構造軸に一致するようにとり，各軸方向の風力 (F_x, F_y, F_z) およびその周りのモーメント (M_x, M_y, M_z) で表す．この場合，各風力・空力モーメント成分に対して，風軸基準の場合のような特別なよび方はない．

地上に建つ建築物や工作物の場合，一般には $\alpha=0$ である．風洞実験では，風力や空力モーメントの成分を模型基部に設置した風力天秤を用いて測定することが多い．このとき，構造軸基準を用いると，風洞実験結果をそのまま構造設計に利用できて便利である．また，1壁面に正対する風向で風荷重が最大となることが多い．この場合，風向方向軸の風力が抗力 D，風向直交方向の風力が揚力 L に対応する．設計上重要となるのは基部における転倒モーメント M_D, M_L とねじりモーメント M_T である．そこで，図 3.2.4 に示すように，M_D および M_L の向きを D や L による転倒モーメントの向きに一致させるようにとることも多い．

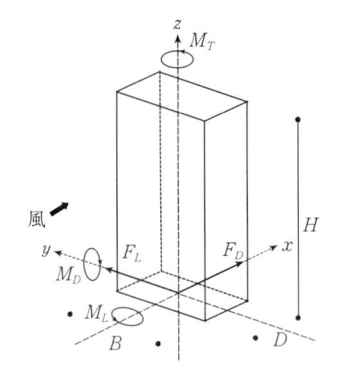

図 3.2.4 建築分野でよく使われる風力と空力モーメントの定義
（x 方向に風が吹く場合）

このように定義すると，座標軸は右手系になっていないが，力の作用を直感的に理解するのに都合よい．

風力および空力モーメントは，通常以下のように無次元化して風力係数 C_F および空力モーメント係数 C_M で表す．

$$C_F = \frac{F}{q \cdot A}$$

$$C_M = \frac{M}{q \cdot A \cdot l}$$

ここに，F, M は $\boldsymbol{F}, \boldsymbol{M}$ の各成分を表している．また，q, A, l は，それぞれ速度圧，代表面積，代表長さである．代表面積 A としては，風軸基準の場合，風向に垂直な面への構造物の投影面積（見付け面積）が用いられる．一方，構造軸基準の場合，構造軸に垂直な面への投影面積（代表幅 B×代表高さ H）とするのが一般的である．また，代表長さ l は，水平軸周りの空力モーメント（転倒モーメント）に対しては H，鉛直軸周りの空力モーメント（ねじりモーメント）に対しては B とすることが多い．

［植松　康］

3.2.4 角柱の平均抗力および平均揚力
(1) 迎角の影響

図 3.2.5 には正方形角柱の平均抗力係数と平均揚力係数の迎角による変化を示す．特徴的なのは揚力係数 C_L が迎角が小さいときに負の勾配をとることである．これは後述する角柱の振動による付加的な空気力に伴う空力不安定振動の発生と密

3.2 静的な風圧力

接に関係しており，重要な点である．

(2) 辺長比の影響

図 3.2.6 には完全はく離型断面の辺長比 D/B と平均抗力係数の関係を示す．一様流中では $D/B ≒ 0.6$ 付近にピークをもつ分布となっている．同図には背圧係数の変化も示すが，$D/B ≒ 0.6$ の臨界断面付近で同様に最も絶対値が大きな負の値を示している．後方よどみ点 X_{WS} までの距離はこのとき最も断面に近づいており $D/B = 0.6$ で最も強い巻込みが生じていることがわかる．$D/B ≒ 0.6$ の臨界断面付近のピークはこの現象の発見者にちなんで中口ピークとよばれている．一方，臨界断面より辺長比が大きい断面の平均抗力係数や背圧係数の減少は背面に，はく離せん断層の自由な巻込みが阻止されるためと考えられる．

(3) 乱れの影響

図 3.2.7 には乱れの強さと完全はく離型に属するいくつかの断面の平均抗力係数の変化を示す．乱れの強さが 6% 以上と大きくなると辺長比 D/B が大きいほど平均抗力係数が小さくなる傾向がある．

図 3.2.8 には一様流中と乱流中の矩形断面周りの流れ場を模式的に示した．辺長比が小さいと，乱れによる流れの巻込みが促進され，背面の近くに後流渦が形成されるため結果的に抗力係数が大きくなる．辺長比が大きくなると乱れがあることによって再付着が生じ，後流での渦形成位置が遠くなることによって後流幅は狭くなり，抗力係数は逆に小さくなる．

図 3.2.9 には正方形角柱の乱れのスケールの影響を示す．物体と同スケール $L_x/B = 1$ 以下の小スケールの乱れは，辺長比によっても異なるが，

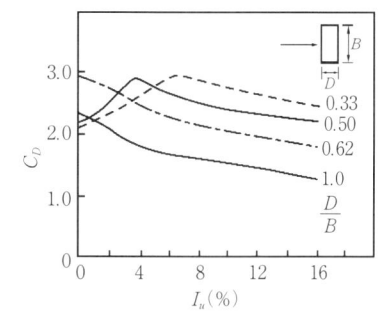

図 3.2.7 角柱の抗力係数と小スケールの乱れの強さの関係 [4]

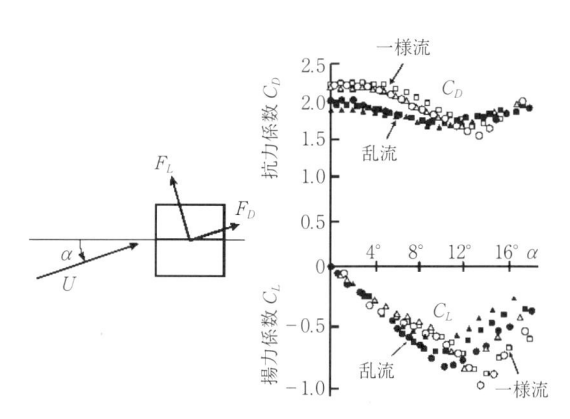

図 3.2.5 正方形角柱の平均抗力係数と平均揚力係数の迎角による変化および乱れの影響 [1]

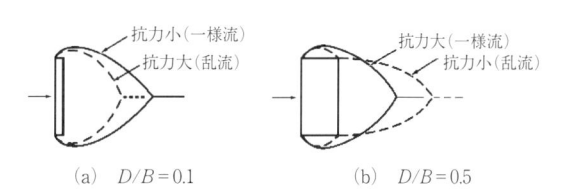

図 3.2.8 角柱の背圧係数に及ぼす乱れの影響 [4]

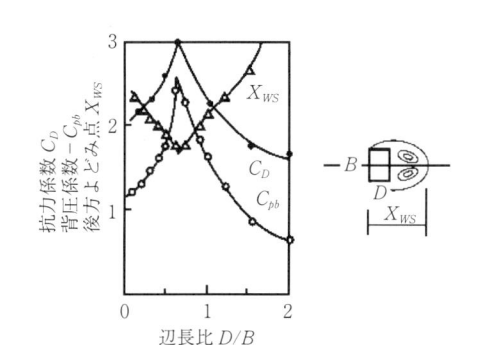

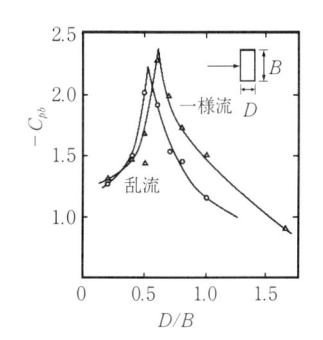

(a) 抗力係数，背圧係数，後方よどみ点までの距離 [2]   (b) 背圧係数の気流による比較 [3]

図 3.2.6 角柱の平均抗力係数と背圧係数および後方よどみ点位置の辺長比による変化

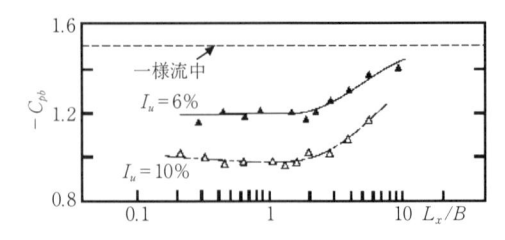

図 3.2.9 正方形角柱の背圧係数と乱れのスケールの効果 [3]

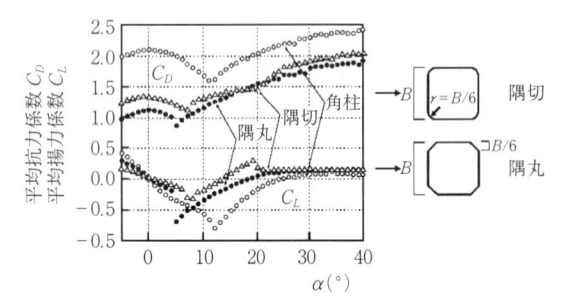

図 3.2.10 2次元隅切，隅丸，角柱の平均抗力係数と平均揚力係数の迎角による変化 [5]

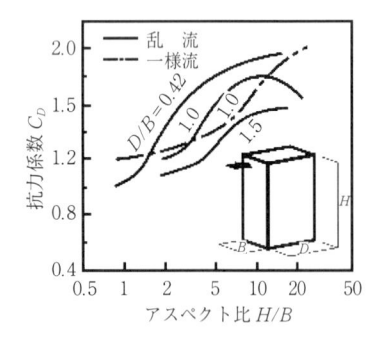

図 3.2.11 3次元角柱の平均抗力係数のアスペクト比による変化 [6]

比が大きくなるにつれて断面背後への流れの巻込みの2次元性が高まるために抗力係数も大きくなり，2次元角柱の値に近づく．　　　　　[嶋田健司]

文　献

[1] 山田均，1988，構造基本断面の空力特性（その1），2.1.2 2次元，一様気流と乱流，日本風工学会誌，**36**, pp. 53

[2] 溝田武人，1982，一様流中で静止，又は振動する角柱まわりの剥離流れに関する実験的研究，日本風工学会誌，**13**, pp. 15-27

[3] 中村泰治，大屋裕二，渡辺公彦，1984，矩形断面柱空力特性に及ぼす乱れの影響，第8回風工学シンポジウム論文集，pp. 249-254

[4] Laneville, A., Gartshore, I. S. and Parkinson, G. V., 1975, An explanation of some effects of turbulence on bluff bodies, Proc. Fourth International Conference on Wind Effects on Buildings and Structures, Heathrow, pp. 333-341

[5] 田村哲郎，宮城哲矢，1999，正方形角柱の隅角部形状に基づく空力低減機構に関する研究――風圧力特性による検討――, 日本建築学会構造系論文集，第521号, pp. 17-24

[6] Vickery, B. J., 1968, Load flucutuations in turbulent flow, Proceedings of the ASCE, EM1, pp. 31-45

正方形角柱の場合，背圧を回復させる．

(4) 隅切，隅丸の影響

角柱の隅角部を工夫することで抗力を低減することができる．そのような一例として図 3.2.10 には一様流中での2次元隅切，隅丸，角柱の平均抗力係数と平均揚力係数の迎角による変化を示す．隅切，隅丸は，はく離せん断層が再付着しやすくなり，後流幅が縮小することによって角柱に比べて抗力係数が小さくなる．隅丸では，後流での渦形成位置が遠くなるため，この傾向はとくに顕著である．

(5) アスペクト比の影響

図 3.2.11 には3次元角柱の平均抗力係数のアスペクト比 H/B による変化を示す．アスペクト

3.2.5 角柱の平均風圧分布

図 3.2.12 では断面の辺長比が 1:1 で高さ方向のアスペクト比が 3:1 の角柱の風向 0° および 10° の平均風圧分布を示す．ここではとくに風上と風に対する側面の風圧分布に注目する．

風向 0° では風上面の正圧部分は左右対称であり，最大値 0.8 前後の値を示す領域はやや角柱上部に現れることが境界層流の特徴である．側面の負圧部分は角柱最上部の風上側角に -0.9 の大きな値を示す領域が現れている．左側の側面がやや風上側からみえるような角度である風向 10° になると流れはやや再付着の傾向を示し，側面の風下側の負圧がやや小さめの値を示す．また，風上側の大きな負圧である -0.9 の領域が風向 0° では角柱上部だけであったものが角柱下部まで広がり，むしろ負圧の大きな値は広がる傾向にある．これは再付着がやや促進されることにより角柱側面のはく離バブルの大きさが抑えられ負の圧力値が大きくなる傾向を示していると考えられる．

また風上側の正圧の分布も風向 10° となると非

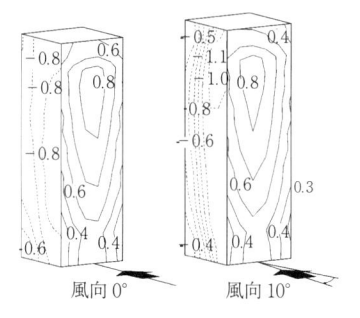

図 3.2.12 角柱（3:1:1）の平均風圧分布（境界層流）

対称となり，最大を示す領域が左側側面の角部にかたよる傾向が示されている．既往の研究でも風向 10°から 15°の付近で風圧力が最大を示すことが明らかにされている．

角柱表面の風圧分布の中でとくに屋根面に発生する特異な渦によって生ずる現象に着目する．屋根面の渦は風向角によって図 2.1.8 あるいは図 2.1.11 に示されているようにまったく異なった性状を示す．図 2.1.8 は風向が面に正対した様子を示しているが，図 2.1.11 は円錐渦といわれる特異な性状を示すことが可視化実験などにより明らかにされている．

図 3.2.13 に示される風向 0°の風圧係数の分布に比較して図 3.2.14 に示される風向 45°の風圧分布はまったく異なった性状を示していることが風洞実験による圧力測定からも明瞭に観察される．このように建物表面の風圧分布は風向により大きく影響を受けていることが明らかであり，複雑な形状の建物の耐風設計では慎重な配慮が重要となってくる．

ここでは低層建物を想定した模型や高層建物

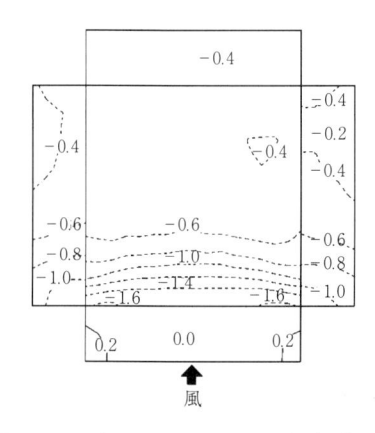

図 3.2.13 屋根面の平均風圧係数分布（風向 10°）

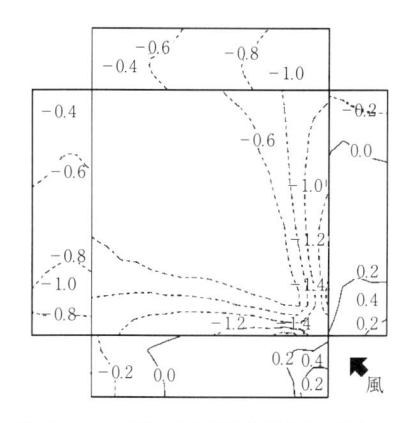

図 3.2.14 屋根面の平均風圧係数分布（風向 45°）

を想定した模型で平均風圧係数の分布を説明した．これらの結果からわかるように単純な形状の建物であっても特殊な風向での特異な風圧性状を示す場合や風向角のわずかな変化でも風圧分布が大きく影響を受ける場合があり，建築物の耐風設計を行う際には慎重な配慮が必要であることを強調しておく．　　　　　　　　　　　　　　［日比一喜］

3.2.6　円柱の平均抗力係数

円柱に作用する抗力や揚力などの流体力は，レイノルズ数，円柱の表面粗さ，アスペクト比，主流の乱れなど流れの条件によって複雑に変化する．Zdravkovich は，今日までの多くの研究によって蓄積された円柱周りの流れに関する膨大なデータを基礎編と応用編の 2 分冊 [1, 2] にまとめ，流れの様相と特徴，抗力や揚力などの流体力，後流渦のストローハル数などについて微細にわたって分析して論じている．そのうちここでは，レイノルズ数，表面粗さ，主流の乱れなどが円柱に作用する抗力および後流渦のストローハル数に及ぼすおもな影響を述べる．

(1) レイノルズ数の影響

抗力，揚力などの流体力は後流渦の形成によって時間的に変動する．一般に，抗力は時間平均した平均分とその変動分に分離される．そのうち平均分 D を無次元化して，ここでは抗力係数 $C_D = D/(\rho U^2 dl/2)$ とよぶ．なお，U は主流流速，ρ は流体密度，d は円柱の直径，l は円柱のスパン長さである．抗力の変動分の振幅は揚力変動の振幅に比較して小さく，1/10 程度である．図 3.2.15

には，レイノルズ数 $Re(=Ud/\nu)$（d は円柱の直径，ν は流体の動粘度）に対する主流の乱れ強さが小さい場合の円柱の抗力係数 C_D および円柱後流渦の周波数 f を無次元化したストローハル数 $St=fd/U$ の変化を示す[3]．ただし，図にはストローハル数の逆数 $1/St=U/fd$ の形で示した．図から，レイノルズ数が 40 以下では，図 2.5.1 a に示したように円柱背面に上下対称の双子渦が形成されており，C_D 値の粘性による抗力成分の占める割合が大きいため，Re 数の増加に伴って粘性による成分が小さくなり，C_D 値は小さくなる．レイノルズ数が 40 以上の純カルマン渦領域になると図 2.5.1 b に示したカルマン渦が生じ，その St 数値は，$50<Re<150$ の範囲では Re 数の増加に伴って増加する．そして $150<Re<300$ では，複数の流れパターンが現れて St 数値が変わるので，図では，$1/St$ 値の幅が広い．さらに大きいレイノルズ数の亜臨界領域とよばれる 3.7×10^5 までの広いレイノルズ数範囲では，図 2.5.2 a の模式図に示したように円柱の表面上の境界層は層流はく離し，はく離せん断層が乱流に遷移して後流域に図 2.5.1 c のような交互渦列を形成する．したがってレイノルズ数の 10^3 程度から 3.7×10^5 までの広い範囲にわたって，抵抗係数は $C_D=1.0\sim1.2$ でほぼ一定である．後流渦の St 数値も，$Re=300$ から臨界レイノルズ数付近までは $0.19\sim0.21$ で

ほぼ一定値である．そして $Re=3.7\times10^5$ 付近では，図 2.5.2 b の模式図に示したように，層流はく離した流れがすぐ乱流に遷移して円柱表面に再度，付着することによってはく離バブルを形成する．この場合 C_D の値は急激に低下して $C_D\approx0.3$ 程度まで減少する．この現象はレイノルズ数の変化に対して臨界的に現れるため，このときのレイノルズ数 $Re=3.7\times10^5$ を臨界レイノルズ数とよぶ．そして円柱上下面にはく離バブルが安定して形成されるレイノルズ数 $(0.4\sim4)\times10^6$ の範囲を超臨界域という．このときの後流幅は極端に狭く，抵抗係数は 0.3 くらいまで減少するとともに，後流渦の周期性は極端に低下し，速度変動は高周波数域の広帯域分布を呈する．その卓越 St 数値は約 0.45 と大きい [4]．さらに高いレイノルズ数で 4×10^6 以上になると，C_D 値はほぼ $C_D=0.7$ 程度まで回復する．このレイノルズ数範囲は極超臨界域とよばれ，円柱後流には，亜臨界域と同様に高い周期性をもつ交互渦列が形成されるようになり，その St 数値は 0.27 [5] である．

(2) 円柱の表面粗さと主流接近流の乱れの影響

層流はく離したせん断層が乱流に遷移して再付着してはく離バブルが形成される現象は，境界層の形成される円柱表面の状態や主流接近流の乱れの様相などに依存する．すなわち，C_D 値が急変する臨界レイノルズ数の値は円柱の表面粗さおよび乱れ強さや乱れスケールによって変化する．したがって，図 3.2.15 に示した Re 数に対する C_D や St 数値のデータの多くは，とくに臨界レイノルズ数付近で実験によってばらつきがあるため，図 3.2.15 では測定値の広い幅がみられる．そこで図 3.2.16 には，種々の表面粗さ円柱の抗力係数のレイノルズ数変化 [6] の実験例を示す．図から，表面粗さによってはく離せん断層の乱流への遷移が促進されることによって臨界レイノルズ数の値が小さくなることがわかる．また，接近する主流の乱れによっても同様な効果が生じる．円柱表面上の境界層やはく離せん断層に対する乱れの影響を考えるとき，流れの代表スケール (reference scale) は境界層厚さやはく離せん断層の厚さである．これらの厚さはレイノルズ数が

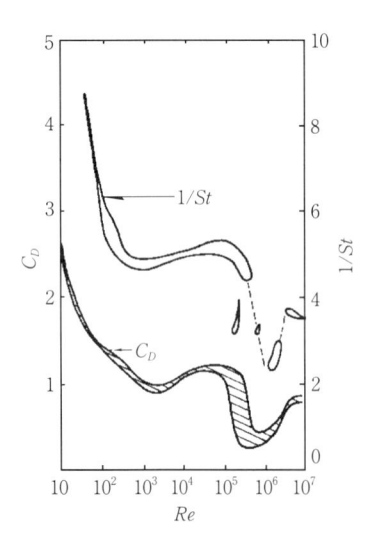

図 3.2.15 レイノルズ数に対する円柱の抗力係数 C_D およびストローハル数の逆数 $1/St$ の変化 [3]

3.2 静的な風圧力

3.2.7 円柱の平均風圧分布

円柱表面周りの平均風圧係数の分布 $C_p(=p/(\rho U^2/2))$ の実験結果 [5] を図 3.2.18 に示す．ここで，p は円柱表面上の時間的平均の静圧である．図から，臨界レイノルズ数 $Re=3.7\times 10^5$ 以下の亜臨界域の場合，$Re=1.1\times 10^5$ の例に示すようにはく離位置 $\theta_s=80°$ 付近で円柱表面から流れははがれ，図 2.5.2 a の模式図に示したように円柱表面上の境界層が層流はく離し，そのはく離せん断層は下流側後流域で乱流に遷移する．円柱背面のはく離域の背面圧力は $C_{pb}=-1.2$ でほぼ一定で，亜臨界域の流れである．さらに高いレイノルズ数の超臨界域では，図 2.5.2 b の模式図のように層流はく離した流れは乱流に遷移し，円柱表面に付着したはく離バブルを形成する．そのときの平均風圧分布は，図 3.2.18 に示す $Re=6.7\times 10^5$ の場合のように，$\theta=95\sim 110°$ 付近に形成されたはく離バブル内の風圧の C_p 値は，$C_p\approx -2.0$ で一定な風圧となることがわかる．そしてはく離バブル下流の円柱表面上の乱流境界層では圧力回復して $\theta=125°$ 付近で再び境界層ははく離して，背面の風圧係数は $C_{pb}=-0.2$ 程度まで回復して一定となる．この場合，後流幅は極端に狭く，超臨界域流れである．さらに $Re=4\times 10^6$ 以上の高いレイノルズ数域の極超臨界域になると風圧分布は，図 3.2.18 に示す $Re=8.4\times 10^6$ の分布例のように，円柱背面の圧力は亜臨界域の場合に近い形状とな

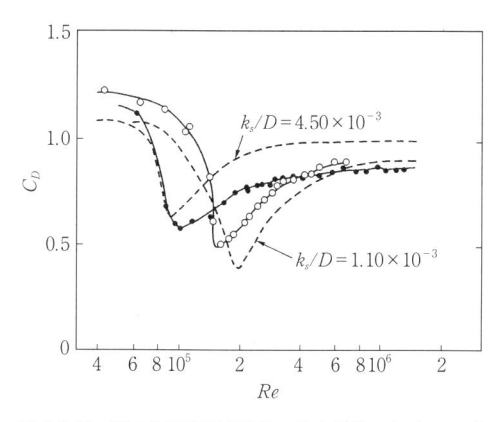

図 3.2.16 種々な表面粗さ円柱の抗力係数のレイノルズ数変化 [6]

○：$d/D=2.5\times 10^{-3}(k_s/D=1.38\times 10^{-3})$，●：$d/D=8.5\times 10^{-3}(k_s/D=4.68\times 10^{-3})$，---：Achenbach (1971)

大きくなるほど薄くなるので，高いレイノルズ数流れにおいては，流れのはく離現象などに影響を及ぼすのは比較的小さいスケールの乱れである．したがって接近流にそのような乱れ成分がある場合には，円柱表面上の境界層やはく離せん断層の層流から乱流への遷移が促進される．さらに乱流に伴う流れの連行作用（entrainment）によってはく離せん断層はより物体表面に近づく．図 3.2.17 には，円柱にはたらく抗力係数に対する主流の乱れの影響 [7] を示す．図のように，主流接近流の乱れの強さが増大するほど，円柱の表面粗さの場合と同様に臨界レイノルズ数の値が小さくなることがわかる．

[岡島　厚]

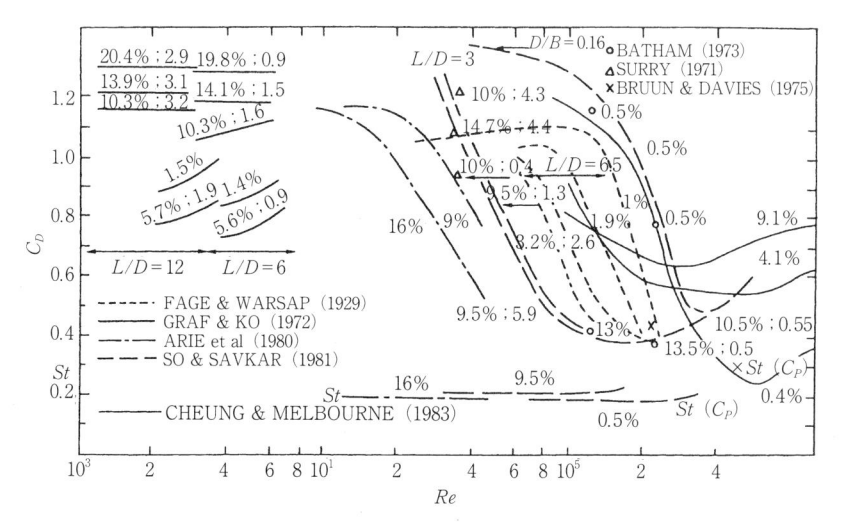

図 3.2.17 円柱にはたらく抗力係数に対する主流の乱れの影響 [7]

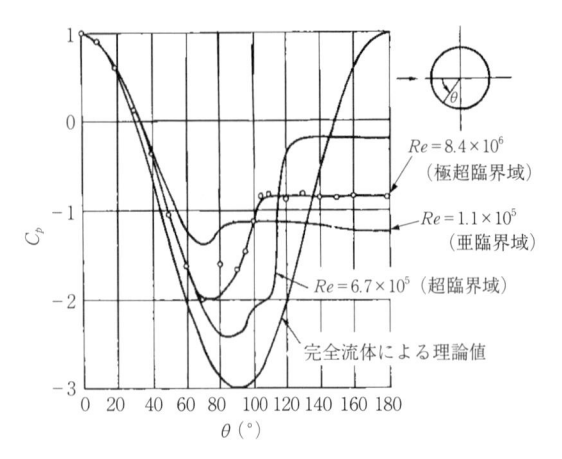

図3.2.18 円柱表面周りの平均風圧係数分布 C_p [5]

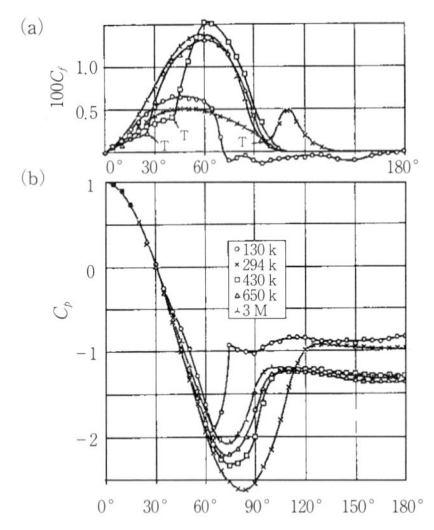

図3.2.19 表面粗さの円柱の (a) 風圧分布 [8] と (b) 表面せん断力分布

り，$C_{pb} = -0.8$ で一定となる．

また図3.2.19には，表面粗さの円柱の (a) 風圧分布 C_p および (b) 粘性せん断力測定プローブ [8] による表面せん断力分布 C_f の測定結果を示す．図は，表面粗さの等価高さ $k_s/d = 0.0011$ の場合を示し，図中に示す T は，C_f 値の急変する境界層の乱流への遷移位置を示す．図から，$Re = 1.3 \times 10^5$ の場合，はく離する位置 ($C_f = 0$) は $\theta_s = 82°$ であるが，$Re = 2.94 \times 10^5$ の場合，$\theta = 100°$ で遷移してはく離する位置は $\theta_s = 135°$ で，C_p 分布もこの近傍から一定値となる．この場合，流れは超臨界域の流れといえる．さらに高いレイノルズ数の $Re = (4.3, 6.5, 30) \times 10^5$ では，レイノルズ数の増加に伴い境界層の遷移位置は上流側へ移動

するが，乱流はく離する位置は，ほぼ $\theta_s = 100°$ の位置で背圧係数は $C_{pb} = -1.3$ で，極超臨界域の流れに相当する流れである．　　　[岡島 厚]

文　献

[1] Zdravkovich, M. M., 1997, Flow around circular cylinders, vol. 1 Fundamentals, Oxford University Press
[2] Zdravkovich, M. M., 2003, Flow around circular cylinders, vol. 2 Applications, Oxford University Press
[3] Morkovin, M. V., 1964, Flow around circular cylinders; a kaleidoscope of challenging fluid phenomena, Proc. ASME Sympo. on Fully Separated Flow, Philadelphia, **45**, pp. 209-224
[4] Bearman, P. W., 1969, On vortex shedding from a circular cylinder in the critical Reynolds number region, J. Fluid Mech., **37**, pp. 577-587
[5] Roshko, A., 1961, Experiments on the flow past a circular cylinder at very high Reynolds number, J. Fluid Mech., **10**, pp. 345-356
[6] 岡島厚, 中村泰治, 1982, 高いレイノルズ数における円柱周りの流れ, 九州大学応用力学研究所所報, **57**, pp. 229-245
[7] Zdravkovich, M. M., 1990, Conceptual overview of laminar and turbulent flows past smooth and rough circular cylinders, Bluff-body aerodynamics and its Applications, pp. 53-62, Elsevier
[8] Achenbach, E., 1968, Distribution of local pressure and skin friction in cross flow around a circular cylinder up to $Re = 5 \times 10^6$, J. Fluid Mech., **34**, pp. 625-639

3.3　動的な風圧力

3.3.1　風圧の時間変動

通常の構造物は非流線形の3次元物体であり，構造物周りの流れは，壁面からはがれて，構造物の両側や後方で複雑な流れ場を形成する．風圧力もきわめて複雑な様相を呈する．

図3.3.1は，正方形平面をもつ超高層建築物の壁面風圧力の時間変動で，自然風を模擬した境界層流中での風洞実験結果である．測定点ごとに異なる風圧力が観測されており，時間的な変動の様子も同一ではない．つまり，壁面風圧力は時間的にも空間的にもランダムに変動している．ただし，よく観察すると，ただいたずらに不規則な変動をしているのではなく，全体が何らかの関係を保ち

3.3 動的な風圧力

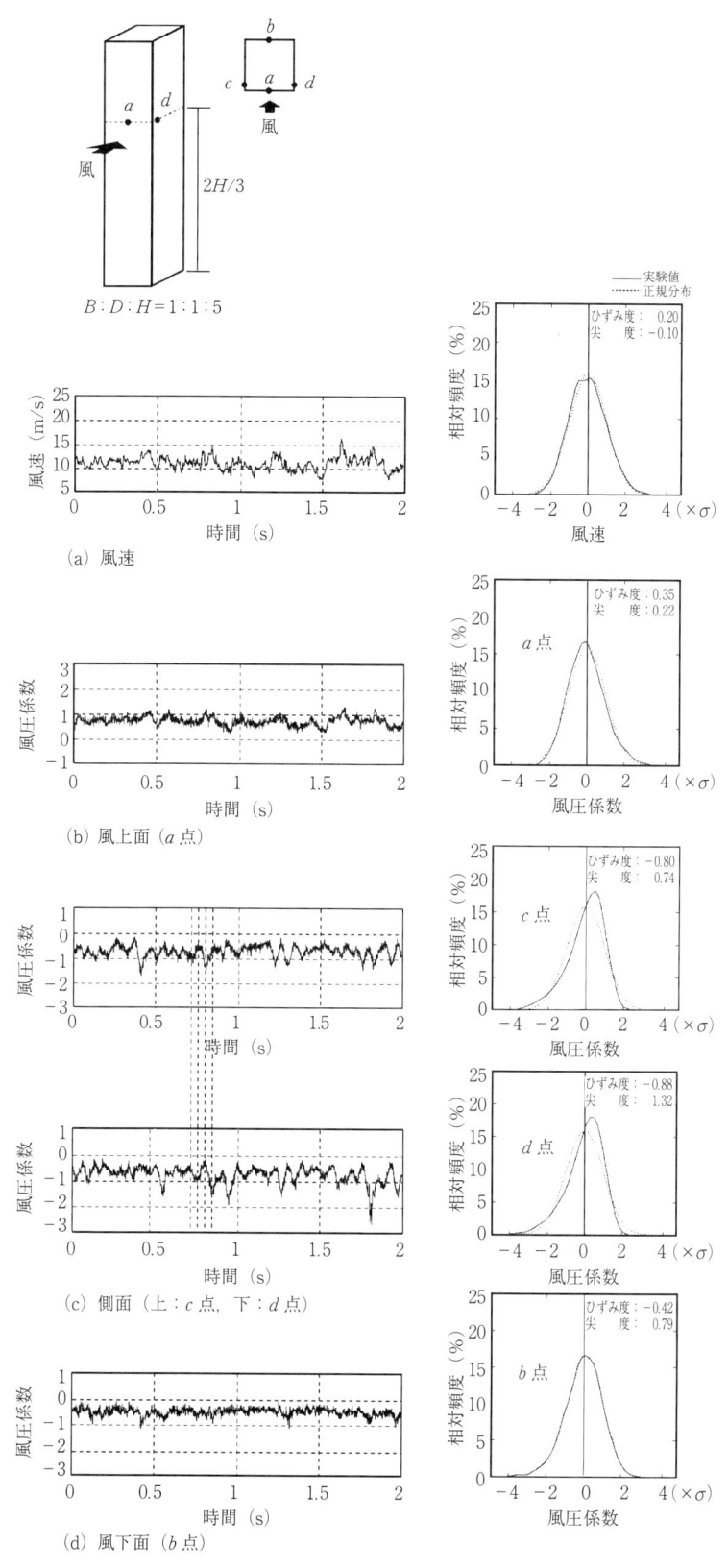

図 3.3.1 超高層建築物の変動風圧力（風洞実験，境界層乱流）

ながら変動している．(a) の風速変動と (b) の風上面の変動風圧力を比較するとわかるように，風上面の変動風圧力は，かなり高周波数の変動まで風速の変動によく追従しており，両者に高い相関がみられる．一方，(c) の側面の変動風圧に関しては，(a) の風速変動との対応の他に，特定周期の変動が明瞭に現れている．また，正圧側のピークより負圧側のピークがやや鋭く値も大きくなる傾向がある．この特定周期の風圧変動は，風上隅角部ではく離したせん断層が巻き込んで渦が形成され，後流に周期的に放出される現象（3.1.3項参照）に起因している．両側面での変動は，一方が正圧側に変化したとき他方が負圧側に変化する傾向にあり，その合力として風直交方向に周期的な風力（揚力）が作用することが理解される．(d) の風下面は，側面と同様に，はく離せん断層の内側に入り，後流域に含まれる．側面などに比べると風圧変動の幅がやや小さいが，主流の風速変動の影響を受けないわけではない．これは(c)の側面の風圧変動も同様で，準定常仮定（3.3.3項参照）と風荷重の関連を考えるうえで重要である．

なお，一般に，距離的に近い点での圧力変動はお互いに似たものとなり，かつ十分に長い周期のゆっくりした変動は，広い範囲の測定点に共通して現れる．つまり，点と点の距離や変動の周波数によって，風圧変動の空間的様相が異なる．

図 3.3.1 には，変動風速および各点の変動風圧力の頻度分布も示している．変動風速はおおむね正規分布に近く，風上面や風下面の変動風圧も正規分布に近いといえる．ただし，側面の風圧は，負側の裾が長い非正規分布（non-Gaussian distribution）となる．

図 3.3.2 に，変動風圧力の瞬間値分布を 2 例示した．(a) は風向角が 0° の場合の例で，風上面の一部に最大瞬間正圧が発生した瞬間である．(b) は風向角が 10° の場合の瞬間風圧分布で，側面の負圧が局所的に非常に大きな値を示した瞬間である．(b) のような風向角を glancing angle とよぶ．

図 3.3.3 は，屋根面の変動風圧力の時刻歴波形

(a) 風向角 0°

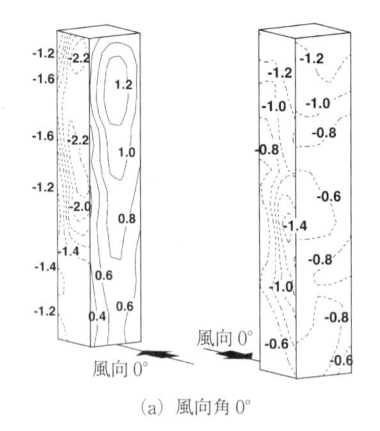

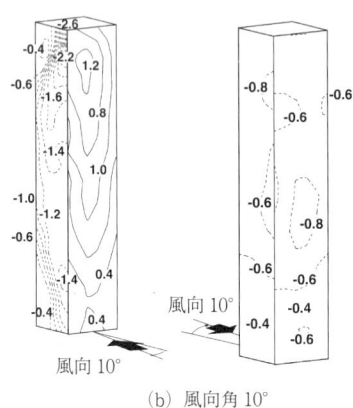

(b) 風向角 10°

図 3.3.2 超高層建築物の瞬間風圧分布の例（風洞実験，境界層乱流）

の例である．屋根面の風圧変動は，風速の変動とある程度の相関を保ちながら，類似の波形が下流側ほど遅れて現れ，乱れあるいは渦が屋根面上を流れに沿って流下していく．(b) の軒先付近や，(d) の隅角部では，瞬間的に非常に大きな負圧が発生している．また，軒先や隅角部付近の頻度分布は，正規分布から大きくはずれた分布となる．

図 3.3.4 は，低層建築物の瞬間風圧分布の例を示したもので，(a) 風向角 0° の場合は，風上隅部付近の負圧の大きさが最大になった瞬間であり，(b) 風向角 45° の場合は，風上隅角部から発生する円錐渦（conical vortex）による負圧の大きさが最大になった瞬間である．

以上紹介した風圧分布は，どのような瞬間もつねに非対称で，図 3.2.12，3.2.13，3.2.14 に示すような平均風圧分布と相似な分布が現れる瞬間はない．このことは当たり前のようではあるが，設計用の風荷重分布や風荷重の組合せを考えるうえ

3.3 動的な風圧力

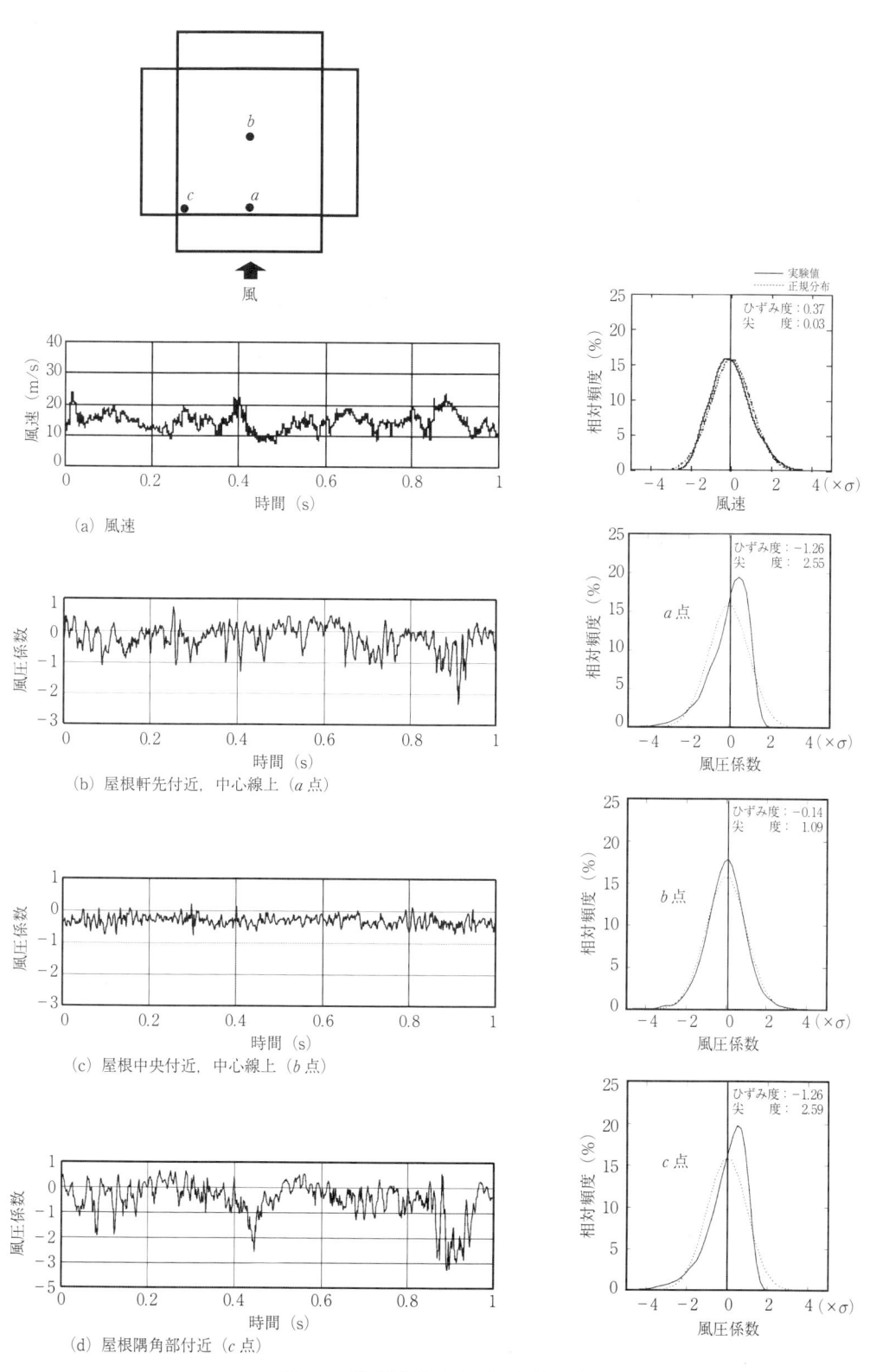

(a) 風速

(b) 屋根軒先付近，中心線上（a点）

(c) 屋根中央付近，中心線上（b点）

(d) 屋根隅角部付近（c点）

図 3.3.3 低層建築物の屋根面の変動風圧力

3.3.2 非定常な流れ場の圧力

流れの中に置かれた物体に作用する流体力を評価する過程で，物体を取り囲む閉曲線上の圧力を知る必要があった（3.1.2項参照）．ここでは非定常な流れ場の圧力評価について概説する．

粘性のない完全流体に対するオイラー（Euler）の運動方程式，

$$\frac{\partial \boldsymbol{v}}{\partial t} + (\boldsymbol{v} \cdot \mathrm{grad})\boldsymbol{v} = \boldsymbol{K} - \frac{1}{\rho}\mathrm{grad}\, p \quad (3.3.2)$$

を次のように書き直す．

$$\frac{\partial \boldsymbol{v}}{\partial t} + \mathrm{grad}\left(\frac{1}{2}q^2\right) - \boldsymbol{v} \times \boldsymbol{\omega} = \boldsymbol{K} - \frac{1}{\rho}\mathrm{grad}\, p \quad (3.3.3)$$

渦なし流れの場合，$\boldsymbol{\omega}=0$ であり，かつ速度ポテンシャル ϕ が存在する．また流体に作用する外力 $\boldsymbol{K}$ が保存力であれば外力ポテンシャル Ω により $\boldsymbol{K} = -\mathrm{grad}\,\Omega$ と表されるため，式（3.3.3）はさらに次のように書くことができ，

$$\mathrm{grad}\left(\frac{\partial \phi}{\partial t} + \frac{p}{\rho} + \frac{1}{2}q^2 + \Omega\right) = 0 \quad (3.3.4)$$

結局，

$$\frac{\partial \phi}{\partial t} + \frac{p}{\rho} + \frac{1}{2}q^2 + \Omega = f(t) \quad (3.3.5)$$

を得る．式（3.3.5）を圧力方程式（またはブラジウス（Blasius）方程式，一般化されたベルヌーイの定理）とよぶ．右辺の時間関数 $f(t)$ は対象とする流体内のすべての点で同じ値をとる．したがって式（3.3.5）は流体内のすべての点で成り立つ．

一方，渦度を有する定常流れでは式（3.3.3）の時間微分項が 0 となり，

$$\mathrm{grad}\left(\frac{p}{\rho} + \frac{1}{2}q^2 + \Omega\right) = \boldsymbol{v} \times \boldsymbol{\omega} \quad (3.3.6)$$

が成り立つ．上式の括弧内が一定の値をとる曲面は流線と渦線を含む．したがって1本の流線上（もしくは渦線上）では，

$$\frac{p}{\rho} + \frac{1}{2}q^2 + \Omega = \mathrm{const} \quad (3.3.7)$$

となる．これをベルヌーイの定理とよぶ．ただし，右辺の定数は一般に流線（もしくは渦線）が異なれば違う値をとりうる．式（3.3.7）は，渦度をもつ流れにも適用できる点で式（3.3.5）よ

図3.3.4 低層建築物の屋根面および壁面の瞬間風圧分布の例

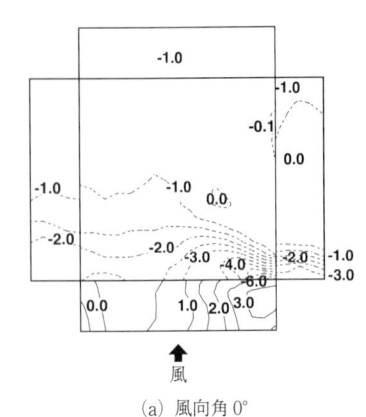

(a) 風向角 0°

(b) 風向角 45°

で重要な知見となる．

また，図3.3.2や図3.3.4で局所的に現れる絶対値の大きな風圧係数は，屋根面や壁面の，とくに外装仕上材の風による被害の原因となる．負圧が問題になることが多く，局所的に大きな負圧のことを局部負圧とよんでいる．

風圧変動の大きさの目安として，変動風圧力の標準偏差 σ_p が用いられることも多い．この標準偏差 σ_p を基準速度圧 q_R で無次元化した

$$C_p' = \frac{\sigma_p}{q_R} = \frac{\sigma_p}{\frac{1}{2}\rho U_R^2} \quad (3.3.1)$$

を，建築分野では変動風圧係数とよんでいる．

低層建物の屋根の変動風圧係数の分布は平均風圧係数の分布と類似していることが多い．細長い物体の端部付近や屋根の隅角部付近では，変動風圧係数が大きくなり，気流の3次元性の影響が現れる．

[田村幸雄]

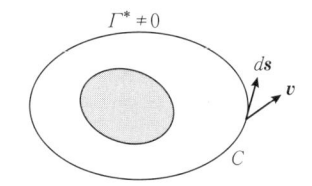

図 3.3.5 渦なし流れの中の物体の循環

りも広い意味をもつ．一方，式 (3.3.5) は渦なし流れを前提として，非定常流れに適用できる点で「一般化され」ていると考えることができる．

式 (3.3.5) に示した圧力方程式は，その前提条件からたとえば物体周囲のはく離せん断層や後流など渦度をもつ流れに対して適用することは本来適切ではない．渦度分布を渦要素 $(i\Gamma(z)/2\pi) \log z$ の集合で表し，要素の中心点を特異点として除外すれば，周囲の流れは渦なし流れに置き換えることができ，式 (3.3.5) を適用することが可能となる．非定常翼理論のように圧力方程式を積極的に利用して渦度を含む流れの解析が進められるのは，上のような理由によるものと考えられる．ただし，渦要素などの特異点をもつ流れは速度ポテンシャルの値が一義的に決まらない（すなわち多価性をもつ）点に注意する必要がある．流れの中に物体が存在する場合も同様である．図 3.3.5 に示すように周囲が渦なし流れであっても，特異点や物体をとり囲む閉曲線 C に沿って次式により算出される循環 $\Gamma^{*\dagger}$ の値は 0 ではない．これは速度ポテンシャルの多価性に対応するものである．

$$\Gamma^* = \oint_C \boldsymbol{v} \cdot d\boldsymbol{s} \qquad (3.3.8)$$

[白土博通]

文 献

[1] 今井功，1992，流体力学（前編），物理学選書 14，裳華房
[2] 谷一郎，1981，流れ学（第 3 版），岩波全書，岩波書店
[3] 巽友正，1994，流体力学，新物理学シリーズ 21，培風館
[4] 日野幹雄，1977，流体力学，理工学基礎講座 16，朝倉書店

3.3.3 準定常仮定

構造物に作用する風力変動は，構造物の周りの流れ場の状況によって決まる．風工学で問題となるような比較的高いレイノルズ数域における物体の周りの流れ場は，さまざまな要因により時間的に絶えず変化しており，その結果，構造物に作用する風力も時々刻々変化する．物体の周りの流れ場の時間的な変化と物体に作用する風力変動は，一般には風洞実験や数値計算によって調べることができる．しかし，以下に述べる準定常の仮定が成立する場合には，定常的な流れ場において物体に作用する風力から，近似的に風力変動を算定することが可能である．

準定常の仮定とは，ある瞬間に物体に作用する風力が，その瞬間の風向と風速で静止物体に風が定常的に当たる場合に生じる風力の時間平均値と等しいという仮定である．この仮定は，物体の風力を評価するさまざまな機会に使われているが，大きく二つに大別される．一つは，定常流中において運動している物体に作用する風力を評価する場合であり，他の一つは，物体に接近する流れ場の乱れによって物体に引き起こされる風力変動を評価する場合である．ここでは，それぞれの場合における準定常の仮定について説明する．

(1) 定常流中を運動する物体に作用する風力変動

一定の速度 U で左から右に動いている流れ場の中を運動している物体を考える．図 3.3.6 a に示したように，ある瞬間の物体が速度 v であったとする．このとき，この物体の周りの流れ場の状況が，図 3.3.6 b に示したように，流速と物体の速度のベクトル和の流速をもつ定常な流れ場に物体が置かれた状況で近似し，このときに物体に作用する時間平均風力が，運動している物体に作用する瞬間の風力と等しいと仮定する．これが準定常の仮定である．ある瞬間の物体の速さを v，流れ場との迎角を θ とするとき，準定常仮定

---

† 渦要素 $(i\Gamma(z)/2\pi) \log z$ 中の $\Gamma(z)$ は渦要素の強さを表し，$\Gamma(z) > 0$ は時計回りの流れに対応する．循環の定義は式 (3.3.8) に示すように反時計回りの積分路に沿う．したがって上記の渦要素の特異点を囲む閉曲線周りの循環は $\Gamma^* = -\Gamma$ となる．

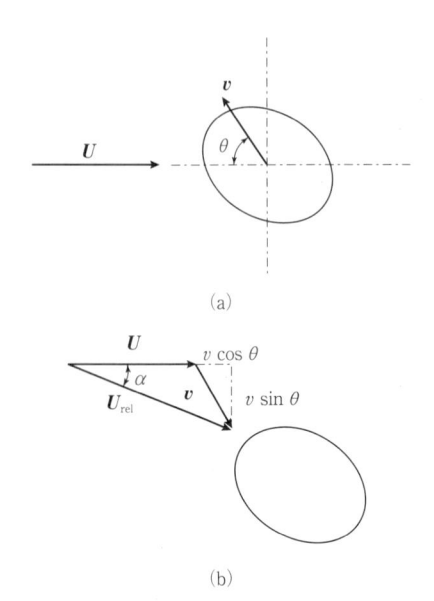

図 3.3.6 定常流中で運動する物体に当たる流れ

によって相対流速 U_{rel} と相対風向 α は式(3.3.9)，(3.3.10)によって求めることができる．

$$U_{rel} = \sqrt{(U + v\cos\theta)^2 + (v\sin\theta)^2} \quad (3.3.9)$$

$$\alpha = \tan^{-1}\frac{v\sin\theta}{U + v\cos\theta} \quad (3.3.10)$$

この仮定は単純明解であるばかりでなく，実用的にも，ギャロッピング振動（1自由度曲げフラッター）など構造物の風による振動現象の解明にきわめて有効である[1]．

準定常仮定では，上記のように，物体に作用する風力がある瞬間の相対風向と相対風速によって決まる．このような仮定は，物体の速度が風速に比べて十分に遅い場合には有効である．しかし，物体の速度が増すにつれ，物体の運動に流れ場が即応しなくなり，準定常の仮定は成立しなくなる．準定常の仮定が成立するかどうかは，流速と物体の速度との比である換算風速 $U_r = U/nD$（ここに n, D は物体の振動数と代表長さ）によって判断することができる．正方形断面の物体の場合には，換算風速が12を超える場合にはほぼ準定常仮定が成立する[2]．換算風速が12以下になると，準定常の仮定は次第に成立しなくなる．とくに，物体からのカルマン渦発生の振動数と物体の振動数が等しい領域，正方形断面をもつ2次元物体では換算風速が8付近では，カルマン渦発生の影響が大きく，準定常の仮定はその妥当性を失

う．

なお，換算風速が大きい場合でも，物体の運動と流れ場の変化には時間遅れすなわち位相差が存在する．ねじれフラッターの発振には，この位相差がきわめて重要であり，準定常の仮定をその解析に利用する場合には注意が必要である [3]．

(2) 物体に接近する流れ場の乱れによって物体に引き起こされる風力変動

乱流中における物体に作用する風力は，物体に接近する流れ場の風速および風向の変化に追従し，時々刻々変化する．乱れのスケールが十分大きい場合，乱流中における物体周りの流れ場は，準定常の仮定によって，ある瞬間の流れ場の風速と風向で風が物体に定常的に当たる場合と同じであると仮定できる．このとき，流れ場に置かれた物体に作用する風圧力は

$$p(t) = \frac{1}{2}\rho U(t)^2 C_p(\theta(t), \alpha(t)) \quad (3.3.11)$$

ここに，p は物体に作用する風圧力，ρ は空気密度，U は瞬間風速，C_p は風圧係数，θ は瞬間風向，α は瞬間迎角である．乱れの強さ $u/\overline{U}, v/\overline{U}, w/\overline{U} \ll 1$ ならば，2乗項を省略することができ，物体に作用する変動風圧力は次式で表される．

$$p = \rho\left(C_p\overline{U}u + \frac{1}{2}\frac{\partial C_p}{\partial\theta}\overline{U}v + \frac{1}{2}\frac{\partial C_p}{\partial\alpha}\overline{U}w\right)$$
$$(3.3.12)$$

ここに，$\overline{U}$ は平均風速，u, v, w は風方向，風直交方向および鉛直方向の風速変動である．式(3.3.12)は，風の乱れによる応答を評価するガスト影響係数法の基本式として用いられている[4]．

式(3.3.12)は物体に対して十分に大きなスケールの乱れ，少なくとも物体の大きさの4倍程度のスケールの乱れに対して有効である．乱れのスケールが小さくなるにつれて，物体周りの流れ場が瞬間的な風速および風向による定常的な流れ場とは様相が異なるとともに，風速，風向に対する流れ場の変化の時間遅れの影響が大きくなる．なお，物体周りの流れ場が2次元ポテンシャル流場であれば，式(3.3.12)に速度ポテンシャルを加味した式(3.3.13)によって時間遅れの影響を評価することができる．

$$p = \rho\left(C_p \bar{U}u + \frac{1}{2}\frac{\partial C_p}{\partial \theta}\bar{U}v + \bar{U}w + \frac{\partial \Phi}{\partial t}\right) \quad (3.3.13)$$

ここに，Φ は速度ポテンシャルを表す．流れに平行に置かれた平板の場合には，式（3.3.13）によって高周波数にいたるまでの風圧変動を精度よく評価できる[5]．

[河井宏允]

文　献

[1] Parkinson, G. V., 1971, Wind-induced Instability of Structures, *Phil. Trans. Roy. Soc.*, **A229**
[2] 鷲津久一郎, 1973, 空力弾性概説（その2），日本機械学会誌, **76**, 661
[3] 中村泰治, 溝田武人, 1972, 矩形断面の捩りフラッタについて，構造物の耐風性に関する第2回シンポジウム, pp. 143-150
[4] Davenport, A. G., 1963, The Buffeting of Structures by Gusts, Proc. of the International Research Seminar, Wind Effects on Buildings and Structures, N. P. L., pp. 357-392
[5] Fung, Y. G., 1955, An Introduction to the Theory of Aeroelasticity, John Wiley & Sons

3.3.4　外圧変動の空間的スケール

(1) 乱れの変形

物体表面近傍では法線方向の風速がゼロになるなどの理由から，平均流の場が物体周りでゆがみ，物体の近くで乱れの変形が発生する．したがって，風速の時間的変動が準定常仮定（3.3.3項）のように，そのままの形で圧力の時間的変動に変換されることはない．

風速変動はランダムで，種々の周期成分の変動が重なったものと考えられる．これについては，図 3.3.7 a に示すように，おのおのの周期成分の変動に対応する大小さまざまの渦が混在し，平均風速 U に載って物体の周りを通過しているとみなすこともできる．

空間的スケール L_v の渦が，平均風速 U で流下するとき，ある点を通過するのに要する時間 T_v は，$T_v = L_v/U$ である．したがって，ある点での変動風速の，周期 T_v の変動成分に対応する渦の平均的なスケール L_v は，$L_v = T_v U$ となる．つまり，長周期のゆっくりした変動成分は大きな渦に対応し，短周期の変動は小さな渦に対応する．これらの渦は物体の近くにきたとき変形する．図

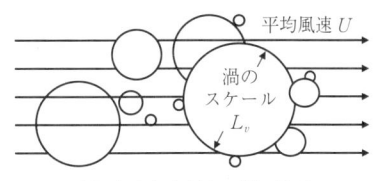

(a) 大小さまざまの渦の流下

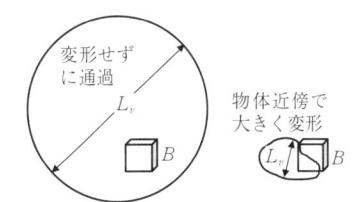

(b) 乱れの変形

図 3.3.7　風速の乱れと仮想的渦の流下

3.3.7 b は，物体に比べて大きな渦と小さな渦が，物体に当たって通過する際の様子を模式的に示したものである．物体の大きさ B に比べて，通過する渦のスケール L_v のほうがはるかに大きい場合，渦はほとんど物体の影響を受けず，変形することなく通過できる．しかし，通過する渦のスケール L_v が相対的に小さくなると，物体の影響を強く受けて，伸長あるいは分裂などによって，渦は大きくゆがむ．いわゆる，乱れの変形である．したがって，長周期の大きな空間的スケールをもつ風速変動は変形しにくく，そのままの形で圧力変動に変換されるが，短周期の小さな空間的スケールの変動は，ゆがめられて圧力変動に変換される．

このことは，風速変動と風圧変動のパワースペクトル密度を比較することによっても確認される．図 3.3.8 は風洞の境界層乱流中で計測された変動風速の風方向成分 u のパワースペクトル密度と高層建築物を模した正方形角柱の壁面風圧力のパワースペクトル密度である．

図 3.3.8 a の風速のパワースペクトル密度は，高周波数領域で周波数 f の $-5/3$ 乗に比例して減少している．図 3.3.8 b の風上面の風圧変動のパワースペクトル密度は，高周波側でほぼ $-9/3$ 乗の勾配で減少しており，風速変動の高周波数成分がそのまま圧力変動には変換されていない．乱れの変形の影響である．

ところで，物体のスケール B と変動の空間的

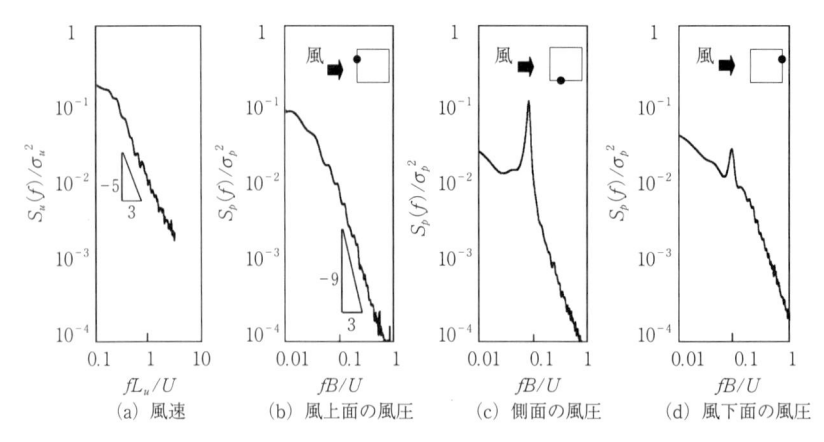

図 3.3.8 変動風速および変動風圧のパワースペクトル密度 [1]

スケール（渦のスケール）L_v の比は，

$$\frac{\text{物体のスケール}}{\text{変動の空間的スケール（渦のスケール）}}$$
$$= \frac{B}{L_v} = \frac{B}{T_v U} = \frac{fB}{U} \quad (3.3.14)$$

のように，変動の周波数 f を物体のスケール B と平均風速 U で無次元化した無次元周波数 fB/U に等しい．つまり，無次元周波数 fB/U の大きさによって，風速変動から風圧変動への変換のされ方が異なることになる．したがって，風速変動や風圧変動のパワースペクトル密度は，無次元周波数 fB/U に対して表示すると都合がよい．

図 3.3.8 b, c, d の横軸は，まさに建物幅 B と平均風速 U による無次元周波数 fB/U で表示されている．図 3.3.8 c に示した側面の風圧力のパワースペクトル密度は無次元周波数 $fB/U \fallingdotseq 0.1$ 付近に鋭いピークをもっている．これは 3.1.3 項で述べたカルマン渦の周期的放出に起因しており，無次元ピーク周波数はストローハル数に対応する．この無次元ピーク周波数を $f_v B/U$ と表すとき，周波数 f_v がカルマン渦の放出周波数である．図 3.3.8 d に示した風下面の変動風圧のパワースペクトル密度は，風上面の変動風圧のパワースペクトル密度に比べると高周波数側のパワーが相対的に高くなっている．風下面では，ゆっくりした変動を含む主流の乱れよりも，流れのはく離に起因して生まれるウエイクでの 3 次元的な複雑な流れや小規模な渦の影響が支配的となるのである．

いずれにせよ，乱れの変形のために，風速変動はそのまま風圧変動には変換されない．したがっ

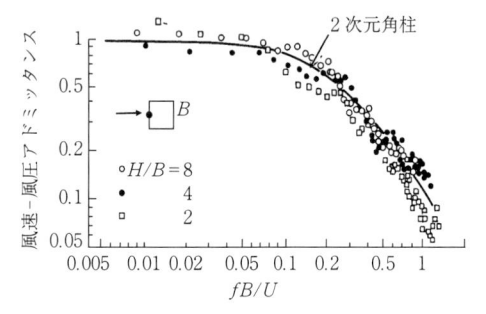

図 3.3.9 風速 - 風圧アドミッタンス $|\chi_p(f)|^2$ の例（角柱の風上面中央，1/2 高さ）[2]

て，風速の変動成分 $u(t)$ のパワースペクトル密度 $S_u(f)$ と風圧の変動成分 $p(t)$ のパワースペクトル密度 $S_p(f)$ を関係づけるには，乱れの変形の効果を考慮した変換子，風速 - 風圧アドミッタンス $|\chi_p(f)|^2$ を導入する必要がある．つまり，風圧のパワースペクトル密度 $S_p(f)$ は，

$$S_p(f) = \rho^2 U^2 |\chi_p(f)|^2 S_u(f) \quad (3.3.15)$$

と表される．ここに，ρ と U は空気密度と平均風速であり，風速 - 風圧アドミッタンス $|\chi_p(f)|^2$ は無次元量である．

図 3.3.9 にアスペクト比 H/B の異なる角柱の風上面中央の風圧に対する風速 - 風圧アドミッタンスの例を示す．図中の実線は 2 次元正方形角柱のよどみ点での風速 - 風圧アドミッタンスであり，それぞれほぼ一致している．つまり無次元周波数の低い領域では $|\chi_p(f)|^2 \fallingdotseq 1$ であり，風速変動がそのまま風圧変動に変換されているが，無次元周波数の高い領域ではアドミッタンスの値が逓減している．乱れの変形の結果である．

(2) 規模効果

風速の変動を大小さまざまの渦の流下に置き換えられることを図 3.3.7 で説明した．風が大きな壁面に当たるとき，大きな渦，つまり長周期の変動成分は，広い領域に同時に影響するが，小さな渦，つまり短周期の変動成分は，局所的にしか影響しない．したがって，壁面上の 2 点以上で風圧変動が観測されたとき，長周期の変動成分は各点に似たような様相で共通して現れるが，短周期の変動成分は各点独自の様相でばらばらに現れる．壁面の風圧力を空間的に積分して，壁面全体にかかる風力を考えたとき，風力の時間変動は，壁面風圧力の空間平均値の時間変動と相似になる．各点の風圧力に共通している長周期の変動成分は，そのまま風力の変動として残るが，各点でばらばらに作用している短周期の変動成分は，正負の値をとりうるランダムな変動の空間平均効果により消えてしまう．つまり，風圧力を積分して風力に変換するとき，壁面の大きさ L と，変動成分の空間的スケール（渦のスケール）L_v との相対的な大小関係が，空間平均効果を左右し，風圧の変動成分の風力の変動成分への変換のされ方が変わる．式（3.3.14）の物体のスケール B を壁面の大きさ L に置き換えれば，同様の式の展開から，風圧変動の空間的スケール L_v に対する壁面の大きさ L の比は，無次元周波数 fL/U に等しくなる．したがって，無次元周波数 fL/U が低く，長周期でスケールの大きい風圧変動は，そのまま風力の変動に変換されるが，無次元周波数 fL/U が高く，短周期でスケールの小さい風圧変動は風力の変動には残らない．これを規模効果とよぶ．

図 3.3.10 は境界層乱流中の角柱の風上壁面に作用する変動風圧力間のルートコヒーレンスである．ルートコヒーレンスの横軸は無次元周波数 fL/U であり，この場合は，変動の空間的スケール L_v に対する 2 点間の距離 L の比に等しい．ルートコヒーレンスは無次元周波数 fL/U の増加とともに単調に減少しており，上述の規模効果が，無次元周波数別の変動圧力の相関という形で表現されている．このルートコヒーレンスは，図 3.3.10 にあるように，通常，指数関数で近似される．無

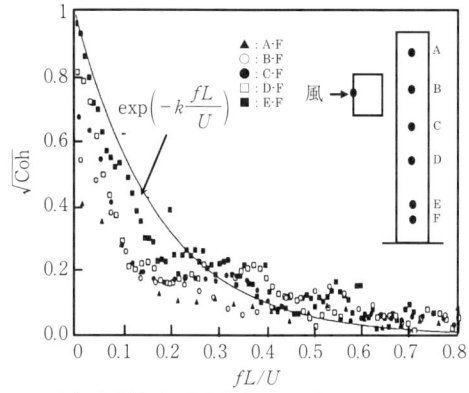

(a) 変動風圧の高さ方向のルートコヒーレンス

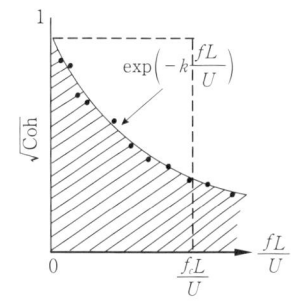

(b) 変動風圧の限界無次元周波数

図 3.3.10 変動風圧のルートコヒーレンス [1]

次元周波数 fL/U の係数である decay constant k の値は壁面の場所や気流の条件などによって異なり，図 3.3.10 の例ではほぼ 6 となっている．

壁面全体の風力を，壁面の一点で観測された風圧力から近似的に推定することもある．前述のとおり，壁面全体での積分が空間平均と同様の操作であることから，これを一点で観測された風圧力の時間平均で置き換えようというのである．その場合，どの程度の平均化時間が空間平均と等価になるかということを考えればよい．つまり，どのくらいの渦のスケールの変動成分が壁面全体に同時にかかるかということを決められれば，その渦のスケールの通過時間から平均化時間が推定できるのである．図 3.3.10 a の風圧力のルートコヒーレンスを模式化して表したのが，図 b であるが，このルートコヒーレンスを，無次元周波数についてゼロから無限大まで積分すると，その値は $1/k$ となる．したがって，図 b のように，ゼロからある無次元周波数まで $\sqrt{\mathrm{Coh}} = 1$ であるとみなしたときの長方形の面積が，全体の面積 $1/k$ と等しくなるような限界無次元周波数 $f_c L/U$ を定めること

ができる．この限界の周波数 f_c より低い周波数の変動は，広がり L の壁面上で相関 1，つまり同時に作用するものとみなすのである．このような見積もり方を TVL 法 [3] とよんでいる．厳密には，空間平均効果を一点の風圧変動の時間平均で置き換えるのには無理があり，あくまでも目安を得るための便宜的な方法と考えるべきである．

このような最大瞬間風圧力の平均化時間の考察は，外装材の設計や，規模の小さい建築物の全体風力の評価などにおいて重要である．

風圧の変動成分のパワースペクトル密度 $S_p(f)$ と風力の変動成分のパワースペクトル密度 $S_F(f)$ を関係づけるには，規模効果を反映する風圧-風力アドミッタンス $|\chi_F(f)|^2$ を導入する必要がある．つまり，

$$S_F(f) = A^2 |\chi_F(f)|^2 S_p(f) \quad (3.3.16)$$

と表される．ここに A は壁面の代表面積である．

また，式 (3.3.15) と式 (3.3.16) より，風力のパワースペクトル密度と風速のパワースペクトル密度を，次のように関係づけることができる．

$$S_F(f) = \rho^2 A^2 U^2 |\chi_F(f)|^2 |\chi_p(f)|^2 S_u(f) \quad (3.3.17)$$

上式には，乱れの変形を反映する $|\chi_p(f)|^2$ と，規模効果を反映する $|\chi_F(f)|^2$ が含まれており，両者の影響を一括りにしたものが，3.3.6 項で述べる空力アドミッタンス（aerodynamic admittance）である．

[田村幸雄]

文　献

[1] 大熊武司，神田順，田村幸雄，1996，建築物の耐風設計，pp. 261，鹿島出版会
[2] 河井宏允，1982，高層建築物に作用する風圧力に関する研究，京都大学学位請求論文
[3] Lawson, T. V., 1980, Wind Effects on Buildings, Vol. 1, pp. 318, Applied Science Publishers

3.3.5　内圧の時間変動
(1) 内圧変動の時間スケール

Lawson [1] により，内圧が外圧に等しくなる応答時間 T の簡易式が与えられている．

$$T = 1.21 \times 10^4 \frac{\sqrt{\rho}}{p_0} \frac{V_0}{A} \sqrt{\Delta p} \quad (3.3.18)$$

ここに，ρ は空気の単位体積質量，p_0 は大気静圧，V_0 は室内の容積，A は開口面積，Δp は室内外の圧力差である．風速 30 m/s で，内圧係数 -0.2 の密閉された容積 200 m^3 の部屋の外壁に 2 m × 0.01 m の隙間がある場合，この開口位置での外圧係数が 0.8 であったとすると，式 (3.3.18) により，$T = 28$ s となる．この時間スケールは，内圧が外圧に反応する時定数で，この時間スケール以下の外圧変動の影響は内圧に現れにくくなる．

時間スケールは開口が大きくなると短くなり，かつ室内空気の振動が発生しやすくなる．このような内圧の非定常性に関する検討には次に示すヘルムホルツ（Helmholtz）モデルがよく用いられる．

(2) ヘルムホルツモデル

図 3.3.11 に示す単一開口，単一内部空間を有する構造物を考える．開口部付近の空気塊に作用する力のつりあいを考えることにより，内圧の時間変動をモデル化する．

空気塊の体積は開口部の面積と有効長さ l_e の積で与えられる．空気塊が x 変位した場合の運動方程式は，慣性力（質量と加速度の積），減衰力（開口部の抵抗係数＝圧力損失），復元力（内部空間の空気断熱圧縮による圧力上昇），外力（外圧と内圧の差），これらの力のつりあいを考えることにより次式のように与えられる [2]．

$$\rho l_e A \ddot{x} + \frac{\rho A}{2\zeta}|\dot{x}|\dot{x} + \frac{\gamma A^2 p_0}{V_0} x = -(p_e - p_0)A \quad (3.3.19)$$

上式を，風圧 p は代表速度圧 $\rho U^2/2$，時間 t は代表長さ $\sqrt{A}$ と代表風速 U を用いてそれぞれ C_p, τ と無次元化し，さらに音速 $c(=\sqrt{\gamma p_0/\rho})$ を導入すると，

$$\frac{l_e V_0}{A^2}\left(\frac{U}{c}\right)^2 \frac{d^2}{d\tau^2} C_{p_i} + \frac{V_0^4}{4\zeta A^3}\left(\frac{U}{c}\right)^4 \left|\frac{d}{d\tau} C_{p_i}\right| \frac{d}{d\tau} C_{p_i} + C_{p_i} = C_{p_e} \quad (3.3.20)$$

となる．また，無次元固有振動数 f_0 は，次式で与えられる．

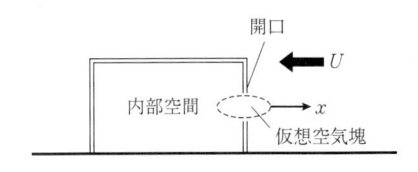

図 3.3.11　ヘルムホルツモデル

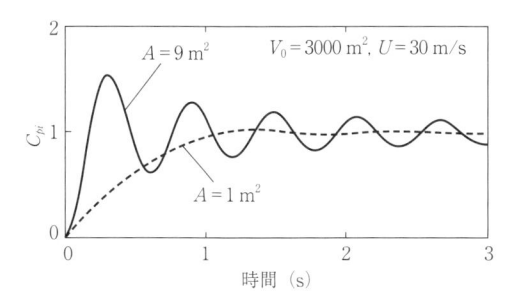

図 3.3.12 風上壁面に開口を生じた場合の内圧の時間変化

$$f_0 = \frac{A}{2\pi\sqrt{l_e V_0}} \frac{c}{U} \quad (3.3.21)$$

(3) 瞬時開口の影響

建物の外壁の一部が強風に伴う飛散物などで損傷した場合，壁面に瞬時的に開口が発生することになる．この場合の内圧の非定常性は，上記のヘルムホルツモデルにより考察することができる．

飛来物により，瞬間的に大きな開口が発生した場合，① 飛来物は風上壁面に衝突することが多いこと，② 内圧は通常建物全体の外圧の平均的な値 -0.2 程度であり，飛来物により損傷を受けやすい風上外壁との差が大きいこと，③ 開口が大きいと式（3.3.20）により減衰が小さくなること，などが想定される．これらの条件は開口が発生した直後に大きなステップ状の圧力差を生じさせ，開口面積が広いほど大きな過渡振動を発生させる．このため，構造物の部位によっては内圧と外圧の差による非常に大きな風力が作用する場合があることに注意しなければならない．一例として，$V_0 = 3000\,\mathrm{m}^3$ の室内空間を有する建物の風上に $1\,\mathrm{m}^2$ または $9\,\mathrm{m}^2$ の瞬時開口（開口面積 A）が発生した場合の，内圧の非定常な変動を上記ヘルムホルツモデルで計算した場合の結果を図 3.3.12 に示す．開口面積の大きな場合に内圧変動が大きくなることが示されている．　　　　　　［松井正宏］

文　献

[１] Lawson, T. V., 1980, Wind effects on buildings, Vol. 1, Applied Science Publishers
[２] Holmes, J. D., 1979, Mean and fluctuating internal pressures induced by wind, Proceedings, 5th International Conference on Wind Engineering, Fort Collins, Colorado, 435-450, Pergamon Press

3.3.6 通常の3次元的構造物の変動風力

通常の建築物や吊橋の主塔などの3次元構造物では，その表面に生じる風圧力は時間的に変動するばかりでなく，表面内の位置ごとにかなり大きく変動する．構造物全体にはこれによって時間的に変動する風力および各軸周りの空力モーメントが生じるが，それらの変動特性は，この変動風圧の空間的な変動のために，変動風圧の特性とはかなり異なってくる．

構造物に作用する全体風力 $F(t)$ は，構造物表面に生じる風圧力を積分して得られる．

$$\begin{aligned}\boldsymbol{F}(t) &= \int \boldsymbol{f}(a,t)da = \int \bar{\boldsymbol{f}}(a)da + \int \boldsymbol{f}'(a,t)da \\ &= \bar{\boldsymbol{F}} + \boldsymbol{F}'(t) \quad (3.3.22)\end{aligned}$$

ここで，$\boldsymbol{f}(a,t)$ は構造物表面の小面積 a に作用する風力，$\bar{\boldsymbol{f}}(a)$ および $\boldsymbol{f}'(a,t)$ はその時間平均および変動成分である．全体風力は直交する3方向成分に分けることができ，その風方向成分が抗力，風直交方向成分が揚力になる．

通常の3次元的構造物として代表的な3次元角柱を取り上げ，壁面に正対する風を受ける場合を考える．抗力 $F_D(t)$ の変動成分 $F_D'(t)$ は，構造物の風上壁面および風下壁面に作用する風圧の変動成分 $p_W'(y,z,t)$，$p_L'(y,z,t)$ より，風方向の風力の変動成分は $f'(x,y,t) = p_W'(y,z,t) - p_L'(y,z,t)$ となるので，式（3.3.23）によって得られる．

$$\begin{aligned}F_D'(t) &= \int_0^H \int_0^B \{p_W'(y,z,t) - p_L'(y,z,t)\}dydz \\ &= \int_0^H \left\{\int_0^B p_W'(y,z,t)dy \right. \\ &\quad \left. - \int_0^B p_L'(y,z,t)dy\right\}dz \quad (3.3.23)\end{aligned}$$

式（3.3.23）中の中括弧内の各項は各壁面の高さ z 部分に作用する変動風圧の積分値で，変動層風圧である．同式中の中括弧内は風上面と風下面の高さ z 部分に作用する変動層風圧の差で，変動層風力である．変動層風力を高さ方向に積分すると，構造物全体に作用する風方向の変動風力が得られる．また，風方向風力のパワースペクトル密度 $S_{F_D}(f)$ は，壁面各点の変動風力 $f'(y,z,t)$ のコスペクトル密度あるいはパワースペクトル密度と

ココヒーレンスから，式 (3.3.24) によって求めることができる．

$$
\begin{aligned}
S_{F_D} & F_D'(t) \\
&= \int_0^H\int_0^H\int_0^B\int_0^B S_f(y_1, y_2, z_1, z_2, f) dy_1 dy_2 dz_1 dz_2 \\
&= \int_0^H\int_0^H \biggl\{ \int_0^B\int_0^B R_f(y_1, y_2, z_1, z_2, f) \\
&\quad \sqrt{S_f(y_1, z_1, f) S_f(y_2, z_2, f)}\, dy_1 dy_2 \biggr\} dz_1 dz_2
\end{aligned}
$$
(3.3.24)

ここで，$S_f(y_1, y_2, z_1, z_2, f)$，$R_f(y_1, y_2, z_1, z_2, f)$ はそれぞれ，(y_1, z_1) 点および (y_2, z_2) 点に作用する変動風力のコスペクトル密度およびココヒーレンス，$S_f(y, z, f)$ は (y, z) 点の変動風力のパワースペクトル密度である．

風直交方向の風力についても，式 (3.3.23), (3.3.24) を両側面についての積分に書き換えることによって，変動風力 $F_L'(t)$ に関する式を導くことができる．

風方向の変動風力係数 C_D' および風直交方向の変動風力係数 C_L' は，風方向の変動風力 $F_D'(t)$，風直交方向の変動風力 $F_L'(t)$ の rms 値 σ_D, σ_L によって見積られる．これらを代表速度圧（通常は構造物の高さでの速度圧）と代表面積 A の積によって無次元化されたもので，変動風力の目安として用いられる．

$$C_D' = \frac{\sigma_D}{1/2\rho U^2 A},\quad C_L' = \frac{\sigma_L}{1/2\rho U^2 A} \quad (3.3.25)$$

図 3.3.13 は，3次元角柱の層風力の時刻歴波形であり，自然風を模擬した境界層乱流中での風洞実験で得られたものである [1]．風方向層風力（抗力）の変動は風速の変動に比較的よく対応する．一方，風直角方向層風力（揚力）は特定の周期の変動が卓越している．

図 3.3.14 は，通常の3次元的な構造物に作用する層風圧，層風力および全体風力の例として，正方形角柱（アスペクト比 $H/B=4$）について，境界層乱流中での風洞実験結果を示したものであり，無次元化パワースペクトル密度によって，それらの変動特性を示している．正方形角柱壁面の変動風圧のパワースペクトル密度は，図 3.3.8 に示されている．風上面の変動風圧は，多くの点

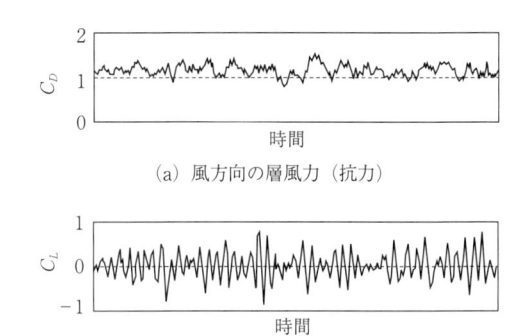

(a) 風方向の層風力（抗力）

(b) 風直角方向の層風力（揚力）

図 3.3.13 3次元角柱の層風力（抗力および揚力）の時刻歴（$z/H=2/3$）[1]

で，変動風速と同様に，広範な周波数領域にエネルギーが分布するなだらかなスペクトル形状を有すること，ただし，高周波数領域では変動風速より急激に減少することが特徴である．風下面と側面では，変動風速とは大きく異なり，無次元周波数 $fB/U_H=0.1$ 付近の渦による成分（ストローハル成分）が支配的になる．また，風下面では，低周波数の変動は小さく，ストローハル成分が卓越する点があり，さらに高周波数の変動は急減すること，側面では，ストローハル成分が各点共通にみられるほかに，さらに高周波数領域でもかなりの変動エネルギーを有するなどの特性がある．

これらを受ける各壁面の層風圧，風方向の層風力，および，上側側面と下側側面の層風圧を差し引いて求めた風直交方向の層風力を示したのが，図 3.3.14 a である．風上面の層風圧は同じ面の中央付近の変動風圧とよく似たスペクトル形状になるが，高周波数での減少はより急である．風下面の層風圧は，低周波数領域では風上面と似た形状であるが，変動は小さく，一部の点の風圧変動にみられるストローハル成分は認められず，より高周波側で鈍いピークをもつ．ところが，風方向の層風力は，ほぼ風上面の層風圧と同様の形状になる．高周波領域で風下面の層風圧に現れたピークがみられないのは，この周波数領域の変動は風上面・風下面で相関がなく，それぞれ独自の変動であるためである．側面の層風圧は，ストローハル成分による変動風圧が側面全体に同時に作用するので，そのピークがいっそう明瞭になる．一方，変動風圧にみられる，より高周波数の変動成

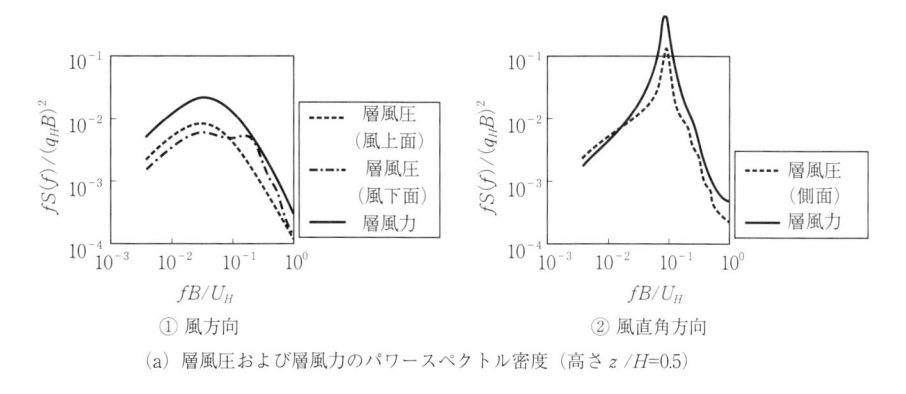

3.3 動的な風圧力

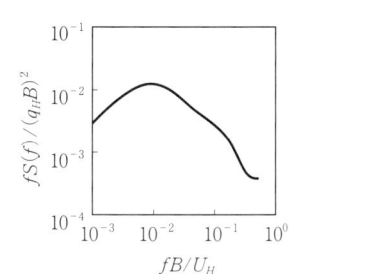

(a) 層風圧および層風力のパワースペクトル密度（高さ $z/H=0.5$）

① 風方向
② 風直角方向

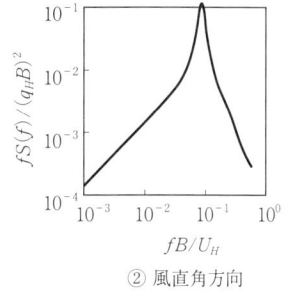

(b) 全体風力のパワースペクトル密度

① 風方向
② 風直角方向

図 3.3.14 境界層流中の正方形柱（アスペクト比 $H/B=4$）の変動風力

分は姿をみせなくなる．これらの成分は比較的スケールの小さい渦の挙動に基づくもので，相関性に乏しく，空間平均されることによって消えてしまったものである．側面の層風力はストローハル成分のピークがさらに鋭くなるが，これは渦が両側面で交互に発生するため，両側面の層風圧のストローハル成分が逆位相で変動していることによる．

図 3.3.14 b に示した風方向風力のパワースペクトル密度は，図 3.3.14 a の風方向の層風力と同様，なだらかな形状であり，変動風速とも比較的対応するが，ピークの周波数は層風力より低周波数側に移っている．一方，風直交方向風力は，図 3.3.14 a の風直交方向の層風力とほぼ同様に，ストローハル成分が卓越する．これは，ストローハル成分は高さ方向にもほぼ同時に作用しているためである．

風方向の変動風力の主因は，上述のように，風の乱れ，すなわち，風速変動であるので，風方向風力のパワースペクトル密度は，式 (3.3.26) のように，変動風速のパワースペクトル密度とココ

ヒーレンスから推定することができる．

$$S_{F_D}(f) = \int_0^H \int_0^H \int_0^B \int_0^B C_p(y_1, z_1) C_p(y_2, z_2) \\ \rho^2 U(z_1) U(z_2) R_u(y_1, y_2, z_1, z_2, f) \\ \sqrt{S_u(z_1, f) S_u(z_2, f)} \, dy_1 dy_2 dz_1 dz_2$$
(3.3.26)

ここで，$R_u(y_1, y_2, z_1, z_2, f)$ は (y_1, z_1) 点と (y_2, z_2) 点の変動風速のココヒーレンス，$S_u(z, f)$ は高さ z における変動風速のパワースペクトル密度である．式 (3.3.26) から類推できるように，風方向風力のパワースペクトル密度は建物形状に大きくは依存せず，普遍的な表式を解析的に導くことも行われている．また，変動風速との関係に基づき，風方向風力のパワースペクトル密度を式 (3.3.27) によって表現することがよく行われる．

$$S_{F_D}(f) = (C_D \rho U B H)^2 S_u(f) |\chi_D(f)|^2 \quad (3.3.27)$$

$|\chi_D(f)|^2$ は変動風速から風方向風力に変換する変換子で，空力アドミッタンスとよばれている．空力アドミッタンスは，式 (3.3.24) と式 (3.3.27) を比較してわかるように，風速-風圧アドミッタンスと風圧変動のココヒーレンスを含む空間積分にかかわっており，風速-風圧アドミッタンスに

よる効果と風圧変動のココヒーレンスによる効果とを総合的に評価するものである．一般に，低周波数では1に近いが，周波数の増加に伴って値が低減する傾向になる．変動風圧のココヒーレンスすなわち相関性は，3.3.4項で記したように，周波数の増加に伴って低減するばかりでなく，風圧作用点間の距離の増加によっても低減する．したがって，低周波数の風圧変動は，構造物の規模がある程度大きくても，風上壁面の比較的広い範囲でほぼ同時に作用するので，空間積分しても低減は小さく，すなわち，空力アドミッタンスはほとんど低減せず，低周波数成分のパワーは風方向変動風力に引き継がれることになる．一方，周波数が大きくなるほど対応する渦のスケールは小さくなり，構造物の規模が大きくなると，構造物表面各点での風圧変動は同時性が失われるため，空力アドミッタンスは低減し，風方向変動風力の対応する成分は小さくなる．高周波数領域で，変動風圧より層風圧のほうが，層風力より建物全体の風方向風力のほうが変動エネルギーが減少することや，層風力より建物全体の風方向風力のパワースペクトル密度のピークが低周波数寄りになるのは，このためである．

上記のことを構造物側からみると，構造物の高さや幅が増大すると，変動風圧の相関は距離の増加とともに減少するので，積分範囲が相関のより低下する領域へと広がることによって，空力アドミッタンスが減ずることになる．これが規模効果であり，構造物の規模が大きくなるほど，風方向の変動風力係数が低減することになる．

一方，風直交方向風力は，前述のように，接近流の乱れから直接に生じる変動よりも，構造物自体がつくり出す後流に生じる乱れや渦に起因する成分が大きい．このため，風直交方向風力の大きさや周波数特性は構造物の平面形状とアスペクト比に強く依存することになる．とくに後流に構造物から生じる渦が明確に形成される形状では，渦放出周波数と一致する周波数に明瞭なスペクトルピークをもつ．また，同様の矩形平面でも，辺長比 $B/D=1.5〜2.0$ 付近を境に，構造物周りの流れは完全はく離型と再付着型に分かれ，後流に発生する渦の特性が大きく変化するので，これに応じて，両者の風直交方向風力の特性はかなり異なる．したがって，風直交方向風力のパワースペクトル密度は，風方向風力と違って変動風速から推定することが困難なため，通常は風洞実験（風力実験）によって求められる．

また，構造物には風力とともに空力モーメントが生じる．このうち，3次元構造物の耐風性上，重要になるのは，鉛直軸周りのねじりモーメントである．変動ねじりモーメントの寄与は通常はあまり大きくはならないが，変動風力との同時性を考慮しなければならない場合もあり，変動風力の効果と変動ねじりモーメントの効果とを組み合わせて，設計に取り入れることが行われている．

[須田健一]

文　献

[1] 大熊武司，神田順，田村幸雄，1996，建築物の耐風設計，鹿島出版会

3.3.7　線状構造物の変動風力

非常に細長い高層建物やタワー，煙突，鉄塔などの塔状構造物あるいは水平方向に大きな広がりをもつ長大橋では，アスペクト比とよばれる高さ H（長大橋では長さ L）の幅 B に対する比率 H/B が大きくなる．アスペクト比 H/B あるいは L/B が10以上になると，建築構造物周りの流れは図 3.3.15 に示すように，断面軸方向に向かう流れは無視できるようになり，同じ高さの水平面内で2次元的な流れが形成される．このとき，構造物に作用する風力も同じ高さの位置での接近流によって算定することができる．この仮定に基づく風力の算定法をストリップ理論とよぶ [1]．たとえば，線状構造物の高さ z の位置に作用する風方向の風力 $F(z,t)$ は，同じ高さの風速 $U(z,t)$ を用いて次式のように表すことができる．

$$F(z,t) = \frac{1}{2}\rho U(z,t)^2 A(z) C_D(z)$$
$$\equiv \bar{F}(z) + f(z,t) \qquad (3.3.28)$$
$$\bar{F}(z) = \frac{1}{2}\rho \bar{U}(z)^2 A(z) C_D(z) \qquad (3.3.29)$$
$$f(z,t) = \rho \bar{U}(z) u(z,t) A(z) C_D(z) \qquad (3.3.30)$$

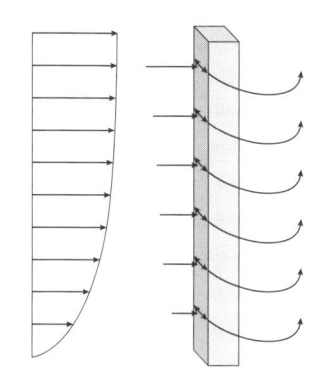

図 3.3.15 細長い高層建物周りの流れ

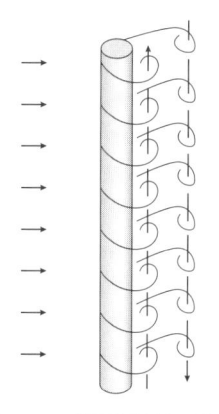

図 3.3.16 構造部材周りの流れ

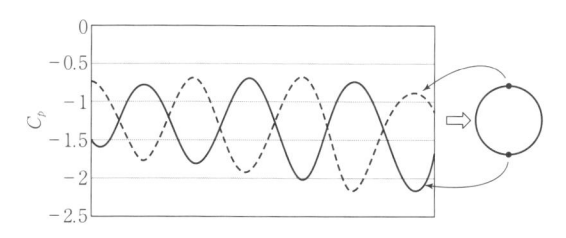

図 3.3.17 2次元円柱表面の変動風圧係数

ここで，$A(z)$，$C_D(z)$ は受圧面積と風方向風力係数（抗力係数）を，$\bar{F}, f, \bar{U}, u$ は，それぞれ風力および風速の平均成分と変動成分を示す．また，通常，風直交方向の揚力も発生するが，風方向風力の場合と同様，各高さの位置において算定することができる．なお，この理論によると，線状構造物全体に作用する風力は，各断面位置に作用する風力の和で表されるため，構造物を断面軸方向に輪切りにした2次元部分模型を用いて，風力を算定し，それに基づいて構造物全体の風力や応答を予測することができる．

また，鉄塔・タワーや工作物などのラチス構造物の構面を構成する構造部材や2次部材もアスペクト比 L/B（L は長さ，B は断面幅）が大きくなり，部材軸に沿った流れを無視できる．このため，どの断面においても同じ流れとなるような2次元流れが形成される．したがって，部材の各断面において，あるいはおのおのの位置の部材において，上記のストリップ理論が適用でき，それぞれの風力を算定することができる．

なお，ラチス部材や非常に細長い煙突などでは，図 3.3.16 に示すように，断面軸に平行な軸をもつ渦が放出される場合がある [2]．この渦はカルマン渦とよばれ，部材背後に千鳥状の周期的な渦列を形成する．このため，このような物体は風方向の風力以外にこの渦の放出に伴う，風直交方向の揚力を考慮しなければならない．

図 3.3.17 は2次元円柱周上の風軸に対称な2点の風圧係数の時刻歴波形である [3]．円柱表面の2点の風圧は，互いに逆の回転をもつ一対のカルマン渦の放出に連動して，周期的に交互に変動する．その結果，円柱には風軸に直交する周期的な変動揚力が作用する．

カルマン渦の放出に伴う単位長さあたりの変動揚力 F_L は，

$$F_L = \frac{1}{2}\rho\bar{U}^2 D C_L \sin 2\pi f_s t \quad (3.3.31)$$

で表される．ここで，D は円柱の外径，C_L は静止円柱のカルマン渦による変動揚力係数振幅，f_s は単位時間あたりの渦の発生数を示す．

この変動揚力の作用下で，円柱は風と直交方向に振動を生じはじめるのである．この振動は渦励振とよばれ，渦の発生数と円柱の固有振動数 f_0 とが一致するとき，共振を起こして振動が大きくなる．なお，振動時には振幅の増加に伴って発生する渦も強くなることから，変動揚力係数振幅 C_L はある限界の振幅までは静止時に比べて大きくなる．さらに，振動が大きくなると，振動に伴う付加的な空気力も作用してくるため，変動揚力 F_L は式（3.3.31）のような簡単な形では表せなくなる．通常，渦励振時の変動揚力 F_L は，次のような式で表される [4]．

$$F_L = \frac{1}{2}\rho U^2 D\Big[C_L(K)\sin(2\pi f_s t + \phi)$$
$$+ \Big\{Y_1(K)\Big(1-\varepsilon\frac{y^2}{D^2}\Big)\frac{\dot{y}}{U} + Y_2(K)\frac{y}{D}\Big\}\Big] \quad (3.3.32)$$

ここで，K は渦の発生数を無次元化したもので $K=2\pi f_s D/\bar{U}$．$y, \dot{y}$ は円柱の振動変位と速度，ϕ は変位との位相差を示す．C_L, ε, Y_1 および Y_2 は，それぞれ $K(=2\pi f_s D/\bar{U})$ の関数となる係数である．

振動の小さいときは第 1 項の強制力が，振動の増大に伴って第 2, 3 項の振動に伴う付加的な空気力が卓越してくる．渦の発生数と円柱の固有振動数とが一致する同期領域においては $f_s = f_0$ となることから，第 1, 3 項は，第 2 項に比べて小さくなる．第 2 項は円柱振動時の減衰項に関係しており，空力減衰とよばれ，この値が正のとき空力負減衰効果が作用し，振動系全体の減衰が小さくなり，振動の発達が助長される．また，この項は変位に関して非線形となり，振幅が大きくなりすぎると，逆に，空力正減衰効果が作用して振動を抑えるはたらきをする．

なお，風方向にもカルマン渦の放出に起因する変動揚力の 2 倍の振動数をもつ変動抗力が作用するが，変動揚力に比べるとその変動幅は小さくなる．このため，通常のラチス部材や煙突においては，カルマン渦による変動抗力を考慮する必要がない．

[谷池義人]

文 献

[1] 大熊武司，神田順，田村幸雄，1996，建築物の耐風設計，鹿島出版会
[2] 谷池義人，1994，風と渦励振，建築技術 7 月号，pp. 148-151
[3] 西村宏昭，谷池義人，1998，2 次元静止円柱の変動風力発生機構，日本風工学会誌，**74**, pp. 47-58
[4] Simiu, E. and Scanlan, R. H., 1986, Wind Effects on Structures, 2nd Ed., Wiley-Interscience

3.3.8 ラチス構造物

送電鉄塔，通信鉄塔などの鉄塔類や，トラス架構，足場など，ラチス構面そのものあるいは主としてラチス構面で構成される構造物をラチス構造物（latticed structure）とよぶ．個々の部材がラチス構面に対して十分小さいものとすれば，各部材の大きさに対して風圧力に影響する程度の渦の大きさは十分大きいため，構面に作用する流れはその渦の形状や方向を大きく変えることなく通過できる．すなわち，構造物そのものが存在することによる乱れの変形による影響は無視でき，準定常理論（quasi-steady theory）が成り立つ．この場合，各部材要素周りの流れは，その場所の流れの特性のみに支配され，各要素の抗力は局所的な流れの速度圧のみで決まる．したがって，構面全体にはたらく力は各要素の抗力の和として評価できる．このような考え方をラチスプレート理論（lattice-plate theory）とよび，鉄塔などのラチス構造物の風荷重の評価に一般的に利用されている．なお，各部材単位ごとの風力は必ずしも抗力のみではないが，ラチス構面全体としてみればこれらの影響は無視できる [1].

次に，風速変動がラチス構面の全体風力に与える影響を具体的に例示するために，図 3.3.18 に示すように，大きさの異なる二つの渦を考える．風速変動のうちスケールの大きい渦 A によるものは，ラチス構面の全体の部材に同時に作用して，そのまま全体風力の変動として現れる．一方，スケールの小さい渦 B は，個々の部材に局所的に作用するため，その効果が相殺され全体風力の変動への寄与は小さくなる．このような影響は規模効果（scale effect）とよばれる [1].

以上のことを踏まえれば，実面積 A のラチス構面に作用する変動風力のパワースペクトル密度 $S_F(f)$ は次式のように与えることができる．

$$S_F(f) = (\rho C_D U A)^2 |\chi(f)|^2 S_u(f) \quad (3.3.33)$$

ここに，ρ は空気密度，C_D は風力係数，U は平均風速，$S_u(f)$ は変動風速のパワースペクトル密度，f は振動数である．また，$|\chi(f)|^2$ は，変動風速の変動空気力への変換における空間変動性と物体の大きさとの関連を表現する伝達関数，すなわち空力アドミッタンス（aerodynamic admittance）を表し，次式で与えられる．

$$\chi^2(f) = \frac{1}{A^2}\int^A\int^A R_u(i,j,f)dA_i dA_j \quad (3.3.34)$$

ただし，$R_u(i,j,f)$ は 2 点 i, j における変動風速の無次元クロススペクトル密度，dA_i, dA_j は i 点，

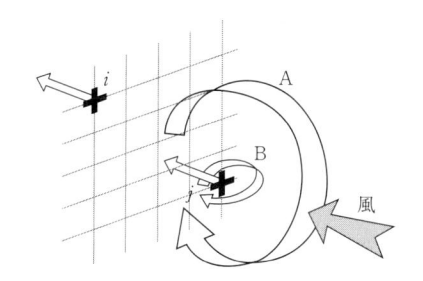

図 3.3.18 ラチス構面に与える変動風速の影響

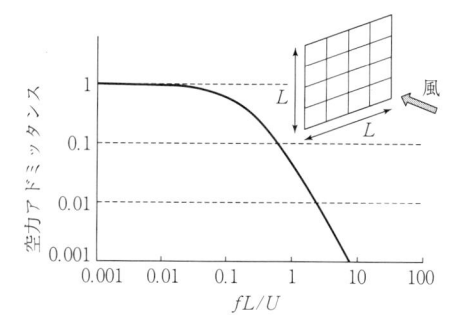

図 3.3.19 ラチス構面の空力アドミッタンス [2]

j 点を含む微小面積を意味する．無次元クロススペクトル密度は通常複素数であるが，虚数部は奇関数であることから，式 (3.3.34) の構面全体にわたる二重積分によりゼロとなり，実数部のコヒーレンスのみで評価することができる．また，ココヒーレンスには，一般に数学的な取扱いの容易な指数型が用いられる．

$$R_u(i,j,f) = \exp\left(-k\frac{fL_{ij}}{U}\right) \quad (3.3.35)$$

ここに，k は decay constant，L_{ij} は 2 点 i, j 間の距離を表す．低周波数領域において若干過大となるものの，2 点間距離が比較的短い場合には，よい近似を与える．また空間相関特性を，decay constant k のみで決定できるため，耐風設計に広く適用されている．図 3.3.19 に風に正対した正方形（幅 L）のラチス構面の空力アドミッタンスの例を示した．

図 3.3.19 より，ラチス構面幅 L のおおよそ 10 倍程度以上の大きさの渦は，構面全体に作用し，それより小さい渦の変動風力に与える影響は急速に低下することがわかる．

ところで，ラチス構造物に対する風荷重評価の際，風力係数を定める必要がある．風力係数は，一般に風洞実験によるか，あるいは系統的な実験により，充実率（外郭面積に対する実面積の比，solidity ratio）の関数として定められている場合が多い．また，立体骨組構造の風力係数を算定する方法として，個材集計法（method for estimating total wind force on latticed structure by summing individual force）が開発されている [3]．これは，構成部材の風力係数を用いて，縦横比，構面間隔および構面相互の空力干渉効果による影響を考慮して求めるものであり，送電鉄塔の風力係数は一部この方法によって定められている [3]．その他，鋼管部材で構成される場合には，充実率だけでなくレイノルズ数によっても値が異なるため，注意を要する． ［石川智巳］

文 献

[1] Cook, N. J., 1985, The designer's guide to wind loading of building structures Part 1, BRE
[2] 大熊武司，神田順，田村幸雄，1996, 建築物の耐風設計，鹿島出版会
[3] 電気学会，1979, 送電用支持物設計標準 JEC-127-1979, 電気書院

3.3.9 振動に伴う付加的な変動風力

物体が流体中で加速度を伴うような運動をする場合，たとえば構造物が無風時に自由振動をする場合などでは，それに伴って物体周りの流体も加速度運動し，その反作用として物体は流体の慣性による抵抗を受ける．この慣性抵抗は，あたかも物体の質量が増加した効果に等しいため，この慣性抵抗を質量換算したものを一般に，付加質量もしくは仮想質量とよんでいる．ただし，建築物などの構造物を考える際は，空気の単位体積質量は，構造物の単位体積質量に比べて小さいために，慣性抵抗を無視することが多い．

さらに，風によって振動している物体にはたらく空気力は，気流の乱れや後流の変動によって発生する変動風力のような強制外力だけでなく，物体が振動することによって生じる非定常な流れに起因した付加的な空気力が存在する．この付加的な変動空気力は，物体を振動もしくは減衰させ，その振動が新たな物体周りの流れ，さらには新たな付加的な空気力を発生させ，物体に作用するという図 3.3.20 に示すようなフィードバック機構

を形成する［たとえば1, 2］.

ここでは簡単に，1自由度系で説明すると，運動方程式は

$$m\ddot{x} + c\dot{x} + kx = F \tag{3.3.36}$$
$$F = F_f(t) + F_a(x, \dot{x}) \tag{3.3.37}$$

で表せ，振動による付加的な空気力を F_a，その他の強制外力を F_f とする．一般に，振動依存空気力は，変位と同相の成分と速度と同相の成分で表示することが多く，かつ線形的に表現できると仮定すると，

$$F_a = c_a \dot{x} + k_a x \tag{3.3.38}$$

で表せ，式（3.3.36）の運動方程式に代入すると，

$$m\ddot{x} + (c - c_a)\dot{x} + (k - k_a)x = F_f(t) \tag{3.3.39}$$

となり，$-c_a \dot{x}$ は減衰力に相当する空気力，$-k_a x$ は剛性に相当する空気力となり，それぞれ，空力減衰，空力剛性とよぶ．したがって，$k - k_a$ の値が負になるような場合には，静的不安定現象が発生する．また，$c - c_a$ の値は，建物の風方向バフェッティング振動のような場合には一般に正の値（正減衰）となるが，ギャロッピングやフラッターといった発散振動が発生する場合には負の値（負減衰）をとる．ただし，一般の空気力は式（3.3.38）のように線形式では表せずに，渦励振のように強い非線形性を有する場合も多い．以下に付加的な空気力の例を示す．

(1) 建物の風方向振動時の空気力（準定常空気力）

図3.3.21に示すように，見付け幅 B，奥行 D の建物の風方向振動を考える．平均風速を U，変動風速を $u(t)$，物体変位の変動成分を x とすると，風と物体の相対速度 $U_{\rm rel}$ は，

$$U_{\rm rel} = U + u(t) - \dot{x} \tag{3.3.40}$$

と表せる．したがって，単位長さあたりの空気力は，

$$F = \frac{1}{2}\rho B C_D (U + u(t) - \dot{x})^2 - \rho B D C_a \ddot{x}$$

$$= \frac{1}{2}\rho B C_D U^2 + \rho B C_D U u(t) - \rho B C_D U \dot{x} - \rho B D C_a \ddot{x} \tag{3.3.41}$$

で表現できる．ただし，C_D は抗力係数，C_a は付加質量係数であり，$u(t)$ および $\dot{x}$ は U に比べてきわめて小さいとする．したがって，上式の第2項は，風の乱れによる変動空気力（ガスト空気力）であり，式（3.3.39）の強制外力項 F_f に相当する．また，第3項は空力減衰，第4項は付加質量の項である．本例では，式（3.3.39）の $c - c_a$ に相当する値が負になることはない．

(2) ギャロッピング（準定常空気力）

物体のギャロッピング振動における空気力は，Den Hartog [3] によって準定常的に定式化された．風速 U によって，物体が上下方向に振動している状態を図3.3.22に示す．物体が速度 $\dot{y}$ で下向きに運動している場合，迎角 α の風速 $U_{\rm rel}$ が物体に作用していると考えられ，$U_{\rm rel}$ に対する抗力，揚力によって振動方向に力 F_y が作用する．微小振動を想定すると相対迎角は，

$$\alpha = \frac{\dot{y}}{U} \tag{3.3.42}$$

で表され，物体の見付け幅を B，空気密度を ρ，抗力係数を C_D，揚力係数を C_L とすると，単位長さあたりの空気力 F_y は，

$$F_y = -\frac{1}{2}\rho U_{\rm rel}^2 B(C_L \cos\alpha + C_D \sin\alpha)$$

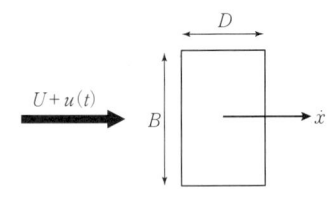

図3.3.21 建物の風方向振動時の相対速度

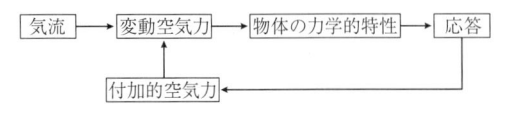

図3.3.20 流れと物体のフィードバック機構

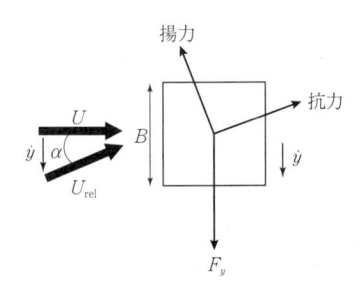

図3.3.22 振動時に物体に作用する準定常空気力

$$= -\frac{1}{2}\rho U_{\mathrm{rel}}^2 B\left(\frac{dC_L}{d\alpha}+C_D\right)\bigg|_{\alpha=0}\alpha$$

$$= -\frac{1}{2}\rho U_{\mathrm{rel}}^2 B\left(\frac{dC_L}{d\alpha}+C_D\right)\bigg|_{\alpha=0}\frac{\dot{y}}{U} \quad (3.3.43)$$

と記述できる．上式で $\dot{y}$ の係数が正の値となり，式 (3.3.39) の $c-c_\alpha$ に相当する値が負となった場合，発散振動が生じる．

(3) 橋梁のフラッター（非定常空気力）

橋梁のフラッターは，2次元の桁断面が鉛直方向とねじれ方向にある位相差をもって連成した微小な調和振動を仮定し，8つの非定常空気力係数 $H_1^* \sim H_4^*$, $A_1^* \sim A_4^*$ [4] を用いて以下のように定式化できる．

$$m\ddot{\eta}+c_\eta\dot{\eta}+k_\eta\eta = \frac{1}{2}\rho(2b)U^2\Big\{kH_1^*\frac{\dot{\eta}}{U}$$
$$+kH_2^*\frac{b\dot{\phi}}{U}+k^2H_3^*\phi+k^2H_4^*\frac{\eta}{b}\Big\} \quad (3.3.44)$$

$$I\ddot{\phi}+c_\phi\dot{\phi}+k_\phi\phi = \frac{1}{2}\rho(2b^2)U^2\Big\{kA_1^*\frac{\dot{\eta}}{U}$$
$$+kA_2^*\frac{b\dot{\phi}}{U}+k^2A_3^*\phi+k^2A_4^*\frac{\eta}{b}\Big\} \quad (3.3.45)$$

式 (3.3.44) と式 (3.3.45) の右辺はそれぞれ非定常揚力，非定常ピッチングモーメントを示す (図 3.3.23)．ただし，ρ は空気密度，U は風速，η はたわみ変位 (下向き正)，ϕ はねじれ変位 (頭上げ正)，b は半弦長，k は換算振動数 ($=b\omega/U$)，ω は円振動数である．この場合，空力減衰項は非定常空気力係数 H_1^*, A_2^* を含む項，空力剛性項は H_4^*, A_3^* を含む項である．さらに，H_2^*, H_3^*,

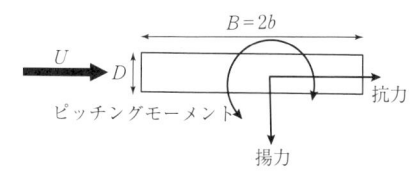

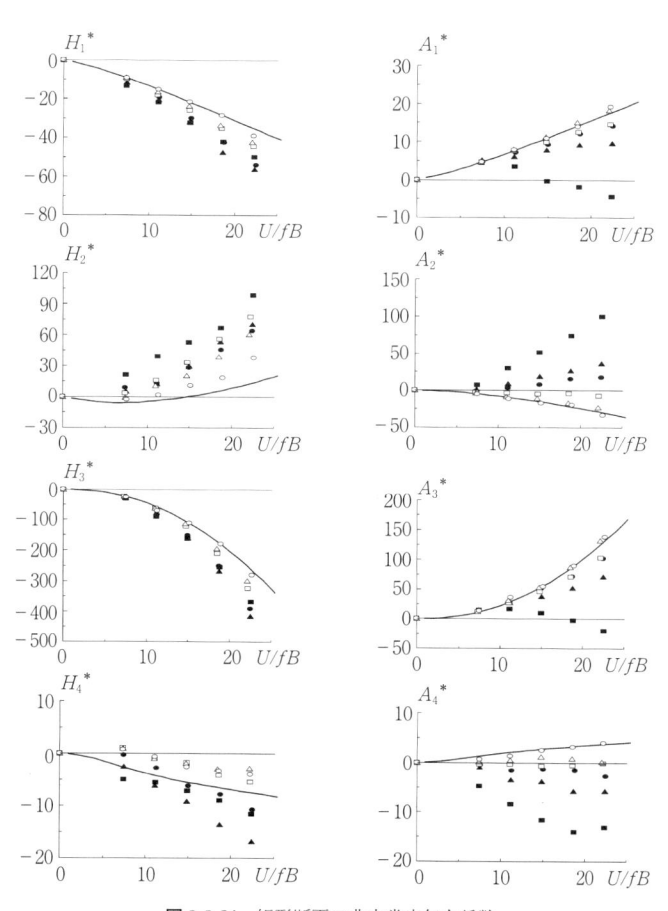

図 3.3.23 物体振動時に作用する非定常空気力

図 3.3.24 矩形断面の非定常空気力係数
■：$B/D-5$，▲：$B/D-8$，●：$B/D-10$，□：$B/D-12.5$，
△：$B/D-15$，○：$B/D-20$，－：based on Theodorsen Fn.

A_1^*, A_4^* を含む項は空力連成項である．この定式化においては，付加質量の効果は，空力剛性項に含まれている．ここでは例として，矩形断面の非定常空気力係数を図 3.3.24 に示す．図中の A_2^* の中には，無次元風速の増加とともに，負の値から正の値に変化するものがあるが，これらの断面をもつ構造物では，風速が上がると式（3.3.39）の $c-c_a$ に相当する値が負となり，ねじれフラッターの発生が危惧される．また，A_2^* の値が正の値を取らない比較的扁平な断面においては，ある風速以上で連成フラッターが発生する．

その他に，物体の振動が変動空気力に与える影響としては，物体の振動に伴って物体周りの流れにおけるスパン方向への 2 次元性が高くなり，その結果として表面圧力のスパン方向の相関が高くなることなどがあげられる．　　　　［八木知己］

文　献

［1］大熊武司，神田順，田村幸雄，1996，建築の耐風設計，鹿島出版会
［2］日本鋼構造協会，1997，構造物の耐風工学，東京電機大学出版局
［3］Den Hartog, J. P., 1956, Mechanical Vibrations, McGraw-Hill
［4］Scanlan, R. H. and Tomko, J. J., 1971, Airfoil and bridge deck flutter derivatives, J. the Engineering Mechanics Division, ASCE, **97**, EM6, pp. 1717-1737

3.3.10　角柱の変動風圧力

（1）高層建物の変動風圧係数分布

高層建物や低層建物屋根面などに作用する変動する風圧力の性状については，3.3.1 項に示されている．構造物の設計を行う際にはこれらの変動風圧力の大きさを定量的に評価して表す必要があるが，その目安として変動風圧力の標準偏差 σ_p が用いられることが多い．

図 3.3.25 に境界層乱流中での風洞実験で得られた高層建物の風向 0° の場合および風向 10° の場合の建物表面の変動風圧係数の分布を示す．

これらの変動風圧の風上面の分布については，3.2.5 項に示された角柱の平均風圧係数分布と類似した形をしている．しかし側面の負圧を示す面

では 0° の場合は風上の低層部の角部から大きな値を示す変動風圧係数が現れているのに対して，10° の場合は大きな値を示す領域が建物下部から上部までの広い領域で現れている．この風向角 5° から 10° 付近の現象は glancing angle とよばれる特別な風向角で風力の大きな値を示すことで知られている．これは片方の負圧を示す側面がわずかに風正面から見えることにより側面のはく離渦が流れに押さえ込まれる形になり，大きな負圧を生じることが要因である．

（2）変動風力のスペクトル

風圧力を壁面上で空間積分を行うことにより建物のそれぞれ直交する x 軸，y 軸，z 軸の各軸方向の風力および軸周りの空力モーメントを算出することができる．図 3.3.26 に風向 0° および 10°

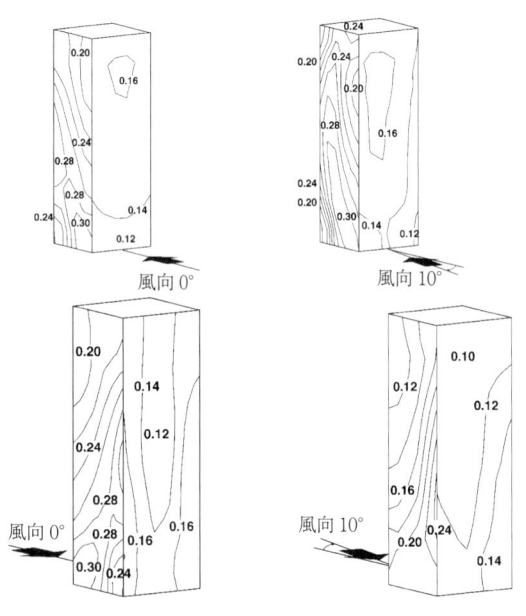

図 3.3.25　建物表面の変動風圧係数分布（風向 0° および風向 10°）

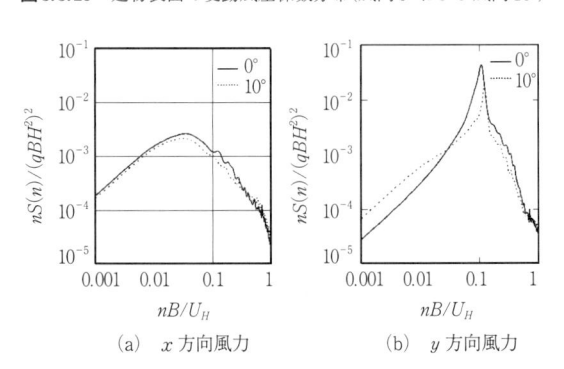

(a)　x 方向風力
(b)　y 方向風力

図 3.3.26　変動風力のパワースペクトル密度（1：1：3 角柱，境界層流）（3.2.3 項の定義を参照）

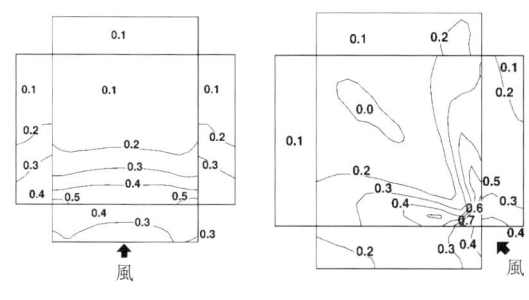

図 3.3.27 低層建物表面の変動風圧係数分布

の場合の x 方向の風力（ほぼ風方向）および y 方向の風力（ほぼ風直交方向）のパワースペクトル密度を示す．x 方向の風方向の風力は建物の風上側の風速変動に類似したスペクトル形状となる．y 方向の風直交方向風力はカルマン渦による卓越したピークを示すスペクトルとなっている．風直交風力の場合，風向角のわずかな変化でも風力のスペクトル形状はかなり異なってくることがわかる．

(3) 低層建物の変動風圧係数分布

図 3.3.27 に風洞実験で得られた低層建物の屋根面や壁面の変動風圧係数分布を示す．風向 0°も風向 45°も高層建物の場合と同様に平均風圧係数分布と類似の形状を示している．ただし，風向0°の場合では屋根面や風上側壁面の両サイドの角部で平均風圧係数分布ではみられない大きな値を示す変動風圧係数の領域が生じている．これは端部の3次元性に起因する複雑な渦によるものと考えられる．

また風向 45°については 3.2.5 項で述べたような2対の円錐渦による大きな値を示す変動風圧係数分布が得られ，平均風圧分布と類似している．

［日比一喜］

3.3.11 円柱の変動風圧力

円柱後流域にカルマン渦列が生ずると，円柱表面には渦列のストローハル数で変動風圧力がはたらく．図 3.3.28 は，$Re = 1.13 \times 10^5$ における渦が放出する半周期にわたる円柱周りの変動する圧力

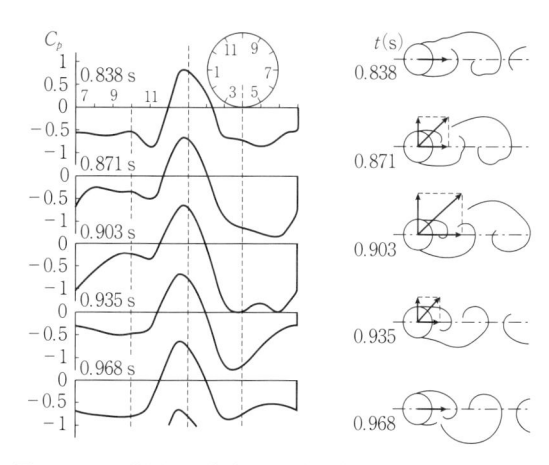

図 3.3.28 円柱周りの変動する圧力分布と渦吐出の流れパターンおよび瞬時揚力と抗力 $Re = 1.13 \times 10^5$ [1]

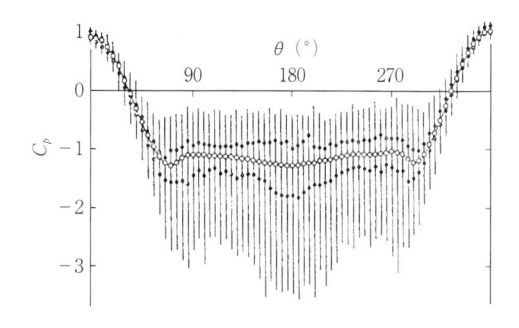

図 3.3.29 円柱表面圧力の平均圧（○），渦の9サイクルの変動値（●），数千サイクルの変動値（｜），$Re = 1.4 \times 10^5$ [2]

分布と放吐出の流れパターンとの対応，そしてその瞬時に作用する揚力，抗力の変化［1］を示す．また，図 3.3.29 には，$Re = 1.4 \times 10^5$ の場合の円柱表面圧力の平均圧○，渦の9サイクルの変動値●，そして数千サイクルの変動値を垂直線幅で示す［2］．変動値は測定時間の長さによって異なり，とくに，瞬時の背圧係数は $C_p = -0.2$ から -3.5 まで変化する．　　　　　　　　　　　　［岡島　厚］

文　献

[1] Drescher, M. M., 1956, Measurement of time varying pressure on a cylinder in cross-flow, Zeitschrift fur Flugwissenschaften, 4, pp. 17-21

[2] Cantwell, B. J., 1976, An experimental study of turbulent near-wake of a circular cylinder at R_e = 140,000, PhD thesis, Caltec, Calif.

4

風による構造物の挙動

4.1 構造物の風による振動事例

4.1.1 建築構造物

(1) 建築物

通常の建築物の風による振動の原因は,主として,主流の乱れと後流に放出される渦である.主流の乱れに起因する強制振動は,バフェッティングとよばれる.必ずしも風方向だけに限るものではないが,通常の高層建築物の風方向振動は,ほとんどすべて,この主流の乱れによる強制振動と考えてよい.風直交方向振動やねじれ振動は,主として後流に放出される渦によって誘起される.渦によって励起される振動であっても,通常の高層建築物では,振動依存風力の負減衰効果による自励的な振動が現れることはほとんどない.

ところで,建築物で風による振動が問題になるのは,比較的軽量で減衰の小さい鉄骨造の建築物である.なかでも,高層建築物や比較的アスペクト比 H/B の大きな細長い建築物で重要である.建築物が高層化すると固有振動数が低くなり,固有振動数付近の風力のパワースペクトル密度の値が相対的に大きくなるため応答が大きくなる.アスペクト比の大きな建築物の場合は,気流の2次

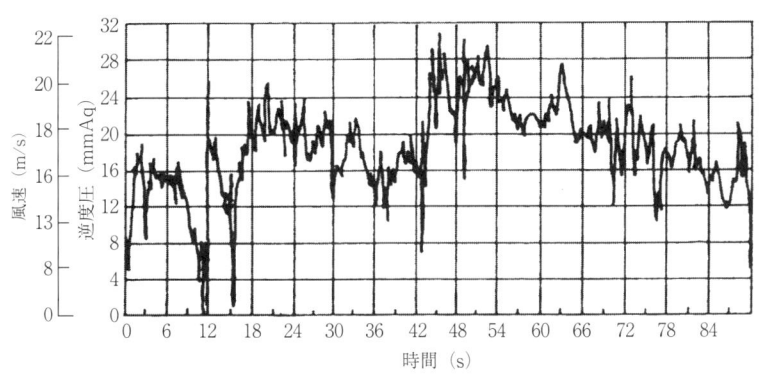

(a) 建物頂部(地上 182 m)での速度圧

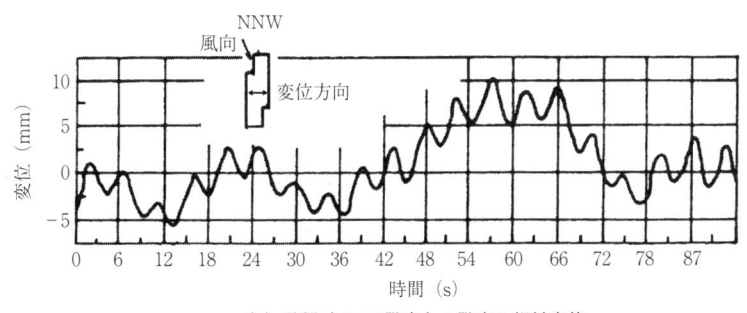

(b) 強風時の 47 階床と 4 階床の相対変位

図 4.1.1 京王プラザホテルにおける強風時の風応答観測 [1]

元性が増し，3.3.6項や3.3.7項に述べられているように，渦の放出が周期性と強度を強め，風直交方向風力のパワースペクトル密度のストローハル成分でのパワーが増すためである．

図4.1.1は，高さ170mの京王プラザホテル（鉄骨造）で1971年に実測された風応答変位の例であり，短辺方向の応答が卓越している[1]．この実測では，レーザー変位計が用いられており，わが国では，おそらく初めて，明確に静的成分や準静的成分を含む変位応答が観測された．従来から，ほとんどの実測が加速度計によるもので，平均値成分はもちろんのこと，10秒程度以上の長周期成分は観測されていなかった．

図4.1.1bに示されているとおり，短辺方向はほぼ風に直交する方向である．応答変位は，後述の図4.1.4cにもあるように，平均成分，長周期の準静的成分，1次固有振動数での共振成分の三つに大きく分けられる．図4.1.4bは風直交方向の応答であるため，平均成分はわずかであるが，準静的成分は片振幅5mm程度，共振成分はその半分程度が観測されている．この部分に相当する平均風速は約16m/s，最大瞬間風速は約22m/sであった．図aには，建物頂部（高さ182m）での速度圧が示してあるが，応答変位の準静的成分は，速度圧の30秒程度の長周期変動によく追随して変動している．

(2) 塔状構造物

高さ99.35mの長崎ハウステンボス・ドムトールンの台風9119時の実測結果を図4.1.2に示す．建物の用途は展望台であり，構造は鉄骨造である．図4.1.2aに建物外観，加速度計設置高さ，頂部風速計の位置などを示している．図bは頂部平均風速と瞬間風速がともに最大の値を記録した10分間の加速度記録の軌跡である．x方向がおおむね風直交方向，y方向がほぼ風方向に相当している．風直交方向の加速度応答が風方向よ

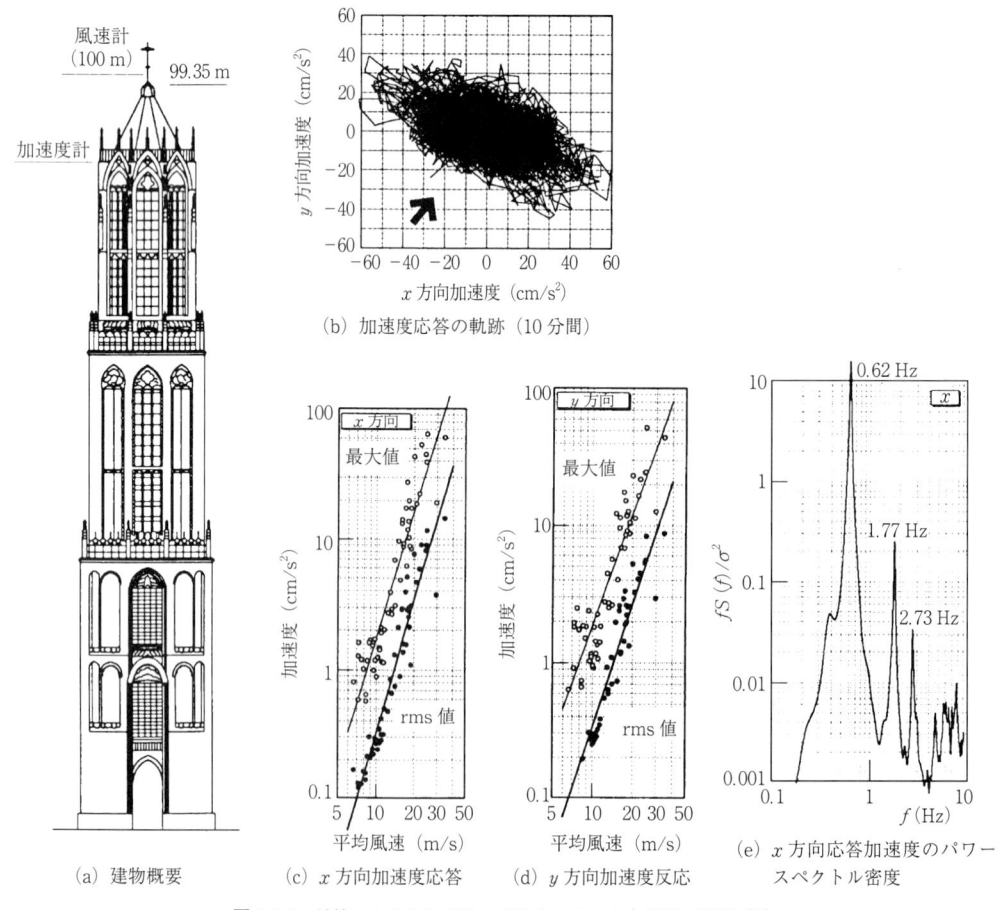

図 4.1.2 長崎ハウステンボス・ドムトールンの台風時の応答 [2]

りかなり大きくなっており，後流に放出される渦による振動が卓越している．図 4.1.2c, d のプロットは x 方向および y 方向の加速度応答の実測値で，各プロットの平均化時間は 10 分間である．黒丸が応答加速度の rms 値，白丸が最大値であり，実線がプロットを回帰したものである．平均風速 10 m/s 程度では，図 d の風方向（y 方向）の加速度応答のほうがやや大きめであるが，20 m/s や 30 m/s の高風速域では図 c の風直交方向（x 方向）応答が大きくなる．加速度応答値は両対数軸上でほぼ直線に載っており，風直交方向の x 方向が平均風速のおおむね 3.3 乗程度，風方向の y 方向が平均風速のおおむね 2.9 乗程度に比例して増加している．この建築物の 1 次固有振動数は x, y 両方向で若干異なるが，ほぼ $f_1 = 0.62$ Hz であり，代表幅を $B = 12$ m とすると，平均風速が $U = 10$ m/s から 30 m/s に増加する場合，これらの平均風速で決まる無次元固有振動数 $f_1 B/U$ は 0.75 から 0.25 に減少する．したがって，この間の風速増加に伴う応答の増加勾配は，風力のパワースペクトル密度の値が無次元周波数 0.75 から 0.25 に向けてどのように変化するかに依存しており，平均変位のように単純に風速の 2 乗に比例するものではないことに注意が必要である．図 e に応答加速度のパワースペクトル密度を示し

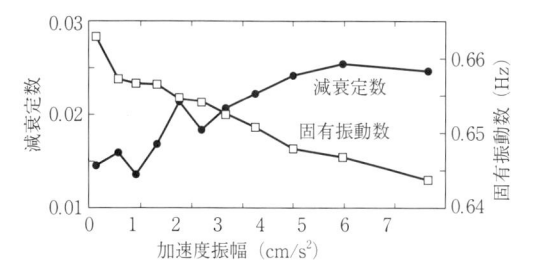

図 4.1.3 長崎ハウステンボスの応答加速度から得られた 1 次の減衰定数と固有振動数 [3]

た．高次の振動モードも含まれるが，1 次モードが卓越している．

図 4.1.3 は，風応答から RD 法によって得られた減衰定数と固有振動数の振幅による変化である．主として外壁仕上材などの 2 次部材や骨組の接合/接触部分の stick-slip 現象により，振幅増加とともに減衰定数は増加し，固有振動数は減少している．

図 4.1.4 は，GPS を用いた高さ 108 m の鉄塔の風応答変位観測結果である．GPS 衛星を使った測位は 1996 年以降可能となった．図 b の加速度記録には共振成分しか捉えられていないが，図 c の GPS による変位記録には，平均値（静的成分），準静的成分，共振成分が明確に捉えられている．

(3) 大スパン屋根をもつ構造物

大スパン屋根をもつ構造物には，展示場，屋根

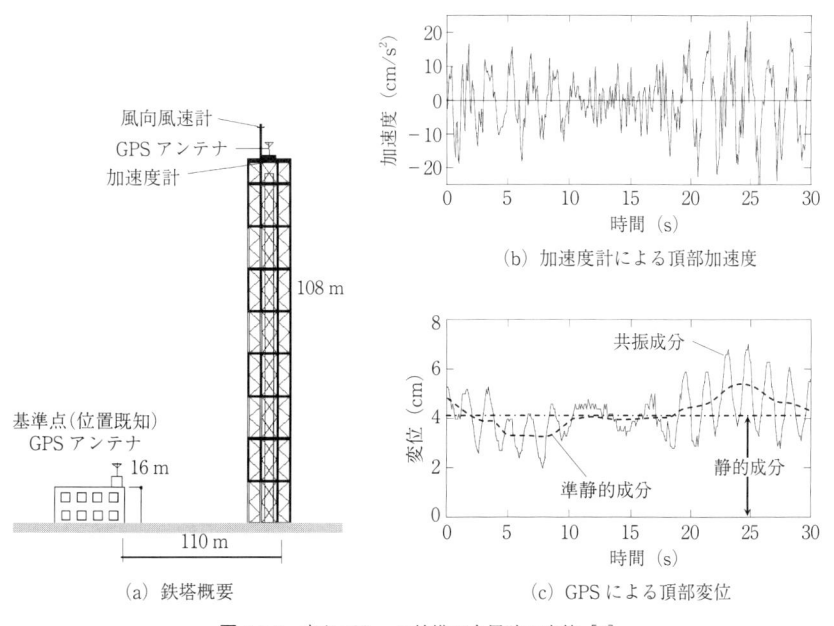

図 4.1.4 高さ 108 m の鉄塔の台風時の応答 [4]

付きスタジアムなどがある．屋根材は，金属屋根や膜屋根など種類が多い．構造体としては，鉄骨で骨組を組むものが多いが，膜材そのものが構造体となった空気膜構造もある．しかし，固有振動数，減衰定数，振動モードなどの動特性の測定例は散見されるが，高層建築物などと違って，強風時の応答観測の報告例はほとんどない．

風洞実験などで知られている範囲では，通常の大スパン屋根の場合，空力減衰の効果が大きいため共振成分の寄与は小さく，平均値成分（静的成分）および準静的成分が卓越する．しかし，質量も剛性もとくに小さく，固有振動数が低い屋根では，空力不安定振動の可能性も含めて，大きな振動の発生するおそれがある．引張材によって構成されているような屋根では，変形によって剛性が低下し，大変形を生ずるおそれもある．

図4.1.5は，高ライズ空気膜構造物の風による応答変位の時刻歴波形である[5]．計測器の特性から20秒程度以上の長周期成分は捉えられていない．最低次の固有振動数は，解析では0.43 Hz，実測では0.178 Hzとなっており，両者は大きく乖離している．面の変形による内部空間の体積変化がもたらす音響剛性などの見積りのむずかしさを示唆している．また，応答のパワースペクトル密度には，近接していくつかのピークがみられ，振動モードがきちんと分離されないのも，この種の構造物の特徴である．なお，現地での平均風速は6 m/s程度であるが，最大変位はx, y, z方向それぞれ25 cm，28 cm，12 cmであり，通常の建築物に比べれば，かなり大きな変形が生じている．

ちなみに，Davenport[6]および建物風力測定報告[7]には，風速，風圧の実測結果とともに，建築構造物の風応答の実測結果がとりまとめられている．
　　　　　　　　　　　　　　　　　　　[田村幸雄]

文　献

[1] 小林正二，1972，強風時における高層建物の構造上の安全性と振動感覚，構造物の耐風性に関する第2回シンポジウム論文集，pp. 201-208

[2] Tamura, Y., Shimada, K. and Hibi, K., 1993, Wind response of a tower (Typhoon observation at the Nagasaki Huis Ten Bosch Domtoren), *J. Wind Engineering and Industrial Aerodynamics*, **50**, pp. 309-318

[3] Tamura, Y. and Suganuma, S., 1996, Evaluation of amplitude-dependent damping, *J. Wind Engineering and Industrial Aerodynamics*, **59**, pp. 115-130

[4] 田村幸雄，2003，風応答変位の計測技術，建築技術，**640**, pp. 204-205

[5] 大竹克浩，細澤治，浅見豊，2000，風応答時の高ライズ空気膜構造物の構造特性，日本建築学会大会学術講演梗概集（東北），構造I, pp. 1075-1076

[6] Davenport, A. G., 1975, Perspectives on the full-scale measurement of wind effects, *J. Indus. Aerodyn.*, **1**, pp. 23-54

[7] 建物風力測定報告，1978，JSSC, Vol. 14, No. 155, pp. 1-100，日本鋼構造協会

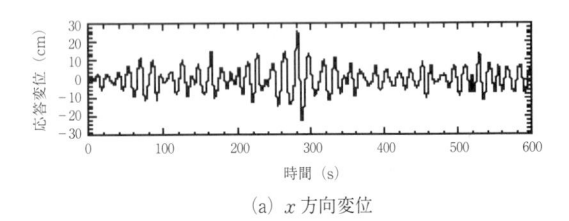

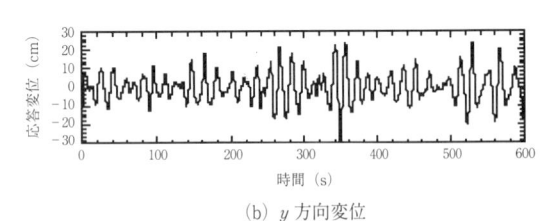

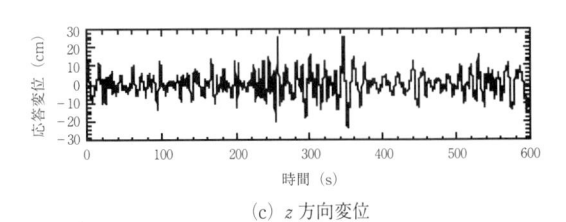

図4.1.5　高ライズ空気膜構造物の風による応答波形[5]

4.1.2　橋梁構造物

橋梁の振動としては，旧タコマ（Tacoma Narrows）橋のフラッターおよびその落橋があまりにも有名である．本件については，6.4.8項において詳述されるので，ここではこれを除き，わが国で観測された代表的な振動事例について記述する．なお，橋梁の風による振動事例については，土木学会構造工学委員会より研究成果が報告されているので参照されたい[1]．

(1) 桁の振動

わが国では，橋桁においてフラッターやギャ

ロッピングといった激しい振動が発生したという報告はなされていない．しかしながら，比較的低い風速で発現する渦励振については，たとえば石狩河口橋や東京湾アクアラインなどで発現したことが報告されている [2, 3]．

石狩河口橋は中央支間長 160 m の斜張橋であるが，舗装工事前の 1972 年冬期に，約 11 m/s の季節風により，最大 9 cm の鉛直たわみ渦励振が発生した．この振動は，整流部材を桁端部に断続的に配置することによりおおむね抑制された．

東京湾アクアラインの 10 径間連続鋼床版箱桁橋は，設計段階より耐風性の検討が実施され，発現が予測される渦励振に対し，TMD（同調質量減衰器)による制振が有効と考えられた．ただし，橋桁の架設完了から供用開始までかなりの期間があるため，その間実橋の観測を行い，有害な振動が発生すれば制振対策を施すこととした．観測の結果，風速約 16 m/s の風で最大振幅約 54 cm の渦励振が発生し，TMD を設置するまでの間，応急的な制振対策が必要とされた．すでに橋桁の架設が完了していたため，なるべく小さな部材を橋面から施工可能な場所に設置して制振する方法が

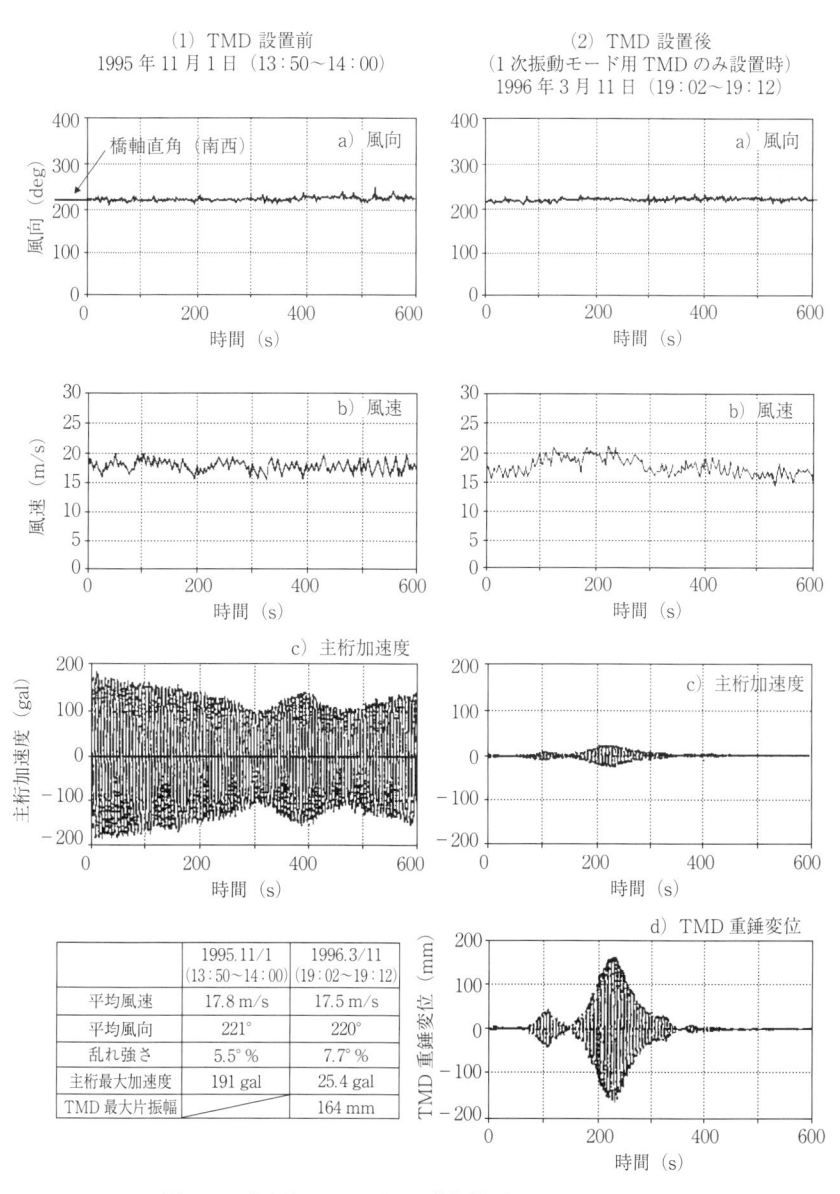

	1995.11/1 (13:50〜14:00)	1996.3/11 (19:02〜19:12)
平均風速	17.8 m/s	17.5 m/s
平均風向	221°	220°
乱れ強さ	5.5 %	7.7 %
主桁最大加速度	191 gal	25.4 gal
TMD最大片振幅		164 mm

図 4.1.6　東京湾アクアラインの箱桁橋で観測された渦励振 [3]

必要と考えられ，橋面の端部に高さ49cmの鉛直板を設置する対策が有効であることが明らかとなった．本対策は，高次モードの渦励振抑制にも効果的であることから，TMD設置後は鋼板に取り替え，恒久対策としても用いられることとなった．また，TMDにより，渦励振振幅を約1/7.5にまで抑制できることを確認した．TMD設置前後の渦励振の観測例を図4.1.6に示す．

また，わが国では既往の実績を上回る長大橋が建設された場合には，当該橋梁に対して実施された耐風設計の妥当性を確認するために，関門橋をはじめとして対風応答の長期観測が実施されてきた[4]．観測期間が設計風速の再現期間に比べ短く，また，耐風設計が適切に実施された結果，発散振動が観測されたことはないが，ガスト応答は観測され，解析結果などとの比較が報告されている．最近では，明石海峡大橋の台風時の水平たわみガスト応答の観測結果が報告されており，おおむね橋軸直角方向の風向の場合，水平たわみの平均値は解析値と一致するが，最大値と平均値の比は設計値より小さいことなどが示されている[5]．

(2) 塔の振動

吊橋や斜張橋の主塔は，架設時に独立して立っている場合に，渦励振などの振動が発生しやすくなるため，対策が必要となる．たとえば因島大橋では，スライディングブロックによる制振対策を適用していたが，その効果を確認するため，スライディングブロックを作動させた場合とさせない場合とで，主塔の挙動を観測し比較した．スライディングブロックを作動させない場合は，風速約10m/sにおいて，塔頂振幅約77cmの渦励振が観測されたが，スライディングブロック作動後は，振幅は約41cmにまで抑制され，スライディングブロックの効果が確認された[6]．

その他の吊橋や斜張橋でも，主塔独立時の渦励振を抑制するため，油圧ダンパーやTMDなどの制振装置が取り付けられ，その効果を確認するため，装置を作動させた場合とさせない場合とで構造減衰の計測や対風応答の計測が実施され報告されている[1]．

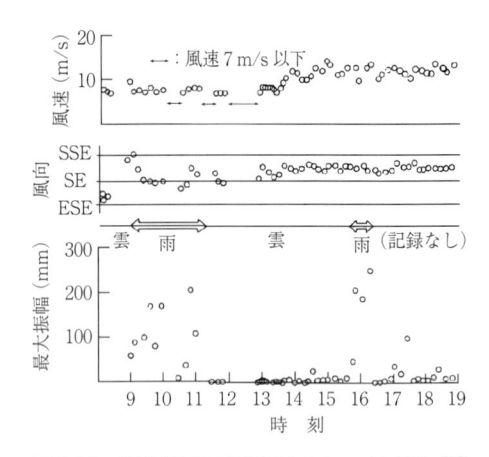

図4.1.7 名港西大橋で観測されたケーブル振動[7]

(3) ケーブルの振動

ケーブルの振動としては，レインバイブレーションおよびウェイクギャロッピングが斜張橋において観測されている[1]．

ケーブルが雨と風により振動するレインバイブレーションは，わが国では名港西大橋架設時に最初に観測された．図4.1.7に示すように，風速約13m/sにおいて振幅は約25cmに達していた．関連した実験的研究によりその原因が雨と風の共同作用によることが明らかにされた[7]．

また，2本のケーブルが近接して並列に設置される場合に発生しやすいウェイクギャロッピングが，櫃石島橋，岩黒島橋において観測されている[8]．本橋の場合，ケーブル中心間隔はケーブル直径の2～5倍であり，目視によれば振幅は20～50cm程度であった．

なお，きわめてまれな例と思われるが，明石海峡大橋ではPE管で被覆したハンガーロープにおいて，渦励振およびウェイクインデューストフラッターと思われる振動が観測されている[9]．

(4) 細長い部材の振動

ランガー橋の吊材のように細長い部材は渦励振により振動しやすい．四徳大橋では，鋼管の吊材が渦励振により振動し，部材端部にクラックが発生した事例が，また，馬下橋ではH型鋼の吊材が，渦励振により振動し破断にいたった事例がそれぞれ報告されている[10]．　　［佐藤弘史］

文献

［1］たとえば，土木学会構造工学委員会風洞実験相似則検討小委員会，1996，「橋は揺れているか —予測と現実—」(第2期) 研究報告会概要集，等

［2］高橋陽一ほか，1973，斜張橋の風による振動について—石狩河口橋—，第11回日本道路会議論文集

［3］吉田好孝ほか，1999，東京湾アクアライン橋梁部鋼箱桁橋に発現した渦励振の振動制御，土木学会論文集，No. 633/I-49, pp. 119-134

［4］たとえば，Okubo, T. et al., 1979, Field observation of aerodynamic behaviour of long-span bridges, Proc. of the 5th International Conference on Wind Engineering, pp. 825-839

［5］Miyata, T. et al., 2002, Full-scale measurement of Akashi-Kaikyo Bridge during typhoon, JWEIA, **90**, pp. 1517-1527

［6］土木学会・本州四国連絡橋耐風研究小委員会，1981および1982，本州四国連絡橋の耐風に関する調査研究報告書

［7］樋上琇一，1986，斜張橋ケーブルのRain Vibration，日本風工学会誌，**27**, pp. 17-28

［8］馬場賢三ほか，1988，櫃石島橋・岩黒島橋ケーブル制振装置，本四技報，**12**, 47，あるいは，横山ほか，1989，斜張橋ケーブルの風による振動と対策，橋梁と基礎，8月号

［9］竹口昌弘，2000，明石海峡大橋のハンガーロープ制振対策，本四技報，**24**, No. 93

［10］成田信之，1971，風による橋梁部材の振動，橋梁と基礎，8月号

4.1.3 その他の構造物

その他の構造物には，送電鉄塔に代表される骨組構造物や送電ケーブルに代表されるケーブル構造物がある．これらの構造物に風が作用した場合の振動事例を主として，また煙突やクーリングタワーなどの塔状構造物などについても以下に紹介する．

(1) 送電鉄塔

送電鉄塔の骨組を構成する部材は，山形鋼と鋼管が一般に用いられている．なかでも鋼管は，優秀な断面性能や美観などの有利さから，大型鉄塔に主として採用されている．この鋼管が水平部材として取り付けられた箇所では，5〜15 m/sの風が吹き付けると，鉛直方向にカルマン振動とよばれる現象が発生する．

その発生場所は風が吹き抜ける半島先や尾根上，および風が収束する谷筋や川沿いである．振動数は，部材の長さや両端支持部の構造にもよる

が，数〜数十Hzで，振幅は部材外径の1/10〜1/5に相当する5〜40 mm程度である．この振動を抑制するために両端支持部の構造を工夫したり［1］，スパイラルロッドの巻き付けなどの対策が採られている．

(2) 架空送電線

風による架空送電線の振動現象で，代表的な現象は微風振動である［2］．この振動は，風速0.5〜7 m/s程度の風が一様に吹いているときに，電線の風下側に生じるカルマンの渦列に起因する振動といわれている．この微風振動は，1923年にアメリカのカリフォルニア州で初めて電線の損傷という形で顕在化した．日本では，1930年代より関心が高まり，1948年には黒部笹津線においてオシログラフによる振動実測が行われ，現象の解明と防止対策としてのダンパー設計の根拠を得るとともに，ストックブリッジダンパーやトーショナルダンパーの比較試験が行われた．その後，CIGRE Study Committee No. 6において中心的な調査研究がまとめられている．

その発生箇所は，平坦で開けた地形，川・谷・フィヨルド・湖沼越えなどの風が線路に直角に吹き当たる地形で起こりやすく，被害も多い．

振動数は3〜150 Hzで，振幅は鉛直方向に最大全振幅70 mmがノルウェーにおいて観測されており，一般に20〜30 mmが多い．これらの値は，単導体電線においての値であり，多導体においては，1/2から1/10の振幅で，継続時間も20%程度という報告もある．

次に，多導体電線特有の振動現象として，電線どうしを束ねるスペーサーで区切られたサブスパンにおいて発生する自励振動がある．サブスパン振動の発生メカニズムは，風速5〜20 m/sの風が多導体電線に吹き付けると，風上側導体の後流によって風下側導体が種々の運動を始め，その運動によって風上側導体が運動を始め，互いに同位

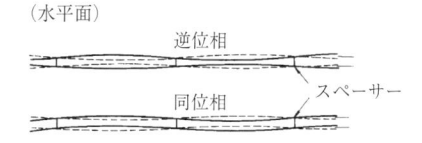

図4.1.8 サブスパン振動の振動モード

相または逆位相で定在波の振動になるといわれている．その発生箇所は，微風振動が発生する箇所とほぼ同じ箇所である．その振動数は1～5 Hzで，振幅はサブスパン長にもよるが水平方向に10～50 cmである．図4.1.8に振動モードを示す．

一方，冬季に着氷雪した電線に風速7～30 m/sの風が吹き付けると，ギャロッピングとよばれる低振動数（0.1～1 Hz程度）で水平運動を含む大きな鉛直振幅（数十cm～10数m程度）の自励振動が発生する．このギャロッピング現象が国内の送電線で初めて目視記録されたのは，1957年に北海道の砂川火力線での電線動揺である[3]．その後，1970年から2004年3月までの間，沖縄を除く全国の電力会社において，電気事故にいたった発生件数は1240件にも及ぶ．

その発生箇所は，風が収束しやすい谷越えや尾根越えの山岳地のみならず，平地においても発生しており，冬季季節風や低気圧通過時の風向が北西から西に対して45度以上の角度をなす線路に多い．その発生メカニズムは，図4.1.9に示すような着氷雪した非対象断面の電線に風が作用したときに，電線の動きにより相対迎角の変化に伴って空気力が変化し，各固有振動数と相まって振動

(a) 電線着氷（実規模試験線）

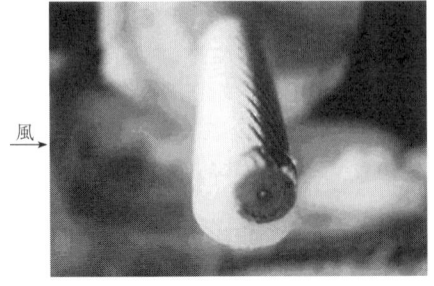

(b) 電線着雪（風洞実験）

図4.1.9 電線着氷と着雪

する自励振動現象といわれている[4]．

(3) 通信ケーブル

通信ケーブルと吊線とをラッシングワイヤーにより一体化した8字型断面を有する架空通信ケーブルは，10～15 m/sの風が吹き付けると大振幅の自励振動が発生する．その発生メカニズムは，8字型断面の揚力係数が−55度付近で負の勾配が存在すること，風洞実験からケーブルにはねじれ振動が現れていることから，ギャロッピング振動と考えられている[5]．

(4) 塔状構造物他

煙突や化学工場のプラントタワー，さらに自然通風式のクーリングタワーなどの塔状構造物が渦励振振動やオーバリング振動などを起こしたり，また大型の門型クレーンのガーダーや，コンテナークレーンの部材などが，風洞試験にて振動するおそれのあることが確認された例がある[6, 7]．

[雪野昭寛]

文 献

[1] 日本鉄塔協会，1970. 8，中空鋼管鉄塔のカルマン振動試験，鉄塔，No. 18
[2] 電気学会，1982. 4，架空送電線の微風振動，電気学会技術報告（II部），第129号
[3] 電気学会，1979. 9，架空送電線のギャロッピング，電気学会技術報告（II部），第82号
[4] 電気学会，2001. 7，架空送電線のギャロッピング現象解析技術，電気学会技術報告，第844号
[5] Fujino, Y., Ito, M. and Yamaguchi, H., 1988, Three-dimensional behavior of galloping in telecommunication cables of figure-8 section, *J. Wind Engineering and Industrial Aerodynamics*, **30**, 1/3, pp. 17-26, 109-111
[6] Cooper, K. R. and Wardlaw, R. L., 1969, A Wind Tunnel Investigation of Large Amplitude Vibration of Slender Towers of the Port Hawresbury Heavy Water Plant, NRC-LTR-LA-35
[7] Holmes, J. D., 2001, Wind Loading of Structures, pp. 14-16, Spon Press

4.2 空力振動の種類と発生機構

4.2.1 渦励振

渦励振は，構造断面の側面は，後流に形成される渦によって励起される振動をいう．一般に，せん断層は，各周波数成分を有する乱れあるいは

渦の集合体より形成されている．このせん断層が，ある刺激によって，特定の周波数を有する渦として安定化されることがあり，これが渦生成となる．この渦を生成させる刺激としては，いろいろなものがあり，したがって，それに応じた渦に分類できる．たとえば，二つのせん断層の干渉が刺激となり，安定な渦が生成される．これがよく知られているカルマン渦である．また，物体からはく離したせん断層は，物体の振動などによりはく離点自体振動することで渦を生成することもある．また，せん断層の後流に，楔や，鋭いエッジがある場合も渦が生成される（インピンジング流れによる渦やエッジトーン渦）．このほか，円柱塔状構造物の自由端付近や，傾斜円柱周りの複雑な気流においても，特殊な渦が生成されることもあるが，その詳細については，現在もなお明らかにされていない．ここでは，これらの各種の渦により生じる渦励振について説明する．

(1) カルマン渦励振

渦励振として，カルマン渦励振は古くから知られており，物体背後の後流域に放出される交番的な渦により励起される（カルマン渦については，2章「構造体周りの流れ」を参照）．カルマン渦の放出周波数 f_s は，流速，風速 U に比例し，その比例定数は，ストローハル数 St を構造断面の代表長 D（たとえば構造断面の見付け幅）で除したものである．つまり

$$f_s = \frac{U}{St}D$$

このカルマン渦の放出周波数 f_s あるいはその $1/2$ の周波数が，構造物，物体の流れと直交（y 方向）するか，あるいは，流れ方向（x 方向）の振動固有振動数 f_{y0}（あるいは f_{x0}）に一致したときに，いわゆる共振現象として，それぞれ，流れ直交方向あるいは流れ方向に振動する．したがって，カルマン渦励振の始まりは，一種の強制振動として生じる．しかし，構造物，物体が振動を始め，その振幅がある程度大きくなると，断面周りの流れは，断面振動に影響を受け，共振風速付近の流速域では，ある限られた風速域において，カルマン渦の放出振動数は増減することなく，構造物，物体の固有振動数と一致した周波数で渦放出を続ける．このように，カルマン渦が，構造物の振動数に巻き込まれる現象を，lock-in 現象あるいは同期現象とよぶ．この同期現象の生じる風速域は，ある限界は有するものの，振動振幅とともに広くなる．したがって，ある程度振幅が大きくなった状態の渦励振は，構造体の振動に同期した渦放出（いい換えれば，構造体の振動に伴った流れ場）による流体力による自励振動となることから，カルマン渦励振は，強制振動と自励振動の両側面を有するといえる．先に述べたストローハル数は，物体の幾何学的な形状により決まり，断面の大きさや固有振動数があらかじめ既知の場合には，カルマン渦励振の発生する風速域を予測することができる．ただし，円柱のような場合や比較的偏平な矩形断面などは，レイノルズ数によっても，ストローハル数が影響されることに留意しなければならない．一様流中での定常2次元矩形断面のストローハル数の断面辺長比 B/D（B は断面弦長，D は断面見付け幅）に対する変化特性を図 4.2.1 に示す．辺長比 2.8 と 6 付近で不連続に変化するが，これは，構造断面周りの時間平均流れが，はく離型から，断面側面への再付着型に変化する臨界辺長比，および流れの非定常再付着型（非定常に再付着と非再付着が繰り返される）から完全再付着型（どの時間的瞬間をとらえても流れは，つねに断面側面に再付着するタイプ）へ変化する臨界辺長比に対応する．また最近，円柱周りの渦励振について，従来カルマン渦と考えられていた交

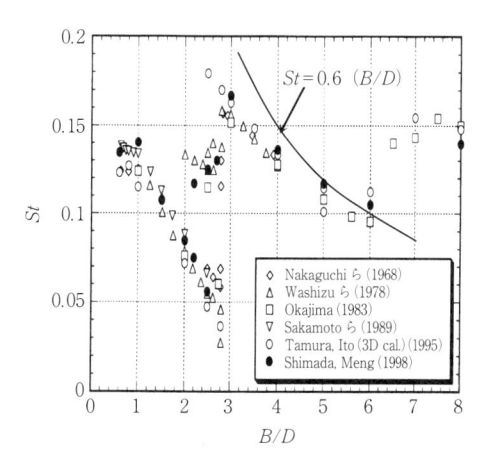

図 4.2.1 St 数の B/D に対する変化特性

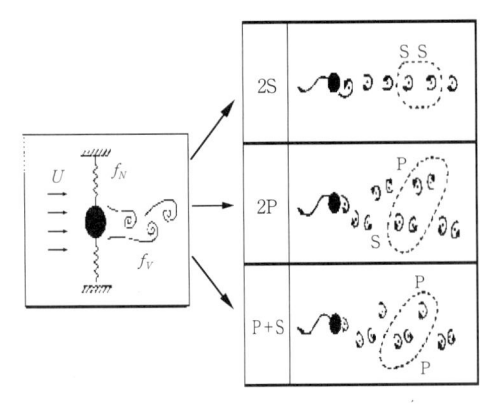

図 4.2.2 モードの異なった渦放出パターン [1]

番渦について，円柱の振動振幅に対して，図 4.2.2 に示されるようなモードの異なった 2 種類の渦放出パターン（2S モードと 2P モード）が存在すると指摘されており [1,2]，現在もなお，構造断面振動に影響を受けたカルマン渦特性に未解な部分が多く残されているといえよう．

(2) 自己励起型渦励振あるいは1せん断層型渦励振

橋梁の桁断面に生じる渦励振のほとんどがこのタイプの渦励振である．この励振の原因となる渦は，前述のはく離せん断層のはく離点刺激により，構造断面側面に生じる渦による励振である [3～5]．このせん断層刺激として，断面振動によるはく離点自体の刺激とする考え [4] と構造体の後流端（trailing edge）の存在による edge-tone とする考えもある [5]．とくに，2 次元矩形断面の場合，断面前縁部からのはく離した流れが，断面側面に非定常に再付着する断面辺長比 B/D が約 3 から 6 の範囲では，この 1 せん断層不安定性に関係する渦の安定条件（流れ直角方向振動の場合，断面前縁部から断面後縁部まで，接近流速の 60％の流下速度で，振動 1 周期後に到達し，断面後縁部で振動により生成される後縁 2 次渦と合体し安定側面渦が生成されるという条件 [5]）

$$B = 0.6 V \frac{1}{f_0}$$

あるいは，断面長 B を代表長とするストローハル数 $St = f_s B/U$ が 0.6 となる条件 [4]

$$St^* = f_0 \frac{B}{V} = 0.6$$

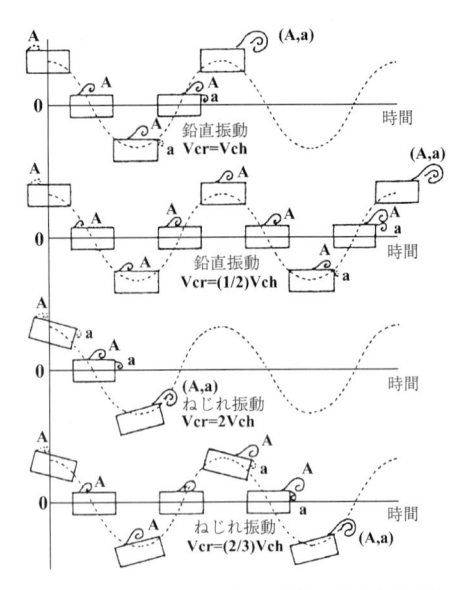

図 4.2.3 自己励起型渦励振の渦放出安定条件 [4]

から決まる渦と，カルマン渦の無次元周波数は互いに接近しており，図 4.2.1 に示されるように，これらの構造体に生じる渦励振がどちらの渦によるものかの区別はつきにくい．しかし，物体後流に二つのはく離せん断層の干渉を防ぎ，カルマン渦の生成を妨げるような板（スプリッター板）を挿入した場合，渦励振が抑制された場合には，その渦励振がカルマン渦によるものと判断され，一方，その励振が抑制されない場合，断面側面に生じるいわゆる 1 せん断層不安定性増幅渦による励振と考えることができる．これらの構造体に生じる渦励振は，後者に属することから，この範囲の断面辺長比を有する矩形断面にみられる渦励振は，1 せん断層不安定性に関係した渦による渦励振といえる．過去に報告されている種々の構造断面の流れ直角方向の渦励振の振動開始無次元風速 $Vr_{cr} = V_{cr}/f_0 \cdot D$（渦励振限界風速）をプロットすると，上で示される式によく従うことが知られる [5]．なお，ねじれ振動の場合には，その一例が図 4.2.3 に示されるように，その渦励振限界無次元風速が，鉛直振動のそれと異なることが多い．これについては，断面前縁部より生成された渦が断面後縁部で生じる 2 次渦と合体するためには，流れ直角方向の場合と渦の安定生成条件が異なるとの報告 [6] もあるが，詳細は今後の研究に待たれる．前述のように，橋梁の桁の渦励振の

大部分はこのタイプの振動であるが，渦励振をできるだけ抑制するには，桁断面前縁部から生じる渦を抑制しなければならない．そのために，桁端部に流れのはく離をできるだけ抑制するための，フラップ，デフレクター，フェアリングなどの付加物を設置されることがある．図4.2.4にその一例を示す．また，桁内部や内側に，TMD（同調型減衰器）を取り付け，構造減衰を高め，制振することもある．一般に，流れに含まれる乱れは，このタイプの渦励振振幅を小さくする効果を有するが，偏平6角桁断面など特殊な形状をした桁については，乱れの影響をほとんど受けないか，逆に振幅が大きくなることがあり注意を要する．さらに，桁端の高欄や地覆の渦励振振幅への影響も決して小さくなく，この点についても留意する必要がある．

(3) 高風速渦励振

一般には，通常のカルマン渦励振より高い無次元風速域で生じる渦励振を高風速渦励振として定義される．その詳しいメカニズムは，なお明らかにされていない点が多いが，現象的には，円断面を有する塔状構造物や傾斜円柱あるいは傾斜ケーブルの空力振動にみられる．図4.2.5は，前者の風速（無次元）-振動振幅（無次元）図を示すが，無次元風速 V/fD（V は風速，f は構造物の固有振動数，D は円断面直径）5付近の通常のカルマン渦励振のほかに，無次元風速20付近の風速限定型の励振がみられる．この振動は，塔自由端近傍で生じる先端渦（あるいはチップボルテックス）によると考えられている[7]．また，図4.2.6の（無次元）風速-（無次元）振動振幅-減衰（対数減衰率）図に示されるように，水平偏角45°を有する傾斜円柱の振動応答にも，無次元風速40近辺において，ギャロッピング振動に隠れた潜在的な渦励振が認められる．さらに，傾斜円柱上面の

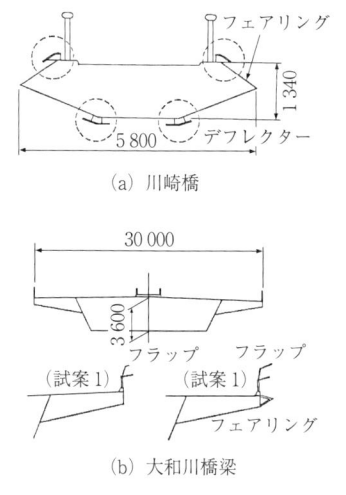

図 4.2.4 耐風部材の例 [13]
(a) 川崎橋
(b) 大和川橋梁

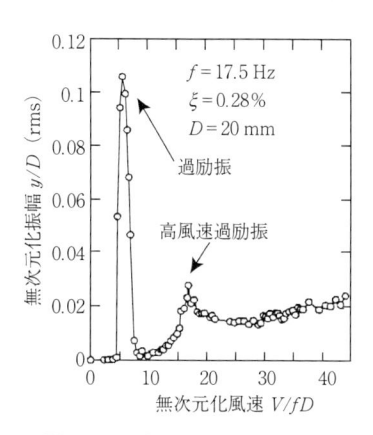

図 4.2.5 円柱の風速-応答図 [14]

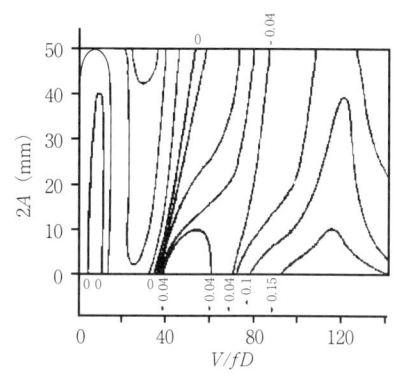

図 4.2.6 傾斜円柱の風速-振幅-減衰図（$\beta = 45°$）[12]

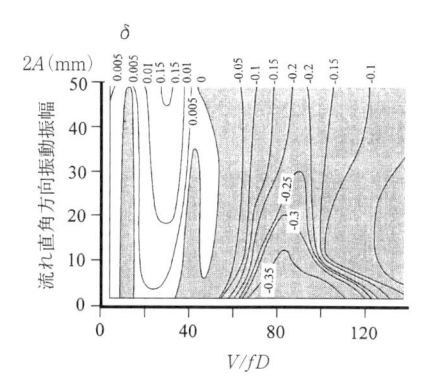

図 4.2.7 傾斜円柱の風速-振幅-減衰図（$\beta = 45°$, $\theta = 72°$ に人工水路つき）[8]

ある位置（流れの上流側停留点から72°）にわずかな突起を設けることで，明確な高無次元風速域で風速限定型の励振が認められる[8]（図4.2.7）．この突起は，ときには，斜張橋傾斜ケーブル表面に雨により上部水路として形成されることがあり，風速限定型の振動が生じる．この振動はレインバイブレーションとよばれる．なお，レインバイブレーションは，ケーブル表面の水路が振動に伴いケーブル軸に対し振動することが原因とする考えもあり，今後の研究に待たれる部分が多い．高風速渦励振は，カルマン渦に関連した長周期渦によるものと考えられるが，生成過程は現段階では明らかになっておらず解明が今後に期待される．

図4.2.8 円柱周りに生ずる同時対称渦 [10]

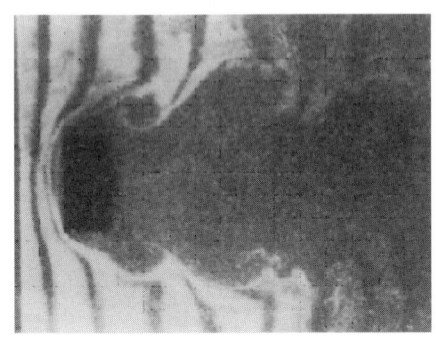

(a) 同時対称渦

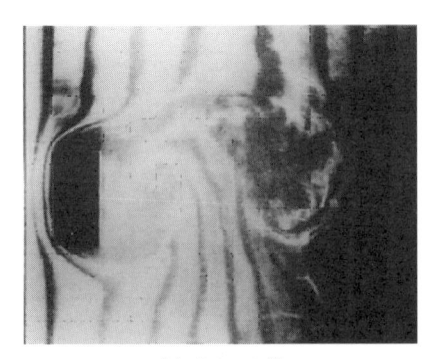

(b) カルマン渦

図4.2.9 辺長比0.5矩形断面周りに生ずる同時対称渦とカルマン渦 [11]

(4) その他の渦励振

1995年の高速増殖炉「もんじゅ」の温度の鞘管破損によるナトリウム漏れで注目をされた温度計鞘管の渦励振は，流れ直交方向のカルマン渦励振の共振流速 $1/St$ のおよそ1/4で生じる流れ方向渦励振であり[9]，円柱背後から生じる同時対称渦放出による共振現象である．円柱断面について，無次元風速 $1/4St$ 近傍でのin-line振動とそのときの円柱断面背後の同時対称渦放出（図4.2.8）はKing[10]により報告されており，また，辺長比0.5の定常2次元矩形断面においても，$4St$ に対応する主流方向周期変動成分（振幅で，主流の1%程度）のもとでは，同時対称渦放出とカルマン渦放出の二つの流れが間欠的に生じる（図4.2.9）ことが指摘されている[11]．このような同時対称渦による渦励振は，構造物の質量減衰パラメーター（スクルートン数 $Sc = 2m\delta/\rho D^2$）が十分に小さいときに生じると考えられ，そのため水やナトリウムなどの液体中で生じることが多い．

[松本 勝]

文 献

[1] Williamson, C. H. K. and Roshko, A., 1987, Vortex formation in the wake of an oscillating cylinder, *J. Fluids Struct.*, **2**, pp. 513-517
[2] Brika, D. and Laneville, A., 1993, Vortex-induced vibrations of a long flexible circular cylinder, *J. Fluid Mech.*, **250**, pp. 481-508
[3] Komatsu, S. and Kobayashi, H., 1980, Vortex-induced oscillation of bluff cylinders, *J. Wind Engineering and Industrial Aerodynamics*, **6**, pp. 335-362
[4] 白石成人，松本勝，1983，充腹構造断面の渦励振応答特性に関する研究，土木学会論文集, No. 322, pp. 37-50
[5] Nakamura, Y. and Nakashima, M., 1986, Vortex excitation of prisms with elongated rectangular, H and cross section, *J. Fluid Mech.*, **163**, pp. 335-362
[6] Shiraishi, N. and Matsumoto, M., 1983, On classification of vortex-induced oscillation and its application for bridge structures, *J. Wind Engineering and Industrial Aerodynamics*, **15**, pp. 419-430
[7] 北川徹哉，若原敏裕，藤野陽三，木村吉郎，1996，円柱塔状構造物における高風速渦励振の発生メカニズムに関する実験的解明，土木学会論文集, No. 543, pp. 195-207
[8] Matsumoto, M., Saitoh, T., Kitazawa, M., Shirato,

H. and Nishizaki, T., 1995, Response characteristics of rain-wind induced vibration of stay-cables of cable-stayed bridges, *J. Wind Engineering and Industrial Aerodynamics*, **57**, pp. 323-333

[9] Okajima, A., Nakamura, A., Kosugi, T., Uchida, H. and Tamaki, R., 2004, Flow-induced in-line oscillation of a circular cylinder, *European J. Mech.*, B/Fluids 23, pp. 115-125

[10] King, R., 1987, A review of vortex-shedding research and its application, *Ocean Engineering*, **4**, pp. 141-171

[11] Kniseley, C., Matsumoto, M. and Menarcher, F., 1986, Rectangular Cylinders in Flow with Harmonic Purtubations, *J. Hydraulics Engineering*, **112**, 8, ASCE, pp. 690-704

[12] 松本勝ほか, 斜張橋空力振動現象に関する研究, 第13回風工学シンポジウム論文集, pp. 257-262

[13] 土木学会編, 1985, 土木技術者のための振動便覧, 土木学会

4.2.2 ギャロッピング

(1) 準定常理論, デン・ハルトークの条件

構造物への風の作用のうち, 上下（風直角）方向の自励振動をギャロッピングという. これは着氷した送電線で観測される大振幅の振動が, あたかも馬が飛び跳ねる（ギャロップする）様子にみえたことから名づけられたものである. また, ギャロッピング現象は, 準定常理論によってよく説明できることでもよく知られている.

図4.2.10に示すように, 物体に迎角 α で風速 U_r の風が作用している状態を考える. 鉛直下向きに変位 y をとると, 揚力 L と抗力 D によって物体に作用する鉛直空気力 F_y は以下のようになる.

$$F_y = -L\cos\alpha - D\sin\alpha \quad (4.2.1)$$

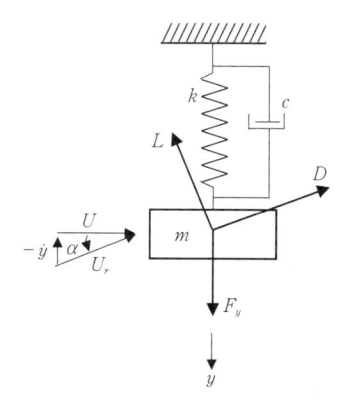

図4.2.10 風の作用を受ける1自由度振動系

なお, ここでは単位長あたりの力を考えることとする.

式 (4.2.1) において, 揚力 L, 抗力 D を代表長 B で無次元化した揚力係数 C_L, 抗力係数 C_D を用いて表し, これを等価な空気力係数 C_{F_y} によって表すと以下のようになる.

$$F_y = -\frac{1}{2}\rho U_r^2 B(C_L\cos\alpha + C_D\sin\alpha)$$

$$\equiv -\frac{1}{2}\rho U^2 B C_{F_y} \quad (4.2.2)$$

ここで, ρ は空気密度, $U_r\cos\alpha = U$, $C_{F_y} = (C_L + C_D\tan\alpha)\sec\alpha$ である.

いま, α が非常に小さい状態を考え, 鉛直空気力 F_y が $\alpha = 0$ での勾配と α の積で近似できると仮定すると次のように表すことができる.

$$F_y = \frac{\partial F_y}{\partial \alpha}\bigg|_{\alpha=0}\alpha = -\frac{1}{2}\rho U^2 B\left(\frac{dC_L}{d\alpha} + C_D\right)\bigg|_{\alpha=0}\alpha$$
$$(4.2.3)$$

この物体が図4.2.10のようにばねで吊り下げられている1自由度の振動系で, 下向きに動いている状態を考えると, 物体の振動速度と水平風（風速 U）とでなす角度 α （相対迎角）をもった風 U_r が物体に作用するとみなすことができる. このように振動している物体のある瞬間における状態を静的に考えることで, 振動状態を説明することを準定常理論という. この相対迎角は, α が非常に小さい場合には,

$$\alpha \approx \frac{\dot{y}}{U} \quad (4.2.4)$$

と表すことができるので, 鉛直空気力 F_y を用いて振動方程式を書くと次のようになる.

$$m\ddot{y} + c\dot{y} + ky = -\frac{1}{2}\rho U^2 B\left(\frac{dC_L}{d\alpha} + C_D\right)\bigg|_{\alpha=0}\frac{\dot{y}}{U}$$
$$(4.2.5)$$

ここで, m, c, k はそれぞれ物体の質量, 減衰係数, ばね定数を表す.

式 (4.2.5) において, 左辺の空気力が物体の速度に比例することから, これを左辺に移項すると次のようになる.

$$\ddot{y} + \left\{2\zeta\omega + \frac{\rho UB}{2m}\left(\frac{dC_L}{d\alpha} + C_D\right)\bigg|_{\alpha=0}\right\}\dot{y} + \omega^2 y = 0$$
$$(4.2.6)$$

ここで，$\zeta(=c/2m\omega)$ は減衰定数，$\omega(=\sqrt{k/m})$ は固有円振動数である．

式 (4.2.6) において，速度項の係数が負となるときに発散振動が生じることになり，すなわち，

$$U > -\frac{4m\zeta\omega}{\rho B\left(\frac{dC_L}{d\alpha}+C_D\right)\Big|_{\alpha=0}} \quad (4.2.7)$$

の風速以上でギャロッピングが発生することになる．

また，上式の右辺が負号であることより，次の関係が導かれることになるが，これをデン・ハルトークの判別式という．

$$\left(\frac{dC_L}{d\alpha}+C_D\right)\Big|_{\alpha=0} < 0 \quad (4.2.8)$$

式 (4.2.8) より，物体の揚力係数勾配 $dC_L/d\alpha$ が負であるとき，ギャロッピング発現の可能性があることがわかる．なお，式 (4.2.8) に示すデン・ハルトークの条件は，ギャロッピング発現の self-starting 点を示すものであり，リミットサイクルをもつハード型の応答の場合には，適用にあたって注意を要する． [勝地 弘]

(2) 低風速ギャロッピングと高風速ギャロッピング

ここでは，ギャロッピング（galloping）を，曲げ1自由度フラッター，すなわち，流れ直角方向の1自由度フラッターと定義する．ただし，カルマン渦列タイプやエッジトーンタイプの渦励振は含まないものとする．ギャロッピングの定義をこのように拡張することは，議論の余地もあろうが，フラッターの研究が進んだ現在，この定義は，自然に受け入れられることと思う．

まず，ギャロッピングとは何であるかを考え直してみる．ギャロッピングも，他の自然現象と同様，もともと公理論的定義が最初に与えられたわけではなく，具体的現象をさす言葉であった．その現象とは，送電線の踊るような動きであった [1]．動きは，曲げ振動が卓越する．しかし，送電線の振動は，現在では，曲げ-ねじりフラッターと考えられており [2]，ギャロッピングの典型例とするのは誤りである．

ギャロッピングは，理論に乏しいはく離流フラッターあるいは鈍頭物体フラッターのなかにあって，例外的に理論的扱いが成功した例として有名である．Den Hartog [1] はギャロッピングの発生条件 $[dC_{F_y}(\alpha)/d\alpha]_{\alpha=0}>0$ を示した．ここに，$\tan\alpha = \dot{y}/U$（図 4.2.11 [3] を参照）．これは，もちろん，微小振幅の理論であるが，後に，Parkinson [4] は，有限振幅まで拡張した準定常理論を示した．Parkinson は2次元正方形柱を考え，定常空気力係数 $C_{F_y}(\alpha)$ を α の関数として多項式で近似した．よって，物体の運動方程式は非線形空気力の作用する1自由度運動方程式となる．この運動方程式を近似的に解いて物体の応答を求めた．彼の非線形準定常理論を実験と比較すると，不安定リミットサイクルも含め，両者の一致は注目に値する（図 4.2.12）．正方形以外の矩形柱では，正方形柱とは異なる非線形挙動を示すことも調べられた [5]．

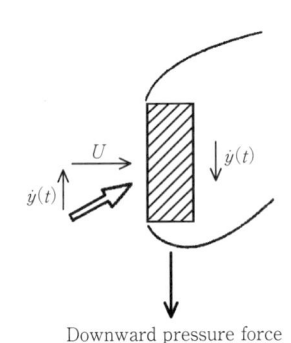

図 4.2.11 流れの中で曲げ1自由度運動する矩形柱 [3]

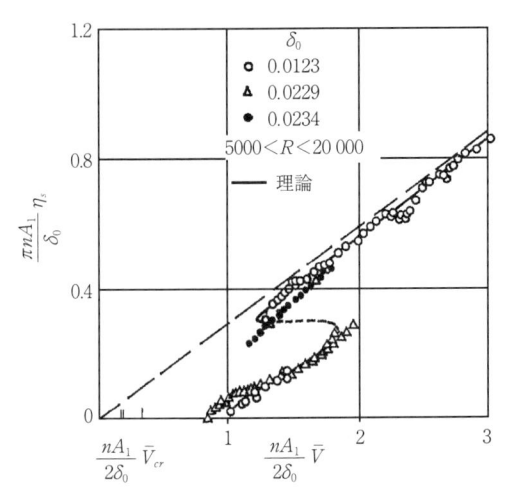

図 4.2.12 正方形中ギャロッピングの準定常理論と実験の比較 [4]

4.2 空力振動の種類と発生機構

以上，華々しく成功した準定常理論ではあるが，技術者はその適応限界につねに注意を払わねばならない．準定常近似が成立するのは，振動が非常にゆっくりした場合に限られる．というのは，$C_{F_y}(\alpha)$ は定常値すなわち時間平均値を準定常理論では用いており，振動が速くなると C_{F_y} は α のみの関数とは近似できなくなる．ここで，振動の遅い/早いは，無次元風速 $\bar{U} = U/fh$ の大/小で記述する．f は物体振動数，h は物体代表長さである．当然，高い $\bar{U}$ では，準定常理論は実験とのよい一致を示す．このとき，物体振動に伴う後流のうねりは，物体長に比べてはるかに長い．$\bar{U}$ が小さくなると，後流のうねりは次第に短くなり，C_{F_y} が α のみの関数との仮定は破綻しはじめる．この破綻が生じるのは意外に早く $\bar{U}$ が 60 [6] あるいは 50 [7] 程度である．実務上，この点は問題である．というのは，ギャロッピングの発生は，通常，$\bar{U} = 10 \sim 20$ 程度であるが，この低限界 $\bar{U}$ を準定常理論では正確に予測できないのである．さらに $\bar{U}$ が小さくなると，共振流速に近づき，物体からの放出渦との相互干渉によって振動流体力特性は急変する．現在まで，$\bar{U}$ の影響を正確に考慮した理論は確立されていない．

図 4.2.13 は，矩形柱について，断面比 d/h と $\bar{U}$ の影響を，曲げ1自由度フラッターの発生に注目して明らかにした自由振動実験の結果である

[8]．十分大きな $\bar{U}$ では，準定常理論でもよく知られているようにギャロッピングの発生範囲は，$d/h = 0.75 \sim 3.0$ である．$\bar{U}$ が小さくなるにつれて，その発生範囲（d/h の幅）は狭くなる．注目すべき点は，渦励振の発生する共振風速よりも低い $\bar{U}$ でのフラッターの発生である．さらに，共振風速よりも低い $\bar{U}$ でのフラッターは，小さな d/h でも発生する．よって，共振風速よりも低い $\bar{U}$ でのフラッターを，共振風速よりも高い $\bar{U}$ でのギャロッピング（高風速ギャロッピング）と区別して，低風速ギャロッピングとよぶ．

$\bar{U}$ の影響を明らかにすることは，非定常 C_{F_y} の解明と関係する．実際の設計では，どのような断面形状がどのような非定常 C_{F_y} を生むかを定量的に予測することが要求されようが，現状は絶望的である．しかし，非定常 C_{F_y} の定性的予測には，ギャロッピングの流体力学的発生機構を考えることが有効になる．図 4.2.13 には，臨界断面 [9, 10] も示しているが，臨界断面が，高風速ギャロッピングの低限界 d/h，および，低風速ギャロッピングの高限界 d/h と関係していることがわかる．さらに別の手がかりとして，後流にスプリッター板を挿入した際のギャロッピングの研究 [11] があげられる．これらより，その発生機構は以下のようになる（詳しい議論は [3] を参照）．

従来のギャロッピング発生機構の説明 [12] によると，図 4.2.11 において，物体が下に進み，相対迎角が正のとき，下側のせん断層は物体に近く，上側のせん断層は物体から離れる．その結果，下側側面は，上側側面よりも低圧になるので，下向き流体力が生じる．しかし，このような説明が単純すぎることは，高風速ギャロッピングが $d/h < 0.75$ で発生しないことからも明らかである（たとえば [13]）．すなわち，上のように生じた上下間の圧力差が後流中で解消されることなく，圧力差が上下側面間で保たれるような，何らかの独立を前提する．この独立にかかわるものが，高風速ギャロッピングでは臨界断面であり，低風速ギャロッピングでは渦放出振動数よりも速い振動であり，スプリッター板つきギャロッピングではスプリッター板の存在である．なお，ギャロッピング

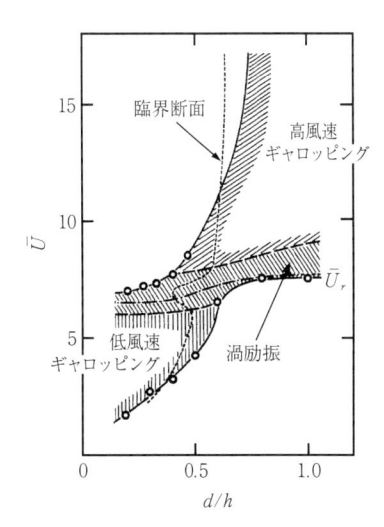

図 4.2.13 矩形柱1自由度フラッターの発生範囲 [8]

の消失機構については，説明を省略した（詳しい議論は [11] を参照）．　　　　　　[平田勝哉]

文献

[1] Den Hartog, J. P., 1985, Mechanical Vibrations, Dover, pp. 299-305
[2] Nakamura, Y., 1980, Galloping of Bundled Power Line Conductors, *J. Sound and Vibration*, **73**-3, pp. 363-377
[3] Nakamura, Y. and Hirata, K., 1994, The Aerodynamic Mechanism of Galloping, Transaction of Japan Society of Aeronautical and Space Sciences, 36, pp. 476-488
[4] Parkinson, G. V., 1965, Aeroelastic galloping in one degree of freedom, Proceeding of Symposium on Wind Effects on Buildings and Structures (Teddington), 2, pp. 582-609
[5] Novak, M., 1972, Galloping oscillations of prismatic structures, *J. Engineering Mechanics Division*, Proceedings of ASCE, 98-EM1, pp. 27-46
[6] Nakamura, Y. and Mizota, T., 1985, Unsteady Lifts and Wakes of Oscillating Rectangular Prisms, *J. Engineering Mechanics Division*, Proceedings of ASCE, 101-EM6, pp. 855-871
[7] Bearman, P. W. and Luo, S. C., 1988, Investigation of the aerodynamic instability of a square-section cylinder by forced oscillation, *J. Fluids and Structures*, **2**, pp. 161-176
[8] Nakamura, Y. and Hirata, K., 1991, Pressure Fluctuations on Oscillating Rectangular Cylinders with the Long Side Normal to the Flow, *J. Fluids and Structures*, **5**, pp. 165-183
[9] 中口博，橋本貴久裕，武藤真理，1968，矩形断面の柱の抗力に関する一実験，日本航空宇宙学会誌，**16**, pp. 1-5
[10] Nakamura, Y. and Hirata, K., 1989, Critical geometry of oscillating bluff bodies, *J. Fluid Mechanics*, **208**, pp. 375-393
[11] Nakamura, Y., Hirata, K. and Urabe, T., 1991, Galloping of rectangular cylinders in the presence of a splitter plate, *J. Fluids and Structures*, **5**, pp. 521-549
[12] Parkinson, G. V., 1971, Wind-induced instability of structures, Philosophical Transaction of Royal Society of London A, 269, pp. 395-409
[13] Owen, P. R., 1973, The aerodynamics of aircraft and other things, *Aeronautical Journal*, **77**, pp. 383-405

(3) ウェイクギャロッピング [1]

自然風中にある構造物の後流中には流速の分布が一様ではない場所が生じる．その中に他の構造物があるとそれが空力的に不安定になる現象がある．総称して，ウェイクギャロッピングとよばれている．

送電線のウェイクギャロッピングのメカニズムを理解するために，後流の中でケーブル断面が2次元運動することを考える．その運動速度を気流との相対速度として準定常理論に組み込み定式化されている．これにより，応答振幅など実験結果と比較的よい一致を示している．すなわち，楕円軌道を画くこの現象は準定常理論で説明がつき，ウェイクフラッターともよばれている．

斜張橋ケーブルのウェイクギャロッピングについては，ケーブル間の配置などの多様性のためか送電線の場合より複雑である．振動発生のメカニズムは，円柱間のギャップの中へ流れが巻き込み，非定常揚力が発生することであるとされている．準定常理論では説明がつかず，非定常圧力が自励空気力として作用していることが明らかになっている．

ほかに，表面に粗さがある円柱について研究されているのであるが，一様な気流に平行な方向の自励振動に関して，Tomonari [2] は従来の気流と直交方向振動の手法を応用して得られる準定常かつ線形の範囲の簡単な基礎式の導出と実験の両面を実施している．これはカルマン渦との相互作用で流れ方向に振動するのではない．実験では表面に粗さをつけた円柱を気流方向に弾性支持して振動の減衰を計測し，前記基礎式により準定常空気力に換算して提示している．予想される空気力とのずれが生じ，その原因が空気力のヒステリシスにあることを結論とする．滑面円柱の臨界レイノルズ領域で実験を行ってみる必要がある．

(4) 流れ場：内部循環流，その他

ここでは，角柱の断面比変化に基づくギャロッピング安定・不安定に関する問題を角柱周辺のはく離流の構造との関係で記述する [3]．

角柱では準定常理論で説明できるギャロッピング不安定の現象がある．この不安定の流れ学的な説明は Den Hartog によって行われている．しかし，この説明では少なくとも前縁ではく離して再付着しない断面比 $D/H<2.8$ の角柱ではすべてギャロッピング不安定である．実際には，$D/H<0.6$ 角柱はソフトギャロッピング（小振幅）と

しては安定であり，この説明では不十分である．

圧力分布の測定結果によると，$D/H<0.6$ 角柱では迎角上昇とともに背面と上面の圧力はより低下するが，下面はあまり変化しない．結果的に，正の揚力傾斜となってギャロッピング安定である．一方，$D/H=0.6〜2.8$ 角柱では，迎角上昇とともに，下面の圧力がより低下し，背面と上面は回復側へと変化する．その結果，負の揚力傾斜と

なってギャロッピング不安定である．これらの圧力変化を流れの変化と対応させて説明する必要がある．

図 4.2.14, 4.2.15 は，タンデム型熱線プローブと称する流速ベクトル測定センサーで調べた断面比 $D/H=0.6, 1.5$ 角柱の迎角 $\alpha=0°, 5°(D/H=1.5)$ の時間平均流線である．いずれのはく離領域にも発生するカルマン渦の時間平均流れとして，内部循環流が明確にみえている．$D/H=1.5$ 角柱の場合，迎角の増加とともに内部循環流領域は後方に延びる．

そこで，$\Psi=0$ の流線が閉じる位置（伴流よどみ点）を内部循環領域の大きさを示す指標として，それが角柱断面比と迎角の変化によってどのように移動するかということをまとめて図 4.2.16 に示す．

図 4.2.16 によると，ギャロッピングに安定な角柱 $D/H=0.5$（正の揚力傾斜）では，伴流よどみ点は α の増加とともに角柱背面側に接近するが，不安定な角柱 $D/H=1.5$（負の揚力傾斜）では後退する．ちょうど中立な $D/H=0.6$ 角柱は接近・後退はわずかである．これらの変化は，α の変化に対する角柱背面圧力低下（0.4 角柱）および回復（1.5 角柱）とよい対応を示している．また，D 字型断面の圧力測定結果も説明できる [4]．

すなわち，Den Hartog の説明に加えて，角柱後流の内部循環流が迎角の変化に応じて背面に接近したり後退したりする現象を考えると，角柱のギャロッピング安定・不安定を系統的に説明できる．さらに，なぜ断面比によって接近したり，後

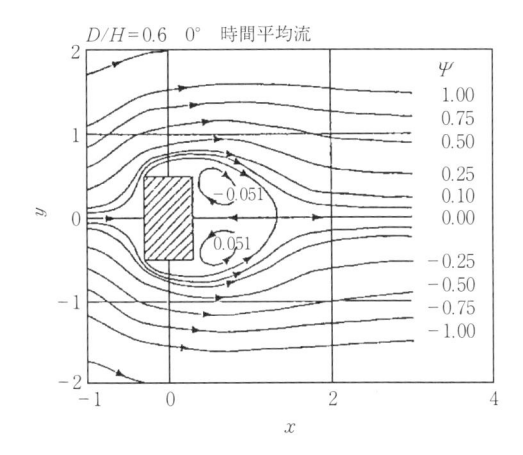

図 4.2.14 角柱断面比 $D/H=0.6$，迎角 $\alpha=0°$ における時間平均流線

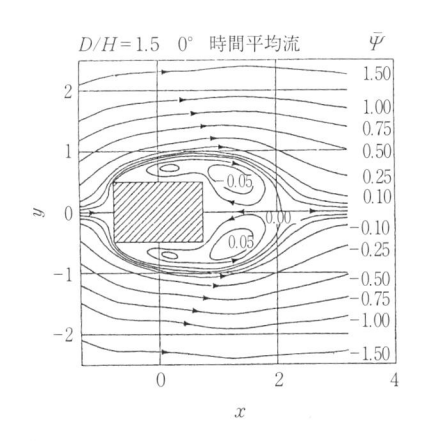

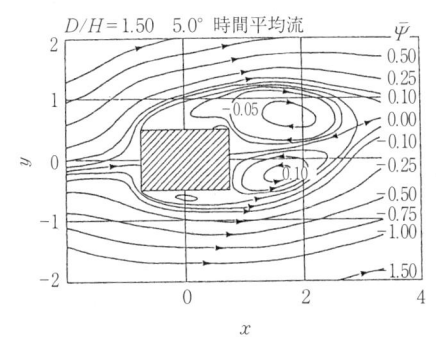

図 4.2.15 角柱断面比 $D/H=1.5$，迎角 $\alpha=0°, 5°$ における時間平均流線

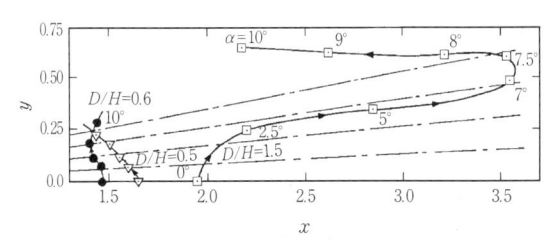

図 4.2.16 角柱断面比 $D/H=0.4, 0.6$ および 1.5 における迎角変化に伴う伴流よどみ点の移動
 ▽ $D/H=0.5<(D/H)_{cr}, \alpha=0〜10°$
 ● $D/H=0.6≅(D/H)_{cr}, \alpha=0〜10°$
 □ $D/H=1.5>(D/H)_{cr}, \alpha=0〜10°$
 一点鎖線は $\alpha=2.5°, 5°, 7.5°, 10°$ の線

退したりするのかという疑問が湧くが，現段階の知見では，断面比変化と中口ピークの発生と同様に，はく離せん断層と物体との干渉効果の結果である，ということである．　　　　　　　　[溝田武人]

文　献

[1] 日本鋼構造協会編，1997，構造物の耐風工学，第7章，東京電機大学出版局
[2] Tomonari, Y., 1991, Streamwise galloping of a rough-walled circular cylinder, Proceedings of the Institution of Mechanical Engineers (IMechE), pp. 401-404
[3] 溝田武人，岡島厚，1981.8，角柱まわりの時間平均流れに関する実験的研究，土木学会論文報告集，第312号，pp. 39-47
[4] 中村泰治，友成義正，1980，層流および乱流におけるD形断面のギャロッピング，第6回風工学シンポジウム論文集，pp. 341-348

4.2.3　フラッター

　フラッターの定義を，構造体自体の振動により生じる流れ場により励起される自励型の振動とすると，先に述べた同期現象を示すカルマン渦励振，はく離せん断層不安定性増幅による渦励振もこれに含まれる．また，ギャロッピングも曲げ（流れ直交方向）フラッターと分類されることもある．しかしここでは，これらの振動現象を一応フラッターから除外し，物体振動と流れの間にきわめて強い非定常性のあるフラッターとして，ねじれフラッター，曲げとねじれの連成する曲げ・ねじれ連成フラッター（クラシカルフラッターとよばれることもある），さらに，流れ方向の振動自由度も加わった曲げ・ねじれ・横曲げ（主流方向振動）3自由度フラッター，曲げ・横曲げ2自由度のウエークインデューストフラッターについて説明する．さらに，曲げ・ねじれ連成フラッターについては，非定常空気力，フラッター性状，フラッター限界風速などについても説明を加える．なお，マルチモードフラッターについては，「(4) 多自由度フラッター」で説明する．

(1) ねじれフラッター

　ねじれフラッターとは，ねじれ1自由度系において生じるフラッターをいう．古くは，旧タコマナロウズ橋の空力振動や大きな迎角を有したときに生じるねじれ空力振動として知られ，断面のねじれ振動に伴った流れによる自励空気力が原因となる．このねじれ振動による自励振動を生じる断面周りの流れについて，大きな迎角をもつ翼についてMcAlisterとCarrは，翼前縁部付近に形成されるdynamic stall vortexとよばれるはく離バブルを指摘した[1]．また，Steinmanは，断面の振動に対し，流れがある位相差をもって生じるという位相差理論あるいは，断面のねじれ振動により，断面各点での相対迎角が変化するという仮説により，断面がキャンバーを有するものと準定常的に同じとして説明しようとした[2]．一方，タコマナロウズ橋のねじれ振動に関連し，Farquhasonは，はく離バブルを考えたのに対し，Karmanは渦の関与を指摘した[3]．最近の研究では，風速発散型のねじれフラッターの場合，比較的低風速域では，振動に伴って生じる渦が関与し，その風速域より高い風速域では，断面前縁部付近のはく離バブルが大きく寄与していることが指摘されている[4]．また，断面辺長日を変化させた2次元H型断面では，断面辺長比B/D（Bは断面幅員長さ，Dは断面流れ直角方向長さ）が2から4程度までは，風速限定型のねじれフラッターが，また$B/D=4〜20$の範囲では，風速発散型のねじれフラッターが生じる．$B/D=20$以上では，もはやねじれ1自由度ではフラッターが生じず，曲げとの連成振動となる．なお，2次元矩形断面では，断面辺長比B/Dが次第に大きくなるに従い，ねじれフラッターから，連成フラッターに変化するが，流れ場が劇的に変化するのではなく，きわめて連続的な流れの変化による．つまり，断面前縁部付近での局所的な流れのはく離バブルにとる断面側面の非定常圧力の大きさの分布図の重心位置が，断面の中心部より上流側にあるか否かで，ねじれフラッターが生じるか否かが決定される．この重心位置は，断面辺長比が大きくなるに従い，断面後縁側に移動し，ちょうど，重心位置に一致したB/Dの矩形断面が，ねじれフラッターから連成フラッターへ変化する臨界断面といえる．矩形断面の場合，おおよそ$B/D=12.5$程度となる．Scanlan[5]によれば，ねじれ

4.2 空力振動の種類と発生機構

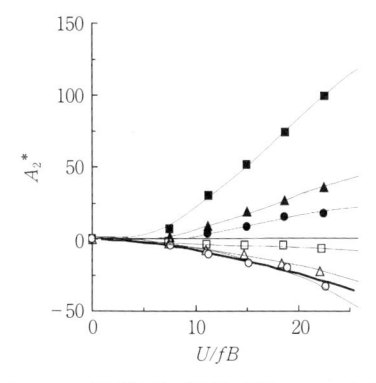

図4.2.17 矩形断面の断面辺長比 B/D の変化に伴う非定常空気力係数 A_2^* の変化
■: $B/D=5$, ▲: $B/D=8$, ●: $B/D=10$, □: $B/D=12.5$, △: $B/D=15$, ○: $B/D=20$, ―: セオドルセン関数による結果.

1自由度系の非定常ピッチングモーメント M は

$$M = \frac{1}{2}\rho(2b^2)U^2\left\{kA_2^*\frac{b\dot{\phi}}{V} + k^2A_3^*\phi\right\}$$

(ただし ρ は空気密度, U は風速, b は半弦長 ($2b=B$), k は換算振動数 ($=b\omega/U$, ω はフラッター円振動数), $\phi/\dot{\phi}$ はねじれ変位/ねじれ変位速度, A_2^*, A_3^* は非定常空気力係数(aerodynamic derivatives))のように表される. A_2^* は, 空力減衰項を表し, この値が正値をとることは, ねじれ振動発現を意味する. 図4.2.17に示されるように, 矩形断面では, この A_2^* が断面辺長比 B/D の増加に従い, 連続的に正値から負値へ変化することが知られる [4]. なお, 曲げ1自由度のギャロッピングの説明に用いられる準定常空気力理論は, ねじれフラッターの場合, ねじれ応答と空気力の間の位相が生じることから, その適用は困難とされている.

(2) 曲げねじれ連成フラッター

流れ直角方向のたわみ振動(曲げ振動)とねじれ振動が連成するフラッターをいう. その振動機構は, 曲げ振動により, 非定常ピッチングモーメントが生じ, またねじれ振動により, 非定常揚力が生じることによる. つまりこれらの連成空気力が連成フラッターを励起する. 平板翼のフラッター問題は, 1930年代に, ポテンシャル理論を用い研究が行われ, Theodorsen [6], Karman [7] は別個の流体モデルをもとに, 非定常空気力を誘導した. それらの解は同じであり, Theodorsen の発表が Karman よりも先んじたことから, 空気力の非定常性を表す関数は, Theodorsen 関数とよばれている. 詳細は, それぞれの文献に譲るが, Theodorsen は, 平板翼面に, 沸き出しと吸い込みを仮定したのに対し, Karman は平板翼を拘束渦に, wake を wake 渦の集合とした渦点解析により求めた. Karman の考えは, 今日の CFD 解析における渦点解析と基本的には同じである. Scanlan は平板翼の曲げねじれ2自由度系の非定常空気力と同様に, 一般の構造断面に対してもそれらの空気力(揚力およびピッチングモーメント)が, 曲げ変位, 曲げ変位速度, ねじれ変位, ねじれ変位速度の線形結合により表現できるものとし, その運動方程式を次式で表した [5].

$$\ddot{y} + 2\zeta_{y0}\omega_{y0}\dot{y} + \omega_{y0}^2 y = \frac{1}{2m}\rho(2b)U^2$$
$$\times\left\{kH_1^*\frac{\dot{y}}{U} + kH_2^*\frac{b\dot{\phi}}{U} + k^2H_3^*\phi + k^2H_4^*\frac{y}{b}\right\}$$

$$\ddot{\phi} + 2\zeta_{\phi0}\omega_{\phi0}\dot{\phi} + \omega_{\phi0}^2\phi = \frac{1}{2I}\rho(2b^2)U^2$$
$$\times\left\{kA_1^*\frac{\dot{y}}{U} + kA_2^*\frac{b\dot{\phi}}{U} + k^2A_3^*\phi + k^2A_4^*\frac{y}{b}\right\}$$

ただし, y は曲げ変位, ϕ はねじれ変位, $\zeta_{y0}/\zeta_{\phi0}$ は曲げ/ねじれの減衰比, $\omega_{y0}/\omega_{\phi0}$ は曲げ/ねじれの円振動数, H_i^*, A_i^* ($i=1\sim4$) は非定常空気力係数.

なお, これらの非定常空気力は, C_{Ly}, $C_{L\phi}$, $C_{L\dot{\phi}}$, $C_{L\dot{y}}$, C_{My}, $C_{M\phi}$, $C_{M\dot{\phi}}$, $C_{M\dot{y}}$ などにより表現されることもあるが, 係数の違いがあっても本質的には同じものである. これらの非定常空気力係数は, 曲げ1自由度, ねじれ1自由度, 曲げねじれ2自由度系において風洞実験より求められたフラッター振動数, 減衰あるいは振幅比, 位相差より求められる [8]. このほかに, 曲げあるいはねじれ1自由度の強制振動状態での非定常揚力や非定常ピッチングモーメントを直接計測して求めたり, 曲げねじれ2自由度系の任意加振での時間応答に同定手法を適用して求めることもできる [たとえば9]. さらにこれら風洞実験によらず, CFD 解析により, 曲げあるいはねじれ振動中の揚力やピッ

チングモーメントを解析的に求め，それらから非定常空気力係数を求める試みもなされている．これらの非定常空気力係数は，平板翼の場合には，次のようにTheodorsen関数 $C(k) = F(k) - iG(k)$ の実関数 $F(k)$ と虚数項 $G(k)$ により表される．

$$H_1^* = -2\pi \frac{F(k)}{k},$$

$$H_2^* = -2\pi \left(\frac{1}{2} + \frac{F(k)}{2} - \frac{G(k)}{k} \right) \bigg/ k,$$

$$H_3^* = -2\pi \left(\frac{F(k)}{k} + \frac{G(k)}{2} \right) \bigg/ k,$$

$$H_4^* = -2\pi \frac{G(k)}{k},$$

$$A_1^* = \pi \frac{F(k)}{k},$$

$$A_2^* = \pi \left(-\frac{1}{2} + \frac{F(k)}{2} - \frac{G(k)}{k} \right) \bigg/ k,$$

$$A_3^* = \pi \left(\frac{F(k)}{k} + \frac{G(k)}{2} \right) \bigg/ k,$$

$$A_4^* = \pi \frac{G(k)}{k}$$

これらの非定常空気力は，曲げあるいはねじれ定常振動状態での断面側面上の非定常圧力を求め，それらを積分することによっても求められる．種々の辺長比を有する2次元矩形断面の圧力を求めると，定常曲げ振動と定常ねじれ振動に対して得られた非定常圧力は，側面上での圧力分布，位相分布はほぼ同様であり，圧力振幅の最も大きくなる（その位置は曲げ振動とねじれ振動で同じ）$C_{p_{\max}}$ の大きさは，曲げ変位速度と風速の比で決まる相対迎角と，ねじれ変位で決まる相対迎角の大きさに比例し，ねじれ変位速度の影響がほとんどみられないという特性を有する．つまり，曲げ振動あるいはねじれ振動時の非定常揚力や非定常ピッチングモーメントは，それぞれ

$$L = (換算振動数に関する複素関数)_{L\dot{y}} \frac{\dot{y}}{U}$$
$$\quad + (換算振動数に関する複素関数)_{L_\phi} \cdot \phi$$

$$M = (換算振動数に関する複素関数)_{M\dot{y}} \frac{\dot{y}}{U}$$
$$\quad + (換算振動数に関する複素関数)_{M_\phi} \cdot \phi$$

のように表せる．これらの式の中で，換算振動数に関する複素関数は，適当に無次元化されたとき，等価なTheodorsen関数に対応する．曲げ振動とねじれ振動により生じる非定常圧力が，相対迎角のみで決定されるとすれば，それぞれの非定常空気力係数の間に次のような関係が成り立つ．

$$H_1^* = kH_3^*, \quad H_4^* = -kH_2^*$$
$$A_1^* = kA_3^*, \quad A_4^* = -kA_2^*$$

ここでは，計4個の係数が独立となる．さらに，非定常空気力係数により決まる等価Theodorsen関数の逆ラプラス変換である時間関数が実関数になるという関係から，結局，揚力で一つ，ピッチングモーメントで一つの合計2個の非定常空気力係数が独立な係数となる．これらの非定常空気力

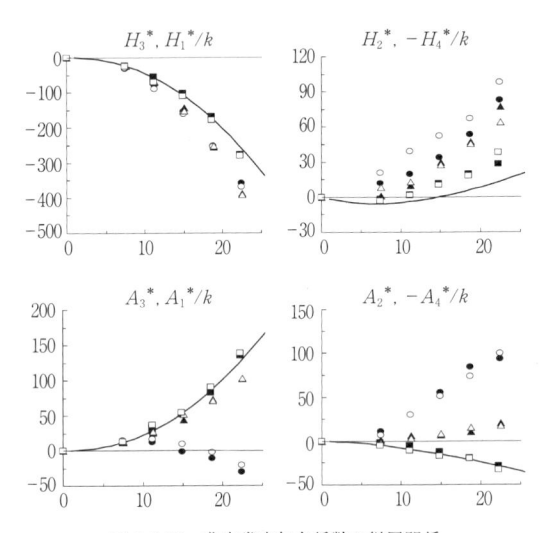

図4.2.18 非定常空気力係数の従属関係

○：$B/D = 5$ 矩形断面の $H_3^*, H_2^*, A_3^*, A_2^*$
△：$B/D = 10$ 矩形断面の $H_3^*, H_2^*, A_3^*, A_2^*$
□：$B/D = 20$ 矩形断面の $H_3^*, H_2^*, A_3^*, A_2^*$
●：$B/D = 5$ 矩形断面の $H_1^*/k, -H_4^*/k, A_1^*/k, A_4^*/k$
▲：$B/D = 10$ 矩形断面の $H_1^*/k, -H_4^*/k, A_1^*/k, A_4^*/k$
■：$B/D = 0$ 矩形断面の $H_1^*/k, -H_4^*/k, A_1^*/k, A_4^*/k$

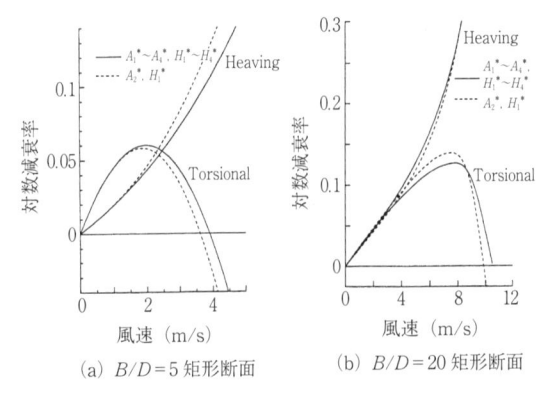

(a) $B/D = 5$ 矩形断面

(b) $B/D = 20$ 矩形断面

図4.1.19 従属関係から求めた非定常空気力係数を用いたフラッター特性と8個の非定常空気力係数を用いたフラッター特性の比較

係数の従属関係は，辺長比 B/D が 5 から 20 の矩形断面にほぼ成り立つ（図 4.2.18）．またこれらの非定常空気力係数を用いてフラッター特性（ねじれ分枝の風速-減衰特性）を求めると，ほぼ一致することが認められる [10]（図 4.2.19）．なお，矩形断面のねじれフラッターのところで説明したように，A_2^* が，断面辺長比 B/D の増加に従い正値から負値へ変化し，B/D がおよそ 12.5 付近でちょうど 0 となる．つまり $B/D = 12.5$（臨界辺長比）以上の辺長比をもつ矩形断面では，曲げねじれ連成フラッターが，また $B/D = 12.5$（臨界辺長比）以下の辺長比をもつ矩形断面ではねじれフラッターが生じることになる．また，2 次元 H 型断面では，$B/D = 20$ がその臨界辺長比となる [11]．

(3) 横たわみ・曲げ・ねじれ連成フラッター

長大吊橋の桁の，横たわみ振動卓越モードに生じるねじれ成分が無視できない場合には，横たわみ・曲げ・ねじれ連成フラッターの 3 自由度フラッター解析を行う必要がある．基本的には曲げ・ねじれフラッターではあるが，振動自由度としては 3 自由度フラッターとなり，運動方程式は次式で表される．

$$\ddot{x} + 2\zeta_{x0}\omega_{x0}\dot{x} + \omega_{x0}^2 x = \frac{1}{2m}\rho(2b)U^2$$
$$\times \left\{ kP_1^* \frac{\dot{y}}{U} + kP_2^* \frac{b\dot{\phi}}{U} + k^2 P_3^* \phi + k^2 P_4^* \frac{y}{b} \right.$$
$$\left. + kP_5^* \frac{\dot{x}}{U} + k^2 P_6^* \frac{x}{b} \right\}$$

$$\ddot{y} + 2\zeta_{y0}\omega_{y0}\dot{y} + \omega_{y0}^2 y = \frac{1}{2m}\rho(2b)U^2$$
$$\times \left\{ kH_1^* \frac{\dot{y}}{U} + kH_2^* \frac{b\dot{\phi}}{U} + k^2 H_3^* \phi + k^2 H_4^* \frac{y}{b} \right.$$
$$\left. + kH_5^* \frac{\dot{x}}{U} + k^2 H_6^* \frac{x}{b} \right\}$$

$$\ddot{\phi} + 2\zeta_{\phi0}\omega_{\phi0}\dot{\phi} + \omega_{\phi0}^2 \phi = \frac{1}{2I}\rho(2b^2)U^2$$
$$\times \left\{ kA_1^* \frac{\dot{y}}{U} + kA_2^* \frac{b\dot{\phi}}{U} + k^2 A_3^* \phi + k^2 A_4^* \frac{y}{b} \right.$$
$$\left. + kA_5^* \frac{\dot{x}}{U} + k^2 A_6^* \frac{x}{b} \right\}$$

ただし，x は横たわみ変位，P_i^*, H_i^*, A_i^* ($i = 1 \sim$

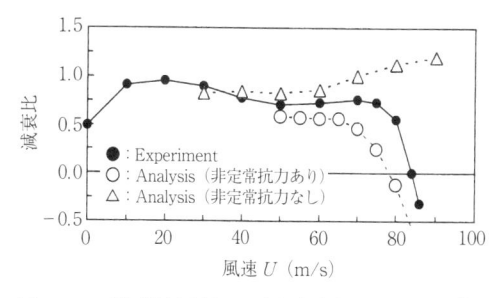

図 4.2.20 明石海峡大橋の 3 自由度連成フラッター（『橋梁の耐風設計』土木学会より引用）

6）は非定常空気力係数．

明石海峡大橋についての全橋弾性模型のフラッター特性は，2 次元剛体模型で得られた非定常空気力係数をもとに，フラッター解析を行ったところ，上式の 3 自由度系（ただし，P_6^*, H_6^*, A_6^* は 0 とし，P_5^*, H_5^*, A_5^* は，準定常空気力理論を仮定）したところ，図 4.2.20 に示されるように，曲げ・ねじれ 2 自由度で解析した結果より，実験値をよく説明できる [12]．このように，横たわみ・曲げ・ねじれ 3 自由度フラッター解析が必要かどうかは，前にもふれたように，横たわみ振動モードに含まれるねじれ成分がどの程度かによるといえる．

[松本　勝]

文　献

[1] McAlister, K. W. and Carr, L. W., 1979, Water tunnel visualizations of dynamic stall. Trans. *ASME I : J. Fluids Engng.*, **101**, pp. 376-380

[2] Steinman, D. B., 1950, Aerodynamic theory of bridge oscillations, *Trans. ASCE*, **116**, pp. 1180-1217

[3] von Karman, T. and Dunn, L. G., 1949, Aerodynamic Stability of Suspension Bridges with Special Reference to the Tacoma Narrows Bridge, F. D. Farquhason (ed.), Bull. of Univ. Washington Eng. EXP. Station, No. 116, Part 1

[4] Matsumoto, M., Daito, Y., Yoshizumi, F., Ichikawa, Y. and Yabutani, T., 1997, Torsional Flutter of Bluff Bodies, *J. Wind Engineering and Industrial Aerodynamics*, **69-71**, pp. 871-882

[5] Scanlan, R. H., Belveau, J. G. and Budlong, K. S., 1974, Indicial Aerodynamic Functions for Bridge Decks, *J. Engng. Mech. Division, Proc. ASCE*, **100**, EM4. pp. 657-672

[6] Theodorsen, T, 1935, General Theory of Aerodynamic Instability and the Mechanism of Flutter, *NACA TR*, No. 496. pp. 413-433

[7] von Karman, T. and Sears, W. R., 1938, Airfoil Theory for Non-Uniform Motion, *J. Aeronautical Sciences*, **5**, pp. 379-389

[8] Scanlan, R. H. and Tomko, J. J., 1971, Airfoil and Bridge Deck Flutter Derivatives, *J. Engng. Mech. Division*, 97, EM6, American Society of Civil Engineering, pp. 1717-1737

[9] Jakobsen, J. B. and Hansen, E. H., 1993, Determination of the aerodynamic derivatives by a system identification method, Proc. of 1st IAWE European and African Regional conference, pp. 367-377

[10] Matsumoto, M., Hamasaki, H. and Yoshizumi, F., 1997, On Flutter Stability of Decks for Super-Long-Span Bridge, *Structural Engng./Earthquake Eng.*, **14**, 2, Japan Society of Civil Engineering, pp. 185-199

[11] Matsumoto, M., Shirato, H., Mizuno, K., Shijo, R. and Hikida, T., 2004, Flutter Characteristics of H-shaped Cylinders with various Side-Ratios and Similarity to Rectangular Ones, Proc. of 5th International Colloquium on Bluff Body Aerodynamics and Applications, pp. 277-280

[12] 勝地弘, 宮田利雄, 北川信, 佐藤弘史, 樋上秀一, 1994, 明石海峡大橋大型風洞試験での連成フラッター特性に関する考察, 第13回風工学シンポジウム論文集, No. 65, pp. 383-388

(4) 多自由度フラッター

　フラッターとは，構造物に発生するねじれを主体とした発散振動であり，構造物の動きに伴う自励空気力によってもたらされる負減衰作用がおもな発生原因となる．橋梁フラッターの解析は，航空分野での理論に基づき，橋桁が鉛直とねじれの2自由度振動をするという仮定から検討が始まった[1]．歴史的には，Bleichが振動モードの概念を導入し，橋桁断面でのいわゆる2次元の議論から橋桁全体のいわゆる3次元の議論へと拡張した．さらに，橋桁の変形を複数の固有振動モードの重合せで表現する，いわゆるモード解析法を導入することで，複数モードの効果，あるいは鉛直たわみ，ねじれに加えて水平たわみの影響も含んだ，より高い自由度，すなわち多自由度フラッター解析が可能となった[2]．本来，フラッターとはねじれを主体とする発散振動の一振動モードであり，この多自由度フラッター (multi-mode flutter ともよばれる) とは便宜的な呼称に過ぎない．すなわち，多自由度フラッターとは，自励空気力の作用を考慮した運動方程式に対して複素固有値解析を適用する際に，振動変位を多くの固有振動モードの重合せで表現することに由来する．

　図4.2.21，4.2.22に多自由度フラッター解析で得られた風速と減衰の関係，フラッター限界風速でのフラッターモード（対称モード）の一例をそれぞれ示す．図4.2.21では，解析に用いた固有振動モードの数と同じ数の風速-減衰関係（振動モード）が得られている．このうち，最低風速で負減衰にいたる点がフラッター限界風速であり，その点での振動モードがフラッターモードを与えることになる．ここで，得られた個々の解（モード）は，自励空気力の作用によって系が変化するため，もとの固有振動モードとは異なる新たな振動モードを与える．とくに，自励空気力が振動変位と速度に比例する形で定義され，また鉛直たわみ，ねじれ，水平たわみのそれぞれが非定常揚力，空力モーメント，抗力に寄与するため，得られる新たな固有振動モードは3成分が連成した複素振動モードとなる（図4.2.22）．ただ，基本的には固有振動モードと同様に鉛直たわみが卓越したモードやねじれが卓越したモードが存在し，負減衰へとつながるモードは基本的にはねじれを主体とするものである．ここで，明石海峡大橋の全橋模型風洞実験で観測された多自由度フラッター（連成フラッター）の1/8周期ごとのフラッター

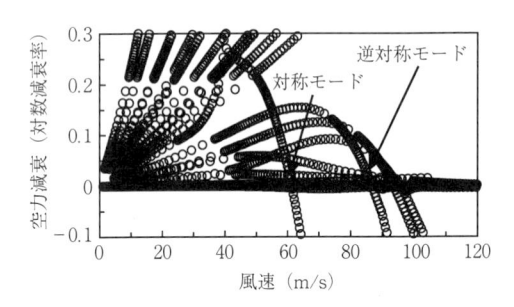

図4.2.21 多自由度フラッター解析における空力減衰の変化

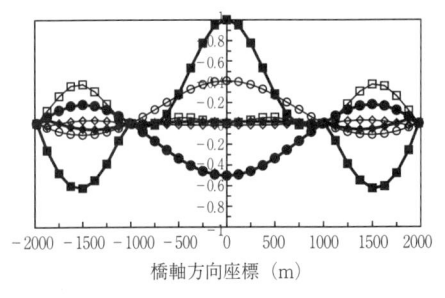

図4.2.22 フラッターモード（対称モード）
■, □：鉛直成分（実部，虚部）
◆, ◇：水平成分（実部，虚部）
●, ○：ねじれ成分（実部，虚部）

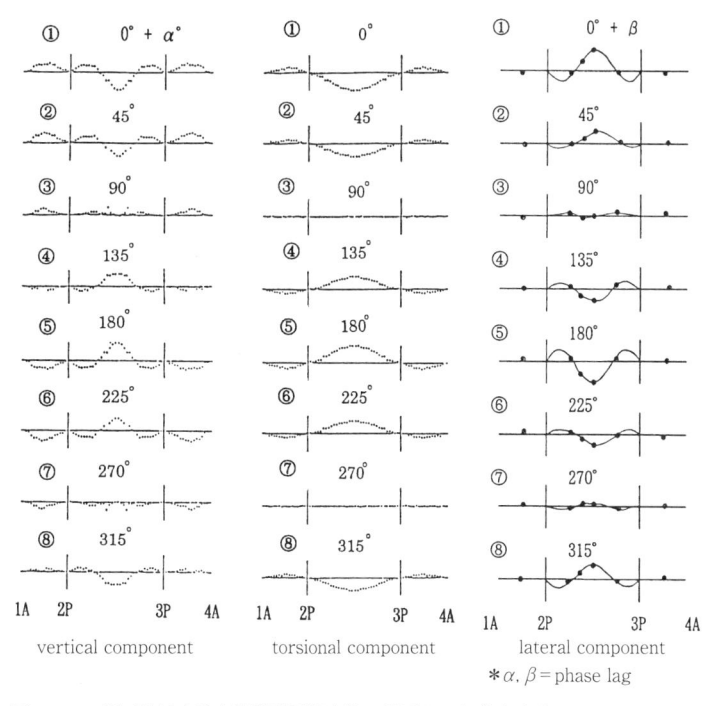

図 4.2.23 明石海峡大橋全橋模型風洞実験で観測された多自由度フラッターモード
(1/8 周期ごとの鉛直たわみ,ねじれ,水平たわみ成分) [1]

モード [3] を図 4.2.23 に示す.　　　　[勝地 弘]

文　献

[1] 岡内功,伊藤學,宮田利雄,1977,耐風構造,丸善
[2] 日本鋼構造協会編,1997,構造物の耐風工学,東京電機大学出版局
[3] 勝地弘,宮田利雄,北川信,佐藤弘史,樋上琢一,1994,明石海峡大橋大型風洞試験での連成フラッター特性に関する考察,第13回風工学シンポジウム論文集,pp. 383-388

(5) フラッター解析

フラッター解析には,モードの組み合わせに応じて複素固有値解析を行う方法と,各分枝に着目して,逐一的に解析する step-by-step 法 [1～3] (ねじれ分枝の場合には,曲げ振動は相対迎角を与え,それにより励起されるピッチングモーメントによりねじれ振動支配型のフラッターであり,一方曲げ分枝は,ねじれによる相対迎角により励起される揚力に支配された曲げ振動型のフラッターとして区別される) がある.いずれの方法においても,フラッター特性として,各分枝に対して風速-減衰関係,風速-振動数関係,風速-曲げ振動とねじれ振動の間の位相関係,風速-曲げ振動とねじれ振動の振幅比が求められる.複素固有値解析によれば,平板翼断面のほか,多くの構造断面では,ねじれ分枝のフラッターが生じる結果が得られるのに対し,step-by-step 法によれば,ねじれ分枝と曲げ分枝が混在して生じ,その後風速増加とともに,曲げ分枝のフラッターにスイッチし,さらに高風速では,準定常的な連成フラッターになる結果が得られる.風速-フラッター振動数の関係は,図 4.2.25 に示されるように,ねじれ分枝と曲げ分枝の曲線は接近するが,互いに交わることはない.一方,step-by-step 法では,両者が交わり,分枝がスイッチしている.しかし,偏平矩形断面の弦長 (chord) 中央部に鉛直板を有する断面など,非定常空気力係数 A_2^* が,負値でその絶対値が大きくなる構造断面では,複素固有値解析においても曲げ分枝のフラッターが生じる結果が得られる [4].フラッターがねじれ分枝で生じるかあるいは曲げ分枝で生じるかは,フラッター安定化を図る上で,制御すべき非定常空気力係数が異なることから,注意を要する [10].

[松本　勝]

文　献

[1] Matsumoto, M., Daito, Y., Yoshizumi, F., Ichikawa,

Y. and Yabutani, T. 1997, Torsional Flutter of Bluff Bodies, *Journal of wind Engineering and Industrial Aerodynamics*, 69-71, pp. 871-882

[2] Matsumoto, M., Hamasaki, H. and Yoshizumi, F., 1997, On Flutter Stability of Decks for Super-Long-Span Bridge, *Structural Eng./Earthquake Eng.* **14**, No. 2, Japan Society of Civil Engineering. pp. 185-199

[3] Matsumoto, M., Shirato, H., Mizuno, K., Shijo, R., Hikida, T., 2004, Flutter Characteristics of H-shaped Cylinders with various Side-Ratios and Similarity to Rectangular Ones, *Proc. of 5th International Colloquium on Bluff Body Aerodynamics and Applications*, pp. 277-280

[4] Matsumoto, M., Kobayshi, K., Niihara, Y., Shirato, H. and Hamasaki, H., 1995, Flutter mechanism and its Stabilization of Bluff Bodies, *Proc. of 9th International Conference of Wind Engineering.* pp. 827-838

[5] Matsumoto, M., Yoshizumi, F., Yabutani, T., Abe, K. and Nakajima, N., 1999, Flutter stabilization and heaving-branch flutter, *Journal of Wind Engineering and Industrial Aerodynamics*, 83, pp. 289-299

(6) 全橋のフラッター解析

連成フラッターについての応答解析が，通常フラッター解析あるいは他自由度フラッター解析とよばれている．これは，連成フラッターでは非定常空気力の介在で振動モード形に強い振動自由度間の連成がみられるようになるため，対象とする状況（通常は観測風速）ごとに振動モード形を決めていく必要があったことが一つの理由であり，またフラッター解析が盛んに行われるようになった明石海峡大橋の耐風安定性の議論で連成フラッターが検討対象にあっていたことがもう一つの理由になる．確かに連成フラッターの分析では解析的に煩雑さがあるため，とくに他の空力弾性応答解析と区別して扱われることには意味があるが，非定常空気力を外力とした支配方程式上は連成フラッターであっても，一自由度フラッターであっても，さらに渦励振であっても差はなく，この意味でフラッター解析を狭義のとらえた分析手法が連成フラッターの応答解析であり，他のものを含め，空力弾性応答解析を広義のフラッター解析と考えるほうがわかりやすい．

(a) 観測される空力応答振動モード形

提案されている非定常空気力定式化はいくつかあるが，基本的には振動変位同相成分と振動速度同相成分に分けて定式化されており，これを用いた支配方程式は以下のとおりとなる．

$$[M]\{\ddot{u}\} + [C]\{\dot{u}\} + [K]\{u\} = [F_R]\{u\} + [F_I]\{\dot{u}\}$$

$$[M]\{\ddot{u}\} + ([C] - [F_I])\{\dot{u}\} + ([K] - [F_R])\{u\} = 0$$

下式は右辺を左辺に移項し整理したものである．また，非定常空気力は，空力弾性振動応答の特性に応じ，換算風速（あるいはその逆数の換算波数）と振動応答の状況（通常は振幅）の関数になる．上式によれば，定常な振動応答は下式の減衰項をゼロとするような状況をみいだすことがフラッター解析の目標となる．一方，全橋模型試験で観測される定常振動応答は上式で減衰項がゼロの振動応答であるため，きわめてきれいな振動モード形を観測することができ，とくに一自由度系の空力弾性振動では構造固有振動解析で得られる固有振動モードと減衰がない振動方程式を解く解という意味ではほぼ一致する．

(b) フラッター解析の手順

(i) 振動モード形が非定常空気力の影響を受けない場合：渦励振，1自由度フラッターなど1自由度系の空力弾性振動では，振動応答として観測される振動モード形は固有振動解析で得られる振動モード形にきわめて近いことが知られている．非定常空気力係数が応答振幅の影響を受けることを考慮し，着目する振動モード形を決めると，固有振動解析より得られる固有振動モード形を用い，上式より次の式が導かれ，これを解くことにより，着目風速での応答を得ることができる．

$$[M]\{\ddot{u}\} + ([C] - [F_I])\{\dot{u}\} + ([K] - [F_R])\{u\} = 0$$

$$\frac{{}^t\phi_i[C]\phi_i - {}^t\phi_i[F_I(A_0\phi : U_R)\phi_i]\phi_i}{{}^t\phi_i[M]\phi_i} = 0$$

$$\therefore \{u\} = \sum_i A_0 \phi_i q_i$$

$$2h_i w_i - \frac{{}^{tt}\phi_i[F_I(A_0\phi_i : U_R)\phi_i]\phi_i}{{}^t\phi_i[M]\phi_i} = 0$$

(ii) 振動モード形が非定常空気力の影響を受ける場合：非定常空気力により振動モード形が顕著に影響を受ける連成フラッターでは，上述の支配方程式から振動モード形，固有振動数，振動応答の減衰性状を直接求める必要がある．最も直接的には先の支配方程式の固有値解析（複素固有値解析）を直接行い，複素固有モード形，複素固

有値として解を得る直接法，解をあらかじめ優位な固有振動モード形で展開しサブスペースを構成し，同じく固有振動解析を行うモード法がある．また，風速の扱い，固有振動モードの選択の仕方，解を得る上での収束計算の手順により，さまざまな提案があり，一部実務に供されている．

[山田　均]

(7) 非定常空気力係数の役割

図 4.2.24 は，Karman が，タコマナロウズ橋の落橋事故調査に関連して行った，各種の辺長比 B/D を有する2次元H型断面の，ねじれ1自由度と曲げ・ねじれ2自由度のフラッター限界風速の実験結果を示すものである．この図に示されるように，断面辺長比 B/D がおよそ9.5を境として，それより小さなよりブラフな断面では，ねじれ1自由度系のほうがフラッター限界風速が小さく，9.5より大きなよりスレンダーな断面では，曲げ・ねじれ2自由度のほうがフラッター限界風速が小さくなる．このことは，断面辺長比9.5を境にして，フラッターに対し，空力連成項が9.5より小さな場合には安定側（フラッターを抑制する側）に，また，9.5より大きな場合には不安定側（フラッターを促進させる側）にはたらくことがわかる．このように，それぞれの非定常空気力係数が，フラッターにどのような役割を果たすかを知ることはフラッターに対しより安定な構造断面の開発や，フラッター安定化に必要である．前述の step-by-step フラッター解析により，それぞれの非定常空気力係数のフラッターへの役割を知ることができる．$B/D=20$ の2次元矩形断面の場合の，各非定常空気力係数のねじれ分枝および曲げ分枝の（フラッター）減衰に与える効果を図 4.2.25 に示す．このように分枝により，フラッターの不安定化に関係する非定常空気力係数が異なり，また，非定常空気力係数間にある関係が成立するために，フラッター安定化にとって大きな課題が存在する．しかし結論的には，これらの非定常空気力係数の中でも，A_1^* と H_3^* の制御がフラッター安定化にとって絶対条件といえる．

(8) フラッターの安定化

長大橋のフラッターを安定化について説明する．そのためには，大きく，構造的安定化と空力的安定化に分けられる．構造的には，できるだけねじれの固有振動数を大きくし，また曲げ・ねじれ振動数比（$\omega_{ねじれ}/\omega_{曲げ}$）を大きくすること

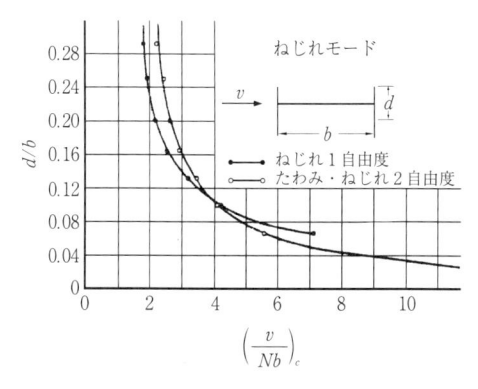

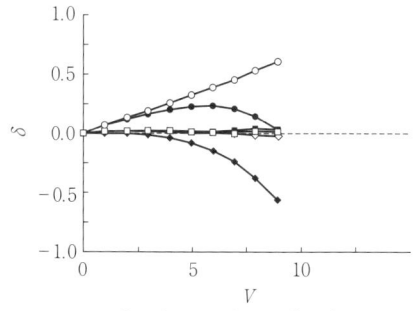

図 4.2.24　2次元H型断面の断面辺長比 B/D の変化によるフラッター限界風速の変化 [14]

●: δ_ϕ, ○: $-①A_2^*$, ■: $-①②A_1^*|H_2^*|\cos\theta_1$,
□: $①②A_4^*|H_2^*|\sin\theta_1$, ◆: $-①②A_1^*|H_3^*|\cos\theta_2$, ◇: $①②A_4^*|H_3^*|\sin\theta_2$.
$B=0.3$ m, $f_\eta=4.0$ Hz, $f_\phi=5.2$ Hz, $M=2.42$ kg/m, $I=0.0181$ kgm²/m.

(a) ねじれ分枝

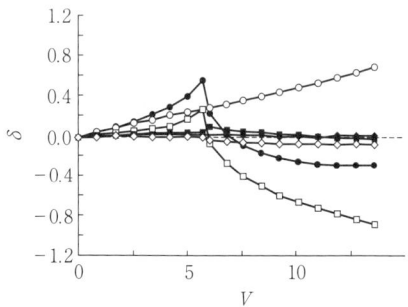

●: δ_η, ○: $-①H_1^*$, ■: $-①②A_1^*|H_2^*|\cos\theta_1$,
□: $①②A_1^*|H_3^*|\sin\theta_1$, ◆: $-①②A_4^*|H_2^*|\cos\theta_2$, ◇: $①②A_4^*|H_3^*|\sin\theta_2$.
$B=0.15$ m, $f_\eta=4.5$ Hz, $f_\phi=6.0$ Hz, $M=2.00$ kg/m, $I=0.005$ kgm²/m.

(b) 曲げ分枝

図 4.2.25　各非定常空気力係数の減衰への寄与（$B/D=20$ 矩形断面）

が考えられる．一方，空気力学的に安定化させるためには，次の3とおりが考えられる．一つは，曲げ・ねじれフラッターを不安定化させる非定常空気力係数，A_1^*あるいはH_3^*の絶対値を小さくなるような桁の幾何学的形状を工夫する．二つ目は，桁作用するフラッターにかかわる非定常空気力全体をできるだけ小さくする．三つ目は，何らかの方法で，フラッターを不安定化させる非定常空気力を相殺させる，であろう．一つ目の例としては，流れのはく離を断面前縁部と中央部の2カ所で生じさせるような偏平ダイアモンド型の桁（交通は，箱桁内部を利用）であり，二つ目の例としては，明石海峡大橋の場合には，桁床板部にグレーチングとよばれる風が上下に吹き抜けるように簀の子状になった部分を設置することにより，非定常空気力を小さくして，フラッター安定化に成功している．また，床板全体をグレーチングとすることで，非定常空気力を著しく低減させ，フラッターを著しく安定化させることができる．一方，複数の箱桁を分離させたいわゆる分離箱桁では，それぞれの箱桁に作用する非定常空気力を，とくにフラッターを不安定化する非定常空気力を，互いに相殺させることにより，フラッターを安定化させることができる．表4.2.1は，いくつかフラッター安定性がよい（同じ動特性を有する平板翼のフラッター限界風速よりも高いという意味で）構造断面の，フラッター安定性指標（$Vcr/Vcr_{平板翼}$），それに，フラッター安定性に大きな影響のあるA_2^*，A_1^*，H_3^*（換算風速10のときの値）の平板翼に対する比を一覧に示したものである [1]．この表にも示されるように，フラッターの安定化のためには，A_1^*制御，H_3^*制御，あるいはA_1^*，H_3^*制御がポイントとなっていることがわかる．なお，モノデュオ形式の吊橋において，対象モードの連成フラッターが安定化されるメカニズムは，その特有のねじれモード形状によるH_2^*，H_3^*に関連した項の制御による曲げ分枝フラッター安定化による．このように，aerodynamic derivativesと振動モードを同時に考慮することでよりフラッター安定性能の高い長大橋の設計が期待される [2]． [松本　勝]

文　献

[1] Matsumoto, M. and Shijo, R., 2001, Key Point for Flutter Stabilization of Long Span Bridge, Wind

表4.2.1　各桁断面の空力特性の比較

Bridge Girders	Vr_{cr}	A_2^*/A_2^* 平板	A_1^*/A_1^* 平板	H_3^*/H_3^* 平板	remarks
ダイヤモンド型桁	1.16	1.88	1.28	0.79	(H_3^* 制御)
楕円型	1.01	0.75	0.52	1.59	A_1^* 制御
2箱桁	≫1	0.92	0.53	1.02	A_1^* 制御
海洋架橋プロジェクト2箱桁	3.8	0.36	0.1 at $Vr=10$	0.40	A_1^*，(H_3^*) 制御
フェアリング付2箱桁	1.4〜1.5	0.79	0.58	0.88	A_1^* 制御
メッシナ海峡橋桁	≫3	0.37	0.19	0.65	A_1^*，(H_3^*) 制御
オールグレーチング桁	>2.8	0.04	0.002	0.12	A_1^*，H_3^* 制御
鉛直板付矩型桁	1.11	3.75 H_1^*/H_1^* 平板 (1.03)	2.05	0.79	(H_3^* 制御)
鉛直板付偏平六角桁	(>2.5)	0.5 H_1^*/H_1^* 平板 (0.83)	1.08	-0.33	H_3^* 制御

Hazard Mitigation In Urban Area, TIP
[2] Matsumoto, M., 2005, Flutter instability of structures, Proc. of The 4th European and African Conference on Wind Engineering, pp. 6-11

(9) ウェイクインデューストフラッター

流れ方向，流れ直交方向の固有振動数が等しい2円柱が比較的離れているとき，下流側の円柱が，流れおよび流れと直交する方向成分を有する大きな楕円軌道を描いて振動する現象を，ウェイクインデューストフラッター（wake-induced flutter）という[6]．多くの場合，流れ方向成分の振幅の方が大きくなる．この現象は，2円柱間が円柱の直径の8倍や13倍など大きく離れているときで，かつ，下流側円柱が，上流側円柱のwake-centerよりややずれて位置するときに生じやすい．送電線[7]や，吊橋のハンガーなどで生じた例が報告されており，その制振対策としては，スペーサーと呼ばれる2円柱間を連結する装置を取り付けたり，円柱表面にヘリカル・ワイヤーなどを巻くなどなされている．しかしながら，その励振機構については，上流側円柱のウェイクが影響しているということ以外，その詳細は十分に明らかにされていない．

ウェイクインデューストフラッターの発現限界を解析的に求める手法として，ギャロッピングと同様に準定常的な扱いがなされる場合がある[2]．まず，上流ケーブルからのウェイクを受ける下流ケーブルが鉛直，水平の2自由でばね支持された状態を考え，下流ケーブルに作用する変動空気力をギャロッピングでの場合と同様に準定常的に表現することで，2自由度の連成した運動方程式を得ることができる．下流ケーブルが鉛直，水平方向にそれぞれ調和振動すると仮定し，運動方程式に代入することでウェイクインデューストフラッターの発現限界および振動振幅を求めることができる．このようにして得られた発現限界は，図4.2.26[2]に示すように実験値と比較的よく対応することが確認されている．一方，振動振幅に関しては，楕円軌道を示すという定性的な一致はみられるものの，絶対値の比較ではそれほどよい一致は認められないようである[3]．

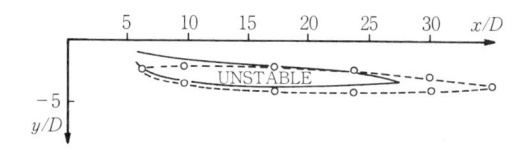

図4.2.26 振動発現領域に対する実験値と解析値の比較
（横軸：風方向，縦軸：風直角方向）[2]
——：解析値，……：実験値．

近年，橋梁分野でも明石海峡大橋のPE被覆された円形断面並列ハンガー（ケーブル間隔9D，Dはケーブル径）において，ウェイクインデューストフラッターが観測されている．これは，風速12 m/s程度以上のときに長さ100～200 mの下流側ハンガーが，1～7次程度のモードで風軸方向に卓越した大振幅の楕円軌道振動を起こしたものである．その後，このハンガーケーブルを対象とした風洞実験が実施され，いくつかの特性が明らかとなっている[4,5]．

① 励振力は非常に大きく，最大で負減衰 $\delta=-0.2$（対数減衰率）以下となる．減衰を増加させると発現風速が上昇するが，減衰増加だけでは制振はむずかしいと考えられる．

② ケーブル間隔がおおむね6D以下では鉛直方向振動が卓越したウェイクギャロッピングが発生するが，おおむね7D程度以上では風軸方向に長い楕円軌道を描く．ただし，7Dでは比較的小さな振幅にとどまる．

③ 迎角5～15度程度のときに最も振動が大きくなる．

④ 応答特性は，ケーブル間隔，迎角のほか，

図4.2.27 明石海峡大橋ハンガーのヘリカルワイヤー

固有振動数にも依存する．振動数によっては比較的小さな振動にとどまる場合もある．

なお，明石海峡大橋のハンガーの場合には，風洞実験の結果から，図4.2.27に示すヘリカルワイヤーを巻き付ける制振対策が取られたが[4]，ウェイクインデューストフラッターの応答特性，制振方法について完全には解明されておらず，研究途上の段階である． [松本　勝・勝地　弘]

文　献

[1] Cooper, K. R. 1973, Wind Tunnel and Theoretical Investigations into the Aerodynamic Stability of Smooth and Stranded Twin Bundled Power Conductors, *Laboratory Technical Report*, LTR-LA-115, NRC
[2] Simiu, E. and Scanlan, R. H., 1996, Wind Effects on Structures (Third edition), John Wiley
[3] 日本鋼構造協会，1997，構造物の耐風工学，東京電機大学出版局
[4] 竹口昌弘，2000，明石海峡大橋のハンガーロープ制振対策，本四技報，**24**，93，pp. 18-25
[5] 宮田利雄，山田均，勝地弘，篠原建太郎，2000，並列ケーブルのウェイク振動に関する風洞実験，第16回風工学シンポジウム論文集，pp. 489-494
[6] 白石成人，松本勝，白土博通，目見田哲，金潤石，辻井正人，1987，接近2本円柱の空力振動特性について，日本風工学会誌，No. 32
[7] Wardlaw, R., 1979, Approaches to the suppression of wind-induced vibration of structures, *Proc. of IAHR/IUTAM Symposium, Practical Experiences with Flow-Induced Vibrations*

4.2.4　バフェッティング

バフェッティングという名称は，飛行機の主翼によって乱された流れが作用することにより，尾翼に生じる不規則振動をさすものであった．一方，構造物のバフェッティングは，おもに自然風の風速変動により，構造物に作用する空気力が不規則に変動することによって生じる振動である．自然風の風速変動をガストとよぶことから，構造物に生じるバフェッティングは，ガスト応答ともよばれる．

不規則振動であるバフェッティングの応答量は，統計量の形で扱うのが合理的である．時間的・空間的に不規則な自然風の風速変動は，定常なランダム過程とみなすと，周波数の関数として表すことができる．そのためバフェッティングの予測は，風速変動を入力として周波数領域において実施されることが多い．

バフェッティングに対して周波数領域の解析法を最初に提案したのはLiepmann[1]で，航空分野において尾翼のバフェッティングの予測手法を示した．建設分野では，吊橋や塔などの線状構造物のバフェッティングを対象として，Davenport[2, 3]がモード解析法と周波数領域の解析法を組み合わせた手法を提案した．その後Davenportは多くの実験的研究も行い予測手法の実用性を示したため，線状構造物のバフェッティング予測には，現在でもDavenportの手法をベースにしたものが多く用いられている[4]．本項における記述も，多くはDavenportの手法を念頭に置いている．一方，振動モード間の空気力の相関などを考慮したより一般的な定式化をScanlanらが行っており，風洞実験結果との比較に基づく精緻化も試みられている[5, 6]．さらに時間領域における解析法も提案されており，以下の(3)において触れることとする．

なお高層建物など，3次元性の影響が大きな形状をもつ構造物のバフェッティングは，全体形状を模擬した模型に作用する変動空気力を風洞実験において測定し，それに基づいて予測されることが多い．また，作用する変動圧力分布特性の特徴を明らかにするため，たとえば固有直交関数展開を用いて変動風速と変動圧力の関係を検討した研究などもある[7]．

(1) 空力アドミッタンス

不規則に変動する風速に伴って構造物に作用する変動空気力のことをバフェッティング空気力とよぶことにすれば，線状構造物のある断面に作用する単位長さあたりのバフェッティング空気力の最も単純な近似は，それを準定常空気力で表現することで得られる．この場合の準定常空気力とは，ある時刻に作用するバフェッティング空気力を，その時刻に構造物に作用している風速が定常的に構造物に作用した場合の空気力と等しいと近似したものである．このように近似することにより，変動風速の特性と断面の空気力係数が得られ

ればバフェッティング空気力が求められることになり便利である．

風速変動が「ゆっくり」である場合には，準定常空気力は実際のバフェッティング空気力のよい近似となると考えられる．しかし風速変動の周波数が高くなるに従い，風速や迎角が実際には時々刻々変動していることによって，流れ場の状況が準定常空気力で仮定している定常状態とは大きく異なってくる．さらに風速変動の周波数が非常に高くなると，バフェッティング空気力を平均値から変動させるのに必要な流れ場が形成されるのに十分な時間が確保されなくなり，バフェッティング空気力は0に近づく．こうした影響を反映するために，断面に作用するバフェッティング空気力は，準定常空気力に補正係数を掛けた形で表現される．バフェッティング空気力を周波数領域でパワースペクトルの形で表した際のこの補正係数のことを，空力アドミッタンスとよぶ．風速変動が構造物周りの流れ場に及ぼす影響の程度は，風速変動の周波数 f，構造断面の代表長 B，平均風速 U を用いて，無次元振動数 $K = fB/U$ で表されることから，空力アドミッタンスは無次元振動数 K の関数として表される．

一般には，空力アドミッタンスを解析的に与えることはできないため，風洞実験などにより求めることとなる．流れのはく離を生じない翼断面に対しては，調和的に変動する鉛直ガスト中において作用するバフェッティング空気力の揚力ならびに空力モーメント成分が，翼理論を適用して解析的に求められており，Sears関数とよばれている．Sears関数は厳密にはベッセル関数で表されるが，以下の近似式が与えられている．

$$|\phi(k)|^2 \cong \frac{a+k}{a+(\pi a+1)k+2\pi k^2}$$

ただし，$a = 0.1811$，$k = \dfrac{b\omega}{U}$

ここで b は翼幅の1/2，$\omega = 2\pi f$ である．なお一般の橋梁断面などのはく離を生じる形状に対する揚力または空力モーメント成分の空力アドミッタンスとしても，Sears関数を近似的に用いることがある．

Davenportは，トラス構造の各部材に作用する変動空気力を積分して断面に作用するバフェッティング空気力を求めるという発想に基づき，抗力成分に対する以下の空力アドミッタンスを導いた [3]．

$$|X(f)|^2 = \frac{2}{(k_z\xi)^2}(k_z\xi - 1 + e^{-k_z\xi}), \quad \xi = \frac{D\omega}{2\pi U}$$

ここで k_z は指数関数で表した空間相関係数，$R_z^u(f) = \exp(-k_z(f|z_1 - z_2|/U))$ のパラメーター，D は断面高さである．KawashimaとFujimotoは，Sears関数に対応する，翼に作用する変動揚力を測定し，Sears関数に実験状況を反映するような補正を加えることにより，実験値とよく一致することを示した [8]．小西らは，橋桁などの構造断面に作用する変動揚力の空力アドミッタンスが，揚力の迎角に対する勾配でSears関数を修正することによって得られる修正Sears関数によって近似的に表されることを示した [9]．Holmesは，斜張橋の全橋模型実験の結果から，測定値をよく説明する揚力成分の空力アドミッタンスの実験式を提案した [10]．白石らは，翼に対して用いられているWagner問題やKüssner問題などに対応して，構造断面における等価Küssner関数などの空力インディシャル関数を求め，乱流中で構造断面に作用する変動空気力について検討を行うとともに，等価Wagner問題と等価Küssner問題の間に密接な関連があることを示した [11]．Jancauskasらは，種々の辺長比をもつ矩形断面の揚力成分に対する空力アドミッタンスを測定して実験式を提案した [12]．畑中と田中は，翼理論からの類推により，構造断面の非定常空気力係数から得られる等価Theodorsen関数に基づいて空力アドミッタンスを求める手法を示し，矩形断面と三角フェアリング付断面の揚力および空力モーメント成分に対する空力アドミッタンスを求めている [13]．さらに奥村らは，橋梁箱桁を単純化した形状に作用するバフェッティング空気力の詳細な検討を行い揚力の空力アドミッタンスについて考察している [14]．

以上のように，空力アドミッタンスはバフェッティング空気力の大きさを決める重要な関数で

あるため種々の研究が行われてきた．しかし断面形状によって空力アドミッタンスは異なっており，一般に精度よく適用可能な関数形はいまだ得られていない状況である．そうしたことから，実務的には，抗力成分に対してはDavenportによるもの，揚力成分に対してはSears関数またはHolmesによるものが用いられることが多いようである．なお，ある断面において測定された変動空気力から得られた空力アドミッタンスでも，作用する変動風速の構造軸方向の相関が異なると値が異なる[15]．そのためたとえば，Sears関数のように構造軸方向の相関が1である2次元変動風が作用する場合を想定しているのか，または構造軸方向の相関が1未満である乱流が作用した場合の実測値であるのかなどの区別をして関数の値を判断するといった注意が必要である．

(2) 空気力，圧力の構造軸方向相関

バフェッティング空気力により生じる線状構造物全体の応答を求めるためには，前述の準定常空気力に空力アドミッタンスを乗じて求められる，ある断面に作用するバフェッティング空気力を，構造軸方向に積分することが必要になる．その際，風速が空間的にも不規則に変動して分布しているために各断面に作用するバフェッティング空気力が異なることから，各断面に作用するバフェッティング空気力の相関を考慮する必要がある．

この相関は，ストリップ理論の仮定を用いて求められることが多い．ストリップ理論の仮定では，接近流の主流方向を含み構造軸となるべく直交する断面を対象として構造物に作用するバフェッティング空気力を求める．その際に，各断面に作用する空気力は，その断面に作用する変動風速によって生じる空気力と等しいと仮定するものである．ストリップ理論の仮定によると，バフェッティング空気力の構造軸方向相関は，作用する変動風速の空間相関と等しくなる．変動風速の空間相関には，周波数が0の場合に1となる指数関数型が用いられることが多かったが，実際は距離が離れた2点間の変動風速については，周波数が0の場合でもコヒーレンスは1とはならない．

たとえば明石海峡大橋のような長大構造物においては，この影響が無視できないものとなり，空間相関を正確に反映した定式化を行うことが精度よい解析結果を得るために必要となった[16]．

これに対して風洞実験の測定によると，バフェッティング空気力の相関のほうが作用する変動風速の相関よりも一般的に大きな値となる結果が示されている[15, 17～19]．このようにストリップ理論と測定結果が異なる理由の一つとして，翼断面に対する理論的・実験的検討結果から類推されるように，乱流のように構造軸方向に異なる風速が作用する場合には，ある断面に発生する空気力はその断面に作用する風速のみに基づいて求めたのでは正確ではないということがあげられる．こうした翼理論における考え方をベースとした検討や，バフェッティング空気力の空間相関をより正確に表現できる実験式の提案などが行われている[15, 20]．一方，橋桁断面周りのはく離流れの詳細な特性に着目して，バフェッティング空気力の相関特性を解明しようとする研究も行われている[21, 22]．

なおバフェッティング空気力の空間相関は，線状構造物の周波数領域のバフェッティングの予測においては，モード解析法を適用する関係で，バフェッティング空気力のクロススペクトルに各断面におけるモード振幅を乗じたものを二重積分した，ジョイントアクセプタンス関数とよばれる形で解析に取り込まれている[23]．

上述のように通常ガスト応答解析に用いられているストリップ理論を仮定した空間相関は，実際のバフェッティング空気力の相関を小さく見積もることになる．一方，空力アドミッタンスについては，2次元変動風を作用させた場合に対応する値を用いることが多く，これは3次元的に変動している実際の乱流中における空力アドミッタンスよりも大きな値をとる．すなわち，通常用いられるガスト応答解析の結果が，実験結果などと比べて妥当な結果を与えることが多いのは，両者の誤差がちょうど打ち消しあっているためである可能性がある．

［木村吉郎］

文献

[1] Liepmann, H. W., 1952, On the application of statis-tical concepts to the buffeting problem, *J. Aeronautical Sciences*, **19**(12), pp. 793-800

[2] Davenport, A. G., 1962, The response of slender, line-like structures to a gusty wind, Proceedings of ICE, **23**, pp. 389-408

[3] Davenport, A. G., 1962, Buffeting of a suspension bridge by storm winds, *J. Structural Division*, Proc. of ASCE, **88** (ST3), pp. 233-269

[4] 本州四国連絡橋公団, 2001, 本州四国連絡橋耐風設計基準(2001)・同解説, 付録II. ガスト応答解析

[5] Scanlan, R. H., 1978, The action of flexible bridges under wind, II：Buffeting theory, *J. Sound and Vibration*, **60**(2), pp. 187-199

[6] Katsuchi, H., Jones, N. P., Scanlan, R. H. and Akiyama, H., 1998, A study of mode coupling in flutter and buffeting of the Akashi-Kaikyo Bridge, 土木学会論文集, **598**/I-44, pp. 21-36

[7] 菊地浩利, 田村幸雄, 上田宏, 日比一喜, ビエンキエウィッチ, B., 1994, 固有直交関数展開（POD解析）を用いた変動圧力場と接近流の相関の研究, 第13回風工学シンポジウム論文集, pp. 167-172

[8] Kawashima, S. and Fujimoto, N., 1971, An investigation of the sinusoidal gust loads, Proc. 3rd. Int. Conf. Wind Effects on Buildings and Structures

[9] 小西一郎, 白石成人, 松本勝, 1974, 構造断面の不規則応答に関する一考察, 構造物の耐風性に関する第3回シンポジウム論文集, pp. 247-254

[10] Holmes, J. D., 1975, Prediction of the response of a cable stayed bridge to turbulence, Proceedings of the 4th International Conference on Wind Effects on Buildings and Structures, Heathrow, pp. 187-197

[11] 白石成人, 松本勝, 白土博通, 松村修一, 1980, 構造基本断面のガストに起因する空気力に関する基礎的研究, 第6回風工学シンポジウム論文集, pp. 295-302

[12] Sankaran, R. and Jancauskas, E. D., 1992, Direct measurement of the aerodynamic admittance of two-dimensional rectangular section cylinders in smooth and turbulent flows, *J. Wind Engineering and Industrial Aerodynamics*, **41-44**, pp. 601-611

[13] 畑中章秀, 田中洋, 2002, 辺長比の異なる矩形断面の空力アドミッタンス特性について, 日本風工学会論文集, **90**, pp. 75-94

[14] 奥村学, 松谷裕治, 松田祥伍, 小林紘士, 2002, 乱流中の角柱表面の非定常圧力特性に関する実験的研究, 第17回風工学シンポジウム論文集, pp. 249-254

[15] Kimura, K., Fujino, Y., Nakato, S. and Tamura, H., 1997, Characteristics of buffeting forces on flat cylinders, *J. Wind Engineering and Industrial Aerodynamics*, **69-71**, pp. 365-374

[16] 北川信, 金崎智樹, 勝地弘, 1995, 明石海峡大橋大型風洞試験でのガスト応答特性に関する検討, 本四技報, **19**(75), pp. 17-22

[17] Larose, G. L., Davenport, A. G. and King, J. P. C., 1993, On the unsteady aerodynamic forces anting on a bridge deck in turbulent flow, Proceedings of the 7th US National Conference on Wind Engineering, Los Angeles, pp. 373-382

[18] Bogunovic Jakobsen, J., 1995, Fluctuating wind load and response of a line-like engineering structure with emphasis on motion-induced wind forces, Ph. D. Thesis, The Norwegian Institute of Technology

[19] Larose, G. L., Tanaka, H., Gimsing, N. J. and Dyrbye, C., 1998, Direct measurements of buffeting wind forces on bridge decks, *J. Wind Engineering and Industrial Aerodynamics*, **74-76**, pp. 809-818

[20] Larose, G. L. and Mann, J., 1998, Gust loading on streamlined bridge decks, *J. Fluids and Structures*, **12**, pp. 511-536

[21] Matsumoto, M., Shirato, H., Araki, K., Haramura, T. and Hashimoto, T., 2003, Spanwise coherence characteristics of surface pressure field on 2-D bluff bodies, *J. Wind Engineering and Industrial Aerodynamics*, **91**, pp. 155-163

[22] 野田稔, 宇都宮英彦, 長尾文明, 尾嶋百合香, 2002, 扁平矩形断面に作用する変動空気力の空間相関形成機構に関する一考察, 第17回風工学シンポジウム論文集, pp. 255-260

[23] Davenport, A. G. and King, J. P. C., 1982, A study of wind effects for the Sunshine Skyway Bridge, Tampa, Florida-concrete alternate, BLWT-SS24-1982, Boundary Layer Wind Tunnel Laboratory, The University of Western Ontario

(3) ガスト応答の周波数軸での（統計的）評価と時刻歴応答評価

ガスト応答の周波数解析はDavenportにより橋梁構造物や建築物への適用が確立され，極値統計理論による最大応答期待値の算定から，風荷重として実際の設計へ適用されている．基本的に平均風速が時間的に一定であり，その間の乱れの特性が定常であるとみなしうることを前提としている．対象とする構造物に作用する，空間内のある点における変動風速のパワースペクトルをもとに，空力アドミッタンスを乗じて構造物のある対象断面に作用する2次元空気力のパワースペクトルを求める．さらに，ジョイントモードアクセプタンスを乗じて，スパン方向の風速変動の空間相関度を考慮した各モードの3次元空気力に関するパワースペクトルを得たのち，メカニカルアドミッタンスを乗じて各基準座標のパワースペクトルが得られる．モード関数の2乗を重みとして，

構造物各点の変位のパワースペクトルを求めることができる．

これに対し，時間軸上での応答解析（時間過渡応答解析）は，たとえば解析時間内にただ1回発生するスパイク状の突風のように，きわめて定常的でない（突発的な，非定常な）乱れに対する応答を精度よく求める場合に適している．以下，鉛直変動風速による揚力を例に概説する．時間過渡応答解析における2次元揚力は次式により表される．

$$L(t) = \rho b U \frac{dC_F}{d\alpha} \int_0^t \frac{d\phi_L(\tau)}{d\tau} w(t-\tau) d\tau$$

ただし，ρ は空気密度（kg/m³），b は断面半弦長（半幅員）(m)，U は平均風速 (m/s)，$dC_F/d\alpha$ は構造軸周りの揚力係数勾配．

上式中の $\phi(\tau)$ はステップ関数状の鉛直ガストを受けるときの揚力の時間過渡状態を表す等価Küssner関数であり，揚力に関する空力アドミッタンスである等価Sears関数 $S(k)$ とは次のような関係がある．

$$\phi(\tau) = \mathscr{L}^{-1}\left[\frac{S(k)e^{ik}}{ik}\right]$$

ただし，$\mathscr{L}[\ ]$ はラプラス変換．

一般の断面形状に2次元正弦波状の鉛直ガストを作用させ，変動揚力を測定することにより，断面固有の等価Sears関数を実験的に求めることが可能[1～3]であり，上式の変換を通じて等価Küssner関数を求めることができる．文献[4]のように，実際にステップ関数状の鉛直ガストを発生させ，過渡空気力を直接計測する試みも行われている．2次元正弦波状の鉛直ガストの換算振動数が低い領域は鉛直ガストの波長が長くなる（換言すれば無次元風速が高くなる）状況に相当し，断面幅員方向の相対迎角 $\tan^{-1}(w/U)$ が一様分布に近づく．したがって一様流中で鉛直たわみ振動，またはねじれ振動中の断面の相対迎角分布に近づくことになり，低換算振動数では等価Sears関数と等価Theodorsen関数が類似の形状を示すことと同じ意味をもつ．ガスト空気力の状態方程式表示や非定常空気力の有理関数近似を行い，非定常な風に対する応答解析を可能とする研究もなされている[5～7]．

(4) 最大応答期待値

周波数応答解析や時間過渡応答解析により得られた応答スペクトルを用いて，決められたある評価時間内での最大応答期待値 $\bar{y}_{\max}$ が以下の方法により推定される．

$$\bar{y}_{\max} = \bar{y}\left\{1 + g(\nu T)\frac{\sigma y}{\bar{y}}\right\}$$

$$g(\nu T) = \sqrt{2\ln \nu T} + \frac{0.5773}{\sqrt{2\ln \nu T}}$$

（Cartwright-Longuet-Higgins による）

$$\nu = \left\{\frac{\int_0^\infty f^2 S_y(f)df}{\int_0^\infty S_y(f)df}\right\}^{1/2}$$

ただし，$g(\nu T)$ は平均ピーク係数（peak gust factor），$1 + g(\nu T)\cdot\sigma_y/\bar{y}$ はガスト応答係数，$\bar{y}$ は応答値 y の平均値，σ_y は応答値 y の標準偏差，T は評価時間，ν は期待振動数，νT は response factor．

なお，$g(\nu T)$ の右辺第2項の分子は S. O. Rice の極値分布理論によれば 1.0 をとる．

［白土博通］

文 献

[1] 小西一郎，白石成人，松本勝，1974，構造断面の不規則応答に関する一考察，第3回風工学シンポジウム論文集，pp. 247-253
[2] 河島佑男，田中博喜，藤本信弘，1970，調和的に変動する風に関する研究，構造物の耐風性に関する第1回シンポジウム論文集，pp. 243-249
[3] 白石成人，松本勝，白土博通，1982，風の乱れに起因する構造物の非定常特性に関する基礎的研究，土木学会論文集報告集第328号，pp. 19-30
[4] 吉村健，中村泰治，石田良三，荒牧信介，1982，橋梁のガスト応答に関する基礎的研究（第2報），土木学会第37回年次学術講演会講演概要集第1部，I-251
[5] 松本泰尚，藤野陽三，木村吉郎，1996，状態方程式表示を用いたガスト応答解析の定式化の試み，土木学会論文集，No. 543/I-36．
[6] Wilde, K., Fujino, Y. and Matsukawa, J., 1996, Time domain modeling of bridge deck flutter, Structural Engineering/Earthquake Engineering, JSCE, **13**, 2, pp. 935-1045
[7] Chen, X. and Kareem, A., 2003, Aeroelastic analysis of bridges : Effects of turbulence and aerodynamic nonlinearities, J. Engineering Mechanics, ASCE, pp. 885-895

4.2.5 レインバイブレーション

斜張橋傾斜ケーブルの空力振動として考えられる現象には，カルマン渦励振，レインバイブレーション，高風速渦励振，ギャロッピング，さらには並列ケーブルの場合に発生するウェイクギャロッピング，ウェイクインデューストフラッターなどがあげられる．ただし，カルマン渦励振，ウェイクギャロッピング，ウェイクインデューストフラッターは，ケーブルが傾斜していることが直接の振動原因ではない．ここではレインバイブレーションを中心に，高風速渦励振，ギャロッピングなどについて述べる．

レインバイブレーションは，斜張橋ケーブルが降雨時に風で振動することから名づけられた現象で，名港西大橋で最初に観測［1］されて以来，多数の斜張橋で観測されている．顕著な例としては，天保山大橋において風速9～10 m/s時に倍振幅 237 cm（14.8D）の大振幅を記録している［2］．これまでの実橋観測の結果から得られたデータを整理［3］すると以下のような特徴がみられる．

① 降雨時に観測されているケースが多い．

② 1～4次の振動モードが卓越し，そのほとんどの振動数は3 Hz以下である．

③ 風向は，橋軸と橋軸直角方向の間で，風下に向かってケーブルの高さが低くなっていく，いわゆる「下り勾配」をもつケーブルに振動が発生する．

④ 風速は $U=6$ m/s，無次元風速では $U/fD=20$（fは振動数，Dはケーブル径）以上で発現しており，風速限定型の振動特性を示す．

この振動現象の発生メカニズムとしては，降雨によってケーブル表面に形成される水路（とくに上面側水路）および，ケーブルが風向に対して水平偏角をもつことによってケーブル後流域に生じる軸方向流が複雑に影響しあっているものと考えられている［4］．また，前者の上面側水路は，ケーブルが風向に対して下り勾配をもつ場合にのみ形成されることから，軸方向流の発生のみならず水路形成という意味においてもケーブルが傾斜しているという条件は必須である．さらに，ケーブル表面がポリエチレン管で覆われている場合に，水路が形成されやすく，結果としてレインバイブレーションが生じやすくなる．ただし，降雨のない条件下でも振動が観測されたケースもあることから，水路は必ずしも振動の発現に必要ではないが，この現象を不安定化する要因であるとも考えられる．また，この水路がケーブルスパン方向に一様な位置に形成されないことや，水路の動きがケーブル振動に同期することなどが振動現象に密接に関連しているとの報告もあるが，まだ完全には解明されていない．さらに，このレインバイブレーションを高風速渦励振として解釈する研究も行われている．一般に傾斜円柱周りの流れは複雑であり，高風速渦励振を引き起こす低周波の渦の存在が指摘されている．この複雑な渦生成機構は，カルマン渦放出の非定常かつ3次元的な特性に起因していると思われ，レインバイブレーションの発生メカニズムに関連しているという報告もある［5］．

一方，実際の斜張橋ケーブルでギャロッピングが発生したという事例は，六角形断面をもつ特殊なケーブルを除いて報告されていないが，一般の斜張橋ケーブルにおいても，レインバイブレーションとは考えにくい大振幅振動の事例も多数報告されており，実際にギャロッピングが発生している可能性も否定できない．とくに近年，雨がない状態でのギャロッピング（ドライステートギャロッピング）についての研究が盛んに行われている．発生メカニズムとしては，軸方向流［6］や臨界レイノルズ数による効果［7, 8］などが考えられているが，両者ともカルマン渦放出を抑制する効果があることから，カルマン渦とギャロッピングの関係を指摘している研究［6］もある．

以上より，斜張橋傾斜ケーブルの空力振動現象は，傾斜しているという3次元性に起因した複雑な空気の流れや降雨による水路の形成などにより，きわめて複雑な現象であり，全容解明にはいまだいたっていない．

［八木知己］

文　献

［1］樋上琇一，1986，斜張橋ケーブルのRain Vibration，日本風工学会誌，**27**，pp. 17-28

［2］森喜仁，石飛太郎，南條正洋，1992，天保山大橋の

ケーブル振動とその対策，第 12 回風工学シンポジウム論文集，pp. 273-278

[3] 土木学会構造工学委員会・橋梁耐風設計規準の国際化小委員会，2003，橋梁の耐風設計－基準と最近の進歩－，土木学会

[4] Matsumoto, M., Shiraishi, N. and Shirato, H., 1992, Rain-wind induced vibration of cables of cable-stayed bridges, *J. Wind Engineering and Industrial Aerodynamics*, **41-44**, pp. 2011-2022

[5] Matsumoto, M., Yagi, T., Goto, M. and Sakai, S., 2001, Cable aerodynamic vibration at high reduced velocity, Proceedings of the Fourth International Symposium on Cable Dynamics, pp. 43-50

[6] Matsumoto, M., Yagi, T., Liu, Q., Oishi, T. and Adachi, Y., 2005, Effects of axial flow and Karman vortex interference on dry-state galloping of inclined stay-cables, Proceedings of the Sixth International Symposium of Cable Dynamics, pp. 247-254

[7] Cheng, S., Irwin, P. A., Jakobsen, I. B., Lankin, J., Larose, G. L., Savage, M. G., Tanaka, H. and Zurell, C., 2003, Divergent motion of cables exposed to skewed wind, Proceedings of the Fifth International Symposium on Cable Dynamics, pp. 271-278

[8] Larose, G. L., Jakobsen, J. B. and Savage, M. G., 2003, Wind-tunnel experiments an inclined and yawed stay cable model in the critical Reynolds number range, Proceedings of the Fifth International Symposium on Cable Dynamics, pp. 279-286

4.2.6 その他の振動

(1) オーバリング振動

サイロや鋼製クーリングタワーのような大型の円筒薄膜構造物では，円断面が変形するようなシェル構造特有のオーバリング振動が生じる．基本的には，構造物から放出される渦によって振動が生じ，構造物の各オーバリングモードの固有振動数と渦放出周波数の比によって，振動の仕方が変化する．ただし，実際には断面が変形することにより，構造物の周りの流れも変化するため，複雑な挙動を示すことが多い．また通常の設計での基準となる座屈限界風速よりかなり低い風速域で，振動状態が風速増加に伴い，微小撹乱振動から自励的定常振動[1]さらに非線形ランダム振動[2]に順次遷移することが報告されている．

(2) ウェイクレゾナンス

化学工場のプラントタワー群や，並列して建設された橋梁，さらに吊橋や斜張橋の塔の後ろにある照明柱や道路標識など，構造物が複数並んである場合，風上にある構造物からでる渦の周期が，風下にある構造物の固有周期に一致したときに，風下側の構造物が大きく共振してゆれ，損傷する場合がある（たとえば[3]）．これらの振動については，いまだ設計手法は確立されておらず，風洞における模型試験により，設計変更や制振方法が検討されているのが現状である． [八木知己]

文　献

[1] Uematsu, Y., Uchiyama, K., Yamada, M. and Sanjyo, S., 1988, Ovalling oscillations of thin circular cylindrical shells in a cross flow, *J. Fluids and Structures*, **2**, pp. 285-307

[2] 山田大彦，植松康，大橋智樹，菊池雅之，1990，風による薄肉円筒殻の非線形オバリング振動に関する基礎的研究，第 11 回風工学シンポジウム論文集，pp. 13-18

[3] Wardlaw, R. L., 1994, Interferences and proximity effects, Wind-excited vibrations of Structures, CISM Courses and Lectures No. 335, Edited by H. Sockel, pp. 321-363

4.3　空力干渉問題

充腹構造断面は，ときとして，いくつかの種類の空力振動を示す．たとえば，断面辺長比 2 の 2 次元矩形断面では，たわみ（流れ直角方向）およびねじれの渦励振，ギャロッピングおよびねじれフラッターの各種の空力振動を示す．2 次元正方形断面では，スクルートン数が小さいとき，風速の増加に伴い，カルマン渦励振からそのままギャロッピングに移行し，ギャロッピング開始直後では，カルマン渦励振との強い空力干渉が存在することが知られている．また，旧タコマナロウズ橋のプレートガーダー形式の桁（断面辺長比約 5）や一般の H 型断面のねじれフラッターでは，スクルートン数が小さい場合，その開始する低風速域で，渦によりフラッターが励起され，高風速域とは明らかに異なった流れ機構であることが指摘されている[1]．

また，ねじれとたわみの振動数の組合せによっては，同一風速において，異種の空力振動が生じる可能性があり，その場合に両者間で強い空力干

渉が生じ，たわみ，あるいはねじれ1自由度系で得られた応答特性と異なった特性が生じることがある．したがって，実構造物の実際の挙動を評価する場合，異種モード間の空力振動の干渉問題を正しく評価することが必要となる．旧タコマナローウズ橋が，対称5次モードの鉛直たわみ振動からねじれ逆対称1次モードに急変した現象も，ねじれとたわみの振動間における空力干渉による可能性がある［2］．

以上のように，空力干渉問題には大きく分けて，単一モード内での空力干渉と異種モード間における空力干渉の2種類がある．これらの問題は，なお明らかにされていない点も多く，ここでは，その幾つかの事例について説明するにとどめる．

4.3.1 単一モードにおける空力干渉現象
(1) 渦励振とギャロッピング

前述のように，2次元正方形断面では，スクルートン数が小さい場合，カルマン渦励振からギャロッピングに連続的に移行し，その風速域では，ギャロッピングを励起する流れ場にカルマン渦の強い干渉が存在する［3］（図4.3.1［4］）．事実，準定常空気力理論を用いてギャロッピング現象を説明しようとする場合，その風速域が，カルマン渦放出無次元周波数であるストローハル数の逆数の（無次元）風速より十分に大きくなければならないことが指摘されている．このことは，

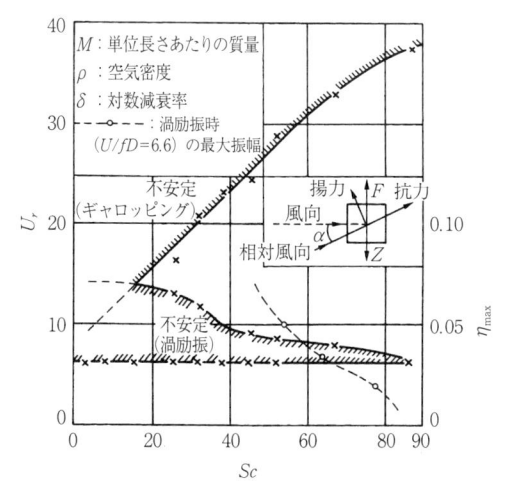

図4.3.1 スクルートン数による正方形柱の渦励振とギャロッピングの発現範囲

ギャロッピングを励起する流れ場にカルマン渦の影響を小さくするための条件といえる．また，Nakamuraら［5］によれば，断面辺長比の異なる2次元矩形断面において，低風速ギャロッピング現象はカルマン渦励振発生風速以上の風速域では生じず，高風速ギャロッピング現象はカルマン渦励振がトリガーとなって出現する．このように同じたわみ振動においても，異種の空力振動を特徴づける流れ場間での強い空力干渉がみられる．

(2) 渦励振とフラッター

ねじれフラッターにおいても，振動の現れる低風速域では，渦が励振力発生に大きく寄与し，高風速域では，フラッター特有の断面前縁部付近に振動により生ずるはく離バブルの振舞いにより励振力が生じる［1］．このようにねじれフラッターそのものが，ある種の渦によりトリガーされていることが知られている．この渦については，明らかにカルマン渦ではなく，はく離せん断層から安定化された渦と考えられているが，現在もその詳細は知られておらず今後の研究が待たれる．

［松本　勝・八木知己］

文　献

[1] Matsumoto, M., 1996, Aerodynamic damping of prisms, *J. Wind Engineering and Industrial Aerodynamics*, **59**, pp. 159-175

[2] Matsumoto, M., Shirato, H., Yagi, T., Shijo, R., Eguchi, A. and Tamaki, H., 2003, Effects of aerody-namic interferences between heaving and torsional vibration of bridge decks : the case of Tacoma Narrows Bridge, *J. Wind Engineering and Industrial Aerodynamics*, **91**, pp. 1547-1557

[3] Scruton, C., 1963, On the wind-excited oscillations of stacks, towers and masts, Proceedings of First International Conference on Wind Effects on Buildings and Structures, London, pp. 798-836

[4] 日本鋼構造協会編，1997，構造物の耐風工学，東京電機大学出版局

[5] Nakamura, Y. and Hirata, K., 1991, Pressure fluctuations on oscillating rectangular cylinders with the long side normal to the flow, *J. Fluids and Structures*, **5**, pp. 165-183

4.3.2 異種モード間における空力干渉現象

上述のとおり，一般に構造物の空力振動現象を考える場合，連成振動でなければ1自由度系で振

動現象を議論することが多い．橋梁構造物においても，たわみ卓越モードで生じる空力振動現象とねじれ卓越モードで発生する振動現象を，個々に別途取り扱うことが多いが，実風速において両者の発現する風速域が同じであれば，その二つの振動現象が互いに干渉し，実現象としてはどちらかの振動現象のみ発現する，もしくはまったく別の現象として現れることが予想される．2次元剛体模型を用いた風洞実験を行う際には，通常たわみ，ねじれ各1自由度の自由振動実験を行うか，もしくは等価質量，等価慣性モーメントを考慮して，たわみ・ねじれ各最低次モードの組合せで2自由度実験を行っている．したがって，この場合には旧タコマナロウズ橋で生じた可能性が指摘されている，たわみ対称5次モード渦励振とねじれ逆対称1次モードねじれフラッター間の空力干渉は再現できない．もちろん，このような空力干渉現象を，すべての構造物で考慮する必要もなく，また比較的高次モードまで再現した3次元弾性体模型を用いて風洞実験を行えば，このような現象を心配する必要はない．

　上記のような，たわみ・ねじれ振動間の空力干渉を考える場合対称となる現象は，以下のとおりである．
・たわみ1自由度の空力振動現象：
　　　渦励振，ギャロッピング
・ねじれ1自由度の空力振動現象：
　　　渦励振，ねじれフラッター
したがって，たわみの空力振動現象のいずれかとねじれの空力振動現象のいずれかが，同風速域で生じるような2自由度系を考えた場合，何らかの空力干渉現象が生じると予想される．

　旧タコマナロウズ橋の断面を用いて，たわみの固有振動数とねじれの固有振動数の比を1：0.4に設定し，2自由度ばね支持振動実験を行った結果[1]（図4.3.2），たわみ渦励振とねじれフラッター間の空力干渉が確認されている．この場合，スクルートン数の違いによって，たわみ渦励振がねじれフラッターを抑制する現象やねじれフラッターがたわみ渦励振を抑制する現象がみられる．たわみ渦励振がねじれフラッターを抑制した現

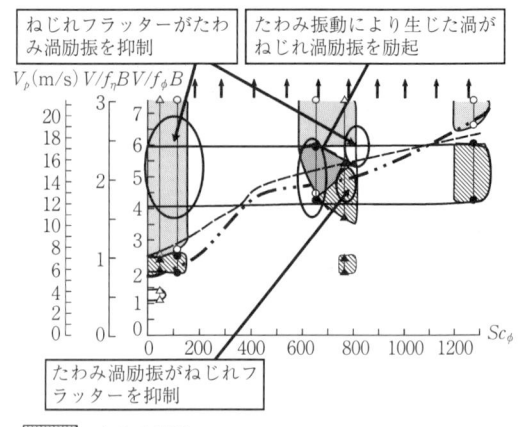

図 4.3.2 旧タコマナロウズ橋の空力干渉現象におけるスクルートン数の効果

象は，実際の旧タコマナロウズ橋でねじれフラッターの発現風速を高めた原因と思われるが，たわみ渦励振によって渦支配型の低風速ねじれフラッターが抑制された結果，ねじれフラッターが発現しなかったと考えられる．さらに，高風速域に移ると，ねじれフラッターが渦主導型からはく離バブル主導型の高風速ねじれフラッターに変化し，逆にねじれフラッターがたわみ渦励振を抑制し，その結果ねじれフラッターが発現する．

　また断面辺長比2の矩形断面を用いた，2自由度ばね支持振動実験の結果[2]では，振動数比を種々に変化させることで，ねじれ渦励振がギャロッピングを抑制する現象，ねじれフラッターがギャロッピングを抑制する現象，ギャロッピングがねじれフラッターを抑制する現象などが確認されている．本断面のギャロッピング振動の場合，発現風速付近の現象は，カルマン渦励振に支配されており，風速が上昇するとそのままギャロッピングに移行していると思われる．したがって，ギャロッピングが抑制されているようにみえる現象は，実際のところカルマン渦励振が抑制されている可能性がある．

　さらに，ある空力現象が他の現象を抑制するような干渉だけでなく，まったく新しい2自由度の空力現象を生み出すことも報告されている．たと

えば，前述の旧タコマナロウズ橋の断面では，振動数比が正確に1:0.4であった場合，たわみにより生じた側面渦がねじれ渦励振を励起させる空力干渉現象が確認された[1](図4.3.2).

また，断面辺長比2の矩形断面では，振動数比を1にした場合，各1自由度でギャロッピングとねじれフラッターが両方とも発生すると思われる風速域で，連成フラッターと思われる現象が発現したという報告もある[2].以上のように，たわみとねじれ振動間の空力干渉問題は，ある振動現象が他を抑制するような現象だけでなく，まったく新しい振動現象を生みだす可能性もあり，非常に複雑である.　　　　　　　　[松本　勝・八木知己]

文　献

[1] Matsumoto, M., Shirato, H., Yagi, T., Shijo, R., Eguchi, A. and Tamaki, H., 2003, Effects of aerodynamic interferences between heaving and torsional vibration of bridge decks : the case of Tacoma Narrows Bridge, *J. Wind Engineering and Industrial Aerodynamics*, **91**, pp. 1547-1557

[2] 呉宏波，松本勝，八木知己，玉置斉，水野恵介, 2003, $B/D=2$矩形断面の空力干渉に関する実験的研究, 日本風工学会誌, **95**, pp. 133-134

[3] 日本鋼構造協会編, 1997, 構造物の耐風工学, 東京電機大学出版局

4.4　振動に及ぼす因子

4.4.1　構造物の幾何学的形状

　空力弾性振動に及ぼす構造物の幾何学的形状の影響はいうまでもなくきわめて大きい．しかし，基本的な性状は構造物外郭の概略的な形状により説明されることが多いようである．たとえば，構造物外郭が長方形状であるとき，周辺流れの状況は辺長比が小さい場合には図4.4.1のように説明されている．ストローハル数の変化に着目すると辺長比B/Dが2.8，さらに7付近にギャップがあり，抗力係数に着目すると中口ピークとよばれる$B/D=0.6$が境界にみえる．振動性状もこれに対応し，たわみ振動について，$B/D<0.8$では渦励振，低風速ギャロッピング，$0.8<B/D<2.8$では渦励振，ギャロッピング，$2.8<B/D$では渦励振（以前分数調波とよばれたものも含む）の振動現象が発生する．ねじれフラッターについては，発生状況の差はあるが辺長比1以上で観測されている報告がある

　一方，橋梁の桁主導の空力弾性振動については，古くから振動制御の研究が積み重ねられており，隅角部，前縁，後縁，吹き抜け部の流れを空力的な改善部材で制御，振動コントロールに結びつけている事例は多い（図4.4.2).

4.4.2　レイノルズ数

　レイノルズ数は定義（$=UL/\nu$）によれば慣性力と粘性力の比を表している．実構造物の模型試験を行うとき，縮尺模型を使うことはきわめて一般的である．この際実情と試験でレイノルズ数域の違いを生じることになる．レイノルズ数の違いが顕著な影響をもつ場合としてよく知られている例が円柱のもので，レイノルズ数の違いによりはく離点が移動し，通常の低風速風洞での実験範囲が亜臨界域である場合が多い状況に対し，代表寸法にもよるが，ケーブル，煙突のような実構造物では超臨界域に検証領域があり，実験実施上齟齬

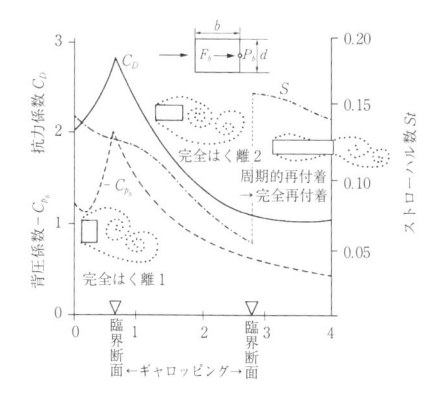

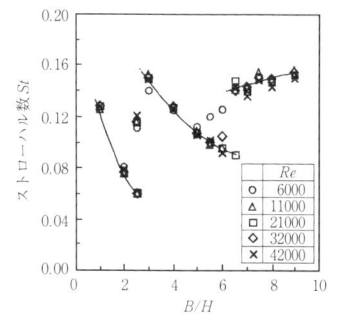

図4.4.1 辺長比に対する抗力係数，ストローハル数の変化 [3]

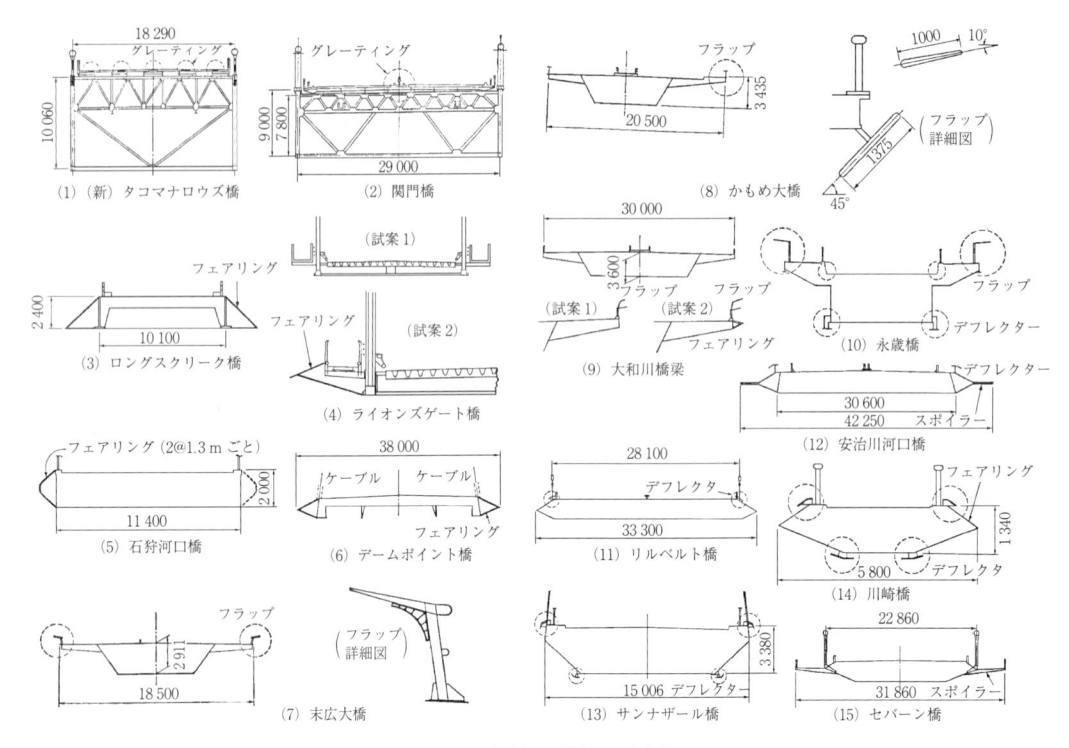

図 4.4.2　空力的な対策の例 [2]

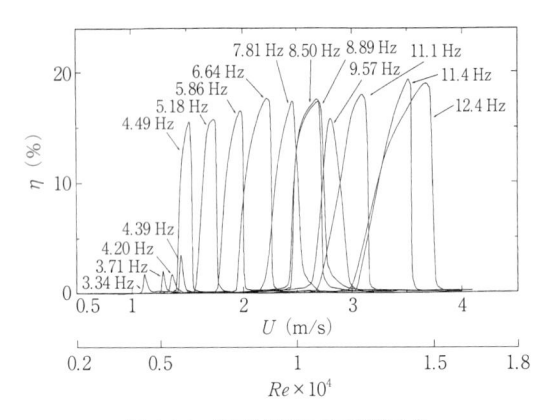

図 4.4.3　隅切り断面の限定振動応答

が生じることになる．このような場合は，実験のレイノルズ数の違いに起因する差異を補うことが必要で，これを嫌い，また実験可能な斜張橋ケーブルのような場合には縮尺を1:1とすることもある．

一方，隅角部のある構造物の場合にははく離点が固定されているために，レイノルズ数の影響は比較的少ないとされているが，構造物を構成する種々の部材の代表寸法はさまざまであり，試験レイノルズ数差による影響は皆無とは必ずしも断言できない場合もある．顕著に表れた例を図4.4.3に示す．図中にはある吊橋主塔の振動応答を示しており，限定振動安定化の耐風対策として見付け幅に対し10%強，奥行きに対し25%程度の隅切りを基本的には長方形断面の四隅角に施したものである．試験振動数により振動発生風速域が変化し，結果としてレイノルズ数差が生じており，これによる応答振幅には明らかに段差が認められた．

4.4.3　風の特性

構造物は大気境界層中に置かれ，乱れのある風にさらされる．空力弾性振動に対する乱れの影響については，風の乱れをパワースペクトル図でみたとき，高周波数部分の風速変動影響ととらえるsmall scale turbulenceの扱い，低周波数部分の風速変動影響ととらえるlarge scale turbulenceの扱いをあわせ考慮することになる．後者は純静的風速変動としてみられることが多い一方で，後者は周辺流場に対する非線形な影響が顕著であり，空力弾性振動の助長，減衰にきわめて大きな影響が現れることがわかっており，種々の乱流パラメーターの下，多くの研究成果の蓄積が続いて

いる．このような背景で，耐風設計恣の設定影響の大小で気流条件の取り込み方が異なっている．鉛直方向の風速分布と気流の乱れのガスト応答影響が大である建築分野では積極的に境界層乱流を風洞試験に取り入れている．一方，水平方向に長い構造のため風速の鉛直分布の影響は少なく，微妙な空力振動の発生検証が主である橋梁分野ではsmall scale turbulenceの影響を組み込む一方で，large scale turbulenceの影響は不安定さを嫌うことと，例外を除いて乱れが空力振動の安定化に作用する場合が多いことを考慮して，一様流での風洞試験を採用することが多い．たとえば，地形による平均的な気流傾斜を中央値にlarge scale turbulenceによる純静的な扱いなどを考慮し気流の傾斜角とし，本州四国連絡橋公団の耐風設計基準［3］では，橋梁架設地点が海上であることによる乱れ性状を加味し±3°の範囲で耐風安定性を検証することとしている．

4.4.4　構造物の動特性

非定常空気力を運動方程式に与え展開すると，構造物の減衰特性，質量比が振動発生に影響を与えることは明らかである．

$$m\ddot{u} + c\dot{u} + ku = \frac{1}{2}\rho U^2 L^2 \left(C_R \frac{u}{L} + C_I \frac{\dot{u}}{\omega L}\right)$$

$$\ddot{u} + \left(2h\omega - \frac{1}{2m\omega}\rho U^2 L C_I\right)\dot{u}$$

$$+ \left(\omega^2 - \frac{1}{2m}\rho U^2 L C_R\right)u = 0$$

$$\Rightarrow 2h\omega - \frac{1}{2m\omega}\rho U^2 L C_I = 0$$

$$2h\omega - \frac{1}{2m\omega}\rho U^2 L C_I = 0$$

$$4\frac{mh}{\rho L^3}\left(\frac{U}{\omega L}\right)^2 - C_I = 0$$

上式の展開をみると，振動の発生が質量比と減衰比（あるいはその積，スクルートン数という），さらに換算風速の関数であることがわかる．

また，下式は連成フラッターの簡易推定に用いられるいわゆるゼルベルグ式である．

$$\frac{U_{cr}}{\omega_\theta B} = 0.44\sqrt{\left(1 - \left(\frac{\omega_h}{\omega_\theta}\right)^2\right)\frac{\sqrt{\nu}}{\mu}}$$

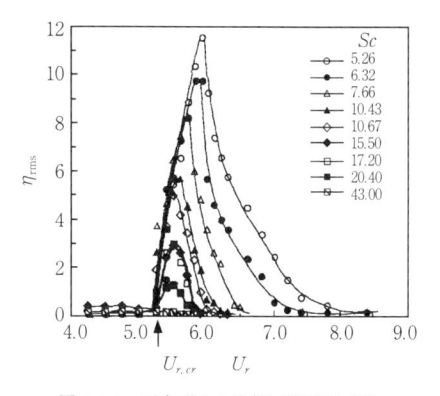

図4.4.4　正方形中の応答図整理例［1］

$$\therefore \nu = 8\frac{I_p}{mB^2}, \quad \mu = \frac{\pi\rho B^2}{2m}$$

ここでも，μで与えられる並進運動の質量比，さらに連枝振動であるためνで回転運動との質量の比，振動数比をパラメーターとして換算風速を推定していることがわかる．図4.4.4は正方形中のたわみ振動応答を整理したものであり，振動応答は風速V-振幅A図中にスクルートン数をパラメーターで整理されている．　　　　　［山田　均］

文　献

［1］日本鋼構造協会編，1997，構造物の耐風工学，東京電機大学出版局
［2］土木学会編，1985，土木技術者のための振動便覧，土木学会
［3］本州四国連絡橋公団，2001，本州四国連絡橋耐風設計基準（2001）・同解説，本州四国連絡橋公団

4.5　振動制御，耐風安定

4.5.1　振動制御

構造物に発生している振動が，構造物の安全上，機能上，あるいは使用者の心理上好ましくないレベルであるとき，あるいは設計段階でそのように予想されるときは，振動が許容振幅以下に収まるよう，振動低減に向けて何らかの措置を施す．近年，構造物の高層化，長大化，材料の進歩などによる軽量化が進み，風などによる振動が問題となる事例が増えている．

風に起因する，構造物あるいはその一部の構造要素の空力振動は，そのメカニズムから，通常，以下の三つに分類される．

① 構造物の動きとともに周りの気流が変化することにより振動が助長される自励振動型（フラッター，ギャロッピング）

② 構造物背後にできるカルマン渦に起因する共振振動型（渦励振）

③ 接近する気流の乱れや構造物背後に生ずる乱れた流れによる強制ランダム振動型（ガスト応答，バフェッティング）

ただし，②のカルマン渦による振動も，ロックイン現象にみられるように自励振動の特性も多分に有しており，実際の振動が三つの分類に明確に分けられるわけではなく，多分に組み合わさった振動であることも多い．

自励振動は一種の不安定振動であり，ある風速を越すと振幅が急激に増大する．発散型の場合が多いのが特徴である．フラッターとかギャロッピング振動とよばれるものはこの範疇に入る．過去のタコマ橋の例は有名であるが，橋の塔が壊れた例もあり，着氷電線ではいまでもギャロッピング振動対策が大きな課題となっている．構造物の破壊につながる発散型の振動であるため，振動制御の立場からは振幅を抑えるのではなく，振動が発生しはじめる風速を限界風速を設計風速以下に抑えることがポイントになる．

一方，②のカルマン渦による振動や，③の気流の変動による振動は限定的である．前者は振動の発生する風速域も限定的であるが，フレキシブルな構造では，比較的低風速で発生し，振幅も大きな場合があり，構造物の使用性，疲労面から振動制御が必要となる．事実，これまでの振動制御事例の多くは渦励振に対するものとなっている．なお，ポリエチレンで被覆されたケーブルの雨と風に起因する振動は，振動の発生風速域，振幅が限定的であり，そのメカニズムは複雑であるが，現象的には渦励振に近い．なお，③の風の乱れに起因する振動は風速とともに振幅が増大するので，高風速域でのみ問題となりうるが，構造強度面で対応することが多い．

風に起因する振動に関与するパラメーターとしては，質量，剛性，減衰，空気力がある．一般的には，質量，剛性，減衰を増すか，あるいは外力である空気力を減らすかが振動制御のポイントとなる．振動制御の手法としては，大きく分けると

（i）空力的制御法：　構造物の幾何学的形状を変えることにより，周りの流れを変えることで動的（ガスト応答などでは静的）空気力を減らし，それにより振動を抑える

（ii）構造的制御法：　質量を増加することにより相対的に空気力を小さくする，あるいは剛性を高めることにより共振をさけ，振動振幅を抑える．

（ii）減衰付加法：　減衰を高めることにより，振幅を抑える，あるいは自励振動の限界風速を高める．なお，減衰付加による方法は（ii）の構造的制御法に含められることもある．

の3とおりがある．

減衰付加法による制御では，ダンパーや付加振動体（同調質量ダンパー，TMD）や液体動揺を利用した同調液体ダンパー（TLD）などによる減衰付加効果による受動的（パッシブ）制御だけでなく，構造物の速度や変位などを計測し，それに基づきオンラインで外部から力（エネルギー）を与えることで振動を抑える能動的（アクティブ）制御や，ダンパーなどの特性を構造物の応答に応じて変化させるセミアクティブ制御に分けられる．なお，アクティブ制御とパッシブ制御の中間として，TMDなどの付加振動体の慣性力を利用しつつ，外部からの制御力をそれに加えたハイブリッド制御がある．アクティブ制御は，付加質量型のパッシブ制御に比べ，小さいマスで効率的に振動を抑えることができるのが特徴である．

なお，空力的制御は形状の変更によるパッシブ制御が一般的であり，橋梁を中心に広く用いられてきた実績があるが，補助翼の動きを制御した動的空気力を利用する方式，回転体によるはく離制御，音響による渦の発生の抑制など，セミアクティブ制御に属する方式も数多く提案されている．

どのような制御方式を採用するかは，

① 振動のタイプ（発散型か限定型か？）

② 振動の特性（減衰付加に敏感か否か？）

③ 振動制御が必要な期間（恒久的なものか，架設時のように一時的なものか？）

④ 対象構造物の特性（新設か既設か？）
⑤ 対象とする限界状態（安全性，疲労，機能・使用性，心理的安心），すなわち許容振幅

などにより異なる．

空力振動の場合，とくに，発散型の自励振動では，空力制御により安定な断面を探すことになる．それでも十分な制御が可能でない場合は，減衰付加，あるいは構造的制御の採用を検討することになる．質量を増やす方法は，一般には構造的負担が大きく，実際の構造物には採用しにくい場合が多い．軽量な構造部材の場合は繋ぐなどの方法で剛性を高める方法が使われた例はあるが，大型構造物の場合，とくに既存のものには適用がむずかしく，減衰を高めるパッシブ制御やアクティブ制御やセミアクティブ制御が向いている場面が多い．また，架設時のように短期的使用の場合も減衰付加法が適しており，実績も多い．塔やビルディングの風による微振動では，居住性向上のために厳しい振動低減要請［1～6］があり，減衰付加制御法の適用実績が非常に多く，現在では，アクティブやセミアクティブの制御の適用が確立された技術として定着している．　　　　［藤野陽三］

文　献

［1］日本建築学会，1991，建築物の振動に関する居住性能指針・同解説
［2］田村幸雄，2000，建築物の減衰，日本建築学会，丸善
［3］土木学会振動制御小委員会，1993，構造物の振動制御（2），振動制御コロキウム
［4］田村幸雄，1990，風によって生じる建築物の水平振動の抑制，日本風工学会誌，No. 44，pp. 71-82
［5］藤野陽三，1990，構造物の制振対策（土木分野），日本風工学会誌，No. 44，pp. 47-62
［6］日本鋼構造協会，1994，制振システム［特集号］，JSSC, No. 12

4.5.2 機構的減衰要素

(1) 機構的減衰要素による減衰や制振力の付加

機構付加的な減衰要素を用いて風応答を抑制するやり方には，表4.5.1のような方法がある．アクティブ制振，パッシブ制振の定義には種々議論があるが，ここでは，単純に外部エネルギーを必要とするものをアクティブ，必要としないものを

表 4.5.1　機構的減衰要素による減衰や制振力付加の方法

パッシブ	減衰材料	粘性ダンパー，粘性壁，粘弾性ダンパー，鋼材ダンパー，鉛ダンパー
	付加質量系	TMD，ストックブリッジダンパー，TLD
アクティブ	付加質量系	HMD，AMD，ジャイロ
	空力的制御	ローター，ジェット，フェアリング
	可変剛性	AVS

パッシブと分類している．ジャイロダンパーに関しては，外部エネルギーを必要とするということもあるが，実用化された例がアクティブに制御されていることから，アクティブに分類している．

(2) 減衰材料

構造物の減衰性能を高めるために，減衰部材や減衰材料を用いる方法がある．一つは，シリコンオイルなどの粘性体の粘性抵抗を利用したオイルダンパーや粘性壁である．おおむね速度に比例した減衰を得ることができ，比較的小振幅の風揺れなどから大地震まで幅広く対応できる．ほとんどがパッシブタイプであるが，オイルフローの調整によるセミアクティブタイプのオイルダンパーもある．もう一つのタイプは材料やシステムの履歴特性を利用した鉛ダンパー，鋼材ダンパー，摩擦ダンパーなどであり，ある特定の振幅レベル以上で効果を発揮し，大地震時にも有効なダンパーをつくることができる．低降伏点鋼を用いたアンボンドブレース，制振間柱などの応用がある．高分子材料やゴム系材料を用いた粘弾性ダンパーは，上記の中間的な特性をもつダンパーといえる．

(3) TMD，ストックブリッジダンパー，TLD など

構造物に図4.5.1aのように質点系を付加し，質点系が構造物とともに振動するときの慣性力を利用して，応答を抑制する方法であり，TMD（tuned mass damper）に代表される．構造物そのものの質量，剛性，減衰係数を M_S, K_S, C_S, その固有振動数と減衰定数を f_S, ζ_S とし，m_D, k_D, c_D から成る付加質点系のそれらを f_D, ζ_D とする．付加質点系の固有振動数 f_D を構造物の固有振動数 f_S にほぼ一致させておくと，構造物が固有振動数 f_S で揺れたとき，その上に乗っている付加質点系は共振効果によって大きく振動する．

(a) TMD　(b) ストックブリッジダンパー

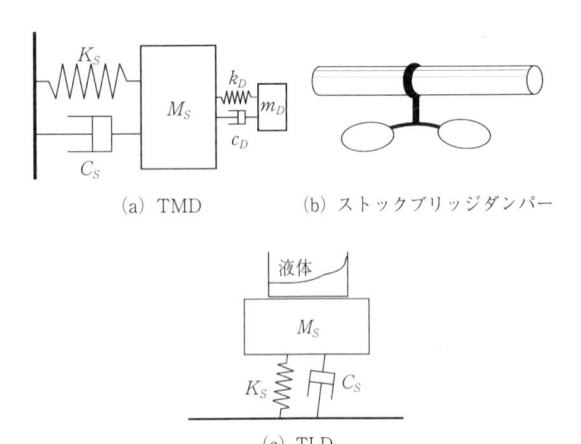

(c) TLD

図 4.5.1 付加質量の慣性力を利用した減衰の付加機構

構造物の変位と付加質点系の変位との間には 90° の位相差が生じ，構造物から付加質点系にエネルギーが流入する．つまり，構造物の振動エネルギーは付加質点系の振動エネルギーとして吸い上げられ，構造物の振動が抑制される．制振可能な振幅レベルは付加質量の支持機構などによっても異なるが，許容される付加質量の振幅（最大ストローク）には限界がある．図 4.5.1b のストックブリッジダンパーも同様の考えに基づいて架空送電線の振動を抑えるものである．図 4.5.1c の TLD（tuned liquid damper）は，付加質点系の代わりに容器に入った液体を利用するもので，スロッシングの振動数と構造物の固有振動数をほぼ一致させて用いる．TMD では付加質量の支持部に生じる反力が制振力となるが，TLD の場合は主として容器壁面に作用する液体の圧力が制振力となる．微小振幅から効果を発揮し，大振幅でも許容最大ストロークなどの明確な制限はないが，容器天井への液体の衝突や砕波の影響などにより，その挙動には非線形性が現れる．液柱管を用いた TLCD（tuned liquid column damper）などの応用があり，これにはアクティブにオリフィスをコントロールするセミアクティブタイプもある．

(4) AMD，HMD，ジャイロダンパー

付加質量をアクチュエーターなどでアクティブにコントロールし，その反力を利用して構造物の振動を抑制するのが AMD（active mass damper）である．さらに，前述の TMD に AMD の機能を備えて，振幅によって使い分けるのが HMD（hybrid mass damper）である．小振幅時は AMD，大振幅時に TMD とすることが多く，TMD と同様に許容最大ストロークに制限があり，大振幅時はロックされる．ジャイロダンパーは，ジンバル軸の傾斜に伴うトルクを利用して制振するもので，パッシブに機能できるものであるが，アクティブに制御することが多い．

(5) その他

振動するケーブルや部材をワイヤーなどで連結したり，AVS（active variable stiffness）のように，剛性をアクティブに変化させて共振を回避する方法などがある．部材をワイヤーなどで連結する方法は，単に剛性が高くなるだけでなく，結果的に減衰の増加を伴って応答が抑制されることも多い．

［田村幸雄］

4.5.3 剛性の付加

風による振動を抑える対策として，部材の剛性を増す対策法が取られる場合がある．これにより，静性的変形を抑えるのみならず，固有振動数を高め，動的現象の限界実風速や共振実風速を高風速へ引き上げる効果を期待することができる．

一例としてゴールデンゲート橋の事例を以下に紹介する．同橋は 1937 年に完成した中央スパン 1280 m の吊橋である．完成の 3 年後には旧タコマ橋のフラッターによる落橋事故が起こり，長大橋の風による振動現象がにわかにクローズアップされた．同橋の動的耐風安定性を調査するため，組織的な振動観測が実施され，以下に述べる補剛桁の風による振動が実際に観測された．振動を十分に抑えるには，補剛桁のねじれ剛性と主塔の曲げ剛性が不足していることが指摘されたため，補剛桁の下面に横構（lower lateral）を設置し，ねじれ剛性の増加を実現した．

期間中に観測された振動は大半が対称モードの鉛直たわみ振動であった．風上側の桁端変位よりも風下側のほうが振幅は大きく，別途実施された部分模型実験でも確認された．風速 11 m/s（25 mph）以上で振動が生じ，風速の増加とともに振幅が増大する傾向が認められた．風速の変動

により敏感に振幅も変化した．この振動振幅は最大で約 570 mm（22.5 inch）であり，ウィンドシューの一部に損傷が生じるのみであった．

1951 年 12 月 1 日に観測された振動は，振幅，振動モードともに例外的なものであった．当時風向はほぼ西寄りであり，変動は小さかった．午後，風速がおよそ 22 m/s（50 mph）に達すると，上述の対称モードの不規則振動が発生し，その振幅は約 300 mm（1 ft）であった．やがて風速が 19.7 m/s（44 mph）へいったん低くなり，その後 28.6 m/s（64 mph）へ急激に増加すると，振動モードが逆対称モードへ急変した．このときの振動は風下側桁端の鉛直たわみ振幅がより大きい点では，上述の対称モードの鉛直たわみ振動と同様であったが，桁両端の振動変位に位相差が認められ，鉛直たわみとねじれの連成振動が生じていたことを物語っている．振動数は鉛直たわみ，ねじれそれぞれの固有振動数の中間の値を示し，発生した振動は連成フラッターであったと推定されている．

Bronx-Whitestone 橋はニューヨークの郊外に架かる吊橋であり，供用開始は 1939 年，中央径間は 701 m を有する．Ammann によるこの橋の設計には Moiseieff によるたわみ度理論が導入され，わずかに 3.3 m の桁高をもつプレートガーダー形式の補剛桁をもつ．開通の約 1 年半後，同じプレートガーダー形式の補剛桁を有する旧タコマ橋の落橋を契機に，本橋の耐風安定性の照査が直ちに開始され，主塔と桁の間に 8 本のケーブルステイが設置されたが，この対策は不十分であり，1943 年には強風時に桁が振動し，一時通行止めを余儀なくされている．その後交通量の増加に対応するため自歩道を撤去して車線数を 6 車線に増やすとともに，高さ約 4.2 m のトラスを桁端上部に設置して剛性の増加をはかった．しかしながら，1968 年には約 31.3 m/s（70 mile/hour）の風で約 25 cm（10 inch）の鉛直振動が報告されている．1988 年には TMD が設置され現在にいたっている．なお，補剛桁の断面辺長比（幅員/桁高）は 6.74 であり，旧タコマ橋の 4.86 よりさらに扁平である．この橋を全面的に点検，補修するとともに，開通当時の構造へ復元し，長寿命化をはかる計画が 2001 年より開始され，ステイケーブル，補剛トラスの撤去，ねじれ振動対策としてエッジフェアリングの設置，軽量化のため PC スラブ床板を鋼製直交床板へ交換，などの各事業が進んでいる．なお，補剛トラスの除去，およびエッジフェアリングの設置は 2003 年 10 月に完了している．さらに主ケーブル交換の必要性，主塔基部防護工の新設，主塔の耐震補強とアンカレイジの再設計，などについて検討が行われており，計画全体は 2008 年に終了予定である．

また，橋梁の吊材やケーブルに対する剛性付加として，ケーブル，ワイヤーなどによる相互連結があげられる（4.6.2 項参照）． ［白土博通］

文　献

[1] Vincent, G. S., 1958, Golden Gate Bridge Vibration Studies, *J. Structural Division*, paper 1817, ST6
[2] http://www.nycroads.com/crossings/bronx-whitestone/

4.5.4　空力的制御

(1) はく離を制御する

構造物本体の形状を変えたり，付加物を構造物の表面に取り付けることにより，構造物の角部から流れ（はく離流）が，はがれるのを押さえ，流れができるだけ物体表面に沿って流れ，後流に発生するウェイクの幅を小さくすることにより，渦の発生を抑制し空力振動を制振する．

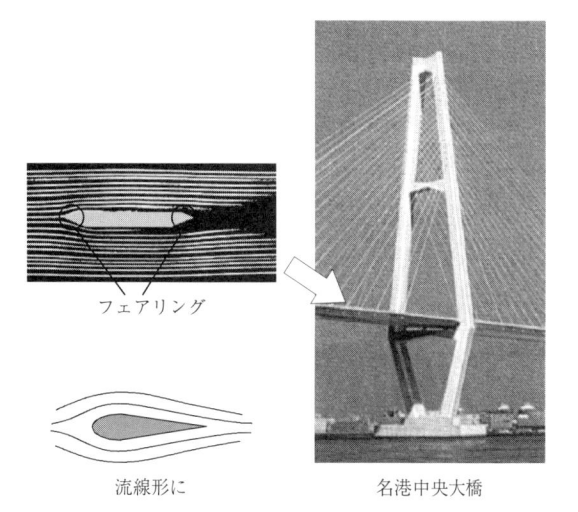

図 4.5.2　フェアリング例

(a) 形状を変える

(ⅰ) フェアリング [1]： 風上の構造物の先端部を尖らせることにより断面を流線型にし，ウェイクの幅を小さくする（図4.5.2）．

(ⅱ) 隅切り [2,3]： 角部を隅切ることにより前流の角からはがれた流れが，後流の角に再付着し，隅部に停在渦ができ，流れを物体表面に沿って流し，ウェイクの幅を小さくする（図4.5.3）．

(ⅲ) スリット [4,5]： 断面中央に風の通り抜ける吹き抜けを設け，吹き抜けを通り抜けてきたジェット流により外部の流れを引き寄せウェイクの幅を小さくする（図4.5.4）．

(b) 付加物を付ける

(ⅰ) プレート [4,6]： 角部に近いところから水平にプレートを突き出すことにより，プレートの先端からはがれた流れが，後流の角に再付着し，隅部に停在渦ができ，流れを物体表面に引き付けて流し，ウェイクの幅を小さくする（図4.5.5）．

矩形　→　隅切

停在渦

東神戸大橋

図4.5.3 隅切例

矩形　→　スリット

ジェット

菅原城北大橋

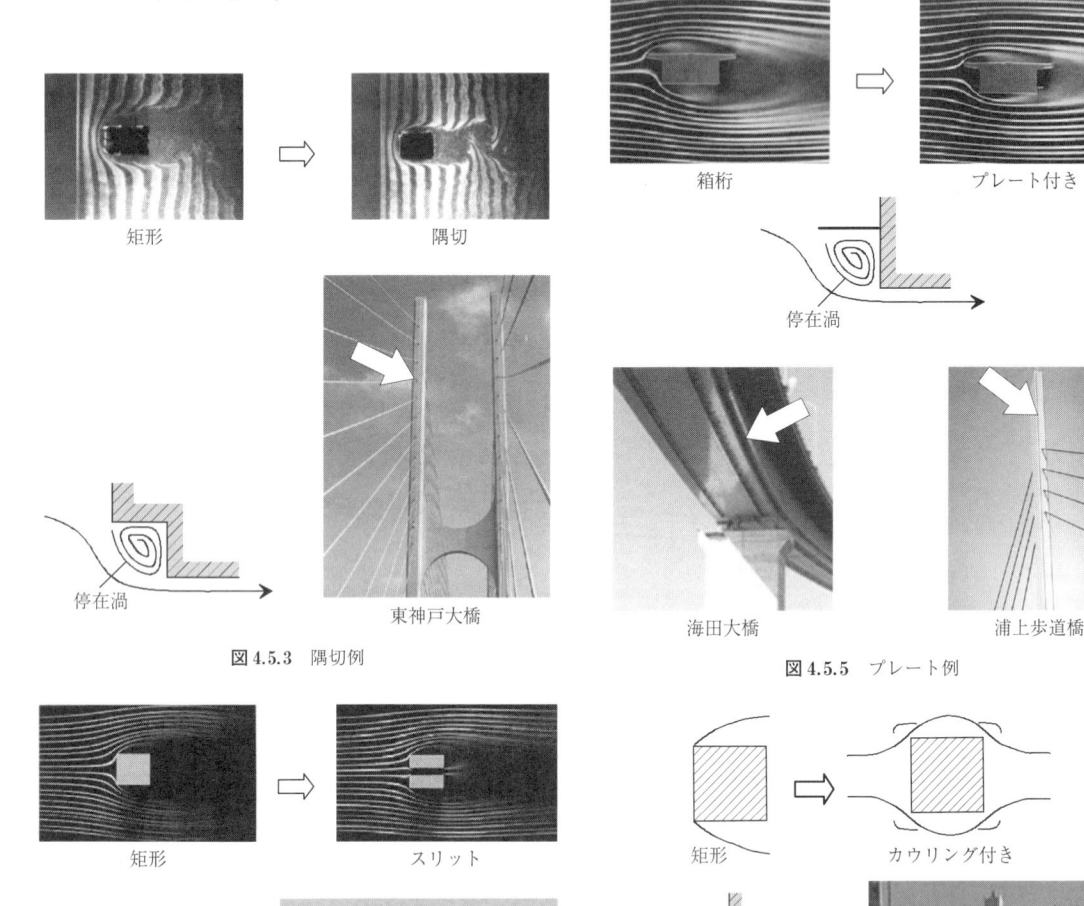

図4.5.4 スリット例

箱桁　→　プレート付き

停在渦

海田大橋　　浦上歩道橋

図4.5.5 プレート例

矩形　→　カウリング付き

カバー

葛飾ハープ橋

図4.5.6 カウリング，デフレクター例

(ii) カウリング，デフレクター [6]： 構造物の角部を覆うように，折れ角状または円弧状のカバーを取り付け，角部から流れがはがれるのを押さえ，後流のウェイクの幅を小さくする（図 4.5.6）．

(iii) グレーチング [7, 8]： 道路床版の中央や路肩部に，グレーチングを取り付け，風が通り抜けることができる吹き抜けを設けることにより，振動の原因となる床版に作用する揚力の分布形状を変えたり，揚力自体を小さくすることにより，橋桁が振動するのを抑制する．

また，さらに，床版自体をすべてグレーチングにすることにより，風による揚力を極力はたらかないようにし，振動に対して安定性を確保する方法なども検討されている（図 4.5.7）．

南備讃瀬戸大橋

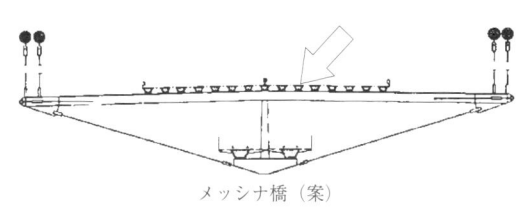

メッシナ橋（案）

図 4.5.7　グレーチング例

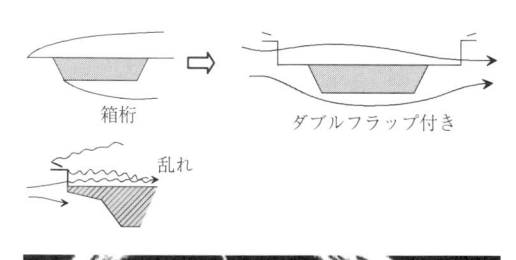

箱桁　ダブルフラップ付き

乱れ

門崎高架橋

図 4.5.8　フラップ，ダブルフラップ例

(2) 乱れを促進させる

一般に，物体からはがれる流れに，乱れが作用すると，はく離が押さえられる傾向にあり，付加物や物体表面を粗くすることにより，物体表面近くに境界層乱流を発達させ，はく離しにくくさせ，後流のウェイクの幅を小さくする．

(a) 付加物を付ける

(i) フラップ，ダブルフラップ [9]： 構造物の物体表面に間隔と角度を設けて，翼状の板を取り付け，板から発生する渦が物体表面を流下することにより，物体からの流れのはがれを抑制する（図 4.5.8）．

(ii) ボルテックスジェネレーター [4]： 偏平な箱桁断面の表面に，突起物を取り付けて桁表面に渦を発生させ，桁表面より流れがはがれにくくし，後流のウェイクの幅を狭め励振力を弱める．

上記突起には，検査車レールを用いて，対策のためだけに必要な余分な付加物をつけないように工夫されたものもある（図 4.5.9）．

(iii) ネット，多孔板 [10]： 断面の周りに間隔をあけて，風の通り抜ける多孔板や金網を設置し，物体周りの表面の流れを乱し，流れをはがれにくくし，励振力を弱め，制振する（図 4.5.10）．

(b) 表面の状態を変える [7]

(i) 並行突起（ギア型），ノッチ，ディンプル：

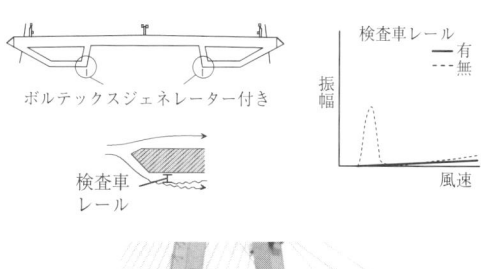

ボルテックスジェネレーター付き

検査車レール

検査車レール　有／無

振幅　風速

生口橋

図 4.5.9　ボルテックスジェネレーター例

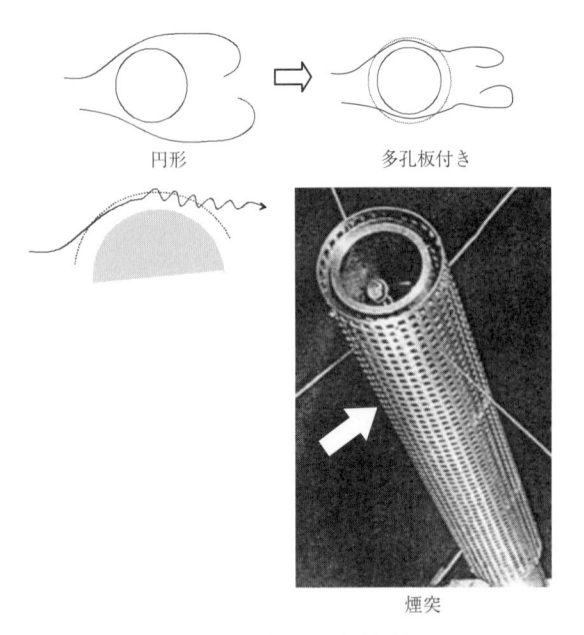

円形　⇒　多孔板付き

煙突

図 4.5.10 ネット，多孔板例

ノッチ付き

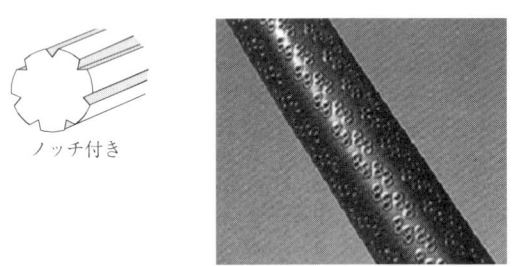

多々羅大橋（ディンプル付き）

東神戸大橋（並行突起付き）

図 4.5.11 並行突起，ノッチ，ディンプル

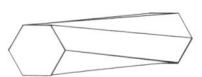

ケーブルをねじる

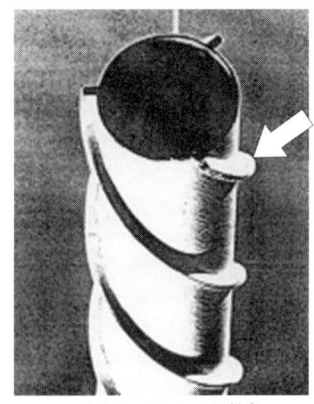

ヘリカルストレイク付き

図 4.5.12 ねじりケーブル，ヘリカルストレイク例

石狩川河口橋

門崎高架橋

図 4.5.13 フェアリング，スカート

ケーブルなどの表面に，並行突起やノッチ，ディンプルなどの凸凹を付け，物体周りの表面の流れを制御または乱し，励振力を弱め，制振する（図4.5.11）.

(3) 三次元的に振動励振力を弱める
  断面を連続的または断続して変化させる [10]
　（i）連続的；ねじる，ヘリカルワイヤー： 断面軸方向に強制的にはく離点を変化させ励振力に位相を与え，全体として励振力がはたらかないようにする（図4.5.12）.

　（ii）断続；フェアリング，スカート [11]：
断面軸方向に断面形状を変化させ，渦および励振力の周期を変化させ，全体として励振力がはたらかないようにする（図4.5.13）.　　　　　[斎藤　通]

文　献

[1] 夢渡り21プロジェクト伊勢湾岸道路, p. 20, 日本道路公団伊勢湾岸工事事務所
[2] 東神戸大橋写真集, 阪神高速道路公団, p. 142,

1994.5
[3] 日比一喜，武井邦生，杉本一，瀬古泰郎，若原敏裕，1998，楕円形断面煙突の風洞実験による風荷重の評価，RC煙突の耐風耐震設計についてその4，建築学会大会
[4] 耐風，三菱重工業㈱，2001.1
[5] シビルネットHP（http://www.civilnet.or.jp/culture/bridge/osaka/html/sugahara.htm）
[6] 日本橋梁建設協会編，1994．日本の橋
[7] 本州四国連絡橋，海洋架橋調査会，1999
[8] 吊形式橋梁－計画と設計－，設計図書，1990
[9] 橋梁の耐風設計－基準と最近の進歩－，土木学会，2003
[10] The modern design of wind-sensitive structures Proceedings of the Seminar held on 18 June 1970 at The Institution of Civil Engineers Great George Street London SW1：Aerodynamic stability, Construction Industry Research and Information Association
[11] Some Approaches for Improving the Aerodynamic Stability of Bridge Roaddecks, 1971, Prodeeding of Wind Effects on Buildings and Structures

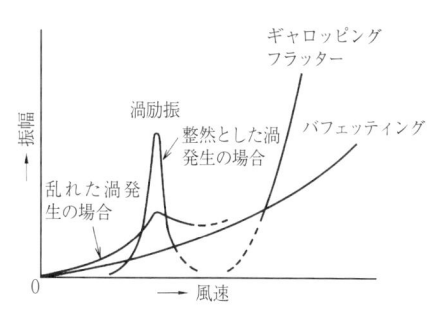

図4.6.1 想定される振動現象[1]

4.6 耐風設計における空力振動現象への対応

4.6.1 建築物

建築物の風による振動への関心が高まったのは，1963年の建築基準法改正により建築物の高さ制限が撤廃されてからである．風洞実験の手法も，実際の風を模擬した気流による建築物特有の手法に変わった．しかし，鋼製煙突のような特別の建築物（工作物）だけでなく，建築物一般についても，振動を考慮して風荷重を定めるという手法が具体的に規定化されたのは1981年の建築物荷重指針が最初である．そして，1993年の指針改訂で内容が飛躍的に充実し，とくに，建築物一般に共通するガスト影響係数法は2000年6月に改正された建築基準法施行令に採用された．

(1) 想定される振動現象

橋梁や航空機の翼などと比べて，建築物は一般に，立面形における縦横比（アスペクト比）および平面形における辺長比（奥行きと幅の比）が小さい．したがって，実際に生じる可能性が低い現象も多いが，建築物についても，図4.6.1に示すような空力振動が想定される．注意すべきは，渦発生に起因する振動である．発生する渦の周期性は建築物のアスペクト比や辺長比，風速の鉛直分布形などにより，強くなったり（狭帯域の性質を有したり），弱くなったり（広帯域の性質を有したり）するので，それに伴い，振動性状も異なったものになるということである．

ちなみに，渦励振を生じやすい形状の京都タワー（円形断面，タワー部分の高さ約80m，頂部付近の直径約5.5m）は頂部風速にして28m/s近傍で渦励振を起こす[2]．他方，横浜ランドマークタワー（角が突起した正方形断面，高さ約300m，高さと幅の比約5）の共振風速は頂部風速にして約100m/sと予測されている．この風速は再現期間500年の風速約70m/sに比べても相当に大きい．ただし，渦発生の影響を受けやすい形状のため，低い風速域においても，振動の大きさはバフェッティングによる風方向振動よりも渦発生の影響による風直交方向振動のほうが大きい．風力的にはねじり成分も大きいのであるが，ねじれ剛性が十分大きいので振動は小さい[3]．

(2) 振動現象への対応

建築物の耐風設計の対象は，構造骨組，外装体・外装材，風に曝される構造部材等々多様である．しかし，外装体・外装材については，通常，その固有振動数が十分大きいことから振動が問題になることはない．風に曝される構造部材についても，振動問題は渦励振に限られることが多い．そこで以下では，構造骨組について述べる．

建築物の規模・形状や動力学的特性は多様である．このため，建築物を次のように分類すると対応する振動現象が絞り込まれるので考えやすい．分類の基準については5.1.6項を参照されたい．なお，具体的な対応方法については，建築学

会の建築物荷重指針・同解説［4］が参考になる.

① 小規模で固有振動数が大きい建築物：バフェッティングが主である．共振効果が無視できる．

② 中ないし大規模で固有振動数が大きい建築物：バフェッティングが主である．ほぼ共振効果が無視できる．

③ スレンダーではないが固有振動数が小さい建築物：バフェッティングが主である．共振効果が無視できない．

④ ある程度スレンダーで固有振動数が小さい建築物：バフェッティングの他，渦励振にまではいたらないが，渦発生に起因する風直交方向振動あるいはねじれ振動について検討が必要となる．

⑤ 相当にスレンダーで固有振動数が小さい建築物：バフェッティングの他，渦励振，空力不安定振動について検討が必要となる．

具体的には，①から③についてはガスト影響係数法で対処することができる．建築物荷重指針の2004年版では，①に対して従来どおり簡便法を用意し，ガスト影響係数法が建築基準法施行令に採用されたことから，②, ③については従来の区別を廃止して，すべて，共振効果を考慮に入れた一般式に統一している．④, ⑤については，②, ③と同様の対応の他，風直交方向振動およびねじれ振動の検討の要否，および渦励振および空力不安定振動の検討の要否についての判別式を定めている．具体的な評価方法については，風直交方向振動およびねじれ振動については矩形断面およびそれに近い場合のみ，渦励振については円形断面の場合のみ用意されている．

建築物荷重指針の充実とともに，空力振動の評価および設計用等価静的風荷重の評価の考え方・具体的方法が確立されつつあるが，建築物に与える空力振動の影響ということでは，居住性，骨組の疲労，免震・制振建築物の挙動，免震・制振デバイスの安全性，さらには終局的挙動としての弾塑性挙動など，検討すべき課題あるいは評価精度の向上が求められている課題は多く残されている．

外装体についても，ケーブルと板ガラスを組み合わせて壁面を構成するといった事例が増えつつある．したがって，これまでどおり簡単に，「外装体・外装材は固有振動数が十分大きい」と片づけられず，十分な注意が必要である．

［大熊武司］

文　献

［1］大熊武司, 神田順, 田村幸雄編著, 1996, 建築物の耐風設計, 鹿島出版会
［2］石崎溌雄, 1977, 耐風工学, 朝倉書店
［3］塚谷秀範, 山田周平, 山崎真司, 澤田章次, 1990, みなとみらい21ランドマークタワーの耐風設計, その2, 日本建築学会大会学術講演梗概集, 構造I, pp. 56-58
［4］日本建築学会, 2004, 建築物荷重指針・同解説, 丸善

4.6.2　橋　梁

風による振動が橋に悪影響を与えることが予想される場合には，これを抑制することが必要である．風による振動の抑制対策としては，一般に以下の方法が考えられる．

① 構造物の断面形状を変え，構造物に作用する空気力の性質を変える．
② 構造物の減衰性能を高める．
③ 構造物の剛性を高める．
④ 構造物の質量を増す．

このうち，①は空力的対策とよばれており，②〜④は構造力学的対策とよばれている．ただし，③および④による場合は，所要の耐風性を確保するためには大幅な設計変更を伴うため，不経済な対策となることが多い．したがって，既往の橋梁で多く適用されている対策は①および②である．

渦励振や発散振動は，構造物の断面形状，とくに上流側のはく離点付近の形状などに大きく影響を受ける．①はこの特性に着目し，わずかな断面形状の変更によって，耐風性を向上させようとするものである．対策の選定に当たっては既往の事例［1］が参考になるが，対策の効果はもとの断面形状にも依存するため，適用方法が従来と異なる場合には，風洞試験により効果を確認する必要がある．

②は発現する振動変位を減少させようとするものである．振動が絶対値の小さな負の空力減衰によって引き起こされている場合には，わずかな減衰を付加することにより振動振幅を大幅に減少させることができる．

また，橋梁の耐風性は，完成時のみならず架設時においても検討する必要がある．橋梁架設時は完成時に比べて以下の点が異なる．

（i）橋梁架設期間は供用期間に比べて短い．このため完成時に比べ設計基準風速を低減させることが可能となる．

（ii）橋梁の構造特性が異なる．たとえば，吊橋あるいは斜張橋の塔が独立して建設される場合には，完成系で期待されるケーブルなどによる拘束力がないため，橋軸方向へ振動しやすい．

（iii）橋梁の断面形状が異なる．

橋梁架設時の風による振動に関する制振対策の基本的な考え方は先に示した①～④と同様である．ただし，構造特性（質量，剛性，振動数など），設計基準風速，橋梁の幾何学的形状などは架設系の値を用いるものとする．また，使用性に関する評価の代わりに，作業性の観点から評価を行う必要がある．

橋梁に対して従来適用されてきた代表的な制振対策を，橋梁の部位ごとに以下に示す．なお，文献［1］には，わが国の実際の橋梁に適用された制振対策が体系的に整理されているので参照されたい．

（1）橋　桁

橋桁の設計案に対する風洞試験の結果，振動の発現が予想される場合には，①に示した断面形状をわずかに変更することにより耐風性を向上させる，という対策が講じられることが多い．その代表的なものにフラップ（端抑流板）［2］および鉛直スタビライザー［3］があげられる．フラップは徳島県の末広大橋（斜張橋）の設計時に，渦励振を抑制するために考案されたものであり，以降充腹断面箱桁においてしばしば用いられている．また，鉛直スタビライザーは本州四国連絡橋の大鳴門橋（吊橋）の設計時に，フラッター発現風速を高めるために考案されたものであり，明石海峡大橋においても適用されている．

なお，最近では東京湾アクアラインの箱桁橋で適用されたように，渦励振を抑制するために，②の方法として同調質量減衰器（TMD）が適用されることもある［4］．

（2）主　塔

吊橋や斜張橋の主塔が架設時に独立して立っている場合には，風によって渦励振やギャロッピングが発生する可能性がある．主塔の制振対策としては，補助部材の取付けや断面の形状の変更などの空力的対策がギャロッピングおよび渦励振に，TMDや同調液体減衰器（TLD），アクティブ質量減衰器（AMD）などによる構造力学的対策が渦振励にそれぞれ有効である．

（3）ケーブル

斜張橋のケーブルは風により振動しやすい．ケーブルの振動のうち渦励振については，一般に振幅は小さく，ケーブルに悪影響を及ぼす可能性は小さいと考えられるが，降雨と風の影響によって生ずるレインバイブレーションと，並列方式のケーブルで起こるウェイクギャロッピングについては，注意が必要と思われる．

レインバイブレーションは，発現しても麻ロープなどでケーブルと橋桁を連結する程度の応急処置で振動が抑えられること，およびウェイクギャロッピングは低風速により徐々に振動が発達することが多く，突然大きな振幅を伴って発振し直ちにケーブルに損傷を与えるという現象ではないと考えられることから，制振対策が後から設置できる構造にしておき，架設時より注意深く様子をみて，実橋の状況に応じて制振対策の必要性を検討しても支障はないと考えられる．

ケーブルの制振対策のうち，レインバイブレーションに対してはダンパー（オイルダンパー，粘性せん断型ダンパー，あるいは高減衰ゴム）の設置，あるいは適当な形状の被覆材や突起版を部分的あるいは全体に取り付けるなどの方法が有効である．ウェイクギャロッピングを抑制するためには，レインバイブレーションの抑制に比べかなり大きな減衰が必要となるが，現状ではなかなかむずかしい．ワイヤーによりケーブルを相互に連結

する方法が採用されることがあるが，付加減衰の推定が困難なこと，美観を損ねるおそれのあることなどの課題がある．

(4) 細長い部材

アーチ橋の吊材やトラス部材などのように比較的細長比の大きな橋梁部材に発生する振動はおもに渦励振である．この場合，部材は疲労により損傷するおそれがある．疲労損傷の防止にあたっては，吊材を相互に連結するなどの制振対策に加え，部材端部の細部構造を適切に設計することが重要と考えられる．
[佐藤弘史]

文 献

[1] たとえば，土木学会，2003，橋梁の耐風設計 —基準と最近の進歩—，構造工学シリーズ12
[2] 成田信之，1978，充腹断面橋桁を有する斜張橋の耐風設計に関する基礎的研究，東京大学学位論文
[3] 植田利夫，1989，長大橋の耐風制振に関する研究，大阪大学学位論文
[4] 吉田好孝ほか，1999，東京湾アクアライン橋梁部鋼箱桁橋に発現した渦励振の振動制御，土木学会論文集，No. 633/I-49, pp. 119-134

4.6.3 送電線

(1) 送電線の振動

歴史的には，着氷した電線が強風下で大振幅の振動を発生することが知られており，その振動現象はギャロッピングと名づけられた．現在では，多導体の送電線が多く使用されており，風による振動現象はさらに複雑なものになっている．一般に，送電線で考えられる振動には以下のものがあげられる [1, 2]．

① カルマン渦による渦励振
② サブスパン振動（ウェイクインデューストフラッター）
③ 着氷雪時のギャロッピング振動
④ ガスト応答（バフェッティング）

送電線のカルマン渦励振は，風速0.5〜7 m/s程度の比較的低い風速域で，各素導体の直径程度の振幅が観測されており，その振動数は10〜100 Hz前後の範囲である．現象的には，通常のカルマン渦励振と同じで，送電線のストローハル数約0.19〜0.2で決まるカルマン渦放出周波数と送電線の各モードの固有振動数が一致する風速域で共振現象が生じることによる．送電線のサブスパン振動とは，多導体送電線のスペーサー間のサブスパンにおいて風下側の素導体が風上素導体の後流の影響で振動する，いわゆるウェイクインデューストフラッターである．実際の観測結果によると，風速5〜10 m/s以上で発生し，振幅は1〜50 cmで多くの場合楕円軌道を描く．振動数は1〜3 Hzである．現象メカニズムの詳細は，ウェイクインデューストフラッターの説明を参照されたい．また，ガスト応答については，送電鉄塔のガスト応答を検討する際に，送電線の応答も考慮されるが，送電線のガスト応答自身が問題となることは少ない．その他，通称乱流振動とよばれる現象が，風の乱れが比較的大きく，かつ降雨時もしくは降雨後のもやが発生している際に発現することが知られている [3]．この振動は，発生する無次元風速を考えると，前述の斜張橋ケーブルのレインバイブレーションとよく似た空力振動現象であると推察される．

したがって，送電線特有の空力振動現象としては，着氷雪時のギャロッピング振動があげられる．送電線に対しては，大振幅の空力振動を一般に総じてギャロッピングとよんでいる．たとえば，着氷多導体送電線の大振幅の空力振動においては，ねじれ振動も振動発現に寄与することがあるなど，空力弾性論でギャロッピングとよばれる主流直角方向1自由度の空力振動とは異なるメカニズムで発現しているが，同じギャロッピングという名前でよばれることに留意されたい．多導体送電線のギャロッピング振動の特徴 [4] としては，風速7 m/s以上で，振動数が0.15〜1 Hz程度，振幅は国内の事例としては鉛直振幅で0.1〜6 mとなっており，長周期でかつ大振幅の振動現象である．また水平方向の振動が伴う場合や水平方向の振動が卓越する事例も報告されている．さらに，多導体の場合には鉛直振動にねじれ振動が連成する形で大振幅の空力振動が発現することも多い．振動モードは多導体の場合，1〜3ループが代表的である．この振動現象は，着氷雪がない場合には発生せず，その形状が重要である．一般

には，樹氷，粗氷，湿雪による翼型もしくは三角型，雨氷の厚い三日月型もしくは薄い三日月型，さらに氷柱型などが知られている．風向は，線路に直角の場合に振動が多く観測されている．以上のように，多導体送電線のギャロッピング振動は，きわめて複雑な現象であるが，試験線を用いたフィールド観測および実験［5］のような研究などによって，かなりの部分が明らかになってきている．その他，準定常理論を用いた解析（たとえば［6］）や，大振幅時の非定常空気力を風洞実験で計測する試み［7］が行われている．また，ガスト応答なども含めた送電線の風応答を対象とした解析手法に「CAFSS」と名づけられた汎用プログラムがあり，観測結果とも比較的良好に一致する結果が得られるとされている［8］．

(2) 空力振動現象に対する対応

送電線における①～④の空力現象のうち，①，②，④については，応答振幅が小さい場合が多く，また制振方法もほぼ確立されている［3, 9］ことから，ここでは，まだ十分には対策手法が確立されていないギャロッピング対策方法の現状について述べる．

現在，一般的に用いられているギャロッピングの対策方法としては，発生源である着氷雪による揚力を制御するための着雪対策，振幅を抑制，減衰させる振幅対策，および短絡を防ぐための離隔対策に大別できる［10］．

着雪対策としては，スパイラルロッド，ルーズスペーサーがあげられる．スパイラルロッドは，電線表面に巻き付けた螺旋状の素線により，着雪の付着の一様性を乱し，揚力を相殺させることによって振動を抑制するものである（図 4.6.2）．た だし，着氷雪が発達して導体を覆う形になると抑制効果は期待できない．一方，多導体への適用が検討されている素導体スペーサーの電線把持片側にヒンジを設けたルーズスペーサーでは，着氷雪の重量による素導体のねじれを利用し，径間全体で揚力特性を不均一とすることによって空気力の作用方向を分散することができる（図 4.6.3）．振動抑制効果は大きいとされており，現在，効果的なルーズ把持部の設定やスペーサーの配置に関して積極的に検討されている．

次に，振幅対策としては，ディチューニングペンディラムや捻回抑止装置などがあげられる．これらは，径間内に取り付ける付加重量と回転ばねやねじりばねなどにより電線の捻回固有振動数を調節し，鉛直方向と電線軸周りの回転方向のモード連成を避ける方法である．捻回運動と鉛直運動が同調して発達するような振動に対しては効果的であるものの，ねじりを伴わない振動に対しては抑止効果をあまり期待できない．そのほか，鉛直変動とねじり変動の位相差に着目して開発された偏心重量錘方式や，シリンダー内に数十枚を重ねた皿ばねの減衰効果を利用して，がいし装置に連結して用いるフリクションダンパーがある．

離隔対策としては，相間スペーサーがあげられる（図 4.6.4）．これは電線相互間に絶縁されたスペーサーを数個取り付けて固定し，機械的に相間を確保することにより短絡事故を防止するものである．効果的なギャロッピング抑止方法として期待されているが，取り付け本数や配置によっては短絡事故を防止できない場合もあり，適切な取り

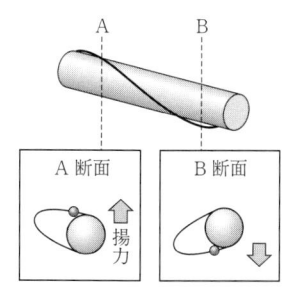

図 4.6.2 スパイラルロッド

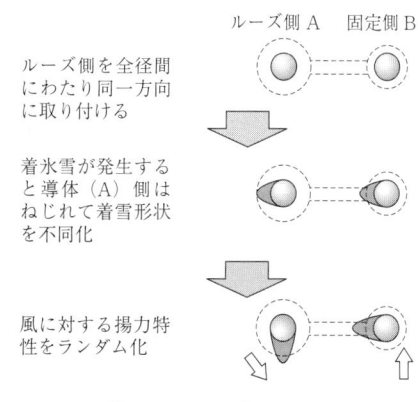

図 4.6.3 ルーズスペーサー

図 4.6.4 相関スペーサーの設置状況

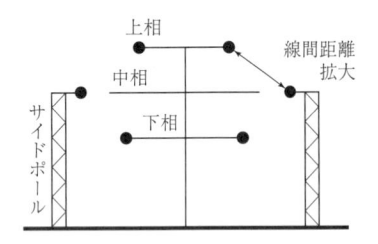

図 4.6.5 サイドポールの設置

付け方法に関する検討が試みられている．また，これまでに用いられてきた磁器がいしに替わって力学的な強度と電気的絶縁性能の両方にすぐれ，かつ軽量化を目ざした高分子がいしを利用したスペーサーの開発も進められている．その他，離隔対策として，中相を支持するサイドポールを立て，線間距離を拡大することで相間短絡を防ぐ方法（図 4.6.5）や設計段階でギャロッピングの発生が予測される箇所では，十分な離隔距離をとるための鉄塔装柱の検討などの対応がなされている．

[石川智巳]

文　献

[1] 中村泰治，坂本雄吉，1984，ケーブルの風による振動，日本風工学会誌，**20**，pp. 129-140

[2] Tunstall, M. J., 1997, Wind-induced vibrations of overhead transmission lines：An overview, Proceedings of the Second International Seminar on Cable Dynamics, 13 October 1997, Tokyo, pp. 13-26

[3] 電気学会技術報告，1982，架空送電線の微風振動，No. 129

[4] 吉岡正幸，1995，送電線のギャロッピングと対策技術の現状，日本風工学会誌，**65**，pp. 43-49

[5] 雪野昭寛，澤田純，長谷祐児，武田浩三，太田吉彦，藤野陽三，山口宏樹，2001，送電ケーブルのフィールド観測とフィールド実験，日本風工学会誌，**86**，pp. 95-105

[6] 山口宏樹，謝　旭，雪野昭寛，1998，多導体送電線のギャロッピング特性に関する考察，第15回風工学シンポジウム論文集，pp. 563-568

[7] Kimura, K., Inoue, M., Fujino, Y., Yukino, T., Inoue, H. and Moriyama, H., 1999, Unsteady forces on ice-accreted four-conductor bundle transmission line, Proceedings of the Tenth International Conference on Wind Engineering, Wind Engineering into the 21st Century, pp. 467-472

[8] 清水幹夫，佐藤順一，武田浩三，雪野昭寛，2000，4導体送電線の動的挙動に関する検討，構造工学論文集，**46A**，pp. 491-500

[9] 電気共同研究会，架空送電線技術，1976，電気共同研究第32巻4号

[10] 架空送電線のギャロッピング現象・解析技術調査専門委員会，2001，架空送電線のギャロッピング現象解析技術，電気学会技術報告第844号

5
構造物の耐風設計

5.1 耐風設計の手順

5.1.1 建築物の耐風設計

建築物には，平均風速に基づく平均風力と，風の乱れや渦発生あるいは建築物の振動と流れの相互作用による変動風力が作用する．変動風力が建築物に与える影響は，変動風力の特性だけでなく，建築物の規模，形状，構造特性に関係する．このため，建築物の設計用風荷重の設定では，設計対象部分に作用する変動風力の特性とそれに対する応答特性を正しく評価することが重要である．したがって，建築物の耐風設計では，構造骨組のように建築物の全体の挙動を考える場合と，外装材のように部分の挙動を考える場合とに区別して考えるのが合理的である．

構造骨組用の風荷重を考えるとき，大部分の建築物にとっては，風の乱れに起因する変動風力の影響が支配的で，風方向荷重が重要となる．しかし，超高層建築物のようにアスペクト比が大きく，比較的柔らかい建築物では，風直交方向およびねじりの変動風力の影響が無視できないため，風直交方向荷重，ねじり風荷重を考える必要がある．また，屋根に関しては，軒先ではく離した流れによる変動風力が支配的であるため，屋根骨組用の風荷重は，水平風荷重とは特性が異なる．また，小規模でかつ剛性が高い建築物では，規模効果が小さく共振効果も無視できるため，簡便な風荷重算定法を用いることができる．図5.1.1はこれらの条件を考慮して区分した風荷重の分類である．これらの分類の指標となる風の影響に関しては，5.1.6項に解説されているので参照いただきたい．

(1) 風荷重算定の手順

耐風設計で検討しなければならない項目は，以下の3項目に分類される．

① 外装材の安全性
② 構造骨組の安全性
③ 風揺れに対する居住性能

これらは，初めに設定した設計風速（建設地点の風の特性），建築物の形状・構造特性の条件下で，建築物に作用する風圧・風力，建築物の風応答，空力不安定振動の有無を調査し，その結果を設計クライテリアに照らし合わせることで評価される．図5.1.2に建築物の耐風設計フローを示す[1]．

耐風設計フローに示されている検討項目をまとめると以下のとおりである．各項目の評価法に関

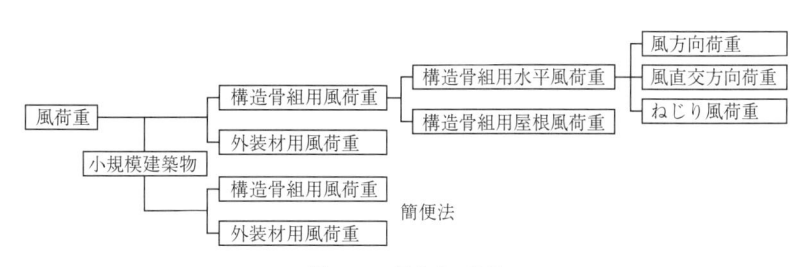

図 5.1.1 風荷重の分類

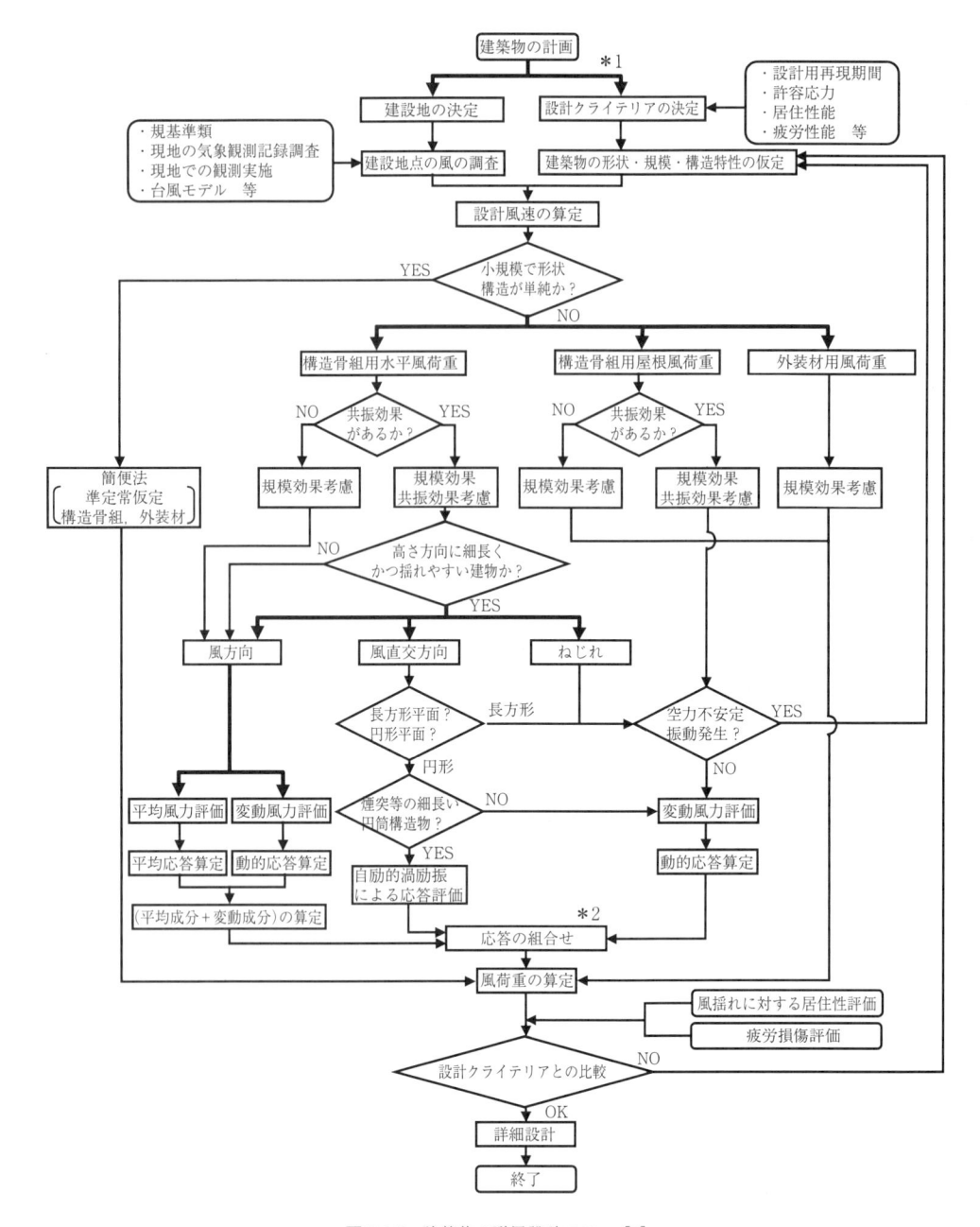

図 5.1.2 建築物の耐風設計フロー [1]
*1：図中の太線は併行作業を表す．　*2：風直角方向とねじれは，必要に応じて平均成分を考慮する．

しては，5.2～5.3節で解説されているので参照いただきたい．

（i）建設地点の風の特性：
・基本風速
・風速，乱れの強さ，乱れのスケールの鉛直分布
・風向係数
・地形の影響

（ii）設計クライテリア：
・設計用再現期間
・許容応力度，許容変形
・風振動に対する居住性能
・風振動に対する構造骨組や部材の疲労性能
・限界状態設計法を用いる場合は，安全限界状態，使用限界状態

（iii）建築物に作用する風力，風圧力の特性：

〔塔状構造物〕
・風方向, 風直交方向, ねじりの風力（構造骨組）
・風荷重の組合せ（構造骨組）
・外部風圧, 室内圧（外装材）

〔大スパン構造物〕
・外部風圧, 室内圧（構造骨組, 外装材）

(iv) 建築物の規模, 構造特性と風の特性の相互関係:
・規模効果, 共振効果

(v) 自励的渦励振や空力不安定振動の発振の有無:

(vi) 飛来物対策

(2) 建築物の耐風設計法

建築物の構造骨組の耐風設計では, 許容応力度設計法が用いられることが多い. この設計法では, 建築物の供用期間中に1回以上遭遇する可能性が高い暴風（以下, レベル1の風）に対して, 建築物が損傷しないことが求められる. また, きわめてまれに発生する暴風（以下, レベル2の風）の場合, 耐震設計では, レベル2の地震動に対して構造骨組が塑性範囲に入るのを許容しているのに対して（終局強度設計法）, 耐風設計では, レベル2の風に対しても主要な構造骨組がおおむね弾性的挙動の範囲内に留まることが要求される. これは, 地震動はその継続時間が長くても数分程度であるのに対して, 強風の継続時間は数時間に及ぶため, 部材や接合部などの疲労損傷のおそれがあること, 構造骨組の塑性化によって建築物の固有周期が長くなると, 固有周期に対応する風外力のパワーが増し, 風荷重が大きくなるおそれがあること, また, それらに対する研究が十分進んでいないことなどの理由によるものである. ただし, 制振装置や免震装置で採用されている履歴型鋼製ダンパーのように, 部材を塑性化させることによって履歴減衰を確保する機構に対しては, 耐風設計においても塑性化が許容されている. この場合は, 部材が塑性化した状態での耐風安全性の確保はもちろんのこと, 部材の疲労損傷の検討が不可欠である.

許容応力度設計法は, 設定した設計荷重に対して, 建築物が指定した状態にいたっていないことを確認することで, 建築物の性能を確保するという考え方に基づいている. しかし, 部材応力が許容応力度以下というような設計条件では, 具体的に部材のどのような性能を確保しているかが不明瞭であり, 設計荷重や許容限界の設定において, 一貫した考えに基づいて余裕度が確保されているわけではない.

これに対して, 近年推奨されている限界状態設計法は, 設計荷重の余裕と許容限界の余裕を確率的に定量化し, 要求性能水準を許容破壊確率や目標信頼性指標で表すものである. この設計法では, 荷重側も耐力側も確率論で表すため, 設計で想定した限界状態にいたらない程度を定量的に表すことが可能であり, 設計者が所有者に対して建築物の性能水準を具体的に説明しやすい.

限界状態設計法で想定する限界状態は, 構造骨組の安全性確保や居住者の生命保全といった"安全限界状態"と, 風揺れに対する居住性能の確保や収容財産の保全といった"使用限界状態"の2種類に分類され, その要求性能水準の設定に当たっては, 設計者が建築物の重要性, 社会性, 経済性, 供用期間などを考慮して, 建築物の所有者や使用者と十分意見交換して合意形成を図るのが望ましい.

限界状態設計法には, 限界状態を超過する確率を直接計算する方法と, 荷重・耐力係数を用いる方法がある. 前者は煩雑な確率計算が必要で実用的でない. 後者の方法は, 構造材料や荷重などの不確かさの程度や目標性能水準を考慮して確率論に基づいて設定された荷重・耐力係数を用いることで, 煩雑な確率計算を行わずに従来の決定論的手法と同様に設計可能であることが特徴である. その詳細は, 建築物荷重指針[2]や建築物の限界状態設計指針[3]を参照いただきたい. このように荷重・耐力係数を用いた設計法では, 目標性能水準を設計者が定め, それに対応した荷重係数, 耐力係数を設定することができるため, 性能水準の調整が容易で明快である.

[大熊武司・近藤宏二]

文献

[1] 大熊武司, 神田順, 田村幸雄, 1996, 建築物の耐風設計, 鹿島出版会
[2] 日本建築学会, 2004, 建築物荷重指針・同解説, 丸善
[3] 日本建築学会, 2002, 建築物の限界状態設計指針・同解説, 丸善

5.1.2 橋梁の耐風設計

(1) 橋梁の設計で考慮すべき強風の作用

強風の作用としては、変形などの静的作用および風による振動とに大別される。このうち、風による振動は

① 振動がいったん発生すると非常に大きな振動振幅へ発達する発散振動,
② 比較的低風速時に発生し振動が大振幅へ発散することはない渦励振,

そして

③ 風の乱れによりどの風速においても励起されるガスト応答

の3種類に大別される.

一般に、ガスト応答は風の静的作用と合わせ、設計風荷重として評価され、死荷重などとあわせて静的設計に適用される[1]. ガスト応答を除く振動現象、すなわち渦励振や発散振動は、ある特定の風速域あるいは特定の風速以上で発現する振動現象であり、その発現風速はたわみやすい構造物では低いが、剛な構造物では架橋地点で吹くと考えられる風速よりも十分高い. したがって、剛な構造物、すなわち支間長の短い橋梁に対しては風荷重に基づく静的設計のみを行えばよく、柔な構造物、すなわち支間長の長い橋梁では静的設計のほかに渦励振あるいは発散振動に対する検討も実施する必要がある.

さらに、橋梁全体系としては剛であっても部材が細長く柔な構造である場合（ケーブルやランガー吊材など）には部材のみが風により振動することもある. また、主塔のように架設時には構造特性や形状が完成時と異なるため特別な配慮が必要とされることがある.

(2) 耐風設計の基本的な考え方

道路橋の耐風設計にあたっては、橋梁の供用期間中に吹くと考えられる強風の作用によって橋梁の安全性、使用性に支障がないようにすることが基本的な考え方である. したがって、まず設計風速など設計で対象とすべき強風の特性を定め、次に強風による橋梁の挙動を推定し、その挙動が橋梁の安全性あるいは使用性の面で問題がないかどうかの評価を行う. 問題があると評価された場合には、所要の安全性あるいは使用性を具備するよう設計変更を行う.

設計風速については5.2節に記述されている. また、耐風性を高める方法については、4.5節あるいは4.6.2項に記述されている. したがって、本項では、照査の考え方および風による振動の推定方法を中心に以下に記述する.

(3) 振動の照査の考え方

(a) 発散振動（フラッター, ギャロッピング）

フラッター, ギャロッピングなどの発散振動は、発生とともに振幅が急激に大きくなり、場合によっては構造物を崩壊に導くおそれがある. このため、発散振動についてはその発現風速を推定し、これが架橋地点で予想される強風に比べ十分に高いことを確かめることが、照査の基本的な考え方である.

(b) 渦励振　渦励振は、多くの場合、発散振動に比べ発現する振幅が小さい. 発現風速は低く、発現頻度は比較的高いが、その発現が直ちに構造物を破壊に導くほどの激しい振動ではないことが多い. このため、渦励振に対しては、その発現が初通過破壊、疲労破壊、および使用性の観点から橋梁に悪影響を与えないかどうかを検討することが、照査の基本的な考え方である.

(c) ガスト応答　ガスト応答に対する照査の考え方も、渦励振に対する考え方と同一であるが、水平たわみガスト応答の効果については風荷重に考慮されているため、一般の橋梁では特別の照査を行わなくても、ガスト応答に対する耐風性が確保されていることが多い.

(4) 橋桁の風による振動の推定と照査の流れ

橋桁の風による振動を精度よく推定するには,

風洞試験を実施する方法，あるいは風洞試験より得られた空気力データを用いて解析的に対風応答を推定する方法が，現在のところ最も精度がよいものと考えられる．しかしながらこれらの方法はある程度の費用と時間がかかる．他方，すでに橋桁の風による振動に関して風洞試験のデータが蓄積されているため，これらのデータから推定式を作成することは可能である．ただし，複雑な現象を単純な式で説明しようとすると推定誤差が生じる．これに対しては，安全側の推定をする（発散振動の発現風速は低めに，また渦励振の発現振幅は大きめになるように推定する）ように式を設定すれば，風洞試験など詳細な推定を行う案件をスクリーニングするという目的で使用することが可能である．『道路橋耐風設計便覧』[2] では，このような考えから橋桁を対象として，発散振動の発現風速や，渦励振の発現風速および発現振幅を推定する式が示されている．

このような推定式が適用できる場合の推定・照査の流れは図 5.1.3 のとおりである．まず推定式により風による振動を予測する．予測された振動に対し，(3) に示した考えで照査を行う．問題がないと評価されれば動的照査は終了するが，問題があると評価された場合には次の二つの対応が考えられる．

一つは類似断面の風洞試験結果を参照したり風洞試験を実施したりして，より精度の高い推定値を求め，これに基づき再び (3) に示した考えで照査することである．安全側に設定された推定式に基づく振動予測によって問題があると評価された場合にも，精度の高い推定を行えば問題がないと評価される可能性はある．精度の高い推定により動的耐風性に問題がないと評価されれば，動的耐風設計は終了する．

他の一つの対応は，設計変更を行うことである．このうち，断面形状を大幅に変更するような場合には，設計風荷重の設定，静的設計，および動的照査を再度実施する必要がある．一方，構造力学的な減衰器を取り付けるなど，橋桁の断面形状にほとんど影響を与えない軽微な設計変更に対しては，動的照査のみ再度実施すればよい．

(5) 風洞試験による橋桁の風による振動の推定

橋桁の風洞試験方法としては，断面の空気力係数（抗力，揚力，空力モーメント係数：三分力係数とよばれる）を求めるための空気力測定試験と，対風応答を求めるためのばね支持模型試験および全橋模型試験がある．各試験法の詳細については 10 章を参照されたい．

空気力係数のうち，定常空気力係数については設計風荷重の決定などに利用される．一方，振動中の構造物に作用する非定常空気力や，静止構造物に作用する変動空気力などは，風による振動を解析的に推定するために用いられる．空気力データを用いた解析手法については 4.2 節を参照されたい．

ばね支持模型試験は，橋桁の代表的部分のみを部分的に取り出して剛体模型を製作し，これを適当なばねで支持して行う比較的簡便な方法であり，通常の大きさ（測定洞の幅 1～2 m）の風洞を用いても十分な精度で橋桁細部（トラス部材，高欄など）を模型化することができるなど大きな利点がある．しかしながら，本方法においては橋桁の全体的な挙動が対風応答に及ぼす効果が無視されており，また，自然風の風速の時間的・空間的な変動特性を忠実に再現することも一般には困難である．

このようなことから，橋梁全体を弾性模型化して行う全橋模型試験が行われることもある．この方法によれば実橋の対風応答を，自然風の変動特性の効果も含めて，ほぼ直接的に評価することが

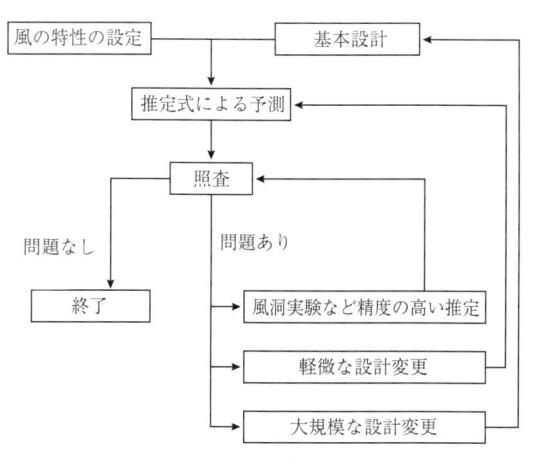

図 5.1.3 橋桁の風による振動の推定・照査の流れ

できる．その反面，風洞の大きさの制限により，模型が極度に小さくなってしまい，ばね支持模型試験の場合とは逆に細部の模型化が困難になるケースが少なくない．

(6) 主塔および細長い部材の風による振動の推定と照査

主塔や細長い部材の風による振動は，風洞試験あるいは類似構造物に関する既往の風洞試験から推定することができる．これらのうち，吊橋架設時の主塔の渦励振およびランガー橋の吊材の渦励振の推定方法については『道路橋耐風設計便覧』[2]に記述されている．精度のよい推定は風洞試験により可能となるが，その方法および考え方は(5)に示した橋桁の場合と同様である．なお，主塔の風洞試験方法としては，剛体模型を弾性支持する方法や，主塔全体を弾性模型化する方法が採用されることが多い．

主塔や細長い部材の風による振動の照査の考え方は(3)に示したとおりである． 　　　　［佐藤弘史］

文　献
[1]　たとえば，日本道路協会，2002，道路橋示方書
[2]　日本道路協会，1991，道路橋耐風設計便覧
[3]　本州四国連絡橋公団，1976，本州四国連絡橋耐風設計基準

5.1.3　送電鉄塔の耐風設計

わが国における架空送電線路は，2002年度末現在，亘長約83000 km（500 kV送電線7000 km，187～275 kV送電線12800 km，154 kV以下送電線63200 km）で，これを支える送電鉄塔は240000基以上の膨大な数を有しており，これらは電力の安定供給の要といえる．送電鉄塔は，新規電源の遠隔化や用地取得事情とも相まって，海岸部，山岳部など，地理，地形的に複雑な箇所に建設する場合が多い．このため，さまざまな地域特有の自然の驚異に暴され，電力供給支障の70％までもが自然現象に起因するものとなっている．このように，全国にわたって広がりをもち，かつ地域，地理的特性がその安全性に大きく影響する送電設備では，地域の特徴に配慮したより合理的な設計方法が求められている．

本項では，送電鉄塔の耐風設計法の現状と課題を明らかにするとともに，近年の台風による損壊例の発生[1]を契機として全電力大でとりまとめた，動的特性を考慮したより合理的な風荷重評価手法について概説する．

(1) 設計作業の流れ [2]

送電線路の建設を行うには，まず送電計画によって決定された起終点，電圧，回線数，送電容量などから線路の基本設計を定め，その設計概略と地域状況を勘案して，おおよその線路経過地を決定することから始められる．次に，線路通過予定地域の現地調査・各種資料の収集検討を行い，最終的に採用すべきルートを選定する．ルートの選定にあたっては，地すべり・雪崩・雪ぴなどの発生の有無や着氷雪・強風の状況など技術に関する要因の十分な事前評価が行われる．とくに，大型の送電線の場合は，周辺景観との整合や貴重動植物の保護などにも配慮している．採用すべきルートが決定されると，現地に赴いて線路の調査，測量を行い，支持物の位置決定および現地適用のための設計を行う．支持物は，鉄塔周りや径間内での電気的クリアランスが確保できる基本的な形状をもとに，自然環境条件に対する配慮とともに関連規基準による制限などを考慮して鉄塔形を決定する．支持物の高さは，電線横振れ時も含め，地表面や樹木などと所定の離隔距離が保てるように決定する．一方，架渉線の設計にあたっては，電線と支持物との相対距離，電線と電線の線間距離，電線の振動，電線のたるみ，電線に加わる荷重，風音対策，電線付属物，がいし構造およびテレビ障害対策などが検討される．その他，送電線の重要度と経過地に応じて，試験線を用いた着氷雪調査，積雪・雪崩調査，電線のギャロッピング，パイロットがいしによる塩害調査，ラジオ・テレビ電波の電界調査などが実施される．

(2) 既往の耐風設計法

わが国の送電鉄塔の設計では，経済産業省令の「電気設備に関する技術基準を定める省令」[3]（以下，本項中は電技とよぶ）に基づいて実施している．これは，地表面粗度によらず全国一律の平均風速40 m/sをベースに，鉄塔部材の

降伏点応力度の 1/1.5（安全率 1.5）に対応させることとしており，すべての設備がこれを満足するよう義務づけられたものである．また，最新の学術的知見を反映したものとして，電気学会の JEC127-1979 [4] があげられる．これは電気事業者の自主判断のもと，主として大型の架空送電線路における補強設計用の資料として利用されている．JEC127-1979 は，地域性を考慮して定められた基準速度圧（最大瞬間風速に対応，再現期間 50 年）による部材応力度を，降伏点応力度の規格値に対応させるものであり，一部架渉線については径間長により，風圧荷重の低減を考慮している．さらに，左右径間長の相違や電線の振動モードおよび風速変動の位相差などによって左右径間の架渉線に張力差が生じる．このため，これを不平均張力荷重として，経験的な数値として耐張鉄塔で設計風速時での架渉線張力の 10%，懸垂鉄塔で 3% が線路方向荷重に加味されている．なお，地表面粗度の区別はない．その他，送電鉄塔の設計で参照されるものとして，架空送電規程（JEAC6001）[5] がある．これは，電技を補完するとともに新技術の開発および社会情勢の変化に遅滞なく追従しうるよう，技術基準が改正されるまでの暫定的な例外認可の基準となる民間自主規程であり，基本的に電技およびその解釈の補完，詳細説明が示されている．

これらの設計法は，静的な風荷重評価に基づく許容応力度設計法であるため，実際の応答挙動との関連や構造物の安全性のレベルを客観的に判断することがむずかしい面がある．近年，電技における性能設計への転換とともに，荷重の意味や信頼性に関する議論が求められるようになってきた．また，既存鉄塔の安全性診断・補強なども重要な問題となりつつある．このような要求に対応するためには，荷重効果の実況の評価法の確立がますます重要になってきており，具体的には，設計風速のあり方，変動風速の空間構造特性と鉄塔・架渉線の振動特性の関係，およびそれらを踏まえた荷重評価法の確立などが課題としてあげられる．

(3) 新耐風設計法

1991 年の台風 19 号による送電設備被害を契機として，鉄塔設計における地形影響による強風への配慮が改めて認識された．これを受け，電気事業では，① 台風に伴う地形影響による局地的強風の実態把握，② 地形影響を受けた風況推定のための実用的解析予測手法の確立，③ 鉄塔・架渉線連成系の応答特性を把握し設備設計に反映する，ことを目的に全電力大での検討を進めてきた [6]．これらの研究は，適用範囲を一般地形に拡大するとともに，設計合理化・性能設計にいっそう配慮できる耐風設計手法へと発展してきた．以下では，この一連の研究で示された新耐風設計法の基本的考え方とこれを体系化した『送電用鉄塔の風荷重指針（案）・同解説』[7] の概要を述べる．

(a) 新耐風設計法の基本的考え方

（i）設計風速： 設計風速には，設計すべき構造物の設計思想が明確に反映される．このため，必要な安全性を確保しつつ，より合理的な設計を実現するためには，設計風速としては，供用期間や重要度への配慮，構造物の置かれる周辺環境や構造特性を考慮したうえで，担保すべき安全性のレベルを評価できるように決定される必要がある．送電鉄塔の場合，山岳部や海岸周辺部など複雑な地形の中を走行する場合が多く，地形の影響を考慮して風速を定めることが重要となる．また，線路走行による方向性を有していることから，風向の影響を強く受けることも明らかである．このため，設計風速としても，これらの影響に配慮して設定されることが望ましい．ここに紹介する新耐風設計法においては，設計風速は，8 風向別にマップ化された風向別基本風速に，風向別の地表面粗度，小地形および気象学的増速効果を考慮して 72 風向算定することとしている [7, 8]．ここで，風向別基本風速は，粗度区分 II，地上高 10 m 位置における 10 分間平均風速の風向別 150 年再現期間値（ただし，風向を無視した場合の 50 年再現期間値を上限とする）と定義され，これは荷重効果の再現期間 50 年を目標として定めたものである．風向別基本風速の策定において

は，風向特性と荷重効果の影響を考慮した再現期間の設定，気象官署観測値と台風シミュレーションの併用，数値流体解析結果の利用によるマップ化［9］など新しい試みがなされている．

また，小地形による増速効果は，数値流体計算を用いて作成された典型的な2次元崖上地形および2段崖上複合地形の増速率データベースによる簡易な方法により評価される．気象学的要因による影響については，現時点で定量的に評価できるまでにはいたっていないが，局地風に関する調査資料などが蓄積されつつある．

(ii) 動的効果を考慮した等価静的風荷重：送電鉄塔は，鉄塔および架渉線などの構造特性の異なったサブシステムで構成されていること，水平角や高低差を有するため個々の鉄塔の荷重条件が異なることなどの特徴を有する．このため，風向別設計風速に対応し，かつ荷重効果の実況の評価も可能とするためには，風荷重の評価においてこれらの条件を適切に考慮できなければならない．このような特徴を踏まえ，新耐風設計法では，鉄塔と架渉線の動的連成効果が小さいことを前提として，鉄塔風圧荷重，架渉線風圧荷重，架渉線張力荷重，がいしおよび架線金具風圧荷重をガスト影響係数法により個別に評価し，これらの荷重間の非同時性を考慮して適切に組み合わせることとしている［7, 10］．また，個々の風荷重の算定に関し，鉄塔については，大型鉄塔への適用にも配慮し，高さ方向のみの規模効果と共振効果を考慮したガスト影響係数を示している．一方，架渉線については，強風時には空力減衰の寄与が大きいことを前提に，規模効果のみを考慮した架渉線風圧荷重のガスト影響係数および水平張力評価式を提示している．荷重の組合せは，架渉線に関する風荷重を鉄塔軸（線路直交方向，線路方向）へ座標変換し，平均成分についてはベクトル和による値，変動成分については絶対値和に，各荷重間の非同時性低減係数を乗じた値を，それぞれ鉄塔風圧荷重に加えることにより行うこととしている．非同時性低減係数としては，① 架渉線風圧荷重の前後径間の非同時性，② 架渉線張力荷重の前後径間の非同時性，③ 架渉線荷重の上下相間の非同時性，④ 鉄塔と架渉線荷重の非同時性を考慮し，それぞれ各荷重間の相関係数の理論的考察に基づき定めている．

(b) 送電用鉄塔の風荷重指針（案）・同解説

以上の設計風速および風荷重評価法の考え方を

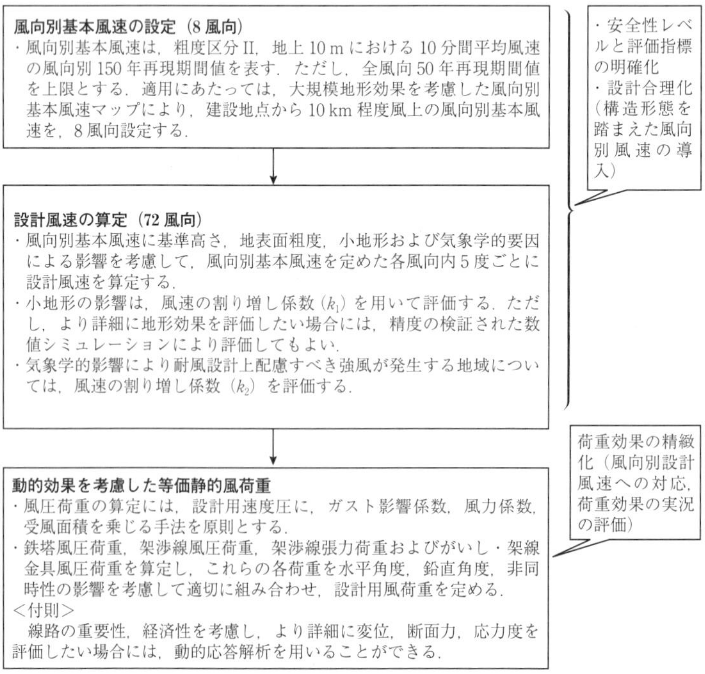

図 5.1.4 『送電用鉄塔の風荷重指針（案）・同解説』における風荷重算定フロー

体系化し，指針として取りまとめたものが，『送電用鉄塔の風荷重指針（案）・同解説』である．本指針（案）では，技術基準の性能規定化，国際化に配慮するとともに，上記の荷重評価法に加えて，技術環境におけるコンピュータリゼイションの進展を踏まえた数値流体計算による設計風速の算定法，動的応答解析により直接荷重効果を評価する手法も用意している．図5.1.4に風荷重算定フロー[7]を示す．

上記に述べた風向別基本風速など，今後とも精度向上のため十分な議論が必要であることはいうまでもないが，加えて，送電システムとしての安全性と経済性の調和が求められている．今後は，これらについてどのように整合を図り，合理化を進めるか，実務的な観点からの検討が必要である．なお，本項ではとくに詳細は述べていないが使用性の観点から，送電線の微風振動，ギャロッピングやサブスパン振動など送電線固有の振動問題への対策も不可欠である．　　　　[石川智巳]

文　献

[1] 日本風工学会風災害研究会，2000，強風災害の変遷と教訓
[2] 電気学会，2001，電気工学ハンドブック第6版，オーム社
[3] 経済産業省，2002，電気設備技術基準・解釈，オーム社
[4] 電気学会，1979，送電用支持物設計標準 JEC-127-1979，電気書院
[5] 日本電気協会，2001，架空送電規程 JEAC 6001-2000，オーム社
[6] 大熊武司，田村幸雄，山岸啓利，中村秀治，石川智巳，本郷榮次郎，箕田義行，2000，特殊地形における送電用鉄塔・架渉線連成系の耐風設計に関する研究（その1），日本風工学会論文集，82, pp. 39-48
[7] 大熊武司，中村秀治，石川智巳，本郷榮次郎，渡辺敏緒，篠田明秀，北嶋知樹，2004，風向別風速を用いた送電鉄塔の耐風設計法に関する研究－「送電用鉄塔の風荷重指針（案）」の骨子－，日本風工学会論文集，98, pp.137-150
[8] 山崎智之，石川智巳，大熊武司，田村幸雄，北嶋知樹，中村秀治，加藤央之，2004，送電用鉄塔の耐風設計のための風向別基本風速に関する検討，日本風工学論文集，**29**, 3 (No. 100), pp. 19-34
[9] 中村秀治，石川智巳，大熊武司，田村幸雄，田中伸和，北嶋知樹，2003，風向別基本風速マップ作成の試み，日本風工学論文集，97, pp. 121-136
[10] 石川智巳，2003，送電鉄塔の動的効果を考慮した風荷重評価法に関する研究，土木学会論文集，738/I-64, pp. 139-158

5.1.4　塔状構造物の耐風設計
(1) 設計の基本的考え方

通常，タワー，煙突，マストなどの塔状構造物は高層建築物に比べて細長くて，固有周期が比較的長く，かつ低減衰，軽量である場合が多い．そのため，風によって振動を生じやすい．したがって，塔状構造物の耐風設計において，規模，形状，構造特性を考慮して応答を評価することが大切になる．

塔状構造物の風による振動としては，通常，高層建築物の場合と同様に風の乱れによる風方向のバフェッティング振動および後流に発生する渦による風直交方向振動，ねじれ振動が考えられる．これらについては高層建築物の場合と同様の方法で安全性を確認できる．

しかし，塔状構造物の場合は，後流の渦（カルマン渦）と構造物の振動の干渉によって生じる風直交方向の自励的渦励振が設計風速内で生じることがある．さらに，鉄塔のようにトラスなどで構成されている塔状構造物の場合は，全体としては自励的渦励振は起こさないが，部材に渦励振が発生する場合がある．

設計風速内で自励的渦励振が発生するか否かは，カルマン渦の無次元放出振動数であるストローハル数 St と塔状構造物あるいは部材の幅 D および1次固有振動数 f_0 より求められる風速と設計風速 U_H を比較することによって検証できる．すなわち，式（5.1.1）を満たす場合は設計風速内で自励的渦励振が生じる可能性があることになる．

$$U_H \geq k \frac{f_0 D}{St} \tag{5.1.1}$$

通常，設計風速の設定は平均時間10分の平均風速に基づきなされている．一方，自励的渦励振が発達する時間は，塔状構造物の減衰定数に依存するが，通常10分より短い．これらのことを考えて，k の値として0.83を設定している[1]．

自励的渦励振の発生が予測された場合，自励的渦励振による振幅を予測し，安全性を確認す

る必要がある．円形平面をもつ塔状構造物については，文献［2〜4］に応答予測式が示されているが，一般的には風洞実験によって応答を求めることになる．

(2) 設計上の留意点

風洞実験では，塔状構造物の質量，剛性パラメーター（あるいは無次元固有振動数），振動モードおよび減衰定数を一致させた弾性模型を使用して応答を求める．ただし，円形平面をもつ塔状構造物の場合は，応答性状，風力特性が風速と代表長さに比例するレイノルズ数によって異なるため，実物と模型のレイノルズ数を一致させることも重要になる．しかし，風洞実験においてレイノルズ数を実物のそれに一致させることはほとんど困難である．そのため模型の表面に粗さをつけるなどの工夫し，実物と等価なレイノルズ数になるようにした風洞実験も見られる（図5.1.5）［5］．ただし，亜臨界レイノルズ数領域での風洞実験から得られた応答は大きめな値となり，耐風設計上では安全側になる．

自励的渦励振は，質量および対数減衰定数で定義されるスクルートン数が大きくなると，自励的な振動を生じにくくなるという特徴がある．この特性から渦励振の振幅を小さくする方法としては，塔状構造物の質量を増加させる，あるいは制振装置などを設置して減衰を大きくしてスクルートン数を大きくすることが考えられる．他の方法としては，高さ方向に平面の大きさを変化させる，あるいは外郭に突起物やスパイラルを施すことによって，渦発生あるいはその高さ方向の同時性を乱れさせ，応答を抑える方法が考えられる．後者の対策による場合，風洞実験などによって慎重にその効果を確認する必要がある．

トラス部材の渦励振については上記の塔状構造物の渦励振と同様に風洞実験によって検討することになる．このとき，一般には対象となる部材だけを取り出して風洞実験を行うことになるが，風上側に部材が接近してある場合は，風上の部材の後流との干渉によって大きな振動が生じることがあるので注意する必要がある．また部材を対象とした場合，渦励振は設計風速に比べて低い風速領域で生じることがある．そのため，振幅あるいは応力はさほど大きくないが，使用期間中に高サイクルの繰返しを受けることになるので，部材の疲労についても検討しなければならない場合もある．

通常の塔状構造物では問題となることは少ないが，自励的渦励振の他に自励振動としてギャロッピングあるいはねじれフラッターが生じることがある．これらの振動は，風速の増加に伴い発散的に増大するため，設計風速付近で発生が予測される場合は，塔状構造物の形状，構造種別などの抜本的な設計変更を検討する必要がある．ギャロッピングの発振風速については，平均風力と風向の関係が得られれば，準定常理論を適用することによってみいだせる［6］．ねじれフラッターの発振風速については，理論的にはみいだせないが，長方形平面をもつ高層建築物を対象にして実験的に求めた例［7］がある．　　　　　　　　　［丸川比佐夫］

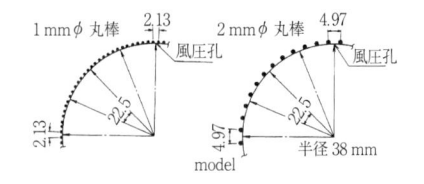

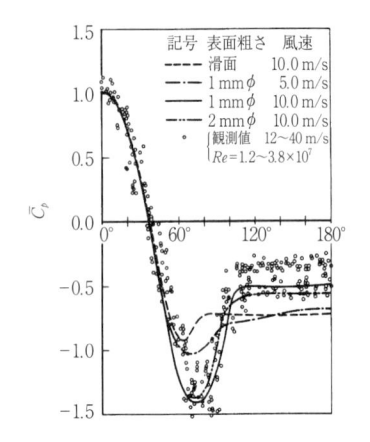

図5.1.5　表面粗さと風圧

文　献

［1］日本建築学会，2004年改定，建築物荷重指針・同解説．
［2］大熊武司，1971，自然風中における円柱構造物の振動性状に関する理論的研究 (III)，日本建築学会論文報告集，188, pp. 25-32
［3］Vickery, B. J. and Basu, R., 1983, Simplified Ap-

proach to the Evaluation of the Across-wind Respond of Chimneys, *J. Wind Engineering and Industrial Aerodynamics*, **14**, pp. 153-166
[4] 田村幸雄, 天野晶彦, 1974, 円筒の渦励振に関する研究, その3 連続体の渦励振モデル, 377
[5] 丸川比佐夫, 田村幸雄, 眞田早敏, 中村修, 1984, 大型 RC 煙突に作用する揚力と振動応答, 日本風工学会誌, **19**, pp. 37-52
[6] 大熊武司, 神田順, 田村幸雄編著, 1996, 建築物の耐風設計, 鹿島出版会
[7] 片桐純治, 大熊武司, 丸川比佐夫, 2002, ねじれ空力不安定振動の発生風速の予測式の提案, 日本建築学会技術報告集, 15, pp. 65-70

5.1.5 鉄道構造物の耐風設計

(1) 橋 梁

鉄道橋梁（鋼橋，コンクリート橋）の設計は，一般に，鉄道構造物等設計標準 [1] に則り行われている．同標準では限界状態設計法が採用されており，終局，使用，および疲労の各限界状態の照査において考慮されるべき荷重の大きさは，荷重の特性値と荷重係数の積として与えられている．ここで，荷重の特性値は，限界状態ごとに定める荷重の基本的な値であり，また，荷重係数は，荷重の算出の不確実性などを考慮した安全係数である．

同標準における風荷重の特性値は，橋梁上に列車がない場合では 3.0 kN/m² ，列車がある場合では 1.5 kN/m² である．これらの特性値は，ある特定の再現期間を考慮して設定されたものではなく，鉄道橋梁の設計において従来から用いられている値である．風荷重の特性値の意味を風の特性と関連づけると以下のとおりである．

一般に，風圧は式（5.1.2）で表される．

$$p = \frac{1}{2} c \rho v^2 \qquad (5.1.2)$$

ここに，p は風圧（N/m²），c は抗力係数，ρ は空気の質量（kg/m³），v は風速（m/s）．

抗力係数は，物体の形状，寸法，風のあたる向きなどにより変化するが，橋梁部材や列車については平均して $c=1.8$ 程度を考慮する．したがって，式（5.1.2）から「橋梁上に列車がない場合」の風上側の風圧 3.0 kN/m² は風速 51.6 m/s，「橋梁上に列車がある場合」の風荷重は風速 36.5 m/s に相当することになる．

荷重係数は，終局限界状態の照査において列車がない場合で1.2，列車がある場合で1.0である．使用限界状態の照査において，橋梁の水平方向変位の照査に風荷重が考慮されるが，このときの荷重係数は1.0である．なお，疲労限界状態の照査において風荷重は考慮しなくてよい．

鉄道橋梁の耐風設計は，上述の風荷重の特性値に荷重係数を乗じた設計風荷重を橋梁の垂直投射面に作用させ，終局限界状態では部材の破壊に対する安全性，使用限界状態では橋梁の水平方向変位が限度値内にあることを照査する．

なお，ヨーロッパ各国の鉄道橋梁の設計は，国際鉄道連合（International Union of Railways）が規定する国際鉄道規格（UIC Code）[2] を基本に行われている．この UIC Code (776-1) において設計で考慮する風荷重の特性値は，式（5.1.3）により与えられる．

$$w = c \cdot q \qquad (5.1.3)$$

ここで，w は風荷重（N/m²），c は抗力係数，q は風圧（N/m²）

$$q = \frac{V^2}{20} = \frac{(s \cdot V_m)^2}{20}$$

V は設計風速（km/h），s は構造物の地表面上高さ H と構造物の長さ L に関する係数，平均的に 1.5，V_m は最大時間平均風速（100 年再現期間）（km/h），平均的に 100 km/h．

式（5.1.3）により算定される風荷重の特性値は，$c=1.5$，$s=1.5$，$V_m=100$ km/h として，1.68 kN/m² 程度である．ちなみに，荷重係数は，「橋梁上に列車がない場合」では1.4，「橋梁上に列車がある場合」では1.2としている．

(2) 盛土上防音壁

新幹線をはじめとする鉄道の高速化により，橋梁上にとどまらず盛土などの土構造物上にも騒音対策として防音壁を設置する事例が多くなっている．土構造物（盛土，擁壁，切取）上の防音壁は地面に接しているため，上空よりも風は弱く，防音壁の設計で考慮すべき風荷重は，空中に架けられる橋梁より小さく設定できると考えられる．

表 5.1.1 は，鉄道総研により提案された盛土上

表 5.1.1 盛土上防音壁の設計風荷重の特性値

再現期間（年）	100	200
基本風速（m/s）	40	45
断面の耐力照査用（kN/m^2）	2.2	2.7
基礎の安定照査用（kN/m^2）	1.5	2.0

防音壁の風荷重の特性値である［3］．表中，「断面の耐力照査用」は防音壁を構成する部材の耐力照査に，また，「基礎の安定照査用」は防音壁を支持する基礎の滑動や転倒に対する安定照査に，それぞれ用いられる風荷重の特性値を示している．

［村田清満］

文　献

［1］ 国土交通省監修・鉄道総合技術研究所編，2000，鉄道構造物等設計標準・同解説（鋼・合成構造物），pp. 48-55，丸善
［2］ International Union of Railways, 1994, UIC Code 776-1 R, pp. 23-26
［3］ 平　暁，村田清満，今井俊昭，種本勝二，後藤貴士，平岡愼雄，2002，鉄道構造物における盛土上防音壁の設計風荷重の検討，構造工学論文集，48A, pp. 213-221

5.1.6　構造物の分類

　構造物に作用する風力は，風の乱れや構造物により形成される後流などの特性に応じて多様な性状を示す．したがって，耐風設計法をわかりやすいものにするためには，構造物の規模，形状，剛性などに応じて考慮すべき風の影響を定め，それぞれに相応しい風荷重評価法を提示することが望ましい．以下に，構造物の分類の指標となる風の影響と分類の具体例について述べる．なお，ベースとなる各種風力・風圧力および各種空力振動の特徴の詳細については，それぞれ3章，4章を参照されたい．

(1) 指標となる風の影響

(a) 共振効果　　変動風力の時間的変動性状が広帯域の特性を有していると，それによる振動は構造物の固有振動数より小さい周波数つまり長周期の変動風力成分による準静的振動（準静的成分）と固有振動数と同じ周波数成分による共振（共振成分）の組合せになる．この共振の存在を共振効果とよぶ．広帯域特性を有する変動風力のエネルギーは低周波数成分ほど大きいので，固有振動数が大きい構造物では共振効果は小さい．

(b) 渦発生に起因する振動　　構造物後流での渦発生に起因する変動風力の変動特性は多様であるが，細長い構造物の場合，ストローハル数で定まる特定の周波数を中心とした比較的狭帯域の特性を示す．このため，その特定の周波数と構造物の固有振動数が一致する風速近傍で共振が発生する．この振動は渦励振とよばれ，そのときの風速は共振風速とよばれる．後流の渦発生は，構造物の断面形状やスレンダーさの程度によって整然とした渦発生になったり，乱れた渦発生になる．整然とした渦の発生が予想される場合には十分な注意が求められる．なお，共振風速以下の風速域で生じる振動は，振動方向に着目して風直交方向振動，ねじれ振動などとよぶことが多い．

(c) 空力不安定振動　　構造物自身の振動に伴って発生する付加的変動風力の負減衰効果に起因する不安定振動の総称である．負の空力減衰力が発生する条件は，構造物の断面形状やスレンダーさの程度，風速などによって異なるが，いずれにしても，通常の場合，共振風速以上の風速域で問題となる．空力不安定振動の発生風速の下限値は発現風速あるいは発振風速とよばれる．

(2) 分類の具体例

　「指標となる風の影響」に留意すれば，構造物の分類は，① 小規模で剛性が高い構造物，② 一般的な構造物，③ 特殊な風荷重や風振動の影響を考慮すべき構造物，となる．小規模で剛性が高ければ「共振効果」を考慮する必要がなく，荷重効果の評価も単純化できるので，簡便な風荷重算定法を用意することができる．他方，「特殊な風荷重」は構造物後流での渦発生に起因する風直交方向やねじれの振動などにかかわる荷重効果，「特殊な風振動」は渦励振や空力不安定振動のことで，いずれも細長く振動しやすい構造物が対象となる．「一般的な構造物」は，③の特別の構造物以外の構造物で，風の乱れによる変動風力の荷重効果が主たる評価対象で，①をその特別な場合として含んでいる．

　建築物荷重指針［1］では，この分類を採用し，

多くの試算結果などを参考にその基準を次のように与えている．

(a) 小規模で剛性が高い建築物の基準 この基準を満たす構造物については「簡便法」として用意された風荷重算定式を利用してもよいとしている．

$$H \leq 15 \text{ m}, \text{ かつ } \frac{H}{2} \leq B \leq 30 \text{ m} \quad (5.1.5)$$

ただし，H は建築物の基準高さ（m），B は建築物の幅（m）．

(b) 特殊な風荷重や風振動の影響を考慮すべき建築物の基準

（ⅰ）構造骨組用の風直交方向荷重およびねじり風荷重：

$$\frac{H}{\sqrt{BD}} = \geq 3 \quad (5.1.6)$$

ただし，D は建築物の奥行（m）．

（ⅱ）渦励振，空力不安定振動：

① 長方形平面をもつ建築物

$$\frac{H}{\sqrt{BD}} = \geq 4, \text{ かつ}$$

$$\left(\frac{U_H}{f_L\sqrt{BD}} \geq 0.83 U_{Lcr}^* \text{ または } \frac{U_H}{f_T\sqrt{BD}} \geq 0.83 U_{Tcr}^* \right)$$
$$(5.1.7)$$

ただし，U_H は設計風速（m/s），U_{Lcr}^* は風直交方向の空力不安定振動の無次元発振風速，U_{Tcr}^* はねじれの空力不安定振動の無次元発振風速，f_L, f_T は風直交方向振動およびねじれ振動の一次固有振動数（Hz）．

② 円形平面をもつ建築物

$$\frac{H}{D_m} \geq 7, \text{ かつ } \frac{U_H}{f_L D_m} \geq 4.2 \quad (5.1.8)$$

ただし，D_m は高さ $2H/3$ における建築物の外形（m）．

なお，渦励振，空力不安定振動の検討は，円形平面の建築物の渦励振の場合を除き，適切な風洞実験などによるとしている． ［大熊武司］

文　献

[1] 日本建築学会，2004，建築物荷重指針・同解説，丸善

5.2 設計風速の算定

5.2.1 設計風速

(1) 設計風速を定めることの意義

設計風速とは耐風設計を行う場合に必要な速度圧の中で2乗の量として現れてくるものである．対象とする構造物の建設地点の地域性や周辺の地表面の状態，あるいは構造物の重要度などにより，その値は大きく異なってくる．この設計風速を定めることは今日の性能設計を前提とした耐風設計でたいへん重要な問題となっている．

現行の建築基準法，建築学会の指針などでは設計風速は特殊な場合を除いて建物頂部などの代表的な高さで定義された10分間平均風速として用いられている．

(2) 基本となる風速のマップをつくることの重要性

設計風速を定める場合に重要となる建物建設予定地点の想定される建物代表高さでの強風の記録を入手することは一般的にほとんど不可能である．また建物設計する際に想定する再現期間に相当するような長期間の観測を行うことも不可能であるため，気象官署などで記録された過去の70年前後の風速値を参考にすることが一般的である．しかし，これらの気象データは観測期間，観測高さ，周辺市街地の状況などが気象官署ごとにばらついており，また使用される計器，場所，高さ，市街地の状況が年とともに変化してしまっている．さらに近傍の市街地の状況ばかりではなく山などの大きな地形の要因にも大きな影響を受けている．設計者がこれらの複雑な要因を排除して任意の地点，高さの設計風速を定めることはほとんど不可能であるため，さまざまな諸基準では設計者が地点，高さ，周辺市街地の状況など選択すれば簡単に設計風速を規定できるように基本となる風速マップを定めることが一般的である．

ここでは図5.2.1に示す建築学会荷重指針[1]を例にとって説明を行う．気象官署の測定高さの違いは地上10 mの値に補正を行う．官署周辺の市街地を写真などから判定して粗度区分Ⅱといわれる開けた田園地帯の値としてさらに補正を行

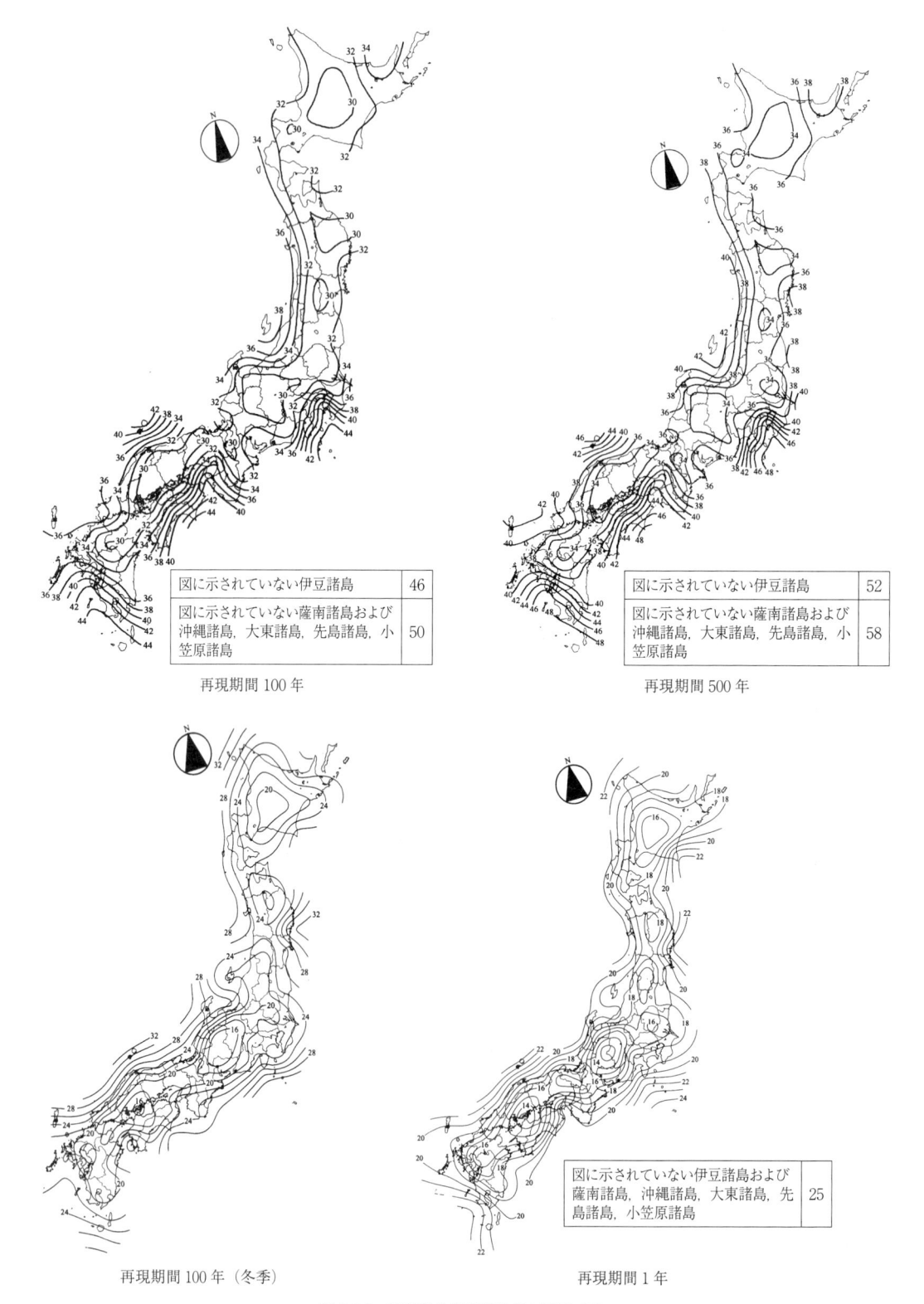

図に示されていない伊豆諸島	46
図に示されていない薩南諸島および沖縄諸島，大東諸島，先島諸島，小笠原諸島	50

再現期間 100 年

図に示されていない伊豆諸島	52
図に示されていない薩南諸島および沖縄諸島，大東諸島，先島諸島，小笠原諸島	58

再現期間 500 年

再現期間 100 年（冬季）

図に示されていない伊豆諸島および薩南諸島，沖縄諸島，大東諸島，先島諸島，小笠原諸島	25

再現期間 1 年

図 5.2.1　建築学会荷重指針基本風速 [1]

う．さらに過去の値は測器が年度に異なってくるのでこれらの補正も行う．過去の資料では人為的な転記などの際のミスもあり慎重な扱いが必要である．

(3) 風速マップに対するさまざまな概念

風速マップはどのような基本データをもとに作成すべきかについてはさまざまな考え方がありうる．対象とする構造物や地域性などにより気象官署の年最大風速などから一律にマップ作成する場合，これらを季節別に分けてマップを作成する場合など，国内でも建築，土木，電力などの分野ごとにかならずしも統一されていない．日本のような台風常襲地域では年最大風速はほとんどの地域で台風が支配的であるが地域によっては冬季の季節風などが支配的な要因となる場合もあり，成因別のマップ作成の可能性もありうる．台風シミュレーションなどを用いて風速マップを作成する試みも行われている．また近年，居住性評価のような短い再現期間における設計風速にも成因別の概念は重要となってくる．

また建築基準法のように小規模な住宅レベルまで考慮に入れた場合，再現期間は当然，重要構造物や高層建物などを対象としたマップと異なった再現期間で作成されたマップも考えられる．最近の研究では風向別の設計を考慮に入れた風向別マップも作成される方向にある．

基礎となる地上付近の観測データの補正には限度があるとして，高層気象観測のデータからマップを作成する考え方もウィンドプロファイラー観測網の全国展開から研究される方向にある．

また地表面の気象官署のデータから日本全国の風速マップを作成する際に大規模地形の影響を合理的に取り込むことは技術的な困難が多い．そこで流れの数値解析技術を適用して，たとえば九州全域の地形データから任意の地点の設計風速を求める試みも行われている．さらに気象分野で行われている地球の全球モデル気象シミュレーションデータから何段階かのネスティングにより任意の地点の年平均風速を求める試みが風力発電用のマップ作成の分野では行われている．

(4) マップの作成作業の概要と課題

マップ作成の上で最初の重要な点は

(i) 気象データの均質化：

〔高度補正〕 気象官署は各都道府県の政令指定都市に存在するが測定高さは20mから70mと大きく異なっている．そのため高さ10mへ補正する必要がある．

〔粗度区分補正〕 補正する際に重要になるのが，気象官署周辺の粗度（建築基準法ではⅠからⅣの4段階）で風向別の周辺市街地の様子を写真判定により判断して，粗度区分Ⅱ（開けた田園地帯）としてべき乗則により補正を行う．

〔測器補正〕 過去のデータを扱う場合は，測器が4杯，3杯，プロペラ型と年とともに変化してきており，それらの補正も行う．ただ4杯型は補正不可能として気象庁でデータ切断としており議論も多い．

(ii) 極値統計： 補正された年最大風速のような極値を統計解析により設計に用いる再現期間内で予想される最大値を求める操作が必要となる．これらの極値を得るための気象データは長くとも70年前後，場所によっては20年前後のデータしか得ることはできない．そのため何らかの確率分布を仮定して外挿により長い再現期間の推定を行う必要がある．いくつかの分布があるが風工学で広く用いられているのが2重指数で表されるグンベル分布である．

(5) 設計用マップの具体例

前節で述べたような極値統計などの操作により求められた再現期間100年などのさまざまな建築学会荷重指針（2004）強風マップの例を図5.2.1に示す．これらは再現期間100年の風速マップに加えて，終局状態の照査に使われる再現期間500年，居住性の照査に使われる再現期間1年，さらに雪積荷重との組合せを考慮する際に必要となる冬季の再現期間100年の風速マップが2004年の改定で新たに加えられた．

また他の例として電力鉄塔や道路橋のように対象とする構造物，分野により目的に応じた異なるマップが規定されている．道路橋耐風設計便覧では支間長200m以下の道路橋に原則的に適用される道路橋示方書を補完するために定められており，動的耐風設計を簡便に行うことを目的としている［2］．

(6) 電力分野における新しい風速マップ

ここでは新しい送電鉄塔の風荷重指針に取り入

れられた風速マップの考え方を紹介する [3〜5].

(a) 風向別基本風速 設計風速に風向特性（8風向別）を反映させるために，気象官署データの成因（台風と非台風）による区別，台風モデルを用いたモンテカルロシミュレーションなどの考え方を取り入れて基本風速マップが作成された．

(b) 小地形の影響評価 風向別基本風速マップには反映されない10 kmスケール以下の小地形による局所的増速，風向変化について別個に影響を考慮できるように気流解析コードなどの技術の整備が行われた．これらの気流解析コードは風洞実験による複数の小地形の実験データを用いて詳細な検証が行われている．

(c) 気象学的影響 おろしのような気象学的要因による地域的な強風などについても個別に検討し，割り増しを検討できるように考慮されている．

［日比一喜］

文 献

［1］ 日本建築学会，2004，建築物荷重指針・同解説
［2］ 日本道路協会，1991，道路橋耐風設計便覧
［3］ 大熊武司，中村秀治，石川智巳，本郷榮次郎，渡辺敏緒，篠田明秀，北嶋知樹，2004，風向別風速を用いた送電鉄塔の耐風設計法に関する研究－「送電用鉄塔の風荷重指針（案）」の骨子－，日本風工学会論文集，No. 98, pp. 137-150
［4］ 山崎智之，石川智巳，大熊武司，田村幸雄，北嶋知樹，中村秀治，加藤央之，2004，送電用鉄塔の耐風設計のための風向別基本風速に関する検討，日本風工学論文集，Vol. 29, No. 3（No. 100），pp. 19-34
［5］ 中村秀治，石川智巳，大熊武司，田村幸雄，田中伸和，北嶋知樹，2003，風向別基本風速マップ作成の試み，日本風工学論文集，No. 97, pp. 121-136

5.2.2 風速の鉛直分布

(1) 風速の鉛直分布の性質

基本風速は地上10 m高さで粗度区分IIを想定した全国的なマップとして規定されることが多い．耐風設計の際に必要となる設計風速は建物の頂部高さで設定されることが多く，上空の風の性質を知ることが不可欠となってくる．一般的な高層ビルでは100 mから200 mまでの風速の鉛直分布を求めれば十分であるが，特殊な高層建築物などでは300 mから400 mまでの鉛直分布が必要となる．

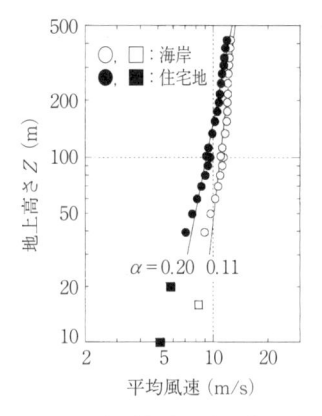

図 5.2.2 風速鉛直分布の実測例（ドップラーソーダー）

風速鉛直分布は地表面の摩擦の影響を受けない上空の傾度風といわれる流れ場と地表面の地形や市街地などの凹凸による摩擦の影響を受けた地表近傍の流れ場の双方の運動量輸送の結果として決定されている．上空風の性質を知るためにはタワー観測，ゾンデ，音波を使ったドップラーソーダー，電波を使ったウィンドプロファイラー，レーザーなどのさまざま手法が試みられているが種々の要因で誤差が多く，現在でも研究が継続されている．ここでは一例としてドップラーソーダーによる観測例を図5.2.2に示す [1]．地上から500 m付近の風速分布が観測された例である．地上近くでの摩擦の少ない海岸地域から風が海側から内陸の都市部まで吹送されたとき，途中の地上付近の凹凸による摩擦により地上近くの風速が弱まり，鉛直分布の勾配が大きくなっていることがわかる．

(2) 鉛直分布のモデル

既往の観測データをもとに風速鉛直分布のモデル化が行われ，指針などに反映されてきているが，風工学で多く用いられている風速の鉛直分布のモデルとしてはべき乗則によるものなどがある．

$$U(z) = U(z_1)\left(\frac{Z}{Z_1}\right)^{\alpha} \qquad (5.2.1)$$

ここで $U(z)$ は地上からの高さ z での平均風速，z_1 は基準高さ（多くは10 m），α は地表面の粗度に応じた指数となっている．この指数 α は開け

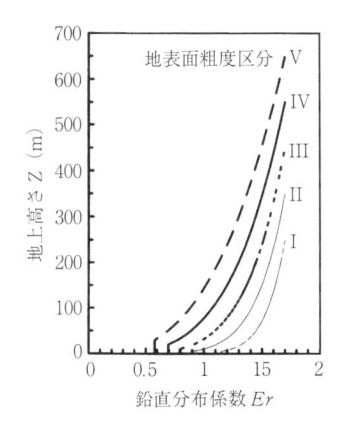

図 5.2.3 風速の鉛直分布の一例（建築物荷重指針）

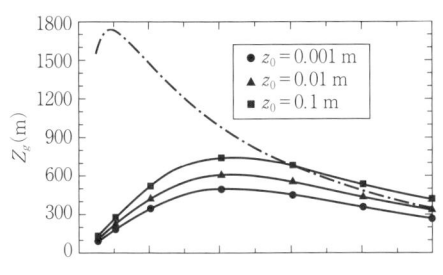

図 5.2.4 理論的検討による傾度風高さと台風中心からの距離の関係

た田園地帯で0.15, 発達した市街地で0.27などの値が使われることが多い．また，この鉛直分布は傾度風高さといわれる地表面の摩擦の影響を受けない高さを粗度区分ごとに定め，それより上空では風速一定としている．十分に発達した市街地とはいえない地域で超高層建築の耐風設計を行う場合などでは，傾度風高さを超えるような検討も行う必要があり，個別の研究が必要となってくる．風速鉛直分布の一例として図 5.2.3 に建築学会荷重指針[3]で定められたものを示す．

また鉛直分布のモデルとしてはべき乗則だけではなく，理論的に導かれる対数則やその修正式などが提案されており，今後も研究の余地が大きい．その他，諸外国の指針では境界層の吸走距離を考慮した式も提案されている．

また，粗度区分に応じた境界層の高さについては不明な点が多い．図 5.2.4 に示すように，台風の最大旋衡風速半径（台風の中心から風速が最大となる半径）より中心側では，傾度風高さがむしろ低くなる可能性を示唆している理論的な研究例

もある[2]． ［日比一喜］

文　献

[1] 須田健一，佐々木淳，石橋龍吉，藤井邦雄，日比一喜，丸山敬，岩谷祥美，田村幸雄，2000，ドップラーソーダーを用いた都市部の自然風観測，第16回風工学シンポジウム論文集，pp. 13-18
[2] 孟　岩，松井正宏，日比一喜，1996.1，中立時の大気境界層における強風の鉛直分布特性　その2　台風時の強風，日本風工学会誌，**66**, pp. 3-14
[3] 日本建築学会，2004，建築物荷重指針・同解説

5.2.3 風向係数

耐風設計で風向特性を考慮するという発想は自然なものである．たとえば，風に敏感な構造物の場合，風の強い風向と構造物の風に敏感な風向を一致させないように配置計画することにより，安全性の向上を図ろうとする考え方である．この風向特性を，風向ごとに一つずつの風向係数を与えて実現するには，さまざまな仮定が導入されている．

(1) 風向を考慮しない風荷重，風向を考慮した風荷重

風向を考慮しない風荷重評価は，設計風速をその風向を考慮せずに構造物のすべての風向から作用させ，最大となる荷重（荷重効果）を設計値として採用するものである（図 5.2.5）．一方，風向特性を考慮して風荷重を評価するには，風速の風向特性と，風力の風向特性が明らかでなければならない（図 5.2.6）．

全風向から一律に同じ風速が作用するという条件は安全側の値を与えるが，それがどの程度のマージンを有しているかは，風速の風向特性や，風力の風向特性によって異なる．たとえば，正方形や長方形断面角柱の再現期間100年の荷重効果（ここではベースシア）は，配置が異なることにより，風向を考慮しない風荷重との比で68～97％と配置により大きく変化することが示されている[1]．配置により大きく荷重が低減される可能性があることがわかるが，不利な配置では，風向を考慮しない場合とほぼ同程度の値になることにも注意しなければならない．

(a) 再現期間 - 風速 関係
(b) 荷重 - 風速 関係
(c) 再現期間 - 荷重 関係

図 5.2.5 風向を考慮しない風荷重評価

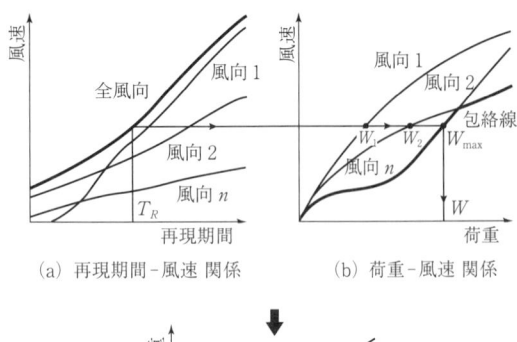

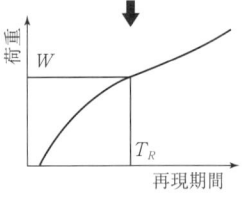

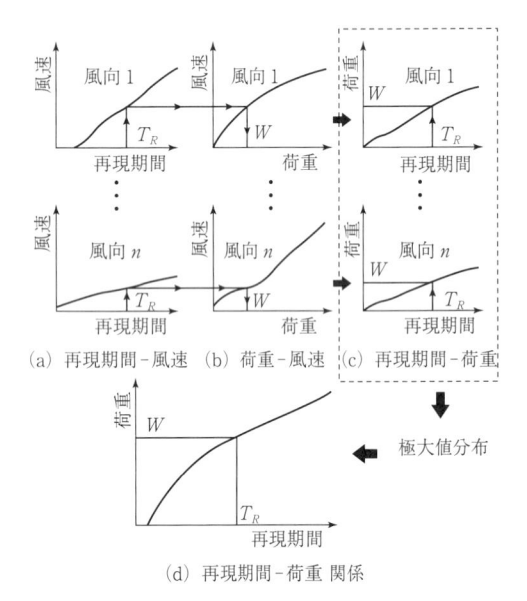

(a) 再現期間 - 風速　(b) 荷重 - 風速　(c) 再現期間 - 荷重
(d) 再現期間 - 荷重 関係

図 5.2.6 風向を考慮した風荷重評価

(2) 風向を考慮して風荷重を評価することのむずかしさ

上記のように風向を考慮して風荷重を評価するには，風向ごとの風速の特性（非超過確率）と風力の風向特性（風速 - 荷重関係）が明らかでなければならない．風力の風向特性は風洞実験技術や，計算機によるデータ処理技術の発達により詳細に調べることができるようになってきた．一方，風速の風向特性は気象台の年最大風速の記録（極値統計）が風向別に考えられていないため容易には得られない．ただでさえ発生頻度の低い強風の統計は，風向別に統計をとることにより，さらにデータ量が小さくなる可能性がある．とくに日本における強風の主要因である台風時の風向は中心付近が通過する場合に大きく変化する．このため，成因別や，独立ストームを対象とした統計解析，台風モデルを用いるなどの工夫がなされている[2]．

(3) 風向係数による風向特性の反映

上述した風向特性を考慮して風荷重を評価するには，図 5.2.6 に示されるような，風向別の風速の確率分布と風向ごとの風速と風荷重関係が明らかでなければならない．これら諸量の関係から荷重効果の確率を評価する手続きは情報量も膨大で，計算も煩雑であるので，なんとかして風向ごとに係数を与える程度の情報で実現できないかと考える．この手続きを，風向ごとに一つの風向係数を与えるだけで実現することは厳密には不可能であることに注意しなければならないが，いくつかの規基準類ではさまざまな仮定を設け風向係数を与えている．

イギリス基準[3]では，風速の超過確率にのみ着目して風向係数が設定されている．地域性はなく，風向係数は国内で共通であるとしている．オーストラリア基準[4]は荷重に影響を与える風向が二つ程度であると仮定して，風向別に再現期間 200 年の風速の比が与えられている．ただし風向特性を考慮できるのは，non-cyclonic region に限られている．日本における設計風速の風向特性の評価事例[2]では，風向を考慮した再現期間 100 年の風荷重効果に等しい荷重効果を与える風向ごとの風速の再現期間の最小値を（複数の形状の配置などのさまざまな異なる条件の下で）求め，それらの再現期間の風速の平均値を採用している．これは，設計実務においては，風向ごとに求められる荷重効果の最大値が設計値として採用されることを考慮したもので，『建築物荷重指針』[5]でも同様の考え方が採用されている．

(4) 風向係数を用いる場合の注意

とくに日本においては，地形の複雑さから地域ごとに風向特性が大きく変化する．風向特性を調査する際の資料は気象台における記録に頼ること

が多いが，記録の得られた位置から離れた位置では，同様の風向特性であることを気象台記録との同時観測などにより比較する必要があると考えられる．また，風向ごとの粗度，周辺地物の状態や，地形の影響を適切に評価することが必要である．

[松井正宏]

文献

[1] Matsui, M., Tamura, Y. and Tanaka, S., 2003. 6, Wind loads on tall buildings considering directionality：11th International Conference on Wind Engineering Lubbock, Texas, pp. 633-640
[2] Matsui, M. and Tamura, Y., 2004. 7, Directional design wind speeds considering load effects of buildings：5th International Colloquium on Bluff Body Aerodynamics and Applications, pp. 325-328
[3] British Standard, 1997, Loading for buildings, Part 2. Code of practice for wind loads, BS6399-2
[4] Australian/New Zealand Standard, 2002, Structural design actions, Part 2：Wind actions, AS/NZS 1170.2, 2002
[5] 日本建築学会，2004，建築物荷重指針・同解説

5.2.4 地形の影響

山，谷，崖などの局所地形周辺の流れは，はく離，再付着，逆流などを含む非常に複雑な流れであり，風向や風速が大きく変化する．このような場所に構造物を建設する場合，設計風速に及ぼす地形の影響を考慮する必要がある．その影響は，風速の平均成分ばかりでなく変動成分にも現れるため，その割り増しにも注意する必要がある．

(1) 2次元地形と気流

地形の影響評価に関しては，数多くの研究が行われており，各国の規基準や指針に評価式が示されている．そのほとんどは，2次元地形を対象とした風洞実験結果に基づいて，風速の平均成分の増加率を規定している．図5.2.7は平坦地上の風速に対する，2次元の上り勾配の崖（傾斜角45°）周りの風速の比（以下，風速比）をコンターで表したものである [1]．平均成分，変動成分とも崖の風上端から風下側に向けて風速比が最大で3割程度増加しており，この領域では，風荷重の増加に十分注意する必要がある．しかし，各国の規基準や指針では，変動成分の評価式は提案されていない．河井ら [2] は風洞実験結果をもとに変動成分の評価式を提案しており，最新の建築物荷重指針に反映されている．

(2) 3次元地形と気流

現実的な地形は，3次元であることが多く，複数の地形要素が複合し複雑な流れ場となる．このような場合は，既往の予測式による評価が困難となり，風洞実験や流体計算による詳細な検討が行われる．

(a) 土木構造物の場合 大型橋梁の耐風設計にあたり，周辺の地形の起伏が大きい場合，とくにガスト応答の評価のために行われる場合がある．柔構造である橋梁では地形模型と橋梁の弾性模型を同時に再現して評価を加える事例もある [3, 4]．これらの結果，地形の影響は少なくなく，場合によっては橋梁の架設工法の見直しなどにも繋がる場合があり，工学的にも重要である．また，1991年の台風17, 19号襲来時に，一部の送電用の鉄塔が倒壊し，その原因として考えられたのが，

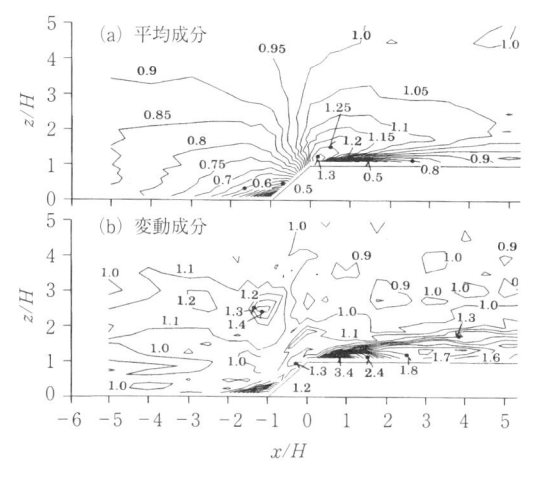

図 5.2.7 2次元地形周りの風速比分布例 [1]

図 5.2.8 大型橋梁周辺地形と風洞実験例 [3]

地形的に風速が増速する現象である。これらを設計的に評価する手法として電気事業連合会にて精力的に活動を続け、成果が得られている[5,6].

(b) 建築物の場合　建築物の耐風設計においても周辺地形の影響が懸念される場合は、風洞実験や流体計算によってその影響を把握する必要がある。建築物の風洞実験の場合、その模型化範囲は一般的に数百 m の範囲であり再現される地形も数十 m 程度のものである。これ以上の大規模地形の影響に関しては、気象観測や流体計算などにより評価するべきと考えられる.

(c) 風力発電の場合　風力発電においては、風車の設置場所が起伏に富んだ地形である場合が少なくない。風車の発電量は風速の3乗に比例するため風況予測の精度向上は、きわめて重要な課題である。風況予測で対象とする風速は、発電を開始するカットイン風速から発電を中止するカットアウト風速まで幅広い。比較的地形の起伏が少ないヨーロッパにおいては、WAsP らの線形理論に基づくシミュレーションソフトが幅広く用いられているが、地形起伏の激しい日本においては独自の予測手法が開発され[7,8]、今後実用に供しようとしている状況にある.

この他、風が媒介となる大気汚染、降雨などの現象に関しても多大な影響を及ぼすものであり、これらに関する研究は多方面で実施されている.

[近藤宏二・本田明弘]

文　献

[1] 土谷学ほか，1999，設計風速に及ぼす局所地形の影響―種々の形状の地形周りにおける風速増幅特性―，日本建築学会大会学術講演梗概集，pp. 119-120

[2] 河井宏允ほか，2003，小地形まわりの風速増減係数―2次元傾斜地，尾根状地形の場合―，日本建築学会大会学術講演梗概集，pp. 103-104

[3] 本田明弘ほか，1994，複雑地形における風環境と耐風設計に関する研究―女神大橋の静的耐風設計―，第13回風工学シンポジウム論文集，pp. 479-484

[4] 坂井重信ほか，1996，深い谷をまたぐアーチ橋に作用する風特性の実験的検討―フライトロード空港大橋の地形模型風洞試験―，第51回土木学会年次学術講演会概要集，I-A174, pp. 348-349

[5] 中村秀治ほか，2000，特殊地形における送電用鉄塔・架渉線連携系の耐風設計に関する研究（その1）～（その4），日本風工学論文集，No. 82～83

[6] 本田明弘ほか，1999，崖状地形における強風に関する研究，日本風工学会論文集，81, pp. 87-96

[7] 村上周ほか，2002, 11，風力発電サイト立地選定のための局所風況予測システム LAWEPS の開発，日本流体力学会数値流体力学部門誌，10, 4

[8] 石原孟ほか，2000，複雑地形における高精度の風況予測モデルの開発へ向けて，第22回風力エネルギー利用シンポジウム講演論文集，pp. 63-66

図 5.2.9　建築物周辺地形と風洞実験例

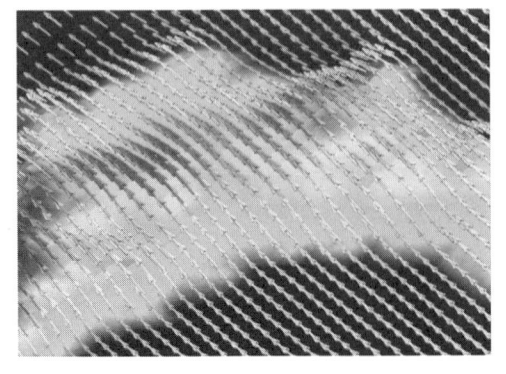

図 5.2.10　流体計算による地形周りの流況例 [8]

5.3　風荷重の評価

5.3.1　等価静的風荷重

設計風速レベルの風が吹いたとき、構造物はその動的な作用を受けて振動し、図 5.3.1 のように構造物の変位や部材応力も時間的に変動する。構造物の設計は、一般にそのときに生じる最大変位や最大応力、つまり最大荷重効果に対して行われる.

ところで、ある静的な風荷重を想定し、これによる構造物の変位や応力が上記の最大荷重効果と同じ値になる場合、このような風荷重を等価静的風荷重とよぶ。等価静的風荷重があらかじめ推

定できれば，これを構造物に静的に作用させるだけで動的効果を含んだ最大荷重効果を見積ることができる．また，固定荷重など他の荷重との組合せも容易に考えられるので，設計で用いるにはたいへん都合がよい．建築物や送電鉄塔などの構造物の設計では，このような意味合いの等価静的風荷重が用いられている．各国の風荷重基準などで採用されている設計用風荷重は，このような等価静的風荷重であり，代表的な評価手法は，Davenport [1] の提唱によるガスト影響係数法である．

時空間的に変動する風力 $F(z,t)$ は，以下のように平均値成分 $\bar{F}(z)$ と変動成分 $F'(z,t)$ に分けられる．

$$F(z,t) = \bar{F}(z) + F'(z,t) \quad (5.3.1)$$

それに伴う荷重効果も，以下のとおり，時間平均成分と変動成分に分けられる．

$$Y(t) = \bar{Y} + Y'(t) \quad (5.3.2)$$

ここで $Y(t)$ は，ある特定の位置または部材での荷重効果であり，図5.3.3に示すように構造物のある高さ z での変位 $X(z,t)$，せん断力 $Q(z,t)$，曲げモーメント $M(z,t)$，あるいは個々の部材 k の応力 $N_k(t)$ など，設計対象となる物理量をいう．

風力の時間平均成分 $\bar{F}(z)$ は，荷重効果の時間平均成分 $\bar{Y}$ をもたらし，そのまま設計用の静的風荷重に置き換えられる．ちなみに，特定の位置または部材における荷重効果の時間平均成分 $\bar{Y}$ は，高さ z における時間平均風力 $\bar{F}(z)$ から影響関数（influence function）$\beta_Y(z)$ を使って，次のように変換される．

$$\bar{Y} = \int_0^H \bar{F}(z) \beta_Y(z) dz \quad (5.3.3)$$

ここに，影響関数 $\beta_Y(z)$ は z 点に単位荷重が静的に作用したときの荷重効果 Y を表す．

一方，風力の変動成分 $F'(z,t)$ は荷重効果の変動成分 $Y'(t)$ をもたらし，その最大値 $Y'_{\max}$ がわかれば，最大荷重効果 $Y_{\max}$ を見積もることができ，等価静的風荷重 $F_{eq}(z)$ が決められる．したがって，風力の変動成分 $F'(z,t)$ による最大値 $Y'_{\max}$ をいかにして求めるかが問題となる．一般には，周波数領域での確率統計的解析手法を用いるか，時間領域での時刻歴応答解析手法を用いて求められる．

応答の変動成分 $Y'(t)$ の標準偏差 σ_Y は，固有振動数付近での共振効果によって応答が増幅される部分（共振成分）$\sigma_{Y,R}$ と，それ以外の部分（準静的成分）$\sigma_{Y,B}$ に分けられる．つまり，

$$\sigma_Y = \sqrt{\sigma_{Y,B}^2 + \sigma_{Y,R}^2} \quad (5.3.4)$$

また，応答の変動成分の最大値 $Y'_{\max}$ は，ピークファクター g_Y を用いて，応答の標準偏差 σ_Y と結びつけられ，

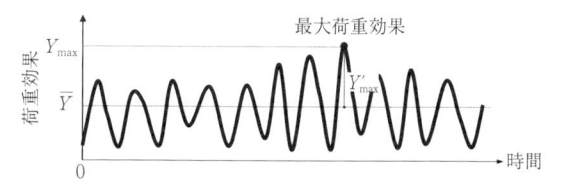

図 5.3.1 風による動的作用による応答（荷重効果）の時間変動

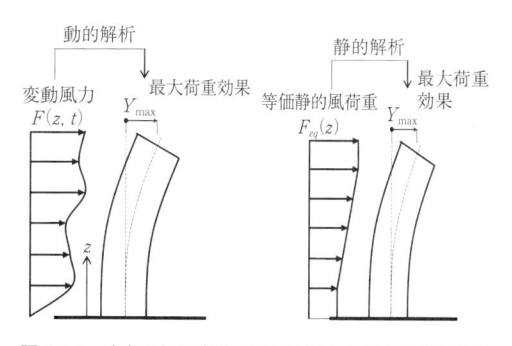

図 5.3.2 時空間的に変動する風力による最大荷重効果と同じ静的変位をもたらす等価静的風荷重

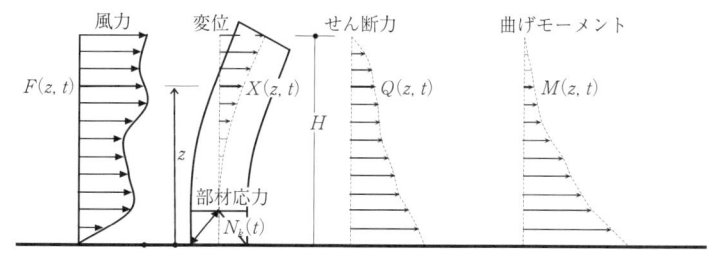

図 5.3.3 風力と荷重効果

$$Y'_{\max} = g_Y \sigma_Y \quad (5.3.5)$$

と得られる．しかし，準静的成分と共振成分では変動の様子が異なるため，それぞれの成分に対して異なるピークファクターを想定し，次のような表現で表すほうがより合理的である [2]．

$$Y'_{\max} = \sqrt{g_B^2 \sigma_{Y,B}^2 + (g_1^2 \sigma_{Y,1}^2 + \cdots + g_i^2 \sigma_{Y,i}^2 + \cdots)} \quad (5.3.6)$$

ここで，g_B, g_i は，それぞれ準静的成分および i 次振動モードに対する共振成分のピークファクターであり，$\sigma_{Y,B}$, $\sigma_{Y,i}$ はそれぞれの成分の標準偏差である．

最大値 $Y'_{\max}$ が得られれば，これと荷重効果の時間平均値 $\overline{Y}$ との和として，最大荷重効果 $Y_{\max}$ が求められる．通常の構造物の風方向の応答では，共振成分として1次振動モードのみを考えればよく，式 (5.3.6) の2次以上の共振成分を無視して，最大荷重効果は

$$Y_{\max} = \overline{Y} + Y'_{\max} = \overline{Y} + \sqrt{g_B^2 \sigma_{Y,B}^2 + g_1^2 \sigma_{Y,1}^2} \quad (5.3.7)$$

と与えられる．Davenport [1] の提案は，この最大荷重効果 $Y_{\max}$ と荷重効果の平均値成分 $\overline{Y}$ の比をガスト影響係数 G_Y として定義し，

$$G_Y = \frac{Y_{\max}}{\overline{Y}} = \frac{\overline{Y} + Y'_{\max}}{\overline{Y}} = 1 + g_Y \frac{\sigma_Y}{\overline{Y}} \quad (5.3.8)$$

このガスト影響係数 G_Y を風力の平均値成分 $\overline{F}(z)$ に乗じて，これを等価静的風荷重 $F_{eq}(z)$ とするというものである．つまり，等価静的風荷重を

$$F_{eq}(z) = G_Y \overline{F}(z) \quad (5.3.9)$$

と与える．ちなみに，式 (5.3.9) の等価静的風荷重を静的に作用することによって，最大荷重効果 $Y_{\max}$ と同じ値が得られることは，式 (5.3.3) の $\overline{F}(z)$ を $F_{eq}(z)$ に置き換えて，式 (5.3.8), (5.3.9) の関係を考慮すれば容易にわかる．

式 (5.3.9) では，設計用風荷重 $F_{eq}(z)$ の空間分布（ここでは z 方向分布）を，風力の平均値成分 $\overline{F}(z)$ の空間分布に等しいと仮定している．風力の変動に準定常仮定が成り立ち，かつ構造物の応答の等価静的風荷重への影響（共振成分の寄与）が小さい場合には，このように，設計用風荷重分布を時間平均風力の分布に相似に置くことが可能である．しかし，一般には，変動風圧や変動風力の時空間的変動は複雑であり，どのような瞬間をとらえても，平均値の分布と同じになることはない．したがって，式 (5.3.9) の仮定では，現実にはありえない分布を与えていることになる．しかし，いくつかの便宜的な理由により，式 (5.3.9) の風荷重分布は設計で広く用いられている．

厳密にいえば，式 (5.3.7) の最大荷重効果に対応する等価静的風荷重も，

$$F_{eq}(z) = \overline{F}_{eq}(z) + W_B F_{eq,B}(z) + W_R F_{eq,R}(z) \quad (5.3.10)$$

と，荷重効果の平均値成分 $\overline{Y}$ に対応する等価静的風荷重 $\overline{F}_{eq}(z)$，準静的成分と共振成分に対応する $F_{eq,B}(z)$ と $F_{eq,R}(z)$ に分けられる．ここに W_B および W_R は重み係数で，

$$\left.\begin{array}{l} W_B = \dfrac{g_B \sigma_B}{\sqrt{g_B^2 \sigma_{Y,B}^2 + g_1^2 \sigma_{Y,1}^2}} \\[2mm] W_R = \dfrac{g_R \sigma_R}{\sqrt{g_B^2 \sigma_{Y,B}^2 + g_1^2 \sigma_{Y,1}^2}} \end{array}\right\} \quad (5.3.11)$$

と与えられる [2]．構造物の剛性や減衰が十分に大きい場合は，共振成分は無視でき，等価静的風荷重 $F_{eq}(z)$ は，平均値成分 $\overline{F}_{eq}(z)$ と準静的成分 $F_{eq,B}(z)$ の和で表される．なお，小規模な構造物以外は，3.3.4項にある規模効果が準静的成分 $F_{eq,B}(z)$ に反映される．

前述のとおり，$\overline{F}_{eq}(z)$ は風力の平均値成分 $\overline{F}(z)$ に等しく，したがって空間分布もこれと同じになる．しかし，準静的成分と共振成分に対応する等価静的風荷重 $F_{eq,B}(z)$ と $F_{eq,R}(z)$ は，お互いに値も空間分布形状も異なり，平均値成分 $\overline{F}(z)$ とも異なる．これらを反映した合理的な等価静的風荷重分布については，5.3.3項で述べる．

ところで，式 (5.3.9) のような単純な風荷重分布を仮定したとしても，部材の数や，変位や応力など設計対象物理量の種類に応じて，膨大な数の荷重効果 Y が考えられる．式 (5.3.8) で定義されるガスト影響係数も，その数だけ存在することとなり，荷重効果に応じて異なった等価静的風荷重が与えられなければならない．

これに対して Davenport のガスト影響係数法 [1] では，構造物の風方向風荷重の評価において，最大荷重効果（頂部変位）発生時の構造物の変形

形状が，風力の平均値成分による構造物の変形形状とほぼ相似であると仮定して，構造物に唯一の等価静的風荷重を与えている．この仮定は，高層建築物のような構造物の風荷重算定においては，その単純明快さの割に実用的な合理性をもっており，彼の提案になる式（5.3.9）のガスト影響係数と，それに基づく等価静的風荷重の算定法が，広く各国の風荷重基準に採用された大きな理由の一つである．ちなみに，ZhouとKareem［3］は，頂部変位の代わりに構造物基部での転倒モーメントを基にして等価静的風荷重を算定するほうが，設計荷重としてはより合理的であるとしている．

［田村幸雄］

文　献

［1］ Davenport, A. G., 1961, The applications of statistical concepts to the wind loading of structures, Proceedings, Institutions of Civil Engineers, 19, Paper No. 6480, pp. 449-471
［2］ Holmes, J. D., 2001, Wind Loading of Structures, Chapter 5, pp. 356, Spon Press
［3］ Zhou, Y. and Kareem, A., 2001, Gust loading factor : new model, *J. Structural Engineering*, ASCE, **127**(2), pp. 168-175

5.3.2　風荷重の組合せ

　風を受ける構造物には同時にさまざまな変動外力が作用し，その結果として構造物にはさまざまな振動を生じる．したがって，構造物を設計するための風荷重も多方向の風荷重を組み合わせて考えるべきである．たとえば，建築物の風荷重としては三つの水平風荷重（風方向荷重，風直交方向荷重，ねじり風荷重）と屋根風荷重がある．これらの風荷重は建築物の最大応答時における等価な静的荷重として別々に評価される．しかし，各方向に作用する風力はそれぞれ単独で作用するのではなく同時に作用するが，各方向の最大応答が同時に発生するわけでもない．したがって，おのおのの風荷重をそれぞれ単独に作用させるだけでは不十分であり，逆にこれらの風荷重を同時に作用させると過大となる．このため，風力や応答の同時性を考慮して各方向の風荷重を適切に組み合わせることが必要となる．風荷重の組合せは，風力の特性（同時性，相関性）や建築物の構造特性（振動モードの連成，減衰定数）に影響される複雑な問題である．このため，風洞を用いた空力振動実験による応答［たとえば1］や，風洞実験により得た風外力を建築物の解析モデルに作用させた応答解析結果［たとえば2］に基づいて風荷重の組合せ方法を決定する場合も多い．ここでは，矩形平面をもつ建築物に対する研究成果を紹介する．

（1）建築物の共振が無視できる場合の水平風荷重の組合せ

　固有振動数での共振の影響が小さく，風荷重が建築物に作用する風力のみで表される場合を対象とする．図 5.3.4 に例示するように，風方向転倒モーメント係数 C_{MD} と風直交方向転倒モーメント係数 C_{ML} の軌跡は複雑に変動する．このような風力の軌跡上の各点それぞれを風荷重の組合せととらえることもできるが，設計的には応力が大きくなる組合せを考えればよい．そこで，風方向の風荷重 W_D に組み合わせる風直交方向の風荷重 W_{LC} を，単純な構造モデルの柱に発生する最大応力が一致するよう次式により定めることが提案されている［3］．

$$W_{LC} = \gamma W_D \qquad (5.3.12)$$

ただし，

$$\gamma = 0.34\frac{D}{B} + 0.05 \qquad (H = 80\,\text{m の場合})$$

ここに，H, B, D はそれぞれ建築物の高さ，幅，奥行である．D/B が大きくなると，相対的に風直交方向の組合せ荷重が大きくなることがわかる．

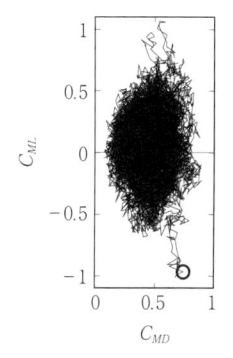

図 5.3.4　風力の軌跡［2］（○印は柱の最大応力発生時を示す）

(2) 共振成分が大きい場合の水平風荷重の組合せ

(a) 振動モードの連成が無視できる場合 超高層建築物では固有振動数における共振の影響が大きくなり，応答の軌跡の確率分布は2次元正規分布で表される．この場合，X方向，Y方向応答の最大値に相当する等確率線は図5.3.5のような楕円となり，この楕円を包絡する八角形の頂点に相当する荷重を組合せ荷重とすることが考えられる．すなわち X 方向の荷重 W_X に組み合わせる Y 方向の荷重 W_{YC} を，応答の相関係数を ρ_{XY} を用いて次式で定めることが提案されている[4]．

$$W_{YC} = \overline{W}_Y + (\sqrt{2+2\rho_{XY}} - 1)(W_Y - \overline{W}_Y) \quad (5.3.13)$$

ここに，W_Y，$\overline{W}_Y$ は Y 方向風荷重の最大値，平均値を表す．風方向と風直交方向風力，風方向とねじり風力のココヒーレンス（周波数別の相関）は0なので，$\rho_{XY}=0$ としてよい．一方，風直交方向とねじり風力のココヒーレンスは0ではないので，応答の相関係数を計算する必要がある．正方形平面をもつ高層建築物について解析した例では，風直交方向とねじれの固有振動数比が1.0，1.1，1.2，1.4に対してそれぞれ $\rho_{XY}=0.31$, 0.17, 0.02, -0.17 が得られている[4]．すなわち，風直交方向とねじれの固有振動数が一致する場合に組合せ荷重が大きいことがわかる．

(b) 振動モードの連成が無視できない場合

建築物が整形であっても構造的に偏心がある場合には並進とねじれが連成したモードとなる．この場合，風力の相関と連成モードを考慮した応答解析が必要となり，現状では風洞実験で得た風力を用いる場合が多い．正方形平面をもつ高層建築物の解析では，端部変位の標準偏差は偏心のない場合の中心位置に比べて，剛心位置によっては2倍以上となることが指摘され，注意が喚起されている[5]．

(3) 屋根風荷重と水平風荷重の組合せ

屋根風荷重と水平風荷重についても原理的には(1)，(2)と同様に組合せ荷重を考えることができる．しかし，現状では風力の相関に十分なデータがないので，屋根風荷重と水平風荷重をそのまま作用させることが一般的となっている．

[浅見　豊]

文　献

[1] 塚谷秀範，山田周平，山崎真司，澤田昇次，1990，みなとみらい21ランドマークタワーの耐風設計（その2）風荷重の評価，日本建築学会大会学術講演梗概集 B, pp. 57-58

[2] 小堀鐸二，播　繁，山田俊一，竹中康雄，有田友彦，近藤宏二，辻本哲也，片桐純治，1990，階段状超高層ビルの設計用風荷重の評価，第11回風工学シンポジウム論文集, pp. 233-238

[3] 菊池浩利，田村幸雄，日比一喜，2002，高層建物に作用する風荷重の組合せ（その2　柱の応力度の評価），日本風工学会誌, **95**, pp. 167-168

[4] 浅見豊，2000，高層建物の風荷重組合せ方法の提案，第16回風工学シンポジウム論文集, pp. 531-534

[5] 嶋田健司，田村幸雄，藤井邦雄，若原敏裕，1990，高層建築物の風による捩れ振動，第11回風工学シンポジウム論文集, pp. 221-226

5.3.3　最大風荷重分布

(1) 共振成分を無視できる構造物

剛性または減衰が十分に大きく，共振成分の無視できる構造物の場合，等価静的風荷重は，5.3.1項の式 (5.3.10) からわかるように，風力の平均値成分 $\overline{F}_{eq}(z)$ と準静的成分 $F_{eq,B}(z)$ のみで決まる．つまり，構造物の動的挙動とは無関係に風力の変動特性のみで決まる．したがって，剛な構造物の時々刻々の荷重効果 $Y(t)$ は，時々刻々の瞬間風力分布をそのまま静的に構造物に作用させることによって計算でき，最大荷重効果 $Y_{\max}$ は，

$$Y_{\max} = \text{Max}\left[\int_A F(r, t)\beta_Y(r)dr\right]$$

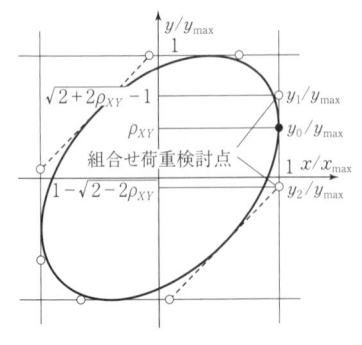

図5.3.5　応答の相関を考慮した組合せ荷重の概念図 [4]

5.3 風荷重の評価

$$= \int_A F(r, t_{\max})\beta_Y(r)dr \quad (5.3.14)$$

ある特定の時刻 $t_{\max}$ に現れる瞬間風力分布 $F(r, t_{\max})$ によって生じる．ここに，$F(r, t)$ は r 点の瞬間風力，$\beta_Y(r)$ は荷重効果 Y の影響関数であり，積分は風力の作用部分全体での積分を意味する．

ところで，3.3.1 項で述べたように，いかなる瞬間であっても，風圧分布 $F(r, t_{\max})$ は平均風圧分布 $\bar{F}(r)$ と相似になることはないといってよい．したがって，5.3.1 項の式 (5.3.9) で仮定するような，風力の平均値の分布に相似な風荷重で最大荷重効果が発生することは現実にはありえない．

このような剛な構造物に対し，式 (5.3.14) の最大荷重効果をもたらす現実的な風荷重分布 $F(r, t_{\max})$ をみつける方法が，Kasperski と Niemann [1] によって提案された．load-response-correlation (LRC) 法であり，等価静的風荷重の算定法に関して，Davenport [2] 以来のブレークスルーをもたらした．LRC 法によれば，最大荷重効果（荷重効果が負値の場合は最小を意味する）$Y_{\max}$ をもたらす瞬間の風圧分布の期待値 $p_Y(r)$ は，

$$p_Y(r) = \bar{p}(r) + g_{Y,B}\frac{\sum_k \overline{\{p'(k,t)p'(r,t)\}}\beta_Y(k)}{\sigma_{Y,B}}$$

$$(5.3.15)$$

で推定される．ここに，$\bar{p}(r)$ は r 点の風圧の平均値成分，$g_{Y,B}$ は荷重効果 Y（準静的成分）のピークファクター，$p'(r, t)$ は r 点の風圧の変動成分，$\overline{p'(k,t)p'(r,t)}$ は k 点と r 点の風圧の共分散，$\beta_Y(k)$ は荷重効果 Y の k 点の風圧に関する影響係数，$\sigma_{Y,B}$ は荷重効果 Y（準静的成分）の標準偏差である．

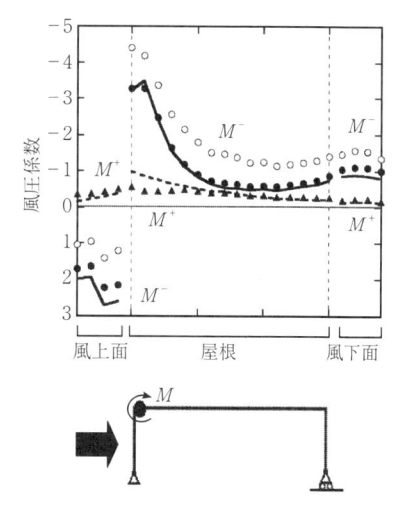

図 5.3.6 は，風洞実験結果に基づいて得られた屋根梁の最大荷重効果（風上端部の曲げモーメント M）発生時の瞬間風圧分布を，LRC 法によって推定された瞬間風圧分布と比較したものである [3]．実線と点線が，最大荷重効果（M^-, M^+）発生時に得られた瞬間風圧分布の風洞実験結果（アンサンブル平均値）で，● と ▲ が LRC 法による推定値である．両者の対応は良好で，LRC 法の有効性が示されている．なお，ガスト影響係数法による平均風圧分布 $\bar{F}(r)$ に相似な等価静的風荷

図 5.3.6 最大荷重効果発生時（風上端部曲げモーメント最大時）の瞬間風圧分布（風洞実験結果と LRC 法による推定値の比較）[3]

重分布は ○ で示されており，実際の最大荷重効果発生時の風圧分布とは大きく異なっていることがわかる．

(2) 共振成分を無視できない構造物

比較的柔らかい構造物の等価静的風荷重 $F_{eq}(z)$ は，5.3.1 項の式 (5.3.10) にあるように，平均値成分 $\bar{F}_{eq}(z)$ と準静的成分 $F_{eq,B}(z)$ だけでなく，共振成分 $F_{eq,R}(z)$ を考慮しなければならない．平均値成分 $\bar{F}_{eq}(z)$ と準静的成分 $F_{eq,B}(z)$ は，式 (5.3.15) の LRC 法に準じて，

$$\bar{F}_{eq}(z) = \bar{F}(z) \quad (5.3.16)$$

$$\bar{F}_{eq,B}(z) = g_{Y,B}$$

$$\times \frac{\int_0^H \overline{F'(z,t)F'(z_1,t)}\beta_Y(z_1)dz_1}{\sqrt{\int_0^H\int_0^H \overline{F'(z_1,t)F'(z_2,t)}\beta_Y(z_1)\beta_Y(z_2)dz_1dz_2}}$$

$$(5.3.17)$$

と推定できる [4]．分母は荷重効果の準静的成分の標準偏差で，式 (5.3.15) の $\sigma_{Y,B}$ に相当する．ここでは一様な見付け幅の直立型構造物を例にとっており，$F'(z, t)$ は高さ z における風力の変動成分，H は構造物の高さである．

共振成分 $F_{eq,R}(z)$ は，次式のように慣性項として与えられ，1 次振動モード形に比例する分布となる．

$$F_{eq,R}(z) = g_{Y,R}m(z)(2\pi f_1)^2 \sigma_{Y1}\mu_1(z) \quad (5.3.18)$$

ここに，$g_{Y,R}$ は荷重効果の共振成分のピークファクター，$m(z)$ は単位高さあたりの質量，f_1 は構造物の1次固有振動数，σ_{Y1} は1次振動モードの基準座標の標準偏差，$\mu_1(z)$ は1次振動モードである．

等価静的風荷重は，式 (5.3.16)〜(5.3.18) の3成分の風荷重を5.3.1項の式 (5.3.10) のように合成して求められる．　　　　　　　　[田村幸雄]

文　献

[１] Kasperski, M. and Niemann, H., 1992, The L. R. C. (Load-Response-Correlation) method a general method of estimating unfavourable wind load distributions for linear and non-linear structural be-haviour, *J. Wind Engineering and Industrial Aerodynamics*, **43**, pp. 1753-1763
[２] Davenport, A. G., 1961, The applications of statistical concepts to the wind loading of structures, Proceedings, Institutions of Civil Engineers, 19, Paper No. 6480, pp. 449-471
[３] Tamura, Y., Kikuchi, H. and Hibi, K., 2002, Actual extreme pressure distributions and LRC formula, *J. Wind Engineering and Industrial Aerodynamics*, **43**, pp. 1753-1763
[４] Holmes, J. D., 2001, Wind Loading of Structures, Chapter 5, pp. 356, Spon Press

5.3.4　外装材用の風荷重

外装材用風荷重の対象は，建物の屋根・外壁などの仕上げ材から，それらを支持する下地部材などである．これら仕上材の種類は多く，その支持方法も多様である．したがって，その使われ方に応じて適切に風荷重を評価する必要がある．ここでは，外装材の代表事例として，窓ガラスおよび屋根葺材への風力の作用の仕方のモデルを図5.3.7に示す．同図に示すように，それぞれの外装材は，いずれも外部側に作用する外圧とその裏面側に作用する内圧との差圧によって風荷重が評価される．図5.3.8に，一般的な閉鎖型建物に作用する外圧と内圧の変動の時刻歴波形を示す．3.3節にも示したように，閉鎖型建物の場合の内圧変動は外圧変動に比較してその振幅は小さい．外装材に作用する風荷重は，変動する外圧と内圧の圧力差のピーク値に対応するピーク風力係数 $\hat{C}_C$ を用いて，次式により算定される．

$$W_C = q_H \hat{C}_C A \qquad (5.3.19)$$

ここに，A_C は外装材の受圧面積，q_H は基準速度圧を示す．

外装材に作用する風荷重は，建物の形状，外装材の取付部位，建物に対する風向などにより大きく異なる．図5.3.9に矩形平面の建物の外圧分布の一例を示す．ここに示すように，風上面は正圧（室外側から室内側に向かって外装材を押す力）であり，側面および風下面は負圧（室内側から室外側に向かって外装材を吸い出す力）が作用する．とくに，側面の風上側に生ずる局部的な負圧は，風上面の正圧を上回る大きさになる場合がある．さらに，この局部的な大きな負圧は，建物の下層部においても，建物上層部での負圧と同程度となる傾向を示す．したがって，下層部で大きな面積の外装材を用いるような場合には，とくにこのような風圧性状に注意を払う必要がある．同

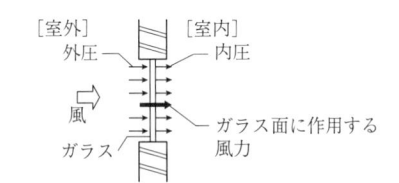

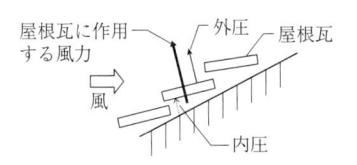

図 5.3.7　外装材に作用する風力

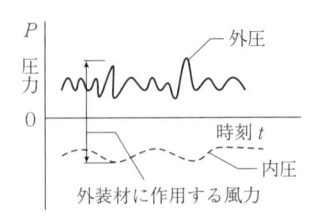

図 5.3.8　圧力の時刻歴波形例

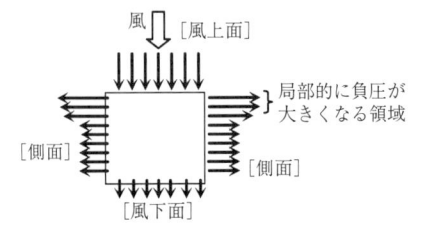

図 5.3.9　矩形平面の建物の外圧分布

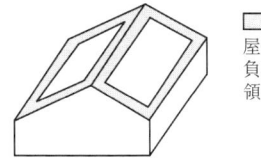

図 5.3.10 切妻屋根面の局部負圧の大きな領域

様に，屋根葺材に作用する負圧も，図 5.3.10 に示すように，屋根の端部や棟付近で非常に大きくなり，屋根葺材の飛散などの原因となるので，この点も十分注意する必要がある．

外装材の受圧面積は，小さな瓦1枚から，比較的大きなカーテンウォールユニットまで，対象とする部材によって大きく異なる．3.3 節にも示したように，対象とする外装材の大きさによって，その面全体に瞬間的に作用する圧力は異なり，その面積が小さいほど，ピーク風力係数 $\hat{C}_C$ は大きくなる傾向を示す．

外装材の場合も，構造骨組の場合と同様，外装材の動的応答特性の影響を受ける．ただし，一般の外装材の固有振動数は 10 Hz 以上とみなすことができ，そのような場合には，外装材の共振効果は小さいと考えることができる．

わが国の基規準類には，上述の事項を考慮して外装材設計用のピーク風力係数値が示されている [1, 2]．

なお，これら基規準類に示される外装材用の風荷重は，すべての外装材が健全であることを前提にしたものである．一方，何らかの原因で強風時外装材の一部が破壊された場合，内圧変動は外圧変動程度に大きくなることがある．その結果，外装材に作用する差圧が，通常の閉鎖型建物の場合よりかなり大きくなり，他の部位の外装材などの破壊につながる事例もある．したがって，外装材の耐風設計において，どこか局所的に弱点をつくると，外装全体の耐風性能を大幅に低下させることになるので，このような状況にならないよう細部にわたり注意を払っておく必要がある．

近年，省エネルギーの観点から，建物の断熱性能の向上を計るために，建物外装を二重化する傾向が増大している．このような二重化した外装の場合は，間の空気層内の圧力性状を適切に評価し

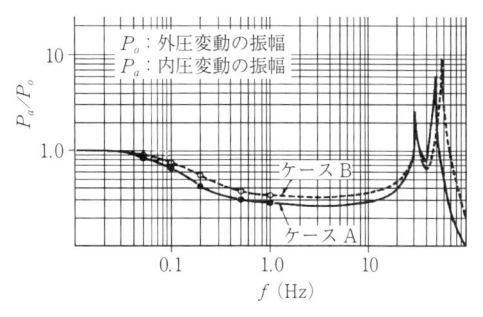

図 5.3.11 二重窓空気層内の圧力応答 [3]

ておく必要がある．図 5.3.11 に，このような空気層内の圧力の外圧変動に対する周波数応答例を示してある．このような場合，中間空気層内の圧力応答は，外圧変動の周期，外部側と内部側の空気流出入に対する抵抗，中間空気層の容積，外装材の剛性などの影響を受ける．したがって，二重化した外装の耐風設計においては，これらの要素も考慮しておく必要がある．　　　［川端三朗］

文　献

[1] 建設省，2000，建設省告示第 1458 号
[2] 日本建築学会，2004，建築物荷重指針・同解説，丸善
[3] Kawabata, S., Yamauchi, T. and Mochizuki, T., 1983, Pressure response inside double glazed win-dows, *J. Wind Engineering and Industrial Aerodynamics*, **15**, pp. 3-13

5.4　各種対風性能と対策

5.4.1　安全性能評価
(1) 安全性の確保

1995（平成 7）年の阪神・淡路大震災の教訓として，構造物の設計において，「構造物がその供用期間中に被ると予想される地震，風，積雪などの外乱に対してどのような性能を確保するか」という性能設計の考え方が強く浸透しはじめた．事実，2000 年 6 月の建築基準法施行令（以下，施行令）の改正においても，内容的には議論のあるところであるが，ともかく，「性能規定型設計法」が具体化された．性能設計を実施するためには，「安全性および使用性確保の上で設計上確認しておく必要があると思われる種々の限界状態を明確にし，それぞれに設計基準を設定してそれぞれを

適切なグレードで達成する」という手順が求められる．今日の設計体系の基本である許容応力度設計法は，この観点からすると，性能設計の一側面を達成する手段ということができる．

安全性の確保の概念自体は，「構造物にかかわる居住者・利用者の生命の安全と財産の安全を確保すること」と比較的明解である．問題は，その目標の達成のグレードの設定である．一つの考え方は，「当該構造物の供用期間中に一度以上受ける可能性の高い最大の荷重効果に対する安全性の確保」と「当該構造物が将来において受ける可能性がある最大の荷重効果に対する安全性の確保」のように分けることである．いずれにしても，大切なことは，設計された性能に対する供用期間中の信頼性を検証することである．その一つの方法は信頼性指標の概念の利用であり，もう一つの方法は再現期間換算係数の概念の利用である．

後者の方法は，耐風設計についていえば，設計用再現期間の選択によって設計風速を変えることによって信頼性の程度を変えるという考え方に立つもので，供用期間 r_u 中に再現期間 r の風速値を超える風速に遭遇しない確率（非超過確率）P_S が式（5.4.1）のように定まることを利用したものである．ちなみに，$r_u=50$，100 年とすると再現期間 r と非超過確率の P_S の関係は表 5.4.1 のようになる．荷重効果を受ける側の信頼性は不明であるが，これによって，設計用再現期間の選択と信頼性の程度の関係はおおよそ評価できる．

$$P_S = \left(1 - \frac{1}{r}\right)^{r_u} \qquad (5.4.1)$$

信頼性指標の概念の利用にしろ，再現期間換算係数の概念の利用にしろ，荷重効果の評価式を構成する諸パラメーターのばらつきについての情報が整備されれば，信頼性評価の信頼度が向上する．

(2) 建築物

1998 年の建築基準法の改正により性能規定型設計法が導入されることになり，それを受けて 2000 年に同施行令が改正され，要求性能の基準が従来に比べ飛躍的に明解になった．耐風設計に求められる安全性の基準は，原則，次のとおりであるが，「供用期間」の概念は取り入れられていない．「建っている間が供用期間」ということのようであり，維持・管理が大切な要件になる．

① 構造骨組のみならず，屋根葺材などのいわゆる外装材などについても，構造計算によって安全性を確認する．

② 構造計算は，許容応力度等計算法か限界耐力計算法による．

③ 前者は従来の計算法を踏襲したもので，「再現期間約 50 年の暴風時の風圧力に対して，許容応力度計算によって安全を確認する」ことを要求している．ただし，この場合の風圧力とは等価静的風圧力のことである．

④ 後者は新規の計算法で，性能として次の 2 とおりを要求している．

・再現期間約 50 年の暴風に対して損傷しない．

・上の場合の荷重効果の 1.6 倍の荷重効果に対して倒壊・崩壊しない．

⑤ 高さ 60 m 超の建築物は大臣が定める基準に従った構造計算による．要求基準は上述の限界耐力計算法の場合と同じであるが，④の前者については荷重係数 1.6 の代わりに風速倍率 1.25（再現期間約 500 年）を用いている．荷重効果の計算法としては，建築物荷重指針の利用，風洞実験，時刻歴応答解析など，最先端の手法が許容されている．

しかし，終局的安全性についての検証方法については今後の研究に待つところが多い [1〜5]．とくに，阪神・淡路大震災を境に急速に増えはじめた制振建築物，免震建築物では，制振デバイス，免震デバイスの塑性化についての設計判断が設計上の大きなポイントになり，風外乱に対する

表 5.4.1 供用時間 r_u，再現期間 r と非超過確率 P_S の関係

P_S (%)	r（年）	10	30	50	100	200	500	1000
	$r_u=50$（年）	0.515	18.4	36.4	60.5	77.8	90.5	95.1
	100（年）	0.00266	3.37	13.3	36.6	60.6	81.9	90.5

建築物の弾塑性挙動についての研究の進展が待たれている．制振システム，免震システムはデバイスの弾塑性化を期待したものだけでなく，粘性体や粘弾性体を利用したものなど多種多様である．したがって，それらのシステムをうまく活かせば，耐震的にも耐風的にもスマートな建築物が可能になる余地は十分にある．強風の累積作用時間についての情報の充実，風応答解析技術の向上・普及が望まれるところである．

なお，超高層建築物についての性能基準が建築基準法施行令に明記されたが，その内容は一般の建築物と同じである．被災した場合の社会的影響，2次災害の波及を考えると，新施行令のひな型の役割を果たした日本建築センター『高層建築物の構造評定用風荷重について』[6]に示されたワンランクアップの性能の達成が望まれる．

[大熊武司]

文　献

[1] Shimomura, S. and Ohkuma, T., 2002, A study on elasto-plastic response of a wooden house for wind action, *J. Wind Engineering and Industrial Aerodynamics*, **90**, pp. 1834-1854

[2] 辻田修，早部安弘，大熊武司ほか，1996～1997，弾塑性構造物の風応答性状ならびにその予測に関する研究，その1～4，日本建築学会構造系論文集，第481号，pp. 9～16～第499号，pp. 39～45

[3] Ohkuma, T., Kurita, T. and Ninomiya, M., 1997, Response estimation based on energy balance for elasto-plastic vibration of tall building in across-wind direction, Safety and Reliability, Proc. of ICOSSAR'97, pp. 1359-1366

[4] 竹中康雄，飯塚真巨，鈴木雅靖，吉川和秀，山田和彦，2002，鉛プラグ型積層ゴムのクリープ性を考慮した高層免震建物の風応答簡易評価法，日本建築学会構造系論文集，561, pp. 89-94

[5] 吉江慶祐，北村春幸，大熊武司，2003, 2005，変動風力による弾塑性構造物への総エネルギー入力に関する研究，エネルギーの釣合いに基づく変動風力を受ける弾塑性構造物の応答予測手法，日本建築学会構造系論文集，572, pp. 31～38, 589, pp. 59～66

[6] 日本建築センター，1991. 6, 高層建築物の構造評定用風荷重について，ビルディングレター, pp. 47～49

(3) 土木構造物

橋梁では，『道路橋示方書Ⅰ共通編』[1]において，設計の基本理念として，「橋の設計にあたっては，使用目的との適合性，構造物の安全性，耐久性，施工品質の確保，維持管理の容易さ，環境との調和，経済性を考慮しなければならない．」を掲げ，性能規定型の技術基準を目ざして変更とある．さらに，「構造物の安全性とは，死荷重，活荷重，地震の影響等の荷重に対し，橋が適切な安全性を有していることである．」との注釈をつけている．この性能規定型の考え方は，耐震設計に関しては同示方書Ⅴ耐震設計編[1]で性能規定型の考え方が具体的に示されているが，耐風設計に関しては風荷重に関する記述のみで性能規定型の考え方は示されていない．

耐風設計に性能規定型の考え方を適用して具体化するには，耐風設計で目標とする耐風安全性能を，構造安全性能，使用性能，疲労性能，環境適合性能などそれぞれの観点に立ち，作用する風のレベルも分けて評価するシステムの構築が必要である．

ここでは構造安全性能について述べることとするが，その評価の対象となる耐風性能としては，① 発散振動，② ダイバージェンス，③ 限定振動（ガスト応答を含む），④ 風荷重の大きく四つの性能に分けて考えることができる．

これに対して，安全性能レベルとしては，① 問題が発現しない，①' 発現はするが損傷しない，② 損傷が限定したものにとどまる，②' 破壊はしないが大規模な補修が必要，③ 破壊（崩壊）の3～5段階に分けて考えることができる．

ここで考慮すべき限界状態と耐風性能との関連は，① 発散振動→動的不安定，② ダイバージェンス→静的不安定，③ 限定振動（ガスト応答を含む）→疲労限界，④ 風荷重→降伏限界あるいは座屈限界のように分けて考えることができる．

一方，耐風設計で考慮すべき荷重条件（基本的には風速の発生頻度を考慮したレベル分けと考えることが可能）は橋梁の耐用年数と現地風特性を考慮すれば確率論的に設定することは可能である．しかし，耐風設計の難解さはこの風速レベルが，考慮すべき荷重作用に直結しないことにある．同じ風速であっても橋梁の断面形状が異なれば，動的・静的荷重作用（作用空気力）はまったく異なるものとなり，評価すべき性能も異なるも

のとなる．厳密には風速の絶対値だけでなく自然風（乱れ，風向，迎角など）の特性にも大きく影響を受ける．

現状では，発散振動の発現風速が照査風速を下回ることは許されていない．安全性能評価としては，発散振動が生じて破壊にいたる性能レベルとならないことが要求される．風洞試験要領[2]ではねじれ片振幅が1〜5°の振動を生じる最低の風速を限界風速（発現風速）として規定しており，これが風速レベルに対応すると考えることができる．しかし，発散振動の発生状況（荷重作用）は橋梁ごとに大きく異なり，トラス断面のように限界風速域での風速の増減に対する振幅の増減がそれほど急激でない（あるいは，振動の発達が非常に遅い）場合と，箱桁断面のように風速のわずかな上昇に対して応答が急増するような場合とを同じ判断レベル（限界風速のみ）で規定することは必ずしも適正な性能規定型の設計とはいえないことになる．

また，静的には橋梁の強度には影響を及ぼさない部材の損傷であっても，その部材の形状・配置が橋梁の耐風安定化に大きく寄与しているものであれば，その損傷により作用空気力が大きく変化し，応答特性も大きく変化する可能性がある．この部材への風荷重作用も未解明な部分が多く，性能規定型の設計を進めるためには避けられない課題である．部材によっては，全体の破壊にいたらないものの振動系を大きく変えるような部材の損傷も考えられ，破壊時の形態（構造的損傷）を精度よく推定する手法の開発も待たれるところである．

現在の性能規定型設計を目ざす流れの中で，橋梁が適正な耐風安全性能を有していることを判断できるようにすることは非常に重要ではあるが，上述のように耐風設計特有の複雑な問題が残されており，安全性能評価を具体的に体系的にまとめるにはこれらの考え方もクリアにしていく必要がある．　　　　　　　　　　　　　　　［井上浩男］

文　献

[1]　日本道路協会，2002.3，道路橋示方書Ⅰ共通編，Ⅴ耐震設計編

[2]　本州四国連絡橋公団，1980.6，本州四国連絡橋風洞試験要領（1980）・同解説

5.4.2　使用性能評価

ここでは，使用性能評価の観点から風振動および風騒音に対する居住性能について示す．

(1) 風振動による居住性

(a) 高層建築物の風振動特性　　風振動による居住性が問題となるのは多くの場合高層建築物である．高層建築物の風振動は，上層階ほど振幅が大きくなる1次モードが卓越する狭帯域でランダムな性質をもつ．また，振動は，風方向，風直交方向およびねじれ振動が複雑に混在して生じ，これらの割合は建物形状や風向により異なる．ただし，最大応答に着目すると，これらの各方向を独立の振動として評価してもよいようである．

(b) 振動振幅と知覚の関係　　振動を表すのに変位，速度，加速度，加々速度などがあるが，実のところ建築物の振動に対する知覚や感覚がどれと密接に関係しているのかは明確でない．ただし，通常，風振動による居住性が問題となるような建築物の振動数範囲では加速度が多く用いられる．

加速度と平均知覚閾に関する検討例を図5.4.1に示す[1〜9]．これらは，実験室（1990年以降）および強風時の実建物でのおもな調査結果に基づいているもので，ともにアンケート結果を統計的に評価したものである．したがって，プロットは個人的なばらつきのある知覚閾の平均値あるいは知覚確率50%を示している．なお，個人差によるばらつきは対数正規分布関数で表せる[2]．同図より，平均知覚閾を加速度と関連させたとき，1〜3Hz付近が最も知覚しやすい傾向が示される．さて，同図は最大加速度を用いているが，実験室で得られた結果は一定振幅，実測結果から得られたものはランダム振動のピーク値である．ランダム振動と一定振幅振動との差についての指摘もあるが[10]，図5.4.1の結果からすると，実験室での一定振幅とランダム振動のピーク値が知覚閾レベルではほぼ一致するようである．

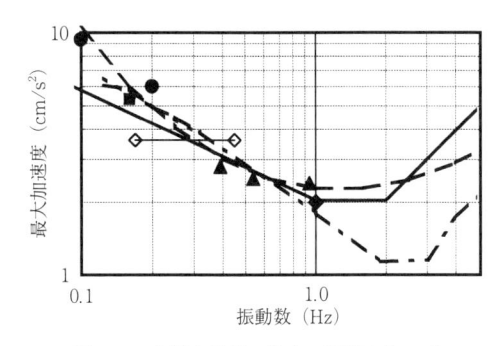

図 5.4.1 平均知覚閾に関する検討例 [1～9]
[実験] ──: ISO [1], ----: 塩谷ら [2], ---: Tamura ら [3], -・-: 石川ら [4].
[実測] ●: Robertson [5], ■: Goto [6], ◇: 吉田 [7], ◆: Tamura [8], ▲: Denoon [9].

知覚閾を超える大きな振幅の場合，実験室で得られた振動感覚は，実験室であることの安心感などから実建物での体験と異なることが想定される．実建物における風揺れに関する居住者のアンケート調査結果 [3, 6, 11] を大熊がまとめており [12]，その結果の中から大振幅時の概要を以下に示す．

① 固有周期約 2 秒の航空管制塔における 35 名の男性管制官のアンケート結果によると，5 cm/s^2 以上になると強く感じると述べている．

② 高さ 115 m，固有周期約 2 秒のオフィスビルでの台風 7920 号時における 37 名（男性 28 名，女性 9 名）の居住者へのアンケート結果によると，2 cm/s^2 を超えると強く感じはじめる．アンケートに対応する期間の最大加速度は約 10 cm/s^2 であるが，この揺れに対し男女とも 20～30% の人が不安を感じ，男性の 50% が不快を訴えている．

③ 台風 7920 号時における新宿新都心の五つの高層建築物でのアンケートは 1431 人を対象とした貴重なものであるが，残念ながら応答記録が直接測定されていない．その上で以下が示されている．応答解析により予測された最大加速度は 30～40 cm/s^2 であるが，上層階の人たちは頭痛，船酔いや不安を訴えている．また，全体の約半分は，今回の台風時の揺れに対して年 1 回程度の発生なら我慢できるとしているが，約 1/3 は同じような経験を決してしたくないと述べている．

この他，視覚が振動知覚に与える影響についての関心も高まっている．とくに振動数が低い場合，その影響が顕著となる [4].

(c) 実建物への適用 以上のような振動レベルと知覚，その発生頻度，あるいは既往の建築物の風揺れの状況などを参考に建築物の設計要因として取り込むこととなるが，この種の問題は安全性とは異なり，建物用途を考慮し施主，設計者によって判断することとなる．その際，理想的には幅広い振幅に対し考慮されるべきであるが，居住性の検討という観点からは，生活感覚に密着したレベルの評価が必要であり，主として日常的な振動レベルから評価するのが望ましい．数十年に一度発生するような大きな振動は，日常的とはいえず，むしろ安全性とともに議論するほうがわかりやすい．具体的な評価手法として，限界状態設計法の考え方に基づく信頼性評価手法があるが，基準類では 1～10 年の再現期間の風速に基づく応答値が用いられている．ちなみに，わが国の評価指針 [13] における再現期間は 1 年である．

(d) 対策方法 加速度応答を小さくするために剛性を高める方法があるが，先に示したように低振動数域では振動数が高まると知覚しやすくなるため注意を要する．多くは減衰を高める手法が取られる．その際，居住性ではおもに低振幅レベルが対象となるので，低振幅でも効果的なものを採用する必要がある．

他方，建築計画的な配慮として，使用目的や使用頻度に応じ階や平面的な位置を選択する方法がある．また，聴覚や視覚による振動知覚のきっかけを防ぐため，間仕切壁など 2 次部材からのきしみ音の防止，ブラインドやペンダントライトなどの揺れの防止なども対策の一つである．

[中村 修]

文 献

[1] ISO6897-1984 および ISO2631-1989
[2] 塩谷清人, 藤井邦雄, 田村幸雄, 神田順, 1994, 2 次元水平正弦振動の知覚閾に関する研究, 日本建築学会構造系論文集, 461, pp. 29-36
[3] Tamura, Y., Fujii, K., Sato, T., Wakahara, T. and Kosugi, M., 1998, Wind-induced Vibration of Tall Towers and Practical Applications of Tuned Sloshing Damper, Proc. Symposium on Serviceability of Buildings, Natl. Res. Council of Canada abd. Univ. of Ottawa, Ottawa, pp. 228-241

[4] 井上和永, 石川孝重, 野田千津子, 2003, 水平振動に対する居住性評価曲線とその説明資料の提示, －その1 体感と視覚による知覚閾に基づいた評価曲線－, 日本建築学会学術講演梗概集, 40142, pp. 299-300

[5] Robertson, L. E., 1972, Limitation on tall buildings imposed by human response factors, Proc. Australian Conference on Planning and Design of Tall Buildings, pp. 171-190

[6] Goto, T., 1983, Studies on wind-induced Motion of Tall Buildings Based on Occupants' Reactions, J. Wind Engineering and Industrial Aerodynamics, 13, pp. 241-252

[7] 吉田正邦, 1990, 高層建物の台風中での振動と居住者の感覚, 第11回風工学シンポジウム, pp. 335-340

[8] Tamura, Y., 1997, Application of damping devices to suppress wind-induced responses of buildings, 2nd European & African Conference on Wind Engi-neering, Palazzo Ducale, Genova, pp.45-60

[9] Denoon, R., 2000, Designing for serviceability accelerations in buildings PhD thesis, The University of Queensland, Australia

[10] 塩谷清人, 藤井邦雄, 田村幸雄, 神田順, 1996. 7, 2次元水平ランダム振動の知覚閾に関する研究, 日本建築学会構造系論文集, 485, pp. 35-42

[11] 藤本盛久, 大熊武司, 天野輝久, 赤木久真, 平松和, 飯利昌人, 1980, 7920号台風時の建物風圧力および建物振動についての実測結果, (その2) 建物振動および振動の居住者への影響, 第6回風工学シンポジウム, pp. 201-207

[12] Ohkuma, T., 1996, Japanese experience with Motions of Tall Buildings, Repeat to Committee 36 "Motion Perception and Tolerance" of CTBUH

[13] 日本建築学会, 2004, 建築物の振動に関する居住性能評価指針・同解説

(2) 風騒音

室内ではさまざまな音が発生するが，発生源のわからない音も多くみられる．交通騒音や鉄道騒音などの一般環境騒音については，これまで評価方法に関して多くの研究がなされているが，風騒音による心理的，生理的影響についての研究はほとんどされていない．とはいえ，居室で聞く不思議音（発生原因のわかりにくい音）のうち1/4～1/3が風騒音と関係していることが示されている[1]．この種の問題は，事前に予測することがむずかしいこともあり，一般的に事後に対応される例が多い．しかしながら，建築物の大型化に伴い事後対策が大がかりになるなどから，最近では設計段階で対応するケースが増えた．

性能評価という観点から風騒音を捕えれば，これも風振動と同様に多くの情報から建築物の用途や周辺状況を考慮し，設計者や施主が判断するものである．ここでは，建築分野で問題となる風騒音を取り上げその発生原因および対策方法について述べる．

(a) 風による騒音発生の原因 建築物に関連し風騒音の発生要因となるものとして，ガラリ，アンテナ，サッシ，手摺，バルコニー隔て壁，レンジフード，設備用配管などがあげられる．これら全体あるいは部分が風との相互作用のもとに音を発生するわけであるが，現象が複雑で実のところすべて解明されているわけではない．

風による騒音には風によって物体が振動することによって生じる騒音と流体が直接に原因するものとがある．後者はフロートーンとカルマン渦音とに分けられる．フロートーンはエッジトーンに代表されるように流れのはく離せん断層が物体表面と干渉することで帰還回路を形成することにより発生するものである [2]．さらにこれが共鳴器のような役割を果たすものがあるとより強い音が発せられる．カルマン渦音は円柱のような流れのはく離を伴う物体から放出されるカルマン渦によって引き起こされる音である．これはエオルス音とよばれ，強風中の電線から発生する音として知られている．

手摺やルーバーなどの風騒音は，図5.4.2に示すように [3]，個材の固有振動数およびその高調波で生じる部材振動により音圧が高まることにより生じるのが主となる．ただし，これとは異なる振動数においてエッジトーンと思われる音圧が観測される例もある [3]．

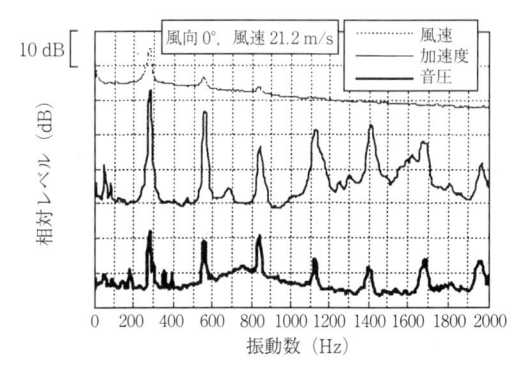

図5.4.2 手摺の風騒音の風洞実験 [3]

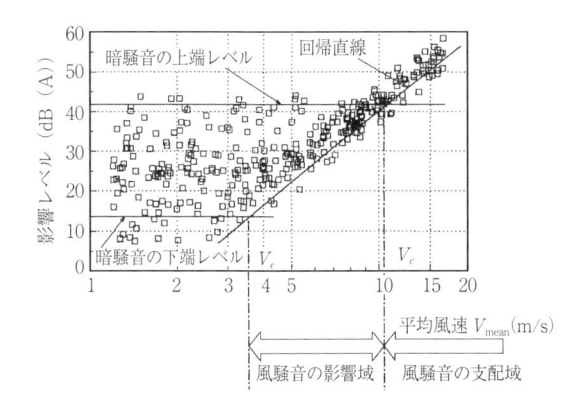

図 5.4.3 風騒音の影響範囲と支配域の概念図

実際の建築物で生じる風騒音は単純にベランダの手摺などのみから発生している場合もあるが，多くはさまざまな音の複合である．そのような観点から共同住宅の居室内で観測された騒音から図5.4.3のような結果を得ている[4]．それによると風速と騒音の関係は，風速と相関のない低風速領域，風速と相関の高い高風速領域およびその中間的な領域の三つの領域があると述べている．

(b) 風騒音の対策　風騒音の対策はその要因に応じ対処することとなるが，部材の振動によって生じる騒音に対しては，部材などの剛性を高める，質量を増やす，減衰を増す，などがある．フロートーンが関係するような場合の風振動では，強いはく離せん断層を生じさせないような部材の断面形状を選択する方法がとられる．関連してサッシの方立が共鳴器となり風騒音を発したためにサッシの方立の隙間をシールすることにより対策した例がある[5]．サッシなどの小さな隙間からの吹き込みなどに対しては隙間を密閉する，あるいは室内外の圧力の差を減少させる，などの対応が考えられる．エオルス音は部材から発生される渦の軸方向相関を低める，あるいは，周辺にネットなどを設置し乱れを強め渦発生を抑える，などの方法がある．円形断面をもつ部材にトリップワイヤーをらせん状に巻くことで部材軸方向の渦発生の相関を低めるようにする例はよくみられる．

[中村　修]

文　献

[1] 日本騒音制御工学会・研究部会, 2001, 最近の音響問題の実態把握と現状分析, 技術レポート, 25, pp. 37-62
[2] 日本鋼構造協会, 1997, 構造物の耐風工学, 11.2節, 東京電機大学出版局
[3] 義江龍一郎, 魏　然, 丸山勇祐, 1999, 風鳴り音が発生しないアルミ製バルコニー手摺りの開発, 前田技術研究報, 40, pp. 79-86
[4] 吉岡清, 須田健一, 1993, 高層集合住宅の風騒音に関する実測調査と基礎的考察, 日本建築学会計画系論文報告集, 449, pp. 1-10
[5] 池上雅之, 平野滋, 縄野好人, 2000, カーテンウォール方立による風騒音の発生とその対策, 日本建築学会大会学術講演梗概集, 40071, pp. 159-160

(3) 橋・道路の風に関する使用性

(a) 橋の空力振動　風による橋桁の振動のうち比較的低風速で発生する渦励振については，使用性も限界状態に含んで振動振幅の許容値が決められている[1]．その値は，支間長200m程度の橋では加速度100ガル程度に相当する速度0.25m/sに対応している．

(b) 車両の風による走行安全性　高規格道路の整備普及と自動車の性能向上により，多くの一般ドライバーが高速走行をする機会が増えており，高速走行時の横風に対して車両の走行安全性を確保することは，自動車メーカーおよび道路管理者の重要な課題である．とくにわが国は地形急峻であり，峡谷，海峡，トンネル出口などで突風・強風に車両が遭遇する機会が多い[2]．

(i) 横風を受ける車両の走行性にかかわる要素：走行時に横風を受けたときの車両挙動を力学的に記述する際に考慮される基本的な要素は，車両の空力特性，車両重量の配分，車両の慣性モーメント，ステアリングの剛性，タイヤ特性，などである[3]．車両に関する空力6分力は図5.4.4に示すように定義されるが，このなかで，横力係数 C_S，ヨーイングモーメント係数 C_{YM}，ローリングモーメント係数 C_{RM} がとくに重要である．また，車速 V と横風風速 U をベクトル合成した風速 W の方向と車両の走行方向との間の偏角 φ を偏揺角という．図5.4.5は横力係数 C_S，ヨーイングモーメント係数 C_{YM} が偏揺角 φ とともに変化する状況の例である[4]．セダンタイプの車両に比べるとワゴンタイプの車両はこれらの空力係数がほぼ倍の値になり，ローリングモーメント係

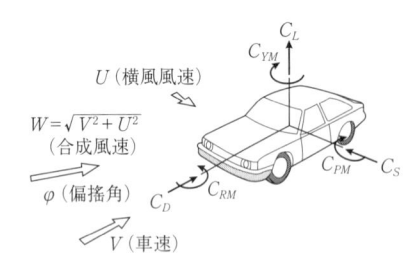

図 5.4.4 車両の 6 分力係数と偏搖角

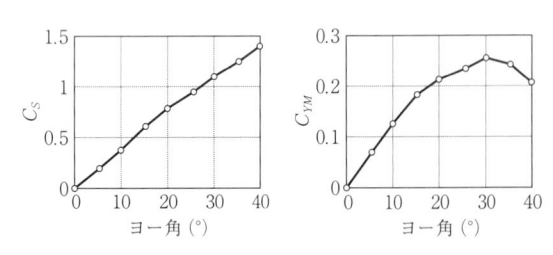

図 5.4.5 横力係数 C_S とヨーイングモーメント係数 C_{YM} の例 [4]

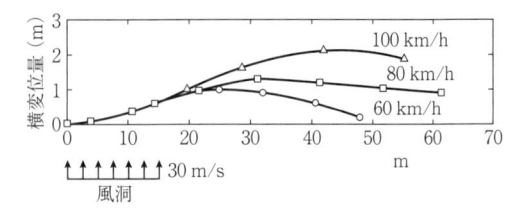

図 5.4.6 横風風洞を用いた横すべり量の測定例 [6]

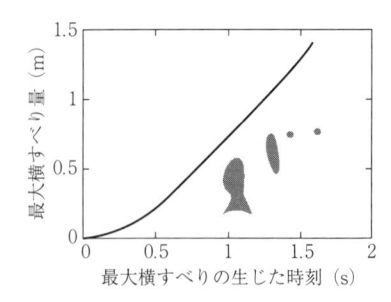

図 5.4.7 ドライバー自動車系の最大横すべり量と最大横すべりが生じた時刻（グレー部分．車速 90 km/h，横風風速 22.5 m/s．実線はドライバーの関与がないときの横すべり変位）[8]

数 C_{RM} は数倍から 10 倍近く大きくなって横風による転倒の危険が増大する [5]．

(ii) 横風による横すべり： 走行中の車両に大型風洞から横風を与えて，横風による横すべり量を実測する実験が行われている [6, 7]．図 5.4.6 はその一例で，直進走行する実験車両に対して，15 m の範囲で風速 30 m/s の横風を与えた場合の横すべり量の測定結果である．走行速度が速いほど横すべり量が大きい．隣の車線に大きくはみ出すほどの横すべりが起こるのでたいへん危険であることがわかる．

(iii) ドライバーの関与： 図 5.4.7 に示した軌跡はドライバーが運転している車両の測定結果で，ドライバーが車両の進路がずれたことを感知して車両をもとの進路に戻す操作がなされている．

ドライバーの操作がなければ，横すべりの軌跡は図 5.4.7 の実線のように単調に増加する [8]．ドライバーが乗車した状態では，ドライバーによって軌跡が違い，最大の横すべり量およびそれが生じる時刻が異なる．図 5.4.7 のグレー部分は複数のドライバーによる実験結果をまとめたもので，ドライバーが乗車していない場合と比べて横すべり量は小さくなる傾向があることが示されている．

(iv) 横風の非定常性の考慮： 定常的な横風を受ける場合でも，ドライバーの関与があると車両の挙動は複雑になる．吊橋や斜張橋のタワーの側方を通過するときには，タワーに遮られてあたかも横風が急に止んだ状態が出現するので，短時間の間に横風の作用は非定常に変化する [9～11]．不規則でドライバーが予測しがたい横風変動下での車両の挙動を評価するために，実車走行やドライビングシミュレーターを用いた実験 [4, 12] が積み重ねられているほか，非定常な空気力の評価のための実験，数値流体解析が進められている．

［野村卓史］

文　献

[1] 日本道路協会，1991，道路橋耐風設計便覧
[2] 相馬清二，1983，強風による自動車事故について，日本風工学会誌，**15**, pp. 1-10
[3] 自動車技術会編，1998，自動車のデザインと空力技術，朝倉書店
[4] 黒柳正利，松井数馬，1990，横風を受けたときの車両とドライバの応答に関する研究（第 1 報，車載用ヨーイングモーメント発生装置），日本機械学会論文集（B 編），**56**, No. 524, pp. 1030-1035
[5] 高田弘之，中川邦夫，篠田浩行，1989，1 ボックス車の横風安定性について，自動車技術，**43**, 3, pp. 119-126
[6] 相馬清二，1982，車の安全走行を脅かす氷雪，濃霧，突風（特に突風事故について），自動車技術，**36**, 5, pp. 462-468

[7] 小林敏雄, 鬼頭幸三, 1982, 自動車技術, **36**, 5, pp. 454-461
[8] 鬼頭幸三, 小林敏雄, 浜辺薫, 古俣正治, 吉本堅一, 1981, 横風下のドライバー自動車系の挙動に関する研究, 自動車技術会論文集, 23, pp. 70-77
[9] 長久太郎, 岡島厚, 柴田隆二, 1987, 角柱後流域を通過する走行物体に働く非定常空気力(風洞実験), 日本機械学会論文集(B編), **53**, No. 485, pp. 40-48
[10] Charuvisit, S., Kimura, K. and Fujino, Y., 2004, Experimental and semi-analytical studies on the aerodynamic forces acting on a vehicle passing through the wake of a bridge tower in cross wind, *J. Wind Engineering and Industrial Aerodynamics*, **92**, pp. 749-780
[11] Charuvisit, S., Kimura, K. and Fujino, Y., 2004, Effects of wind barrier on a vehicle passing in the wake of a bridge tower in cross wind and its response, *J. Wind Engineering and Industrial Aerodynamics*, **92**, pp. 609-639
[12] 丸山喜久, 山崎文雄, 2004, 横風強風時の車両走行安定性に関する数値解析とシミュレータ実験, 土木学会論文集, 766/I-68, pp. 129-140

5.4.3 疲労

(1) 疲労問題

鋼材に作用する応力が降伏応力以下であっても, それが繰り返し作用する場合には亀裂や破断が生じることがある. この現象を疲労損傷あるいは疲労破壊という.

渦励振やガスト応答などの空力振動によって変動外力を繰返し受けると, 構造物には多かれ少なかれ疲労損傷が累積される. 空力振動による疲労損傷が原因の亀裂発生や破断は, アーチ橋の吊材やトラス部材, 照明柱などのような細長い部材に見られることがある [1~3].

部材の疲労損傷は, その背後に生ずるカルマン渦による流れと直角方向の交番力, すなわち渦の発生周波数が部材の固有振動数に近いときに生ずる渦励振によることが多い. 一般に, 部材に用いられる中空鋼管などは軽量で, 減衰も小さいため, 渦励振が生じやすい. また, 渦励振が比較的低い風速でも生じやすいこと, さらに部材の固有振動数が比較的高いこともあって繰返し回数が多くなり, 疲労破壊を招くことがある.

さらに, 風荷重が支配的になる高層建築物や, 鋼材の塑性変形によるエネルギー吸収能力を利用した履歴ダンパーの疲労損傷評価も重要な課題となってきている.

(2) 疲労損傷評価の基本的考え方

疲労損傷評価には,「亀裂や破断を伴う疲労損傷は振動によって構造要素に供給されるエネルギーが吸収可能な限界を超えると発生する」として応力(ひずみ)別の疲労損傷を加算する, 式(5.4.2)で表される Miner 則とよばれる経験則がよく使われる.

$$D = \sum_i \frac{n_i}{N_i} \qquad (5.4.2)$$

ここに, D は累積疲労損傷度であり, $D \geq 1$ で亀裂あるいは破断が発生する. n は振動の繰返し回数, N は亀裂発生あるいは破断に要する限界振動回数(疲労寿命), i は応力あるいはひずみのレベルを表す. 疲労を破断繰返し数で分けると, $10^4 \sim 10^5$ 回までの範囲を低サイクル高ストレス疲労と称し, それ以上の範囲を高サイクル低ストレス疲労とよぶ.

Miner 則を前提とした鋼構造物の疲労損傷評価には, 振幅と疲労寿命の関係を表す疲労設計曲線についての情報が必要である. この疲労設計曲線は, 一般に Manson-Coffin 式とよばれる次式で近似できる.

$$\varepsilon N^k = C \qquad (5.4.3)$$

ここに, ε はひずみ振幅, C は疲労延性係数, k は疲労延性指数, N は繰返し回数である. 引張・圧縮の直応力を対象とすると, 曲線の勾配を表す k は, 高サイクル低ストレス疲労で $k=3\sim 5$, 低サイクル高ストレス疲労で $k \approx 2$ 程度と, 降伏ひずみ付近で変化する. これらの疲労設計曲線については文献 [4] に詳しく示されているほか, 文献 [5] に実験データが整理された形で掲載されている. また, 平均ひずみの影響については, 文献 [4] では降伏ひずみ以下の領域を対象に, 平均ひずみが 0 の疲労設計曲線に補正係数を乗ずることで対応しており, 降伏ひずみをわずかに超える領域についても定式化した疲労設計曲線の例がある [6].

また, 橋梁の分野では応力振幅に着目することが多く, 式 (5.4.3) のひずみ ε の代わりに応力

変動 σ を用いた Wöhler 曲線が用いられる．弾性範囲内では応力とひずみは比例関係にあることから，式 (5.4.3) の k は応力で表した場合でも同様の値を取る．鋼道路橋の疲労設計に関しては，文献 [7] が参考になる．

このように，疲労損傷評価には，ひずみ（応力）振幅の大きさとその頻度の情報が必要であり，風向・風速の発生頻度と，それらに対応した応答の評価が必要となる．その際，降伏ひずみ前後で疲労設計曲線が異なることから，単にひずみ振幅とその繰返し回数だけでなく，ひずみの大きさ自体が必要となる．さらに，風応答の場合には平均成分が存在するため，平均ひずみの大きさについても評価する必要がある．

(3) 風速の累積作用時間

疲労損傷は，日常的に吹く弱風から台風による暴風までのすべての風速で発生する．このため，風速レベル別の累積作用時間に関する情報が必要であるが，その評価法は確立されていない [8]．

(a) 季節風，日常風による中弱風の累積作用時間 中弱風の発生要因は，季節風，日常風が主であり，その発生頻度が高いため，ある程度の観測期間があれば安定した統計処理が可能である．この風速の累積作用時間を統計的に評価できる情報としては，毎10分あるいは毎正時の記録がある．それらの風の発生確率には，式 (5.4.4) に示すワイブル分布関数がよく適合することが知られている．

$$P(U) = 1 - \exp\left\{-\left(\frac{U}{C}\right)^k\right\} \quad (5.4.4)$$

ここで，$P(U)$ は風速が U を超過しない確率，C と k はワイブル係数であり，十分な観測記録が得られれば風向別に求めることも可能である．なお，ワイブル係数により累積作用時間を求めるにあたっては，精度よい推定が可能な風速範囲は，一般に 10 m/s （地上 10 m での 10 分平均風速）程度以下になるということに注意したい．

(b) 台風による強風の累積作用時間

（i）風速の観測値を利用する方法： この方法は，風速の時間変化を観測記録に基づいてモデル化し，その最大風速の発生頻度を年最大風速の非超過確率分布から推定する方法である [9]．

年最大風速の非超過確率としては，観測記録を式 (5.4.5) に示す Gumbel 分布関数にあてはめて用いられることが多い．その際，観測年数を N 年とすると，i 番目に大きな年最大風速の経験的再現期間が式 (5.4.6) で表される Hazen の方法や Gringorten の方法などがあり，その経験的非超過確率は式 (5.4.7) で表される．あてはめの結果として得られる分布パラメータ a, b と経験的再現期間 r_i より，供用期間中に i 番目に大きな年最大風速は式 (5.4.8) によって順次算定される．また，年最大風速の要因を台風に限定して非超過確率を推定する方法も提案されている [8, 10]．

$$P(U) = \exp[-\exp\{-a(U-b)\}] \quad (5.4.5)$$

$$r_i = \frac{N}{i-0.5} \quad (5.4.6)$$

$$P(U_i) = 1 - \frac{1}{r_i} \quad (5.4.7)$$

$$U_i = b - \frac{[\ln\{-\ln(1-1/r_i)\}]}{a} \quad (5.4.8)$$

この方法は，非超過確率を観測記録から推定するため，年最大風速を風向別に扱うと観測記録が不十分な場合が生じるなどの問題もある．

（ii）台風モデルによる方法： この方法は，台風の発生確率，移動方向，移動速度，中心気圧低下量，最大旋衡風速半径を統計的に分析してモデル化し，モンテカルロシミュレーションによって風向・風速を推定する方法 [たとえば11] である．

この方法の場合，風向・風速の時間的な変化を得ることができ，風向別に強風の累積作用時間を評価することもできる．しかし，この方法の精度は，モデルの精度に負うところが大きく，とくに，地上風の推定方法，モデルから推定される風速の評価時間 [12, 13] については十分に確立されていない問題であり，モデルの検証を積み重ねていくことが重要である．

（iii）(i) と (ii) を混合した方法： この方法は，風速の時間変化を台風シミュレーションによって得られた結果からモデル化し，その最大風速の発生頻度を観測記録による年最大風速の非超過確率分布から推定する方法である．この方法は，台風

シミュレーションに残される地上風の推定の困難さを回避するために提案されている方法で，(i)と同様に年最大風速を風向別に扱うと観測記録が不十分な場合が生じるなどの問題もある．

(c) 強風と中弱風の組合せ 疲労損傷評価に用いる風速とその累積作用時間は，前述の中弱風と強風の分布の組合せとなる．中弱風と強風の事象が排反であれば，風速ごとに両者の累積作用時間の和を取ればよい．

(4) 応力（ひずみ）の頻度分布と繰返し回数

(a) カルマン渦による正弦波的振動 カルマン渦による自励的な振動については文献 [14, 15] に応答予測方法が示されており，文献 [16] にそれらの文献に基づいた共振風速ならびに等価静的荷重の算定式が示されている．この振動が共振風速 U_r 回りの風速 γU_r の幅で生じ，対象地点の部材高さでの風速分布がワイブル分布で表せるとき，その繰返し回数 N は以下のように近似できる．

$$N = T \cdot f_0 \cdot \gamma \cdot k \left(\frac{U_r}{C}\right)^k \exp\left\{-\left(\frac{U_r}{C}\right)^k\right\} \quad (5.4.9)$$

ここに，T は供用期間，f_0 は部材の固有振動数，C, k はワイブル係数である．ちなみに，文献 [17] では $\gamma = 0.3$ を採用している．

(b) 不規則振動 不規則振動の場合には，風速ごとに時刻歴応答解析を行い，前述の累積作用時間を考慮することで供用期間中の応力（ひずみ）ごとの繰返し回数を算定することができる．文献 [4] には，時刻歴応答解析から得られるひずみ（応力）の時刻歴からその頻度分布を評価するレインフロー法などの計数法が比較して示されている．

また，応答を予測する方法として，エネルギーつりあいに基づく応答予測手法 [たとえば 18] を用いる方法も提案されている．この疲労損傷評価においては，ひずみの上限が降伏ひずみ前後の値となること，平均ひずみが無視しえないことに注意を要する．

(5) 対 策

疲労損傷評価の結果，場合によっては対策を施す必要が生じることがある．カルマン渦による正弦波的振動の対策としては，曲げ剛性を大きくする，表面にロープを巻きつけたり，突起物をつける，吊材をワイヤーで相互に連結するなどの耐風対策のほか，部材端部の細部構造の適切な設計によって応力集中の起こりにくい構造とすることも重要である．

(6) 問題点と課題

風振動による疲労損傷を評価した事例は少なく，現状では評価法が確立しているとはいいがたい．評価における留意点と今後の課題として以下のような項目があげられる．

① 疲労損傷を引き起こす構造物の風振動，とくに渦励振の発現は風向や気流の特性，構造減衰に大きく影響を受けるが，これを事前に的確に予測することは難しい．したがって，建設中，完成後の監視によって振動発現の有無を確認し，必要な対策が講じられるような配慮が必要である．

② 発生頻度の高い中弱風の特性は十分な精度で評価できるが，疲労損傷に重大な影響を及ぼす台風による風向・風速の評価精度は現状では不十分である．

③ 柱・梁接合部や溶接部および制振デバイスとして用いられる履歴ダンパーの応力状態は，その形状によって異なる．しかし，その影響が考慮できるような大規模な実験事例は少ない．

④ 現状の疲労設計曲線は一定振幅の繰返し実験に基づいて定められたものである．変動振幅を受けた場合にはその疲労寿命が小さくなることが報告されており [19,20]，実際の外乱を想定した疲労寿命の推定法が必要である．

［安井八紀・勝地 弘］

文 献

[1] 日本道路協会，2002，道路橋示方書・同解説
[2] 日本道路協会，1991，道路橋耐風設計便覧
[3] 三木千壽，1989，疲労からみた風，橋梁と基礎，**23**, 8, pp. 17-19
[4] 日本鋼構造協会，1993，鋼構造物の疲労設計指針・同解説
[5] 日本建築学会，1995，動的外乱に対する設計－現状と展望－
[6] 吉田正邦，小林俊夫，福元敏之，羽入田茂，松崎靖，1994，制震用鋼板ダンパーの風応答による疲労損傷率の評価，日本鋼構造協会鋼構造年次論文報告集 1,

[7] 日本道路協会, 2002, 鋼道路橋の疲労設計指針
[8] 安井八紀, 大熊武司, 廣川雅一, 吉江慶祐, 丸川比佐夫, 2001, 高層建築物の疲労損傷評価に与える強風特性のモデル化の影響に関する研究, 日本建築学会大会学術講演梗概集, pp. 185-188
[9] 大熊武司, 中込忠男, 丸川比佐夫, 1988, 強風による鋼構造骨組の累積疲労損傷, 日本建築学会大会学術講演梗概集, pp. 75-78
[10] 松井正宏, 孟 岩, 日比一喜, 日本における複数の成因を考慮した年最大風速分布の特性, 日本風工学会誌, **71**, pp. 25-26
[11] 孟 岩, 松井正宏, 日比一喜, 1993, 台風に伴う強風場を求めるための解析モデルの提案, 日本風工学会誌, **57**
[12] 松井正宏, 孟 岩, 日比一喜, 1998, 実測と台風モデルの平均化時間の違いを考慮した台風シミュレーションによる年最大風速の予測手法, 日本建築学会構造系論文集, **506**, pp. 67-74
[13] 安井八紀, 大熊武司, 吉江慶祐, 片桐純治, 廣川雅一, 2000, モンテカルロ法を用いた台風シミュレーションに関する研究, 第16回風工学シンポジウム, pp. 441-446
[14] 田村幸雄, 1979, 円筒の渦励振に関する研究 その2 渦励振現象のモデル化, 日本建築学会論文報告集, **280**, pp. 67-77
[15] 田村幸雄, 大野昌彦, 1984, 円筒の渦励振に関する研究 その3 連続体の渦励振モデル, 日本建築学会論文報告集, **337**, pp. 65-72
[16] 日本建築学会, 2004, 建築物荷重指針・同解説
[17] BSI, 1997, Eurocode 1 : Basis of design and actions on structures, Part 2.4 Actions on structures-Wind actions
[18] 辻田修, 早部安弘, 大熊武司, 和田章, 1996, 弾塑性構造物の風応答性状ならびにその予測手法に関する研究, 日本建築学会構造系論文集, **481**, **485**, pp. 9-16, pp. 25-34
[19] 中込忠男, 李 建, 原山光一, 岩本剛, 1997, SN490/mm² 級の梁端溶接接合部の疲労特性に関する研究, 鋼構造論文集, **5-2**, pp. 101-104
[20] 相場雅彦, 大熊武司, 小川秀雄, 中込忠男, 上遠野昭夫, 河合良道, 1998, 鋼構造柱梁溶接接合部の累積疲労損傷に関する実験的研究 その9 二段多重振幅載荷実験, 日本建築学会大会学術講演梗概集

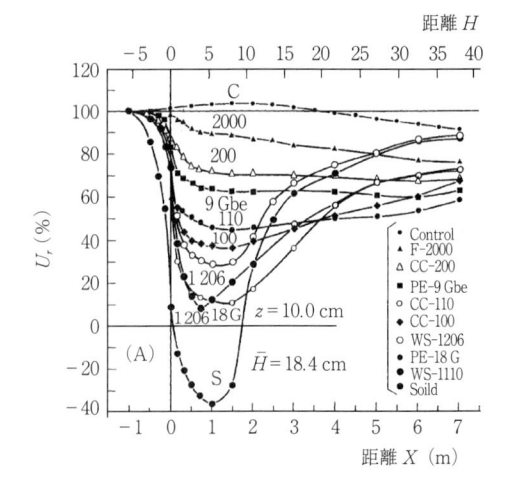

記 号	素 材	充実率 (％)
Control	枠のみ	0.0
F-2000	透明寒冷紗2000番	18.5
CC-200	寒冷紗200番	32.8
PE-9Gbe	ポリエチレンラッセル	40.5
CC-110	寒冷紗110番	50.2
CC-100	寒冷紗100番	55.0
WS-1206	ポリエチレンワイドスクリーン	68.5
PE-18G	ポリエチレンラッセル	73.9
WS-1110	ポリエチレンワイドスクリーン	82.3
Solid	ベニヤ板	100.0

図 5.4.8 種々の防風ネットによる風速低減率 [1]

5.4.4 遮風対策, 飛散物対策
(1) 遮風の方法と効果

構造物を強風から守るためには, 構造物の耐風強度を上げるのが一つの方法であるが, 構造物にあたる風を弱めて風力を小さくすること（遮風）も効果的である. 流れに対して障害となるものを置いて, 風の流れの向きを変えるとともに, 風のもつエネルギーを奪って背後の風を弱めるのである. この目的で古くから用いられてきたのが防風林である. 代表的な例として出雲地方に見られる築地松がある. これは, 冬季に吹き付ける冷たい風を遮って住環境を改善するとともに日本海側を通過する台風時に強い西風から家屋などを守るためである. 景観や自然環境との調和という観点からもすぐれた方法であり, まさに先人の知恵である. 市街地では, 防風林に替わり防風ネットや防風フェンスがしばしば用いられる. これらの遮風効果は, 図 5.4.8 [1] に示すように, 防風ネットなどの素材や充実率によって変化する. 一般的な傾向としては, 充実率の大きなものではネットやフェンス付近の風速低下は大きいが, 風速の回復が早い. 一方, 充実率の小さなものでは風速低減効果は風下まで及ぶ.

(2) 網状構造物の耐風設計

防風ネットや防風フェンスで遮風を図る場合, それら網状構造物に作用する抗力を正しく見積も

る必要がある．網状構造物の抗力係数 C_D は素材の形状や充実率 ϕ によって変化するから，適切な風洞実験によって定める必要がある．しかし，ϕ が 0.6 程度より小さい場合，素材の各部にはたらく抗力は主としてそこを過ぎる局所的な流れによって決まると考えられるので，素材の抗力係数とその位置での速度圧を用いて局所的な抗力を計算し，構造物全体について和をとることで全体の抗力を計算することも可能である．従来，建築用の網状構造物としては，$\phi<0.6$ であるものが多用されてきたが，最近では ϕ が 0.8 を超えるようなものも外部架設足場の養生用として使われている．そのような場合には，抗力係数は平板の値に近いものとなる [2]．

(3) 強風時の飛散物とそのインパクト

台風など強風による建物被害の多くは屋根葺材のはく離・飛散から始まる（図 5.4.9）．飛散した屋根葺材は周囲の建物に衝突し，その建物を損傷し，あるいは破壊して新たな飛散物を生む．このような飛散物による窓ガラスや外装材の破壊は，風雨の進入による内容物の損傷，室内圧変化がもたらす建物の二次的破壊，さらには人的被害をも引き起こすため，耐風設計上重要である．図 5.4.10 [3] は屋根葺材の飛散の例を示したもので，かなり遠方まで飛散するものもあることがわかる．板状のものは高速回転状態で飛行するが，回転の状態によってはマグヌス揚力によって高くかつ遠くまで飛んでいく [4]．

(4) 飛散物に対する対策

飛散物対策には，飛散物を減少させるための処

図 5.4.9 屋根葺材の破損

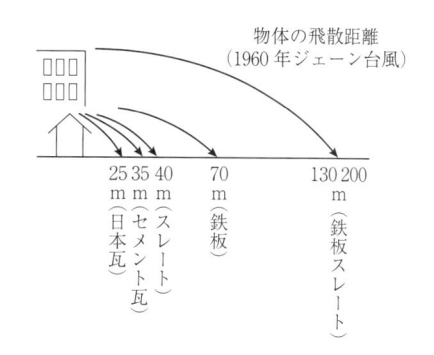

図 5.4.10 屋根葺材の飛散の例 [3]

置と，構造物の耐衝撃力設計の二つがある．前者については，屋根材を下地材にきちんと緊結すること，また，屋上の断熱材の飛散防止に玉砂利やコンクリートブロックが置かれることが多いが，それらが強風中にパラペットを飛び越えて飛散しないようにすることが重要である．1983 年アメリカのヒューストンを襲ったハリケーンで，超高層ビルのガラスが大量に破壊した例があるが，破壊の原因の大半が建物屋上に敷いてあった砂利の飛散によるとされている [5]．その後，Minor [5] は建物を以下に示す三つのゾーンに分け，それぞれに対して設計クライテリアを提案している．

① 3 階までの部分：周辺建物の間を抜けてくる風によって生じる風圧ならびに周辺の道路や屋根などからの飛散物による衝撃力を考慮して設計

② 3 階から隣接建物の高さまでの部分：周辺建物の間を抜けてくる風および後流の影響により生ずる風圧ならびに隣接建物屋上からの飛散物による衝撃力を考慮して設計

③ 隣接建物より高い部分：最新の風荷重基準により算定された風圧に基づき設計

窓ガラスを飛散物の衝撃から保護することは，被害の拡大防止という意味で重要である．従来，格子，雨戸，シャッターなどがこの目的で用いられてきた．しかし，デザイン上の理由などで，これらを設けることがむずかしい場合には，強化ガラスを用いる必要がある．この強化ガラスは普通のフロート板ガラスに比べて数倍の静的破壊強度，耐衝撃強度をもっており，災害時の避難場所としてよく使われる学校の体育館などには有効であろう．

[植松　康]

文献

[1] 真木太一, 1982, 防風網に関する研究(4) 風洞実験による種々の防風網付近の風速分布特性, 農業気象, **38**(3), pp. 261-268

[2] 上田宏, 丸田栄蔵, 本郷剛, 1999, 網状構造物の抗力係数に関する研究—2次元網状板の抗力係数—, 日本建築学会構造系論文集, **524**, pp. 51-56

[3] 藤本盛久, 羽倉弘人, 1981, 現代建築防災工学, オーム社

[4] 立川正夫, 福山雅弘, 1982, 台風時の飛散物の軌跡と速度に関する研究 その2 一様流中での平板の2次元飛散運動, 日本建築学会論文報告集, **314**, pp. 17-25

[5] Minor, E., 1984, How to prepare glass buildings for hurricanes, *Glass Digest*, 15

5.5 風応答の抑制

5.5.1 建築物

(1) 風応答と振動制御設計

建築物の風応答に対する振動制御（制振）の目的には，居住性の向上，建物機能性の向上，安全性の向上，経済性の向上がある．現在日本において構造安全性は耐風設計によって確保されているため，風対応の制振構造が採用される理由の多くは居住性能の向上にある．居住性能に関する法令上の規定はなく，設計者はみずから設計クライテリアを設定することになる．1991年に日本建築学会によって振動に関する居住性能評価指針［1］が制定されて以降は，この指針に対照させて再現期間1年の風に対する居住性が評価される［2］．設計者はこの風に対する建物の応答加速度の期待値を求め，その値が人体感覚上の恕限度から求めた目標性能を上回る場合には，各種の制振手法（空力的方法，構造計画的方法，制振機構による方法）によって風応答の低減を図る．このうち制振機構による方法では，4.5.2項に記載された各種のデバイスが開発されており，当該建物に最も適した手法を選択することになる．

制振デバイスは頂部設置型と各階設置型に大別される．頂部設置型の多くは付加質量型制振機構を建物頂部の1〜2カ所に設置するが，制振装置の稼働によって建物にねじれ振動などが励起しないよう平面計画上の配慮が必要である．パッシブ系のTMDやTLDおよびアクティブ系のHMDでは，建物と装置の同調，および装置の減衰機構の調整を十分行い，最大限の制振効果を発揮させることが大切である．また装置摩擦の低減，建物周期の変化時の装置の再同調なども重要である．HMDやAMDなどのアクティブ系制振機構では，センサーや計測器，計算機，無停電電源などを用いるので，こうした機器の信頼性・耐久性に配慮するとともに，長期使用に対応した機器の更新性に関する考慮も含めたシステム設計が求められる．また大地震時に装置が壊れたり，建物を傷つけたりしないようストッパーを設けるなどの安全対策も必要である．

粘性体，粘弾性体，オイルダンパーなどのエネルギー吸収部材を建物各階に設置する場合には，制振部材の平面的な偏在によって強風時や地震時に建物のねじれ応答が励起しないよう，高さ方向の偏在によって特定階に変形が集中しないよう，構造計画上考慮する必要がある．このような制振デバイスは建物の変形を部材の変形や速度に変換してエネルギーを吸収するから，エネルギー吸収部材が効率的に作動するよう，かつ地震時にエネルギー吸収部材に応力が集中して取付部材や周辺骨組が損傷することのないよう，設計上の配慮が必要である．エネルギー吸収部材の制振効果（付加減衰効果）には温度や周期，振幅に対する素材の依存性があり，あらかじめこうした特性を十分に把握した上で制振デバイスを設計する必要がある．

(2) 振動制御の実例

日本において風揺れ対策としての制振機構は，1980年代半ばから事例がみられ，今日では地震対応用のものも含めると実施例は600を超える［3〜5］．対象建物としてはペンシルビルや扁平平面などアスペクト比の高い建物，平面形状が複雑で揺れやすい建物が多い．用途別では事務所，ホテル，集合住宅のほか観光タワーや空港管制塔などに採用例が多い．制振機構として付加質量型ではパッシブ系のTMD, TLDが，アクティブ系ではHMD, AMDがこの順に多く採用されている．再現期間1年期待値の風応答に対する加速度低減率

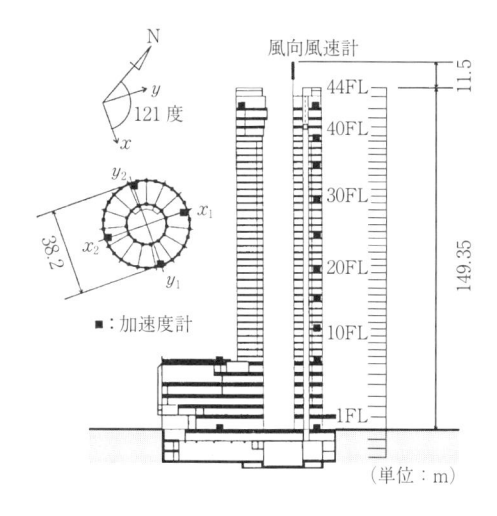

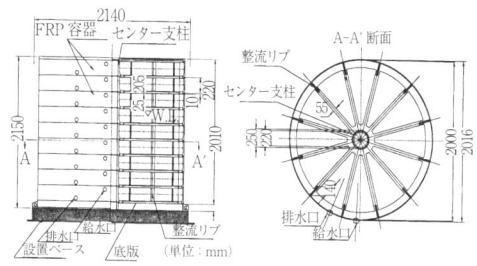

図 5.5.1 TLD による制振 [6]

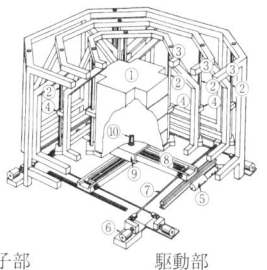

図 5.5.2 HMD による塔状超高層建物の制振 [8]

は通常 40～60％，アクティブ系では 20～40％の低減率のものも多い [3]．エネルギー吸収部材ではオイルダンパーやシリコン系の高粘性流体制振壁，アクリル系や高減衰ゴム系粘弾性体などが用いられている．

TLD（tuned liquid damper）による超高層ホテルの制振事例を図 5.5.1 に示した．この建物は高さ 149.35 m のダブルチューブ構造の超高層ホテルである．設計時に頂部風速 25 m/s（再現期待値 1 年）の風に対して ISO の最低知覚域 [7] を超える加速度応答が予測されたために制振装置の設置が検討され，ドーナツ状の頂部形状という特殊な設置条件と方向性のない振動特性が予測されたことから，円形断面を有する TLD が設置されることとなった．TLD は 1 ユニットが 9 段の浅水槽で構成され，建物の屋上外壁に沿って等間隔に 30 ユニット設置されている．各水槽はスロッシング周期が建物の 1 次固有周期に同調するように水深が調整され，水の旋回運動によってスロッシング効果が失われないよう成型リブに沿って抵抗板が配されている．1 年再現期待値を上回る平均風速時（26 m/s）の建物応答を装置の有無で比較したところ，設計どおりの良好な制振効果が認められている [6]．

多段振り子式 HMD による超高層建物の制振事例を図 5.5.2 に示す [8]．建物は地上高さ 296 m，70 階＋塔屋 3 階の複合ビルで，再現期待値 5 年の風に対して応答加速度を 60％に低減すべく建物頂部の対角 2 カ所にアクティブ型の HMD（hybrid mass damper）が設置されている．HMD の周期を建物に同調させる機構として，2 方向に可動な多段振り子の採用により，設置スペースのコンパクト化が図られている．風観測の結果，HMD の作動によって建物の並進 1 次モードの減衰定数が 5 倍となり，十分な制振効果のあることが報告されている [9]．

複数の制振機構による制振事例を図 5.5.3 に示す [10]．この建物の高層棟上層部分はホテルとして用いられるため，再現期間 1 年の風に対する居住性が指針の H2 ライン [1] を下回ることを

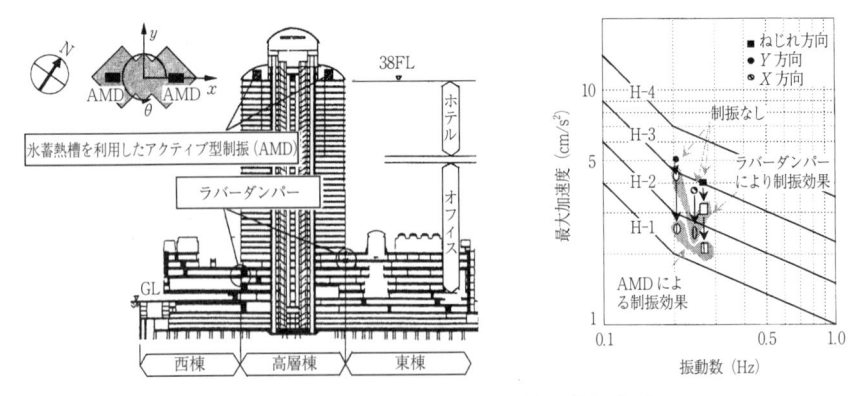

図 5.5.3 複数の制振機構による高層建物の制振 [10]

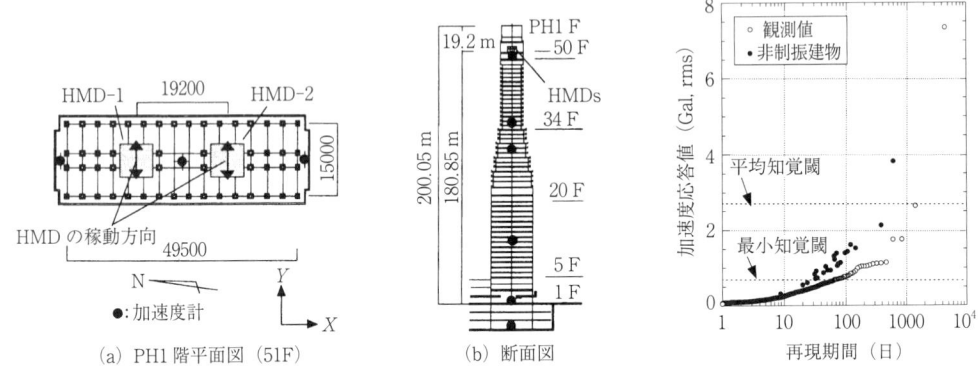

図 5.5.4 HMD による扁平な超高層建物の制振 [11]

目的として制振機構の設置が検討された．数値解析の結果，超塑性ゴムダンパーを高層棟と低層棟との棟間6階部に設置して水平方向の減衰性能を高めた上で，より大きな制振性能の要求される短辺およびねじれ方向に対してはアクティブ型のAMDを高層棟両端部に設置し，居住性能の改善を図っている．AMDは摩擦の少ないロッドによる吊り方式を採用し，可動マスとして空調設備の氷蓄熱槽を用いることで設置スペースおよび荷重の増加を抑えている．建物竣工時に実施したAMDを用いた強制振動試験からAMDおよび超塑性ゴムダンパーの付加減衰効果を定量的に把握し，居住性能評価曲線上にプロットして目標どおりの制振効果を有することが確かめられている．

図5.5.4には扁平な平面形状を有する超高層建物をHMDによって制振した事例を示す[11]．この建物は地上部50階建てのスレンダーな鉄骨造で，風応答に関しては再現期待値5年の風に対してISO[7]の人体感覚曲線上の下限値に建物応答を抑える目的で，建物最上階の2カ所にHMDが設置されている．7年間の風観測データを回帰分析して求めた建物応答の再現期待値から，制振装置の稼働によって知覚閾に達する建物応答の再現期間が2～3倍に伸び，1400日（約4年）の再現期待値においても建物応答は人体感覚曲線上の平均知覚閾以下に抑えられていることがわかる．

[柴　慶治]

文　献

[1] 日本建築学会, 1991, 建築物の振動に関する居住性能評価指針・同解説
[2] 田村幸雄, 2000, 風入力と制振構造, 東京工業大学建築物理研究センター, パッシブ制振シンポジウム 2000
[3] 北村春幸, 北村佳久, 伊藤優, 坂本光雄, 2003, 適用建物調査に基づく日本の応答制御構造の分析・評価, 日本建築学会技術報告集, 18
[4] 日本建築構造技術者協会, 2000, 応答制御構造設計法, 彰国社
[5] 日本建築学会, 2002, シンポジウム建築構造物のアクティブ振動制御のこれまでの歩みと将来

[6] 若原敏裕, 大築民夫, 1993, Tuned Liquid Damper による超高層建物の振動制御, 清水建設研究所報, 58

[7] Guidance for the evaluation of the response of occupants of fixed structures, especially buildings and off-shore structures, to low-frequency horizontal motion, INTERNATIONAL STANDARD ISO, 6897-1984（E）

[8] 永田敬雄, 松本竹二, 阿比留久徳, 山田周平, 山崎真司, 沢田昇次, 1990, みなとみらい21ランドマークタワーの制振装置（その1. 装置の所用性能とその機構）, 日本建築学会大会学術講演梗概集, B-1, pp. 885-886

[9] 塚谷秀範, 大熊武司, 山崎真司, 浅見豊, 中村修, 1998, 横浜ランドマークタワーの風・地震観測　その12 建物の応答特性, 日本建築学会大会学術講演梗概集, B-1, pp. 255-256

[10] 片山丈士, 田中利幸, 山本雅史, 相沢覚, 2000, アクティブマスダンパーとラバーダンパーを併用した40階建て超高層ビルの制振効果, 第2回日本制震(振)シンポジウム論文集, 日本学術振興会, pp. 519-524

[11] 柴慶治, 齋藤知生, 田村和夫, 浮田高志, 2000, 長期観測データに基づく超高層建物用制振装置の居住性能改善効果, 第2回日本制震(振)シンポジウム論文集, 日本学術振興会, pp. 525-530

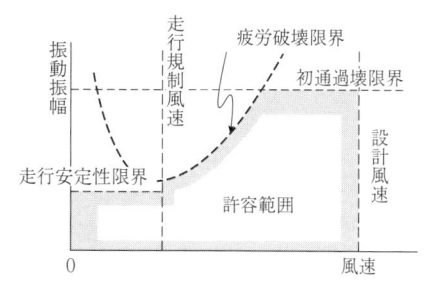

図5.5.5 風速と許容振幅の関係

5.5.2 橋　梁
(1) 振動制御設計の考え方と留意点

橋梁の風応答に対する振動制御（制振）の目的には，① 使用性能（走行安定性）の確保と，② 構造安全性（耐荷力）の確保がある．使用性能については，通常車両が走行する風速（およそ25 m/s 程度以下）で，走行安定性を確保すればよく，また構造安全性について，対象とする橋梁の設計風速以下で，構造物の耐荷力を確保する．さらに構造安全性は，風速ごとに風が吹く頻度を考慮し，疲労破壊限界と初通過破壊限界を考える必要がある．具体的には図5.5.5に示すように風速ごとに許容振幅が定められて，これ以下で風による振動が収まるように制振対策を施すことになる．なお，フラッターやギャロッピングのような破壊的な発散振動は，たとえ振幅が上記の範囲に収まっていても何らかの対策をほどこし，振動が上記の範囲内では起こらないようにするのが一般的で，渦励振振動などのように振幅が限定される振動についてのみ，上記の範囲内での振幅の振動を許す方法が採られることが多い．

次に振動制御（制振）の考え方としては，大きく分けて，① 構造的な方法と，② 流体的な方法がある．さらに構造的な方法は，ⓐ 重量を増やして揺れにくくする，ⓑ 剛性を増やし（固くし）たり，一部を固定したりして，振動周期を短く，風による振動の発生する風速を設計風速以上にする，ⓒ 減衰器を取り付け揺れにくくするなどの方法がある．一方，流体的には，ⓐ 橋の断面形状を変えたり，付加物をつけたり，表面の性状を変えることにより振動空気力が発生しないようにする，また ⓑ 断面を軸方向に3次元的に変化させる（捻ったり，断続的に付加物をつけるなど）ことにより，それぞれの断面には励振力が発生しても，互いの断面間で励振力の位相や周期を変えることにより，構造物全体として励振力が作用しないまたは弱くなるようにする方法がある．

上記構造的対策のうち，重量を増やす方法は不経済なうえ，結果として構造物の振動周期を下げることになり耐風性を損なうおそれがあること，また剛性を増やす方法は結果として重量が増え期待するほど振動周期が上がらず耐風性の改善効果が小さいことのため，制振対策としては特殊なケースを除き採用されることは少ない．一方，構造的対策のうち減衰を増やす方法と流体的に振動空気力を低減または消滅させる方法は，比較的軽微な付加物を取り付けることにより大きな制振効果が得られるため，一般的に採用されることが多い．さらに最近では上記の空力的な対策としての付加物や断面形状の改善を構造物のデザインとして取り込むなどの工夫がなされている．

(2) 構造的対策の具体例

(a) 構造物の振動数を高め，空力振動の発生する風速を設計風速以上に高める

(ⅰ) 剛性を増し振動数を高める： 剛性とともに重量も増えるので，振動数は大幅には高まらない．わずかに共振風速を上げればすむときのみ効果的（図5.5.6）．

(ⅱ) 構造の一部を拘束し振動数を高める： 共振風速は上がっても，モードが変わることにより，空気力がかえって大きくなることもあるので，注意が必要（図5.5.7）．

(b) 構造物の重量を増やし，揺れにくくする

(ⅰ) コンクリートを充填して，重量を増やす： 重量を増やすと，振幅は小さくなるが，振動数が下がり，結果として共振風速も下がり日常の弱い風で頻繁に，振動が発生することにもなり注意が必要（図5.5.8）．

(ⅱ) 振動モードを変えることにより，振動する部分の重量を増やす： 対象とする桁部以外の応力にも注意が必要（図5.5.9）．

(c) 構造物の減衰を増大させ，揺れにくくする

(ⅰ) TMD（動吸振器）を取り付け，構造物全体の減衰を増やす： TMDのおもりには，構造物の数％の重量が必要であり，大型構造物の場合には，数多く必要になる（図5.5.10）．

(ⅱ) ロープ，スライディング，油圧ダンパーを取り付ける： ワイヤーは取り付け金具の緩み，スライディングブロックは，すべり面の摩擦など，油圧ダンパーに比べて定量的な制振効果の維持管理がむずかしい（図5.5.11）．

(3) 空力的対策の具体例

(a) 制振対策用の付加物を取り付ける（設計完了後の対応）[1, 2]　従来は，橋の設計が完了して，製作または架橋中に耐風性が問題となり制振対策を講ずることが多かった．この場合には本体の設計は変更せずに，新たに以下に示すような付加物を取り付けることにより，制振する方法が一般的であった（図5.5.12～5.5.14）．

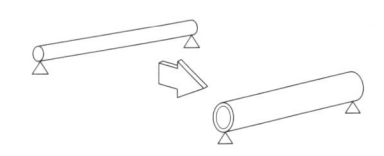

図 5.5.6　剛性増加

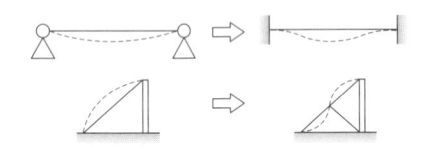

図 5.5.7　一部拘束

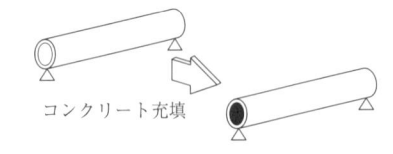

図 5.5.8　重量増加

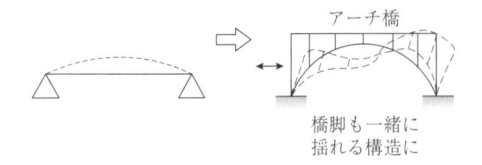

図 5.5.9　振動モード変更

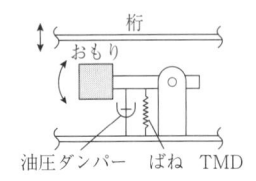

図 5.5.10　TMD

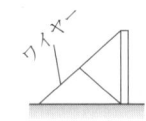

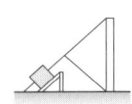

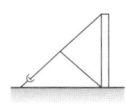

図 5.5.11　ロープ，スライディングブロック，油圧ダンパー

図 5.5.12　永歳橋（フラップ，ダブルフラップ）

図 5.5.13 ロングクリーク橋（フェアリング）

図 5.5.14 泊大橋（プレート）

図 5.5.15 生口橋（検査者レール）

図 5.5.16 撫養橋（検査路）

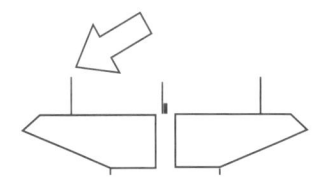

図 5.5.17 超長大橋（案）（遮風壁，落下防護柵）

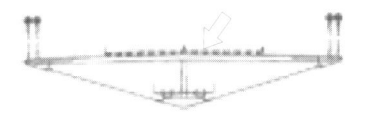

図 5.5.18 メッシナ橋（案）（吹き抜け（オールグレーチング））

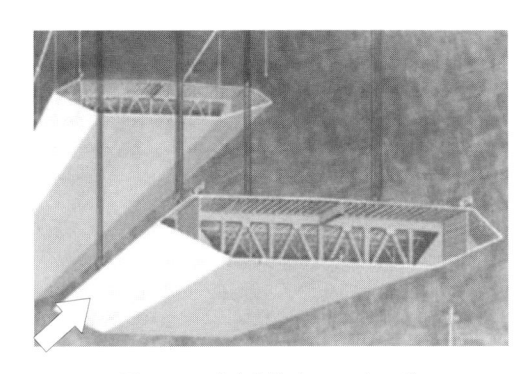

図 5.5.19 来島大橋（フェアリング）

図 5.5.20 明石海峡大橋（隅切り）

(b) 添加物を制振対策として使う（設計時の対応）[3, 4]　設計時では，制振対策のためだけに，新たに付加物をつけることは，経済的でないことから，もともと付けることになっている検査者レールや検査路，遮風壁を制振対策として共用するように工夫することが可能である（図 5.5.15～5.5.17）．

(c) 橋のデザインに制振対策を織り込む（設計計画時からの対応）[5～7]　近年では，ほとんどの橋梁が，設計計画時から基本設計断面の決定

図 5.5.21 菅原城北大橋（スリット）

において耐風性が考慮され，形状を工夫するようになった．さらに，最近では一歩進んで制振対策形状をデザインとして取り入れ，見たところでは耐風対策を施していないように配慮した橋梁もある（図 5.5.18〜5.5.21）．　　　　　　［斎藤 通］

文　献

[1] 三菱重工業（株），1985. 6，三菱の橋梁，p. 13
[2] Some Approaches for Improving the Aerodynamic Stability of Bridge Roaddecks, Proceeding of Wind Effects on Buildings and Structures, p. 935, 1971
[3] 超長大橋を想定した開口一箱桁断面のフラッター特性，土木学会第 55 回年次学術講演会，I-B59, 2000. 9
[4] 橋梁形態研究委員会グループ，1998. 4，橋梁とかたち，p. 121
[5] 吊形式橋梁—計画と設計—，設計図書，p. 221, 1990. 4
[6] 本州四国連絡橋公団第三建設局　今治工事事務所，1997，本州四国連絡橋　西瀬戸自動車道（瀬戸内しまなみ海道）来島大橋大橋補剛桁工事
[7] シビルネット HP(http://www.civilnet.or.jp/culture/bridge/osaka/html/sugahara.htm)

5.5.3　送電線

送電線の風による振動は，その発生要因によって分類すると，風の乱れによるガスト応答以外に，①送電線の後流に発生するカルマン渦による微風振動（渦励振），②風上側送電線の後流によるスペーサー間のサブスパン振動，③着氷雪時に生じるギャロッピング振動があげられる．このような振動は，送電線，スペーサー，がいし装置，腕金などに損傷を与え，とくにギャロッピングについては大振幅の振動を伴うため，短絡による電気事故を誘発する場合が多い．送電線の振動抑制に関しては，電気事業者が個々に自己責任において防止対策を行うことを基本としており，遵守すべき規準はとくに定められていない．ただし，民間の自主規程である架空送電規程（JEAC6001-2000）[1] では，推奨事項として「微風振動，着氷雪による振動，サブスパン振動などの電線の振動により，電線が損傷することのないよう配慮することが望ましい」とされている．本項では，各種振動現象の概要とそれら対策事例を紹介する．

(1) 風応答と振動抑制設計

電線背後に生じるカルマン渦による微風振動は，0.5〜10 m/s 程度の比較的弱い風速で生じる．これにより電線の上下方向の曲げ疲労により素線切れなどの損傷にいたることがある．電線のより層数が少ない場合，電線張力が高い場合にとくに問題となる [1]．

サブスパン振動は，多導体特有の振動現象であり，スペーサーで区切られたサブスパンにおいて発生する自励振動である．発生原理として，風上側素導体の後流により風下側素導体が不安定となって運動し，その運動により風上側素導体も同様に不安定となって，各素導体が同位相あるいは逆位相で振動する現象と理解されている [1]．

ギャロッピングは，着氷雪による電線断面の非円形化によって引き起こされる大振幅かつ低周波数の自励振動である．気象条件，地形条件，架線条件など複数の要因が重なりあって発生し，単導体よりも複導体において発生しやすく持続時間も長いことが特徴である．この振動は，張力変動が大きく，スペーサーの損傷原因になるほか，がいし装置および腕金の疲労強度に影響を与えるおそれがある [1, 2]．

いずれの場合も，振動による変動張力変動に対して損傷を生じさせないとする設計ではなく，ダンパーやスペーサーなどの付加機材により，このような振動を極力抑える，いわゆる振動抑制設計がとられることが一般的である．また，振動が発生しても電気的事故に直接つながらないような装置上の工夫がなされている．

(a) 中型ダンパー　　　　(b) 分布型ダンパー

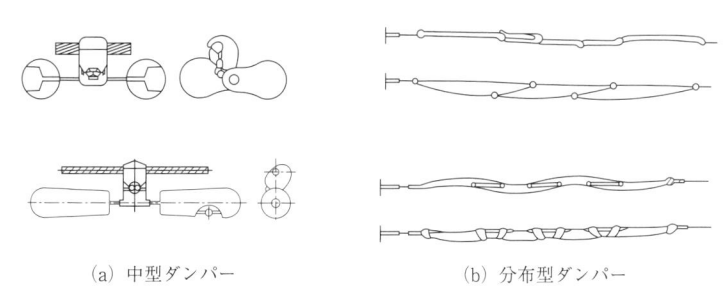

図 5.5.22 防振用ダンパー [1]

(2) 振動抑制の実例

以下に，(1) に示したおのおのの振動について，対策事例のいくつかを紹介する．

微風振動対策の事例として，① 防振用ダンパー（集中型ダンパー，分散型ダンパー）（図 5.5.22）の設置により，電線の上下運動をダンパーの防止線と重錘でねじり運動に変えて，電線素線間の摩擦によって振動エネルギーを吸収させる方法や，② アーマロッド（電線支持点の電線の上に，同種の線でよりの方向に巻き付け支持点を補強したもの）の設置により，剛性を大きくし曲げ応力を緩和させる方法，などがあげられる．なお，微風振動による電線の損傷は，最小引張強度に対する無風時張力の比と密接な関係があるとされており，この比の上限値が文献 [1] に示されている．

サブスパン振動については，① スペーサー間隔を小さくすることにより振動レベルの低減を図る，② 素導体間隔を広げることにより後流域の影響を少なくし，振動レベルの低減を図る，などがあげられる．

ギャロッピング対策の実施事例として，① ギャロッピング抑制装置の取付けによる電線の上下振動周期と捻回周期の同調の回避，② 相間スペーサーの取付けによる電線間の接触防止，③ 線間クリアランスの増加，④ がいし装置の強度強化によるがいし装置断連防止，などがあげられる．

［石川智巳］

文　献

[1] 日本電気協会，2001，架空送電規程 JEAC6001-2000，オーム社
[2] 架空送電線のギャロッピング現像・解析技術調査専門委員会，2001，架空送電線のギャロッピング現像解析技術，電気学会技術報告，844

6 強風災害

6.1 強風災害概論

6.1.1 強風災害の種類と位置付け

日本には表6.1.1に示すように多様な自然災害が発生する．自然災害のうち異常な気象現象が原因となって生ずる災害を気象災害と称し，強風災害はこれに含まれる．この範疇には入らないものの，ビル風など人工的な風環境変化による被害も広義の強風災害に含むことがある．

台風が強風災害をもたらすことはいうまでもないが，温帯性低気圧や前線に伴う強風や突風による災害が少なくないことは必ずしも社会に浸透していない．台風は発生から進路予測まで情報が広く流布され行政から一般の人々まで注意が喚起されるが，温帯性低気圧や前線の挙動に対しては相対的に注目度が低い．温帯性低気圧はとくに春期には急に発達しやすく，天気の急変による遭難や海難が多発する．突風発生についても予測がむずかしい．

強風災害をもたらす風の作用には，風の力が建物や施設に損傷を与える直接的な作用のほかに，種々の間接的な作用がある[1]．高潮は台風による気圧低下で海面が水位上昇をした上，強風が起こす高波がもたらす災害である．火事はフェーン現象による乾燥した高温の風によって被害が拡大する．交通に対する災害にも，航空機の墜落や列車の転倒のような風の直接的な作用による被害のほか，道路や列車の運行規制によって私たちの社会生活が被る間接的な被害がある．塩害は風が運ぶ塩分が送電系統や農作物に被害をもたらす．本章では，直接的な作用および間接的な作用による強風災害の主要なものについて，節を設けて説明している．船舶の事故は本章では扱っていないが，台風で転覆し1155人が犠牲になった1954年の洞爺丸事故以降，20世紀後半の重大な客船海難事故17件のうち荒天による転覆が6件ある[2]．犠牲者総数約8000人のほぼ半数が荒天転覆によるもので，火災や衝突と並ぶ災害要因になっている．

6.1.2 強風災害をもたらす気象現象と被害の動向

図6.1.1は熱帯性低気圧と竜巻が発生する地域分布を示したものである．熱帯性低気圧は赤道の北あるいは南の平均的な海水温が高い地帯で発生する．寒流が流れているアフリカ西岸および南アメリカの太平洋岸では発生しない．熱帯性低気圧は海水温が約27℃に達すると発生し，発達すると台風（東アジアおよび東南アジア），ハリケーン（北アメリカおよびカリブ海），サイクロン（インド洋），ウィリィウィリィ（オーストラリア）となって大きな風水害をもたらす．その大きさは直径1000 km，高さ1500 mにもなり，貿易風や偏西風にのって数千km を移動することがある．図6.1.2はハリケーンによる被害の経年変化を示したものである．死者1000人を超える被害が近年もたびたび生じているが，ほとんどがカリブ海

表6.1.1 日本の自然災害

自然災害	地震，津波，火山災害など	
	気象災害	大雨，大雪，洪水，土砂災害，冷害，渇水，干ばつ，ひょう，落雷など
		強風災害	台風，竜巻，季節風（局地風），低気圧，前線，突風，風による大火・高潮など

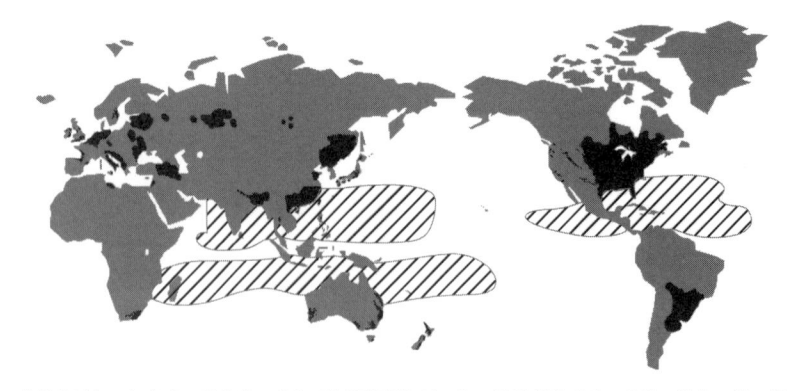

図 6.1.1 熱帯性低気圧と竜巻の発生地の分布（熱帯性低気圧：海の斜線部分 [3]，竜巻：陸上の黒い領域 [4,5]）

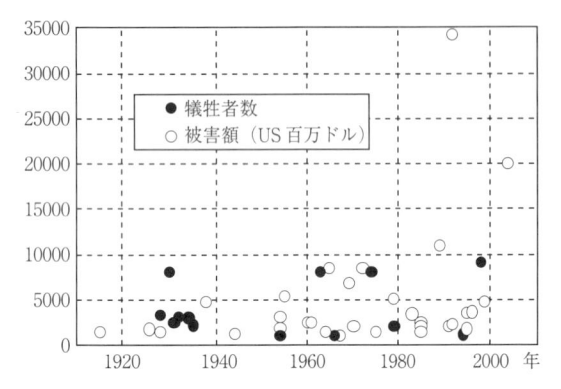

図 6.1.2 ハリケーンによる犠牲者と被害額 [6]

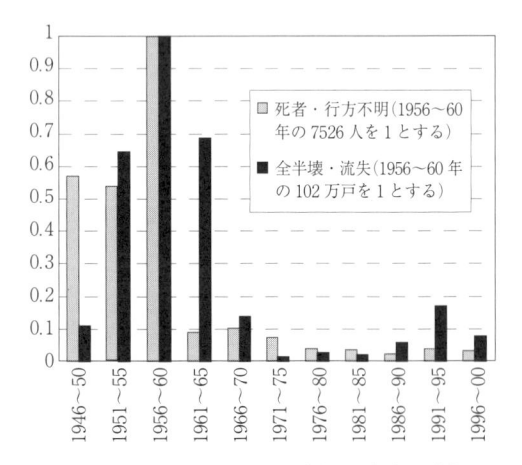

図 6.1.3 台風による日本の被害の経年変化 [7]

竜巻（北アメリカではトルネード）は洋上を含む世界各地で発生するが，最も頻発する地域は北アメリカである．とくにテキサス州からネブラスカ州にまたがる北アメリカ中央部では，直径 80 km の円内あたり年間 5 個以上発生する．最も多いオクラホマ州では年間 9 個を越える [8]．発生時期は春から初夏にかけての午後が最も多い．トルネードの発生数は目撃されていないものを含まないので完全ではないが，図 6.1.4 に示すようにアメリカでは明らかに増加している．犠牲者数は減少しているが，社会や資産に与える損失が増大していることが伺える．アメリカ以外で近年犠牲者数が多い例として，旧ソ連で 400 人（1984 年），バングラデシュで 500 人以上（1996 年）という例がある [9]．日本では，関東から九州にかけての太平洋沿岸域あるいは北陸沿岸部を中心に年間 20 個程度の竜巻が発生する．

そのほか特定の気象条件のときに必ず強風が吹く局地風が世界各地で吹き，しばしば強風災害をもたらしている．有名なものとしてヨーロッパの

諸島における被害であり，洪水や高潮の犠牲者も多数含まれている．一方，10 億米ドルを越える被害をもたらしたハリケーンの数はさらに多く，フロリダ州をはじめアメリカ本土に被害をもたらしている．図 6.1.3 は台風による人的被害，家屋被害の経年変化を示している．上陸する台風の個数は高々年間 5，6 個であまり変わらないが，台風による被害は近年やや増えているようにみえる．

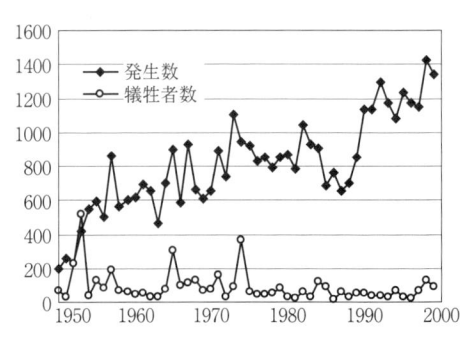

図 6.1.4 アメリカのトルネード発生数と犠牲者数 [6]

ボラ（クロアチア，スロベニア），フェーン（スイス），ミストラル（フランス），シベリアのブラン，アメリカのチヌーク，南極のカタバなど枚挙にいとまがない．日本では，三大悪風とよばれる清川だし（山形），広戸風（岡山），やまじ風（愛媛）のほか，「だし」「おろし」などとよばれるさまざまな局地風が吹く[9]．

6.1.3 保険金支払額の傾向

図6.1.5は火事，爆発，飛行機の墜落など，世界全体で人間が引き起こした大きな災害（惨事）と，大きな自然災害の発生件数の経年傾向を示したものである．人的災害と自然災害のどちらも年々増加する傾向にある[10]．地球温暖化に伴って気候変動が大きくなる傾向にあり，今後も自然災害はますます増えることが予想されている[10, 11]．図6.1.6は人的災害および自然災害のそれぞれに支払われた保険金の経年変化である．1990年代以降，自然災害に対して支払われた保険金が，人的災害に対して支払われた金額をはるかに上回っている状況で，自然災害が私たちの社会に非常に大きな負担を強いていることが示されている．図6.1.7は2001年から2003年の3年間に発生した世界の大きな自然災害の発生件数，犠牲者

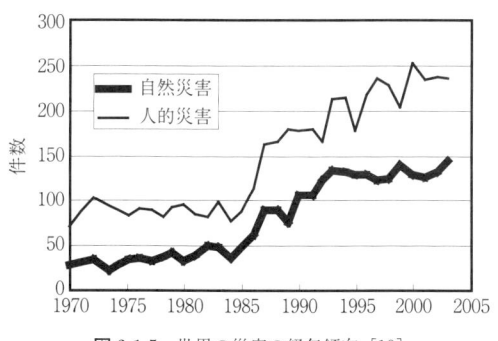

図6.1.5 世界の災害の経年傾向 [10]

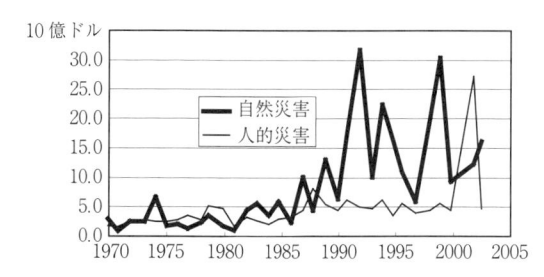

図6.1.6 世界の災害に支払われた保険金の総額 [10]

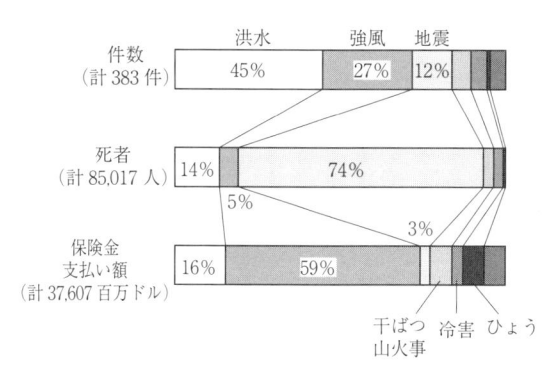

図6.1.7 2001年から2003年にかけて発生した世界の大きな自然災害の内訳 [10]

数および保険金支払額の内訳を示している．強風災害の発生件数は洪水についで2番目に多く，全体の3割近くになるが，犠牲者の数は5%にとどまっている．ところが保険金支払額では，強風災害は全体の6割を占めている．犠牲者数と保険金支払額の関係が，地震と強風災害とでは完全に逆転した傾向を示していることが注目される．地震による犠牲者数には，2003年にイランのBamを襲って石積み家屋の崩壊によって41,000人が亡くなった事例を含んでいる．強風災害が現代社会にきわめて大きな被害と負担をもたらしていることが読み取れる．

6.1.4 激しい気象変動

以上，強風災害の動向を大局的な視点から示したが，眼前で進行しつつある強風災害の実態はさらにダイナミックである．2003年から2004年にかけての1年間を取り上げても世界各地，日本各地で数多くの風に関連した災害に見舞われ，しかも多くの異例の事態が生じている．アメリカでは2003年5月に一時にトルネードが100個も発生し，8月にはこれまでで最も勢力が強いハリケーン・イザベルが東海岸を襲い，2004年8月にはハリケーン・チャーリーがフロリダ州を縦断して1992年のアンドリュー以来の甚大な被害をもたらした．西海岸ではフェーン現象によって大規模な山火事が絶えない．ヨーロッパではイギリス，フランス，ポルトガルなどで強風被害が相次いだ．

日本では2003年は異例に早く5月に台風が上

陸し，2004年には過去最多の10個の上陸があった．2005年から2006年にかけては，竜巻，突風による犠牲者が相次いだ．また，日本では2003年は極端な冷夏，2004年は猛暑であったが，ヨーロッパでは逆に猛暑が翌年は冷夏に転じるなど，気象変動が大きくなっていることが現実のものとなっており，強風災害へのよりいっそうの備えが必要になっている．

[野村卓史]

文　献

[1] 饒村曜，2002，気象災害の予測と対策，オーム社
[2] 大内建二，2002，海難の世界史，成山堂書店
[3] 京都大学防災研究所編，2003.9，風水害論，第1章，山海堂
[4] トルネード，ナショナルジオグラフィック（日本版），2004.4, pp. 44-73
[5] Grazulis, T. P., 2001, The Tornado, University of Oklahoma Press
[6] NOAA, Storm Prediction Center Home Page, http://www.spc.noaa.gov/archive/tornadoes
[7] 気象業務支援センター，2003，2003年版気象年鑑
[8] Bluestein, H. B., 1999, Tornado Alley, Oxford University Press
[9] 荒川正一，2000，局地風のいろいろ，成山堂書店
[10] "sigma: Natural catastrophes and man-made disasters in 2003", Swiss Re, 2004, No. 1
[11] ボブ・リース，2002，モルジブが沈む日，NHK出版

6.2 強風災害をもたらす風の種類

強風災害をもたらすような風の成因をスケールごとに分類する．それぞれのスケールで風の成因を大別すると，力学的に励起される場合と大気擾乱に伴う場合とがある．力学的な成因で生じる風は，たとえば地衡風のように大規模な水平運動や，安定な成層内で重力の復元力により生じる山岳波，構造物により生じるビル風などがあたる．これに対して大気擾乱は台風や積乱雲のように雲（降水）を伴うことが多い．降水を伴う擾乱の場合，鉛直対流による上昇流（浮力），水蒸気の凝結，潜熱の放出というプロセスが擾乱発達に重要な要因となる．大気現象はしばしば大きな現象の中により小さな現象が内在することが多く，強風もいくつかの成因が複合することがある[1]．以下，数十mの小規模（マイクロスケール）から1000km程度の大規模（マクロスケール）の範囲で生じる風を具体的に述べる．

大規模な現象としては，季節風（モンスーン）や温帯低気圧・台風など数百kmから1000kmのスケールで吹く風があげられる．季節風は，たとえば冬季西高東低の気圧配置で吹く北西季節風に代表されるように，気圧傾度力という外力で生じる力学的な風であり，地衡風で近似される．実際には日本海上の北西季節風下では気団変質により積乱雲（雪雲）が形成されるので，大規模な季節風に積乱雲による風が内在することになる．一方，低気圧や台風は総観規模（シノプティックスケール）の大気擾乱であり，鉛直方向の循環（対流）を伴っている．温帯低気圧の中で急速に発達する低気圧を爆弾低気圧とよび，強風を伴うことが多い．また春一番も発達した低気圧に吹き込む南風である．低気圧や台風の気圧降下量すなわち擾乱の発達度と最大風速・風速分布には強い相関がある．台風の風速分布はランキン渦で近似されるように，最大風速半径で風速のピークを迎える．低気圧の場合，擾乱そのものが有する風の場は傾度風を用いて力学的に説明されるが，実際の強風構造は複雑で局地的である．たとえば，寒冷前線では，前線上に形成された積乱雲に伴う強風が存在することが多い．また，台風は中心付近で複合渦の構造が観測されたり，ウィンドシアーが存在したりすることもある．台風中心から離れたレインバンド内でもしばしば竜巻が発生する．このように大規模な大気擾乱は，大きなスケールの擾乱内に小さなスケールの擾乱が内在する，いわゆる多重（マルチスケール）構造を有することが多く，風の構造に関しても複雑で不明な点が残されている．

中規模（メソスケール）とは大体数kmから数百kmのスケールをさすことが多い．降水を伴う擾乱の代表例は積乱雲である．積乱雲の発生・発達には上昇流の形成が重要であり，低気圧や前線など大規模な擾乱により強制的に上昇流が形成される場合，熱的な不安定（上空の寒気や地表面加熱）により浮力が生じる場合，海風前線などメソスケール現象がトリガーとなる場合などがある．

しばしば発達した積乱雲はマルチセル(多重セル)やスーパーセル(単一巨大セル)といった形態を示し,長続きする.竜巻やダウンバーストはこのような組織化された積乱雲に伴うことが多い.積乱雲の集合体である積乱雲群はメソ対流システムとよばれ,しばしば強風の原因になる.わが国におけるメソ対流システムは,梅雨前線上で形成される雲(クラウド)クラスター,寒冷前線や停滞前線上で形成されるテーパリングクラウド(にんじん状雲),冬季日本海上で形成される小低気圧(ポーラーロウ,寒冷低気圧)などが具体的な例であり,システム内で発達した積乱雲が強風の直接的な原因となることが多い.たとえば,2002年10月6日から7日にかけて九州から関東までの各地で発生した竜巻やダウンバーストは,低気圧に伴うテーパリングクラウド内で発達した積乱雲によってもたらされた[2].降水を伴わない強風としては,海陸風,山谷風,湖陸風などの局地循環,だし風,おろし風,フェーン,ハイドローリックジャンプ(はね水現象)などの地形に起因した局地風や山岳波があげられる.海陸風は日射により熱力学的に励起された風であり,地表面の部分加熱により生じた水平対流といえる.だし風や山岳波なども地形という力学効果が成因の風である.局地循環自体はそれほど大きな風速を示すことはないが,たとえば海風前線通過時には風向の変化を伴った強風が観測され,前線面で積雲対流が形成されることもある.局地前線(局地不連続線)はメソスケールの前線であり,前線上の水平ウィンドシアーの強い領域で強風を伴う場合がある.局地前線の具体例としては,冬季関東南部に形成される房総不連続線が知られている.

　小規模(マイクロスケール)現象は数km以下をさし,積乱雲に伴う竜巻やマイクロバーストが強風の代表例である.竜巻(トルネード)は親雲が竜巻低気圧(メソサイクロン)を有するスーパーセル型と積雲系の雲に伴うノンスーパーセル型に大別される.スーパーセルトルネードはわが国でもしばしば観測されており,茂原竜巻(1990年12月11日)など大規模な被害をもたらすことが多い[3].図6.2.1は千歳竜巻(1988年9月22日)

図6.2.1 竜巻に伴うマイソサイクロン(親渦)と漏斗雲[6]

のタッチダウン直前の漏斗雲であり,積乱雲の内部に生じた直径7kmのメソサイクロン内に直径1kmのマイソサイクロンとよばれる親渦(parent vortex)が雲底に形成され,そこから漏斗雲が地表面付近に向けて凝結していく様子がわかる.さらに地表面付近には埃で可視化された渦がタッチダウン前にすでに形成されていたこともわかる.このように竜巻の構造を観測的に捉えることはまれであり,ドップラーレーダーなどのデータがないために竜巻の詳細な構造を議論できないことも多い.ノンスーパーセルトルネードは陸上竜巻(landspout)や海上竜巻(waterspout)とよばれる.いずれも地表面付近の風の水平シアーで形成された渦が積雲の上昇流により引きのばされ形成されるが,水平シアーの形成が陸上竜巻と海上竜巻とでは異なる.土佐湾竜巻(1994年10月4日)は海上竜巻の典型的な事例であり,5本の高気圧性渦(漏斗雲)がシアーライン上で連続して発生した[4,5].一般に,スーパーセルトルネードのほうが強い風を伴うことが多く,ときとして100 m/s近い風速に達することもある.竜巻に伴う漏斗雲の直径は数十mから数百mであり,地上の被害幅は数百mから数kmに及ぶこともある.漏斗雲の形態もスーパーセルトルネードは雲底にかけて直径が増大するのに対してノンスーパーセルトルネードでは相対的に漏斗雲の直径は小さく

高度による変化も少なく直立していることが多い．土佐湾竜巻では漏斗雲の直径は10～50 mであり，推定された風速も17 m/s程度であった．

積乱雲からの強い下降気流はダウンバーストとよばれる．ダウンバーストは地上付近の発散風であり，水平スケールが4 km以上のものをマクロバースト，4 km以下をマイクロバーストとよぶ．また地上で降水を伴うものをウェットマイクロバースト，降水を伴わないものをドライマイクロバーストとよび区別する[7]．わが国におけるマイクロバーストのほとんどはウェットマイクロバーストである．ダウンバーストの先端，すなわち冷気塊の下降流が地上付近で重力流として発散（アウトフローとよぶ）する際，周囲の暖湿気に侵入しメソスケールの前線を形成する．この前線はガストフロント（突風前線）とよばれ，突風，風向の急変，気温の急降下，気圧の急上昇を伴い，ミニチュアの寒冷前線的な様相を示す．ガストフロント上では新たな積乱雲が発生するとともに，2次的な竜巻（ガストネードとよぶことがある）が発生する場合もある．ガストフロントは通常目にはみえないが，アーチ状に積雲が形成されることがあり可視化される．図6.2.2はガストフロント上に形成されたアーククラウドであり，スカート状に広がった形状と凹凸からガストフロントの微細構造を確認することができる．降雪雲に伴うダウンバーストをスノーバーストとよぶこともある[8]．スノーバーストは発達した降雪雲からのあられ（霰）に伴って発生することが多くダウンバースト同様突風を伴う（図6.2.3）．雲や降水を伴わないマイクロスケールの強風としては，旋風（陣旋風，火災旋風）やビル風などの乱流が存在する．旋風は日射による地表面加熱が原因で発生する地表面付近の鉛直渦であり，しばしば晴天時の校庭でテントが飛ばされるなどの被害が報告される．火災による旋風は，関東大震災直後の火災旋風が有名である．

ここまで水平スケール別にみた強風をもたらす気象現象を述べたが，鉛直方向のスケールに着目すると，高度1 km以上の自由大気中で生じる風と境界層内で形成される風に分けられる．前者は地衡風や傾度風など地上摩擦を考慮しない風であり，後者は海陸風などの局地循環や局地風である．台風や低気圧など大規模な擾乱に伴う地上風速を考慮する際にも境界層内における風速の鉛直分布が重要になる．また竜巻は地表から高度数kmまで連続した鉛直渦であり，その進行速度は親雲に依存するが地表面摩擦の影響を強く受ける．ダウンバーストも冷気塊が重力流として境界層内を進行するので地表面の影響を受ける．このように各大気擾乱に伴う強風の鉛直分布は風工学にとって重要であり，明らかにすべき課題でもある．

[小林文明]

図6.2.2　ガストフロント上に形成されたアーククラウド[9]

図6.2.3　スノーバーストとその前面（ガストフロント）[10]

文　献

[1] Fujita, T. T., 1981, Tornadoes and Downbursts in the Context of Generalized Planetary Scales, J. Atmos. Sci., **38**, pp. 1511-1534

[2] 日本風工学会風災害研究会，2003，平成14年10月6日から7日に発生した広域突風災害に関する調査報告書，p. 70

[3] 気象庁，1993，平成2（1990）年12月11日千葉県内で発生した竜巻等調査報告，気象庁技術報告，p. 200

[4] 小林文明，千葉修，松村哲，1997，1994年10月4

日土佐湾海上で発生した竜巻群の形態と構造, 天気, **44**, pp. 19-34
[5] 小林文明, 2005, Twin Tornadoes, 日本風工学会誌, **103**, カラーページ
[6] 小林文明, 2001, 竜巻渦と親渦, 日本風工学会誌, **86**, カラーページ
[7] Houze, R. A., 1993, Cloud Dynamics, p. 537, Academic Press
[8] Shirooka, R. and Uyeda, H., 1990, Morphological Structure of Snowburst in the Winter Monsoon Surges. *J. Meteor. Soc. Japan*, **68**, pp. 677-686
[9] 小林文明, 2000, 突風前線(ガストフロント)上のアーク雲, 日本風工学会誌, **85**, カラーページ
[10] 小林文明, 2004, スノーバースト, 日本風工学会誌, **99**, カラーページ

6.3 建築物の強風被害

6.3.1 概　要

(1) 強風被害の分類

強風により建築物およびその周辺環境に生じる被害は以下のように分類できる.

(a) ビル風(ビル風害)　周囲の建物より目立って高い建物や大きい建物が建設されると, その周辺で局所的に強い風が吹き, 歩行困難, 周辺建物の屋根瓦の飛散など, さまざまな障害を引き起こすことがある. この現象はビル風あるいはビル風害とよばれ, 経済の高度成長期における高層建築物の建設ラッシュに伴い社会問題化した.

(b) 機能障害　超高層建築物やタワーなど, 比較的剛性の低い構造物が風により長時間にわたって振動し, 居住者に心理的不安感や生理的不快感をもたらすことがある. 揺れの程度は, 一般には構造物に損傷をもたらすほどではないが, 居住性能の確保という観点から重要な問題である.

(c) 風圧・風力による損傷・破壊　強風による過大な風圧・風力によって, 建築物やその要素(屋根瓦, 庇, 窓など)が損傷あるいは破壊して飛散してしまうことがある. 単に強風災害という場合, 一般にはこのことをさす. 部材や緊結部に作用する風力がそれらの耐力を上回ったときに発生する.

(d) 上記cに伴う二次的被害　風圧や風力に直接起因するのではなく, 飛散した屋根葺材や看板などによって被害が生じることがある. 窓ガラスの破損はこのような間接的な要因によることが多く, 急激に上昇した内圧によって屋根全体が吹き飛ぶといった大きな被害に結びつくことも多い(図6.3.1). また, 図6.3.2は強風で吹き飛ばされた屋根トタンが電柱に巻き付き, それに伴う抗力の増加によって電柱が折れて住家の屋根を破損したという, 二次的・三次的被害の例である. 台風時には, 強風だけでなく激しい降雨を伴う場合が多いため, 強風で屋根葺材や外壁が吹き飛ばされると, 建物内部へ雨が吹き込んで, 家財や設備に大きな被害をもたらす結果となる.

(e) 他の気象因子との相乗効果による被害

風のみでは被害が発生しなくても, 他の気象因子との相乗効果によって建築物に被害が発生することがある. たとえば, 積雪寒冷地において二段屋根の下段部分にできた雪の吹き溜まりによって局所的に大きな積雪荷重が生じ, 屋根部材(屋根葺材や繋ぎ梁など)に被害が生じることがある. また, 積乱雲からの降雹がそれに伴う強風に載って窓ガラスに勢いよく衝突し, 窓ガラスを多数破損させるという被害も報告されている [3].

(2) 過去の台風や竜巻による被害

過去最大の被害をもたらしたのは1959年伊勢湾台風であり, 全・半壊・一部破損・流出住家数は約834,000にも達した. ただし, この台風による被害は, 風害よりむしろ高潮による浸水, 流木によるものがほとんどであった. 風台風として大きな被害をもたらしたものは, 1951年ルー

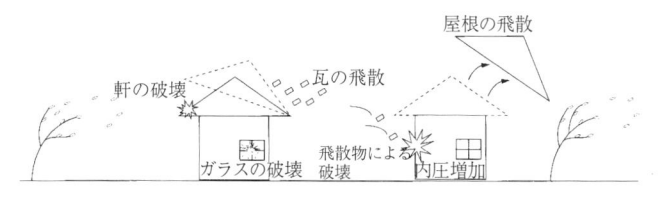

図6.3.1 風による被害の連鎖 [1]

図 6.3.2 折損した電柱による住家被害

ス台風（全・半壊・一部破損・流出住家数：約221,000），1954年洞爺丸台風（同：約207,000），1961年第2室戸台風（同：約499,000），1991年台風19号（同：約170,000），2004年台風18号（同：約54,000）などである．なお，住家被害数は2005年版気象年鑑[4]による．その他，周辺の島々に大きな風災害をもたらした特徴的な台風がある．1966年第2宮古島台風（最大風速60.8 m/s，最大瞬間風速85.3 m/s）に襲われた宮古島では住家の全・半壊率48.7%を記録した．1975年八丈島を襲った台風13号（最大風速35.5 m/s，最大瞬間風速67.8 m/s）による住家の全・半壊率は22.3%（被害率は57.2%）に達した．また，わが国観測史上最低気圧907.3 hPaを記録した1977年沖永良部台風（推定された最大風速約46 m/s，最大瞬間風速約70 m/s）による沖永良部島での全・半壊率は50.0%，被害率は77.4%であった．最近の例としては，宮古島で最大瞬間風速74.1 m/sを記録した2003年台風14号をあげることができる．宮古島では，過去の教訓が活かされ，住家はほとんど鉄筋コンクリートなど耐風性にすぐれた構造であったため住家被害は少なかったが，公共建築物や風力発電施設，ライフライン

の被害が甚大であった．

1990年代以降最も大きな強風災害をもたらした台風は1991年台風19号である．この台風は，いったん九州西部に上陸した後日本海に抜け，強い勢力を維持したまま時速80 km以上という高速で日本海上を北上したため，多くの気象官署で強風記録が更新された（最大風速6カ所，最大瞬間風速29カ所）．この台風による被害に対して支払われた損害保険金総額は約5700億円であり，一災害による一国の損害保険金支払額としては当時世界最大の記録となった[5]．この台風の経路は，前述の洞爺丸台風や2004年台風18号とほぼ同じである．台風がこのような経路を辿った場合，九州や中国地方のほか，東北地方や北海道も暴風域に巻き込むため，全国的な被害を引き起こす．とくに，普段強い台風に見舞われることの少ない北日本で被害が大きくなる．

建築物に被害をもたらす瞬発性の気象現象の第一は竜巻である．台風に比べて発生はかなり局所的であるが，中心部の最大瞬間風速は50～100 m/s，ときには100 m/sを超え，破壊的な被害をもたらす．竜巻の強さや規模は建築物などの被害状況から推定されるが，アメリカにおけるトルネードの強さを表すフジタスケール（表6.3.1）が参考になる．これは，長年にわたるアメリカでのトルネードの被害分析より得られたものである．F3に相当し，戦後最大級の被害をもたらしたのが1990年12月千葉県茂原市に発生した竜巻である．被災地域の平均的な幅は500～600 m，長さは約6.5 km，住家被害は2069棟であった[4]．また，これに次ぐ大きな被害をもたらしたのは，1999年9月豊橋市に発生した竜巻であり，住家被害は2600棟以上に達した[6]．この竜巻による被害の特徴は人的被害にあり，重傷者12

表 6.3.1 トルネードの強さを表すフジタスケール（Fスケール）

スケール	よび方	風速（m/s）	平均時間	木造住家の被害
F0	微弱な竜巻	18～32	約15秒	ちょっとした被害
F1	弱い竜巻	33～49	約10秒	瓦が飛ぶ
F2	強い竜巻	50～69	約7秒	屋根をはぎ取る
F3	強烈な竜巻	70～92	約5秒	倒壊する
F4	激烈な竜巻	93～116	約4秒	分解してバラバラになる
F5	想像を絶する竜巻	117～142	約3秒	跡形もなく吹き飛ぶ

名,負傷者419名で,大半が小・中学校で発生した.飛散物によって窓ガラスが破損して飛び散り,多くの児童・生徒が負傷したものであり,学校建築における飛散物に対する耐風設計の必要性が再認識された.

(3) 強風被害の特徴

建築物の強風被害については,最大風速(10分間平均値)より最大瞬間風速のほうが強い相関をもつといわれている.図6.3.3は住家の全壊率と最大瞬間風速との関係を示す.最大瞬間風速が約30 m/sを越すと,住家の全壊が発生しはじめ,全壊率は風速の増大に伴って急激に増大する.×は1959年の伊勢湾台風によるものであり,石崎ら[8]は全壊率が最大瞬間風速のほぼ5乗に比例して増加することを指摘している(図中の実線参照).ところが,○は1991年台風19号によるものであり,全壊率はそれ以前の台風と比べて1桁以上小さくなっており,住家の耐風性能が向上したことを示している.しかし,ここで注意すべき点は,確かに構造耐力に関連する被害は減ったが,屋根葺材のはく離・飛散を代表とする外装材の被害が依然として多いことである.1991年台風19号による住家被害では,全壊1108,半壊13,818に対して,一部破損649,229であり,全被害数の約98%にも達している[5].

強風被害の多くは屋根に発生するが,被害面積は屋根葺材によって異なり,一般に鉄板葺きのほうが瓦葺きより大きい[10].最近,鉄板葺きでは長尺鉄板を使用することが多い.この場合,一つの要素の面積が瓦に比べて非常に大きくなるため,軒先,けらば,棟など,局部に被害が発生すると,鉄板が捲くれ上がるようにはがれていき,大きな被害面積を生じる結果となる.このような被害進展のメカニズムを模式的に表したのが図6.3.4である.建物の一部が破壊したり飛散すると,形状が変化したことになり,風圧分布も変化する.これによって,最初に破壊などが生じた場所の周辺部が変化した風圧に耐えられないときには,そこに新たな破壊などが生じ,再び風圧分布が変化する.以後,同様のことが繰り返される.このように一部の破壊が他の部分の破壊を誘発しながら拡大するという特徴は,大型の台風の場合強風が1~数時間という長時間にわたって継続することにも関連している.

(4) 強風被害と地形

建物被害と地形との関係が大きく注目されたのは,八丈島を襲った1975年台風13号である.図6.3.5は数十世帯で構成される集落ごとに計算した住家の全壊率を示す.当時の八丈島における住家の構造や耐力には,地域的に大きな差はないと考えられるので,被害状況の差は台風時に吹いた風の強さが場所によって大きく異なっていたことを表している.すなわち,南よりの風が直接当たる地区や三彦山と八丈富士の間の風が収束する地区で強い風が吹き,被害を大きくしたものと考えられる.図6.3.6は同じ八丈島でのある別荘形式のホテルの被害状況である.海岸から700 mほど入った10~15°の斜面を階段状に整地して16

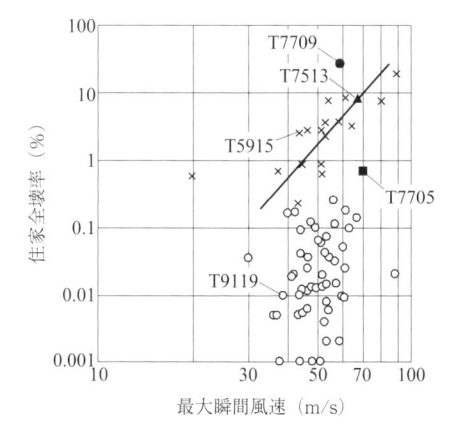

図 6.3.3 住家全壊率と最大瞬間風速 [2]

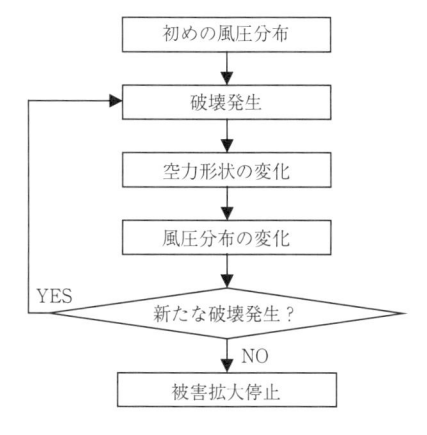

図 6.3.4 破壊拡大進展のメカニズム

図6.3.5 1975年台風13号による住家全壊率 [7]

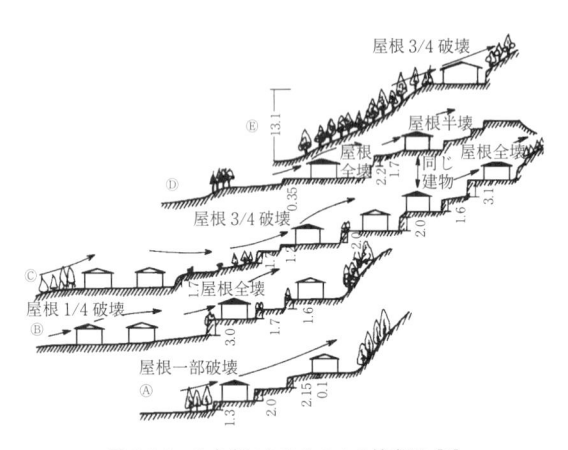

図6.3.6 八丈島にあるホテルの被害例 [7]

棟の木造平屋建てのハウスを建てたものであるが，この場所は入江のような風の収束しやすいところである．この図より，被害の生じた建物には，風上側に遮蔽物がなく，かつ，崖の前縁に近いところに建っているという共通点がみられる．すなわち，局所的な地形や地物によって建物に当たる風の強さが大きく変化し，増速されたところで多く被害が発生している． [植松 康]

文献

[1] 田村幸雄, 2000, 基本から学ぶ「風」のすべて, 総論1 風を知る, 建築技術, **6005**, pp. 108-115
[2] 植松康, 1992, 青森県および秋田県における台風9119号による建物災害, 平成3年度文部省科学研究費・突発災害調査研究成果報告「1991年台風19号による強風災害の研究（研究代表者・光田 寧）
[3] 奥田泰雄, 伊藤弘, 2000, 平成12年5月24日関東北部で発生した降雹被害, 日本風工学会誌, **84**, pp. 15-19
[4] 気象業務支援センター, 2005, 2005年版気象年鑑
[5] 川口正明, 1995, 風害と損害保険, 日本風工学会誌, **64**, pp. 49-59
[6] 林泰一, 石川裕彦, 2000, 1999年9月24日, 豊橋市で発生した竜巻, 日本風工学会誌, **82**, pp. 3-6
[7] Tamura, Y., 1996, Wind-induced failure of buildings and structures caused by typhoons in Japan, Probabilistic Mechanics and Structural Reliability, 7th Specialty Conf., ASCE, pp. 62-65
[8] 石崎溌雄, 山本龍三郎, 光田寧, 室田達郎, 1970, 第3宮古島台風による家屋の風被害について, 京都大学防災研究所年報, No. 13A
[9] 日本建築センター, 1993, 住宅の耐風設計施工点検指針
[10] 植松康, 佐々木和彦, 野澤壽一, 2000, 自治体および消防署における住宅の強風被害調査の実態と建築工学的観点からの提案, 日本風工学会誌, **83**, pp. 57-64
[11] 日本建築学会, 1978, 1975年台風13号による八丈島の建物被害の記録

6.3.2 住家の強風被害

(1) 被害事例

住家の強風による被害事例を紹介する．図6.3.7，6.3.8は屋根葺材，図6.3.9は外壁外装材の被害である．被害を受けた屋根葺材などは，飛来物となって近隣の住家などに2次的な被害を与える場合がある．図6.3.10はそういった被害例を示す．外壁の被害としては，窓ガラスの被害が多い．また図6.3.11に示すようにシャッターのスラットがめくれてガイドレールから外れる被害例も少なくない．図6.3.12は屋根小屋組の被害例である．これらの写真でみられるように，住家の被害としては，屋根葺材，窓ガラスなどの開口部や外壁外装材の被害，あるいは屋根小屋組の被害が多くみられる．

図6.3.7 瓦の被害

図 6.3.8　鋼板製屋根の被害

図 6.3.11　シャッターの被害

図 6.3.9　壁外装材のはがれ

図 6.3.12　屋根小屋組の被害

図 6.3.10　飛来物による外装材の被害

(2) 被害原因と被害防止策

(a) 住家の耐風設計　住家の強風災害を防止するには，まずしっかりとした耐風設計を行う必要がある．耐風設計は，基本的には，建築基準法に従って行えばよい．建築基準法は，いわゆる構造骨組については，おおむね50年に1度発生する強風（50年再現期待値とよばれる）に対し，損傷しないことを求めている．水平方向の荷重に対して抵抗する構造骨組については，耐力壁の量などの規定が設けられている．最近建設される住家では，この水平力に抵抗する構造骨組に関してはおおむねしっかりとした設計がなされており，その耐風性が原因とされる被害はまれである．ただ，屋根骨組については，水平力に抵抗する骨組のような，具体的な構造規定がない．そのためか，先に屋根小屋組の被害として紹介したように被害を受けるケースがみられる．水平方向の荷重だけでなく，鉛直方向の風荷重に対しても，部材および接合部を入念に設計，施工することが求められる．

外装材，屋根葺材についても，原則として，50年に1度程度の強風に対し，脱落などの損傷をしないような構造安全性が求められている．したがって，被害防止を図るには，構造骨組と同様の入念な設計が必要である．なお，外装材や屋根葺材については，施工方法を含めて，その耐風性を構造計算や構造実験で確認し，製品説明書の類

にそれを示している場合が少なからずある．そこで，あらかじめ取り付け部分に必要な耐風性能を求め，それを満足する仕様のものを選択することで，入念な設計に替えることができる．以下，各部位ごとに被害原因の推定とその防止策を述べる．

(b) 外装材や屋根葺材の被害　外装材や屋根葺材は，釘などにより下地材に緊結される．風圧力による引張り力が留め付け力を上回った場合，あるいは風圧力による振動で外装材や屋根葺材が移動をし，留め付け力が効かない状態になった場合に，被害が発生する．留め付け力の不足は，もともと足らない場合と，経年劣化により不足した場合がある．気温や湿度の日変化や，風や地震により外装材，屋根葺材が揺さぶられることなどで，年を経るごとに下地材の釘の保持力などが失われたり，緊結材自体の強度が低下したりしていく．結果として，古い住家ほど，被害を受けやすくなっている．表 6.3.2 は 1991 年の台風 19 号に際し九州の 7 地域で行われた被害調査の報告 [1] から，屋根被害調査の集計結果を示したものである．古い住家ほど被害を受けていることが示されている．表 6.3.3 は，屋根葺材被害を受けた屋根の中の位置についての調査結果を示す．緊結方法の関係や隣接建物などの影響と思われるが，一般に大きな風圧力を受ける棟，けらば，軒先といった場所と同程度の割合で，一般部も被害を受けていることが示されている．一般部でもそれに見合った緊結が必要である．

従来，屋根葺材の緊結は，科学的な知見でなく，経験とかんに頼ってきた面がある．最近になって，性能試験方法の開発 [2〜4] などが行われ，緊結方法の性能検証が容易に行えるようになってきた．図 6.3.13 に瓦の耐風圧試験の概要を示す．

強風による屋根葺材に被害を防止するには，耐久性も含めた適切な緊結方法を採用することが肝要である．

(c) 外周開口部の破損　窓ガラスの破損原因には，ガラス自体の対風圧力に対する強度不足，窓サッシの剛性の不足による過大な変形や飛来物の衝突がある．このうち，最も多いのは，飛来物の衝突と考えられる．飛来物の被害を防ぐのに有効な手段として，雨戸の類が考えられる．しかし，実際にはそれらは有効にはたらいていない．表 6.3.4 には先に述べた報告から被害を受けた開口部の保護の状態の調査結果を示す．被害を受けた外壁開口部の 60％あまりが雨戸を備えていたものになっている．居住者が有効に雨戸を使っていなかったのか，あるいは雨戸が開口を守るだけの性能を十分にはもっていなかった可能性がある．

雨戸やシャッターの被害には，その強度不足や維持管理，使用方法などの原因が考えられる．シャッターの被害にはスラットがガイドレールから外れたり，中柱の足元が外れたりするものが多い．風圧力が作用した場合のスラットや中柱の面外変形を考慮した設計が必要である．

(d) 屋　根　屋根を構成する部材あるいはそ

表 6.3.2　被害地域の建築物の築年数と屋根被害の有無の関係

	10 年未満		10 年以上	
	戸	％	戸	％
被害なし	29	49	26	20
被害あり	23	39	84	64
不明	7	12	22	17

表 6.3.3　瓦の被害と場所の関係

部位	被害件数	調査件数	被害割合(％)
棟	214	116	54
軒先	209	123	59
けらば	203	78	38
一般部	194	132	68

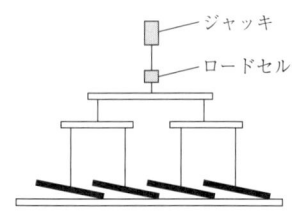

図 6.3.13　瓦の耐風圧試験の概要

表 6.3.4　被害を受けた開口の保護状況

	保護なし	雨戸あり	その他の保護
保護	50	71	2
％	41	58	2

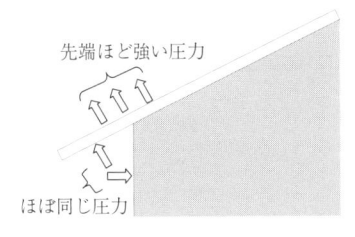

図 6.3.14 庇に作用する風圧力

れらの接合部の強度不足が被害を受けた原因として考えられる．屋根は多くの部材で構成される．どこか1ヵ所だけが強度不足であったとしても，そこで被害が発生する可能性があり，それが原因で屋根のかなりの部分が被害を受けてしまうことが考えられる．各部材，接合部ごとに入念な設計，施工を行うことが被害の防止策となる．屋根に作用する風圧力は鉛直方向の成分だけでなく，水平方向の成分も有している．小屋組には，風圧力の水平方向成分にも有効に抵抗できるよう，トラス構造になっているとか，雲すじかいといった部材が必要である．

屋根形状から受ける風圧力の大きさを比べてみると，とくに水平方向の成分でみた場合，切妻屋根は寄棟屋根に比べやや大きい．形状の違いによる風圧力の多寡にも注意する必要がある．いずれにしろ，想定される風圧力に見合った耐風設計が肝要である．

(e) 庇など 庇や軒天などの被害は，そこに風圧力が作用するということを忘れた設計が被害原因と考えられる．庇の風圧力は，屋根の庇か窓の庇かといった，その位置にもよるが，仮に屋根庇であれば，図 6.3.14 に示すように，その下面には，直下の外壁の屋外面に作用するのとほぼ同じ圧力が正圧（＝上向きの圧力）が作用する．上面には一般的な勾配の屋根であれば，先端にいくほど強い負圧（＝上向き）が作用する．結果として庇に作用する風圧力は両圧のベクトル和で与えられることになる．そのような圧力に対し，十分な耐力をもたせるように設計する必要がある．

[岡田 恒]

文 献

[1] 日本建築センター，1993.3，住宅の耐風設計施工点検指針
[2] 亜鉛鉄板会，1992，鋼板製屋根構法標準 SSR92
[3] 全日本瓦工事業連盟ほか，2001，瓦屋根標準設計・施工ガイドライン
[4] NPO 法人住宅外装テクニカルセンター，住宅屋根用化粧スレート葺き 屋根耐風性能設計施工ガイドライン

6.3.3 非住家の強風被害

(1) 強風被害の特徴

台風や竜巻などの強風によって受ける非住家の被害は外装材に多くみられる．とくに大スパン屋根の屋根葺材のはく離や飛散が多い．それらの被害は屋根の一部に留まらず，広い面に及ぶことが特徴である．大スパン屋根の屋根葺材には金属板や膜などの軽量で丈夫な材料が用いられるが，構工法の発達によって，これらの1枚の長さはそれまでと比べて非常に長くなった．現在では1枚の金属板の長さが 100 m 以上の屋根葺材も登場している．これらは一部が風圧で浮き上がると風を受ける面が大きくなり，連鎖的に損傷が拡大する．外装材の耐風設計は構造骨組の設計に比べて軽視されがちであるが，広い面で起こる外装材の飛散は居住者や利用者の安全を脅かすなど，建築物の機能を損なうだけでなく，飛散先での重大な2次被害をもたらす危険性があり，十分な耐風設計を行う必要がある．

(2) 断熱二重折板の被害

図 6.3.15 と図 6.3.16 は異なる建物における断熱二重折板の台風による被害の例である [1]．断熱二重折板は2枚の折板の間に断熱材を挿入し，上側の折板を下側からボルトと挟み金具で固定する構法である．この折板は幅 500 mm，厚さ 1 mm で，長さは 70 m 以上の実例がある．この構法では日射による影響を受け，上下の折板間で最大 50℃ 以上の温度差が生じ，鋼板の熱伸縮量に差が発生する．上側折板の伸縮は固定金具でスライドして熱変形に対処できるように考えられていた．ところがその機構が想定どおりにはたらかなかったために，ボルトに繰返し力が作用して金属疲労を起こしていた．折板の熱伸縮は屋根の端部で大きく，屋根端部のボルトがすでに破断していたところに強風

図 6.3.15 断熱二重板の被害（兵庫県, 2004）

図 6.3.17 長尺金属板の被害（山口市, 2004）

図 6.3.16 断熱二重折板の被害（神戸市, 2004）

図 6.3.18 公営体育館の被害（香川県, 2004）

図 6.3.19 折板の被害（江別市提供, 2004）

を受けて折板がめくれたのである．スライド機構に問題がないことを前提として設計がなされているが，動作確認を行うべきであった．

(3) 長尺金属板屋根葺材の被害

長尺金属屋根葺材は建設現場で整形できることから，非常に長いスパンの屋根がスパン方向に継ぎ目がなく施工されることが多い．折板が梁上のタイトフレームにボルトで固定されるのに対し，長尺金属板は合板や木毛セメント板などの野地板に吊子とビスで固定される．一般に，これらの止め付け強度のばらつきは大きく，また日射や雨水の影響を受けて最も劣化しやすい部材であるので，強度に十分な余裕をもって設計する必要がある．

図 6.3.17, 6.3.18 に長尺金属屋根葺材がはく離・飛散した被害の例を示す．これらの被害例は，屋根葺材の一部がはく離すると，屋根全体に被害が拡大することを示している．とくに屋根の端部では細心の注意を払って設計と施工を行う必要がある．低層建物では，建物に作用する風荷重のうち屋根に作用する風荷重が最も大きいことを認識すべきである．

図 6.3.19 は，寒冷地でみられるコンクリートの凍害を防ぐための置き屋根として用いられた折板の被害である．固定部付近の折板の変形はみられず，固定がきわめて弱かったことを示している．

(4) 公立学校体育館の被害

公立学校の体育館は周辺住民の緊急避難所に指

定されていることが多いが，屋根葺材がはく離・飛散する被害が多い[2]．これらの屋根葺材の多くも金属板である．地域住民が避難先で被害を受けることがないよう，これらの建物を定期的に点検し，メンテナンスを実施する必要がある．図6.3.20は近くの住宅が無傷であるにもかかわらず，体育館だけが被害を受けたという皮肉な例である[3]．図6.3.21は体育館の窓が風圧で破損した例で，窓枠から外れていた[4]．

(5) 膜構造物の被害

2004年台風18号の強風で木造骨組膜構造物の36枚のうち1枚の膜が破損した状況を図6.3.22に示す．この例では，長年にわたって強風によって振動した膜と膜を押えるケーブルの間で摩擦が生じ，膜の表面のコーティングが削り取られて膜の強度が低下していたと推定された．図6.3.23は二重空気膜構造の被害[5]で，1999年の台風18号の強風を受けて1階の回転ドアが破られ，そのせいで室内の圧力が下がって屋根の張力が低下し，屋根が上下に振動して膜材が破損したと考えられている．両ドームとも設計当初には想定されていなかった現象によって被害が発生している．ドームに限らず，新しい構法が受ける被害をおそれていては技術の発展はない．被害の原因を積極的に調査し公表することによって同種の被害を減らすことができる．

(6) 防水シートの被害

図6.3.24は機械固定式防水シートの被害例である．この構法は野地板を固定するための円盤に塗られたホットメルトを熱で溶かしてシートを接着するものである．日射による屋根表面の温度は70℃以上になるので，ホットメルトの軟化温度が

図6.3.20 体育館の被害（広島県，2004）

図6.3.21 体育館の被害（阿久根市，2004）

図6.3.22 膜構造物の被害（出雲市，2004）

図6.3.23 二重空気膜ドームの被害（熊本市，1999）（日経アーキテクチュア提供）

図6.3.24 防水シートの被害（大牟田市，2004）

低いとシートが熱はく離することがある．シートの一部が熱はく離した状態で強風を受けると，シートがはく離している部分の固定円盤が負担するはずの荷重をその隣の円盤が負担せざるをえず，次々と被害が拡大したのである．

(7) その他の構造物の被害

図 6.3.25 は 1999 年に豊橋市で発生した竜巻によって破損した室内プールの被害である．ポリカーボネート板が枠から外れ，室内の児童に当たり死亡した．この例のように，外装材は強度だけでなく変形量も検討しなければならない場合がある．新しい材料や構法を採用するときには，できる限り実物に近い状況で試験をして安全性を確認する慎重さが必要である．

ゴルフ練習場は強風時にネットが降下されているという前提で耐風設計がなされている．突風が吹いて，ネットの降下がそれに間に合わないと耐力に余裕のない構造物は倒壊する [6]．ゴルフ練習場の近隣に住宅があることも少なくないので，図 6.3.26 のように周辺家屋を直撃する危険性も

図 6.3.25 竜巻による室内プールの被害（豊橋市，1999）

図 6.3.26 ゴルフ練習場の被害（大阪市，1999）

図 6.3.27 風車の被害（宮古島，2003）（建築研究所　喜々津仁密氏提供）

図 6.3.28 大型看板の被害（徳島市，2004）（徳島大学　長尾文明氏提供）

ある．鉄塔の頂部に設置した風速計をモニターにしてネットを降下する方法を採用していることが多いが，前線や台風の接近などの大気の不安定が予想される場合は早目にネットを降ろす必要がある．

近年，風力発電が盛んになり，各地で大型風車が建設されるようになった．これらは，風が強い場所に建設されることから注意深く耐風設計されているが，強風被害が発生することがある．図 6.3.27 は 2003 年台風 14 号による宮古島における大型風車のブレードが破損した例である．

その他，屋外に面する建築部材や工作物も強風被害を受けている．図 6.3.28 は大型看板が 2004 年の台風 18 号の強風で転倒し，民家を直撃した例である．

［西村宏昭］

文献

[1] 日本風工学会風災害研究会，2005.5，2004年の強風災害に関する調査報告書
[2] 平成10年度科学研究費補助金（基盤研究C1）研究成果報告書，研究代表者　松本勝：1998年9月台風7号による近畿地方を中心とした強風災害に関する調査研究，1999.3
[3] 田村幸雄，奥田泰雄，西村宏昭，2005.9，比較的大規模な建築物の屋根被害，2005年度・日本建築学会大会（近畿）研究協議会「新潟県中越地震，福岡県西方沖地震および2004年の台風による風水害から学ぶ」資料
[4] 平成11年度科学研究費補助金（特別研究促進費）研究成果報告書，研究代表者　桂順治：台風9918号に伴う高潮と竜巻の発生・発達と被害発生メカニズムに関する調査研究，2005.6
[5] 日経アーキテクチュア，2000，台風で空気膜構造の弱点が露呈
[6] 西村宏昭，谷池義人，1999，最近の強風被害について考える，日本風工学会誌，81，pp. 21-26

6.4 橋・土木構造物の強風被害

6.4.1 テイ橋の落橋

強風による橋梁の被害の中で，とくにその代表的なものとして，1878年2月に完成した全長3264m，85スパンの当時世界最長の鉄道橋であったイギリスのテイ入江に架設されたテイ橋の落橋事故があげられる[1～3]．テイ橋の入江中央部の13スパンは，航路の確保のため海面上26.8m，主構高さ8.2m，スパン長75m，錬鉄製の連続ラチス・トラス橋であり，ハイガーダーとよばれていた（図6.4.1）．1879年12月28日の午後7時過ぎに乗員・乗客75名を乗せた列車が，暴風の中ハイガーダー部を通過中，橋梁・鋳鉄製の橋脚とともに入江に転落し，全員が死亡する大惨事が発生した．当時，落橋原因は明確には確定されていないが，テイ橋では風荷重が考慮されておらず，そのことが主たる落橋原因であると考えられた．この事故から，風荷重の重要性が認識され，フォース鉄道橋やテイ橋の再建では綿密な風荷重の検討がなされるなど，その後，土木構造物の設計には時間的・空間的に変動する強風の性質に対応した静的な風荷重が取り込まれることとなった．近年，MortinとMacleod[3]は，橋脚の3次元立体骨組モデルを用いた弾性構造解析を行った結果，上流側の橋脚と基礎の連結部が風荷重によって浮き上がり，そのために橋脚の斜材に過大な引張り力が作用し，斜材が破壊し落橋にいたること，さらに，列車がなくても落橋する可能性があると記している．

6.4.2 風による橋梁の振動

風による橋梁の振動による代表的な落橋事故として，その瞬間が16mmフィルムに記録されているアメリカのタコマナロウズ橋（旧タコマ橋）があげられる（概要は6.4.8項）．この事故を契機として，近代長大橋梁に対しては，風による振動に対する安全性を確保する耐風設計手法が定着し[4,5]，振動による落橋事故は生じていない．

一般的に，橋梁断面は荷重に対する力学的抵抗を効果的に発揮するために，隅角部からはく離

図6.4.1 新テイ橋と旧橋の橋脚跡

図6.4.2 石狩川河口橋（断続フェアリング）

図 6.4.3 末広大橋（フラップ）

図 6.4.4 門崎高架橋（ダブルフラップ，断続下部スカート）

図 6.4.5 ローデマン橋　　**図 6.4.6** 明石海峡大橋主塔

を伴う空気力学的に不安定な形状となることが多く，破壊にはいたっていないものの風による橋梁の振動は架設時ならびに完成時においても世界中で発生している[6]．たとえば，わが国では，石狩川河口橋（桁，図 6.4.2）や東京湾アクアライン橋梁部（桁）および架設中の吊橋の主塔（大鳴門橋）などがあり，海外では，ゴールデンゲイト橋（アメリカ，吊橋，桁），ロングスクリーク橋（カナダ，斜張橋，桁），ケソック橋（イギリス，斜張橋，桁），リオニテロイ橋（ブラジル，世界最長鋼箱桁橋 (200＋300＋200 m)，桁[7]）など多数報告されている．空力振動が予測される場合には，縮尺模型を用いた風洞実験により，事前に種々の空気力学的な対策を施している[5]（図 6.4.3．および図 6.4.4）．また，東京湾アクアライン橋梁部[8]，関西空港連絡橋[9]などのように減衰装置を付加するなどの構造力学的な対策が採られることもある．

6.4.3 主塔の振動

斜張橋や吊橋の主塔も風による振動が問題となることが知られている．1965年に完成したドイツのハノーバーのローデマン橋は，逆 Y 字型の主塔から張られたケーブルで支えられている斜張橋である．ケーブルの張られていない塔の上部約 30 m（図 6.4.5）が 1972 年の 11 月に風速約 40 m/s の風の作用により倒れ落ちた[10]．主塔は静的な風荷重には十分対応できる構造であり，風洞実験を行った結果，気流の作用方向と直交方向に振動が生じ，風速の増加に伴って応答振幅も増加するギャロッピング振動が発生することが明らかとなり，ギャロッピング振動によって破壊されたと推定されている．この破壊された部分は，景観に配慮して付加されたものと考えられ，構造物の景観設計を行う際にも空気力学的な安定性に注意を払う必要がある．

架設時の吊橋や斜張橋の主塔が独立塔として自然風にさらされると，高風速時の発散振動のみならず，主塔の背後や側面に形成される渦によって，風速 10 m/s 程度の比較的低風速から渦励振とよばれる応答振幅と応答出現風速領域が限定された空力振動現象が発生する[11]．この現象により，イギリスのフォース道路橋（吊橋）架設時の主塔では，振幅 1 m 以上の振動が発生し，継手部に損傷が生じている[12]．これらの空力不安定現象に対して，桁の場合と同様に，構造力学的対策と空気力学的対策が行われている[13]．なお，塔の高さが約 300 m となる明石海峡大橋の主塔（図 6.4.6）は，空気力学的に比較的安定となるように隅切りを施した断面形状が採用され

ているが，非常に可撓性に富む構造であり，完成後においても空力振動の発生が予想され，付加減衰装置を架設時のみならず完成系のためにも使用している［14］．

6.4.4　引張り材の振動

アーチ橋やトラス橋の吊材など引張り力を分担する橋梁部材は，部材端部は固定されているものの相対的に可撓性に富む構造であり，主塔の場合と同様に，風の作用により渦励振などの空力振動によって，固定部などに被害が発生したことが国内外で報告されている［15, 16］．構造力学的対策として，部材の固定点を強固にすることにより，部材の固有振動数を増加させ，振動の発現する風速をより高風速へと導く手法や部材の端部に応力集中が生じないように端部を補強する対策あるいは部材間をワイヤーで連結し相互の変位を拘束する手法などが実施されている．一方，空気力学的対策としては，円形断面の部材には，トリップワイヤーを表面に巻き付けて円柱からのはく離渦を乱す手法やH型断面やI型断面に対してはウェブに風穴を設けて部材背後の渦の発生を抑制する手法などが採られている．

6.4.5　ケーブルの振動

斜張橋のケーブルは，構造減衰が小さく，空力振動発生事例が数多く報告されている［17］．低風速・高風速渦励振，降雨時にケーブルに生じる水路の存在の影響によってケーブルが空力的に不安定となることによって生じるレインバイブレーション（図6.4.7）［18］，並列ケーブルの上流側ケーブル背後の気流と下流側のケーブルの相互作用によって下流側ケーブルが主として気流直交方向に振動するウェイクギャロッピング振動［19］などがあげられる．これらの振動によってケーブルの破断や橋梁に深刻な被害が発生した事例は生じていないが，ケーブルの疲労問題や定着部の損傷などから重大な被害に発展する可能性もある．したがって，これらの空力振動に対して，各種ダンパーを設置して減衰を増加させる，あるいは，ケーブルをスペーサーやワイヤーで連結する

図6.4.7　ケーブルの水路形成（下面）

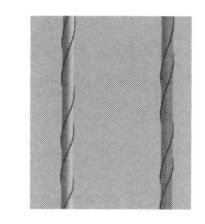

図6.4.8　呼子大橋（ケーブル連結）　　**図6.4.9**　明石海峡大橋（ハンガー）

（図6.4.8）などの構造的手法ならびにケーブル表面上に並行突起やディンプルを配して水路形成の阻害やケーブル背後の気流を乱すなどの空気力学的手法によって空力振動抑制対策がなされている［17］．

長大吊橋のハンガーケーブルも渦励振などの空力振動が発生することもあり，減衰装置を付加する，あるいは，ハンガーケーブルをスペーサーで連結するなどの構造力学的対策が採られている．世界最長の明石海峡大橋のハンガーケーブル（図6.4.9）は，渦励振対策として，スペーサーに減衰装置を組み込んだものを採用していたが，1998年の台風7号襲来時に，上流側ケーブルの直径の10倍程度下流側に位置する下流側ケーブルが上流側の後流の影響を受け楕円軌道を描くウェイクインデューストフラッターが発生し，スペーサーが破損する事故が発生した．このウェイクインデューストフラッターと渦励振に対して効果のある対策として，ケーブルにトリップワイヤーを巻

6.4.6 橋梁付帯設備の振動

橋梁に設置される照明柱にも渦励振やギャロッピングの発生の可能性があり,大鳴門橋においては,チェーンを用いた付加減衰装置が照明柱頂部(図6.4.10)に取り付けられている.また,大鳴門橋の補剛トラス内部に設けられている管理路の手摺と横桟が架設中に渦励振によってクラックが入るという被害を受け,フラットバー(図6.4.11)によって連結する対策がなされた.

6.4.7 その他の土木構造物の風による被害

橋梁以外の土木構造物の風に関連した被害としては,飛砂による道路などの構造物の埋没や鋼構造物の塗装のはく落および飛来塩分による鋼構造物の被膜劣化・腐食などがあげられる.さらに,風のみではないが,潮位変動と台風などの気圧低下による海面の上昇とさらに強風による潮位の吹上げで発生する高潮の被害があげられる.

1959年の伊勢湾台風では,高潮と洪水などにより約5000名の死者・行方不明者が生じる大災害が発生した[21].このように高潮は,防波堤や護岸などの海岸構造物の被害のみに留まらず,道路,農作物,周辺の建築物を含めさらに人命までも危険にさらされる大災害を伴うことが知られている.1999年の台風18号による不知火海高潮災害事故調査報告[22]によると,満潮時の約2時間前に既往最大潮位を2.2mも超える高潮水位痕跡(護岸天端を1.3m越流)が残されており,海岸・沿岸地形と台風の進路と風向によっては,必ずしも満潮時に高潮が発生するとは限らないことが教訓としてあげられている. [長尾文明]

図 6.4.10 大鳴門橋(照明柱:チェーンダンパー)

図 6.4.11 大鳴門橋(管理路防護柵:水平材の連結)

文 献

[1] 福田武雄,1965,橋梁事故物語,土木学会誌,**50**,7
[2] 川田忠樹,1987,ボーモンの卵―テイ橋落橋事件の真相―,建設図書
[3] Martin, T. and Macleod, A., May, 1995, The Tay Rail Bridge Disaster -A Reappraisal Based on Modern Analysis Method-, Proceedings of the Institution of Civil Engineers, Vol. 108, pp. 77-83
[4] 土木学会本州四国連絡橋耐風小委員会,1967,本州四国連絡橋技術調査報告書,付属資料1,耐風設計指針(1967)および同解説
[5] 日本道路協会,1991,道路橋耐風設計便覧
[6] 土木学会構造工学委員会風洞実験相似則検討小委員会,1996,第2期研究報告会概要集「橋は揺れているか―予測と現実―」
[7] Battista, R. C. and Pfeil, M. S., 2000, Reduction of Vortex-induced Oscillations of Rio-Niteroi Bridge by Dynamic Control Devices, *J. Wind Engineering and Industrial. Aerodynamics*, **84**(3), pp. 273-288
[8] 吉田好孝,佐野陽三,佐藤弘史ほか,1999,東京湾アクアライン橋梁部鋼箱桁橋に発現した渦励振の振動制御,土木学会論文集,No. 633/I-49, pp. 119-134
[9] 川上賢明,吉谷進,窪田元恢,佐々木伸幸,1994,関西国際空港連絡橋の動態観測,土木学会第49回年次学術講演会,I-499, pp. 996-997
[10] Mahrenholtz, O. and Bardowicks, H., 1979, Wind-Induced Oscillations of Some Steel Structures, Practical Experiences with Flow-Induced Vibrations (IAHR/IUTAM Symp. Karlsruhe), pp. 643-649
[11] 土木学会構造工学委員会風洞実験相似則検討小委員会,1997,第3期活動成果報告書
[12] Anderson, J. K., Hamilton, J. A. K., Henderson, W., McNeil, J. S. and Shirley Smith, H., November, 1965, Forth Road Bridge, Proceedings of the Institution of Civil Engineers, Vol. 32, pp. 321-512

[13] 土木学会構造工学委員会構造物の耐風挙動評価と乱れの効果研究小委員会, 1999, 活動成果報告書
[14] 秦健作, 辰巳正明, 大倉幸三, 大西悦郎, 1995, 明石海峡大橋主塔の制振対策, 土木学会論文集, No. 507/I-30, pp. 279-289
[15] 成田信之, 1971, 風による橋梁部材の振動, 橋梁と基礎, **5**, 9, pp. 1-5
[16] Wardlow, R. L., 1979, Approaches to the Suppression of Wind-Induced Vibration of Structures, Practical Experiences with Flow-Induced Vibrations (IAHR/IUTAM Symp. Karlsruhe), pp. 650-661
[17] 土木学会構造工学委員会風洞実験相似則検討小委員会, 1996, 第2期活動成果報告書
[18] 樋上琢一, 1986, 斜張橋ケーブルのRain Vibration, 日本風工学会誌, **27**, pp. 17-28
[19] Cooper, K. R. and Wardlaw, R. L., 1971, Aeroelastic Instabilities in Wakes, Proc. of Wind Effects on Buildings and Structures, Tokyo, pp. 647-655
[20] 竹口昌弘, 岡野哲, 鳥海隆一, 斉藤喜昭, 1999, 明石海峡大橋PWSハンガーの風洞実験による制振対策検討, 土木学会第54回年次学術講演会, I-B, pp. 772-773
[21] 気象庁, 1999, 1999年版気象年鑑
[22] 滝川清, March, 2000, 台風9918号により不知火海高潮災害−その残したもの−, 土木学会誌, **85**, pp. 41-45

6.4.8 タコマ橋落橋

1940年11月7日の, アメリカ, シアトル郊外のタコマ橋の落橋は, 当時の橋梁技術者に大きな衝撃を与えた. しかしその反面, 吊橋の動的空力安定性照査の重要性を認識させ, その後の長大吊橋の耐風設計に大きな貢献をした.

事故当時アメリカは, 近代長大橋として吊橋の建設が押し進められていた. ジョン・ローブリングは, 吊橋のケーブルとして平行線ケーブルの開発を押し進め, 1855年に中央スパンが251mの鉄道吊橋を完成させた. また, 息子のワシントン・ローブリングとともに (実際には, 工事が開始されてまもなく, ジョン・ローブリングは他界し, 主として建設は息子により行われた), 1833年にニューヨークのハドソン川にブルックリン橋 (中央スパン486m) を完成させた. これらの吊橋に共通しているのは, ケーブルに平行線ケーブルを用い, また, 活荷重による吊橋の変形が局所的にならないように剛性の大きなトラス補剛桁を用いた点である. またこれ以外に塔から多くのケーブルステイを用いて, 全体の剛性を高めた.

当時, 吊橋の設計は, Muller-Breslawにより提案された弾性理論に基づいて行われており, 力のつりあいは変形前の状態で考えられていた. ところがレオン・モイセーフは, 吊橋はもともと変形が大きなフレキシブルな構造として, 力のつりあいを比較的大きな変形の後で考えるというメランが1888年に提案した考え (the more exact theory) に注目し撓度理論 (deflectional theory) と名づけ, 本来吊橋の桁は変形が大きく許されることからそれほど大きな剛性はいらないと考え, 1909年のマッハッタン橋 (中央スパン488m), 1931年のジョージ・ワシントン橋 (同1067m) を完成させ, さらにアンマンとともに1937年完成のゴールデンゲート橋 (同1280m) 建設に技術顧問として参加した. そして1940年タコマナロウズ橋 (同853m) を完成させた. これら一連の長大吊橋の設計は撓度理論によるものであり, 吊橋の全体剛性は主としてケーブルによるもので, 補剛桁の全体剛性に対する寄与はほとんどなく, また, 変形により桁に生じる応力も小さくなることから, 桁剛性は小さなものですむという考えに基づいた [1]. そのため彼は, タコマナロウズ吊橋の補剛桁にプレートガーダーを採用し, 1940年7月に完成させた. 中央スパンは853mであり, 当時, ゴールデンゲート橋, ジョージ・ワシントン橋に次いで世界第3位の長大吊橋であり, きわめてスレンダーで美しい近代吊橋として, 当時の世界中の橋梁技術者から注目された.

ところが, 開通直後から本橋は風により上下方向の振動が生じ, 利用者から不満が寄せられた. 橋梁管理者は当初, 静的な風荷重に対してはおよそ53m/sの強風にも耐えるように設計されていたために問題にしていなかったようであるが, その不満が日増しに多くなるにつれ, ついに, ワシントン大学の航空工学の専門であったファルカーセンにその調査と対策を依頼することとした. ファルカーセンのグループが調査していた目前において, 1940年11月7日に激しいねじれ振動の後, 落橋した. 完成後わずか4カ月のことであった. その様子は16mm映画で撮影されてお

り，世界中に大きなショックを与え，大きな話題となった（図 6.4.12）．落橋した当日はいつもより風が強く，また，上下振動も，いつになく多くの腹と節のある振動（鉛直対称 5 次振動）であった．風速は，約 17〜18 m/s 程度であったが，その振動が突然に，激しいねじれ振動（ねじれ逆対称 1 次振動）（図 6.4.13）に変化し，ついに桁の中央スパンから破壊した．

事故後，事故調査委員会が構成され，多くの風洞実験が実施され，事故の原因が調べられた．一連の風洞実験により，落橋の原因は，桁のねじれ剛性が低く（前述のように撓度理論によれば，桁の大きな剛性は不要），桁の幾何学形状（断面辺長比約 5 の Π 型断面，図 6.4.14）から，その動的耐風安定性が極端に悪いことであることが明らかにされた．このねじれ振動の発生機構として，カルマンを除く多くの委員会メンバーは，この空力ねじれ振動ははく離バブルによって大きな迎角を有する翼などに生じるストールフラッター的なねじれのフラッター振動，あるいは風の乱れが，タコマ橋の固有振動数と一致するいわゆるバフェッティング現象と考えた．カルマンは，その振動に，渦の関与とした．

事故当時のタコマ橋の落橋プロセスに関して，いくつかの疑問が残された．その一つは，事故当時のタコマ橋の桁に作用した風速の大きさがいまひとつ正確さに欠けることである．風速測定は，橋の側径間の外側にある料金徴収所の小屋の屋根に取り付けられた風速計により行われていた．さらに，なぜ，タコマ橋の桁の振動が，急に上下振動からねじれ振動に変化したのか．また，ねじれのフラッターが風速 18〜19 m/s で急に生じたのか（ファルカーセンらの実験を含めいくつかの風洞実験結果によれば，ねじれの構造減衰（対数減衰率）が 0.05 程度として，逆対称ねじれ振動は，もっと低風速（14〜16 m/s）で生じると考えられ，逆に，なぜ，18〜19 m/s まで，ねじれフラッター振動が生じなかったのかが疑問として残り，現在もさまざまな議論がなされている）．

事故報告書 [2] や川田の著書 [3] では，この吊橋のセンターダイアゴナルステイが上下振動により切断されたために，急にねじれ振動に変化したとされている．また最近出版された Scott の著書によれば，同様にセンターステイケーブルの一つが鉛直たわみ振動により切断され，それがねじれフラッターへ移行したとしている [4]．これに対し，ねじれ振動が落橋直前に 0.23 Hz から 0.21 Hz に変化したとも報告されており [2]，この時点でセンターダイアゴナルステイが切断された可能性もある．ダイアゴナルステイのケーブル定着用バンド付近のケーブル素線が多く破断されていることは，単純にねじれ振動により主ケーブル定着バンドがケーブル表面をスリップしたことによるとも考えられる．

このように，Scott らもセンターステイケーブルの破断が鉛直振動からねじれ振動へのモードの急変を生んだとしたのは，風洞実験結果によれば，振動モード急変時の風速より低い風速ですでにねじれ振動が生じていなければならないことにあるといえる．さらに，事故当時の 16 mm カメ

図 6.4.12 旧タコマ橋落橋事故

図 6.4.13 旧タコマ橋落橋時のねじれ振動

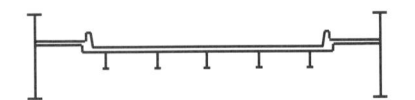

図 6.4.14 旧タコマ橋桁断面

ラによる映像から，中央径間がねじれ逆対称1次振動を示しているとき，側径間はなおも鉛直対称5次モードで振動を継続している点である．この事実は，もしタコマ橋スパン全体に一様な風が作用しているとすれば（風速は，側径間近くの料金徴収所小屋の屋根で行われており，すべての調査研究は，ここで観測された風速を橋梁全スパンに作用しているものとして検討していることから，このように考えても不自然でないといえよう），このときの風速では，なお，タコマ橋の鉛直対称5次振動（渦励振）の生じる風速域でありながら，中央径間がねじれ逆対称振動（ねじれフラッター）を生じていたこととなる．さらに，側径間はホールドダウンとよばれるステイ棒によりねじれ振動がかなり拘束されていたことから，中央径間および側径間の空力振動において，ねじれフラッターと鉛直たわみ渦励振の間に，強い空力干渉が存在したことになる．

事実，風洞実験により，鉛直対称5次モードとねじれ1次逆対称モードの振動数比（$f_\phi/f_\eta = 0.25$）とそれぞれの等価質量，質量慣性モーメントを相似させた特殊な2次元剛体ばね支持実験によれば，そのたわみ・ねじれ2自由度系では，ねじれ1自由度系で生じたねじれフラッターの開始後のねじれ振動が，たわみ渦励振により抑制される結果が得られている[5]（図6.4.15）．そしてわずかな風速増加により，たわみ渦励振が消滅し（この風速域では，たわみ1自由度系では，たわみ渦励振が継続する），ねじれフラッターに移行する．つまり，ねじれフラッターが逆にたわみの渦励振を抑制する．その流体メカニズムについては，詳細は今後の研究に待たれるが，カルマンも指摘したように，ねじれフラッターの初期の段階では渦がその励振に大きく関与していることに関連していると考えられる．つまり，渦により生じたねじれフラッターは，たわみ渦励振により抑制され，流れのはく離および桁側面上でのはく離バブルにより励起されるねじれフラッター[6]は，たわみ渦励振を抑制するものと考えられる．いずれにせよ，タコマナロウズ橋の落橋は今日の長大吊橋の耐風設計の原点となるできごとであり，今日の

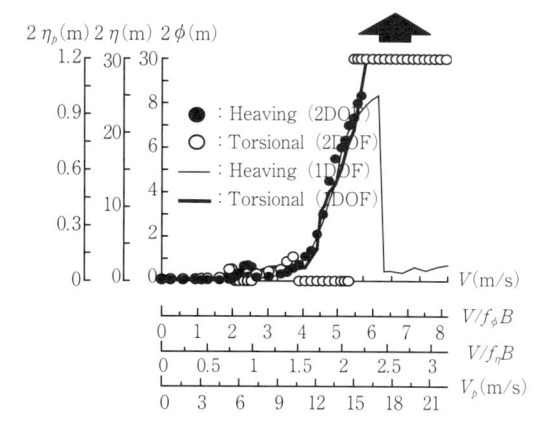

図6.4.15 旧タコマ橋桁断面における自由振動応答結果

bluff body aerodynamicsの研究の出発点になったことは明白である． [松本 勝]

文 献

[1] 古屋信明，1998，橋をとおしてみたアメリカとイギリス一長大橋物語，建設図書
[2] Farquharson, F. B., 1949, Aerodynamic Stability of Suspension Bridges, Part I-IV
[3] 川田忠樹，1975，誰がタコマを落としたか，建設図書
[4] Scott, R., 2001, In The Wake of Tacoma, ASCE Press
[5] 松本勝ほか，2002，旧タコマ橋における異種空力振動の干渉現象，第17回風工学シンポジウム論文集
[6] Matsumoto, M. et al., 1997, Torsional flutter of bluff bodies, *J. Wind Engineering and Industrial Aerodynamics*, pp. 69-71

6.5 建設工事の強風被害

6.5.1 足場の倒壊

建設工事において使用する仮設構造物やクレーンおよび建設中の構造物は，水平方向に不安定な構造のものが多く，強風時には倒壊などの被害がたびたび発生している．そのなかには，足場の倒壊により歩行者や交通機関に影響を及ぼすなど，重大な被害をもたらしたものも多くある．また，工事中においては，強風により作業員が墜落するなど，死傷者を出す労働災害が多発している．

表6.5.1に強風による足場倒壊の最近のおもな事例を示す．また，図6.5.1は，強風による足場の倒壊状況を示す．表6.5.1のように，強風によ

り足場が倒壊し道路や公共交通機関上に倒れた場合には，道路などが通行止めになるばかりではなく，事例1に示すように通行人や自動車に被害が及ぶことも多くある．さらに，事例4や5のように，最大瞬間風速が20.0 m/sに満たない場合においても足場が倒壊している．

　足場には，飛来・落下物災害などの防止を目的として前面にシートを張る場合が多く，強風時には大きな風荷重が作用する．しかし，これらの足場の倒壊原因を調べると，風荷重に対し足場の強度が絶対的に不足していたものがほとんどであり，足場と建物を連結する壁つなぎの強度や本数が不足していた，あるいは水平方向の支えがまったくなかったものが多くみられた．これらのことから，強風による足場の倒壊を防止するためには，風荷重に対する足場の安全技術指針［1］などを参考に風荷重に対する足場の強度を確認するとともに，状況に応じてシートを外し風荷重を低減する，あるいは控えワイヤーを張るなどの安全対策を行う必要がある．

6.5.2 労働災害

　強風による労働災害について統計的に分析する．表6.5.2は，1988年から2001年に建設工事において発生した強風による労働災害での死亡者数を，災害の種類別に分類したものである［2］．表6.5.2より強風による死亡者数の合計が66名であるのに対し，墜落災害による死亡者数は37名と最も多く，半数以上を占めている．続いて，飛来・落下物による災害と倒壊災害が，それぞれ15名，11名となっており，強風による作業員の死亡災害はこれら三つの災害でほとんどを占めている．これらのうち墜落災害の原因について注目すると，被災者が直接風を受けて墜落するケースは14名（墜落災害の約4割）であるのに対し，その他の6割は被災者が強風を受けた資材などの物を介して間接的に墜落していることがわかる．これらのことから，強風に対する作業員の安全を確保するためには，強風時または強風が予想される場合（労働安全衛生規則では10分間平均風速10 m/s以上のとき）には作業を中止することは当然のこととして，作業員が直接風を受ける場

図6.5.1 強風による足場の倒壊状況

表6.5.1 強風による足場倒壊の最近のおもな事例

事例	発生日	場所	最大瞬間風速	概要
1	1999.3.22	東京都台東区	29.0 m/s	解体工事中の立体駐車場の作業用足場が強風により倒壊し，防音パネル約80枚が高さ約30 mから落下した．その際，下部を通行中の2名がパネルをよけようとして転倒し，足などを負傷した．また，駐車中の自動車6台にもパネルが激突した．
2	1999.10.27	千葉県稲毛区	27.3 m/s	ビル建設現場を囲む足場が強風により道路側に傾いた．その際，足場の外側にあった電柱も傾き，その電線が道路上の高架橋を走るモノレールに接触しそうになり一時運行を休止した．
3	2001.6.19	和歌山県和歌山市	20.0 m/s	スーパーの外装工事のために組み立てられた高さ25 m，長さ15 mの足場が強風により倒壊し，国道42号線が約3時間通行止めとなった．
4	2001.10.28	山口県柳井市	18.5 m/s	店舗解体工事現場を囲む高さ10 m，長さ12 mの足場が強風により倒壊し，県道が約6時間通行止めとなった．
5	2002.3.21	滋賀県大津市	17.9 m/s	沿道の桜を手入れするために組み立てられた高さ3 m，長さ30 mの足場が強風により倒壊した．その際，通行中の乗用車2台に足場が直撃し，これに後続の乗用車が追突した．このため，国道1号線が約2時間片側通行となった．

表 6.5.2 強風による死亡災害の種類と死亡者数 [2]
(1988 年～ 2001 年)

災害の種類とその原因	人数
墜落 37 人	
風を直接受けた作業員がバランスを失い墜落	14
風を受けた足場などが動揺したことにより,作業員がバランスを失い墜落	7
作業員が保持する資材に風が作用(受風面積が増大)し,その作業員がバランスを失い墜落	11
風を受けたことにより物が落下し,それが作業員に当たったため,作業員が墜落	5
飛来・落下 15 人	
風によりクレーンなどで吊っていた物が作業員へ落下	3
風により飛ばされた物が作業員に衝突・落下	12
倒壊 11 人	
風によりプレハブが倒壊	3
風により仮設構造物が倒壊	7
風により建設中の構造物が倒壊	1
その他 3 人	3
計	66

合の墜落防止対策のみならず,強風による資材の飛来・落下や足場の動揺なども防止する必要がある.

[大幢勝利]

文　献

[1] 仮設工業会, 1999, 改訂　風荷重に対する足場の安全技術指針
[2] 日野泰道ほか, 2001, 風に起因する労働災害の傾向とその問題点の分析, 日本建築学会学術講演梗概集, A-1, pp. 891-892

6.6　文化財の強風被害

東大寺大仏殿(国宝・高さ 48.7 m),東寺五重塔(国宝・高さ 55 m)や興福寺五重塔(国宝・高さ 50.8 m)など,わが国には多くの文化財建造物が残されている.わが国の場合,これらの多くは木造建築であり,地震や台風,落雷など自然災害により損壊するおそれがある.たとえば台風の場合,強風による屋根瓦や屋根材の飛散,海浜立地の建造物では,強風被害に加えて波浪や高潮による被害が生じる.また台風の強風被害は,最悪の場合,建物の倒壊を引き起こすこともある.四天王寺五重塔が 1934 年の室戸台風により倒壊したのは有名な例である(図 6.6.1).本節では,

図 6.6.1 倒壊した四天王寺五重塔 (1934.9.22 大阪朝日新聞)

災害時に文化財建造物が受けた被害,とくに台風時の強風被害について調査し,その特性および保存上の問題点について整理する.

6.6.1　文化財建造物の台風被害

近年,文化財建造物に被害をもたらした台風は,おもに 9119 号,9807 号,9810 号および 9918 号の 4 つである.この 4 台風で被災した文化財建造物の情報はデータベース化が成されており,被害状況を確認することが可能である(図 6.6.2).この 4 台風により被災した文化財建造物は 412 件であるが,その多くは台風進路の右側に位置することが確認できる.

被災建造物の詳細を確認すると,屋根に被害を受けているものは約 60%(244 件)と多い.この後には,壁,建具などが続き,構造体に被害を受けたものは約 5%(19 件)である.

ここで構造体に被害を受けた 19 件の内訳は,厳島神社建造物群や,西国寺三重塔や最勝院五重塔などの層塔建造物である.このうち厳島神社は,おもな原因が高潮による床板流出であり,強風による被害は層塔建造物に集中する.

6.6.2　五重塔の台風被害

近年における台風による被災文化財建造物の統計からも,五重塔など層塔建造物が強風により構造的な被害を受けやすいことは明らかである.ここで,過去に層塔建造物が受けた台風被害について記録に残るものを表 6.6.1 に示す.本表では,屋根部分の破損だけではなく,建物傾斜や倒壊などの構造的な破壊も記録されており,台風被害の

図 6.6.2　近年の大型台風進路と被災文化財建造物の分布

表 6.6.1　過去に層塔建造物が受けたおもな台風被害

西暦(年号)	台風名称	被災建造物	被害状況
1445(文安2)		教王護国寺五重塔	二重三重の高欄落下
1557(弘治3)		教王護国寺五重塔	建物傾斜
1666(寛文6)		海住山寺五重塔	建物傾斜
1771(正徳1)		教王護国寺五重塔	五十瓦部分破損
1828(文政11)		明王院五重塔	屋根部分破損
1934(昭和9)	室戸台風	四天王寺五重塔	倒壊
		教王護国寺五重塔	被害を受ける
1950(昭和25)	ジェーン台風	醍醐寺五重塔	被害を受ける
		教王護国寺五重塔	被害を受ける

甚大さを物語っている.

　建物傾斜や倒壊など,層塔建造物が台風により構造的な破壊を引き起こす原因として,風圧による加力,もしくは短時間での風速変動(風の息)に伴う風圧変化が建造物の振動特性と一致する,つまりは共振することによる変位増加が考えられる.最近では,五重塔の常時微動計測を行い固有周期や減衰定数,振動モードを求めるなど,建造物の動的特性が明らかになりつつある.しかしながら,層塔建造物が強風による構造破壊を引き起こすメカニズムは,室内実験やコンピューターシミュレーションなど多くの実験が行われているが,いまだ解明にはいたっていない.

6.6.3　被害対策と問題点

　木造建造物のうち,五重塔など層塔建造物はとくに強風被害を受けやすい.しかしながら,構造破壊にいたるメカニズムについては解明されていない部分が多く,現在個々の建造物において物理的な耐風対策を講じることはむずかしい.
　現状を踏まえると,文化財建造物の防災情報システム構築など,ソフト面での対策がより重要だと考えられる.現在では,このような文化財建造物を対象に,地理情報システム(GIS)を用いた防災マップを作成し,災害時に被害を最小限に抑制するための研究が進められている.また,文化財建造物のGISデータベース化は,経路や中心気圧などの台風情報とのドッキングを行うことで,台風時の被害予測も可能とする.

［森井順之・青木繁夫］

文　献

[1]　山田晴二郎,青木繁夫,大熊武司,2001,文化財建造物の台風災害および其の防災に関する研究－GISを用いたデータベースの構築－,文化財保存修復学会第23回大会講演要旨集
[2]　太田博太郎,1984,日本建築史基礎資料集成11塔婆II,中央公論美術出版
[3]　内田昭人ほか,1996,伝統的木造建築物の振動特性その2－法隆寺の常時微動測定,日本建築学会学術講演梗概集
[4]　山田晴二郎,2003,伝統的木造五重塔の風応答に関する研究,神奈川大学大学院工学研究科修士論文

6.7　電力関係施設の強風被害

6.7.1　鉄塔など

　自然外力による送電鉄塔の設備損壊被害のうち,台風などの強風によるものが約4割を占めており,耐風対策が重要な課題となっている.過去50年における強風による設備損壊被害としては,古くは1959年の伊勢湾台風による152基,

1961年の第2室戸台風による28基の鉄塔損壊が大きな被害事例としてあげられる．これらの被害では，250 kV 鉄塔を含む大型鉄塔の損壊のほか140 kV 以下の小型鉄塔が多数損壊した．またこの設備被害をきっかけに，大型鉄塔の損壊原因および設計手法などについて検討され，JEC-127 が改定された．その後約30年はとくに目立った被害はなかったものの，1990年台において立て続けに 9117号，9119号，9313号，9918号，0221号により，基幹送電線路を含む設備被害が発生した．1989（平成元）年以降の台風による送電鉄塔損壊基数および被害額を表 6.7.1 に示す．

以下では，被害事例として台風 9119号，9918号，0221号による設備被害状況について述べる．

(1) 台風 9119 号 [2]

1990年台風19号により，九州地方，中国地方，四国地方において，計39基の鉄塔損壊，61条の電線断線および塩害によるがいし破損48カ所の被害が生じた．九州地方の鉄塔損壊は，長崎県島原地区の半島部，福岡県大牟田地区の有明海に面した地域，福岡県・熊本県の山岳部で発生している．海岸近くで発生しているものは，湾に面して狭まった地形で風が収束する地形，あるいは岬など海に突出した地形であり，山岳部のケースでは，福岡県のみのさん嵐とよばれる南よりの局地風が発生することが知られている地域，ならびに熊本県で阿蘇山の北方にある山地の稜線上に位置する箇所である．中国地方では，山口県防府・徳山地区と広島県佐伯地区の島嶼部における山の鞍部および海岸に近い斜面傾度の大きな山で，海からの風が強くなる箇所で発生している．また，山口県，広島県，岡山県，兵庫県の瀬戸内海側の送電線において，塩害によるトリップ事故が発生し，がいし破損などの設備被害が生じている．さらに，四国地方では，愛媛県伊予三島地区における法皇山脈の尾根上で鉄塔損壊被害が生じている．ここはやまじ風と称せられる南よりの局地風の発生が知られている箇所であり，被害発生時，瞬間最大風速 73.2 m/s が記録された．この台風による全国送電設備全体の被害総額（被害前の機能確保に要した費用）は，約 140 億円であった．

事故後の設備補強対策として，送電ルートの変更，設計風速見直し，飛来物の固縛・撤去などの事前対策などが行われた．また塩害防止に関しては，がいし増結，耐塩がいしへの取替・シリコン塗布が行われている．なお，この事故を受けて，地形影響の重要性が改めて認識され，局地風の特性などに関する研究 [3] が行われることとなった．

(2) 台風 9918 号

台風 9918 号により，九州地方において 220 kV（500 kV 設計）送電線路4基（熊本県八代市から天草上島に伸びる宇土半島中央稜線部のやや南側東西に走行，南側海岸線から約 3 km，標高約 300 m）を含め，15基の鉄塔損壊および電線断線（6条），がいし破損（12基）の設備被害が生じた．基幹送電線路である 220 kV（500 kV 設計）送電線路の損壊は，台風による強風が局所的に強まる海岸付近の特殊地形に位置し，地形による増速および線路の走行も相まって設計を超える風圧荷重が作用したことが原因とされている．なお，本損壊地点近傍（約 7 km 西側）の台風観測データにおいて，最大瞬間風速 71.5 m/s（地上高 30 m），乱れの強さ約 20％を記録している．この台風による被害総額は約 60 億円であった．

事故後の設備補強対策として，海岸からの距離，地形条件，線路走行によりいっそう配慮して風荷重を精査し，必要に応じ部材および部材接合部の

表 6.7.1 送電鉄塔損壊基数（文献 [1] に追記）

年度	損壊基数			備考
	トリガー	カスケード	計	
1989				
1990				
1991	12	27	39	台風 9117，台風 9119
1992				
1993	9	10	19	台風 9313
1994				
1995				
1996				
1997				
1998				
1999	5	10	15	台風 9918
2000				
2001				
2002	1	9	9	台風 0221

図 6.7.1 台風 0221 号による鉄塔損壊
（共同通信社提供）

強度向上対策を実施した．

(3) 台風 0221 号 [4〜6]

関東に上陸した戦後最大級といわれる台風 0221 号により，茨城県南部（潮来市）の 275 kV および 66 kV の東西に延びる 2 線路において，鉄塔 9 基の損壊，1 基の部材変形が生じた（図 6.7.1）．当該地点は台風中心部進路の東側約 50 km に位置し，強風半径の近傍にあったこと，風上は粗度の小さい水田，湖であったこともあり，被災地点近傍の送電鉄塔頂部に設置された風速計で，最大瞬間風速 56.7 m/s を記録している．本損壊事故では，トリガー鉄塔とされる鉄塔基礎（井筒基礎）に大きな鉛直変位（引上げ方向に最大 591 mm）が生じており，この基礎の変位に伴う大きな二次応力（圧縮力）が片側の脚に集中し，部材が座屈したことから倒壊にいたったと考えられている．したがって，当初の設計を上回る風荷重により大きな損傷を受けた (1), (2) の事例とは根本的に事象が異なる．事故調査結果によれば，基礎変位の原因として，施工時に発生する基礎と地盤間の隙間へのグラウト材充填が不十分であったため，基礎の設計周面摩擦抵抗力を確保できていなかったことをあげている．なお，その他の設備被害は，強い強風に加えてトリガー鉄塔倒壊による電線張力の増加が重なった二次被害であった．

事故後の再発防止対策として，現存する井筒基礎について個別に引き上げ耐力評価を行い，必要に応じ新たに杭を追加するなどの補強措置を行っ

ている． ［石川智巳］

文　献

[1] 日本風工学会風災害研究会, 2000, 強風災害の変遷と教訓
[2] 通商産業省, 1992, 電力設備台風被害対策検討委員会報告書
[3] 大熊武司, 田村幸雄, 山岸啓利, 中村秀治, 石川智巳, 本郷栄次郎, 箕田義行, 2000, 特殊地形における送電用鉄塔・架渉線連成系の耐風設計に関する研究（その1), 日本風工学会論文集, 82, pp. 39-48
[4] http://www.tepco.co.jp/cc/press/02112902-j.html
[5] http://www.meti.go.jp/kohosys/press/0003434/
[6] 石原孟, 山口敦, 由田秀俊, 藤野陽三, 2002, 台風 0221 による送電鉄塔の被害と水郷地区の強風分布特性, 日本風工学会誌, 93, pp. 23-34

6.7.2 送電線のギャロッピング振動と被害

電力関係施設の中で，風による振動が問題となるケーブル構造としては，架空送電線（以下，送電線と称する）が代表的である．風による送電線の各種振動現象については，5.5.3 項に概要が示されているが，以下には，送電線のギャロッピングについて，振動性状，とくに近年問題となった被害，および今後の研究課題を示した．

(1) 送電線のギャロッピングの振動性状

送電線のギャロッピングは，1 本の電線すなわち単導体と，複数の電線を束ねた多導体（図 6.7.2）の，いずれにも発生する可能性がある．送電線の架線形態により，ギャロッピングには風向直交方向，すなわち鉛直方向の振動のほか，風向方向および電線軸周りの回転方向の振動成分を含む，曲げねじれフラッターに近い現象が含まれる場合がある．したがって，その発生機構は，風向直交方向の振動に限っては，準定常理論によりおおむね説明可能である [1] が，その他の振動成分については，空気力の非定常性を無視できない場合 [2] が考えられ，理論的に解明の余地がある．また，振動する送電線は強い幾何学的非線形性を有し，時々刻々固有振動特性が変化することから，ギャロッピングの過程で，振動モードが変化する場合がある [3]．したがって，ギャロッピングの発生モードと定常状態，すなわちリミットサイクルのモードとは，図 6.7.3 のように必ずしも一致

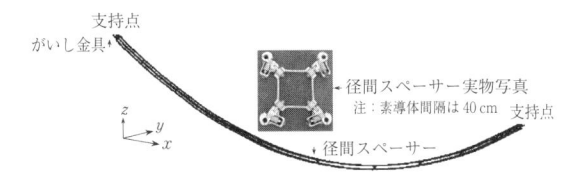

図 6.7.2 多導体送電線の例（4 導体送電線の解析モデル）

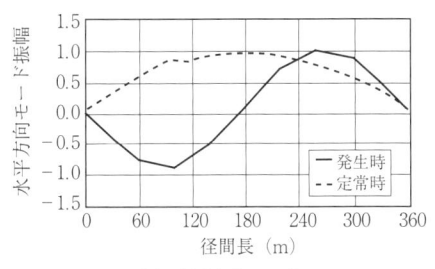

(a) 水平方向モード

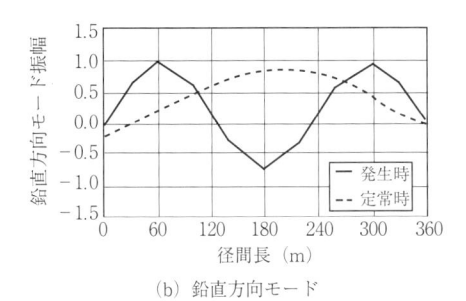

(b) 鉛直方向モード

図 6.7.3 ギャロッピング時における電線の振動モードの遷移（4 導体の解析例）

しないことに注意を要する．

なお，配電線のギャロッピングの例として，着雪防止のためのヒレを有する，難着雪電線の自励振動をあげることができる．

(2) 送電線のギャロッピングによる被害

ギャロッピングの事故については，電気学会の専門委員会による調査報告［4］がある．この調査によれば，国内の9電力会社に対するアンケートに基づき，1970年から2000年の間に776件の電気事故データが入手されたことから，年平均20件以上の事故が発生したということができ，ギャロッピング自体の発生件数はこれを上回るものと考えられる．また，事故の発生箇所は図6.7.4の示すとおりであり，発生件数は月別で2月，現地の気温別で-2℃から0℃，同じく現地の10分間平均風速別で5 m/sから10 m/sに多いと報告されている．

被害については，最近とくに問題となった事例として，以下をあげることができる．

(a) 相間短絡 上下関係すなわち上相，下相関係にある電線どうしが大振幅となって混触，短絡する事故であり，大規模な停電にいたる場合がある．ギャロッピングの代表的な被害といえる．おもに無対策の電線に発生するが，近年，着雪の増大防止による断線対策を目的とした重錘，すなわちカウンターウェイト（＝ねじれ防止ダンパー，図6.7.5）を取り付けた単導体の送電線に相間短絡事故が頻発しており，問題視されている．

(b) 相間スペーサーの折損 上記相間短絡の対策として相間スペーサー（図6.7.6）が挿入される場合があるが，これがギャロッピング時に折損する事故が発生している．相間スペーサーの材質には鋼，磁器，ポリマーなどがあるが，これまで，磁器性のがいし部分，あるいはポリマーがい

図 6.7.4 ギャロッピング事故発生箇所［4］

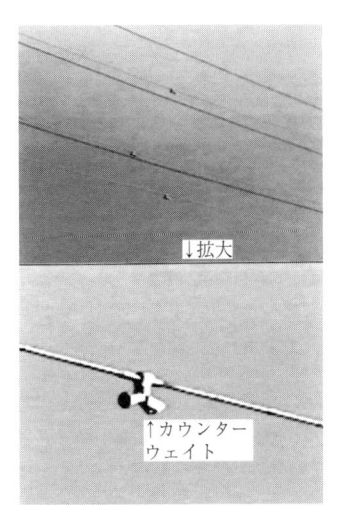

図 6.7.5 カウンターウェイト

しを連結する鋼製のロッド部分が折損した例がある．設計外力の過小評価が原因と考えられる．

(c) 鉄塔の損傷　ギャロッピングに起因する鉄塔の損傷としては，部材の疲労破壊やボルトの緩み，切断があげられる．ただし，ボルトの緩みについては，ギャロッピングの発生地域に多くみられるが，鉄塔および電線の微風振動による場合も考えられることから，今後の原因究明が必要である．なお，着氷雪に関する鉄塔の被害として，最近ではカナダのアイスストームによる鉄塔損壊（図6.7.7[5]）がよく知られているが，ここでの被害原因は，おもに雨氷の重量であった．

(d) 素線切れ　送電線は鋼性の芯線と，これを取り巻くアルミ製の縒り線とで構成され，相間スペーサーやがいし，その他の付帯設備との接合部は，クランプと称する金具で把持されている．ギャロッピング時には，こうした把持部においてアルミ製の縒り線が疲労破断する，素線切れという現象が発生し，電流容量を低下させる原因となっている．なお，素線切れは，渦励振，バフェッティング時にも発生する可能性がある．

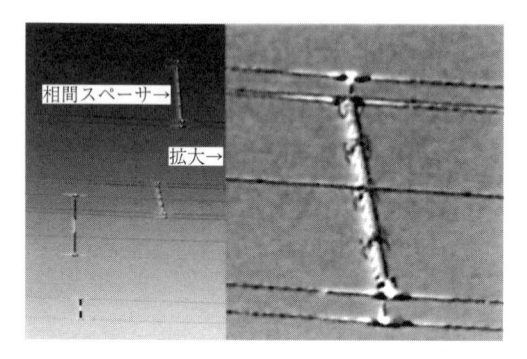

図6.7.6　相間スペーサーの例

図6.7.7　雨氷による鉄塔損壊例[5]

(3) 今後の検討課題

前述の4.6.3項のとおり，種々のギャロッピング対策が提案されているが，依然として上述のとおり事故が発生している．その原因として，これまで，対策効果を検証する方法，とくに対策品を含めたギャロッピング振動の解析手法が不十分であったこと，および気象と着氷雪に関して経験的な議論が先行し，着氷雪電線に作用する空気力の分析など，対策に不可欠な工学的検討が体系的になされなかったことがあげられる．

最近，対策品を含めて精度よく電線振動を解析しうる手法[6]が開発されつつあるが，こうした手法の活用とあわせて，着氷雪電線の空力特性について，風洞実験結果の蓄積[7]に基づき，精緻にモデル化することが，ギャロッピング対策の合理化に向けた，今後の課題と考えられる．

[清水幹夫]

文　献

[1] Den Hartog, J. P., 1956, Mechanical Vibrations, McGraw-Hill
[2] 木村吉郎ほか，2000，大振幅加振時に4導体送電線に作用する非定常空気力の特性，構造工学論文集，**46A**, pp. 1055-1062
[3] 清水幹夫，1999，時間-周波数分析によるギャロッピング時における送電線の応答特性評価，電力中央研究所研究報告，U98058
[4] 架空送電線のギャロッピング現象・解析技術調査専門委員会，2001，電気学会技術報告，第844号
[5] http://www.geocities.com/Heartland/Fields/4170/icestorm.htm
[6] 清水幹夫，佐藤順一，2001，4導体送電線のギャロッピング観測およびシミュレーション，構造工学論文集，**47A**, pp. 479-488
[7] 清水幹夫，石原孟，ファフックバン，2004，3分力天秤実験に基づく着氷雪多導体および単導体送電線の定常空気力特性に関する検討，構造工学論文集，**50A**, pp. 647-656

6.8　鉄道の強風被害

6.8.1　強風被害の概要

1872年に日本で鉄道が初めて開業して以来，記録によれば約30件の強風による列車脱線転覆事故が発生している．表6.8.1に最近における強風による列車の脱線転覆事故を示す[1]．なかで

図 6.8.1 強風により余部橋梁上で脱線し，山側約 40 m 下の水産物加工工場上に落下した車両

表 6.8.1 最近の強風による列車の脱線転覆事故

発生年月	線区名	車両形式	線路構造物形状
1978（昭和53）年2月	営団地下鉄東西線	電車	橋梁
1979（昭和54）年10月	湖西線	コキ車	高架橋
1986（昭和61）年12月	山陰本線	客車	橋梁
1994（平成6）年2月	三陸鉄道南リアス線	気動車	橋梁
1994（平成6）年2月	根室本線	気動車	築堤
1997（平成9）年6月	湖西線	コキ車	高架橋
1998（平成10）年3月	筑肥線	電車	平地
2005（平成17）年12月	羽越本線	電車	築堤
2006（平成18）年9月	日豊本線	電車	平地

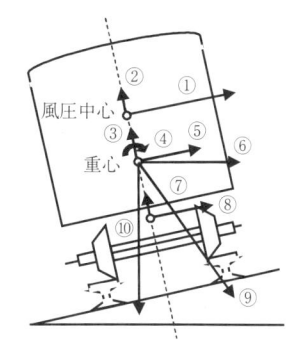

① 抗力
② 揚力
③ 上下振動慣性力
④ 回転振動慣性偶力
⑤ 横振動慣性力
⑥ 遠心力
⑦ 自連力の上下成分
⑧ 自連力の横成分
⑨ 転覆限界合力の方向
⑩ 重力

図 6.8.2 車両にはたらく力と転覆限界

も 1986（昭和 61）年 12 月，山陰本線鎧・餘部駅間の余部橋梁上から臨時回送列車の客車が強風に吹き飛ばされて落下し，12 名が死傷した事故は，その原因の究明と対策が国鉄（分割民営化後は（財）鉄道総合技術研究所）部内に設けられた「余部事故技術調査委員会」において調査審議され，近年の鉄道における強風対策の出発点となった重要な事故である（図 6.8.1）．

6.8.2 横風を受けて走行する車両にはたらく外力

横風を受けて走行する車両にはさまざまな外力がはたらく．転覆に対する安全性にとって重要なものとして，風の空気力，車両の左右振動慣性力，曲線部における遠心力などがあげられる．また空気力の作用としては，車両を水平方向に押す抗力，上にもち上げる揚力，回転させ倒そうとするモーメントを考えることができる（図 6.8.2）．

車両が横風による空気力を受けるとき，風速がある値に達すると風上側の車輪からレール面に作用している上下方向の力がゼロとなり，これより風速が大きくなると，風上側の車輪がレール面を離れはじめる．この風速を転覆限界風速という．

一般に，車両の転覆に対する影響の大きい空気力は抗力である．これは，横風により車両が転覆する場合，風下側の車輪とレールの接触点の周りのモーメントにおいて，抗力のモーメントの腕が揚力のそれに比べて長いことによる．抗力の大きさは，車両形状，車両の編成内位置，車両に対する風向角，橋梁，築堤などの線路構造物の形状などに影響を受ける．すなわち，車両の屋根が丸いほど小さく，中間車両に比べて先頭車両で大きくなる．また，中間車両では風が車両に対して直角に当たるときに最大になるが，先頭車両ではやや斜めからの風向きで最大になる．橋梁や築堤上では，桁高や築堤高が大きいほど，また，複線区間では風上側が大きい．走行する列車に当たる気流の向きと速度は，自然風と列車の動きをベクトル合成したものになる．したがって，車両運動による振動慣性力の増大と相まって，強風時の列車の走行安定性は，列車速度が大きくなるほど低下する [1, 2]．

6.8.3 転覆限界風速の評価

転覆限界風速の評価には，風洞試験で求めた抗力係数と，車体と台車をつなぐばね機構による車体変位を考慮した國枝の計算式 [3] を用いて静力学的な検討を行う方法が従来から一般に採られている．また，屋根部の丸い車両に対しては，福地式 [4] などを用いて揚力の影響を考慮する必要がある．これらの方法を用いて，転覆に関係する要因の影響の大きさを計算することができる．以下に検討事例のいくつかを示す [5]．

(i) 車両形状の影響： 寝台客車のような丸屋根断面の車両の転覆限界風速は，通勤電車に代表される標準的な断面の車両に比較して約7～10 m/s 程度高い．

(ii) 防風柵の影響： 標準的な通勤電車について，防風柵（高さ2 m，充実率60%）を設置した場合の転覆限界風速は，柵のない場合に比べて約 20 m/s 高い．

(iii) 車両重量の影響： 車両重量が10 t 大きくなると，転覆限界風速は 5～7 m/s 程度高くなる．

(iv) 走行速度の影響： 走行速度が低くなると，車両が受ける空気力が走行速度のぶんだけ小さくなるとともに，左右振動慣性力も小さくなるので，転覆限界風速は増加する．走行速度を 100 km/h から 50 km/h まで減速すると，転覆限界風速は約 8 m/s 高くなる．

6.8.4 運転規制の実施条件

余部事故技術調査委員会報告書 [6] に示された強風時の列車運転規制方法の要諦は以下のとおりである．

(i) 風速計の設置地点・位置の最適化： 山谷のため，局所的な強風が認められる場合には，風速が最も大きくなる地点を選ぶ必要がある．また取付け高さについては，橋梁に取り付けられたフェンスなどの影響を受けない高さとする必要がある．

(ii) すみやかな列車の停止： 風速が停止基準値に達した場合，すみやかに列車を停止できるよう，特殊信号発光機などを風速計と連動化し，自動的に停止信号を現示させることが有効である．

(iii) 風速計および風速検知・警報装置の整備： 風速検知装置は，確実に列車停止するための重要な装置であるため，つねに最善の状態に整備しておくことが重要である．

(iv) 風速情報表示の人間工学的配慮： 列車指令室においては，風速記録計の設置により，刻々の風速変化の状況が把握できるようにするほか，強風警報の表示は視認性，注意喚起性を高めるなどの人間工学的観点からの配慮が必要である．

(v) 適切な運転再開時期の判断： 運転再開時期をより的確に判断するためには，その目安となる風速値の変化状況などの情報を列車指令室に導入することが有効である． ［島村　誠］

文　献

[1] 藤井俊茂，前田達夫，石田弘明，1995，強風による列車の脱線・転覆，鉄道と電気技術，**10**, 5, pp. 48-52
[2] 藤井俊茂，前田達夫，今井俊昭，種本勝二，1998，強風による列車脱線転覆とその対策，新線路，1998. 4月号，pp. 9-11
[3] 國枝正春，1962，鉄道車両の転ぷくに関する力学的理論解析，鉄道技術研究所報告，No. 793
[4] 福地合一，林田千秋，西沢正一，土屋恂，1973，横風による列車転倒の静力学的検討，鉄道技術研究所報告，No. 854
[5] 日比野有，2003，横風による車両転覆に関する条件，RRR, **60**, 8, pp. 8-9
[6] 鉄道総合技術研究所余部事故技術調査委員会，1988，余部事故技術調査委員会報告書

6.9　道路の強風被害

道路における強風被害として本節では，強風により道路を走行する自動車に生じる被害，強風による吹雪が原因となる視程障害，およびそれらの対策について述べる．

6.9.1　走行車両の被害

風速25 m/sを超えるような強風時には，走行車両が風にあおられて大きく変位したり，運転手のミスを誘発するなどして，事故が発生することがある．風速が非常に高い場合には静止車両でも

横転することがあるが，一般的に走行時のほうが車両が不安定となること，また横風による運転ミスも生じるため，走行車両のほうが強風の影響を受けやすい傾向がある．したがってここでは，走行車両の被害を対象として述べる．

被害を受けやすい車両としては，受風面積が大きく車両重量が小さい，空荷の幌付きトラックや車高の高いワゴンなどの車両や，運転操作に風の影響を受けやすい二輪車などがあげられる．事故が生じやすい場所は，① 強風が作用しやすい場所，② 走行に伴って車両位置が変化した際に作用する風速・風向の変化が激しい場所，である．強風が作用しやすい場所の例として，開けた海面や幅の広い川を高い高度で横切る橋梁上などがある．風が吹き抜ける谷筋に架かる橋梁は，強風が作用するというだけでなく，たとえばトンネルを出てすぐにこうした橋梁を渡る場合，車両に作用する横風が短時間に急激に増加することになり，運転ミスを誘発しやすい．また，橋梁上においても，たとえば吊形式橋梁の主塔の後流域では横風の風速が低減したり逆流となることから，運転ミスが生じやすい．

強風による自動車事故例をまとめたものとして文献 [1] があるが，それによると，1979 年の台風 20 号による強風が原因となって起きた首都高速道路湾岸線荒川河口橋上の連鎖事故では，保冷車が瞬間風速 37 m/s で横転したことが原因とされている．冬季の季節風も日本海沿岸部では瞬間風速 40 m/s を超える強風となることがあり，新潟県の国道 8 号線の米山大橋付近で生じたトラックの横転事故は，風洞実験の結果，車両の走行に伴って 150 m 程度の距離の間に風向が左右方向に 3 度も入れ替わり，運転ミスを誘発しやすい状況であったことがわかった [2]．

6.9.2　道路の強風被害の対策

こうした車両の被害を防ぐために，強風時には通行規制が実施されることが多い．わが国では 5～10 分間の平均風速が 25 m/s に達した場合に全面通行止めの規制を行う基準を設けている道路管理者が多いが，アメリカやイギリスでは，瞬間風速 30 m/s を規制基準としている橋梁もある [3]．なお，通行止め規制の実施の判断は風速データのみに基づいて行うのではなく，警察が現地を実際に走行して得られた情報などにも基づき総合的に危険性が判断される．また外国においては，側面の面積が大きく風に弱い車種や路面が湿潤した状態に対しては，2～3 割低い風速において通行止め規制を行うとした基準を用いている例もある [3]．さらにイギリスにおいては，風向や車線を考慮した規制を行い事故の発生を防ぐといった対策もとられている．

一方こうした通行規制は，利用者の利便性を大いに損ない，また有料道路においては収入減につながることから，遮風壁などを設置することによって横風の影響を低減させる対策が採られる場合がある．イギリスのセバーン橋では，主塔付近における風速の急変を低減させる目的で，主塔に向かって高さが順次高くなるような遮風壁を設置している [4]．この遮風壁は長い板を多数並べた形となっているが，橋梁自体の耐風性に悪影響を及ぼさないように，橋梁の安全性に問題が生じるような風速では板を回転させて風に及ぼす影響が小さくできるような工夫がされている [5]．また，第 2 セバーン橋では，橋梁全長にわたって遮風壁が設置されている [4]．わが国では，大鳴門橋において主塔付近に遮風壁が設置されている（図 6.9.1）ほか，番の州高架橋や前述の国道 8 号線米山大橋付近でも横風の影響低減を目的として遮風壁が設置されている．

なお，強風被害の低減を目的として，車両の走行安定性を高めるために車両の空力特性を向上させるための研究 [6] や，橋梁主塔後流域において走行車両に作用する空気力に関する基礎的研究 [7] なども進められている．

6.9.3　吹雪による視程障害

視程とは，どの程度の距離を見通すことができるかを示す指標である．目視によって視程を観測する際には，昼間に，地平線上にある視角 0.5～5.0° の大きさの黒ずんだ物体が空を背景として見分けられる最大距離として視程は定義される．降

図 6.9.1 大鳴門橋主塔に設置された遮風壁
（本州四国連絡橋公団提供）

雪時には目標物が雪によって遮へいされることによって視程が低下するが，北海道では降雪だけで視程が100 m以下になることはほとんどない．しかし吹雪になると，雪面から舞い上がる飛雪の影響が加わり視程が10 m以下になることもある[8]．

視程障害による被害を大きくする要因として，①吹雪の吹走距離，②路側雪堤，③道路の曲線部，④登り坂の凍結路面，⑤風速と降雪量，の5項目があげられる[8]．②は雪堤により運転者の視線高さの飛雪量が増大するため，③は雪堤のできた曲線部では白い雪によって光が乱反射されて影ができにくく，立体感が失われて事故が生じやすいため，⑤については吹雪量が風速の2～7乗に比例して増加するため，被害が大きくなる．

吹雪による視程障害を防ぐために，①防雪，②防風，③雪堤の成長抑止，④視線誘導，⑤交通規制，といった対策が採られている．防雪林や防雪柵はこれらの対策のための有効な手段となりうる[9]．　　　　　　　　　　　　[木村吉郎]

文　献

[1] 相馬清二, 1983, 強風による自動車事故について, 日本風工学会誌, **15**, pp. 1-10
[2] 土木研究所, 1980, 米山地区強風対策模型実験報告書, 土木研究所資料, 第1554号
[3] 本州四国連絡橋公団, 1995, 海上橋における自動車の走行安全に関する検討, 道路保全技術センター
[4] Smith, B. W. and Baker, C. P., 1998, Design of wind screens to bridges, experience and applications on major bridges, Bridge Aerodynamics, Larsen & Esdahl (Eds.), pp. 289-298, Balkema
[5] 海洋架橋調査会, 1994, 長大橋の耐久性に関する調査研究報告書
[6] 自動車技術会編, 1998, 自動車のデザインと空力技術（自動車技術シリーズ10）, pp. 53-64, 朝倉書店
[7] Charuvisit, S., Kimura, K. and Fujino, Y., 2004, Experimental and semi-analytical studies on the aerodynamic forces acting on a vehicle passing through the wake of a bridge tower in cross wind, *J. Wind Engineering and Industrial Aerodynamic*, **92**, Issue 9, pp. 749-780
[8] 日本建設機械化協会編, 1988, 新編防雪工学ハンドブック, pp. 98-278, 森北出版
[9] 北海道開発局, 2003, 道路吹雪対策マニュアル, http://www2.ceri.go.jp/fubuki_manual/

6.10　航空の強風による被害

大気中を飛行する航空機にとって強風は揚力を生み出す媒体そのものの乱れであり，直接あるいは間接的に被害[1]をもたらす．風を起因とする100名以上の犠牲者を出したこれまでのおもな航空事故を表6.10.1に示す．被害の原因は以下に示すように，大気乱流，ウインドシアー，後流渦に大きく分類される．

6.10.1　大気乱流による被害

航空機は，大気の乱流を想定した突風荷重に対して，統計的なデータに基づいた設計荷重が規定されており，機体は通常の運航において遭遇するような突風に対しては十分耐えるように設計されている[2]．しかし，ときとして予想以上の強さの乱気流により被害が発生することがある．富士山上空で空中分解[3]した強い大気乱流に起因した事例1は社会に衝撃を与えた．

〔事例1〕　羽田から香港に向かっていた4発のジェット機が，富士山頂（3776 m）から水平方向約18 km離れた御殿場市上空，高度4900 m付近で乱気流に遭遇し，機体が空中分解して墜落した．操縦室床下のフライトレコーダーは火災により焼損してしまったが，乗客が機外を撮影していた8ミリカメラのフレーム分析などから，突然7.5G程度の荷重が加わったと推定された．また，機体尾部において，まず初めに垂直尾翼が胴体取

り付け部で破壊したことが明らかとなり，事故時の気象データ解析および地形模型を使った風洞実験結果などから，富士山風下に発生した乱気流により設計制限荷重を越えた力が機体に加わったのが事故原因であると推定された．天候は東京から富士山がみえるほどの快晴であった．

直接機体が破壊される事故以外に，昔からエアポケットなどとよばれたりする大気の乱れによる下方加速度が突発すると，シートベルトを装着していない乗客や作業中の乗員，また，機体に固定されていないギャレーなどが相対的に機内で飛ばされ，人的被害が発生する．ジェット機の運航高度であるジェット気流が位置する対流圏上部から成層圏下部にかけて発生するCATとよばれる晴天乱流[4]がこの原因となる．通常のレーダーなどで捉えることが困難なため予測もむずかしい．

6.10.2 ウインドシアーによる被害

航空機の特性から，強い下方風は直接高度損失に結びつき危険である．浅い降下角をもつ比較的低速での滑走路進入時あるいは最大推力で加速中の離陸時には，水平速度変化も大きな影響を及ぼす．このような風の変化に関して，1975年のイースタン航空の着陸事故（事例2）調査が発端となり，局所的に集中する強い雷雲によるマイクロバースト[5]とよばれる気象現象が注目されるようになった．発達した積乱雲の中心部にはダ

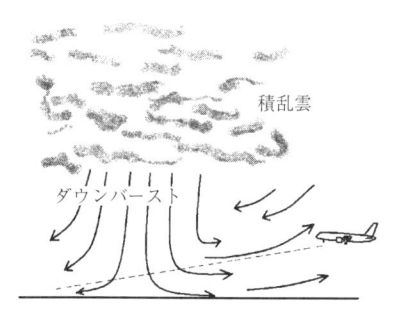

図6.10.1 ダウンバーストとウインドシアー

ウンバーストとよばれる強い下方噴流が生成され，それが地上周りにウインドシアーとよばれる風速および風向の局所的な変化を生じさせる．図6.10.1に示すようにダウンバーストが着陸進入時滑走路手前にあると，航空機にとってまず向風となるため飛行の対気速度が上昇する．この場合，パイロットは，エンジンスロットルを絞るのが通常である．次に下方流に遭遇し，そして追い風になると，着陸降下経路を保つのが困難となり，失速による墜落やエンジン加速応答の時間遅れによるオーバーランを引き起こす．事例2～7はこのような気象現象が関与したと思われる強風の変化による被害である．

6.10.3 後流渦による被害

自然気象から生じる風のほかに，航空機自体が航空事故に結びつく渦を生成する．大型化した機体が発生する翼端渦である．事例8はこれが起因

表6.10.1 風が関与した死者100名以上の航空事故

事例	日付	運航会社	機体	場所	原因	死亡者数
1	1966.3.5	BOAC	ボーイング707	富士山	乱気流による過荷重で空中分解	124名全員
2	1975.6.24	イースタン	ボーイング727	ニューヨーク	着陸進入中ウインドシアーにより墜落	124名中115名
3	1980.7.7	エアロフロート	ツポレフ154	カザフスタン	離陸2分後ウインドシアーにより墜落	163名全員
4	1982.7.9	パンアメリカン	ボーイング727	ルイジアナ	離陸直後ウインドシアーにより住宅街に墜落	145名全員，地上8名
5	1985.8.2	デルタ	1011トライスター	ダラス	着陸進入中ウインドシアーにより墜落	163名中134名，地上1名
6	1989.9.3	クバナ	イリューシン62	ハバナ	離陸直後ウインドシアーにより墜落	126名全員，地上45名
7	1998.12.11	タイ	エアバスA310	スラタニ	風雨の悪天候で着陸進入中ゴム園に墜落	146名中101名
8	2001.11.12	アメリカン	エアバスA300	ベルハーバ	離陸後後流渦で操舵中垂直尾翼破壊墜落	260名全員，地上5名

〔事例8〕 ニューヨークJFK空港をドミニカに向けて飛び発ったアメリカン航空のエアバス式A300-600が，900mほど上昇した離陸約90秒後に垂直尾翼が胴体取り付け部より破壊し，墜落した．この事故機のフライトレコーダーによると，記録が途絶える28秒前と8秒前に2度，同じ滑走路を105秒前に離陸したジャンボジェットの後流渦に遭遇している．そして，その後流渦乱流遭遇に対する方向舵の過剰な動きが，垂直尾翼に過大な荷重を生じさせたとみられている．さらに，本事故に関連してカナダNRCが，後流渦がウインドシアーにより助長される可能性も指摘している．とくに，小型機の離着陸においては，このような大型機の後流渦が被害に結びつく．

6.10.4 事故防止対策

1985年頃から運輸省（現国土交通省）により，ウインドシアー検出警報システムの開発が促進され，ダウンバーストなどに起因するウインドシアーの早期検出を目的として，主要空港に航空気象ドップラーレーダーの整備が進められている．また，機上に装備するレーザーを使った前方突風検出装置なども研究されている． ［上田哲彦］

文 献

[1] http://www.aviation-safety.net/database
[2] 耐空性審査要領，鳳文書林出版販売
[3] BOAC所属ボーイング707（G-APFE）事故調査報告，1968，日本航空宇宙学会誌，**1**, 169, pp. 53-63
[4] 伊藤博，1972，飛行と天気，東京堂出版
[5] Fujita, T. T. and Caracena, F., 1977, An analysis of three weather-related aircraft accidents, *Bull. Amer. Meteor. Soc.*, **58**, pp. 1164-1181

6.11 農業関係の強風被害

6.11.1 農業施設の構造的特徴

台風などによる農業関係の強風被害は，農作物の倒伏・損傷，農業施設（温室，畜舎，流通施設など）の破損・損傷が主である．畜舎や流通施設は，若干の安全率の違いはあるものの一般建築物に準拠した耐風設計がされており，被害の傾向は一般建築物と類似している．一方，温室は日射透過性の被覆材と骨組材で構成され，一般建築物とは異なる軽量構造であるため，他の施設に比較して被害は圧倒的に多い．以下では，温室を中心に述べる [1]．

わが国の施設園芸は，1950年代の農業用塩化ビニルフィルムの導入が契機となって発展し，温室の設置面積は53,518haに達している（1999年）．温室は，ガラス温室とプラスチックハウスに大別される．前者は，H形鋼や角形鋼管などを用いた鉄骨骨組構造で，厚さ3～4mmの透明板ガラスで被覆される．後者は，使用する構造部材によって，鉄骨ハウス，鉄骨補強パイプハウス，パイプハウスに分けられる．パイプハウスは，直径22mmあるいは25mmの曲げパイプ（アーチパイプとよぶ）を用いてアーチ状の屋根を形成し，コンクリート基礎を用いずにパイプを直接地中に押し込む．廉価で簡易に設置ができる点が特長であり，わが国の温室の約79％を占める．

温室の設計条件には，①構造条件（耐風・耐雪強度），②栽培条件（作物に適する日射その他の環境），③経済条件（コスト低減）などがあり，これら3条件のバランスが必要である．とくに，光合成を通じた作物生産が目的であるため，高い日射透過率の確保が重要であり，構造や部材が制約を受け，強度確保には限界がある．とくに，パイプハウスは，強度を犠牲にして比較的高い日射透過率と低コストを実現している．

6.11.2 被害事例

近年の最も大きな農業関係の被害は1991年の台風17号および19号によるもので，九州だけでもその被害額は1753億円に及んだ．このうち農業施設の被害額は411億円で23％を占めている．1998年の台風7号では，奈良県・和歌山県の果樹温室が80億円（農業関係の総被害額の21％）の被害を受けた．1999年の台風19号では熊本県を中心に被害を受けたが，九州全体の農業施設の被害額は151億円（同15％）となっている．関東地方で戦後最大級の台風となった2002年の台

風21号では，千葉県・茨城県の農業施設の被害額は63億円（同37%）であった．農業災害の補償として，農作物共済，家畜共済，果樹共済，畑作物共済，園芸施設共済などがあり，被害額の8割が支払われる．園芸施設共済金の内訳は，風害によるものが全体の49%を占め，風水害を含めると74%となり，強風に関連する被害がいかに多いかがわかる．地域別では九州が全体の44%を占めている．

温室の被害は，構造的にいくつかの特徴がある．すなわち，① 部材接合部の破損・はずれ，② 基礎の浮き上がり・転倒，③ 骨組材の折れ曲がり，④ 被覆材の破損などである．①では，角形鋼管などによる柱材の接合部における金具やボルトの強度不足が原因である（図6.11.1a）．一方，パイプハウスでは，棟部で骨組パイプを接合するが，接合部は差し込み型が一般的である．このため，引張り力や全体の変形によりアーチパイプ接合部がはずれて構造体としての破壊が生じる例が多い（図b）．②はコンクリート二次製品である基礎の引き抜き抵抗や側面の支持力が小さいために浮き上がってしまう被害であり（図c），極端な場合は引き抜かれて宙づりになることもある．③は小径のパイプを使用しているパイプハウスに多い（図d）．直径22mmのパイプを用いた間口5.4mのパイプハウスの場合，風速が30～40m/s以上になると風上側肩部の変位が増大し，構造の維持が困難になる．④は飛来物や局部的な風圧がおもな原因である（図e）．被覆材自体は静的には比較的大きな風圧に耐えられ，たとえば厚さ4mmの板ガラスは風速60m/sを超える風圧にも耐えられる．パイプハウスの場合，フィルムが破れる前にパイプの曲がりが生じることがわかっており，骨組の耐風強度を高めることのほうが重要となる．

6.11.3 被害の低減対策

温室の強風対策は，以下の項目について総合的に検討する必要がある．すなわち，① 構造強度の増強（作物栽培に支障のない範囲で，部材寸法の増加，部材接合部や基礎部の補強，応急措置としての支柱・筋交いの設置など），② 防風施設の設置（7.4.4項を参照），③ 施設の立地配置計画，④ ソフト面での対策（強風に関する情報収集，応急措置の時期や判断など）である．方杖や斜材による補強は効果的であり，たとえばこれらによりパイプハウス肩部の曲げモーメントは1/2～1/3程度に減少する．基礎の引抜き抵抗力を増加させる方法としては，基礎寸法の増加，根がら

(a) 柱－水平梁接合部の破損 [2]

(b) パイプハウスの棟接合部のはずれ [1]

(c) コンクリート基礎の浮き上がり [2]

(d) パイプハウスの骨組の変形 [2]

(e) ガラスの破損 [1]

図6.11.1　被害事例

みの設置，周辺土の締め固めなどがある．扉や換気窓を固定することも応急措置として重要である．被覆材や作物を犠牲にして，被覆材を撤去あるいは切断する応急措置があるが（骨組の被害は回避される），的確な判断と瞬時の実施が要求される．

[佐瀬勘紀]

文　献

[1] 佐瀬勘紀，豊田裕道，2000，農業施設（日本風工学会風災害研究会編，強風災害の変遷と教訓），pp. 63-68，日本風工学会風災害研究会
[2] 森山英樹，佐瀬勘紀，小綿寿志，石井雅久，2003，台風0221による千葉県・茨城県下の園芸施設構造の被災状況と考察，農業施設，34(3), pp. 199-212

6.12　強風災害に関する損害保険

6.12.1　風災害に関する保険制度

日本の損害保険事業は海上保険から始まり120年以上もの歴史がある．その一つである火災保険は古くは火災損害のみの補償であったが，徐々に補償内容を拡充し，現在では風水害などの自然災害も補償対象に加えている．損害保険は大数の法則という原理を基にしている．これは，火災や交通事故などきわめて多数の集団が集まれば，その事故発生の頻度はある安定した確率に収束するという原理である．ところが，風災害のような自然災害については，①発生頻度の年変動が大きい，②一度の損害額が巨額となる，③地域特性がある，④損害が広域に及ぶために損害査定が容易でないなどの理由から保険制度として成り立ちにくい側面があった．そこで，契約の際に引受条件を設けたり，支払いの上で限度額を設けたりするなどの工夫や，「再保険」といった損害保険独自のシステムを活用することにより自然災害リスクへの対応を行ってきた．おもな住まいの火災保険は大きくは補償タイプのものと積立タイプに分類でき，自然災害の補償内容は表6.12.1のとおりである．

諸外国において風害を補償する損害保険には，国によりさまざまなものがあるため，横並びに比較することはむずかしいが，基本的にはどの国でも補償対象とされているとみてよい．アメリカではHomeowners保険などの火災保険に風害補償は自動的に組み込まれている．このため，政府などの公的な支援がないのが通常であるが，ハリケーン常襲地域であるフロリダ州においては民間保険会社の自助努力だけでは十分対応しきれず公的協力による，残余市場（民間市場で保険を入手できない契約者に州が介在して保険の入手を確保するための共同引受機構）やフロリダハリケーン災害基金などの支援体制がある．一方，フランスをはじめとするヨーロッパ諸国においては自然災害といえばおもに洪水であり，損害が巨額になるおそれがあることから，民間保険会社は水害補償に関しては慎重な姿勢をとっている．このため，政府が関与したり，民間保険会社では引受不可とするなどさまざまな対応策がとられている．しかし，風災害については発生頻度，被害規模も大きくないことからとくに制限することなく補償しているケースが多い．

6.12.2　保険金支払

わが国において風水害などの一つの災害での支払保険金の最高額は，1991年の台風19号による約5700億円である。しかし，2004年には過去最多の10個の台風が上陸し，18号を含め支払保険金総額は約7200億円に達し，年度単位では過去最高となった．世界では1992年のアメリカのハリケーン「アンドリュー」による237億ドルが最高額であったが，2005年8月にアメリカ南部を襲ったハリケーン「カトリーナ」がその紀録を一挙に塗り替え，685億ドルという巨額な支払となった（表6.12.2）．

6.12.3　損害保険の新しい取組み

過去の台風に関する統計データの蓄積はたかだか70年程度であり，再現期間などの問題を含めて推測できる範囲には限界がある．そこで，データ不足に対処する一つの方法としてモンテカルロシミュレーションがある．たとえば，既往の台風データなどから光田，藤井[1]による台風域内の気圧場の客観解析手法を用いて台風パラメーターを算出し，これより求まった台風の中心気圧

表 6.12.1　おもな住まいの火災保険における自然災害補償内容

保険の種類 補償する自然災害	補償タイプ			積立タイプ		地震保険
	住宅火災	住宅総合	団地保険	長期総合保険	積立生活総合保険	
落雷	●	●	●	●	●	−
風・ひょう・雪害*	●	●	●	●	●	−
水害*	−	●	−	●	●	−
地震*	−	−	−	−	−	●

● 損害が補償されている危険
* 保険金支払の上で一定の制限があるもの.
　地震は,契約者が希望しない場合を除き住まいの火災保険とあわせて契約する.

表 6.12.2　高額の保険金支払(左:国内,右:世界(1970〜2005年))[4, 5]

順位	災害名	発生年	支払額(億円)	災害名	発生年	支払額(億ドル)
1	台風9119号(全国)	1991	5679	ハリケーン「カトリーナ」	2005	450
2	台風0418号(全国)	2004	3874	ハリケーン「アンドリュー」	1992	223
3	台風9918号(熊本,山口,福岡等)	1999	3147	世界貿易センタービル他テロリスト攻撃	2001	207
4	台風9807号(近畿中心)	1998	1600	ノースリッジ地震	1994	185
5	台風0423号(西日本)	2004	1380	ハリケーン「アイヴァーン」	2004	117

(注)世界の支払額は2005年に物価スライド.

深度や最大旋衡風速半径などのいくつかのパラメーターを確率分布に当てはめ,それらを組み合わせて多数の仮想台風を発生させることで,これまで経験したことのない大規模な台風の被害想定などが可能となるもので,損害保険では未知の台風損害についての評価[2]が行える.

一方,変動の大きなリスクをカバーする方法として最近注目を集めているものに天候デリバティブがある.デリバティブは代替的リスク移転手段(ART : alternative risk transfer)の一つである.損害保険では損害の発生原因を特定させる必要があるが,デリバティブでは指数と実勢図との関係が問題であり原因は問われない.また,損害保険が実際に被った損害額に限定されるのに対して,デリバティブでは契約時に設定した金額が支払われる.損害査定が不要なため迅速な支払が可能となる.強風災害に限定しているものではないが,台風の襲来数を対象とするデリバティブ[3]も販売されてきている.　　　　　　[川口正明]

文　献

[1] 藤井健, 1974, 台風域内の気圧場の客観解析法, 京都産業大学論集, 4, 1, pp. 77-90
[2] 損害保険料率算出機構, 2001. 6, モンテカルロシミュレーションを利用した台風の風速分布の算出, Risk No-60
[3] 渡部弘之, 松本優, 岡崎豪, 2002, 台風デリバティブTMとその活用, 第21回日本自然災害学会学術講演会予稿集, 日本自然災害学会
[4] 日本損害保険協会, http://www.sonpo.or.jp/business/library/stat/c_fusuigai.html#kogakushiharai
[5] スイス再保険会社, 2006, Sigma, No. 2/2006

6.13　自治体の防災

6.13.1　災害対策基本法

1959(昭和34)年の伊勢湾台風を契機に,わが国で発生する災害に対して「国土並びに国民の生命,身体及び財産を災害から保護するため」に,1962(昭和37)年に災害対策基本法[1]が定められた.災害対策基本法が対象としている災害とは,「暴風,豪雨,豪雪,洪水,高潮,地震,津波,噴火その他の異常な自然現象又は大規模な火事若

しくは爆発その他」をさしており，現在では原子力施設の大事故も含まれている．この災害対策基本法に基づいて政府は中央防災会議（会長は内閣総理大臣），地方自治体は地方防災会議を設置し，防災計画の作成と実施，災害が発生した場合の災害に関する情報収集や災害応急対策，災害復旧対策を計画し実施することになっている．また，災害が発生あるいは発生するおそれのある場合には，災害対策本部を地方自治体に設置し対応することになっている．これまで台風や地震で大きな被害が発生した場合には各都道府県や市町村に災害対策本部を設置し，被害状況の把握，復旧対策の計画・実施によって対応している．また「非常災害」や災害の規模などによっては非常災害対策本部や緊急災害対策本部を内閣府に設置することができる．このように災害対策基本法に則って政府機関や地方自治体に防災会議や災害対策本部を設置することが定められている．一方，学校や民間企業も独自に災害対策本部を設置しているところもある．

災害発生後の被災者や被災地への経済的な援助や助成に関しては，激甚災害に対処するための特別の財政援助などに関する法律（激甚災害法昭和37年）[2]，被災者生活再建支援法（1998（平成10）年）[3]がある．激甚災害法は，「国民経済に著しい影響を及ぼす災害に対して，地方財政の負担の緩和，被災者に対する特別の助成，を行うことが特に必要であると認められる場合に，その災害を激甚災害として政令で指定し，あわせてその災害に対して適用すべき特例措置を指定する」ものである．激甚災害の指定基準[2]には，激甚災害指定基準（1962（昭和37）年　本激）と局地激甚災害指定基準（1968（昭和43）年　局激）の二つがあり，前者が全国的な規模の被害，後者が局地的な規模の被害に対応している．激甚災害法では国が自治体や被災者に対して経済的な援助や助成を行うのに対し，被災者生活再建支援法では自治体が相互扶助の観点から国と協力して被災者に対して経済的な支援をする．被災者生活再建支援法では，都道府県から拠出された基金の運用益と国費を財源とし，全壊戸数が10以上の市町村もしくは全壊戸数が100以上の都道府県における自然災害に対し，全壊もしくはそれに準じる世帯に対して最高300万円の支援金を支給するものである．

6.13.2　中央防災会議

「中央防災会議とは，内閣総理大臣を会長とし，防災担当大臣や防災担当大臣以外の全閣僚，指定公共機関の長，学識経験者からなる会議で，以下のような役割」をもっている [4]．

①「防災基本計画」「地域防災計画」の作成およびその実施の推進

② 非常災害の際の緊急措置に関する計画の作成およびその実施の推進

③ 内閣総理大臣・防災担当大臣の諮問に応じての防災に関する重要事項の審議（防災の基本方針，防災に関する施策の総合調整，災害緊急事態の布告等）など

④ 防災に関する重要事項に関し，内閣総理大臣および防災担当大臣への意見の具申

東海地震や東南海・南海地震といった巨大地震対策が中心に災害対策基本法が対象としている災害に対して基本的な枠組みを示している．

また，国土庁は1988（昭和63）年からの「防災マップ作成モデル事業」を通じて，各地の地震・津波，火山，水害，土砂災害，林野火災に対する防災マップを作成し，地域の災害危険性をわかりやすいかたちで表示する努力をしている．

1982（昭和57）年より毎年8月30日から9月5日までを「防災週間」とし，関係公共機関・地方公共団体およびその他関係団体に対して，防災訓練や防災意識の啓発活動の実施，災害への備えに対する家庭や事業所への奨励などを行っている．

6.13.3　地方自治体ほか

ほとんどの地方自治体のホームページ [5] には防災関連の情報が掲載され，避難場所の情報，災害があった場合の被害状況，地域気象情報，災害に対する地方自治体の対応などについて地域住民にわかりやすいように明示し，災害に対する啓

蒙活動を行っている．

　たとえば，1999（平成11）年9月24日に豊橋市で発生した竜巻災害に関して，豊橋市が報告書[6]をまとめている．当日午前11時過ぎに竜巻被害が発生したが，午前11時20分には豊橋市長が本部長となる災害対策本部が設置されている．その後，被害状況の把握，避難所の開設指示，応急対策指示，詳細な被害マップ（図6.13.1）の作成を開始している．当日の午後5時から災害対策本部員会を開き，被害状況と応急対策について各部所からの報告があり，今後の応急復旧対策について各班の体制づくりなどが話し合われている．翌日午前11時には2回目の災害対策本部員会が開かれ，建築確認申請の特例および手数料の免除，被災者への市営住宅の斡旋および修繕業者の斡旋，災害ごみの処理対応，災害見舞金，被災者に対する市民税，個人事業税，所得税の減免，金融機関などの貸付金，住宅補修など貸付金利子補給補助金，小口事業資金など利子補給補助金などについて協議がなされている．広報活動としては，避難所開設，物資配布，危険防止，罹災証明，各種見舞金・貸付金・税の減免などの広報を広報車や地元FM局の協力によって行っている．ライフライン関係では，道路障害物の除去，交通整理・誘導，電力・電信の復旧が行われている．このように豊橋市で発生した竜巻災害発生後の豊橋市の迅速な対応の様子が詳細に記され，今後の強風災害の対応策に対し貴重な資料となっている．

　日本風工学会[7]では風災害研究会を通して，強風災害の被害調査や情報収集だけでなく，フォーラム[8]やセミナーを主催し強風災害に対する啓蒙活動を行っている．　　　　　[奥田泰雄]

文　献

[1] 災害対策基本法，http://www.bousai.go.jp/kunren/horei_1.htm
[2] 激甚災害制度，http://www.bousai.go.jp/hou/gekizin/index.html
[3] 被災者生活再建支援法，http://www.bousai.go.jp/hou/shiensya.html
[4] 中央防災会議のホームページ，http://www.bousai.go.jp/jishin/chubou/
[5] たとえば，東京都総合防災部のホームページ，http://www.soumu.metro.tokyo.jp/04saigaitaisaku/

図 6.13.1 豊橋市が作成した竜巻の被害マップ

[6] 豊橋市，2000.3，竜巻の記録，1999.9.24 豊橋市を襲った黒い渦
[7] 日本風工学会のホームページ，http://www.soc.nii.ac.jp/jawe/
[8] 日本風工学会風災害研究会，2000.11，強風災害の変遷と教訓

6.14 強風災害の調査と分析

6.14.1 災害調査の意義

　災害が発生した後に調査を行い，被害の種類や内容，範囲や程度などを客観的，定量的なデータとして分析し，報告書などの資料として残しておくことは，災害の実態を把握し，原因や発生過程を明らかにして，予防法の検討を行うために不可欠であるばかりでなく，災害の歴史を知る上で貴重な資料となる．以下では，強風災害の調査分析について災害の発生から資料作成までの大まかな手順を紹介する．

6.14.2 調査分析プロセスの具体事例

　日本における強風災害は，その被害額や規模の大きさからみるとまず台風による被害をあげることができ，伊勢湾台風や第二室戸台風，最近では1991年の9119号（いわゆるりんご台風）による被害が大きなものとして知られている．また，風速の強さ，被害の程度の大きさからみると，回転性の渦を伴った竜巻や発散性の下降流を伴ったダウンバーストによる被害があげられる．その他，発達した温帯低気圧によるもの，前線，フェーン現象，地形性の局所的な強風，建物による，いわゆるビル風などによるものも強風災害の原因としてあげることができる．いずれの場合も，災害発生後の調査分析の流れは以下のように，事前準備，調査，事後作業として説明できよう．

(1) 事前準備

　調査に関しては現地調査が基本となるが，それに先立ち情報収集，調査計画の立案などの事前準備を行う．被害状況を把握するためにはテレビ，ラジオ，新聞のニュースやインターネット上の情報をチェックし，役所，消防署，警察署，気象台，新聞社などの関係諸機関へ直接連絡を取って被害の様子を尋ねる．得られた情報をもとに，大まかな被害内容の把握と被害の範囲や分布の確認，調査地域，ルート，スケジュールの検討および調整を行うが，台風のように被害が広範囲に及ぶ場合には調査の人員や時間，費用などの制約を勘案し，調査先の絞り込みが大切である．また，竜巻やダウンバーストの場合には台風に比べて災害の範囲は狭いが，被害の復旧は速く，翌日には飛散物の撤去や防水シートが掛けられるので，被害箇所の写真を撮りたい場合にはできるだけ速く準備を済ませ，現地に赴くことが重要になってくる．交通の確認と，切符・宿泊の手配，地図，携行品の準備が済めば，現地の関係諸機関にあらかじめ連絡を入れて，調査および資料提供の協力を要請しておく．

(2) 調査

　現地に到着し，被害現場を訪れる前に関係諸機関の担当窓口で，被害の概要，発生場所，時刻など，もう一度最新の情報をできるだけ入手する．また，各種連絡先，担当者の名前，調査資料，過去の同様な被害のデータがあればそれももらい，後日の資料提供の依頼もしておく．書店，駅，ドライブインの売店などでは現地でしか入手できない地方紙や地図などが入手できる場合があるのでチェックし，同時にインタビューなども行うとよい．地図に関しては，自治体が独自に発行している市町村の全体図がある場合があるので，購入しておくと被害のプロットなどに役に立つ．これらの最新情報をもとに被害概要の把握と，調査領域・ルートを再検討し，調査メンバー全員による調査内容，ルート，手順の確認を行った後，現地調査を開始する．現地では写真・ビデオ撮影，被害者へのインタビューなどにより被害の実態を記録する．その際，調査票などを使うと後の整理に便利である．また，住民や新聞社などが写真やビデオ映像などの資料をもっていればその提供の依頼，連絡先の確認を行う．注意としては，被災者の心情を考慮した態度で接するように心がけることである．

(3) 事後作業

事前準備，現地調査で得られた情報の整理を行うとともに，資料提供の依頼をした機関，個人，その他調査時に得られた情報をもっている可能性のある個人，機関（自衛隊，工場，道路管理局，学校，その他）へ連絡し，被害に関する情報の有無を確認する．そして，資料がある場合はその提供の依頼を行う．被害状況，被害世帯数などは役所などを通じて集計作業が行われるが，台風などのように被害の範囲・規模が大きい場合，最終的な被害の確定には数カ月かかることがあるので，それまでは暫定的な集計値になる．写真やビデオ画像など集めた資料には番号をふり，地図上での位置確認および被害者のコメントなどをつけて整理する．天気図，降雨強度，衛星画像などの各種気象情報は気象台，測候所，（財）気象業務支援センターで後日入手できる．被害状況や復旧対策など，住民や関係諸機関へのアンケートを行う場合には調査票を送付し，結果の回収と整理を行う．写真やビデオ映像など著作権のあるものには提供者への資料使用許可依頼と使用承諾書を送付し，使用許可をとっておく．集めた資料をもとに，建物・人的・農作物被害率など，各種被害の統計量を求め，被害分布図を制作する．被害発生時の気象状況の解析，被害概要，発生プロセス，原因の解明，復旧対策の評価などの分析を行い，今後の対策などの提案を報告書としてまとめ，早いうちに極力公開することが重要である．最後に，協力を受けた個人・機関に調査結果，礼状を忘れないように送付する．

6.14.3 情報源と協力機関

被害および気象など，各種情報の収集先を以下にあげておくので参考にされたい．

（i）被害：テレビ，ラジオ，新聞の記事．インターネット上のサイト（たとえば，消防庁災害情報，新聞社），役所（都道府県の消防防災課，市町村の場合は担当部署がまちまち），消防署，警察署，気象台，新聞社．その他，個人，学校，工場，自衛隊，道路管理局など．

（ii）気象情報：テレビ，ラジオ，新聞の記事．インターネット上のサイト．（たとえば，気象庁や気象情報を扱う企業），気象台，測候所，（財）気象業務支援センター，消防署．場所によっては役所，警察署，学校，工場，自衛隊，道路管理局などで気象データを観測している場合がある．

［丸山　敬］

7 風 環 境

7.1 都市・建築近傍の風環境

7.1.1 都市の強風による風環境障害（ビル風）

(1) 強風の空間的変動

風は，時間的にも空間的にも変動する．強風による環境障害はその空間的変動が問題となる．時間的な風の変動，すなわち同一地点における刻々の風の強弱は，気象変化や乱流現象の賜である．しかし，風の空間的な差異（変動）は防風林の効果や高層ビルの周辺で発生する強風の別称である「ビル風」を考えてみるまでもなく，都市を流れる風に何らかの作用をなすことにより制御が可能なものであり，予測も制御も可能である．強風による環境障害は，同じ場所で風が時間的に強くなったり弱くなったりする時間的変動よりは，同じ時間的状況下で，場所によって風の強いところが生ずるような風の吹き方の空間的変動として顕在化する．

(2) 強風の発生頻度

風の強さの空間的変動は，その時間的変動も考慮すれば，「強風の吹く頻度の大きい場所」「強風の吹く頻度の小さい場所」といい換えることができる．この風速の頻度分布は，風速の超過頻度として式 (7.1.1) のワイブル分布で表されることが多い．

$$P(V_g > V_{g1}) = \sum_n A(a_n) \cdot \exp\left[-\left\{\frac{V_{g1}}{C(a_n)}\right\}^{K(a_n)}\right]$$
(7.1.1)

だたし，$P(V_g > V_{g1})$ は g 点の風速 V_g が V_{g1} を越える頻度，$A(a_n)$ は風向 a_n の出現頻度，$K(a_n)$, $C(a_n)$ はワイブル係数．

ワイブル分布は，毎時に観測される10分間平均風速の年間頻度のみならず，日最大平均風速や日最大瞬間風速の年間頻度をも十分近似できるものとされている [1]．

(3) 強風による環境障害

強風による環境障害は，① 歩行者に対する障害，② 生活への障害，③ 商店の営業に対する障害，④ その他，などがあげられる．人間の歩行に対する強風の影響は，平均風速（10分間平均風速）よりは瞬間風速（評価時間3秒）によりよく評価される．表7.1.1に人間の歩行に対する強風の影響を示す [2]．5, 10, 15 m/s が一つの目安となっている．図7.1.1に強風による環境障害に対する住民の意識調査結果を示す [3]．これは高層建物の周辺で実際に生じた強風による環境障害に対する周辺住民への聞き込み調査により得られたものであり，日本における強風による環境障害評価の基礎データの一つとなっている．

(4) 強風の発生頻度に基づく風環境評価基準

強風の発生頻度に基づく風環境の評価尺度を

表7.1.1 強風による歩行障害の程度

瞬間風速 $U<5$ m/s	5〜10 m/s	10〜15 m/s	15 m/s <
正常	少々影響あり	かなり影響あり	相当影響あり
・ほぼ正常に歩行することができる	・歩調が少々乱れる	・歩行は乱される	・意志どおりの歩行は不可能
・女性は髪・スカートが多少乱れる	・髪・スカートが乱れる	・意志どおりの歩行は困難	・風に飛ばされそうになる
		・上体は傾く	

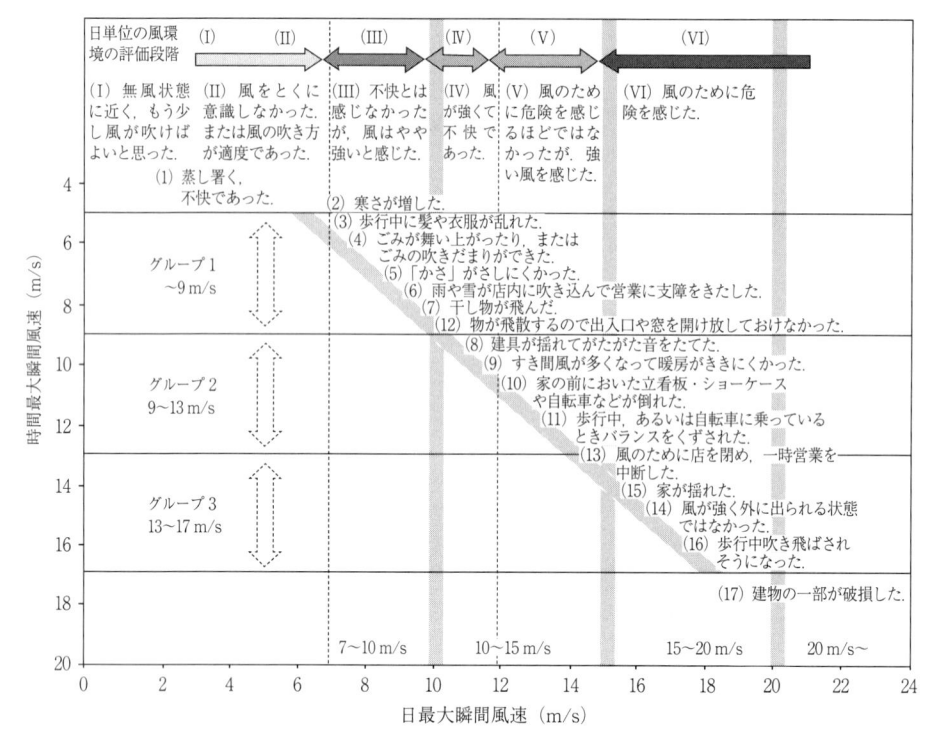

図7.1.1 住民意識調査による日単位の風環境の印象・評価および風速と環境障害の対応 [3]
これらの結果は，東京都中央区月島の高層集合住宅周辺の住民に対して行った2年間にわたる毎日の風環境アンケート，および風の常時観測を整理して得たものである．

表7.1.2に示す [3]．風環境は，対応する空間の用途によって異なると考えられている．屋外レストランや道路に開放された商店は，最も風の影響を受けやすい場所であり，オフィス街の道路は，比較的風の影響を受けにくい場所と考えられている．このように空間の用途に応じて，日最大瞬間風速10m/sの許容される超過頻度が決められている．表7.1.1に示されるように瞬時風速10 m/sは歩行に少々影響がある範囲の風速であり，髪やスカートが乱れ，歩調が少々乱れる程度の風である．日最大瞬間風速10 m/sは，一日のうちで最も風が強い瞬間にこのような歩行に対する若干の影響がある風が吹くことを意味している．ランク1の屋外レストランなど最も風の影響を受けやすい用途の場所では，日最大瞬間風速が10 m/sを越えるような日は年間10%以下，すなわち10日に1度ある程度となるよう風環境設計を行うように求めている．表7.1.2に示した評価尺度は東京などの大都市での風環境評価に広く用いられている．しかし，気候，風土，生活環境の異なる地方では，それらの要素を考慮する必要が生じる場合もあると考えられる．

(5) 風環境アセスメント

建物の影響を受ける地上付近の強風の発生頻度は，建物の影響を受けない上空の風の統計的性質（一般的には式 (7.1.1) で与えられるワイブル分布で近似される）と，その上空風と問題とする地上付近の特定の地点の風速比，風向変化の関係から求められる．ただし，一般には風の強さが問題であり風向はそれほど重要でないので風環境アセスメントの際に風向は無視されることが多い．地上付近の評価点 i における風の超過頻度は，風速 V_i の上空風 V_g に対する比である式 (7.1.2) の関係と上空風の統計的性質から式 (7.1.3) のように求まる．

$$V_i(a_n) = R_i(a_n) \cdot V_g(a_n) \quad (7.1.2)$$

$$P_i(V_i > V_1) = \sum_n A(a_n) \cdot \exp\left[-\left\{\frac{V_1/R_i(a_n)}{C(a_n)}\right\}^{K(a_n)}\right] \quad (7.1.3)$$

ただし，$R_i(a_n)$ は風向 a_n のときの評価地点 i の

表 7.1.2 強風の出現頻度を考慮した風環境評価尺度 [3]

ランク	強風による影響の程度	対応する空間用途の例	日最大瞬間風速 10 m/s の許容される超過頻度
1	最も影響を受けやすい用途の場所	(住宅地の商店街)(野外レストラン)	10%以下（年間 37 日以下）
2	影響を受けやすい用途の場所	(住宅街)(公園)	22%以下（年間 80 日）
3	比較的影響を受けにくい用途の場所	(事務所街)	35%以下（年間 128 日）

例：住宅街では日最大瞬間風速 10 m/s を超える日数が年間 80 日以下であれば許容される．

風速 V_i の上空（基準点）の風 V_g に対する風速比，$V_g(a_n)$ は風向 a_n のときの上空（基準点）の風速，$P_i(V_i>V_1)$ は評価地点 i の風速 V_i が V_1 を越える頻度．

式 (7.1.3) は，上空の風 V_g の統計的性質すなわち $K(a_n)$，$C(a_n)$ と，評価地点 i の風速 V_i の上空（基準点）の風 V_g に対する風速比 $R_i(a_n)$ が求められれば，評価地点 i の超過頻度 $P_i(V_i>V_1)$ が求められることを示している．上空風 V_g の統計的性質すなわち $K(a_n)$，$C(a_n)$ は一般に気象観測値から最小二乗近似法などで求められている．評価地点 i の風速 V_i の上空（基準点）の風 V_g に対する風速比 $R_i(a_n)$ は，風洞模型実験，CFD（数値流体力学）による計算機シミュレーション，あるいは既存の風洞実験データベースなどから求められる．　　　　　　　　　　　　　　　　　[加藤信介]

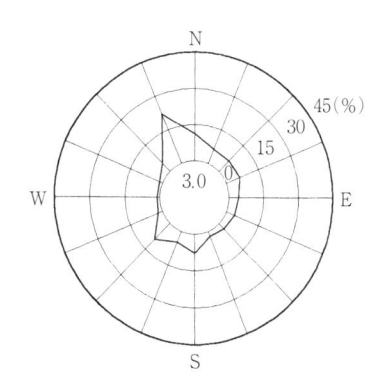

図 7.1.2　東京管区気象台の風向発生頻度（1992〜2001）

文　献

[1] 村上周三，藤井邦雄，1981，市街地低層部における風の性状と風環境評価に関する研究 I　長期観測による市街地低層部の風の統計的性質，日本建築学会論文報告集，310
[2] 村上周三，出口清孝，後藤剛史，上原清，1980，歩行者に対する強風の影響とその評価尺度に関する研究，日本建築学会論文報告集，287
[3] 村上周三，岩佐義輝，森川泰成，1983，市街地低層部における風の性状と風環境評価に関する研究(III)　居住者の日誌による風環境調査と評価尺度に関する研究，日本建築学会論文報告集，325

7.1.2　都市における強風対策

ビル風といっても，高層建物自体が風をつくり出すわけではなく，吹いた風が建物の影響で強まるわけで，風のない日は超高層ビルのすぐそばでも風は強くはない．また，風がかなり強いといわれる場所でもせいぜい不快な風が吹くのは 3，4 割程度である．風が強いときには利用できない場所として割り切ってしまうとか，別に利用できる地下道などのようなルートを確保してしまうのも一つの対策になる．要するに「使用頻度，使用目的に応じた防風対策」という考え方が必要である．

ビル風の対策にはいくつかの方法があるが，建設対象地には風向頻度の特性があり，それも考慮に入れることが重要である．すなわち，たとえば東京での風向頻度は図 7.1.2 に示すようで，発生頻度の低い西風などよりも，頻度の高い北北西や南南西の風に対しての影響を少なくすることが重要となる．本来ビル風の対策は，以上のような観点から計画の初期の段階において実施することが望まれる．

以下には，植栽などによる 2 次的な防風対策について述べる．

(1) フェンス，樹木による対策

ビル風対策の最も代表的なものに植栽がある．最近では，植栽さえすればすべてのビル風が収まってしまうような感さえある．しかしながら，大規模の建物により生じた大きな流れを小さな樹木で治めるのはそう簡単ではない．また，風の強いところに植栽することとなるので，うまく育たない場合も多々みられるので注意を要する．図 7.1.3 は樹木による防風効果を示す一例である [1]．同図の数値は樹木のある場合の風速を樹木

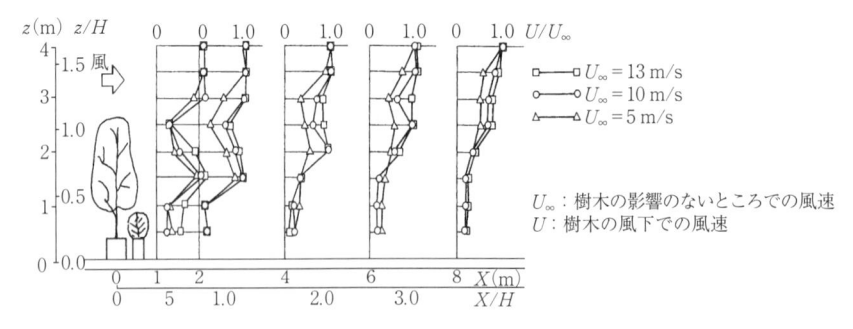

図7.1.3 樹木の風下側の風速比 [1]

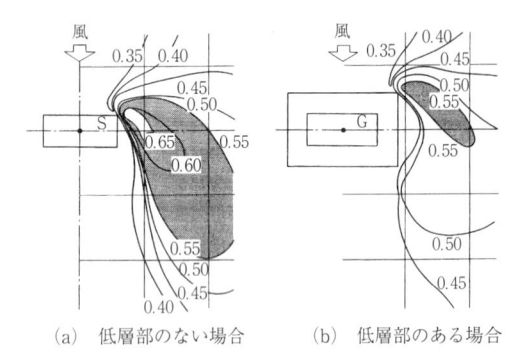

図7.1.4 低層部の有無による風速増加領域の変化 [2]（図中 0.55 以上が風速増加領域）

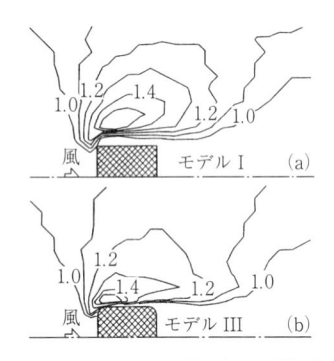

(a) 低層部のない場合　(b) 低層部のある場合

図7.1.5 隅切りによる風速分布への影響 [3]（図中の数値は 1.0 以上が風速増加領域）

のない場合の風速で除したもので，1.0以下であれば樹木により風速が減少したことを示す．防風効果は樹木からの距離や高さによって異なるが，樹木高さの8倍の距離でもかなりの効果があることがわかる．フェンスも同様の効果があるが，いずれにせよ流れの状況を把握し，適切に配置する必要がある．

(2) 低層部や庇による対策

高層建物の足下付近に低層部や庇を設けて，地上付近への強い吹き降ろしを防ぐ方法がある．図7.1.4は高層建物の下層部に低層部を設置した例であり [2]，かなり風速が低下していることがわかる．これは庇の場合でも同様の効果が期待できる．ただし，庇や低層部の上部は強い風が吹く可能性があるので注意を要する．

(3) 隅切りによる対策

建物のコーナー部をカットして風速を低減する方法がある．図7.1.5はその一連の効果を示す実験結果である [3]．図中の数値は建物建設前の数値で建物建設後の風速を除したもので，1.0以上は建物の影響で風速が増加したことを示す．コーナー部をカットすることにより，風速増加の大きな領域は小さくなり，また建物沿いによってくる傾向がある．そのため，風速増加の影響を計画地内部に抑えようとする場合に有効である．

[中村　修]

文　献

[1] 上原清，勝田高司，村上周三，1976，防風植栽の性能に関する実大樹木を用いた風洞実験，日本建築学会関東支部研究報告集（計画系），pp. 94-96
[2] 三上力，新堀義則，薬袋寿紹，加藤信男，1977，建物周辺気流に関する研究（その3），建物形状による周辺気流変化の実験的研究，東急建設技術研究所報，第4号，pp. 8-13
[3] 織茂俊泰，植松康，山田大彦，中山実，児玉耕二，1990，高層建築物の風環境に及ぼす建物隅角部形状の影響に関する研究，日本建築学会学術講演梗概集，No. 2055，pp. 109-110

7.1.3　都市の適風環境

(1) 適風環境とは

人間は風に対して不快感をもつときもあるが，逆に快適と感じることもある．快適と感じられる風は，その人にとってある種の熱的条件や力学的条件などを満たすものである．しかし，それらの

条件は個々の人々の感受性に依存する部分が多いといわれている．一方，人間の不快に対する反応は，各個人の間で比較的ばらつきが少なく，その程度は各種環境障害と風速との関連を調べることによりある程度一般化することができる［1］．このような環境障害を起こしやすく，人間が不快であると評価する風を「非適風」とよび，非適風を除いた部分，すなわち，風が強すぎもせず，弱すぎもしない状態が「適風環境」と定義される［1，2］．

人間が風を意識し，評価するとき，その対象空間は人間の周辺だけであり，評価時間も数秒～数分である．しかし，ある広がりをもった市街地空間の風環境を評価する場合には，もう少し長期間の風の性状から評価する必要がある．つまり，風環境とは瞬時の風の性状をさす場合もあるが，ある期間内のその地域特有の総合的な風の特性を意味する場合もある．

(2) 気温を考慮した市街地全体の風環境評価

図7.1.6は，長期間の住民の意識調査から求めた1日単位の市街地全体の風環境の評価と日平均の気温・風速の関係を示したものである．図からわかるように，気温が上昇すると，適風範囲の上限となる風速も増加している．これは，夏季においては適度な風が温熱快適性の向上に寄与していることによるものである．また，日平均風速が1 m/s程度よりも低くなると「弱風による非適風」が，主として夏季の場合に現れる．また，冬季の場合，2 m/sを超えると「強風による非適風」が増加してくる．

(3) 人間の温熱快適性に及ぼす風速の影響

図7.1.6は1日単位の気温，風速の平均から市街地全体の風環境の評価を行うための指標であるが，次に人間を取り囲む小スケールの環境における風の影響について述べる．人間の温熱的な感覚にかかわる要因は多種にわたり，環境要因としては，(2)で述べた気温，風速の他，湿度，輻射があげられ，人間側の要因として，着衣量，活動量（代謝量）がある．以下では，温熱快適性指標として新標準有効温度SET*（standard effective temperature）［3］を用い，風速の変化がSET*に与える影響について述べる．SET*と温冷感，

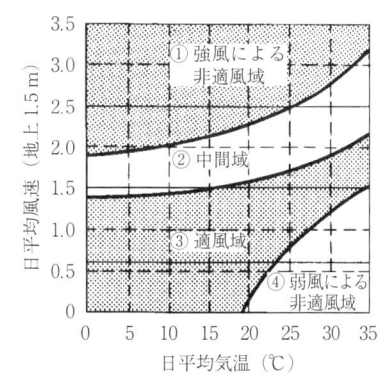

図7.1.6 「適風」「非適風」に関する日平均風速と日平均気温の関係 [1]

表7.1.3 SET*と温熱感覚，生理現象，健康状態との関係 [3, 4]

SET* (℃)	温熱感覚		生理現象	健康状態
	温冷感	快適感		
40～45	限界	限界	体温上昇 体温調節不良	血液の循環不良
35～40	非常に暑い 暑い	非常に不快	激しい発汗 血流による圧迫感の増加	ヒートショックの危険増加
30～35	暖かい	不快		脈拍が不安定
25～30	やや暖かい	快適	発汗，脈拍の変化による体温調整 生理的中立	正常
20～25	何ともない やや涼しい			
15～20	涼しい	やや不快	放熱量が増加し，衣服または運動が必要	
10～15	寒い 非常に寒い	不快	手足の血管収縮，ふるえ	粘膜や皮膚の乾燥による苦情の増加
5～10				体の末梢部分への血液循環不良による筋肉痛

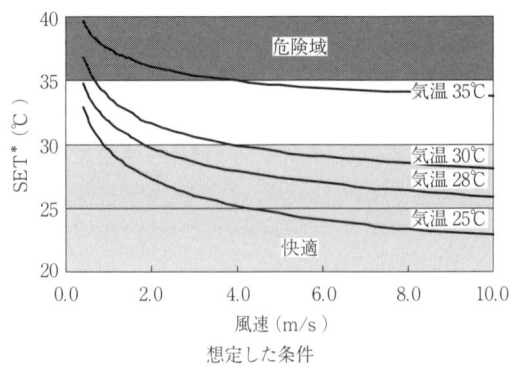

図7.1.7 温熱快適性指標SET*と風速との関係
図中の薄い塗りつぶしの領域が「快適域」，濃い塗りつぶしの領域は「危険域」．

想定した条件
相対湿度：70%　代謝量：1.5 met（歩行）
MRT：45℃　着衣量：0.5 clo

快適感および健康状態の関係をまとめると，表7.1.3のようになる［3, 4］．

図7.1.7に，夏季における気温別のSET*と風速の関係を示す．ここに示す関係は，気温・風速以外の条件として，夏季の東京の日中を想定した典型的な気象条件を与えて得られたものである．ここで，表7.1.3を参考に，SET*が35℃以上を危険域，20～30℃を快適域とよぶことにする．図7.1.7から，温冷感に及ぼす風速の影響は，高風速域においてはさほど顕著ではないが，低風速の領域では大きいことがわかる．　　　［持田　灯］

文献
［1］村上周三，森川泰成，1985，気温の影響を考慮した風環境評価尺度に関する研究，日本建築学会計画系論文集，第358号
［2］村上周三，1989，風論（新建築学体系8，自然環境 第3章），彰国社
［3］Gagge, A.P., Stolwijk, J.A.J. and Nishi, Y., 1971, An effective temperature scale based on a simple model of human physiological regulatory response, ASHRAE Transactions, 77, pp. 247-262
［4］中山昭雄，1981，温熱生理学，理工学社

7.1.4　都市の風の道

風の道は，もともとドイツのクリマアトラス(気候情報に基づく都市計画指針図)の中で用いられた用語で，おもに盆地都市における大気汚染対策として周囲の丘陵斜面から新鮮空気を市街中心部へ誘導することを意図したものである（図7.1.8）．

対象となっている風は，夜間に放射冷却により発達する冷気流（斜面下降流）で，流出する谷筋には十分な空地を設けることや，流れを堰き止めるような建物配置を避けるなどの指針が示されている［1］．

一方，近年わが国では，夏季の暑熱気候緩和を念頭に，ヒートアイランド対策の一環として風の道という用語が多用されている．ほとんどの場合，沿岸都市において日中発達する海風を市街地内部へ誘導することがイメージされている．ここでは，誘導された海風が市街地気温に比べ相対的に低温であることが必要条件となるため，海風と平行する河川や水路が対象となる場合が多い．しかし，そのような河川が存在しない場合には，海風と平行する広幅員の街路やオープンスペースを風の道と称する場合もあり，そこでは冷気の導入というよりはむしろ市街地内部の風通しをよくし，地表面付近の熱拡散の促進や，風速の増加による体感温度の向上を狙いとしている．このような視点をさらに拡大し，市街地全体の風通しや換気効率の代名詞として風の道という言葉を象徴的に用いることもあり，そのために効果的な市街地構造や街路形態が議論されている．

ヒートアイランド対策としての河川の効果を実測した例としては，広島［2, 3］，福岡［4］，名古屋［5］，東京［6, 7］などでの事例が報告されている．ただし，これらの事例では何を指標に風の道と判断しているかは風速，気温変化，海風前線

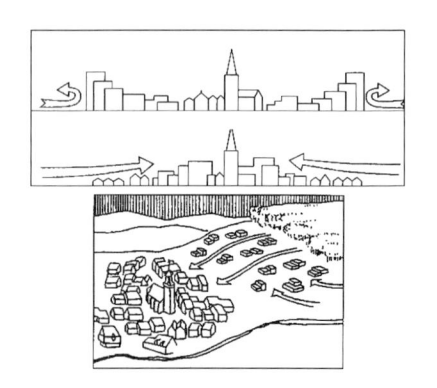

図7.1.8 ドイツの風の道のイメージ
ドイツでは，主として内陸盆地に形成された都市における大気汚染対策として，郊外からの新鮮空気の積極的な導入を図る「風の道」が計画され，実際の都市計画に生かされている．「風の道」斜面計画のイメージ図．

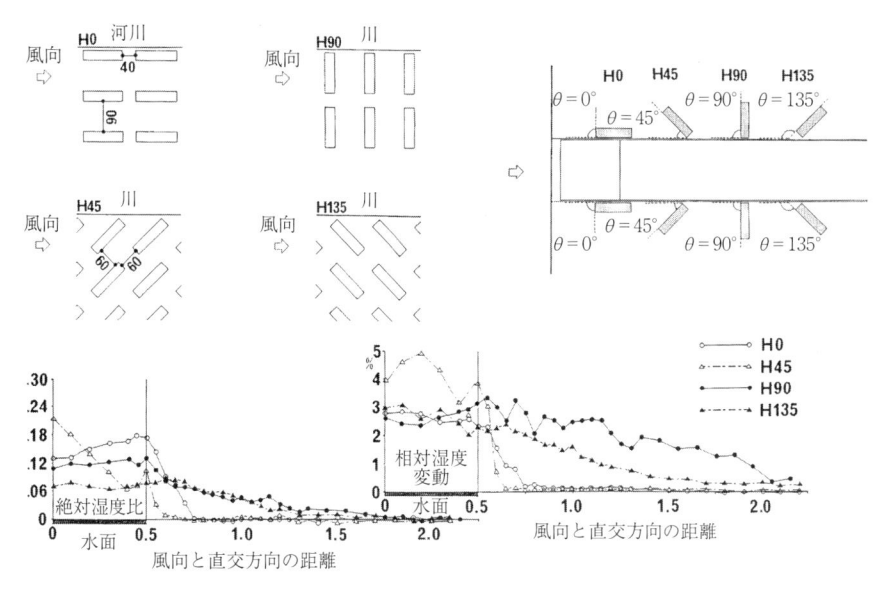

図7.1.9 河川沿いの高層建物の角度による川風の広がりの違い（風洞実験）[8]（河川幅で無次元化）

の到達時間などさまざまで，定義も明確ではない．なお関連研究として，河川周辺の建物配列により河川上の空気が市街地内部へどう広がるかを比較検討した風洞実験事例も報告されており[8]，建物密度，直交街路の幅員，河川沿いの高層建物の向き（図7.1.9）などが大きく影響することが示されている．近年は，乱流による熱・湿気の拡散と放射を連成させたモデルにより，河川沿いに計画された住宅団地の住棟配置をCFDにより検討した解析事例も報告されている[9]．

一方，市街地全体の風通しや換気効率に関しては，自動車による排ガスの拡散と共通する側面があり，街路空間に関しては汚染質拡散分野での古くからの研究蓄積が参考となる．ヒートアイランドのモデル化という観点からは，建物に囲まれたキャノピー層のモデル化および上空との交換係数の同定が現在衆目の課題となっている．これまで，ガス拡散や表面伝達率を用いた風洞実験により，街路形状や大気安定度による差異[10]，建物高さのばらつきによる効果などが検討されている．

建物高さが計画的に揃えられているヨーロッパの諸都市とは違い，個々の建物で形状に統一性のみられない日本では，同じ街路の中でも非常に局所性が強いのが普通である．そのようなむずかしさはあるが，大体の目安として両側の平均建物高

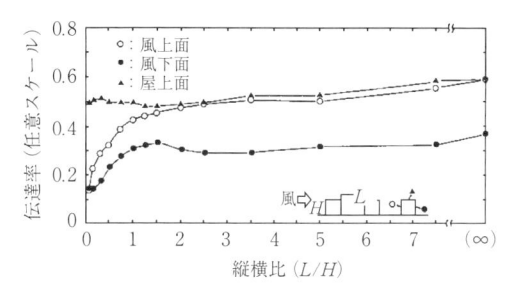

図7.1.10 街路縦横比による伝達率の変化（風洞実験）[11]

さ H が街路幅 L より大きくなると，急速に街路内の風速は弱くなるといえる．図7.1.10は，風洞実験で街路と直角に風が吹く場合の建物面物質伝達率を測定した例である[11]．縦横比1.5付近でピークが現れるのは，街路内に循環流が形成されるためである．このような循環流のため，夏季日中，上空風が吹き降りる街路の風下側と路面の暖気が吹き寄せられる風上側との間には4℃程度の気温差が生じる場合がある．しかし街路内で，このような循環流が卓越するのは弱風時のみで，街路内の平均風速が2m/sを超える場合には街路に沿って吹き抜ける成分のほうが強くなり，街路内の風はかなり伸びたらせん状を呈するようになる[12]．図7.1.11は容積率一定条件で街区の建物高さのばらつきによる地表面の伝達率の変化を風洞実験で調べた例で，横軸は建物高さ

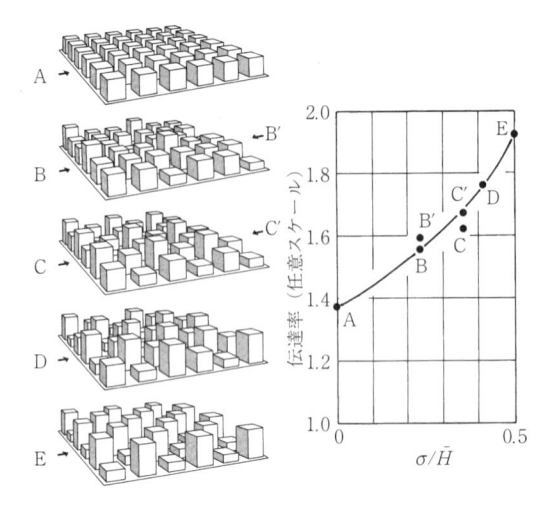

図7.1.11 建物高さのばらつきによる変化（風洞実験）[13]

の標準偏差 σ を平均建物高さで割った値である．全体の傾向としては，建物高さのばらつきが大きいほど風通しはよくなる傾向にある．これは，建物高さが揃っていると，屋根面高さを風がなでるように吹くためである [13]． ［成田健一］

文 献

[1] 日本建築学会編，2000，都市環境のクリマアトラス，ぎょうせい
[2] 村川三郎，関根毅，成田健一，西名大作，1988，都市内河川が周辺の温熱環境に及ぼす効果に関する研究，日本建築学会計画系論文報告集，**393**，pp. 25-34
[3] 村川三郎，関根毅，成田健一，西名大作，千田勝也，1990，都市内河川が周辺の温熱環境に及ぼす効果に関する研究（続報）― 水平および鉛直的影響範囲の検討，日本建築学会計画系論文報告集，**415**，pp. 9-19
[4] 片山忠久ほか，1990，海岸都市における河川の暑熱緩和効果に関する調査研究，日本建築学会計画系論文報告集，**418**，pp. 1-9
[5] 橋本剛，舩橋恭子、、尾越哲美，2001，海風の運河遡上による都市暑熱環境の緩和効果―名古屋市の堀川及び新堀川における事例―，日本建築学会計画系論文集，**545**，pp. 65-70
[6] 福田忠弘，鹿島正彦，鈴木譲，神田学，1998，海風前線マップの作成による都市河川の海風効果の検証，土木学会水工学論文集，**42**，pp. 49-54
[7] 成田健一，植村明子，三坂育正，2001，都市気候に及ぼす河川水の熱的影響に関する実測研究―隅田川における熱収支と周辺影響の検討，日本建築学会計画系論文集，**545**，pp. 71-78
[8] 成田健一，1992，都市内河川の微気象的影響範囲に及ぼす周辺建物配列の影響に関する風洞実験，日本建築学会計画系論文報告集，**442**，pp. 27-35
[9] 大黒雅之，村上周三ほか，2002，CFDによる川風の熱空気環境改善効果の解析，日本建築学会大会学術講演梗概集，**D-1**，pp. 879-882
[10] 上原清，村上周三，老川進，若松伸司，1999，ストリートキャニオン内部の大気汚染物質拡散に対する道路幅および大気安定度の影響に関する風洞実験―市街地における汚染物質の拡散に関する実験的研究（その5），日本建築学会計画系論文報告集，**524**，pp. 45-52
[11] 成田健一，野々村善民，小笠顕，2000，都市表面における対流物質伝達率に関する風洞実験―都市域における建物外表面対流熱伝達率に関する実験的研究（その2），日本建築学会計画系論文報告集，**527**，pp. 69-76
[12] 清田誠良，成田健一ほか，1998，市街地における街路空間の気流性状に関する研究―広島市の東西街路における実測，日本建築学会計画系論文報告集，**512**，pp. 61-66
[13] 成田健一，関根毅，徳岡利一，1986，市街地の蒸発量に及ぼす建物周辺気流の影響に関する実験的研究（続報），日本建築学会計画系論文報告集，**366**，pp. 1-11

7.2 都市，建築近傍の汚染質拡散

7.2.1 建物近傍汚染

都市部においては業務用厨房からの臭気，駐車場からの自動車排ガスや小規模コジェネレーションシステムからの燃焼排ガスが近隣建物の空調用外気取入れ口から侵入し，建物内においても汚染問題を引き起こしている．このように比較的低いところに位置する汚染発生源からの周辺建物や周辺街路などに対する環境汚染は建物近傍汚染とよばれている．

(1) 建物近傍における汚染ガス拡散の特性

建物の林立する市街地の比較的低い高さから排出される汚染ガスの拡散性状（建物近傍拡散）は，火力発電所などの超高層煙突から排出される汚染ガスの拡散性状（大気拡散）とは大きく異なっている．この最も大きな理由として地形・地物の影響があげられる．地形・地物の存在により流れが複雑に変化し，これに伴って汚染ガスの挙動も大変複雑になる．したがって，大気拡散の予測に用いられる，理想化された単純な仮定をもとにして導かれた各種の拡散式や地表濃度算出式では拡散現象の記述は困難である．このため建物近傍拡散に対しては風洞模型実験で（最近ではCFD解析

も用いられている）検討されることが多い．

(2) 風洞模型実験のための相似則

大気拡散では対象地域の風向風速，乱れの性状，大気安定度 [1] などの気象条件が汚染ガスの拡散性状を決定づける主たる要因となるが，建物近傍汚染では地物（とくに近隣建物）の影響が最も大きく，また検討対象地域は 1 km 以内のことが多いので，大気安定度は無視しても実用上の問題はないなど重要視すべきパラメーターは大気拡散の場合とやや異なっている．

浮力をもつガス拡散の相似則は一般にガスの運動を支配する方程式（運動量方程式，連続の式，エネルギー方程式，拡散方程式）から模型実験において一致させるべき多くの無次元数（ロスビー数，フルード数，レイノルズ数，ペクレ数，シュミット数）が導かれる．厳密にはこれらの無次元数および境界条件を実物，模型で一致させる必要がある．実際にはこれらすべての無次元数を一致させた実験を行うことは不可能なので，相似条件は一般に緩和される．局地的な拡散現象を扱う場合には，局所加速度とコリオリ加速度との比であるロスビー数は無視できる．シュミット数は流体の物性で，実験が空気を媒質として行われるならば模型と実物で等しい．レイノルズ数およびペクレ数の相似条件を実現することはむずかしいが，十分発達した境界層流中で実験を行うことにより建物周りの流れパターンの相似が期待できるので，これらの無次元数のある程度の不一致が拡散現象に与える影響は少ないと考えることができる [2～4]．局地的な拡散現象を扱う場合には最も重要な無次元数としてフルード数の一致が必要となる．すなわち，浮力をもつガスの建物近傍汚染に関しては以下の主要な条件を満足させれば実用上問題ない [5～7]．なお，厳密な相似則や実用的に緩和された相似則についての議論は文献 [2] に詳しい．

① 幾何学的形状の一致
② 接近流に十分乱れた流れを用い，平均風速および乱れの強さの鉛直分布の一致
③ フルード数の一致 $Fr = U_s/\{gL(\Delta\rho/\rho_a)\}^{1/2}$
④ 排出速度比 V_s/U_s または排出運動量比 $(\rho_s V_s^2/\rho_a U_s^2)$，$U_s$ は流れ場の速度（煙突高さ），L は煙突の代表長さ，g は重力加速度，$\Delta\rho = \rho_a - \rho_s$，$\rho_s$ は排ガス密度，ρ_a は流れ場の空気密度，V_s は排ガスの排出速度．

これらの条件を一致させた実験を行うと，流れ場の風速および煙突からの排出速度の実験条件は，縮率記号 λ を用いると次のようになる．

$$\lambda(U_s) = \lambda(L)^{1/2} \cdot \lambda\left(\frac{\Delta\rho}{\rho_a}\right)^{1/2} \quad (7.2.1)$$

$$\lambda(V_s) = \lambda(L)^{1/2} \cdot \lambda\left(\frac{\Delta\rho}{\rho_a}\right)^{1/2} \quad (7.2.2)$$

$\lambda(\ )$ は縮率記号，たとえば $\lambda(X) = X_m/X_p$ を表す．

(3) 風洞実験により得られる濃度予測値

一般に，風洞実験では風向風速をある条件に限定した（ほとんどの場合，風向，風速がともに一定，排ガス量も一定）場合の濃度を予測している．実験結果としては無次元濃度（C/C_s や CH^2U/Q など）あるいは無次元地上最大濃度などが得られる．相似条件を満たした実験により得られたこれらの無次元濃度は実物の無次元濃度と等しい．実物での濃度への換算は（実物の C_s や Q が既知であれば）以下の式から簡単に求めることができる．

$$\left(\frac{C}{C_s}\right)_p = \left(\frac{C}{C_s}\right)_m \quad \text{あるいは}$$

$$\left(\frac{CH^2U}{Q}\right)_p = \left(\frac{CH^2U}{Q}\right)_m \quad (7.2.3)$$

C は濃度，C_s は排出ガス濃度，H は建物高さ，U は流れ場の速度，Q は排出ガス量，添字の $(\ )_p$ は実物，$(\ )_m$ は模型．

一方，環境基準の評価濃度には長期平均濃度が用いられている場合が多く，二酸化窒素については 1 時間平均濃度の日平均値（日本の場合）[8] や濃度の年間累積頻度の 98% 値（オランダの場合）[9] などが採用されている．これらの環境基準値に対応した評価をするためには，風洞実験においてもこれら評価濃度と同じ平均化時間の濃度を予測する必要がある．ある期間での平均濃度を予測しようとする場合，その期間中，風向風速がともに一定で汚染発生量も一定と考えることは現実的でない．したがって，その期間の局所的な風向風速および発生源の情報が必要となるが，デー

タが不足している場合がほとんどである．風向変動に対しては重合法による直接的な予測が試みられているが [10,11]，通常は風向風速ともに絶えず変化する市街地上空の流れに対する長期平均濃度を直接予測することは容易でない．大気汚染に対しては濃度出現確率分布をもとに異なった平均化時間に対する年間最高濃度を算出する方法など [12,13] が提案されているが，建物近傍汚染に関してはこれらが課題として残されている．

[小林信行]

文 献

[1] Pasquill, F. and Smith, F.D., 1983, Atmospheric Diffusion third edition, pp. 309-341, Ellis Horwood
[2] 持田灯，村上周三，加藤信介，1994.5, 拡散場に関する風洞実験の相似則について，日本風工学会誌，**59**, pp. 23-28
[3] Snyder, W.H., 1981, Guideline for Fluid Modeling of Atmospheric Diffusion, USEPA, Environmental Sciences Research Laboratory, Office of Research and Development, Research Triangle Park, NC27711, Report No. EPA600/8-81-009
[4] Plate, E.J. and Baechlin, W., 1988, Wind Tunnel Tests as Part of a Warning System for Accidental Gaseous Spills, *J. Wind Engineering and Industrial Aerodynamics*, **29**, pp. 165-174
[5] Cermak, J.E. and Takeda, K., 1985, Physical Modeling of Urban Air-Pollutant Transport, *J. Wind Engineering and Industrial Aerodynamics*, **21**, pp. 51-67
[6] Isyumov, N. and Ramsay, S., 1993, Physical Modeling of Atmospheric Dispersion in Complex Settings, NATO ADVANCED STUDY INSTITUTE : WIND CLIMATE IN CITIES, pp. 131-152
[7] 小林信行，藤井邦雄，1999.8, 風洞実験による建物近傍における排出ガスの長期平均濃度の予測：日本建築学会計画系論文集，No. 522, pp. 29-35
[8] 東京都環境評価条例（評価技術指針），1987.7.31 告示，第 835 号
[9] Duijm, N.J., 1994, Long-Term Air Quality Statistics Derived from Wind-Tunnel Investigations, *Atmospheric Environment*, **28**, 11, pp. 1915-1923
[10] 大場正昭，小林信行，1986, 風向の出現頻度を考慮した重ね合せ法による建物近傍濃度の予測手法に関する実験的研究，日本建築学会計画系論文報告集，368 号
[11] 井手靖雄，岡本汎貴，岡林一木，1988, 重合法による風向変動の拡散風洞内再現研究，大気汚染学会誌，**23**, 4, pp. 199-208
[12] Larsen, R.I., 1973, An Air Quality Data Analysis System for Interrelating Effects, Standards and Needed Source Reductions, *J. Air Pollution Control Association*, **23**, 11, pp. 933-940
[13] Larsen, R.I., 1974, An Air Quality Data Analysis System for Interrelating Effects, Standards and Needed Source Reductions…Part 2, *J. Air Pollution Control Association*, **24**, 6, pp. 551-558

7.2.2 沿道大気汚染

わが国で沿道大気汚染が社会的に注目されるようになったのは，1970 年に東京都新宿区牛込柳町交差点付近に発生した鉛公害事件以後のことである．このとき，集団健康診断によって交差点付近住民の多くに鉛中毒が発見された．原因はガソリンに添加された鉛による大気汚染であると推定された [1]．実際，その後に行われた観測で牛込柳町交差点の鉛濃度が，一酸化炭素とともにほかの交差点よりも高いことが確認された [2]．

この事件で興味深いのは，日交通量が他と比べてとくに多いともいえない交差点（調査を行った 139 カ所中 122 位 [3]）に高濃度の大気汚染が生じていた点である．この原因は交差点が風通しの悪い谷間にあるためと考えられた．沿道の通風阻害が高濃度の発生に深く関与していることを示唆する最初のできごとでもあった．この事件から 30 年あまり経過したいま，建築物の高層化によって都市の風は低下しつつある [4]．自動車技術が向上し排ガスに含まれる大気汚染物質の量は大幅に減少しているにもかかわらず，沿道の高濃度大気汚染問題が一向に解決されない背景には，沿道を中心とした通風環境の悪化があるものと考える．

自動車が排出する大気汚染物質には，車の排気管から出るもの（燃料やオイルの燃焼成分とその未燃焼分）と燃料タンクやその配管系から出る燃料蒸発ガスの 2 とおりがある．これらの排気ガスは自動車の後流中に，または横に対向車線に向けて排出される．排出直後のガスはあまり拡散せずに地面近くに濃く漂う．交通量の多い道路では，すぐに後続の車によって攪拌され，新たな排気が重なり合う．こうした過程が繰り返され，自動車排ガスは道路方向に連続する線源に近くなる．また，排ガスの温度はおよそ 150～200 ℃とかなり高いので，弱風時には排ガスの浮力影響が強くな

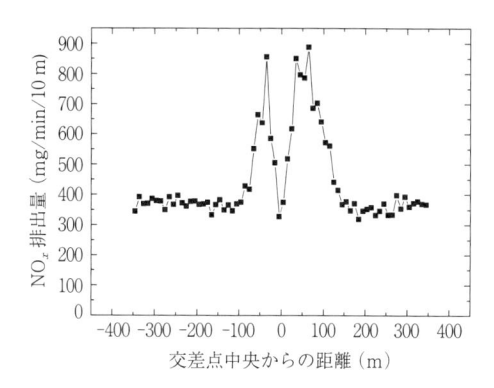

図7.2.1 国道246号線上馬交差点前後における自動車排ガス中のNO$_x$排出強度分布（交通流シミュレーションによる推定値）[6]

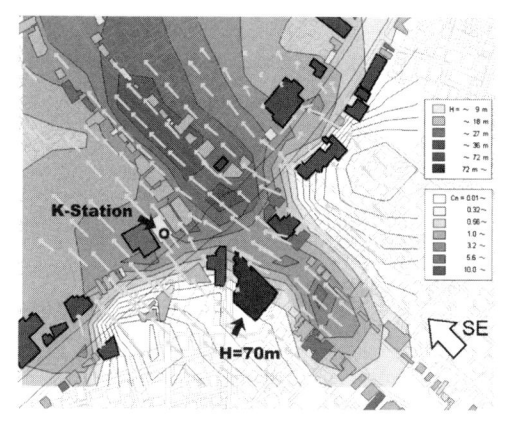

図7.2.2 上馬交差点周辺の大気汚染濃度分布 [5]

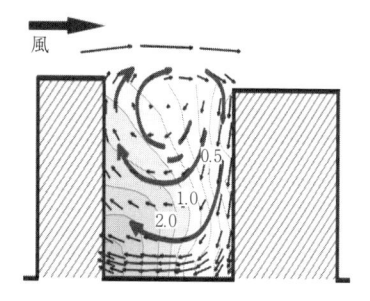

図7.2.3 ストリートキャニオン内部の流れと濃度分布（図7.2.2右上に点線で示した場所の鉛直断面）

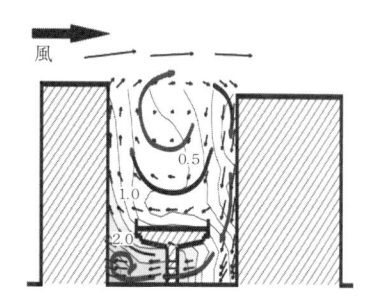

図7.2.4 高架道路がある場合の濃度分布（地上を通る車の排出ガス拡散状況）[6]

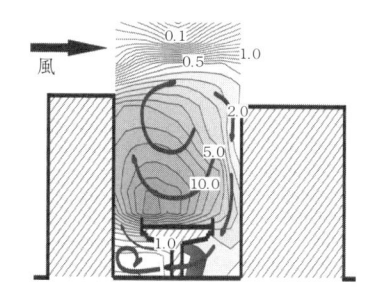

図7.2.5 高架道路がある場合の濃度分布（高架道路を通る車の排出ガス拡散状況）[6]

る[5]．市街地の道路では信号による停止と発進，路側に駐停車する車などによって定速走行ができない．このため道路方向に排出強度が変化する．一般に交差点近くでは排出量が増加する（図7.2.1）．

市街地における沿道大気汚染の濃度分布は，大略この排出強度分布を反映したものになる（図7.2.2）．図は，東京都世田谷区上馬交差点周辺の大気汚染濃度分布を風洞実験によって再現したものである．実験風向はSE（右下から左上方向），濃いほど高濃度を，幹線道路沿いの建物は濃いほど高いことを表す．

一般に，沿道大気汚染濃度が高いのは幹線道路からおよそ50m以内であるといわれる．実際，沿道の濃度は幹線道路からの距離の増加とともに急激に減少することが実測や風洞実験から明らかにされている[5]．

沿道大気汚染濃度は，また，沿道の建築状況の影響を強く受ける．たとえば，幹線道路の両側に大きな建物がある街路（ストリートキャニオン）では風速が弱く沿道濃度が高くなる（図7.2.3[6]）．ストリートキャニオン内に高架道路が敷設されると，流れは高架道路の上下に分断される（図7.2.4）．この例では高架道路下の濃度は増加していない．これに高架道路上の自動車排出ガス（図7.2.5）が重なり合う．実際の濃度分布は図7.2.4と図7.2.5を加え合わせたものになる．

［上原 清］

文 献

[1] 瀬戸博ほか，1996，都民の血中，尿中鉛量について—1970年代における年次推移と地域差—，東京都衛生研究所年報，**47**, pp. 219-224

[2] 永田倫子ほか, 1971, 都内11交差点における鉛濃度と一酸化炭素濃度, 東京都公害研究所年報, **2**, pp. 44-61
[3] 警視庁交通年鑑, 昭和45年度版, pp. 38-44
[4] 藤部文昭, 2003, アメダス地点における風速観測値の経年変化, 天気, **50**, pp. 45-48
[5] 上原清ほか, 2002, 実在交差点周辺の大気汚染濃度分布に関する風洞実験, 大気環境学会誌, **37**(6), pp. 343-356
[6] 国立環境研究所研究報告, 第178号, 2003

7.2.3 ヒートアイランド
(1) ヒートアイランドとは

近年の経済の発展に伴い,都市部に人口が集中し,世界各地において都市の巨大化が進行している.1998(平成10)年度において,日本では総人口の約72％が都市に居住している.この都市化の進展に伴う土地の被覆状況の変化やエネルギー消費の増大などのために,都市気候とよばれる都市固有の気候現象が顕著に現れるようになってきた.この都市気候の中でとくに顕著な現象がヒートアイランドである.ヒートアイランドは,都市部の気温が郊外に比べて高温になる現象で,気温の等温線を描くと,あたかも島の等高線のように都市部において高くなることから,ヒートアイランド(＝熱の島)とよばれている.この現象は19世紀より確認されており,研究が進められている.図7.2.6に人工衛星データ(NOAA-AVHRR)による夏季の関東地方の地表面温度の画像を示す.都市部が郊外部に比べて高温になっていることが確認できる.図7.2.7に過去100年の日本の6都市の気温の変化を示す.約100年間の間に都市の平均気温は約2～3℃上昇している.同じ期間の地球温暖化が0.5℃程度といわれているので,東京のヒートアイランドは,地球温暖化の数倍のスピードで進行している.

(2) ヒートアイランドの形成要因

ヒートアイランドの主要な形成要因は以下であると考えられている.

(a) 都市部における人工排熱の増大 快適な居住環境制御や情報・物質の大量伝搬のため,都市部では郊外に比べて多くのエネルギーを消費しており,その消費量は増加の一途をたどっている.とくに近年の居住環境制御のための民生用エネルギー消費の増加は著しく,これがさらに都市の温暖化を助長するという悪循環に陥っている.東京都の都心3区の人工排熱量は1986(昭和61)年度で約70万Gcal/年・km^{2}に達しており,太陽熱の放射収支の約65万Gcal/年・km^{2}を上回っている.

(b) 透水面の減少による地表からの蒸発の抑制

都市化に伴い,緑地や湿地,河川の流量などが減少し,アスファルト,コンクリートなどで覆われることにより透水面積が減少する.このため地表面からの蒸発による潜熱の放散が抑制され,郊外に比べ地表面温度が上昇する.とくに日本の場合には都市に対する公園の割合は非常に小さく,現在のところ,都市のヒートアイランドの役割としての緑地の大きな効果は期待できない.また,

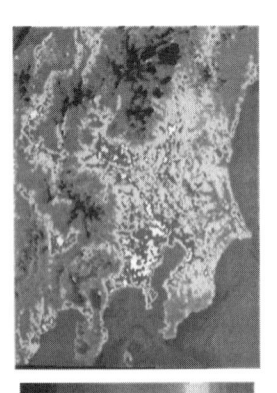

(a) 絶対値 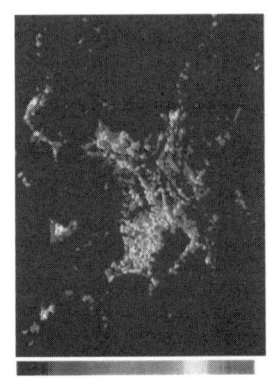   (b) 相対値    (c) 可視域(バンド1)画像

図7.2.6 NOAA-AVHRRによる関東地方地表面温度画像 [1] (1995.7.24, 13:20)(基準地点:八王子郊外)

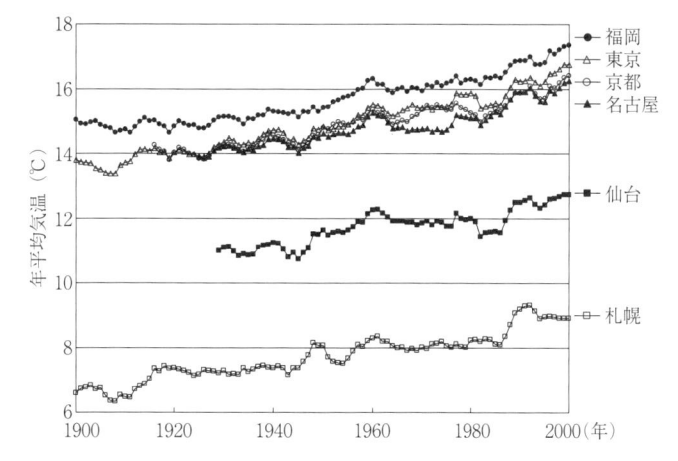

図 7.2.7 日本の6都市の年平均気温変動の比較（5年移動平均）（気象庁資料より作成）

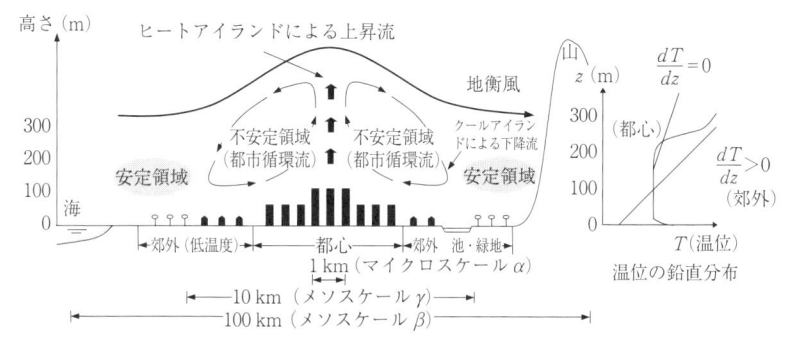

図 7.2.8 都市気候の概念図

近年の下水道の普及に伴い，都市部を流れる河川の流量が減少している．これらの透水面積の減少に伴い，都市部の湿度は低下する．

(c) 都市の構成物質の熱容量による蓄熱効果

都心部ではコンクリートやアスファルトなどの熱容量の大きな構成物質が多くを占め，日中に吸収した熱を夜間にゆっくりと放出する．このため都市における大きな蓄熱は，夜間に都市部の気温を上昇させることになり，夏季の熱帯夜の一因となる．東京における熱帯夜の日数は，1920年代の2.6日から1990年代には40日を越えることも珍しくない．

(d) 都市構造物による上空大気との熱交換の減少 建築物が林立する市街地では，上空に比べて風速が極端に弱くなる．このため都市内部と上空との熱交換が小さくなり，都市排出熱が逃げ出せなくなる．また高層建築が立ち並ぶことで，都市部の表面積が増大し，都市部の実質的な日射吸収率は，郊外部に比べて約10％増大する．

(e) 細塵や大気汚染物質による温室効果 都市部で発生した汚染物質は，都市循環流や都市境界層の構造により都市部あるいはその周辺地域に滞留する．これら滞留した汚染物質は，都市の温室効果を助長することになる．

(3) ヒートアイランドの構造とその問題点

図 7.2.8 にヒートアイランドに伴う都市気候の概念図を示す．都市部で暖められた空気は浮力により上昇し，上空で冷やされ，都市周辺の郊外に下降する．またこの下降した気流はさらに都心部に収束し，いわゆる都市循環流が生ずる．

ヒートアイランドが原因となる主たる環境問題・社会問題として次があげられる．

(i) 健康影響： 図 7.2.9 に東京都における熱中症による搬送者人員の変化を示す．15年間でおよそ3倍の増加を示している．また前述の熱帯夜の増加（図 7.2.10），夏季の死亡率の増加，蚊

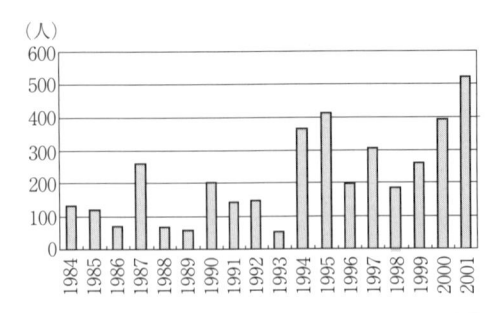

図 7.2.9 高温および日射病による救急搬送人員数 [3]

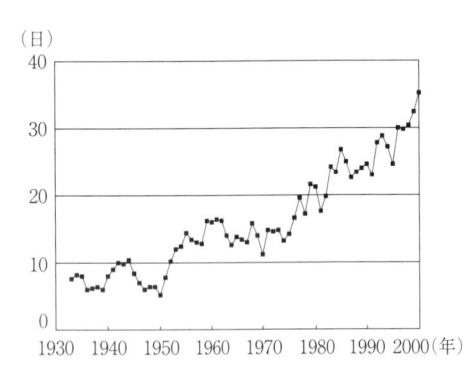

図 7.2.10 東京における熱帯夜の日数（5年移動平均）

などの病原菌媒介動物の越冬によるマラリアなど伝染地域の拡大などの問題が指摘されている．

(ii) 環境変化：気温が上昇することにより化学反応が活発となり，大気汚染や光化学スモッグなどが促進される．また，都市発生する水蒸気を含む上昇気流や対流構造の変化により，新たに流入する海風が上空の冷たい空気とぶつかることにより，集中豪雨の原因となることが指摘されている．

(iii) エネルギー問題：夏季のヒートアイランド現象は，冷房需要を増加させ，空調用エネルギー消費を押し上げる．このエネルギー消費がさらにヒートアイランドを促進するという悪循環が生ずる．東京首都圏において，夏季に1℃最高気温が増大すると約166万kW電力需要が増大するといわれており，エネルギー供給の点からもヒートアイランド現象は，大きな社会的問題である． [大岡龍三]

文 献

[1] 資源環境技術総合研究所環境影響予測部，1997.3，大都市における夏季高温化対策技術の評価手法の開発，研究資料 19-1
[2] ヒートアイランド実態解析調査検討委員会，平成12年度ヒートアイランド現象の実態解析と対策のあり方について報告書
[3] 環境省，2003.3，平成14年度ヒートアイランド現象による環境影響に関する調査検討業務報告書

7.2.4 有風下における火災性状
(1) 市街地火災にいたるシナリオ

大地震直後に同時多発的に火災が発生すると，通常の消防力では対応しきれず，一部は放任火災となる．個々の火災の進展は建物の構造に応じて異なる．裸木造では，外壁や屋根などの外構の耐火性に乏しいため，建物内外の火災が同時進行し，火災盛期には建物全体が炎上する．防火造や準耐火建築物では，フラッシュオーバー以降しばらくは開口部のみから火炎が噴出するにとどまるが，やがて，外壁，屋根が燃え抜け，建物全体が炎上するにいたる．耐火建築物では，外構の耐火性が高く，火災盛期においても建物全体が炎上することはない．

単独の火災建物から隣接未燃建物への延焼拡大要因としては，開口噴出火炎や建物炎上火炎による接炎，火炎からの放射伝熱，熱気流からの対流伝熱，火の粉による飛火をあげられる．強風に煽られると火災は勢いを増し，火炎や熱気流は傾斜し，これらの影響はさらに強まる．

市街地火災にいたると，個々の火災が寄せ集まり，高さ30〜40mにも及ぶピラミッド型の巨大な火炎が出現することもあるが，このような状況では，熱的加害性が遠方にまで及ぶ．強風下においては，火炎や熱が路上を流れ，大量の火の粉も広範囲に飛散し，延焼は急速に拡大する．

市街地火災により多大なる人的，物的被害が生じるおそれのある密集市街地は全国に約25000 ha存在し，老朽木造住宅が密集していることにより大火の危険性が高い市街地は約8000 ha存在するといわれている．これらの解消は喫緊の課題となっている．市街地火災の延焼拡大を阻止するには，広幅員道路とその沿道に所定の規模の耐火建築物を配置することが有効であるが，このような都市防火区画を新たに整備するには限界があり，

7.2 都市，建築近傍の汚染質拡散

図 7.2.11 火災風洞の外観と透視図（矢印は風の流れ，×は火災実験エリア）

図 7.2.12 模型実験の様子（天井あり，無風下）

図 7.2.13 有風下の火炎形状

街区内にポケットパークを整備するなど小規模な対策の積み重ねが中心になる．また，建替，耐震補強など自主的対策が積み重ねられれば，市街地防火に直接的，間接的に寄与する．市街地火災の延焼防止に向けて種々の対策が講じられるが，ここでは，比較的小規模な対策を検討する際の基礎的知見として，有風下における単独火災性状，防火対策の考え方などを，最新の実験結果を用いて概説する．

(2) 有風下火炎性状

有風下火炎性状を把握するために，火災風洞[1]で模型実験を実施した（図 7.2.11）．厚さ 25 mm のセラミックファイバーボードを用い，0.4～0.8 m 四方の区画を構成し，風上側と風下側には開口を設けた．区画内部で木材を燃焼させ，風上側開口流入風速をパラメータとして，区画内可燃物の質量減少速度（可燃性ガスの発生速度），開

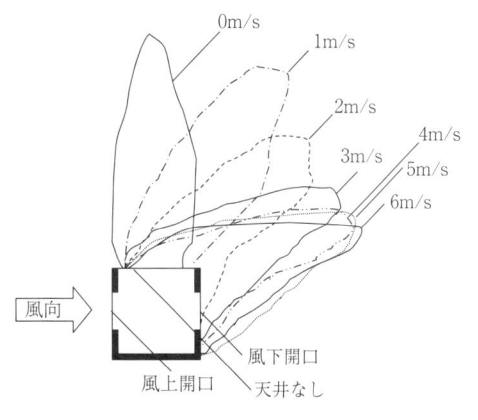

図 7.2.14 風速に伴う火炎の傾斜（天井なし，両側開口）

口・天井噴出火炎形状，火炎温度などを測定した．防火木造の屋根が燃え抜けた場合を想定し，区画天井がない状態での実験も実施した．実験の様子を図 7.2.12, 7.2.13 に示す．

図 7.2.14 は風速に伴う火炎形状の変化を比較している．区画天井なしの結果を示している．実

際には防火造の屋根面が燃え抜けた状況を再現しており，開口噴出火炎と屋根噴出火炎が合わさった火炎となっている．火炎は風速の増加とともに風下側に傾斜していくが，その長さは風速にかかわらずほぼ同長であることがわかる [2]．区画天井ありの場合，すなわち，実際には防火造のフラッシュオーバー直後で開口噴出火炎に限られている状況，または，耐火建築物の1区画（耐火性能のある壁やスラブで囲まれた空間）の盛期火災時の開口噴出火炎を想定した場合においても，有風下の火炎長さは変化しないことが確認されている．火災風洞模型実験で得られた有風下の火炎長さに関する知見をもとに，実スケールの無風火炎長さに関する既往の算出式を有風時にも用いることとする．

無風時の自由空間中の炎上火炎高さについては，実スケールの場合も含めて，次式 [3] が頻繁に用いられており，これを屋根燃え抜け後の火災，裸木造の炎上火炎の有風時の火炎長さの算定にも当てはめる．

$$L_f = 3.3\dot{Q}_D^{*2/3}D \quad (\dot{Q}_D^* < 1.0) \\ L_f = 3.3\dot{Q}_D^{*2/5}D \quad (1.0 < \dot{Q}_D^*)$$ (7.2.4)

L_f は火炎長さ（建物底部を基点），D は火源代表寸法（建物代表寸法），$\dot{Q}_D^*$ は無次元発熱速度（次式）．

$$\dot{Q}_D^* = \frac{\dot{Q}}{C_p\rho_\infty T_\infty g^{1/2}D^{5/2}}$$ (7.2.5)

ここで，$\dot{Q}$ は区画内の総発熱速度，C_p は定圧比熱，ρ_∞ は周辺空気密度，T_∞ は周辺空気温度，g は重力加速度．

区画火災では開口流入空気量に応じた燃焼にとどまるが，区画が破れて炎上火災となると十分な空気量の下，可燃物量に応じた燃焼となる．それぞれを換気支配型燃焼，燃料支配型燃焼という．屋根燃え抜け後では，屋根流出分を補うために空気の開口流入速度が過剰となり燃料支配型燃焼となることも多い．燃料支配型燃焼では，燃焼の程度は躯体可燃物や家具などの収納可燃物量に応じて決まることになるが [4]，発熱速度を簡易に見積もるならば，経験的知見をもとに，1500（kW/m²）×建築面積（m²）としてもよい．

無風時の開口噴出火炎長さについては，模型実験結果より次の定式化 [5] が行われているが，これを実スケールの有風下開口噴出火炎長さにも用いることとする．

$$L_f = 30r_f \exp\left\{-132\left(\frac{r_f^5}{\dot{Q}_{op}^2}\right)^{1/3}\right\}$$ (7.2.6)

L_f は火炎長さ（開口上端を基点），r_f は相当開口半径（開口と等面積の円の半径），$\dot{Q}_{op}$ は開口部の発熱速度．

個々の開口の発熱速度 $\dot{Q}_{op}$ は，総発熱速度 $\dot{Q}$ を開口ごとの流出速度に応じて按分したものである [4]．火炎噴出が開口に限られている段階は多くの場合換気支配型燃焼となっており，発熱速度は空気の流入速度に応じて決まる．また，熱気流の流出速度は区画内の質量保存を保つように決められる．簡易に $\dot{Q}_{op}$ を算出するには，風上側各開口からの空気の流入速度を風速，開口面積，流量係数などから算出し，単位空気質量あたりの発熱量3000を掛けて発熱速度 $\dot{Q}$ とし [6]，風下開口数で除せばよい．

傾斜角については，模型実験結果をもとに，風速，発熱速度などをパラメータとして定式化し，これを実スケールに用いることとする．開口噴出火炎の場合，開口＋屋根噴出火炎の場合は次式を用いる．

$$\sin\phi = 1 \quad \left(\frac{Fr^2}{\dot{Q}_f^{*2/3}} < 0.98^5\right) \\ \sin\phi = 0.98\left(\frac{Fr^2}{\dot{Q}_f^{*2/3}}\right)^{-1/5} \quad \left(0.98^5 < \frac{Fr^2}{\dot{Q}_f^{*2/3}} < 20\right) \\ \sin\phi = 2.6\left(\frac{Fr^2}{\dot{Q}_f^{*2/3}}\right)^{-2/3} \quad \left(20 < \frac{Fr^2}{\dot{Q}_f^{*2/3}}\right)$$ (7.2.7)

ϕ は火炎傾斜仰角，Fr はフルード数（式 (7.2.8)），$\dot{Q}_f^*$ は無次元発熱速度（式 (7.2.9)）．

$$Fr = \frac{U}{\sqrt{gD}}$$ (7.2.8)

U は流入風速．

$$\dot{Q}_f^* = \frac{\dot{Q}_{op}}{C_p\rho_\infty T_\infty g^{1/2}r_f^{5/2}} \quad \text{（開口噴出火炎）} \\ \dot{Q}_f^* = \frac{\dot{Q}}{C_p\rho_\infty T_\infty g^{1/2}D^{5/2}} \quad \text{（開口＋屋根噴出火炎）}$$ (7.2.9)

建物全体が炎上している場合，すなわち，裸木造の盛期火災時には，既往の研究成果に従う [7]．

$$\sin\phi = 0.8\left(\frac{T_\infty}{16000\dot{Q}}\right)Fr^{-0.52} \qquad (7.2.10)$$

以上の方法で火災建物の火炎形状の予測を行った結果，隣棟が火炎に接する領域にある場合には何らかの防火対策が必要になる．外壁や開口の防火的な補強のほか，隣棟間にサザンカなどの中木を植栽し，開口噴出火炎を遮炎するのも延焼の遅延化に有効であるといわれている．また，接炎しない状況でもいずれ着火にいたるレベルの放射受熱がある場合も同様の対策が必要である．放射熱流束は，火炎面の立体角投射率，火炎温度などから予測可能である[1][8][9]．火炎球に置き換えて算出する方法も提案されている[4]．ちなみに，長時間曝されても着火にいたらない最大の熱流束を着火限界とよぶが，木材に対する場合には 10～15 kW/m^2 の値が用いられている．

(3) 有風下熱気流性状

火災家屋群から大量に発生する熱気流は，有風下においては，風下側に傾斜し，遠方の未燃家屋群へ予熱を与え，延焼を速める結果を招くほか，救出，救護，避難，消火活動を阻害するものである．また，広域避難場所の安全性も脅かしかねない．実際に，関東大震災のときに旧陸軍被服廠跡空地で火災旋風により 40000 人近くが犠牲になったことはよく知られているが，高温の煙の吸引による気道熱傷による犠牲者も多かったものと考えられている[10]．

有風下熱気流性状を把握するために，幾何スケール 1/200～1/140 の風洞模型実験が実施されてきた[11]．有風下熱気流性状の一般的知見を得るには，さらにスケールアップした実験が望まれていたが，火災風洞の完成により幾何スケール 1/26 の実験を行う機会を得た．その結果によれば，木造市街地の火災域から風下側の任意の場所における空間温度分布は以下で示される[12]．

$$\Delta\theta(x,z) = \Lambda^{-s}Fr^{-t}\left[1.7\exp\left\{-1.5^2\left(\frac{z}{x}\Lambda^k Fr^n - 0.37\right)^2\right\} + 0.05\right]$$
$$\times \left(\frac{\dot{Q}^2 T_\infty}{C_p^2 \rho_\infty^2 g}\right)^{1/3} D^{-1/3} x^{-4/3} \qquad (7.2.11)$$

$s=0.5,\ t=-0.8833,\ k=1.125,\ n=-0.0975$

$\Delta\theta(x,z)$ は位置 (x,z) での温度上昇値，x は主流方向座標（原点は火源面中心），z は鉛直方向座標，Λ は風速に関する無次元数（式(7.2.13)）．

ここで，式(7.2.11)の導出過程を実験手順とともに以下に記しておく．

① 建築面積 8 m×8 m の木造家屋の火災を想定した．発熱速度は 0.83 MW/m^2，1.5 MW/m^2，2.0 MW/m^2 を，風速は 5 m/s, 10 m/s, 15 m/s を想定した．ちなみに，木造家屋が単独で炎上したときの発熱速度は前述のように約 1500 kW/m^2 といわれている．

② 模型実験では，火源面 0.3 m×0.3 m×高さ 0.2 m のプロパンバーナーを用いた．他の建物群はレンガの配置で再現した．

③ 式(7.2.12)を用いて模型実験を行う際の風速と発熱速度を決定した[11]．

$$\frac{L_{実際}}{L_{模型}} = \left(\frac{U_{実際}}{U_{模型}}\right)^2 = \left(\frac{\dot{Q}_{実際}}{\dot{Q}_{模型}}\right)^{2/5} \qquad (7.2.12)$$

L は代表長さ．

④ 火災風洞の助走路にスパイヤーとラフネスを配置し，低層住宅地を吹く市街地風の鉛直分布の再現を試みた（図7.2.15）．

⑤ 模型実験の条件により，風下側の空間温度分布は大きく異なったので，以下に示す無次元パラメーターを用い，温度分布式の一般化を行った[11]．

$$\Lambda = \frac{UD^{1/3}}{\{\dot{Q}g/(C_p\rho_\infty T_\infty)\}^{1/3}} \qquad (7.2.13)$$

$$\Psi_x = \frac{\Delta\theta D^{1/3}x^{4/3}}{\{(\dot{Q}^2 T_\infty/(C_p^2\rho_\infty^2 g)\}^{1/3}} \qquad (7.2.14)$$

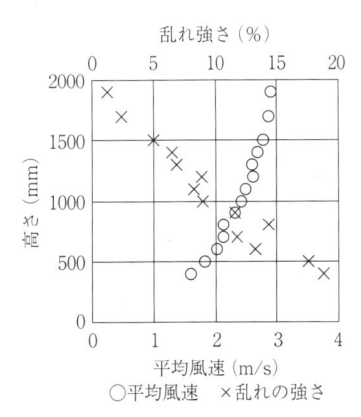

図 7.2.15 平均風速プロファイル

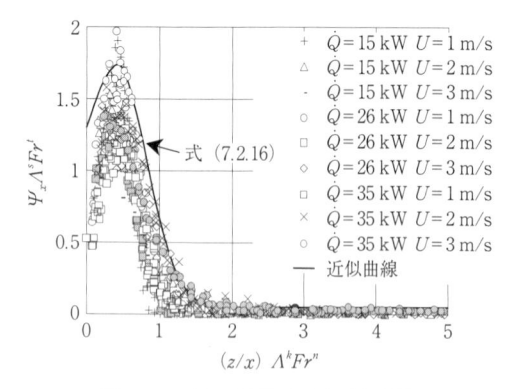

図 7.2.16 風下空間温度分布（実験値）

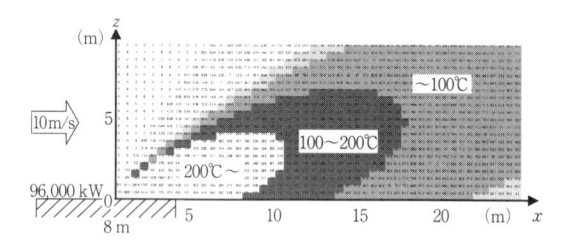

図 7.2.17 実火災の風下空間の温度予測

$$Fr = \frac{U}{\sqrt{gD}} \tag{7.2.15}$$

なお，式（7.2.14）は温度に関する無次元数である．

⑥ これらにより実験結果を整理したものを図7.2.16に示す．安全側に配慮し，図中実線で示す包絡線で代表させるが，その近似式を式（7.2.16）に示す．

$$\begin{aligned}\Psi_x &= \Lambda^{-s} Fr^{-t} \\ &= \left[1.7\exp\left\{-1.5^2\left(\frac{z}{x}\Lambda^k Fr^n - 0.37\right)^2\right\} + 0.05\right]\end{aligned} \tag{7.2.16}$$

⑦ 式（7.2.16）に式（7.2.14）を代入し整理することにより，式（7.2.11）が得られる．

式（7.2.11）は一見複雑な表現となっているが，空間温度分布の予測に必要な未知数は，流入風速，火源出力，火源サイズの三つに限られている．この予測式をもとに，一例として，建築面積64 m^2，火災出力96,000 kW，風速10 m/sの状況下における風下側の空間温度分布を描いてみた（図7.2.17）．以上，低層建物群の場合を示したが，対象市街地の幾何形状，想定火災域にあわせて同様のプロセスにて実験を行えば，任意の状況下の風下温度分布の予測式の導出が可能である．市街地火災の影響を広範囲に検討すれば，広域避難場所での温度予測が可能であり，広域避難場所の安全性の検討に役立つ． 　　　　　　［林　吉彦］

文　献

[1] 林吉彦，吉田正昭，木下拓也，三沢温，大崎貴弘，若松孝旺，佐賀武司，2001，建築研究所火災風洞の基本性能と火災風洞実験結果について，日本風工学会誌，**86**，pp. 55-74
[2] 大宮喜文，林吉彦，岩見達也，2002，有風下における建物周囲に形成される火炎形状，立方体モデルを用いた実験に基づく火災性状モデル，第17回風工学シンポジウム，pp. 179-184
[3] E. Zukoski, T. Kubota and B. Cetegan, 1980/1981, Entrainment in Fire Plume, *Fire Safety Journal*, Vol. 5, pp. 107-121
[4] 岩見達也，大宮喜文，林吉彦，成瀬友宏ほか，2006，市街地の延焼危険性評価手法の開発，建築研究資料，**145**，pp. 34-51
[5] 大宮喜文，堀雄児，2001，火災区画外への余剰未燃ガスを考慮した開口噴出火災柱状，日本建築学会計画系論文集，**545**，pp. 1-8
[6] 長谷見雄二，1988，火事場のサイエンス，井上書院，pp. 77
[7] P. H. Thomas, 1962, The Size of Flames from Natural Fires, Ninth International Symposium on Combustion
[8] 日本建築学会近畿支部防災計画部会，2001，関数電卓による火災性状予測計算，pp. 61-108
[9] 田中俊六，武田仁，足立哲夫，土屋喬雄，1990，建築環境工学（改訂版），井上書院，pp. 90-112
[10] 相馬清二，1975，被服廠跡に生じた火災風の研究，地学雑誌，**84**，No 4, pp. 204-217
[11] 佐賀武司，1996，正方形熱源の風下における温度分布，東北工業大学紀要，**16**，pp. 141-154
[12] 林吉彦，佐賀武司，2003，有風下の火災気流の温度分布に関する実験的検討，日本建築学会環境系論文集，**566**，pp. 25-32

7.3　通風・換気

7.3.1　住宅の通風・換気

(1) 換　気

(a) 換気の目的と必要換気量　　室内では表7.3.1を代表とする汚染物質が生活活動に伴い発生している．換気は室内で発生した各種の汚染物質や熱を排出し，室内へ新鮮な外気を取り込み，室内空気質を維持する目的で行われる．時間あたりに室内空気が入れ換わる空気量を換気量（m^3/h）という．換気量を室容積で除した値を換気回数（回/h）という．送風機などの装置によ

7.3 通風・換気

表 7.3.1 室内で発生する汚染物質

汚染物質	おもな汚染源	許容濃度
二酸化炭素（CO_2）	人体の呼気や燃焼により発生（外気濃度は約 300 ppm）	1000 ppm 以下（建築基準法，建築物における衛生的環境の確保に関する法律（略称：ビル管理法））
一酸化炭素（CO）	燃焼器具の不完全燃焼	10 ppm 以下（建築基準法，ビル管理法）
ホルムアルデヒド（HCHO）	建材，家庭用品，喫煙など	100 $\mu g/m^3$ 以下（0.08 ppm 以下）（ビル管理法）
揮発性有機化合物（VOC）	建材，家庭用品，塗料など	400 $\mu g/m^3$ 以下（厚生労働省暫定目標値）
浮遊粉塵	燃焼排ガス，スプレー，喫煙など	0.15 mg/m^3 以下（ビル管理法）
水蒸気	人体，調理作業など	水蒸気量（温度）が高くても，直接人体健康に与える影響はないが，結露やカビの発生など建物被害やこれらにより人体健康影響があるので注意

り行われる換気を機械換気といい，機械によらず外部風や室内外温度差により行われる換気を自然換気という．

室内で発生した汚染物質を許容濃度以下に保つために必要な換気量を必要換気量という．対象とする汚染物質の室内発生速度 $M(m^3/h)$ と許容濃度 $P_i(m^3/m^3)$，外気濃度 $P_o(m^3/m^3)$ より，式 (7.3.1) のように必要換気量 $Q(m^3/h)$ が得られる．室内で発生する汚染物質が明確でない場合，空気の汚れを表す総合的指標として二酸化炭素が用いられる．人間からの二酸化炭素の発生速度は軽微作業（事務作業程度）で $0.02 m^3/(h\cdot 人)$ であり，対象室内の在室者数と許容濃度 1000 ppm より必要換気量を得られる．

$$Q = \frac{M}{P_i - P_o} \quad (7.3.1)$$

(b) 換気の原理 空気は高い圧力から低い圧力へ流れるため，いずれの換気方式においても開口部の前後の圧力差により換気を行っている．開口部と圧力差の関係は式 (7.3.2) のような関係がある．

$$q = \alpha A \sqrt{\frac{2\Delta P}{\rho}} \quad (7.3.2)$$

q は開口部を通過する流量（m^3/s），ΔP は開口部の前後圧力差（Pa），ρ は空気密度（kg/m^3），αA は相当開口面積（m^2），α は流量係数（開口部における抵抗の度合い）．

（i）風力換気： 自然換気のうち，外部風によって換気する現象を風力換気とよぶ．建物に風が当たると風の運動エネルギーは圧力に変化する．この圧力のことを風圧力 P_w（Pa）という．風圧力は建物形状や風向によって異なり，風向が一

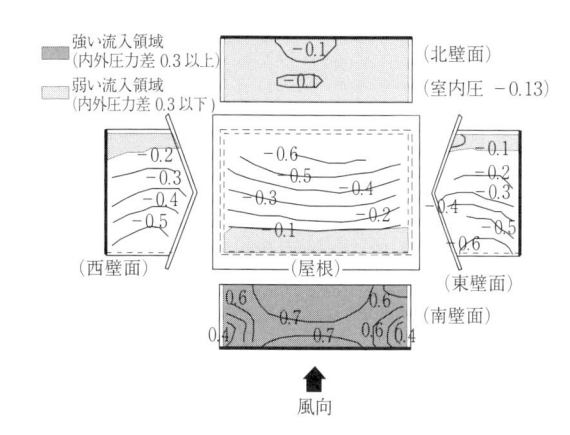

図 7.3.1 風圧係数の分布

定の場合には風圧力は風速 V_o（m/s）の 2 乗に比例する．式 (7.3.3) の比例定数を風圧係数 C_p とよぶ．図 7.3.1 に独立住宅における風圧係数の測定結果を示す．

$$P_w = C_p \times \frac{\rho}{2} \times V_o^2 \quad (7.3.3)$$

（ii）温度差換気： 空気の密度 ρ（kg/m^3）は式 (7.3.4) のように温度 T（℃）が高いほど密度が小さくなる．室内外の温度差が比較的大きい冬季では，室内外の空気の密度差により図 7.3.2 のような圧力差を生じる．冬季では室下部は室内が屋外よりも負圧になるため，室下部に開口部がある場合には外気が室内へ流入する．室上部では室内は屋外よりも正圧になり，室上部に開口部がある場合，室内空気は屋外へ流出する．このようなメカニズムで行われる自然換気を温度差換気（重力換気）とよぶ．温度差換気では室内外の圧力差が等しくなる位置が生じる場合がある．この位置を中性帯とよび，中性帯にある開口部では換気駆動力がないため，温度差換気は行われない．

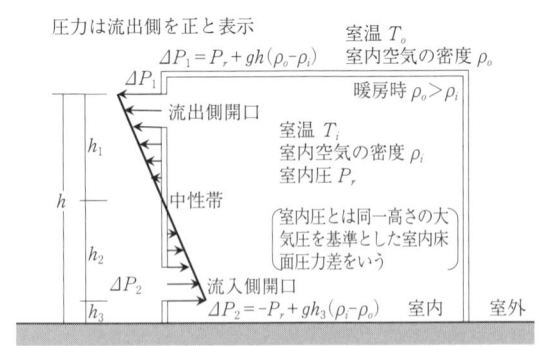

図中ラベル:
- 圧力は流出側を正と表示
- 室温 T_o
- 室内空気の密度 ρ_o
- $\Delta P_1 = P_r + gh(\rho_o - \rho_i)$
- 流出側開口
- 暖房時 $\rho_o > \rho_i$
- 室温 T_i
- 室内空気の密度 ρ_i
- 室内圧 P_r
- 中性帯
- (室内圧とは同一高さの大気圧を基準とした室内床面圧力差をいう)
- 流入側開口
- $\Delta P_2 = -P_r + gh_3(\rho_i - \rho_o)$
- 室内　室外
- （高さ上下方向に隙間が均等に分布している場合）

図 7.3.2 暖房時の室内外圧力差分布

$$\rho = \frac{353}{273+T} \quad (7.3.4)$$

(2) 通風

日本の伝統的採涼手法である通風は，屋外の風を積極的に室内へ導入し，室内の可感気流により体感温度を低下することに目的がある．室内気流分布を考慮し住宅設計をすることは一般に困難であるが，最近では建物形状と通風の性能を明らかにする研究が行われている．通風時の室内気流分布は風洞実験や数値流体解析（CFD）により予測することが可能である． 　　　　[坂口　淳]

7.3.2 ハイブリッド換気

ハイブリッド換気は，風力や煙突効果などの受動的（パッシブな）駆動力と，機械力による能動的（アクティブな）駆動力の双方を組み合わせて行う建物換気をさす．パッシブな換気システムは，その駆動のために電力などの人工エネルギーの必要がなく，その分，地球に与える環境負荷が小さくて済む．しかし必要な換気量を過不足なく確実に供給する能力に欠ける．また換気のために余裕ある建物スペースを必要とし，建築コストの高いシステムになる嫌いがある．一方，アクティブなシステムは，その運転に際し恒常的に人工エネルギーを必要とし，その分，地球環境に与える負荷は大きい．しかし機械設備技術の進展により，確実で省スペースかつ低廉なシステムとなっている．ハイブリッド換気システムは，その両者の良いとこ取りを目ざすシステムであり，地球環境に対する負荷を削減しつつ，質の高い居住環境を目ざす明日のシステムである．

建物内の換気は空気質の維持管理を最大の目的として行われる．しかし換気は室内外空気の熱量も同時に交換するため，室内の温熱環境調整の役割も担うことができる．ハイブリッド換気は，室内で発生する熱の排出システムとして用いられることも多い．寒冷な欧米地域では冷房システム自体を必要とすることも少ない．その意味で，ハイブリッド換気は，外気温が室内温より低いことを前提に熱排出システムすなわち自然外気冷房システムとして期待されている．日本のように室内の冷房負荷が大きく，外気のエンタルピーが高くなる場合には冷房システムは不可欠であり，ハイブリッド換気は冷房システムに組み合わされて使用されることになる．同様に寒冷な欧米地域では，ハイブリッド換気は暖房システムと組み合わされて使用される．

自然換気は，換気の駆動力となる静圧差が小さい．必要な風量を確保するためには換気系統における全圧損失を小さくする必要がある．そのため除塵のためのフィルター処理，顕熱もしくは全熱交換処理などを困難にする．これは機械換気を併用するハイブリッド換気により解決することが可能である．自然換気の駆動力は，浮力の場合には屋外と室内の温度差が小さくなれば，対応して小さくなってしまい，風力の場合にも風向変動や風速変動があるため，安定した換気駆動力を確保することがむずかしい．この問題も機械換気を併用するハイブリッド換気により解決することが可能である．

しかしながら，機械換気と自然換気は，換気駆動力，換気の特性，制御性に大きな違いがある．両者の良いとこ取りをするためには，それに見合ったハイブリッド換気に対する室内換気，温熱環境性状予測法の開発と制御原理の探求が必要となる． 　　　　[加藤信介]

7.4 広域拡散と防風雪

7.4.1 広域汚染

二酸化窒素，光化学オキシダント，浮遊粒子状物質などによる大気汚染はある特定の気象条件の

下で広域にわたって生ずることがある．広域汚染を引き起こす物質の特徴は，① 発生源が広範囲にわたって存在する，② 一次的に発生源から排出された物質ではなく，その物質がある程度の時間が経って拡散し，さらに大気中での化学変化などを通して二次汚染物質として大気汚染を引き起こすなどの特徴がある．

(1) 広域汚染を起こす気象条件

冬季に二酸化窒素や浮遊粒子状物質汚染が起こるときには特有の気象条件がある．図7.4.1は関東地方で浮遊粒子状物質汚染が起きたときの濃度，風，温度の分布［1］である．関東南部に線状の境界線（局地前線）が存在し，それより北側では汚染濃度が高く，風速が弱く，低温の領域が広がっている．一方境界より南側では汚染濃度が低く，西南西の風が強く，比較的温度が高い．このような気象条件は初冬季に日本海を低気圧がゆっくりと発達しながら進むときに現れる．このとき本州中部は暖かい南西～西南西の風に覆われる．しかし関東平野では西側と北側にある高い山のためにこの南西風がブロックされる．一方，関東平野内では弱い斜面下降流が北側と西側の山間部に発達し，冷気を谷筋から平野の中央に運ぶ．このようにして平野の中央部から北部にかけては下層に冷気，上層に南西風の暖気が存在し，強い逆転層を形成して下層に汚染物質を蓄積しやすくなる．これに対し，関東南部では山がないため，海側から暖かい風が直接地面付近に到達し，強く

て暖かい南西風が地上で直接観測される．この様子を模式的に図7.4.2［2］に示す．

(2) 光化学オキシダント

光化学大気汚染は梅雨前後の弱風の晴天日に多く発生する．1989年以降光化学大気汚染の主要成分であるオキシダント濃度が日本国内で上昇する傾向にある［3］．また近年関東地方ではより郊外でオキシダントの高濃度が発生する傾向がある．光化学大気汚染は，一次汚染物質である窒素酸化物と炭化水素類が大気中の光化学反応により反応して起こる．この反応に少し時間がかかるため，夏季の弱風晴天日によく発生する海風または広域的海風によって発生源地域から若干輸送された地区で高濃度が発生することになる．図7.4.3は光化学大気汚染にかかわる汚染物質が広域的海

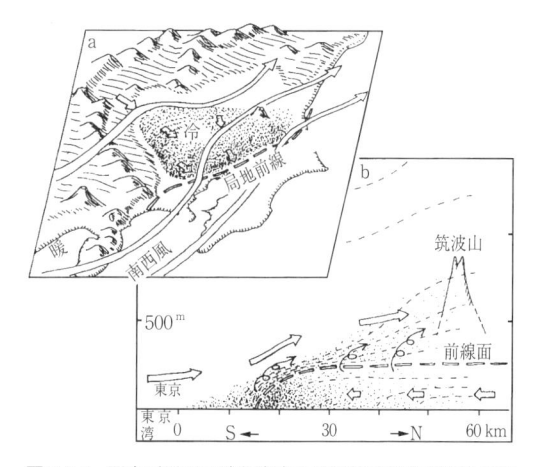

図7.4.2 関東平野で二酸化窒素や浮遊粒子状物質汚染が起こるときの気象条件の模式図

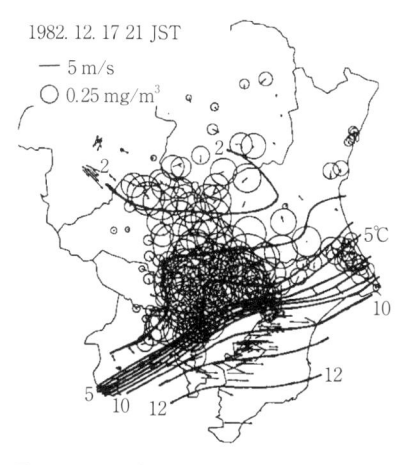

図7.4.1 1982年12月17日21時の浮遊粉塵濃度（円），風向風速，気温

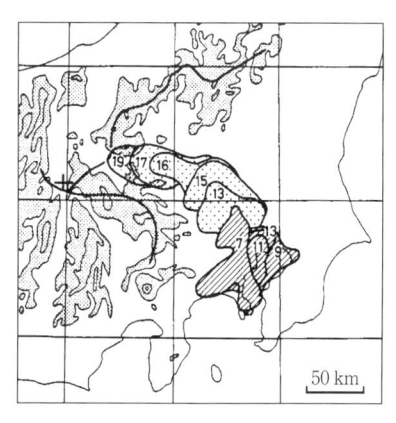

図7.4.3 1983年7月29日の大気汚染物質の輸送の状況 斜線部はNO_x濃度が40 ppb以上の範囲で，ドット部はオキシダント濃度が100 ppb以上の範囲である．数字は時刻を示す．

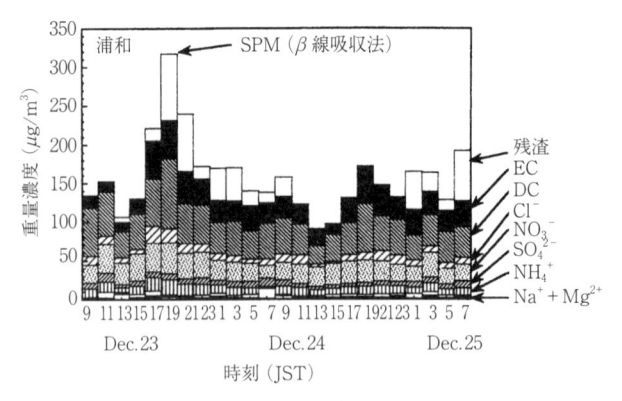

図 7.4.4　1994年12月23日から25日にかけて浦和で測定された浮遊粒子状物質の成分濃度

(3) 浮遊粒子状物質

　大気中に存在する微小粒子で通常粒径が 10 μm 以下のものはなかなか地上に落ちてこないため, 浮遊粒子状物質とよばれている. 浮遊粒子状物質の成分は多岐にわたっており, その成因も複雑である ([5], 図7.4.4). 一つはディーゼル自動車などから排出される元素状炭素とよばれる物質や, 工場などから直接排出される粒子そのものである. もう一つは, 大気中にはじめはガス状物質として排出され, 大気中の化学反応や温度による相変化によって二次的に生成された粒子である. 冬季には, 二酸化窒素による大気汚染と同様な気象条件の下に起こることが多い.

[近藤裕昭]

文　献

[1] 水野建樹, 近藤裕昭, 松川宗夫, 1990, 関東平野において初冬に粉じんが極めて高濃度になる気象条件について, 大気汚染学会誌, **25**, pp. 143-154
[2] Yoshikado, H., Mizuno, T. and Shimogata, S., 1994, Terrain-induced air stagnation over the southern Kanto plain in early winter, *Boundary-Layer Meteor.*, **68**, pp. 159-172
[3] 大原利眞, 2003, 光化学オキシダントの全国的な経年変動, 大気環境学会特別講演会「増え続ける光化学オキシダント—その原因と対策—」講演要旨集, pp. 1-8
[4] Kurita, H., Ueda, H. and Mitsumoto, S., 1990, Combination of local wind systems under light gradient wind conditions and its contributions to the long-range transport of air pollutants, *J. Appl. Meteor.*, **29**, pp. 331-348
[5] 兼保直樹, 吉門洋, 近藤裕昭, 2002, 広域・高時間分解観測による初冬季高濃度SPMの主要化学組成および水分影響の解析, 大気環境学会誌, **37**, pp. 108-121

7.4.2　酸性雨と黄砂飛来

　Acid rain (酸性雨) という単語を初めて使用したのは, 19世紀中頃のイギリスの学者ロバート・アンガス・スミス (R. Aungus Smith) といわれている. そのころのデータをもとに推定された降水のpH (酸性度) はバックグラウンド地域で 4.6〜5.6, 汚染地域で 3.4〜3.9 であり [1], 現在とそれほど大きく違わない. また, 1980年代にデルマス (Delmas) がまとめた世界各地のバックグラウンド降水のpH値は 4.5〜5.6 であり [2], 大気中炭酸ガス (WMO調査による2000年世界平均値が 369 ppm. スミスのころの推定値は 280 ppm前後であり, それと比べて 90 ppmほど増加している) の水への溶解度から計算されるpH 5.6 に比べるとかなり低い. つまり, 実降水のpHは, それを決定する化学成分種 (おもに SO_4^{2-}, NO_3^-, Cl^-, NH_4^+, Na^+, K^+, H^+, Ca^{2+}, Mg^{2+} の9成分) のバランスで決まるから, 酸性雨の判定基準として現在合意されている pH 5.6 に縛られると降水の化学像が見えなくなる.

　表7.4.1は, 環境省が行った酸性雨調査 [3〜5] による降水の化学組成をまとめたものである. 最近の降水のpH範囲は 1999年 4.44〜5.75 (平均 4.80), 2000年 4.42〜5.47 (平均 4.64) であった. 15年前の調査でも 4.1〜7.0 (平均 4.7) であ

7.4 広域拡散と防風雪

表 7.4.1 日本全国の降水中の化学成分 (μmol/L)

	1986～1987年度(地点数29)[3]		1999年度 (地点数47)[4,5]		2000年度 (地点数48)[4,5]	
	平均値	濃度範囲	平均値	濃度範囲	平均値	濃度範囲
SO_4^{2-}	27.5	14.9～60.9	20.8	9.45～81.7	24.0	13.5～65.7
$nssSO_4^{2-}$	44.6	25.7～94.2	13.5	3.77～77.1	20.9	6.0～58.1
NO_3^-	15.5	6.45～45.3	17.7	5.56～33.5	19.1	5.2～51.9
Cl^-	10.8	23.7～342	74.3	9.14～258	60.8	11.7～198
NH_4^+	21.7	7.78～62.2	22.0	3.56～77.9	22.3	6.7～78.5
Ca^{2+}	13	3.5～43.8	8.92	0.78～65.0	8.8	3.0～25.1
$nssCa^{2+}$	22.2	3.4～77.2	6.42	0.46～63.4	7.7	1.9～22.3
Mg^{2+}	10.8	2.08～32.1	8.61	0.73～32.3	7.1	1.7～33.2
K^+	4.62	1.03～29.7	2.73	0.39～6.85	2.5	0.5～5.7
Na^+	85.7	16.1～229	63.3	8.29～243	51.7	8.0～180
E.C. (ms/m)	2.21	1.02～4.44	2.21	1.02～4.44	2.38	1.46～4.41
pH (－)	4.7	4.1～7.0	4.83	4.44～5.75	4.64	4.42～5.47

nss：no-sea-salt の略, 非海塩性.

り, pH 平均値をみる限り大きく変わっていない. しかし, 降水の化学成分のうち (非海塩性 SO_4^{2-}/NO_3^-) のモル濃度比は, 15年前の調査で2.9, 1999年は0.76, 2000年は1.1と NO_3^- の寄与が相対的に高くなってきており, 降水の化学像が少しずつ時代とともに変化してきたことを伺わせる. この比は, 太平洋側地域よりも日本海側地域の冬季の降水や降雪で大きくなるといわれている. そして, 酸性雨問題が指摘される重慶 (1999年夏季の降雨平均濃度比で3.9) [6] など, 中国工業都市における比は日本よりもかなり大きいようである.

先の9成分のイオンバランスによって降水の酸性度がだいたい決まるのだが, その中で最も酸性化に寄与する化学成分は, この非海塩性 SO_4^{2-} および NO_3^- である. これら両イオンは, 大気中の硫酸塩や硝酸塩エアロゾルおよび SO_2 ガスや NO_x ガスがレインアウトやウオッシュアウト過程を経て降水中に取り込まれた成分である. したがって, 酸性雨問題が地域的スケールおよび国境を越えるスケールの両方で議論されるのは, それらエアロゾルやガスの輸送機構と密接な関係があるからに他ならない. 東アジアスケールでみると, SO_2 および NO_x の人為排出量の推計値は中国が非常に多い. 東アジア域の年間硫黄排出量が約12.6 Tg, 内訳は日本が3.9%であるのに対し, 中国で83.3%と報告されている [7]. また, NO_x の東アジア地域における年間排出量は約3.3 Tg,

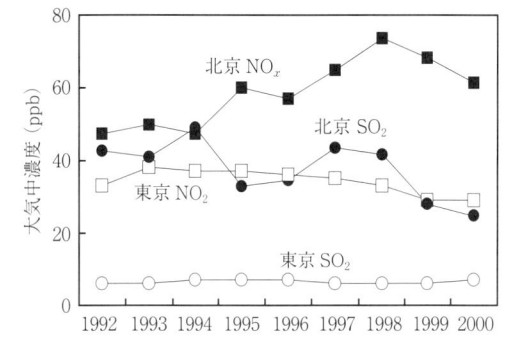

図 7.4.5 SO_2 と NO_2 大気中濃度の経年変化
中国環境年鑑 [9] (1993～2001) および一般環境大気測定結果報告 (現. 大気汚染状況報告書) [10] (1993～2001) のデータから作成. 北京の NO_x は NO_2 ガスとして容量換算した値.

日本が18%, 中国が68%と推定されている [8]. このような日本と中国の事情は, 図7.4.5に示すとおり都市大気中の SO_2 や NO_2 濃度の経年変化によく表れている. 図中の SO_2/NO_2 比は, 北京で0.9 (1992年) から0.4 (2000年) へと漸減しているのに対し, 東京は0.18～0.24の中で変動しており, 前述の降水中の (非海塩性 SO_4^{2-}/NO_3^-) モル濃度比が将来大差なくなることが予想される.

実降水において非海塩性 SO_4^{2-} および NO_3^- が酸性化に強く寄与している成分なら, NH_4^+ と非海塩性 Ca^{2+} はそれらに対し中和作用を強く促す成分として知られている. NH_4^+ はおもに農業活動を中心とする人為活動によって放出されたアンモニアガスが粒子態やガス態で降水中に取り込ま

れるため，広域的酸性雨の中和作用ではNH_4^+による割合が高い．一方，非海塩性Ca^{2+}は粒子態で取り込まれ，その中和作用は中国内陸部など限定された地域の降水や，季節的に限定された降水にみられることが多い．そのCaの最大の供給源は黄砂やサハラダストなど土壌起源系エアロゾルであり，その中の炭酸カルシウム鉱物（含有率は約10％程度）が降水中で溶け出すためである．EANETにおいて重慶と同時期に観測された西安の降水中の(非海塩性SO_4^{2-}/NO_3^-)モル濃度比は，重慶と変わらない値（3.0）であったが，平均pHは重慶が4.33であるのに対し西安が6.18であり，非海塩性Ca濃度が約2倍高いことが説明要因の一つとなっている．西安は黄砂が沈着し形成した黄土高原の南端に位置し，黄砂の影響が非常に強い都市である．日本においても春季の黄砂現象時に観測する降水は，非黄砂時の降水に比べ顕著にpHが高く，黄砂から溶出するCa^{2+}の寄与が大きいことが知られている．黄砂による酸性物質の中和効果について，中国北部で0.6〜1.8，南部で0.1，韓国や日本で0.1〜0.2春季の降水のpHを押し上げるというモデル計算結果［11］がある．

黄砂の発生源は，中国およびモンゴルの砂漠地帯や乾燥地帯から発生する砂嵐である．黄砂は発生源からの輸送距離に応じて，粒径，広がり分布，大気中濃度が変化する．発生源地からの輸送距離に応じて平均粒径が小さくなり，北京で5〜10 μm，日本で3〜5 μmに入ることが多い．輸送高度は3kmから6kmの高度を通過することが多く，同一黄砂でも北京よりも日本のほうが飛来高度が高い傾向がある．図7.4.6は同一黄砂の大気中濃度変化例である［12］．流跡線解析およびUno［13］の化学天気図（CFORS）などから総合的に判断し，このときの黄砂は，世界時間で1998年4月14日にゴビ砂漠周辺で発生し3〜4

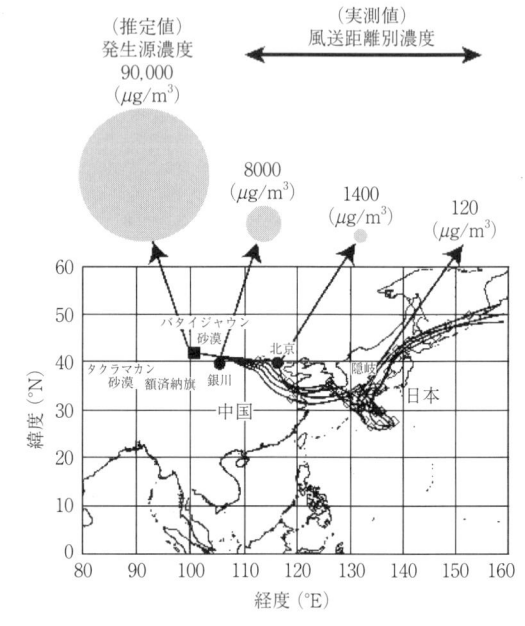

図7.4.6 黄砂気塊中の風送距離別濃度変化
発生直後の推定濃度は，長距離輸送される粒径範囲のエアロゾルを対象としたものである．図中の実線は発生源である額済納旗を起点とする前方流跡線解析結果を表す．

表7.4.2 日本と中国で捕集した黄砂エアロゾルの化学組成

	屋久島（1988）	奄美大島（1998）	蘭州（1998）	北京（2000）	銀川（2000）
TSP ($\mu g/m^3$)	392	167	794	2097	6100
(ng/m^3)					
NO_3^-	2870	3730	9590	<2000	<18,000
SO_4^{2-}	16,700	9710	21,000	9600	33,000
C-C	5380		12,600	9260	65,000
Na	10,000	2980	10,100	11,200	47,000
Mg	7860	2600	14,100	24,000	73,000
Al	25,400	9660	48,300	107,000	214,000
K	9380	3180	14,000	31,400	74,000
Ca	18,100	7010	54,700	50,200	267,000
Mn	346	143	655	1400	2700
Fe	13,300	5660	25,600	61,300	117,000
Cu	72.8	113	283	294	
Zn	56.5	49	630	432	2300
Pb	18.8	37	370	223	

TSP：大気中粉塵濃度，C-C：炭酸塩炭素

日後に日本に到達したことがわかっている．砂塵暴時の大気中粒子濃度はわからないが，黄砂として長距離輸送される微粒子を対象としてその発生源での濃度を推定すると，北京で観測する黄砂の1桁高い濃度，日本で観測する黄砂の2桁高い濃度になると見積もられた．

　このような黄砂の発生と輸送は，次のような気象条件によって生じることが多い．中国内陸部やモンゴルの砂漠・乾燥地帯で発生した低気圧に向かって北および西成分の強風が吹き，砂塵嵐が発生（CFORSモデルでは風速の3乗に比例する質量フラックス量で計算）する．その後，強い黄砂雲（砂塵嵐）の西側にある高気圧から押し出されるように低気圧と前線の東進に従って移動する．日本列島の太平洋側で前線が南北方向にブロックする配置になったとき各地で黄砂現象が観測されることが多い．飛来季節としては2～5月に多く，11月にもときどき観測される．その日本への飛来量は年間100～300万トン程度と考えられている．黄砂の発生地はタクラマカン砂漠，ゴビ砂漠および黄土高原地帯など多地域にわたる．発生源地表層土の違いおよび風送過程での粒子分級効果の違いがあるにもかかわらず，表7.4.2に示すとおり，日本や中国で観測された黄砂の化学組成は割に似ている．

　　　　　　　　　　　　　[森　育子・西川雅高]

文　献

[1] 藤田慎一，1993，酸性雨研究百年の歴史と変遷—1872年から1972年の降水の化学—，資源環境対策，**29**, pp. 689-695
[2] 古明地哲人，1986，酸性雨，空気調和・衛生工学，**60**, pp. 483-494
[3] 西川雅高，2002，降水の化学組成，地球環境ハンドブック第2版，pp. 364-368，朝倉書店
[4] 全国環境研協議会酸性雨調査研究部会，2001，第3次酸性雨全国調査報告書，全国環境研誌，**26**, pp. 66-116
[5] 全国環境研協議会酸性雨調査研究部会，2002，第3次酸性雨全国調査報告書，全国環境研誌，**27**, pp. 68-126
[6] 大歳恒彦，2002，東アジア酸性雨モニタリングネットワーク（EANET）試行稼働期間中のモニタリングについて，大気環境学会誌，**37**, pp. 331-341
[7] 藤田慎一，2002，硫黄酸化物の発生源，地球環境ハンドブック第2版，pp. 335-339，朝倉書店
[8] Akimoto, H. and Narita, H., 1994, Distribution of SO_2 and CO_2 emissions from fuel combustion and industrial activities in Asia with $1°×1°$ resolution, *Atmos. Environ.*, **28**, pp. 213-225
[9] 中国環境年鑑編集委員会編，1993～2001，中国環境年鑑，中国環境年鑑社
[10] 環境庁大気保全局（現，環境省環境管理局）大気規制課編，1993～2001，一般環境大気測定局測定結果報告（現，大気汚染状況報告書），環境庁（環境省）
[11] Terada, H., Ueda, H. and Wang, Z., 2002, Trend of acid rain and neutralization by yellow sand in east Asia. A numerical study, *Atmos. Environ.*, **36**, pp. 503-509
[12] Mori, I., Nishikawa, M., Quan, H. and Morita, M., 2002, *Atmos. Environ.*, **36**, pp. 4569-4575
[13] Uno, I., Amano, H., Emori, S., Kinoshita, K., Matsui, I. and Sugimoto, N., 2001, Trans-Pacific yellow sand transport observed in April 1998, *J. Geophys. Res.*, **106**, pp. 331-344

7.4.3　スギ花粉飛散

　スギ花粉症は，わが国において1970年代より目立ちはじめ，さらに最近の急激な増加に，多くの関心が寄せられている．疫学調査によれば，日本人の約16％（6人に1人）がスギ花粉症といわれる．

　ここでは従来の調査研究[1]を参照し，スギ花粉飛散に関する種々の情報を紹介している．

(1) スギ花粉の形態

　スギ花粉の大きさは直径約 $30\mu m$ のほぼ球形の粒子である．突出した1個の発芽孔（パピラ）がみられ，その先端がやや鉤状に曲がっているのが特徴[2]である．空中飛散の状態[3]は乾燥により変形し，発芽孔側がやや陥没した形をとると思われる．

　スギ花粉の落下速度は3～5 cm/sといわれる[2]．スギ花粉粒子の重量と体積から算出すると，落下速度2～3 cm/s，密度0.7～1.3程度との結果が得られている[4]．

(2) 花粉源と飛散 [2, 5]

　花粉源となるのはスギの孤立木またはスギ林である．スギ雄花の開花には気温の上昇が影響を与えているため，花粉飛散数は気温との相関が高い．そして雄花から空中に放出された花粉は無風状態では大部分が短時間のうちに地上に落下すると考えられるが，風に乗った花粉は高く舞い上がり，非常に遠方まで運ばれる．大きなスギ林で雄

図7.4.7 スギ林からの花粉発生（福井県美山町）

花が一斉に開花し，花粉が飛散・移動する際には花粉雲とよばれる状態が出現することがある（図7.4.7）．一般に風向は花粉粒子の拡散の方向を，風速はその距離に大きく影響するが，それ以上に，花粉の長距離輸送に影響を与えているのは，日射による局地的な上昇気流の存在や，地形の効果，海陸風の循環であるといわれる．スギの雄花から放出された花粉がどのような経路で輸送されるかは，そのときの気象条件で変化するが，その輸送システムはかなり複雑である．

空中スギ花粉の分布状況を予測するには数値シミュレーションが有効である．川島らは以下に示すモデルを利用して，関東地方の空中スギ花粉分布のシミュレーションを行っている [2, 6]．

スギ花粉の放出過程のモデル

$$\Delta T_i = T_i - \left(\sum_{j=1}^{N} T_{i-j}\right) / N \quad (7.4.1)$$

$$\Delta W_i = W_i - \left(\sum_{j=1}^{N} W_{i-j}\right) / N \quad (7.4.2)$$

$$P = \alpha \Delta T + b \Delta W + c \quad (7.4.3)$$

ここで，Pは毎時のスギ花粉放出量，Tは気温，Wは風速，Nは平均化期間で通常は20日，a, b, cは重み付け係数．スギ花粉の実測値をもとに地域ごとに算出する．

放出された花粉の移送・拡散のモデル

$$\frac{\partial M}{\partial t} = V \nabla M - \nabla(K \nabla M) + P - P_i \quad (7.4.4)$$

$$\nabla = \frac{\partial}{\partial x} + \frac{\partial}{\partial y} + \frac{\partial}{\partial z} \quad (7.4.5)$$

ここで，Mは単位体積の空気に含まれる花粉数，Vは大気速度ベクトル，Kは拡散係数，P_iは沈降により空気中から消失する花粉量．

これらの式は単純な移流・拡散モデルであるが，現在進展の著しい数値気候モデル [7] を利用すれば，より精度の高い空中スギ花粉分布の予測が期待できる．

(3) スギ花粉飛散の実態 [2, 8]

スギ花粉の飛散量には，年度によりかなりの変動がみられる．また，日飛散変動には，気温や湿度，風向の変化が影響する．変動パターンとして，空中湿度の高い朝晩は飛散量が少なく，湿度が下がってくる正午から午後にかけて多くなり，午後1時ごろが最も多くなる．

都会においては，大きな花粉源となるようなスギ林は存在せず，ほとんどの花粉は外部からの飛来と考えられる．花粉源に近い郊外とスギのほとんどない都心部との同時調査で，郊外に比べ都心部の飛散数が多くなっている例や，また都心の高層ビルにおける垂直分布調査では，花粉飛散数が地上に比べ屋上や途中階で多くなる例や飛散数のピーク出現時間がずれている例があげられている．以上の例より，都会における花粉飛散の特徴として，ビル風や自動車の往来による風が，アスファルト道路上に落下しているスギ花粉を再び空中に舞い上げている可能性が指摘されている（二次飛散）．

また，近接した地域でも高層ビルなどの影響で花粉数に大きな差が出ることがあり，ビルの谷間や道路沿いなど，強風が吹き抜ける場所では多くなりやすいといわれている．

ヘリコプターによる高度400～1000 m，1500 mの垂直分布調査では，高度1000 m上空までは，かなり均一に近いスギ花粉の飛散がシーズン中にはあるという結果も出されている．

(4) 室内におけるスギ花粉

スギ花粉は野外に由来するものであるので，室内に存在する花粉は（野外）→（室内侵入）→（室内浮遊・排出・堆積）（再飛散）→（室内濃度形成）という経過をたどる．

一般住宅，中層ビル，高層集合住宅，超高層住宅の室内において花粉落下量の実態調査が行われており，室内の高さ別落下量は，床面に近いほど花粉量が多いという結果が出されている [9,

10]．これは前述の野外測定例とは異なった結果である．室内では野外に比べ風（気流）の影響が少なく，花粉粒子の落下速度の影響が大きくでているためと考えられる．また窓際などの外部の影響を受けやすい場所ほど花粉数が多く，明らかに窓を開けている部屋のほうが多くなるという結果[9]や，花粉侵入率が室中央は約1.6％，窓際では3.1％，常時開いている場所では約26％という結果[9]も出されている．

[大岡龍三・大橋えり]

文　献

[1] 大橋えりほか，2000，空中スギ花粉に関する従来の研究について，空気調和・衛生工学会学術講演会講演論文集，pp. 517-520
[2] 佐橋紀男ほか，1995，スギ花粉のすべて，メディカル・ジャーナル社
[3] 佐橋紀男，2000，花粉とアレルギー，空気清浄，**37**(5)，pp. 21-28
[4] 大橋えりほか，2001，スギ花粉による室内空気汚染(3)，空気調和・衛生工学会学術講演会講演論文集，pp. 1237-1240（注：値の修正部分あり）
[5] 佐橋紀男，1987，植物学からみた花粉症，アレルギーの臨床，**7**(3)，pp. 23-26
[6] 高橋裕一，川島茂人ほか，1996，空中スギ花粉シミュレーション法を用いた花粉情報，アレルギー，**45**(4)，pp. 371-377
[7] 村上周三ほか，1997，関東地方における土地利用状況の変化と流れ場・温度場の関係，日本建築学会計画系論文集，第491号，pp. 31-39
[8] 古越隆信，1987，スギ林と花粉症，アレルギーの臨床，**7**(3)，pp. 30-34
[9] 清澤裕美ほか，2001，住宅等における花粉の侵入と被爆量，日本建築学会計画系論文集，第548号，pp. 63-68
[10] 大橋えりほか，2004，室内空気中のスギ花粉個数濃度とアレルゲン（Cry j1）濃度について，日本建築学会大会講演梗概集，pp. 873-874

7.4.4　防風林

風害には，強風による力学的，あるいは，物理的被害をもたらす強風害と，風にその他の気象的要因が加わって農作物などの生育を阻害する生理的障害に大別できる．後者には，潮風害（海水の付着），乾熱風害（高温・低湿の風），寒風害（低温・低湿の風），風食害（土壌粒子の飛散・堆積）などがあり，7～8m/s以上の風速で発生する．強風害は，強い風圧力が原因であるが，風の乱れ（風向や風速の変動）が加わるとさらに被害は大きくなることがある．

防風施設には，防風林，防風垣，防風網（防風ネットともよぶ）などがある．いずれも，風に対して障害物としてはたらき，風の気流の向きを変えたり，風の運動エネルギーを吸収したりすることによって，風を弱めるのが目的であるが，塩分や砂塵の捕捉効果もある．

防風林や防風生け垣は，樹木を利用する防風施設である．防風林は，高木性の樹種で構成して帯状に設置される（図7.4.8）．樹高が高く，規模も大きいので，大規模の面積を対象として利用される．一方，防風生け垣は，樹高が低く，比較的小規模の面積を対象に用いられる（図7.4.9）．せん定して整える場合が多く，家屋の周囲などにも利用される．防風林や防風生け垣は，景観の保持にも役立つ．防風林の樹種は多様であり，常緑針葉樹（クロマツ，アカマツ，スギ，ヒノキなど），落葉針葉樹（カラマツ，メタセコイヤなど），常緑広葉樹（カシ類，シイなど），落葉広葉樹（ケヤキ，クヌギ，ナラなど）といった広範囲な樹種

図7.4.8　カラマツによる防風林（北海道十勝）

図7.4.9　ホンコンカポックによる防風生け垣（八丈島園芸技術センター）

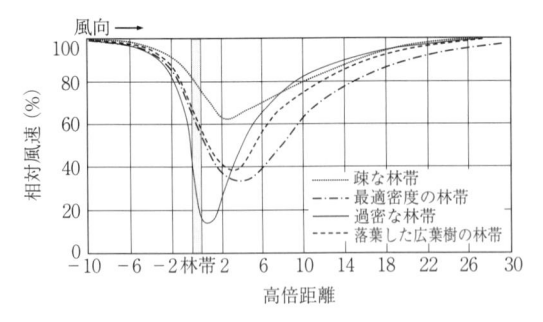

図7.4.10 防風林の密度と減風効果との関係 [1]

が利用される．防風生け垣も類似の樹種が用いられるが，より低木性のものが主である．いずれも，風に対して強靭である，枝葉が十分にある，生長が早い，気候や風土に適している，などの条件が重要である．

防風施設の減風効果は，防風施設の密閉度（風を通さない部分の投影面積比），高さ，施設からの距離，風の特性などに依存する．一般に，風速は，防風施設の風下側の一定位置で最も弱まり，より遠ざかるに従って回復する．図7.4.10は，防風林の密度の違いが相対風速（減風されない風速に対する減風された風速の比）に及ぼす影響を示したものである．ここで，高倍距離とは，防風施設の高さHの倍数で表した距離である．防風林の密度が高いほど，風下側の減風効果は高まるが，風速の回復が早く，効果の範囲は狭くなる．一方，密度が低いと，風速の低下は大きくはない．

したがって，減風効果が高く，しかも，効果範囲も広いことが現実的な目標となる．防風林や防風生け垣の場合，それらを考慮した最適密閉度は60～70％である[2]．このような密閉度の場合，防風林端から$5H$程度の位置で風速は最も弱まり，減風の効果範囲は，$-5H$（マイナスは風上を示す）から$20H$程度である．したがって，対象範囲が広い場合には，一定間隔で複数設置する．間隔は，一般的には$20H$～$30H$，十分な効果を期待する場合には$10H$～$15H$が適するとされる．なお，防風施設は主風向に直角に設置するのが基本である．防風施設に対する風向が30°傾くと最大15％，45°傾くと最大20％効果が低下するといわれている．

防風林や防風生け垣は，半永久的に利用できる

のが特長であるが，効果を発揮するまでに育成の時間を必要とする．防風林の場合，10m程度の樹高を得るには，10～15年が必要である．生長してからも間伐やせん定などの管理が必要である．下枝を刈り，地表付近の通風性を高めることは，防風林の効果を高めるうえで一般的な方法である．また，用地はできるだけ制限したいという要求があり，防風林の場合，幅10m程度（3～5列植え），防風生け垣の場合には，幅1m程度（1～3列植え）までが現実的なものとなっている．日陰も欠点の一つである．とくに，東西方向の防風林では，北側に日陰が恒常的に発生し，太陽高度の低い冬季には日陰の領域が増大する．作物の生育に影響することすらある．近年，新たに設置される防風施設としては，人工的な防風網が多くなっている．簡易に設置でき，管理が簡単で，広い用地も必要としない点がおもな理由である．

[佐瀬勘紀]

文　献

[1] 樫山徳治，1967，内陸防風林，林業技術，**309**，pp. 23-26
[2] 農林水産省構造改善局計画部資源課監，1988，土地改良事業計画指針「防風施設」，農業土木学会

7.4.5　防風フェンス

建物周辺に設置することにより，建物隅角部に発生するはく離流や吹き降し風を遮断して背後の風を弱めるもので，開口のないもの（フェンス）や開口を有するもの（有孔フェンス）がある．開口のあるものは風の一部を通過させて風を弱め，風速増加域を減少させようとするものである．フェンスの防風効果はその長さ，高さ，遮蔽率，設置位置，設置角度などによって異なる．

図7.4.11は実物フェンスの基本的な防風性能に関する風洞実験結果[1]である．これはフェンスの遮蔽率（開口も含めた全外形面積に対する素材面積の割合）と防風効果の関係について調べたものである．図は高さ2m×幅2mのフェンス中央断面での垂直風速分布を表している．遮蔽率60％の場合が最も風速が低下し，その効果を及ぼす距離も長いことがわかる．遮蔽率100％（開口

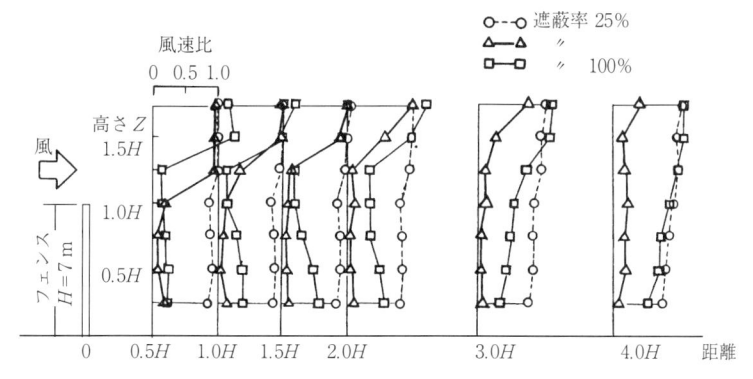

図 7.4.11 遮蔽率の違うフェンスの垂直風速分布（開口の大きさは 30 mm 角一定）

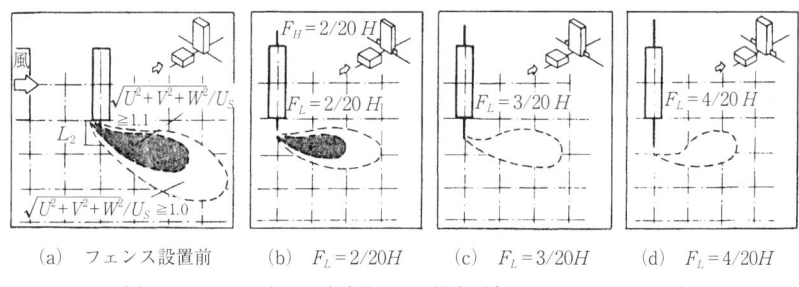

(1) フェンスの長さ F_L を変化させた場合（高さ $F_H = 2/20H$ で一定）

(2) フェンスの高さ F_H を変化させた場合（長さ $F_L = 4/20H$ で一定）

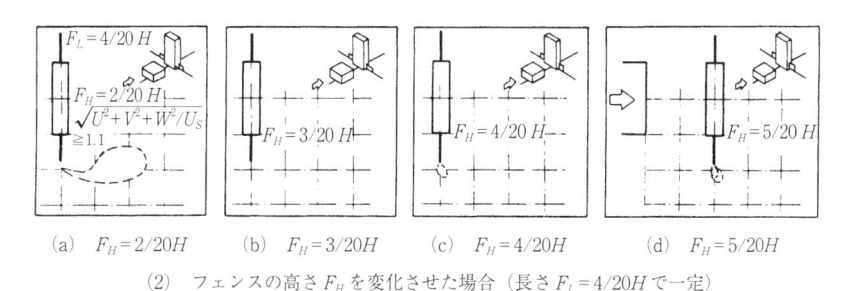

図 7.4.12 防風フェンスの長さおよび高さの変化に伴う風速分布の変化

なし）では，フェンス直後では防風効果が大きいが，フェンスから離れるにつれて風速が回復している．遮蔽率25％ではほとんど防風効果はない．遮蔽率が同じならば，開口の大きさが異なっても風速の低下に大きな差はない．しかし，開口が小さいほどフェンスを通して向こう側がみえにくいという景観上の問題が発生する．

次に，ビル風対策としてフェンスを高層建物周辺に設置した場合の防風効果に関して述べる．図7.4.12は風上に低層建物がある状況で，高層建物側面に設置したフェンス（遮蔽率50％）について，高さ一定で長さを変化させた場合と，長さ一定で高さを変化させた場合における風速増加域の変化を示す[2]．フェンスの長さと高さが，それぞれ

ある長さ以上，高さ以上になると強風はほとんど発生しなくなる．図7.4.13は高層建物が風に対して45°の角度に設置された場合，フェンスの設置角度の違いによる風速分布の変化を示す[3]．フェンスをはく離流に対して直角に，そして建物に沿った流れに対して直角に設置した場合に，防風効果が大きいことがわかる． ［高橋岳生］

文　献

[1] 村上周三，高瀬知章，小峯裕己，出口清孝，1980，実物大の防風フェンスを用いたフェンスの防風効果に関する風洞実験，日本建築学会関東支部研究報告集

[2] 小峯裕己，村上周三，内海康行，1979，建物周辺の強風に対するネットフェンスの防風効果に関する風洞実験，日本建築学会大会学術講演梗概集

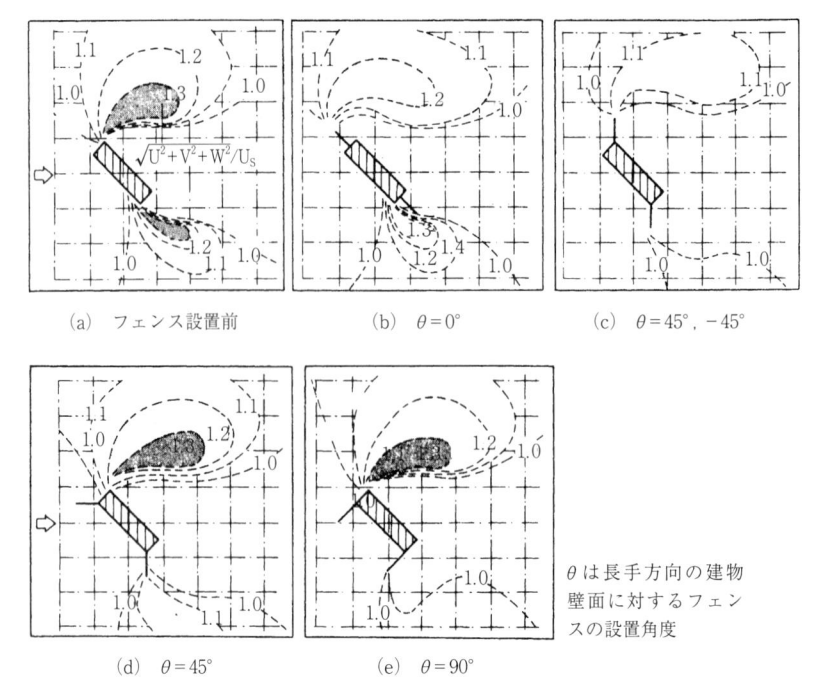

(a) フェンス設置前　(b) θ=0°　(c) θ=45°, −45°

(d) θ=45°　(e) θ=90°

θは長手方向の建物壁面に対するフェンスの設置角度

図7.4.13 フェンスの設置角度の変化に伴う風速増加域の変化（風向45°の場合）

[3] 内海康行，村上周三，小峯裕己，1980，建物周辺の強風に対するネットフェンスの防風効果に関する風洞実験（その2），日本建築学会大会学術講演梗概集

7.4.6 防風雪と雪の吹きだまり
(1) 防風雪

吹雪とは，地上に積もった雪が風によって空中に舞い上がり，風に伴って降雪がある現象を総称してよんでいる．降雪がなく，風で雪が移動する現象を地吹雪とよんでいる．地吹雪には，高い地吹雪と低い地吹雪がある．また，風によって運ばれ，飛び出した雪粒子を飛雪とよんでいる．飛雪の有無に関係なく，強い風と降雪を伴った現象を風雪とよんでいる．

南極や北極のような極地や国内における北海道や東北などの寒冷，多雪地域では，風と雪の相互作用による風雪が多く，建築物の設計においては，風雪に対する計画は重要な課題である．とくに超高層建築物や大スパン軽量建築物などは，風雪により建物周辺に形成される吹きだまりなどについて配慮した計画としなければならない．一方，建物の屋根上積雪荷重の設定においても，風雪の影響による吹きだまり荷重や地形の影響など，考慮すべき問題が多い．

寒冷，多雪地域において建築物や道路，鉄道などを建設する場合，吹雪や吹きだまり，雪崩の発生地をできる限り避けて計画することが望ましい．しかし，これを避けられない場合，現地状況や自然状況を踏まえ，防雪対策を計画する必要がある．風や雪質などの自然現象への対策として，その中心となるものは風である．防雪林や防雪柵などによって飛雪による視程障害を防ぐため風速を弱め，吹雪の発生を抑え，道路上への吹きだまりを防ぐ方法，また逆に風速を強めるような柵を設けてコントロールし道路上の堆雪を防止する方法などがある．しかし，風速や風向または気温など気象条件はつねに変動するものであり，計画にあたっては十分現地の状況を把握し，現地に合った効果的な対策を講ずる必要がある．

建築物の防風雪の基本的な事項として，以下のようなものがあげられる．

① 建築物は高床式が有利である．

② 長方形の建築物は長軸方向を主風向に平行に設置するほうがよい．

③ 建築物の形状はできるだけ流線形にするほうがよい．

④ 建築物と建築物の間隔は，風上側の建築物によって形成される吹きだまりが，風下側の建築物に達しないような距離を確保すべきである．

⑤ 植栽などによる防雪や防雪柵の配置により，吹きだまりを軽減し，コントロールすることが可能である．植栽の場合は，樹種の選択や高さ，配置などの計画が必要である．

また，直接の処理手段ではないが，風雪の発生や現況の把握，予測を行うことも必要である．

これらの対策は場所によって異なり，もちろんいくつかの対策の併用も検討されなければならない．また技術的な難易度，効果の信頼性，経済性さらに，省力化，省エネルギー化なども考慮して選択する必要がある．

(2) 雪の吹きだまり

北海道および日本海側の地域は多雪地域であり，構造物の計画に当たっては積雪荷重の評価や配置計画のために，周囲にできる雪の吹きだまり性状を把握する必要がある．

雪の吹きだまりとは，風で運ばれる雪粒子がある地点に堆積する状態のことをよび，障害物や地形の変化あるいは建築物などにより風の流れが変化することにより，風の弱くなったところに雪が堆積して吹きだまりは形成される．このように，風の影響による積雪の現象である．

超高層建築物は風害の問題と同様に風の影響によって，建物周辺に形成される吹きだまりによる雪害の問題が生じる．たとえば，建設後の周辺の民家や道路などへの影響や建物の出入口などが吹きだまりにより埋没してしまうことがある．また，大スパン建築物や軽量建築物も風雪の影響を受けやすく，吹きだまり対策が重要である．

屋根上積雪は，無風時は，降雪により屋根上に一様に積雪するが，風がある場合の降雪粒子は風上側の屋根部分で吹き払われ，風下側の屋根上に吹きだまりが生じ，屋根の積雪荷重は不均一となる偏荷重となる問題がある．バルコニーがついた場合のバルコニー部への吹き込みによる吹きだまり積雪の対策として，以上のように雪の吹きだまりについて設計上考慮すべき多くの諸問題がある．

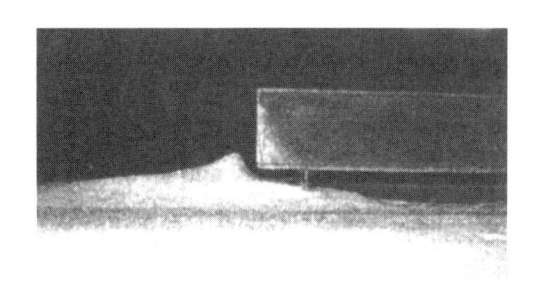

図 7.4.14 高床式建物の吹きだまり防止効果についての吹雪風洞実験

図 7.4.15 超高層建築物の雪の吹きだまりやバルコニー部の積雪を調べる吹雪風洞実験

建物周辺の雪の吹きだまりの成長機構や形態，堆積量などの性状を予測する方法として，炭酸マグネシウム・活性白土といった模型雪や人工雪を用いた風洞実験（吹雪風洞実験）が行われている．現在，建築物周辺に形成される吹きだまりの対策として南極の建築物で採用されている高床式の吹きだまり防止効果（図7.4.14）や，超高層建物周辺の吹きだまりの影響による雪害，バルコニーが付いた場合のバルコニー部への吹き込みによる吹きだまり積雪の対策（図7.4.15）などについての吹雪風洞実験などが行われている．しかしながら，実験の標準化や相似則については今後の課題となっている．

［三橋博巳］

文　献

[1] 日本建設機械化協会，防雪工学ハンドブック
[2] 三橋博巳，1994.7，風と雪，建築技術，**531**，pp. 84-87
[3] 三橋博巳，2003.5，建築物の雪の吹きだまりと吹雪風洞実験，日本雪氷学会，雪氷，**65**，3

7.4.7 防砂飛

(1) 飛砂による被害

飛砂は風によって引き起こされる表層土砂の移動現象であり、飛砂によって引き起こされる被害としては、道路・側溝などへの砂の堆積、機械などの目詰まり、家屋などへの進入、洗濯物の汚染などの生活環境の悪化、農作物の損傷・埋没などによる生育不良、播種した種子の飛散・埋没などがあげられる.

(2) 飛砂のメカニズム

砂粒子の移動形態には、0.5 mm 以上の粗粒子が地表面を転がって移動する転動（creep）、0.1～0.2 mm の粒子が地面より跳ね上がって落下する運動の繰り返しで移動する跳躍（saltation）、0.05 mm 以下の微粒子が空中に浮いて移動する浮遊（suspension）の3種がある. それらを模式的に示したものが図 7.4.16 である.

風は、砂面にせん断力として作用し、その際に表面粒子間でせん断応力を生じる. そのせん断応力がある限界値を超えると、せん断力に抗しきれなくなり、砂粒子が移動を始める. したがって地表面ではたらくせん断力を知ることが重要であるが、一般には摩擦速度（$u^* = \sqrt{\tau/\rho}$）が用いられ、これと砂粒子の飛散量の関係が実験、観測などによって明らかにされている. 表面粒子が移動しはじめるときの摩擦速度を限界摩擦速度という.

図 7.4.17 は、限界摩擦速度と砂の密度、粒径の関係を過去の実験結果から整理したものである[1]. $\sqrt{\sigma \cdot D}$ の増加に伴い、限界摩擦速度が直線的に増加していることがわかる. すなわち砂の粒子が大きくなるほど、また密度の大きい砂ほど限界摩擦速度は大きくなるので、飛砂は発生しにくくなる. 中島は飛砂量に関する実験結果から、限界摩擦速度と砂の密度、粒径の関係について次式を得ている[2].

$$V_{*t} = 0.1 \sqrt{g \cdot D \cdot \frac{\sigma}{\rho}} \quad (7.4.6)$$

g は重力加速度, D は対象砂の粒径, σ は砂の密度, ρ は空気密度.

日本の砂丘地に一般的に存在する砂粒子を想定すれば、限界摩擦速度は約 0.3 m/s となり、これは周囲に障害物などのない平坦な場所における砂面上 1 m 高さの風速に換算すると 5.5 m/s 程度である.

また同じく中島は限界摩擦速度に及ぼす砂表層含水比の影響について、以下のように整理している. 対象砂の流径分布範囲や含水比によって変化するパラメーター M_1, M_2 の比と砂表層含水比の関係は図 7.4.18 のように表される. そしてこの二つのパラメーターの比 M_2/M_1 と限界摩擦速度の関係を式（7.4.7）のように得ている[2]. 含水率の増大に伴って、限界摩擦速度が急激に増加

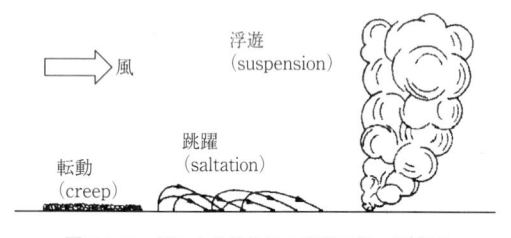

図 7.4.16 風による砂粒子の移動形態の模式図

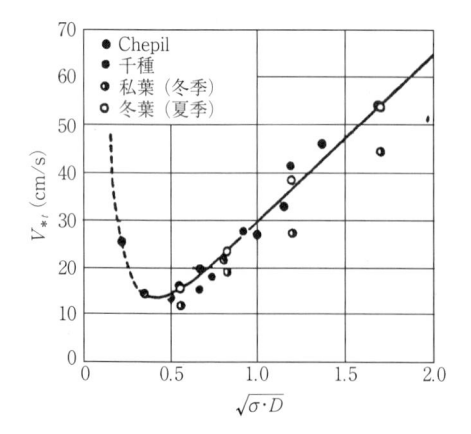

図 7.4.17 限界摩擦速度 V_{*t} と $\sqrt{\sigma \cdot D}$ との関係（砂の密度 σ (g/cm³), 砂の粒径 D (mm)）

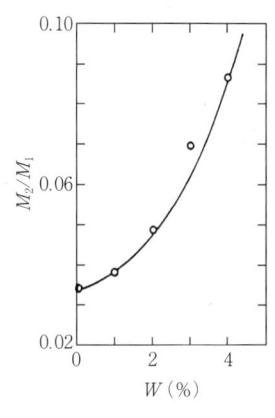

図 7.4.18 （M_2/M_1）（式（7.4.7）参照）と含水比との関係

することがわかる.

$$V_{*t} = \left(\frac{M_2}{M_1}\right)^{5/8} \sqrt{g \cdot D \cdot \frac{\sigma}{\rho}} \quad (7.4.7)$$

(3) 飛砂の防止

飛砂に影響する因子としては,風速,風向,乱れの強さ,降水量,気温,湿度などの気象条件と,土砂の種類,構造,組成,水分などの土壌条件,地形,地物,地面の状況などさまざまなものがあり,それらを総合的に勘案した対策が必要となる.

飛砂防止の原則は,前述の限界摩擦速度を大きくし,飛砂発生の確率を低減させることである.地表面の摩擦速度は,上空の風速分布に強く影響されるため,まず上空の風速を弱めることが,摩擦速度を低減する確実な方法となる.

さらに図7.4.18で示したように限界摩擦速度は砂表面の含水比に大きな影響を受けるため,含水比を増大させることも,飛砂の発生を抑止するのには非常に有効である.砂表層の水分は風速が増すにつれて蒸発するため,風速を弱めることは含有水分量の減少を防ぐことにもつながる.また砂粒子の移動を遮断・捕捉するような障害物(植物なども含む)を配置すると,これによって砂表面の粗度が大きくなり,結果的に風速の低下も期待できるため効果的である.

現在,飛砂防止工法としては,主として風速を低減させることを目的とした静砂垣やフェンス,ネットか,主として砂の捕捉を目的とした堆砂垣や植物が用いられる.これらの方法は,景観を阻害してしまう場合があることや生育条件が過酷で植物が生育しにくいという問題がある.これに対して最近,直径数cmの保水性の高い土壌改良剤を散布することによって,地表面の粗度長を増大させ風速を低減し,かつ植物の生育を促進する新しい飛砂防止工法が報告されている [3].

[持田 灯・富永禎秀]

文　献

[1] Ishihara, T. and Iwagaki, Y., 1952, On the effect of sand storm in controlling the mouth of the Kiku River, Disaster Prevention Research Institute, Kyoto Univ., 2, pp. 1-32
[2] 中島勇喜, 1979, 飛砂制御に関する研究, 九州大学農学部演習林報告, **43**, pp. 125-183
[3] 富永禎秀, 持田灯ほか, 2000. 6, 産業廃棄物からなる土壌改良材を利用した飛砂防止対策の開発, 日本建築学会技術報告集, **10**, pp. 149-152

8 風力エネルギー

8.1 風力エネルギー資源

8.1.1 日本と世界の風力エネルギー利用

風力の利用は3000年以上も前のエジプトに起源を発し，その後中近東で発展し，さらにヨーロッパに伝わり，12世紀以降，各地で製粉や揚水に使われるようになった．19世紀に入って蒸気機関が普及したが，風車も平行して使われ，19世紀末にはデンマークで風力発電が始まった．その後の停滞期を経て1970年代の石油危機の後，世界各国で本格的な風力発電の開発が始まった．さらに1990年代以降，地球環境問題が顕在化し，風力発電の導入が活発化している．

(1) 世界の風力エネルギー利用

地球環境問題が顕在化しつつあり，人類の活動を支えてきたエネルギー源にもパラダイム変換が求められている．風力発電は二酸化炭素や汚染物質を排出しないばかりでなく，産業規模の電力を配電網に供給する能力をもっている．世界の風力資源は図8.1.1に示すように53,000 TWh/年と見積もられており，技術的に利用可能な風力資源量は，世界全体の電力需要の2倍以上になる．

風力発電は技術的にも経済的にも従来型発電システムと競合しうる段階に到達しており，図8.1.2のように1990年代中期から世界の風力発電の導入量は急増し，2007年現在，世界の風力発電の総設備容量は9400万kWに達している．また，導入量の多い国は，ドイツ，スペイン，アメリカ，デンマーク，インドと続いている．とくにヨーロッパの風力先進国は，風力発電による電力の購入を電力会社に義務づけているのが特徴である．ヨーロッパ風力エネルギー協会は，1992年に「Wind Force 12」を発表し，2020年における世界の電力需要の12%を風力でまかなうという目標を掲げているが，陸上の設置面積の狭いヨーロッパ諸国は今後洋上風力発電が大きく伸びるものと予想される．

(2) 日本の風力エネルギー利用

わが国は古来，水力利用が発達し，明治以前に風車を利用した実績はない．明治維新以降，海外から風車が輸入され，初めて風車が利用されるようになった．農業の揚水用として大阪府堺，長野県諏訪，房総半島などで簡単な木製風車ポンプが例外的に使われ，終戦直後に北海道の開拓地を中

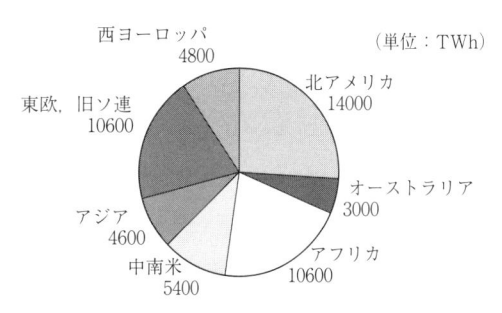

図 8.1.1 世界の風力資源総量

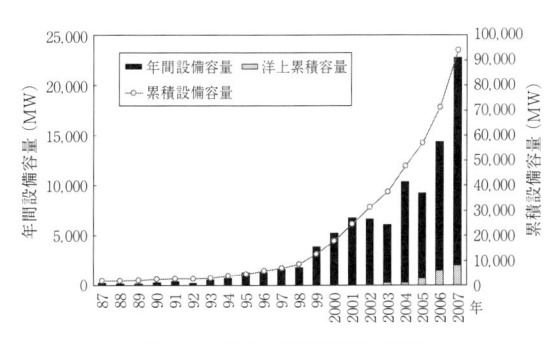

図 8.1.2 世界の総設備容量の推移

心に小型風力発電機が使われた以外は，風力利用はほとんど行われなかった．それが，1970年代の石油危機の後，政府のサンシャイン計画の一環として風力発電の研究開発が始まった．1990年代に入ると地球環境問題の顕在化を背景に風力利用に関心が高まり，1990年代後半からは政府の補助もあって急速に導入量を伸ばし，図8.1.3のように，わが国の風力発電の設備容量は2005年では154万kWに到達し，世界のベスト9を占めるにいたった．しかし，風力発電導入の増大に伴って，台風などの強風や乱流による被害など，日本固有の問題点も出てきており，これらの課題を克服して日本の苛酷な環境に適合する風車を完成させる必要がある．わが国の風力発電導入目標は，2010年の導入目標は300万kWとなっている．しかし，これはあくまで通過点であり，「Wind Force 12」の大目標に歩調を合わせると，表8.1.1に示すように，わが国には2020年に3000万kWの導入量が必要となり，風車関連産業も20万人規模に発展するものと予想されている．このためには陸上設置だけでは不足で，わが国の3万kmを超える海岸線から洋上に設置サイトを展開する必要がある．

[牛山　泉]

8.1.2　日本の風力エネルギーマップ（地形因子解析）

(1) 全国風況マップ

わが国の風力エネルギーマップは，1986（昭和61）年3月に農林水産省による「農林水産業における自然エネルギーの効率的利用技術に関する総合研究（グリーンエナジー計画）」で地形因子解析法を使って算定された風力エネルギー密度を『自然エネルギー資源賦存量図（風力）』として取りまとめられた事例がある[1]．

その後，新エネルギー・産業技術総合開発機構（NEDO）は，ニューサンシャイン計画の一環として1990（平成2）年度から実施された『大型風力発電システム開発』プロジェクトにおいて同

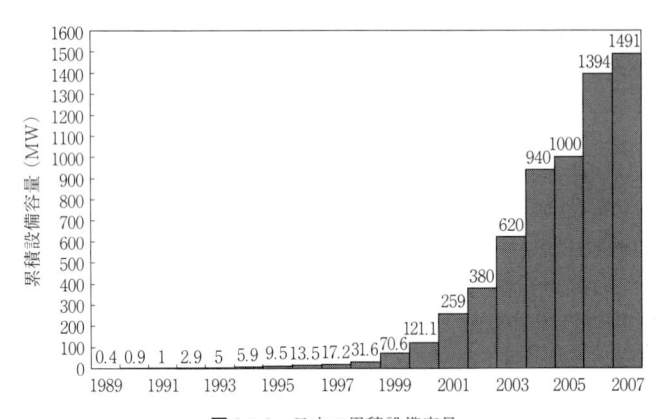

図8.1.3　日本の累積設備容量

表8.1.1　わが国の風力発電導入長期予測（NEF資料による）

	2010年	2020年	2030年
導入目標	350万kW （陸上300万kW，洋上50万kW）	1000万kW （陸上700万kW，洋上300万kW）	3000万kW （陸上2000万kW，洋上1000万kW）
市場規模	700億円/年 （15万円/kWとして）	1100億円/年 （12万円/kWとして）	3200億円/年 （10万円/kWとして）
電力規模	20,200万kW	23,700万kW	27,700万kW
日本の風力発電の寄与率	0.3%	0.8%	2.2%
世界の風力発電の寄与率	5.6%	12.0%	18.5%
環境効果　原油削減量 　　　　　CO_2排出消減量	156万kL 413万tCO_2	446万kL 1190万tCO_2	1340万kL 3550万tCO_2
雇用効果	2.5万人	7.1万人	21.2万人

様の地形因子解析法を用いて 1994（平成 6）年 3 月に全国風況マップを作成している [2]．本マップは，わが国における風力発電システムの開発・導入をより効率的に実施するため全国規模の風況データを整備し，風力発電システムの立地有望地域と風力エネルギーの賦存量を明らかにすることを目標として開発された．

全国風況マップの作成に際して，新たに 38 カ所で風況観測を行うとともに，気象官署などの既往の風況観測資料を収集し，合計 964 地点の風況データベースと風況観測地点周辺の地形因子のデータ（国土数値情報）が整備された．そして，主成分分析，判別分析の解析結果を踏まえ，全国を 8 つのブロックに区分し，各ブロックごとに年平均風速を目的変数，地形因子（標高，起伏量，最大傾斜，開放度，海岸までの距離など 14 変数）を説明変数として重回帰分析から風速予測式が作成された．全国風況マップは，風速予測式を用いて約 1 km メッシュごとに地上高 30 m の年平均風速を地図上に表示したものである（図 8.1.4）．本風況マップは，具体的な風車の立地地点を選定する局所的な風況を予測するために開発されたも

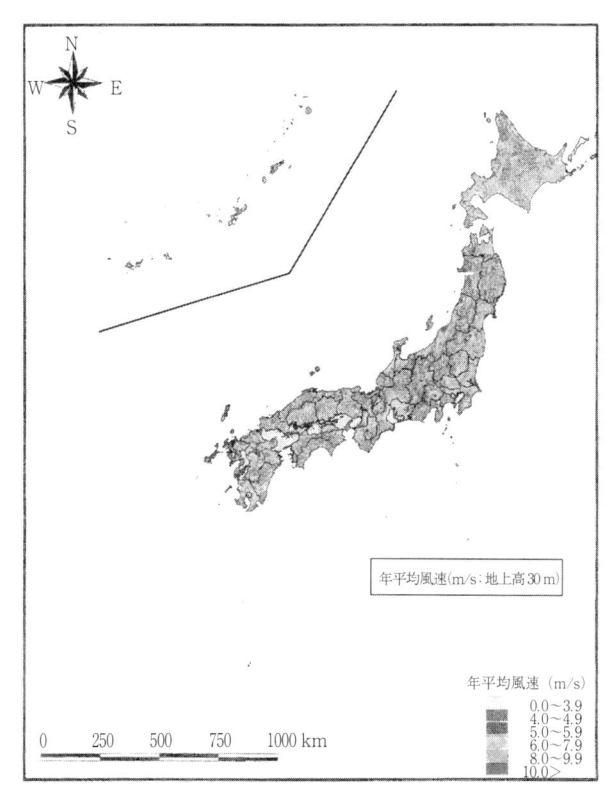

図 8.1.4　全国風況マップ（千代田デイムス・アンド・ムーア(株)，1994）

表 8.1.2　風車建設可能条件の設定シナリオ別と発電規模

項　目		シナリオ 1	シナリオ 2	シナリオ 3
建設可能台数	$10D \times 10D$	125,519	18,430	2792
（台）	$10D \times 3D$	465,278	70,481	13,743
発電規模	$10D \times 10D$	6275	922	140
（万 kW）	$10D \times 3D$	23,263	3,524	687
発電量（百万 kWh）	$10D \times 10D$	—	8916（0.95）	1,325（0.14）
（　）内は全国比	$10D \times 3D$	—	34,127（3.63）	6,537（0.69）

（注）風車 1 台の占有面積：$10D \times 10D$，$10D \times 3D$（D はロータ直径）
　　　全国比：平成 12 年度全国発電電力量（9400 億 kWh）に対する割合．

のではなく，市町村レベルでの巨視的な観点で風況の良し悪しを推定するためのものである．なお，局所的風況予測モデルは，1999（平成11）年度から2002（平成14）年度に実施されたNEDOの「離島用風力発電システム等技術開発」の一環として開発された．これは，CFDに基づく多段階ネスティングによる気象モデル（1次～3次領域）と工学モデル（4次・5次領域）の結合モデルで，成果の一部として3次領域（500mメッシュ）の計算結果が新全国風況マップとして図化されている[3]．

(2) わが国における風力発電の賦存状況

全国風況マップのデータを基に標高，傾斜などの地形条件，土地利用などの社会的条件などを考慮して三つのシナリオを設定し，風車の導入有望地域を明らかにするとともに導入可能量を把握した．この結果，風車の導入有望地域は，都道府県別にみると，北海道，鹿児島県，沖縄県，青森県，秋田県，長崎県などの順となり，わが国の北部と南部に偏在して分布することがわかった．

さらに，三つのシナリオの中で，年平均風速5.0 m/s以上，標高500 m以下，用地の最大傾斜5度以下などの条件を付したシナリオ2の場合，わが国における500 kW級の風車の導入可能台数（発電規模）は，約18,000～70,000台（900～3500万kW）と推定され，このうち発電規模3500万kWは「物理的限界潜在量」[4]として位置づけられている（表8.1.2）．また，シナリオ2による推定発電電力量は90～340億kWh/年で，これは2000（平成12）年度全国発電電力量約9400億kWh/年の約1～4％に相当する（表8.1.2）．なお，総合エネルギー調査会新エネルギー部会[4]において，風力発電の実際的潜在量（時間的制約は考慮しないで社会的条件を考慮した風車の導入可能量）は年平均風速5.0 m/s以上の地域を対象としたケースで約250～500万kW（対象風車：600 kW）とされている．

[中尾 徹]

文　献

[1] 農林水産省，農林水産技術会議事務局，農業環境技術研究所，1976，自然エネルギー資源賦存量図（風力），グリーンエナジー計画成果シリーズI系（エネルギーの分布と利用），No.4

[2] 千代田デイムス・アンド・ムーア株式会社（新社名：イー・アンド・イー　ソリューションズ（株）），1994，大型風力発電システム開発「大型風力発電システムの開発（風況観測）」付属資料 全国風況マップ，pp.1-93

[3] 日本気象協会，2002，平成13年度ニューサンシャイン計画 離島用風力発電システム等技術開発 局所的風況予測モデルの開発，pp.1-240

[4] 新エネルギーの潜在性と経済性について，2000，第2回総合エネルギー調査会新エネルギー部会資料，pp.1-20

8.1.3　風況予測モデル

風力はクリーンで再生可能なエネルギーとして無尽蔵であるという長所をもつ反面，他の気象要素と異なり，地形の影響を大きく受け，地形変化の激しい場所ではその局所性がきわめて高いという特徴がある．風力による発電量は風速の3乗に比例するので，これを成功させるためには風速の高い場所に風車を設置することが鍵となり，事前の正確な風況予測が非常に重要となる．従来は欧米で開発されたWAsP[1]やAVENU[2]などの風況予測のためのプログラムが利用されてきたが，わが国のような急峻な山岳地形に覆われた国土の風況予測を行った場合，十分な予測精度を得ることがむずかしい地域が多い．このことがわが国における風力エネルギー導入の障害の一つとなっていたが，後述するように，近年，最新のComputational Fluid Dynamics（CFD）の研究成果を利用した，急峻な複雑地形上の風況にも適用可能な数値予測手法の研究が精力的に行われるようになってきた．

(1) 線形風況予測モデル WAsP と AVENU

WAsP[1]およびAVENU[2]は，パーソナルコンピュータ上での稼動が可能なように設計された風況予測モデルである．これらは，観測塔による風況観測データなどを参照データとして用い，観測地点から離れた任意地点（評価地点）上のいくつかの地上高度について，そこにおける風況を，観測地点・評価地点双方の周辺の地形や地面粗度，障害物などの影響を考慮して推定する．いわば，水平方向，鉛直方向への一種の外挿を行うプログラムである．これらのモデルでは，地面

の起伏による風向・風速変化の計算がJacksonとHuntの線形丘越え気流理論[3]に基づいているため，力学的には線形モデルと分類されており，CFDに基づく手法のような流れの非線形性を考慮したモデル（非線形モデル）と区別される．

(a) 線形風況予測モデルの概要 WAsP (Wind Atlas Analysis and Application Program) は，デンマークのRisφ国立研究所（Risφ National Laboratory）で開発され，世界的に最も広く使われている風況予測モデルである．一方AVENUは，アメリカのDOE（U. S. Department of Energy）で開発されたものであるが，現在は供用されていない．両者の風況予測の考え方は互いに共通しているため，ここではWAsPにおける風況推定の方法について説明する．

WAsPによる風況の推定は次の二つの段階からなる．第1段階では，まず，観測される風は観測地点周囲の地面の影響（地形起伏，粗度変化，建物・樹木などの障害物の影響）を受けたものであるという立場から，観測値からこれらの影響の除去を行う．そして，観測地点が一様な地面粗度z_0（WAsPでは標準粗度としている）をもつ平坦地形の中にあると仮定した場合に得られるべき風況を，風向別（WAsPでは，標準的に30°幅の12風向が用いられている）の風速階級別頻度として，いくつかの高さ（初期設定では，10, 25, 50, 100, 200 mの5高度．これらは変更可能）に対して求める．得られた風況は，Wind Atlasとよばれる．Wind Atlasは，観測地点と評価地点とを含む地域全体を代表し，地形などの局所的な影響が取り除かれた一種の背景的な風の平均像を与えるとみることができる．具体的には，地域全体にわたって一様な分布をもつ，風の風向別・風速階級別出現頻度として与えられる．そのため，地形による風速の増減などを計算する際の流入条件として取り扱うことができる．第2の段階では，第1の段階で得られたWind Atlasを流入条件として利用して，今度は評価地点周囲の地面影響を評価し，そこにおける風況が計算される．この二つの段階の過程によって風況の推定が完結する．これらの段階について，やや具体的に示す．

第1の段階では，観測データはあらかじめ風向別にワイブル近似[4]された風速階級別頻度分布に分類される．地面起伏による風速増減の除去は，後述するJacksonとHuntの丘越え気流の線形理論に基づいて行われる[3]．粗度変化の影響の除去は，各風向について，風上側の粗度変化位置からの内部境界層発達を与えるPanofsky[5]の定式化に従って行う．障害物は多孔質の直方体であるとみなされ，その影響は風がそれらを通過する際の速度減衰であると見立てて除去される．これらの処理はすべて，統計データの分類クラスごとに行われる．第1の段階では，また，地面の影響が除去された後の統計データは，地衡風抵抗則[6]によっていったん上空の地衡風の統計に置き換えられる．次に，得られた上空風（地衡風）について，標準粗度（初期設定では粗度長$z_0 =$ 0.0002, 0.03, 0.1, 0.4 mの4段階）の各粗度に対する摩擦速度を，やはり地衡風抵抗則によって求める．各標準粗度について，ここで得られた摩擦速度を用いて対数分布則によって，高さ10 mの風速（厳密には高さz_0の平面から10 mの高さの風速）に直す．地上高度10 m以外の前述の5高度の風速は，浮力による補正を含む対数則によって高度10 mの風速から外挿的に求められる．第2の段階では，第1の段階で得られたWind Atlasを流入条件として，第1の段階における地面影響の除去過程とまったく逆の過程をたどって，今度は地面影響を付加し，評価地点の風況を計算する．

WAsPでは，こうした往復の操作を高速で可能にするよう，幾分か簡単化された数学的定式化が用いられているといえる．WAsPで行われている手順が妥当であるためには，対象地域の風がはく離など非線形的現象を生じていないこと，地上風と上空の地衡風とを関係づけるのに地衡風抵抗則を用いることができること，などが必要である．そのための条件として，緩やかな起伏，中立あるいは中立に近い温度成層などがあげられる．実際，WAsPのマニュアルには，流れがはく離を起こさない地形，あるいは0.3以上の勾配を含む領域がその内部に存在しないような地域に適用するよう限界を示している．しかしながら，線形

化された運動方程式を使うことで計算負荷が大幅に縮減され，このモデルがはじめに開発された当時のパーソナルコンピュータの性能でも，十分に風況予測が行われることを可能とした．

(b) 線形丘越え気流理論 JacksonとHuntの理論[3]では，大気境界層は内層(inner layer)と外層(outer layer)とに分けて取り扱われる(図8.1.5). 内層は，境界層のうち地面に最も近い部分の薄い層であり，地面摩擦によるせん断変形に起因する乱流のレイノルズ応力が支配的な層である. 外層は，境界層のうち地形の影響による流れの変形が及ぶ高さ範囲で，厚さは丘陵の水平スケールL(丘の半幅)の程度であり，レイノルズ応力は無視されうる. 内層・外層の運動方程式は，ともにそれぞれに代表的な空間スケール，速度スケールによって無次元化，線形化される．その結果，内層，外層の運動方程式はそれぞれ，定常状態を仮定したレイノルズ方程式，線形化された移流項と圧力勾配とのつりあいの式となる．この方法は，粘性流体力学で境界層近似を適用して解を求めるやり方に類似している．運動方程式は線形化されているので，フーリエ変換などによって効率的に解を求めることができる.

JacksonとHuntの理論では，スケーリングにおける線形化の条件から，適用可能な起伏や丘陵は，それらの水平スケールLに対して高さのスケールhが十分に小さいものである必要がある．原論文では$h/L<0.05$に対して理論が妥当であるとしている.

(2) CFDに基づく最新のモデル
近年，わが国を中心に，線形モデルを適用することが困難な急峻な地形周りの流れを精度よく予測することを目的として，最新のCFD研究の成果を利用した非線形型のモデルの開発がなされるようになってきている．代表的なモデルとして，MASCOT[7]，RIAM-COMPACT[8]，LAWEPS[9]，M-WIND[10]，LOCALS™[11]などがあげられる．これらの多くでは多段階Nesting Gridに基づく解析手法が採用され，広域の風況をMellor-Yamadaモデル[12]などのメソ気象を対象としたモデルで解き，これを境界条件として，風車設置候補地周辺の流れをk-ε系のモデルで解くという構成になっているが，RIAM-COMPACTではLarge Eddy Simulationが採用されている．LAWEPSは，NEDOのプロジェクトの一環として開発されたものであり[9]，これを利用して空間分解能500mで全国の高さ30mの年平均風速の分布を示す新たな局所風況Mapが作成され，Web上で公開されている[13].

[持田 灯・大塚清敏]

文 献

[1] Sandstroem, S., 1994, WAsP a comparison between model simulations and measurements, Wind Energy Report, WE 942, Dept. of Meteorol., Uppsla Univ.
[2] Liesman, P.B.S., Foster, D.R., Rumbaugh, J.H. and Boulder, C., June, 1989, Technial description of AVENU, Proc. Ann. Meeting of ASES, Denver, Colorado, pp. 19-22
[3] Jackson, P.S. and Hunt, J.C.R., 1975, Turbulent wind flow over a law hill, *Quartl. J. Roy. Met. Soc.*, **101**, pp. 929-955
[4] 本間琢也, 1979, 風力エネルギー読本, pp. 236, オーム社
[5] Panofsky, H.A., 1973, Tower micrometeorology. In Workshop on micrometeorology. Ed. D.A. Haugen, pp. 151-176, American Meteorological Society, Boston, Mass.
[6] 竹内清秀, 近藤純正, 1981, 大気科学講座1 地表に近い大気, pp. 226, 東京大学出版会
[7] 石原孟, 2003. 10, 非線形風況予測モデルMASCOTの開発と実用化, 日本流体力学会誌「ながれ」, **22**(203), pp. 387-396
[8] 内田孝紀, 大屋祐二, 2003. 10, 風況予測シミュレータRIAM-COMPACTの開発, 日本流体力学会誌「ながれ」, **22**(203), pp. 417-428
[9] 村上周三, 持田灯, 加藤信介, 加藤敦子, 2003. 10, 局所風況予測システムLAWEPSの開発と検証, 日本流体力学会誌「ながれ」, **22**(203), pp. 375-386
[10] 田中伸和, 服部康男, 須藤仁, 大西浩史, 神崎

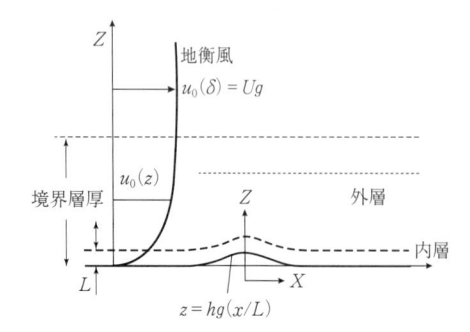

図8.1.5 線形理論における境界層の構造

潔，2003.6，山間部での風力ポテンシャル評価のための風況予測モデル－乾燥空気の気流解析コード（M-WIND）の開発－，第3回風力エネルギー利用総合セミナーテキスト，足利工業大学総合研究センター，pp. 22-35
[11] 谷川亮一，2003.10，LOCALS™による風況シミュレーションモデルの開発と風況評価，日本流体力学会誌「ながれ」，**22**(203)，pp. 405-415
[12] Mellor, G. L. and Yamada, T., 1974, A Hierarchy of Turbulence Closure Models for Planetary Boundary Layer, *J. Applied Meteor.*, **13**(7), pp. 1791-1860
[13] NEDOホームページ（http://www2.infoc.nedo.go.jp/nedo/top.html）あるいは，日本気象協会ホームページ（http://www.jwa.or.jp/）から閲覧可能

8.2 風力エネルギー変換

8.2.1 風力タービン（水平軸）

風力タービンは水平軸と垂直軸に大別され，羽根車であるローターの回転軸がおおむね風速方向である水平面内にあるものを水平軸風車，風向に垂直であるものを垂直軸風車とよんでいる．水平軸風車の仲間としては，図8.2.1のように，セイルウイング風車，オランダ風車，多翼型風車およびプロペラ型風車などが歴史として存在する．

伝統的にギリシャなどの地中海で用いられてきているセイルウイング風車は，三角形の布製の羽根を用いている．オランダ風車は14世紀ころから産業革命まで動力源として幅広く利用されてきた．風向に応じて風車小屋全体あるいは建物の頭の部分を回転させる仕掛けも整えられた．多翼風車はアメリカで用いられた揚水用の風車で，20枚程度の翼をもち，現在も活躍を続けている．いずれも低速風車ではあるが，揚力の利用を意識した近代風車の源となったものである．

現在，大型風力発電に利用される風車のほとんどはプロペラ風車であり，近代風車の代表である．この風車はプロペラを構成している翼が受ける揚力を利用して回転力を得ること，そして高速回転となるため，他の風車に比べて変換効率が大きいことが特徴である．一方，風速方向にプロペラを正対させる必要があることが，垂直軸風車に比べての問題点といえる．

プロペラ風車の作動原理を図8.2.2に示す．ローターを構成している翼の断面は，航空機などに利用するものと類似の形状であり，適切な迎角において大きな揚力を発生させることができる．また，翼を通過する風速の大きさは，単に風の速度ではなく，ローターが回転することによる回転速度との合成速度で与えられるため，風速の6～10倍といった大きさとなる．揚力は翼を通過する合成速度の2乗に比例するため，大きな回転力を与えることになり，翼弦長が小さくとも十分な性能が得られ，プロペラ風車の独特の細型のスタイルになる．

プロペラの数は，その数が少ないほうが価格的に有利なため，図8.2.1に示すように3枚から1枚まで設計が行われている．一般的には3枚翼の風車が多いが，その理由は美観とその安定感によるものと考えられる．2枚翼は洋上などでの大型化が進むにつれて採用されることになろう．1枚翼は制御性などに富んだ風車であるが，騒音や振動の問題などが残る．

翼の断面形状については，航空機に利用される形状を当初そのまま利用することから開発が始まったが，風速などが変動する環境において風車としての性能を向上させるために，さまざまな風車翼型が提案されている．たとえば，MEL翼型は翼弦の中心付近に最大厚みをもつ層流翼型を基準として抗力を小さく抑えるとともに，層流はく離する翼弦の位置において乱流へ遷移，再付着し

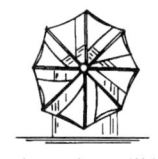

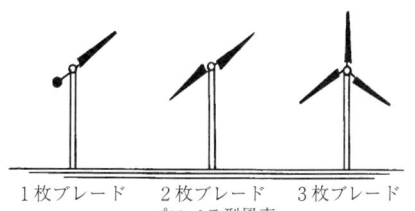

図 **8.2.1** 水平軸風車の種類（松宮，ここまできた風力発電，工業調査会より）

(a) 翼周りの流れ

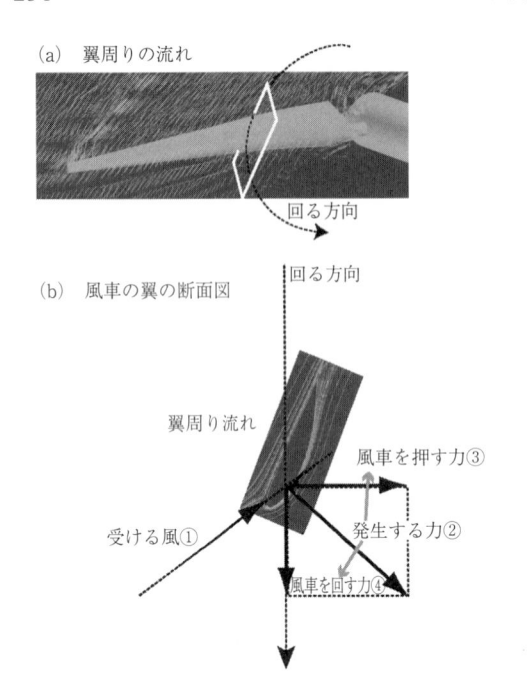

(b) 風車の翼の断面図

図 8.2.2 プロペラ風車の作動原理

やすいような曲線を採用している．一方，変動する風においても一定の出力が得られるように，ハブの根元付近の翼型は前縁付近が円柱に近い特殊な厚翼となり，迎角の変化にあまり影響を受けないような工夫が施されている例もある．また，MIE-Vane とよばれる，翼端に端板を取り付けて翼端渦の発生を抑え，性能向上を図る翼型も提案されている．

プロペラ風車は，一般に風速が増すにつれてその3乗で出力が増大する．定格出力を超える風速に対して，可変ピッチあるいは失速制御などの方法で，定格出力を維持する．大型風車で主流となっている可変ピッチは，アクチュエーターを内蔵して回転翼のピッチを変化させ，迎角を適正な小さな値に制御する手法である．さらに風速が増大しカットアウト風速を超えた場合には，可変ピッチ機構を利用して，翼の回転力が発生しないようにピッチ角を最大にする．これをフェザリングとよぶ．なお，プロペラを風速方向に正対させるために，風向を検知しながらヨー制御が行われている．

大型プロペラ風車に用いられる発電機として，従来は増速ギヤを介して誘導発電機を利用していた．これに対し，増速ギヤの騒音を軽減し，出力変動を小さくし，さらに系統への連系を容易にするギヤレスの同期発電機を利用するシステムが，高価ではあるものの普及しつつある．

[荒川忠一]

8.2.2 風力タービン（垂直軸）

(1) 分類と特徴

垂直軸風車の最大の特徴は，プロペラなどの水平軸風車と異なり，風向きに正対させる必要がないことである．ローターが垂直であるから，風向に左右されず一定の方向に回転することである．垂直軸型の風車は，さまざまなタイプのものがつくられているが，空気力学的な側面で分類すると，代表的なものは次のようになる．

(a) サボニウス型風車　垂直軸の抗力型風車の代表的なものであり，フィンランドのS. J. Savonius により考案された．茶筒を縦に割って横にずらしたような形状をしており，曲面板のオーバーラップした空間で相互に負圧を回復する機能があるので，低風速でもよく回転し，トルクは大きいが回転数は期待できない．発電用としては適していないが，風切り音が出ないので，市街地などでの利用も可能である．

(b) クロスフロー型風車　細長い曲面板を円周上に多数並べた風車で，シロッコファンとして自動車や家庭用エアコンなどに使われている．多翼の抗力型風車に分類され，低風速で起動しスムーズな回転が得られる．パワー係数が小さいので，サボニウスと同様発電には不向きである．

(c) ダリウス型風車　垂直軸揚力型風車の代表的なもので，フランスのG. J. M. Darrieus により考案された．センターシャフトに一対の弓型ブレードが取り付けられている．パワー係数はプロペラ型と同程度であり，発電用として実用化されている．世界最大のダリウス型風車は，カナダのケベック州カップチャットにあり，高さはおよそ100 m，出力4 MW のものが開発されている．

(d) 直線翼型風車　アメリカの航空機メーカーであるマクダネル・ダグラス社により実験機がつくられ，対称翼をピッチ制御することによって揚力をコントロールするというものであった．その後，東海大学の関和市により，ピッチ制御を

する代わりに翼断面形状を最適化することによって，空力性能を改良した直線翼風車が開発された．ブレードの枚数，多段に積層した風車，サボニウスと組み合わせた風車など，さまざまなタイプのものが出現している．ダリウス型の風車と同様，揚力型であるからパワー係数も抗力型よりすぐれている．

(2) 具体的な事例

次に，風車の具体的な事例を写真で示す．

図8.2.3は，サボニウス風車の改良型である．高知工業高等専門学校ではエコエネルギー研究用設備として，大型サボニウス風車と太陽電池パネルの発電を系統連系している．

図8.2.4は，クロスフロー型風車の例で，足利工業大学の「風と光の広場」に設置されている風車である．上下2段の風車が反転するデザインとなっている．図8.2.5は，カリフォルニア州のダリウス型風車が立ち並ぶウィンドファームの光景である．図8.2.6は，都心の集合住宅の屋上に設置された多段構成の直線翼風車で，最上段のサボニウス風車は，起動特性を補助するために組み合わされている．図8.2.7は，東海大学の校舎の屋

図8.2.5 ダリウス型風車

図8.2.3 サボニウス風車の改良型

図8.2.6 多段構成の直線翼風車

図8.2.4 クロスフロー型風車

図8.2.7 5枚翼の直線翼風車

上に設置されている5枚翼の直線翼風車の例である．垂直軸風車はデザイン性に富み，風向変動，騒音などの問題がないので，今後の開発が期待される．
　　　　　　　　　　　　　　　　[志村正幸]

8.2.3 風力発電と系統連系
(1) 風力発電機の構成と系統連系

風力発電機の全体構成を図8.2.8に示す．図示のように，風力発電機は風車，増速ギヤ，発電機，電力変換器，制御装置などからなる．また，風力発電で発電された電気は，通常，電力系統を通して利用者に供給される．風力発電機を電力系統に接続することを系統連系という．自然エネルギーで駆動される風力発電機は必然的に出力が変動するので，系統連系に際しては，電力系統に与える影響を考慮しなければならない．連系時に考慮すべき事項は，発電機の出力周波数，電圧，有効・無効電力の調整，高調波抑制，系統との保護協調などである．

(a) 発電機周波数と系統周波数の整合　風力発電機を電力系統に連系する場合，まず第一に考慮すべきことは，風力発電機の出力周波数と電力系統の周波数を整合させることである．周波数を整合させるための手段としては，二つの方法が用いられる．第一の方法は，発電機出力を電力系統に直結し，ピッチ角制御またはストール制御により風力発電機の回転数を一定に制御する．この方法は固定速制御とよばれる．第二の方法は電力変換器を介して電力系統に連系する方法で，発電機の回転数の変動をある程度まで許容し，電力変換器の出力周波数を制御して系統周波数に合わせる．発電機が系統に直結されていないので，正確な回転数の制御は不要である．この方法は回転数が可変であるため，可変速制御とよばれる．

また，電圧については発電機の交流出力を変圧器を介して昇圧し，系統側の電圧と整合させる．

(b) 風力発電に用いられる発電機　次に発電機について述べる．発電機としては誘導発電機と同期発電機が用いられる．誘導発電機にはかご型と巻線型がある．このうち，かご型は堅牢で安価であるが，突入電流が大きいという欠点をもっている．一方，巻線型は二次抵抗やすべり出力を制御することにより，突入電流を抑えたり，力率を制御することができるという特長をもっている．また，同期発電機には，励磁機が必要な型（励磁機付き）と永久磁石による励磁機が不要な型（永久磁石励磁）がある．とくに，近時磁性材料の特性向上により励磁機の不要な永久磁石励磁の同期機が多用されてきた．さらに，磁極を多数並べた多極同期機が開発され，ギヤレス型の同期発電機が実用化されてきた．風力発電に用いられる発電機を表8.2.1に示す．

(2) 系統連系の具体例 [1]

(a) 誘導発電機　次に具体例を示す．図8.2.9はかご型誘導発電機直結による系統連系である．この方法はかご型誘導発電機を系統に直結するもので，最も簡単な連系方法である．発電機の供給できる電力は誘導性負荷対象である．図8.2.10は巻き線型誘導発電機直結による系統連系であ

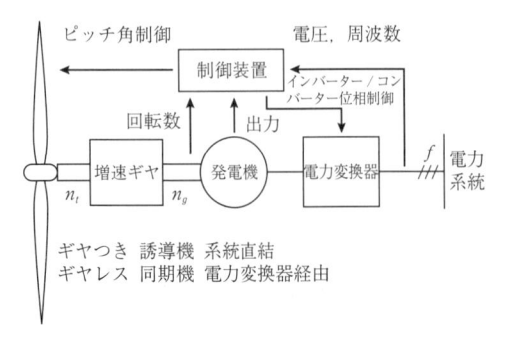

図8.2.8 風力発電機の構成

表8.2.1 風力発電に用いられる発電機

	固定速	可変速
誘導機	かご型	a) かご型 b) 巻線型
同期機	励磁機付	a) 励磁機付 b) 永久磁石励磁
		*a), b) にはギヤ付き，ギヤレス型がある

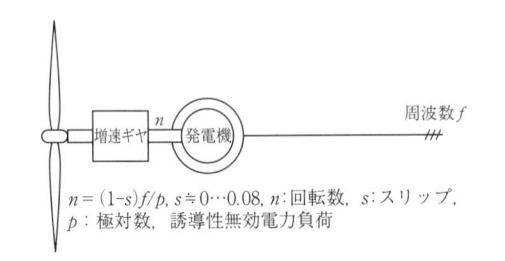

$n = (1-s)f/p$, $s \approx 0 \cdots 0.08$, n：回転数，s：スリップ，p：極対数，誘導性無効電力負荷

図8.2.9 かご型誘導発電機直結による系統連系

る．巻き線型誘導発電機の二次側に接続された抵抗は，サイリスタの位相制御により調整され，起動電流の抑制や出力変動の制御が行われる．供給できる電力は誘導性負荷対象である．

次に図8.2.11は巻き線型誘導発電機のAC/AC変換器を介した系統連系である．二次側にはすべり出力電圧と系統電圧を連携するためAC/AC変換器が接続されている．すべり出力電圧の周波数と系統電圧の周波数を合わせ，同時に位相を制御することにより無効電力の制御も可能になり，系統側から見た力率も調整できる．

(b) 同期発電機 図8.2.12は励磁機付き同期発電機による系統連系を示す．この方法は励磁機付き同期発電機を用いて系統に直結するものである．同期発電機は励磁を制御することにより無

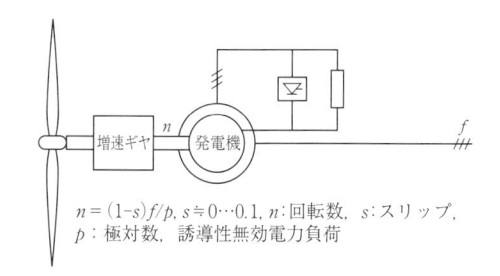

$n=(1-s)f/p, s≒0…0.1, n$:回転数，s:スリップ，
p:極対数，誘導性無効電力負荷

図8.2.10 巻き線型誘導機の二次抵抗制御による系統連系

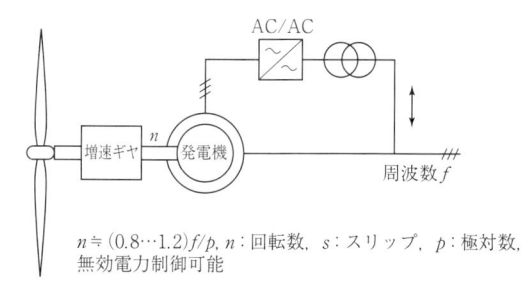

$n≒(0.8…1.2)f/p, n$:回転数，s:スリップ，p:極対数，
無効電力制御可能

図8.2.11 巻き線型誘導発電機のAC/AC変換器による系統連系

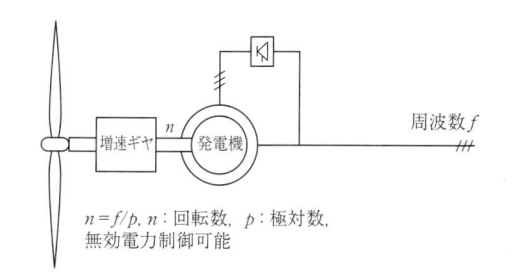

$n=f/p, n$:回転数，p:極対数，
無効電力制御可能

図8.2.12 永久磁石式同期発電機による系統連系

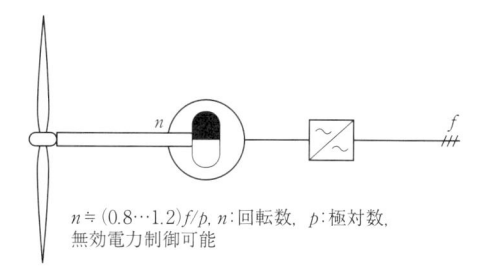

$n≒(0.8…1.2)f/p, n$:回転数，p:極対数，
無効電力制御可能

図8.2.13 永久磁石式同期発電機による系統連系

効電力を供給できるので，誘導性，容量性どちらの負荷にも対応できる．

図8.2.13に永久磁石式同期発電機による系統連系を示す．この方式は同期機の励磁機を永久磁石に置き換えたものである．さらに，多極化することにより増速ギヤを省くことができるという特徴をもっている．また，AC-AC接続を用いれば無効電力の制御も可能である．

(3) 系統連系時の電力の質の確保

系統連系に際しては，周波数，電圧，有効，無効電力の調整以外に，風力発電機の出力変動，電力変換器による高調波ひずみなどを抑制し，既存電力系統に与える電力の質を確保する必要がある．さらに，風力発電機の単独運転防止，転送遮断など既存電力系統との保護協調に必要な技術基準が定められている．　　　　　　　[松坂知行]

文　献

[1] Siegfried Heier, S., 1998, Grid Integration of Wind Energy Conversion Systems, pp. 108-111, John Wiley & Sons

8.2.4 オフショア風力発電

風力発電において，洋上は非常に大きな可能性を有する立地先である[1]．その理由としては，単に立地スペースの確保という観点だけでなく，陸上に比べて以下の点でメリットがあるとされていることによる．

・平均風速が高く，発電量の増加が期待できる．
・風の乱れが小さく，運転中に発生する疲労荷重が小さい．
・鉛直方向の風速差が小さく，タワー高さを低くできる．

さらに，陸上では騒音などの環境面から立地が

図 8.2.14 オフショア風力発電機

制約を受けるが，人の生活スペースから離れる洋上ではこの制約が小さくなると考えられている．

とくに，国土が狭く人口密度の高いわが国においては，大幅な風力発電導入のためには，必然的に洋上に立地せざるをえない状況にあるといえる．

一方，洋上での風力発電においては，建設その他の面でコスト的に不利になるのは避けられない．そのため，以下の点を中心にして経済的に成立させるための努力が必要である．

・洋上に風車を設置するための支持構造．
・陸上までの送電方法，あるいは送電に代わるエネルギー輸送方法．

ここでは，技術的な見地から，洋上風力発電に関する現状と将来について述べる．

洋上における風力発電の構想は古くからみられるが，本格的な風力発電所が洋上に建設されたのは，1991 年デンマークの Vindeby が最初といえる（11×0.45 MW＝4.95 MW）．その後，オランダやスウェーデンでも試験的な施設が建設されたが，その歩みは陸上における風力発電の急速な広がりに比べて遅いものであった．しかし，2000 年にデンマークの Middelgrungen（20×2.0 MW＝40 MW），2002 年には同じくデンマークの Horns Rev（80×2.0 MW＝160 MW）と，最近になって大規模な洋上ウィンドファームが建設されはじめるようになった．

現在，ヨーロッパを中心に建設あるいは計画中の洋上ウィンドファームは数多くあり，ベルギー，ドイツ，イギリス，アイルランドなどにおいて取り組みが始まっている．また，ヨーロッパ以外では，アメリカで数百 MW クラスの洋上ウィンドファームの計画があり，今後の発展が期待されている．

(1) オフショア風力発電の形態

風車に着目した場合，オフショア風力発電の形態は，水深によって大きく左右される．現在までの実績では，立地は水深がせいぜい十数 m 程度までの条件に限られており，その支持構造としては，海底に着底した基礎を有するものに限られている．しかし，今後より深い水域に建設される場合，このような形態ではコストが急激に増加し，経済的には成立しなくなると予想される．そのため，水深の深い条件に対しては，まだ研究段階であるが，水面に浮かせる構造の浮体式の構造が検討されている．

以下には，この形態に関して，それぞれの特徴を示す．

(a) 海底に着底した構造 これまでに建設されているオフショア風力発電施設は，このタイプに属する．具体的な基礎の構造は大きく，重力式と杭式に分類される．

重力式は，前述の Vindeby や Middelgruden のサイトで採用されており，ケーソンなどを用いて改良，整地された海底上に基礎を設置し，その基礎の自重で風車を含めた構造全体の安定を確保させる形式である．基礎重量が大きくなるので不良な地盤上には適用しにくいほか，水中に占める体積も大きいためとくに波力に対する抵抗力をもたせることが必要である．

一方，杭式は，2000 年にイギリスの Blyth に建設された施設などで採用されている．現在のところは，モノパイルとよばれるタワーの延長がそのまま大口径の杭となっているタイプがほとんどを占めているが，複数の杭を用いるタイプも提案されている．杭式は，地盤の条件により適用が制約される反面，重力式に比べて適用水深範囲が広いとされている．

また，陸上と洋上の境界付近として，とくに港

湾に設置される場合などは，防波堤と基礎を兼用するような提案もある．この場合には，防波堤の設置目的と耐力などの条件が許せば，効率的な設置ができる可能性が広がる．

(b) 浮体式の構造 前項の海底着定式の構造は，水深が数十 m 以上に深くなるとともに急激にコストが増大し，経済性を失うとされている．そのため，大水深で実現の可能性が残るのは浮体式の構造である．

船の上で風力発電を行うというアイディアは古くからあるが，現在の大型風車を浮体に搭載するという事例はまだ実現しておらず，まだ研究開発が行われている [2]．その際における浮体特有の技術課題としては，浮体サイズの最適化と浮体動揺に伴い発生する荷重があげられる．

前者は，経済性を成立させるためには，全体に占める浮体のコストを最小限にするということであるが，その際に複数の風車を一つの浮体に搭載し，風車あたりの浮体コストを低減するというのが一つの有力な解決手段と考えられている．しかしながら，総発電量と風車本体の寿命の観点からは，風車を近接させるにつれデメリットが大きくなるため，陸上とは異なる条件下で浮体と風車配置の最適化を行う必要がある．

また，浮体の日常的な動揺により，風車本体が繰り返し荷重を受ける点については，研究開発がまだ進んでいない分野であり，今後の研究開発を待つ必要がある．

さらに，浮体式の構造においては，浮体の特性を積極的に利用するアイディアとして，風車本体のヨー制御に代えて浮体全体を風向に応じて回転させるなどの提案もある．

(2) オフショア風力発電の設計

一般に風車の設計においては，最大荷重に加え，発電運転に起因する疲労荷重がしばしばクリティカルとなり，おもに死荷重と風荷重に起因する繰り返し荷重に対する設計が必要である．現在の大型風車では，IEC で定められた国際規格，あるいは国や認証機関がそれぞれ定める規格に則った設計が行われる例が大半である．

洋上風力発電に使用される風車では，水による荷重として波浪あるいは潮流による影響を新たに外力として考慮する必要がある．寒冷地で氷結する水面であれば，氷荷重の考慮も必要である．これらの荷重設計にあたっては，海底に着底した形式をまずは対象として，IEC による国際規格制定の動きがあるが，まだ審議途上である [3]．また，ヨーロッパでは，ドイツやオランダなどで，先行して規格や認証を確立しようとする動きもみられる [4, 5]．

風車において重要な疲労荷重についてみれば，風と波浪が同時に変動荷重として作用するため，両者の同時性を考慮した変動荷重の設定が必要になる．また，最大荷重においても同様に風と波浪の同時生起確率を考慮した設定が必要である．これらの荷重条件はサイトごとの条件を考慮する必要があるが，オフショア立地における波浪や潮流の統計的な特性には参照できるデータも十分ではない場合がほとんどである．規格では，条件設定の考え方は提示できるものの，個別のサイトに関して設計者が適切な値を設定できるよう，規格とあわせて整備していく必要がある．とくにわが国の太平洋岸などでは，おもに台風で最大荷重が支配されることが予想され，ヨーロッパ主導で決められた規格を参照する際には，必要十分なもので

図 8.2.15 オフショア風力発電施設

あるかに注意を要する.

(3) オフショア風力発電の今後と研究開発

前述のようにヨーロッパでは洋上風力発電においてすでに10年以上の経験を有しており、実測を含めた研究開発が熱心に行われている。また、CA-OWEE (Concerted Action on Offshore Wind Energy in Europe) などECが主導する国境を超えたプロジェクトが実施され、その成果が公開されている [6].

各風車メーカーにおいても、定格出力2MW以上の機種を開発しており、その一部はすでに運転を開始している。これら大型機種は、おもにオフショア市場への適用を想定したものである。オフショア風力発電においては、従来とは設計方針を変更した2枚翼などの新しい形態が採用されるとの見方もこれまでなされてきたが、現在のところまでは従来の陸上用の機種の延長線上にあり、風車としての基本的な形態に大きな変化はない傾向にある。ただし、とくに洋上におけるメンテナンスの困難さに対処すべく、機械部品の信頼性の向上やとくにヘリコプターによるアクセス機能を装備するなどの点で特色がみられる.

わが国においても、このようなヨーロッパの動きに追従して、まずは洋上風力の可能性についてその潜在的な豊富さが示されるに始まり [7, 8]、研究開発が始まることとなった。とくに支持構造に重点をおいた技術的検討や規格作成の動き [9, 10]、あるいは浮体式を念頭においたフィージビリティスタディ [11] も実施されるようになった。さらに、2003年、酒田港において洋上風力発電設備が建設され、わが国にも洋上風力発電設備が誕生した。今後、実プラントの経験を含めた研究開発を推進し、洋上風力発電の普及につながることが期待される. [本田明弘]

文 献

[1] 牛山泉, 2002, 洋上風力発電の現状と将来展望, 海洋開発ニュース, **30**, 5
[2] Henderson, A. R. and Vugts, J. H., 2001, Prospects for Floating Offshore Wind Energy, European Wind Energy Conference, Copenhagen
[3] IEC 61400-3 Ed. 1.0, Wind turbine generator systems-Part 3: Design requirements for offshore wind turbines, 審議中 (参考: http://www.iec.ch/)
[4] http://www.offshorewindenergy.org/
[5] Argyriadis, K. and Schwartz, S., 2003, Load analysis and certification of offshore wind turbines, European Wind Energy Conference, Madrid
[6] Petersen, P., 2003, Rules for offshore wind turbines, European Wind Energy Conference, Madrid
[7] 長井浩, 牛山泉, 1998, 日本におけるオフショア風力発電の可能性, 風力エネルギー, **22**, 1
[8] 新エネルギー・産業技術総合開発機構, 1999, 日本における洋上風力発電の導入可能性調査
[9] 新エネルギー・産業技術総合開発機構, 2000, 離島用風力発電システム等技術開発 離島地域等における洋上風力発電新技術開発に係る予備的検討調査
[10] 沿岸開発技術研究センター, 2002, 洋上風力発電の技術マニュアル (2001年度版) —基礎工法に重点をおいて—
[11] 金綱正夫, 2002, 浮遊式洋上風力発電基地の実現性について—JOIA浮遊式洋上風力発電委員会における調査研究成果の概要—, 海洋開発ニュース, **30**, 5

8.2.5 小型風力発電機

(1) 小型風力発電機の定義

小型風力発電は、受風面積 (プロペラなどローター回転面の面積) が40 m^2 未満の風力発電である。プロペラの直径は7m程度で、定格出力は最大10kW程度である [1]. プロペラの直径が

図 8.2.16 オフショア風力発電の浮体式の構造

図 8.2.17 外灯を兼ねた制風システム

1m以下の超小型風力発電機（正式な定義ではない）が広く普及している．ここでは，超小型風力発電機を中心に記述する．

(2) 小型風力発電機の利用目的

たとえば，ヨットまたはキャンプなどでの電源の利用となる．太陽電池と併用して，バッテリーの充電が行われ，市街地の外灯の電源として利用されている．

小型風力発電機の定格出力は小さく不安定である．発電以外の目的として，超小型風力発電機は，ビル風および農業などにおける制風（防風対策）としても利用できる．

(3) 風力発電を使った制風効果

風力エネルギーの減衰の程度を示す指標は，パワー係数 C_p になる．これは，風車から得られた軸トルク Q_R と軸の回転速度 n_R から計算される軸出力 P_R と，単位時間に風車を通過する風の全エネルギー P との比になる．上流と下流では流れの流路断面積が十分に等しくなり，かつ，空気の熱的エネルギーの変化は考慮していない．マイクロ風力発電システムに当たる風のエネルギー P は，（単位体積あたりの風のエネルギー）×（単位時間あたりに風車を通過する風量）になる．単体風車前後における風速変化は次のように概算できる．

風のエネルギー保存の式は，

$$\frac{1}{2} \times \rho \times u_1^3 \times A_1 = \frac{1}{2} \times \rho \times u_2^3 \times A_2 + P$$

$$\frac{1}{2} \times \rho \times u_1^3 \times A_1 = \frac{1}{2} \times \rho \times u_2^3 \times A_2 + C_p \times \frac{1}{2} \times \rho \times u_1^3 \times A_1$$

添字の1は，プロペラの風上側の空間を示し，2は，風下側の空間を示す．

連続の式は，

$$u_1 \times A_1 = u_2 \times A_2$$

上の二つの式を解くと，次式が得られる．

$$u_2 = u_1 \times \sqrt{1 - C_p}$$

風洞実験の結果をもとにして，$C_p = 0.4$ を代入して計算すると，下式が得られる．

$$u_2 = 0.77 \times u_1$$

たとえば，直径0.5mの超小型風力発電機の風洞実験から求めたパワー係数 $C_p = 0.4$ を用いて風速の低減を算出すると，風速は10m/sから7.7m/sになる．

$$P_R = Q_R \times 2\pi \times \frac{n_R}{60}$$

ここで，P_R はローター軸出力（W, $m^2 \cdot kg/s^3$），Q_R はローター軸トルク（N·m, $m^2 \cdot kg/s^2$），n_R はローター回転速度（r/m）．

$$P = \frac{1}{2} \times \rho \times u^2 \times u \cdot A$$

$$A = \frac{\pi}{4} \times D^2$$

ここで，P は風車を通過する風の全エネルギー（W, $m^2 \cdot kg/s^3$），ρ は空気の密度（kg/m^3），u は風速（m/s），A は受風面積（m^2），D はブレードの直径（m）．

$$C_p = \frac{P_R}{P}$$

ここで，C_p はパワー係数．

(4) 超小型風車を吹き抜ける風の性状

ブレードの直径が0.5mの風力発電機を使って，ブレードを吹き抜ける風の性状の風洞実験結果を図8.2.18に示す．ブレードの風下近傍において，風速比は極端に小さくなっている．風速が低減している領域（風速比が0.8）は，風の流れ方向ではブレード直径の約9倍になっている[2]．制風効果を高めるためには，風車を重ねて配置することが有効である．

(5) 小型風力発電の充電

小型風力発電に用いられる発電機は，多極の永

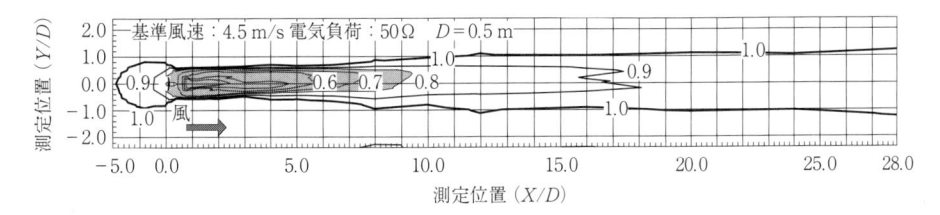

図8.2.18 ブレードを吹き抜ける風の性状（平均風速比の分布）

久磁石の使用，3相交流電流による出力などにより，低風速時でもスムーズに回転する．小型風力発電の定格出力は，数十～数百Wである．小型風力発電には，変電圧型の発電機（出力電圧がローターの回転速度に応じて変動する）が採用されることが多い．変電圧型の発電機の充電方法は，以下のとおりである．

① 発電機からの出力電流は直流にする．出力電流が3相交流である場合，ダイオードブリッジを用いて整流する．

② そのまま同じ電極の蓄電池（ディープサークル型密閉型鉛蓄電池など）に接続する．ローターが静止状態でも，発電機の電圧は，蓄電池と同じになる．

③ 複数の発電機を設置する場合，発電機からの直流電流は並列接続として，蓄電池に接続する．

④ 蓄電池の蓄電容量は，発電機の出力特性と設置場所の風況調査から判断する．

⑤ 充電電流は，蓄電池の容量に応じて変化する．鉛蓄電池では蓄電容量の1/10が充電電流の上限値の目安となる．

⑥ 充電電流が上限値を超える場合，蓄電容量が満杯状態になった場合には，バッテリー電圧は上昇する．

⑦ ヒューズなどで過充電防止回路を構成した場合，低コストで充電回路が構成できる．無負荷状態での風車の回転は，危険であるため，ヒューズが切れても何らかの電気負荷に発電した電流が流れるように工夫する必要がある．

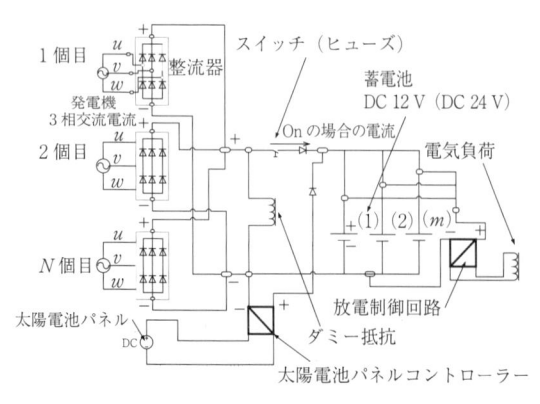

図 8.2.19 充放電回路（超小型風力発電機の例）

(6) 超小型風力発電の充電放電回路

図 8.2.19 に超小型風力発電の充放電回路の例を示す．図中の充電回路には，蓄電池が満充電になった場合の安全回路がない．そのため，放電制御回路を利用して，つねに蓄電した電力は電気負荷で消費する必要がある．　　　　[野々村善民]

文　献

[1]　日本規格協会，1999.7，風力発電用語，JIS C 1400-0
[2]　野々村善民，中山昌尚，平原裕行，小林信行，2003.9, 建築物を利用した風力発電技術に関する研究（その6），単体プロペラの後流域における気流性状，日本建築学会大会学術講演梗概集（東海）

8.2.6　家庭用小型発電

(1) 家庭での風力発電

家庭用風力発電の機種や設置状況は，国や地域，あるいは生活の電力への依存状況によって異なっている．たとえばアメリカでは家庭用風力発電として，10 kW クラスのかなり大きな風車などを設置する例がよく紹介される [1]．モンゴルでは遊牧民のテントで使用する少量の電力を供給するために 100 W クラスの小型で可搬の風車が 10 数万戸で用いられている [2]．

日本の1世帯が年間に消費する電力を風力発電だけでまかなうためには，発電能力が 2.5 kW クラスの発電機が必要である，と見積もられている．この目安はもちろん風況や発電機の効率，世帯の消費電力量に依存する．日本の実情は，バッテリーの充電や小規模照明など，家庭で用いる電力のごく一部に小型の風車で発電した電力を充てていることがほとんどであると考えられる．都市域では，集合住宅はもとより，戸建てでも十分な能力の風車を設置できる環境にないという制約がある．

(2) 小型風車とマイクロ風車

IECの規格では，ローター直径が 16 m 未満を小型風車，1.6 m 未満をマイクロ風車に分類している [3]．国内外で設置されているこのクラスの水平軸型風車のローター直径と定格出力の関係を図 8.2.20 に示す [4, 5]．出力規模の目安は，小型風車が 20 kW 以下，マイクロ風車が 1 kW 以下である．これらの風車の大多数は，カットイン

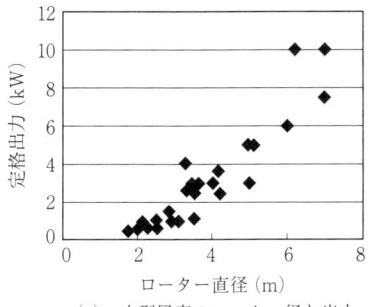

(a) 小型風車のローター径と出力

(b) マイクロ風車のローター径と出力

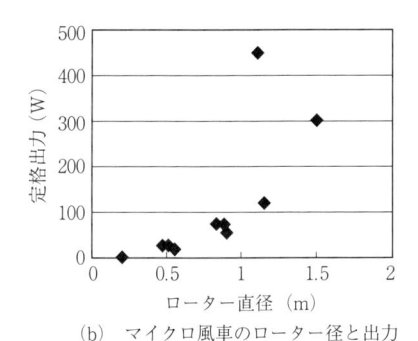

図 8.2.20 小型風車およびマイクロ風車のローター直径と定格出力の関係

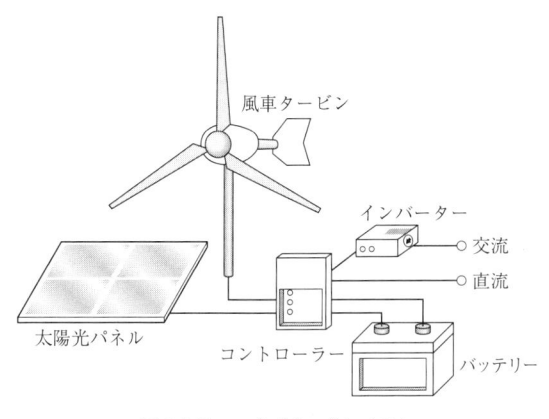

図 8.2.21 ハイブリッドシステム

風速が 2.0 m/s から 3.5 m/s の範囲，定格風速が 10 m/s か 14 m/s の範囲にある．ブレード枚数は，3 枚のタイプが最も多いが，2 枚，5 枚，6 枚のモデルもある．

垂直軸型風車，とくにジャイロミル型もこのクラスの有力なモデルである．

(3) 家庭用小型発電のシステム

電力を安定して供給するために，太陽光発電を合わせたハイブリッドシステムが組まれることが増えている．おもな構成品を図 8.2.21 に示す．バッテリーは充電・放電を多数繰り返す使用に耐える機種が望ましい．太陽光発電と併用しないシステムでは，風車側に出力電圧レベルを調整する機能や過充電防止機能があれば，風車とバッテリーのみでシステムを組むことも可能である．

(4) 設置上の注意

家庭で風車を設置する場合，設置場所の自由度はかなり限定されているうえ，設置環境にはそれぞれの住居固有の制約や支障がある．また事前の検討が十分できないこともある．設置の原則が適用できるとは限らないが，可能な限り，以下の諸点に留意するとよい．

設置場所：主として風が吹いてくる方向がわかれば，その方向に開けている場所を選ぶ．

ポールの高さ：ローター位置が高いほど，より強い風が期待でき，発電量が多くなる．また，周辺の建造物，樹木などよりローターが高い位置になるようにする．これらの障害物による風の乱れが発電機を早く痛めることを避けるためである．

ポールの設置：ローター回転時，あるいは制動作動時にポールに振動が伝わるおそれがあるので，家屋にポールを取り付けることは避ける（個人による設置例の多くが屋根の上にポールを立てているが）．

ケーブルの長さ：電線による電力損失があるので，発電機からコントローラーあるいはバッテリーまでの距離は短いほうが効率がよい．距離が長い場合は，発電機の電圧が高い機種を選ぶ

騒音：小型風車，マイクロ風車はブレードを高速回転するほど発電性能がよいが，その分，騒音が懸念される．近隣への配慮が必要である．

影：回転時の影のちらつきが近隣の室内に差し込むことがないような設置場所を選ぶ．

風車の設置は高所での専門的な作業であるから，専門業者に依頼するのがよい．

(5) 系統連携など

日本では小型の風力発電を電力系統につなげて売電をしている例は少ないが，太陽光発電とのハイブリッドシステムが普及することにより，今後増えていくものと考えられる．環境省は温暖化対策の一つとして，2004 度より小型の風力発電機を取り付ける家庭に購入費用を補助する方針であ

り，今後，家庭用小型風力発電機の普及が促進されると考えられる．　　　　　　　　　[野村卓史]

文　献

[1] Gipe, P., 1993, Wind Power for Home & Business, Chelsea Green Publishing
[2] 出井務，渡邊芳知，福地智恭，2003，モンゴル国における風力・太陽光ハイブリッド発電システムの実証研究
[3] 鈴木章弘，2003，小型風車の国際技術比較，風力エネルギー，**27**，pp. 2-5
[4] 市販小型風力発電機の紹介例，2003，風力エネルギー，**27**，pp. 137-185
[5] Advice from an Expert, Webpage, AWEA, http://www.awea.org/faq/sagrillo/index.hlml
[6] 家庭用風力発電の設置場所，2003，イズミ，http://www.izumicorp.co.jp
[7] 松本文雄，牛山泉，1995，手作り風車ガイド，パワー社
[8] 松本文雄，2002，風・風車のQ & A 120，パワー社
[9] 牛山泉，2002，風車工学入門，森北出版

8.3　生活の中の風力利用

8.3.1　風力の農業利用

(1)　風力の特徴と利用方式

風力エネルギーは自然エネルギーの中でも時間的変動と季節変化がともに大きいという非定常性をもつうえに，局地的に賦存するという特徴がある．風力の農業利用システムには表8.3.1に示すようなものがあげられる．風力エネルギーの特徴からみて，農業の生産に直接関係する部分へ風力を単独で利用することは不適であり，管理面における代替動力としての利用が最も合理的な方法といえる．

(2)　電力変換利用

八丈島の八丈富士中腹斜面の牧場には5 kWの風力発電機が4基設置され，発電された電力は蓄電池に蓄えられた後，放牧牛の管理，凍結精子の保存，施設の照明，自動販売機の運転などに利用されている[2]．系統電力の給電がない場合，風力発電の直接利用には補助電源が不可欠となるが，この事例の場合にも予備にディーゼル発電機を備え，蓄電量が減少するとディーゼル発電機が自動的に起動し電力を補うシステムとなっている．

(3)　熱変換利用

風車で駆動した油圧ポンプによって加圧した油をオリフィスに通して噴出させ，衝突や摩擦によって発生する熱を熱交換して温水を製造することができる（図8.3.1）．直径10 mの2枚羽根風車では風力エネルギーに対する熱変換効率は40％以上となり，北海道の冬季において三角形屋根ハウスで北側屋根の積雪の断熱効果を利用する"雪中ハウス"の暖房に温水を利用する場合，葉野菜の栽培では約400 m^{2}のハウスの暖房が可能とされる[3]．

(4)　機械力変換利用

(a)　家畜ふん尿用撹拌曝気装置　　乳牛のふ

表8.3.1　風力の農業利用システムの用途別分類（文献[1]より作成，加筆）

用　途	電　力	熱変換	機械力	その他
誘蛾灯・照明	○			
無給電施設の電源	○			
温室・畜舎の冷暖房		○		
穀物・水産物の乾燥		○		
養魚場の加温		○		
家畜ふん尿の撹拌曝気			○	
灌漑用水・井戸水の揚水			○	
養魚場・湖沼などの曝気			○	
ハウス天窓・側窓の開閉			○	
穀物の粉砕・製粉			○	
鳥獣害防止				○

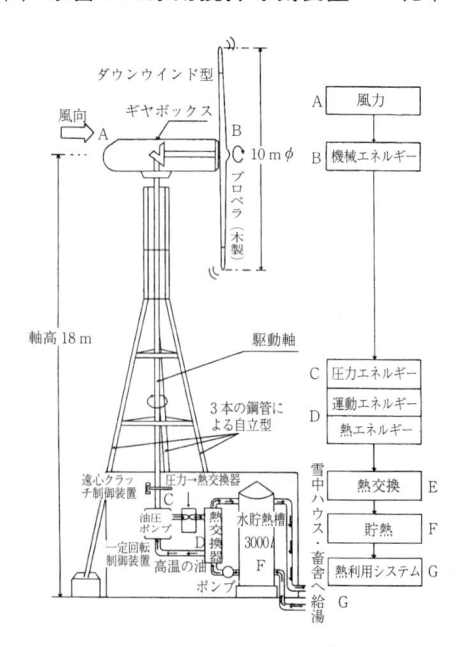

図8.3.1　風力・熱変換風車の概略[3]

ん尿スラリーは貯留中のスカムの発生を抑え，臭気強度を低下させるために十分な撹拌を必要とする．図8.3.2は，20 m³のスラリー貯留槽内に埋没させた撹拌翼を2連の2段式サボニウス風車で直接回転させる方式の撹拌装置である．風車の出力係数は0.1～0.2であり，スラリーの粘度の低下，pHの上昇，全窒素，リン濃度の低下などの効果がある［4］．

(b) ため池用浮体式曝気装置 フロート上の架台にサボニウス風車を組み，回転軸に撹拌翼が水面を切るように取り付けて水面の曝気を行うものである（図8.3.3）．機体をロープで緩く係留することにより，一定の範囲を自然に移動する．この装置によるアオコや悪臭の発生の抑制効力は大きくはないが，モニュメントとしての効果もある［4］．

(c) 水田の灌漑用水の揚水 サボニウス風車の鉛直軸の回転をクランクで水平の往復運動に変え，自吸式のウイングポンプを駆動すると，水田の排水路から再び水田に水を供給することができる［5］．揚水用では風車にプロペラ型や多翼型，ポンプにピストン式やダイヤフラム式も用いられる［1］．いずれも仕事率は小さいが，仕事の積分量をみれば風力に応じた仕事量が得られる．

(d) エネルギー貯留 風車で駆動した油圧変換装置により圧油を得て，これにより窒素ガスを圧縮してアキュムレーターに蓄え，動力源として利用する方法がある．サボニウス風車を用いた場合の効率は2％程度と低いが，風力由来のエネルギー源でハウスの側窓の開閉を正常に行うことができる［6］．可搬型エネルギー貯蔵を実現する技術としても注目される．

(5) 風力利用の留意点

農業用風車は発電用大型風車と異なり，風車の設置位置が地上数m～10数mと低くなるため，事前の風況調査がより重要である．設備費と維持管理費を節減するため，装置はできるだけ簡単で，故障が少なく，取扱いの容易なものが望ましい．さらに，自然環境に対する十分な防備とともに，人畜に対して無公害である必要がある［7］．

［小綿寿志］

図 8.3.2 風車利用ふん尿撹拌曝気装置［4］

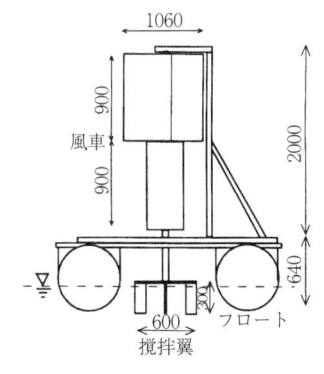

図 8.3.3 浮体式風車曝気装置［4］

文　献

［1］太陽エネルギー利用ハンドブック編集委員会編，1985，太陽エネルギー利用ハンドブック，pp. 1046-1053，日本太陽エネルギー学会
［2］近藤豊，1998，クリーンランドをめざす八丈島，関東の農業気象，**24**, pp. 55-60
［3］泊功，2002，風力の利用技術，北海道における自然エネルギー利用技術，pp. 129-142，日本農業気象学会北海道支部
［4］奥山武彦，片山秀策，後藤眞宏，小綿寿志，2000，小型風車を用いた撹拌曝気装置の開発，農業工学研究所技報，**198**, pp. 33-42
［5］奥山武彦，小綿寿志，藤森新作，2000，小型風車の動力変換特性と利用技術，農業土木学会関東支部大会講演要旨，pp. 101-102
［6］川村登，並河清，藤浦建史，浦元信，1986，風車および油圧装置組み合わせによる動力変換利用技術，水力・風及び太陽エネルギーの動力変換利用技術，pp. 70-88，農林水産技術会議事務局
［7］佐野文彦，1996，ローカルエネルギーの開発，pp. 47-54，農業土木機械化協会

8.3.2 帆船，ヨット

風力エネルギーを推進力として利用する帆船

は，紀元前4000年といわれるエジプトの壁画にすでに描かれている．その後帆船は大航海時代を経て，つい100年ほど前まで海上輸送の主役を担っていた．現在の帆の利用は，航海訓練用の練習帆船やスポーツ用のセーリングヨットが主であるが，動力船の省エネルギー対策や動揺軽減の手段として，再びみなおそうという動きもある．また，America's Cupをはじめとするヨットレースに参加する艇の帆走性能を高めるために，種々の解析が進められている．

(1) 風力推進のメカニズム

(a) セールは翼 セールはただの布切れではなく，きれいな曲面（キャンバー）になるように工夫してつくってある．キャンバーのあるセールは，ちょうど飛行機の翼と同じはたらきをする．図8.3.4aに示すように，セールに作用する合力Rは，抗力Dと揚力Lに分解して考えることができる．次に図bに示すように，これに船体を組み合わせてみる．今度は合力Rを，船体の前後方向の力X（推進力）と横方向の力Y（横押し力）に分解することもできる．このうちのXの力を使えば，船が前進することがわかる．またXの力を大きくするためには，揚力Lを大きくするか，抗力Dを小さくすればよいこともわかる．ところでXの力を使うためには，横方向の力Yをなんとか打ち消さなくてはならない．このために，セーリングヨットは船底にも翼をつけている．

(b) 船底の翼 図8.3.5に近代的な外洋セーリングヨットを側面からみた形状を示す．水面下の形状が，ちょうど飛行機を真横にして半分を水中に沈めたような形になっていることがわかる．この船底に取り付けられた翼をフィンキールとよんでおり，これに作用する水の力によって，セールの横押し力に対抗しているのである．またフィンキールは，船が横倒しにならないようなおもりの役目も果たしており，一般に鉄や鉛でできていて，船の全重量の30～50％の重さを占めている．

(c) セールと船体のバランス フィンキールがセールの横押し力に対抗する力を発生するためには，フィンキールにも迎角が必要である．このため船体は少し風下側へ横流れしながら走ることになる．このとき，船尾にある舵もバランスをとるために少し切らなければならない．セールに作用する風の力と，フィンキールと船体に作用する水の力のバランスが悪いと，いくら舵を切っても船は風上側へ切り上がっていったり，風下側へ落とされていったりする．図8.3.5に示す，セールの面積中心（風圧中心，CE）と船体の水中側面投影面積の図心（横抵抗中心，CLR）の距離を，喫水線の長さで割ったものをリードとよんでおり，このバランスをとる目安として10～20％程度のリードが必要とされている．

(d) 速度予測プログラム セールと船体のバランスを考えると，セーリングヨットが走っているときは，風下側に傾く（ヒール）とともに，横流れしながら，少し舵を切っているのが定常状態となる．このつりあい状態を求めるのが，速度予測プログラム（Velocity Prediction Program：VPP）である．一般に前後方向と横方向の力のつりあいと，横に傾くモーメント（ヒールモーメント）と，船首が回頭しようとするモーメント（ヨー

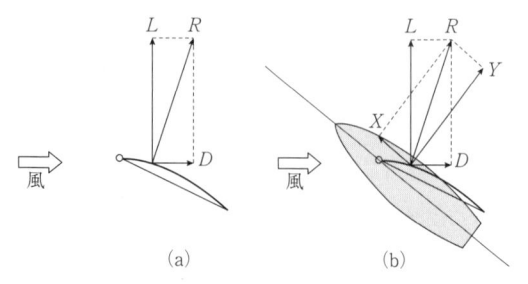

図8.3.4 セールが発生する推進力と横押し力

図8.3.5 風圧中心と横抵抗中心の関係

KIT-34
全長　　　10.68 m
全幅　　　3.04 m
喫水線長　8.55 m
排水量　　3.46 m

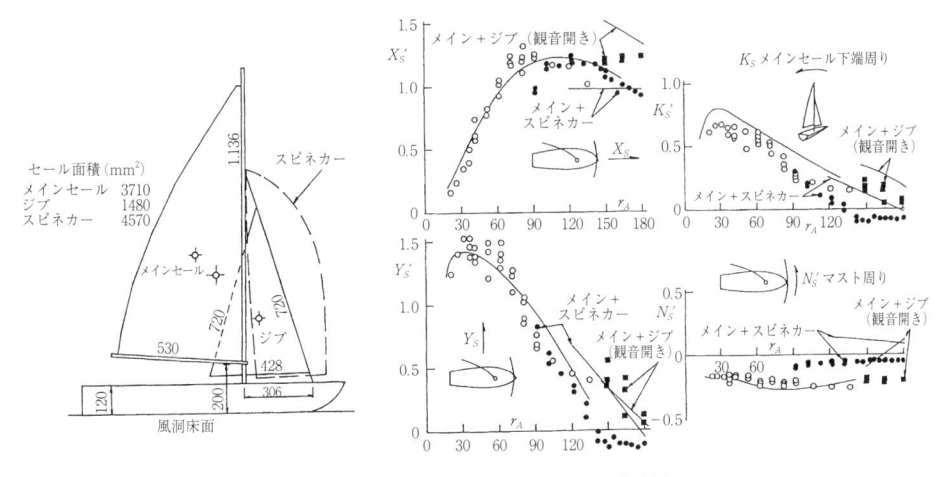

図 8.3.6 Flying Fifteen 級のセールの風洞実験結果

モーメント）の四つが釣り合う点を探す4元連立方程式となる．ただし，この計算のためには，セールにはたらく風の力や船体にはたらく水の力を求めないといけないので，風洞実験や水槽実験の結果を用いたり，数値流体力学（CFD）で計算したりしなければならない．したがって，この連立方程式は非線形とよばれる形になり，パソコンなどを用いて解くことになる．

(2) セールに作用する力

(a) 実験的測定値　セールに作用する流体力は一般に風洞実験によって求められ，Marchaj[1]によってまとめられたものが有名である．図8.3.6は増山ら[2]がFlying Fifteen級の1/5.5スケールモデルの風洞実験を行った結果である．模型の形状を図中に示すが，近代的な2枚帆（スループ）の流体力係数として用いることができる．図中，横軸は船体中心線と風向のなす角度γ_Aであり，縦軸の$X_s' \sim N_s'$は式（8.3.1）で定義される流体力係数である．

$$X_s' = \frac{X_s}{\frac{1}{2}\rho_a U_A^2 S_A}, \quad Y_s' = \frac{Y_s}{\frac{1}{2}\rho_a U_A^2 S_A},$$
$$K_s' = \frac{K_s}{\frac{1}{2}\rho_a U_A^2 S_A^{3/2}}, \quad N_s' = \frac{N_s}{\frac{1}{2}\rho_a U_A^2 S_A^{3/2}} \quad (8.3.1)$$

ただし，ρ_aは空気密度（kg/m^3），U_Aは風速（m/s），S_Aは帆面積（m^2）．

ここで，X_s'は船体中心線方向に作用する推進力係数であり，Y_s'は横押し力係数，K_s'はメイン

図 8.3.7　セールダイナモメーター船「風神」

セール（主帆）下端周りのヒールモーメント係数，N_s'はマスト周りのヨーモーメント係数である．図中●点は，追い風用のスピネカーとよばれるパラシュート状のセールを用いた場合，■点は，ジブ（前帆）をメインセールの反対舷に展開する，"観音開き"とよばれる状態にした場合の結果である．

一方，風洞実験ではどうしても模型が小さくなってしまい，セールを正しく調整することが困難なため，実船レベルでセールに作用する力を測定する試みも行われている．船内にフレームを組み込んでマストをこのフレーム上に立て，セールに作用する力を，船体とフレーム間に設置したロードセルで直接測定しようとするものである．このような船をセールダイナモメーター船とよび，Milgramら[3]が初めて建造運用した．増山ら[4]も同様の船（図8.3.7）を建造し，帆形状とともに流体力を測定して，後述の数値計算結果と比較検討している．

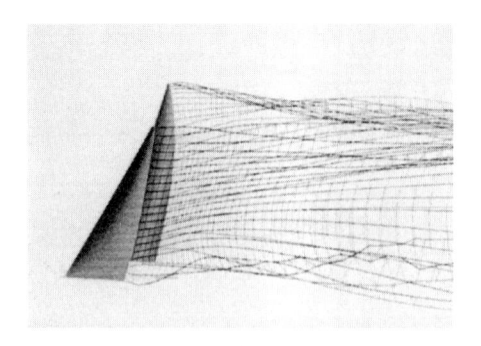

図 8.3.8 渦格子法による流線の例

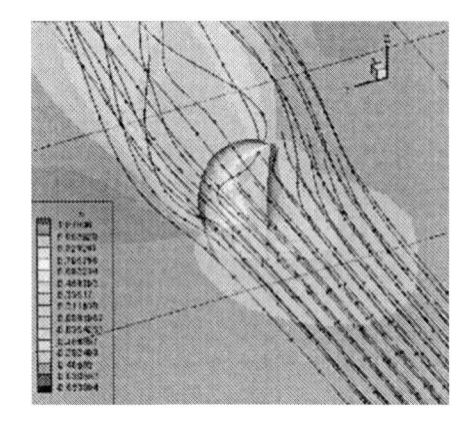

図 8.3.9 CFD による風下帆走の計算例

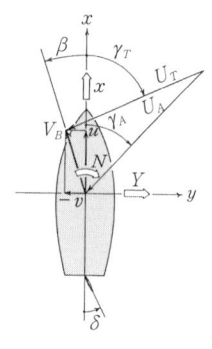

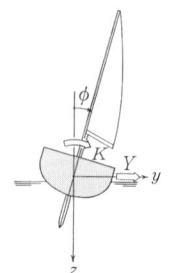

図 8.3.10 座標系の定義と風速三角形

(b) **数値計算** セールに作用する流体力を数値計算によって求めようとする試みも近年盛んに行われている．Fukasawa ら [5] は渦格子法と有限要素法を用いて，弾性変形するセール面が発生する流体力を求め，図 8.3.8 に示す計算結果を得ている．一方，渦格子法では粘性に基づく抗力係数は求められないので，ナビエ－ストークス方程式を解く，いわゆる CFD の手法も適用されつつある．Miyata ら [6] は風上帆走時のメインセールとジブの組合せについて計算を行い，最適な形状を求めている．また田原ら [7] は，大規模なはく離と揚力が発生している場合の計算手法を開発し，風下帆走時のスピネカーとメインセールの組合せについて計算を行っている（図 8.3.9）．

(3) **速度予測プログラムの計算式**

船体に作用する流体力係数を X', Y', K', N'，セールに作用する流体力係数を X'_s, Y'_s, K'_s, N'_s とすると，つりあい状態を求めるための 4 元連立方程式は次のようになる．

$$\left.\begin{array}{l} \dfrac{1}{2} X' \rho_s V_B^2 LD + \dfrac{1}{2} X'_s \rho_A U_A^2 S_A = 0 \\[4pt] \dfrac{1}{2} Y' \rho_s V_B^2 LD + \dfrac{1}{2} Y'_s \rho_A U_A^2 S_A = 0 \\[4pt] \dfrac{1}{2} K' \rho_s V_B^2 LD^2 + \dfrac{1}{2} K'_s \rho_A U_A^2 S_A^{3/2} \\[2pt] \quad - \Delta \overline{GM} \sin \phi = 0 \\[4pt] \dfrac{1}{2} N' \rho_s V_B^2 L^2 D + \dfrac{1}{2} N'_s \rho_A U_A^2 S_A^{3/2} = 0 \end{array}\right\} \quad (8.3.2)$$

ただし，ρ_s は水密度，V_B は艇速，L は喫水線長さ，D は喫水深さ，Δ は排水量，$\overline{GM}$ はメタセンター高さ，ϕ はヒール角．

真風速を U_T，真風向を γ_T とすると，相対風速 U_A と相対風向 γ_A は図 8.3.10 に示す風速三角形から次のように求まる．

$$\left.\begin{array}{l} U_A = \sqrt{U_T^2 + V_B^2 + 2 U_T V_B \cos(\gamma_T + \beta)} \\[4pt] \gamma_A = \sin^{-1}\left\{\dfrac{U_T \sin(\gamma_T + \beta)}{U_A}\right\} - \beta \end{array}\right\} \quad (8.3.3)$$

以上より式（8.3.2）は，艇速 V_B，リーウエイ角 β，ヒール角 ϕ，舵角 δ の四つを未知数とする 4 元連立方程式となり，ある真風速 U_T，真風向 γ_T に対して帆走状態が一つに定まることになる．なお，船体に作用する流体力係数は，水槽模型試験などによって求めることになる．

(4) 帆走性能の例

このようにして図8.3.5に示すヨットの性能予測をした結果と，実測データとを比較した例[8]を図8.3.11に示す．これはポーラーダイアグラムとよばれ，風が0°の方向から吹いているときに，船の進行方向によってどれだけの速度が出るかを，艇速と風速の比で示したものである．このグラフから，風に対してほぼ45°方向（クローズホールド）まで切り上がることができることがわかる．また，最も速くなるのは100°付近の横風方向（アビーム）のときである．これはアビームのときに，セールにはたらく揚力をほとんどそのまま推進力として使えるためである．一方，風下に向かって追風状態（ランニング）で走るときはむしろ遅くなることがわかる．これはランニングのときは，セールから流れがはく離して揚力が使えなくなることと，艇速が速くなるほど船の上で受ける相対風速が低くなり，セールの推進力が減少するためである．

図8.3.12はわが国の江戸時代の代表的な「弁才船」の一つである「菱垣廻船」のポーラーダイアグラムである．図中の点は，大阪市が1999年に復元建造した1000石（150 ton）積級の菱垣廻船「浪華丸」（全長30 m，図8.3.13）の海上帆走を行って，野本ら[9]が明らかにした実測値である．図8.3.11に示した近代的なヨットの性能に比べれば上り角はよくないが，それでも風位に対して70°程度まで切り上がることができることがわかった．これは当時の西洋の大型帆船と比べてもそれほど遜色のない帆走性能である．

[増山 豊]

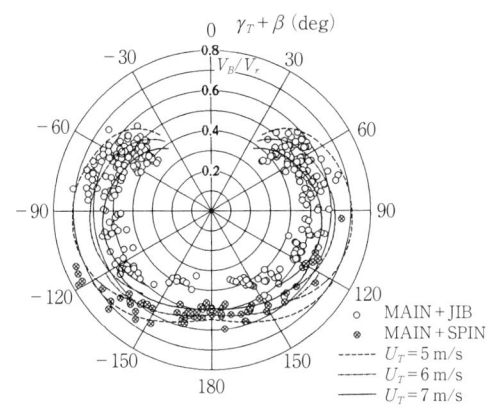

図 8.3.11　近代的なヨットのポーラーダイアグラムの例

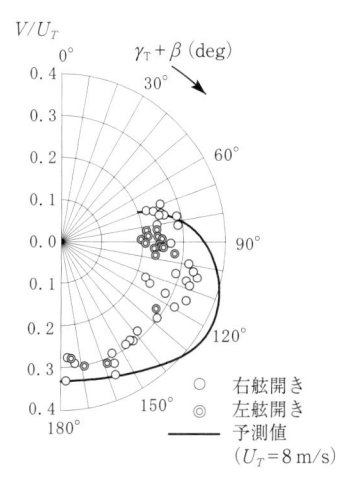

図 8.3.12　復元菱垣廻船「浪華丸」のポーラーダイアグラム

図 8.3.13　浪華丸の海上帆走試験

文　献

[1] Marchaj, C. A., 1979, Aero-hydrodynamics of sailing, Granada Publishing
[2] 増山豊，多田納久義，1982，帆走の船舶流体力学的研究（第4報）—帆の風洞実験について—，関西造船協会誌，**185**，pp. 107-115
[3] Milgram, J. H., Peters, D. B. and Eckhouse, D. N., 1993, Modeling IACC Sail Forces by Combining Measurements with CFD, 11th Chesapeake Sailing Yacht Symposium, SNAME, pp. 65-73
[4] 増山豊，深沢塔一，北崎隆雄，1997，セール流体力に関する実船試験と数値計算（第1報），日本造船学会論文集，**181**，pp.1-13
[5] Fukasawa, T. and Katori, M., 1993, Numerical approach to aeroelastic responses of three-dimensional flexible sails, 11th Chesapeake Sailing Yacht Symposium, SNAME, pp. 87-105
[6] Miyata, H. and Lee, Y. W., 1999, Application of CFD simulation to the design of sails, *J. Marine Science and Technology*, **4**, pp. 163-172
[7] 田原裕介，林　豪，2003，マルチブロックNS/RaNS法によるアメリカ杯レース艇用風下帆走セールシステム周りの流場解析，日本造船学会論文集，

[8] 増山豊, 中村一郎, 多田納久義, 高木健, 宮川尚之, 1992, 外洋セーリングヨットの実船性能（第 1 報）, 日本造船学会論文集, **172**, pp. 349-364

[9] 野本謙作, 増山豊, 桜井晃, 2000, 復元菱垣廻船「浪華丸」の帆走性能, 関西造船協会誌, **234**, pp. 115-124

8.3.3 凧，グライダー，フリスビー

(1) 凧

凧は風を利用して空へ舞い上がることができるものであり，日本はもちろんのこと世界各地に小型から超大型の凧がある．凧は玩具としてあるいは伝統行事において凧揚げ自体を楽しまれてきたが，遭難船へロープを渡すため，あるいは魚を釣るために利用されたこともある．また，洋凧のゲイラカイトはその安定した飛行特性と比較的高い揚抗比（= 揚力 L/抗力（抵抗）D）のゆえにハンググライダーへと進化した．また，ライト兄弟が 1903 年に動力飛行を行う前に，同じ形状の飛行機を凧として飛ばしてその安定性を調べたことは有名である．

これまでに種々の凧が存在するがその空力特性を系統的に調べた例は非常に少ない [1]．代表的な和凧である矩形和凧と代表的な洋凧であるゲイラカイトを比較する．ここで凧の形状の特徴を表すパラメーターとしてアスペクト比 AR を導入する．アスペクト比 AR は，(凧の横幅)/(凧の縦幅) で与えられる値である．またゲイラカイトの場合のように平面形が長方形でない場合は，(凧の横幅)^2/(凧の面積) で求められる値である．矩形和凧はアスペクト比 AR が 1 以下で，揚抗比が小さく揚力に対して抵抗が大きいのに対して，ゲイラカイトはアスペクト比 AR は 4 程度で，揚抗比は高く揚力に対して抵抗が小さい．このため，図 8.3.14 に示すように矩形和凧は比較的高度が低いため地上から見上げる角度は小さく，糸の引きも強いが，ゲイラカイトは比較的高度が高いため地上から見上げる角度は大きく，糸の引きが弱い．

図 8.3.15 はアスペクト比 AR が小さい矩形凧 ($AR = 0.68$)，アスペクト比 AR が大きい矩形凧

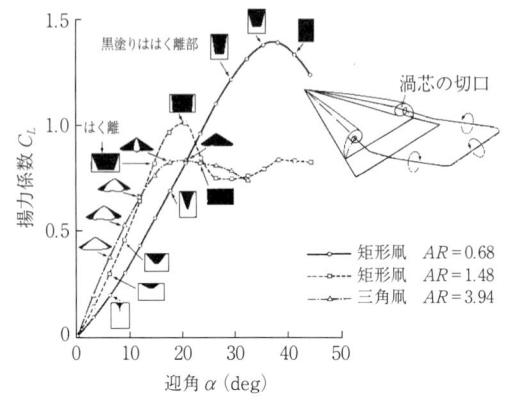

(a) 矩形凧と三角凧の迎角に対する揚力の変化 [1]

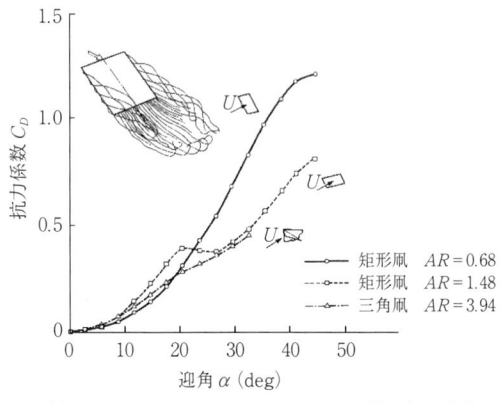

(b) 矩形凧と三角凧の迎角に対する抵抗の変化 [1]

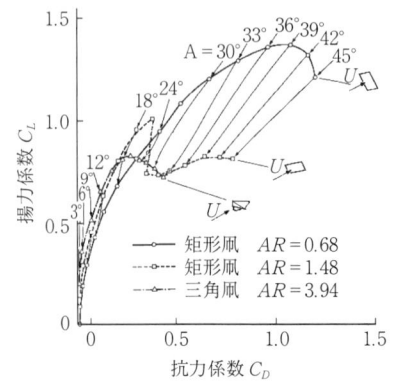

(c) 矩形凧と三角凧の迎角に対する揚力-抵抗特性 [1]

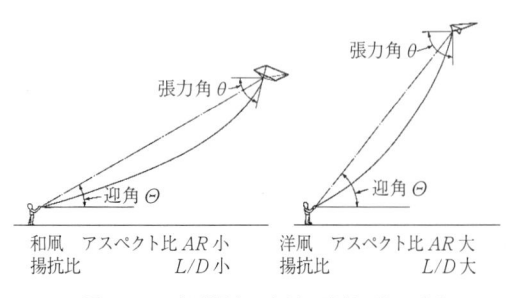

図 8.3.14 矩形凧と三角凧の飛行の違い [1]

図 8.3.15

($AR=1.48$) および三角凧 ($AR=3.94$) の三つの異なる凧の空力特性を揚力,抵抗について示したものである.なお,これらの値はいずれも動圧と凧の面積によって無次元化されている.

$$C_L = L \Big/ \left(\frac{1}{2}\rho_\infty U_\infty^2 S\right), \quad C_D = D \Big/ \left(\frac{1}{2}\rho_\infty U_\infty^2 S\right)$$

ここで,C_L は揚力係数,C_D は抵抗係数(抗力係数),U_∞ は自由流の速度,ρ_∞ は自由流の密度,S は凧の面積である.迎角による凧の揚力の変化を図8.3.15aに示す.アスペクト比 AR が小さい矩形凧は最も最大揚力 $C_{L\max}$ を有するがその揚力傾斜 $\partial C_L/\partial \alpha$ は他の凧と比べ小さいこと,アスペクト比 AR が大きい矩形凧は三角凧とほぼ同じ揚力傾斜を有しかつ三角凧に比べやや高い最大揚力 $C_{L\max}$ を有するが,その後急速に揚力が急減する失速を起こすこと,それに比べ三角凧は最大揚力 $C_{L\max}$ はやや小さいもののその後迎角が増加しても揚力は緩やかにしか減少せず非常に緩やかな失速特性を有することがわかる.また,図において凧の平面形においてはく離域が黒く塗りつぶした部分として描かれており,矩形凧は前縁中央部から徐々にはく離域が広がり,失速にいたること.三角凧は前縁はく離渦が揚力を発生し,それが崩壊することにより失速にいたることがわかる.迎角による抵抗の変化を図8.3.15bに示す.迎角が20°あたりまではアスペクト比 AR が小さい矩形凧が抵抗が最も小さく,その後抵抗が最も大きくなって比較的大きい迎角において抵抗が最も大きい値を示している.また,このとき揚力,抵抗はともに大きく,これが和凧の糸の強い引きと関係している.一方,アスペクト比 AR が大きい矩形凧,三角凧は迎角とともに抵抗は増すが,アスペクト比 AR が小さい矩形凧の2/3程度にとどまっている.抗力係数に対する揚力係数の変化を図8.3.15cに示す.図中の数字は迎角を表している.アスペクト比 AR が小さい矩形凧は揚力が増加するとともに抵抗も増加しており比較的低い揚抗比を示しているのに対して,アスペクト比 AR の大きい矩形凧や三角凧は揚力が増加しても抵抗はそれほど増加しておらず比較的高い揚抗比を示すことがわかる.

運動性に富み曲芸飛行ができるスタントカイト(あるいはスポーツカイト)が盛んであるがこの凧の運動については文献[1]に譲る.

(2) グライダー

グライダー(滑空機)はFAI(国際航空連盟)によると動力源のない固定翼航空機と定義されている航空機である(離陸時などにプロペラを回す機能をもったモーターグライダーも含まれる).グライダーは,オット・リリエンタールらの研究により動力航空機の誕生においては重要な役割を果たしたが,その後独自の発達を遂げ現在にいたっている.グライダーは,通常,飛行機曳航,ウインチ曳航,自動車曳航などにより離陸し,上

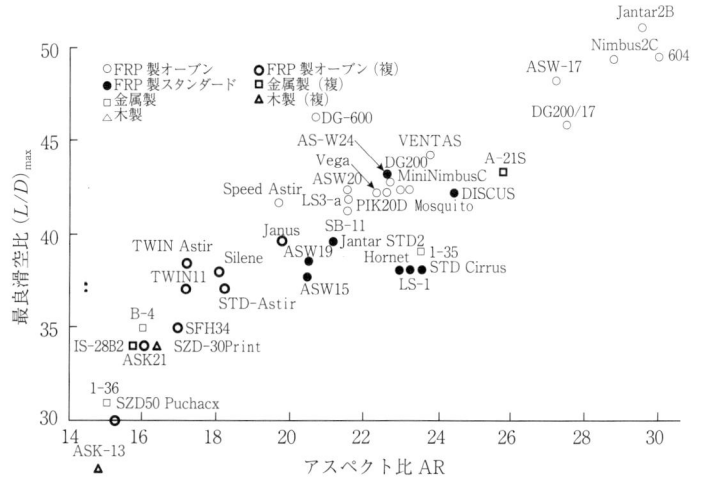

図8.3.16 最良滑空比とアスペクト比の関係 [2]

図8.3.17 滑空比48のグライダーの例（Alexander Schleicher社のホームページから）[3]

昇気流を利用して滑空飛行する．グライダーの性能は翼型，翼平面形（アスペクト比，翼端の形状など），滑空性能，境界層制御による抵抗低減などによって決まるが，どれをとってみても"ながれ"を高度に利用した航空機ということができる．図8.3.16に現在のグライダーの最良滑空比とアスペクト比の関係を示す[2]．アスペクト比が増加するにつれて最良滑空比 $(L/D)_{max}$（揚抗比と同じ意味で，1m沈下する間に何m飛行できるかを表す）が増加することを示している．図8.3.17に滑空比48のグライダーの例を示す．流体力学的に非常に精錬された形状であることがわかる．グライダーの研究開発はわが国でも活発に行われ，その発達史は文献［4］および［5］に詳しい．

(3) フリスビー

フリスビーは端が湾曲している円盤状のもので回転させることにより遠くへ投げることができ，アウトドアスポーツとして親しまれている．Nakamuraら[6]は，フリスビーがこのような揚力を発生させることを調べている．図8.3.18（フリスビー1）は1m/sの一様流中に置かれたフリスビーの周りの流れを上方から可視化したものであり図aは回転なし，図bは180 rpmで回転している．まず図aより，フリスビーの存在により円盤先端から発生する翼端渦によってフリスビーの上面を過ぎた流れが中心軸に寄っていることがわかる．一方，回転が加わることによってこの流域は広がりを見せている．図8.3.19は同じ流れを真横から可視化したものであり，回

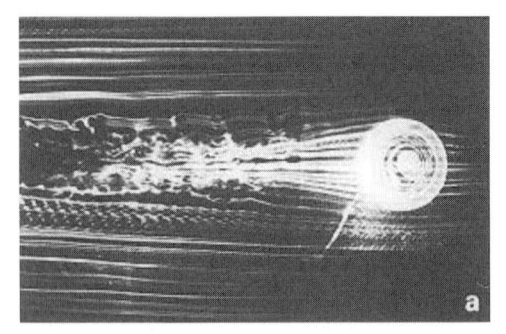

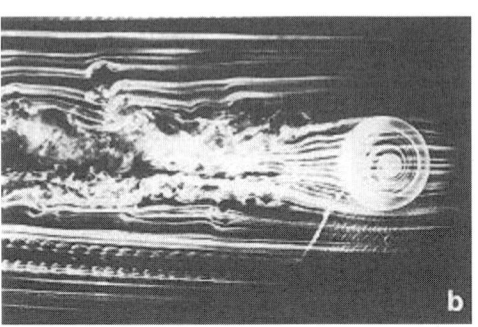

図8.3.18 一様流中に置かれたフリスビーの周りの流れ（上方から）
(a) 回転なし，(b) 回転あり

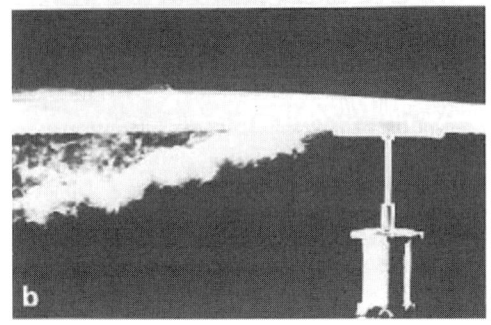

図8.3.19 一様流中に置かれたフリスビーの周りの流れ（側面から）
(a) 回転なし，(b) 回転あり

転がない図aにおいてもフリスビー後方に下向きの流れが誘起されており，フリスビーはこの反動で流れに対し垂直上方に揚力を発生している

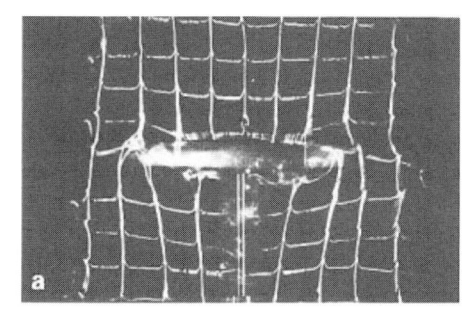

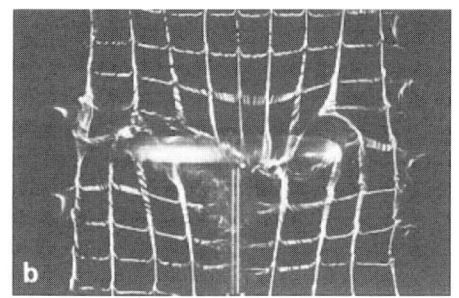

図 8.3.20 一様流中に置かれたフリスビーの周りの流れ（下流側から）
(a) 回転なし，(b) 回転あり

ことがわかる．回転が加わるとこのフリスビー後方に下向きの流れはより下向きになっていることからさらに揚力が発生していることがわかる．この理由は図 8.3.20 に示されているフリスビー後方からとった流れの可視化写真を見ると理解できる．図 a で観察されるようにフリスビーの存在により両端から後方に向かって 1 対の縦渦が発生しており，これがフリスビー後方に吹き下ろし（downwash）を生み，揚力を発生させている．フリスビーが回転するとその 1 対の縦渦の強さが増し，吹き下ろしを強めさらなる揚力増加を生じさせている．また，その渦対はやや中心位置からずれている．しかしながら，それほど大きいずれではないためにフリスビーを回転して投げればどちらの回転方向でもあまり逸れずに飛行させることができるのである．また，この際，フリスビー自体の回転によるジャイロ効果により姿勢が安定していることを忘れてはいけない．

［麻生　茂］

文　献

[1] 東　昭，1995，模型航空機と凧の科学，第 2 版，電波実験社
[2] 日本航空宇宙学会，1992，航空宇宙工学便覧，改訂版，丸善
[3] Alexander Schleicher 社のホームページ　http://www.alexander-schleicher.de/
[4] 佐藤博，木村春男，1999，日本グライダー史，海鳥社
[5] 川上裕之，1998，日本のグライダー　1930〜1945，モデルアート社
[6] Nakamura, Y. and Fukamachi, N., 1991, Visualization of the flow past a Frisbee, *Fluid Dynamics Research*, **7**, pp. 31-35

9 実測

9.1 測定項目と各種測器

9.1.1 実測の意義

3章において構造物に作用する風力,風圧力の概念が述べられている.これらの力を耐風設計の中で利用するために風力係数,風圧係数(外圧係数,内圧係数)などが重要となる.この係数を求めるためには一般的には風洞実験が使われることが多い.しかしながら土木建築の構造物は空間的なスケールが100 mから1000 mになる.そのため風洞実験のレイノルズ数のオーダーとは2桁以上の相違があり,予測を行ううえでの相似性がつねに議論されてきている.超大型の風洞や極定温風洞などによる相似性の研究は行われているが,複雑な形状の構造物での適用性については十分な議論が行われているとはいえない.一般的な建築物などは角張った形状であることや流れ場が乱流境界層内にあることから設計的には安全側の予測であるとして設計が行われている.

しかし曲面を有する構造物は建築や橋梁にも多く,実スケールによる実測による確認は重要である.実測において圧力の測定を行うことは大きな困難を伴う.また風圧係数として風洞実験と比較するためには,基準となる一般流での静圧の定義,測定法,また基準速度圧を求めるための一般流の風速の定義や測定法など議論すべき項目は多い.

風圧係数を定義する場合に必要となる風速測定以外に設計風速を求める意味での実測の意義は大きい.基本風速を決定する観測データは気象官署の地表付近のデータや高層気象の観測データが用いられる.最近は台風の観測データに基づく台風シミュレーションなども参照しながら基本風速マップが設定されている.

気象官署から離れた地点での設計風速の決定や地形の影響を大きく受ける可能性のある建設地点では,特別にタワー観測やドップラーソーダーなどによる上空風の観測が行われることもある.風速の測定は建物や観測用のタワー自体の影響を大きく受けるため,さまざまな注意が必要である.また気象観測のデータを利用する場合も風速測器の特性も十分熟知したうえで利用することが必要となる.

構造物が建設された後,風応答による挙動を風洞実験などによる予測と比較することがよく行われる.一般的には加速度計による振動測定が多いが,光学的な計測手法による変位測定や最近では衛星を利用したGPS変位計測なども行われている.これらの実測は構造物の入力である風荷重を設定するうえで必要となる風圧計測や風速計測に対して,系の出力である応答を確認する意味でたいへん重要な実測である.

耐風設計上,重要となる以上の項目以外でも,建築周辺環境などで重要となる風速測定や濃度測定もある.風環境は都市における高層建築を計画するうえでたいへん重要な項目であり周辺住民とのコンセンサスは大きな社会問題となっている.この問題の予測は風洞実験やCFDにより行われているが,相似則の問題やCFDの場合は計算機資源の制約で精度に対する確認がつねに求められている.とくに大規模建築に対しては制度上,風速の実測が義務づけられている.

その他の実測として建物や発電所などのさまざまな熱源による排気ガスの拡散現象を予測するた

めの風洞実験と確認のための実測，積雪による構造物周辺の吹き溜まりの実測などの例についても述べる． [日比一喜]

9.1.2 風速測定

風速計には下記の諸タイプがあり，風速観測の目的とする諸量を得るに適切な空間スケールと応答特性をもつものを，観測条件などを勘案して選択することが必要である．

(1) プロペラ型（風車型）風向風速計

プロペラと垂直尾翼を流線型の胴体と一体化した構造であり，尾翼が風を受けてプロペラを風上に向くように回転させることで風向を，プロペラの回転数より風速を測定する．風速のスカラー量が測定できる．気象庁では，1961年より瞬間風速，1975年からは平均風速の測定にも，3杯風速計にかわって，本タイプが使用されている（図9.1.1）．耐久性や経済性にすぐれ，長期観測に向いている．風速計の応答性は時定数 τ（ステップ入力に対して応答が定常応答量の63%に達するまでのタイムラグ，$\tau = l/V$，l は距離定数，V は風速）で示されるが，プロペラ型では距離定数は風速によらず一定になるので，時定数は風速に反比例し，高風速ほど応答性は向上する．しかし，たとえば風速 10 m/s 程度では 1 Hz 以下の変動にしか追従できず，短い評価時間の瞬間風速の測定はむずかしい [1]．また，起動風速は高めで 2 m/s 程度のものが多かったが，現在は，風速発信部は回転慣性の小さな光パルス式が主流になり，起動風速が低く，立ち上がり特性も改善された [2]．また，乱れが大きくなると，尾翼の慣性の影響で実際よりも風向変動が大きく，平均風速が小さく計測される傾向があること，プロペラの回りすぎにより真の風速よりも大きな値を示す傾向があること，など [2] が指摘されている．

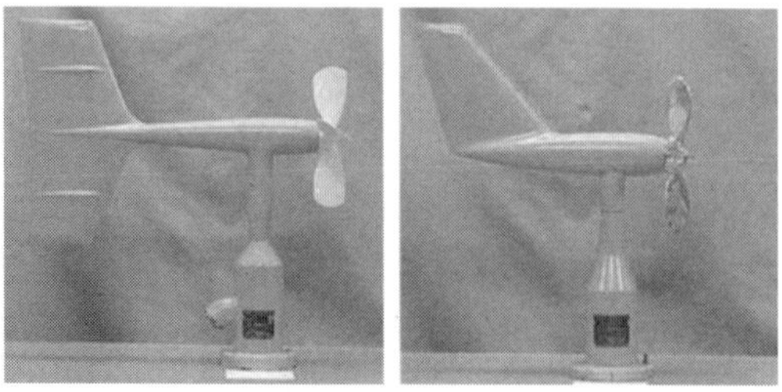

(2) 風杯型風速計

支柱に半球や円錐形の風杯を複数取り付けた構造で，風を受けて回転するときの回転数から風速を検出する．測定されるのは風速のスカラー量である．風杯の数により，4杯風速計，3杯風速計がある．気象庁では，1960年まで4杯風速計を使用していたが，回転数が風速に比例しない，回りはじめの回転にむらがある，などの問題があり，1960年以降，3杯風速計に切り替えられた．風向は矢羽根などを併用して測られるが，プロペラ型のような干渉がない利点がある．構造が単純なため堅牢で保守が容易であること，経済性にすぐれること，などの特長があり，長期観測や複数台を用いた多点観測などでの利用が多い．プロペラ型より始動風速が低く，弱風の観測にはプロペラ型よりも勝っている [3]．一方，短周期の風速変動には追従できず，風の乱れを測定する場合には留意が必要である．しかし，近年は小型軽量化により距離定数を小さくし，追従性を改善したモデルも市販されている（図9.1.2）．

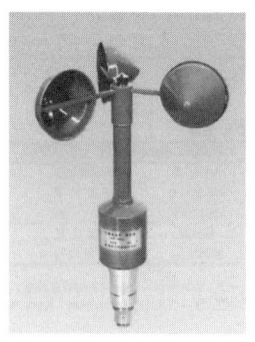

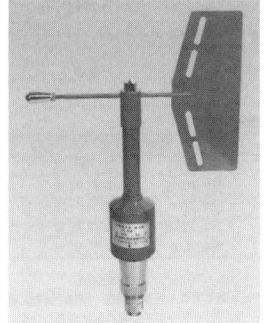

気象庁地上観測用　　アメダス用

図 9.1.1 プロペラ型風向風速計
（東京管区気象台HPより）

風速計 AF860　　風向計 VF216
（(株)牧野応用測器研究所）　（(株)牧野応用測器研究所）

図 9.1.2 3杯型風向・風速計

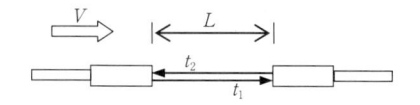

$t_1 = L/(C+V)$, $t_2 = L/(C-V)$ ∴ $V = L(t_2-t_1)/2t_1t_2$

ここで，t_2, t_1 は音波の伝播時間，C は音波の伝播速度，V は風速，L はプローブ間の距離

図 9.1.3 超音波風速計の測定原理

(3) 超音波風速計

図9.1.3に示すように，送受信器を向い合わせにして，相互に超音波パルスを伝播させ，その伝播時間から風速を検出する．直接に風速のベクトル量の測定が可能であり，演算処理によって，スカラー量も算出できる．送受信器を3軸に設けることにより，3次元の風速測定が可能で，鉛直成分も測定できる（図9.1.4）．稼動部分がなく，風速はプローブのスパンと到達時間のみで算定されるので，風速0 m/sから測定可能で，測定精度は風速に依存しない．得られる風速は送受信器間の空間平均値であるが，送受信器間の伝播時間は数十～数百 msであるので，応答性にすぐれ，乱れの測定に向いている．ただし，プロペラ型，風杯型に比べて高価である．また，プローブ軸による音波経路の遮蔽による風速値の過小評価の可能性[4]，60 m/sを超える強風には対応できないこと，などが問題点としてあげられる．

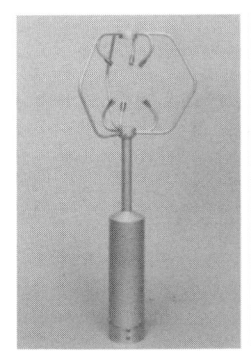

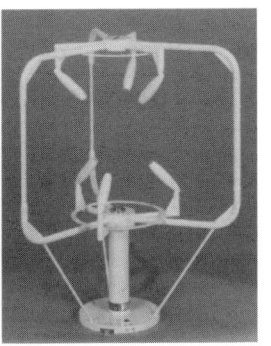

(4) ドップラーソーダー

ある送信パワーをもつ，特定の周波数の音響パルスを，あるパルス幅で上空に向けて送信し，速度成分に対応した周波数だけドップラーシフトを受けた後方散乱波を受信することによって，風速を測るものである（図9.1.5）．地上に設置することによって高高度（～1000 m）の観測が可能である．また，後方散乱波を次々と受信することにより，1台で複数高度の風速を測定することができる．観測鉄塔などを設置しなくともよいので，観測コストの削減が図れる．風速プロファイルの測定も可能であり[5]，風速の時空間分布の測定にも用いられる[6]．モノスタティック型，フェーズドアレイ型などのタイプがある（図9.1.6）．モノスタティック型は，地上の1点に3台の送受信器を置いてビーム軸方向の風速成分を測定し，ベクトル合成して風向と水平および鉛直風速を求める．フェーズドアレイ型は，ビームの送信方向を制御することにより，5方向の風速を測定できるので，余剰の情報から測定誤差の算定が可能である．問題点としては，周囲への騒音，測定可能な高度が気象条件に依存すること，とくに降雨時や

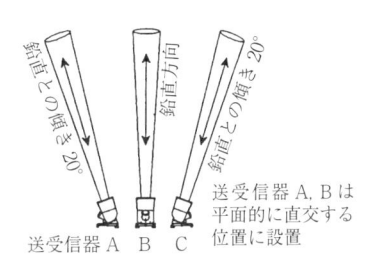

SAT-500型 ((株)カイジョー) TR-61B型 ((株)カイジョー)

図 9.1.4 超音波風速計

図 9.1.5 モノスタティック方式ドップラーソーダーの観測原理

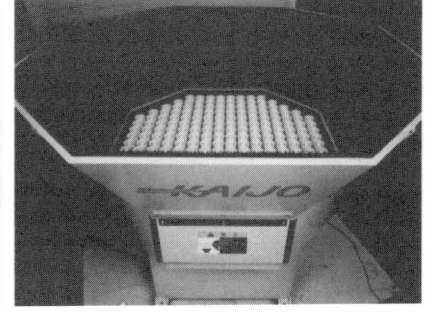

モノスタティック型 ((株)カイジョー AR-410)　フェーズドアレイ型 ((株)カイジョー KPA-1000)

図 9.1.6 ドップラーソーダー

強風時のS/N比の低下に起因する観測可能高度の低下が生じること[5,7]があげられる.通常,測定可能な風速は30m/s程度までである.また,乱れの観測はむずかしい.　　　　[須田健一]

文献

[1] 鈴木茂行,鎌野琢也,原田寛信,1984.12,プロペラ型風速計の特性に関する考察,日本風工学会誌,**22**, pp. 5-12
[2] 藤谷徳之助,1990.1,風車型風向風速計,日本風工学会誌,**42**, pp. 70-75
[3] 内藤玄一,1990.1,風杯型風速計,日本風工学会誌,**42**, pp. 65-69
[4] 川谷充郎,小松定夫,小林紘士,1983.6,強風型3方向超音波風速計の特性について,日本風工学会誌,**16**, pp. 1-2
[5] 須田健一,菅沼信也,岩谷祥美,佐々木淳,中村修,丸山敬,日比一喜,石橋龍吉,田村幸雄,2001.12,ドップラーソーダによる自然風観測値に基づく風速プロファイルの推定に関して,日本建築学会構造系論文報告集,第550号,pp. 31-38
[6] 小林文明,1996.4,ドップラーソーダで観測された各気象擾乱に伴う強風の特性,日本風工学会誌,**67**, pp. 15-20
[7] 伊藤芳樹ほか,1996.4,ドップラーソーダによる風の観測,日本風工学会誌,**67**, pp. 33-38

9.1.3 測器の応答,較正

1章の1.1.2大気境界層や1.3強風の乱流など自然風の時空間構造を明らかにするには,野外で実際の自然風を測定する必要がある.大気接地層では,風速の鉛直分布風速の測定のために,これまでいくつかの種類の風速計が開発されてきた.なかでも,風杯風速計,風車型風速計は丈夫で信頼性があり,維持も簡単であり比較的安価で,一般的に利用されてきた計測器である.この風速計は力学的に気流とのバランスする可動部に依存しているので,乱流測定には応答が遅いが平均風速の測定には十分であり,平均的な風速の鉛直分布の測定に用いられる.また,風速の鉛直勾配のように,風速を精度よく測定するためには,定期的な風速の校正や相互比較が必要である.風向風速計の検定は風洞においてなされ,風速と風速計の出力との関係である検定直線を求める.現実には,風速の観測現場ではこの検定は困難であり,通常の用途においてはそれほどの正確さを要求されないので,回転を一定に保つことができるモーターに風速計の軸をつないで,その出力を定期的に校正する方法が用いられる.

風速に対して,回転する風杯風速計の運動方程式[1]を変形すると,実際の風速 V_a と風速計の出力としての風速 V の関係は,次のように非線型方程式で表される[2].

$$\frac{dV}{dt} = C(V_a^2 - V^2) \qquad (9.1.1)$$

ここで,係数 C は,風杯の数,風杯の半径,風杯と軸との距離,慣性モーメントなどの風杯風速計の物理特性に関係し,風速計が加速状態か,減速状態かによって,その値が異なる.方形風速や正弦風速を仮定したときの応答は図9.1.7a, bのようになり,実際の風速を過大評価する傾向がある.その過大評価誤差は5～10%である[2~4].

大気接地層の風速の乱流変動を測定するには,上記の風速計では応答が十分でないため,より応答のいい超音波風速計[6]が標準計測器として用いられる.この風速計の原理は,図9.1.8に示すような風 $V=(V_d, V_0)$ が吹いているときに,超音波を発信するプローブを既知の距離 d に相対して置き,音波のパルスを互いに逆方向に行き来させて測定すると,その時間 t_1, t_2 は,

$$t_1 = \frac{d}{c\cos\gamma - V_d}, \quad t_2 = \frac{d}{c\cos\gamma + V_d} \qquad (9.1.2)$$

になり,軸方向の風速 V_d は,両者の逆数の差を

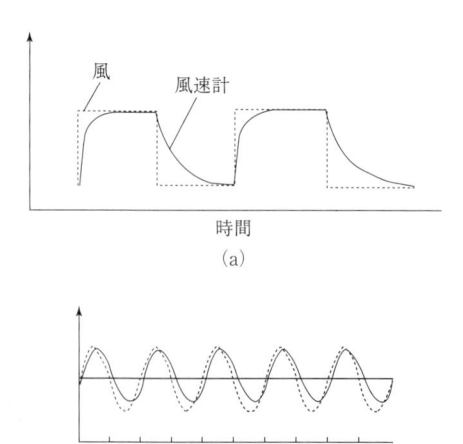

図9.1.7 (a) 方形風速変動に対する風杯風速計の応答[5]と(b)正弦変動に対する風杯風速計の応答(破線が実風速,実線が風速計の応答)[2]

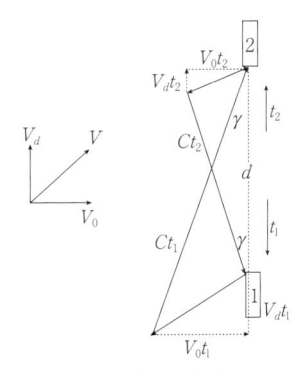

図9.1.8 超音波風速計の原理

用いて，次のように求められる．

$$\frac{1}{t_2} - \frac{1}{t_1} = \frac{2}{d} V_d \quad (9.1.3)$$

ここで，c は音速，d は二つのヘッドの距離（一般には20 cm），γ は風速とヘッドの軸の方向がなす角度（$=\sin^{-1}(V_n/c)$）である．この計算は，電子的に演算回路で行っている．

しかしながら，風向とプローブの軸の方向が一致したときには風上側のプローブが乱れを生じるとともに，shadow effect といわれる風速の値を過小評価することが指摘されている[7～9]．図9.1.9は，プローブの軸（プローブ間の距離20 cm）と風向との角度による過小評価の割合を風洞で実験した結果である．プローブの軸と風向が一致したときには，15%も少なく測定される．この現象はプローブ間の距離が大きいほど，プローブの直径が小さいほど，その影響は小さく，プローブの形状に依存する．また，風速が大きく，乱れが大きいときにはその影響は小さい．自然風は風洞に比べると格段に乱れが大きいので，

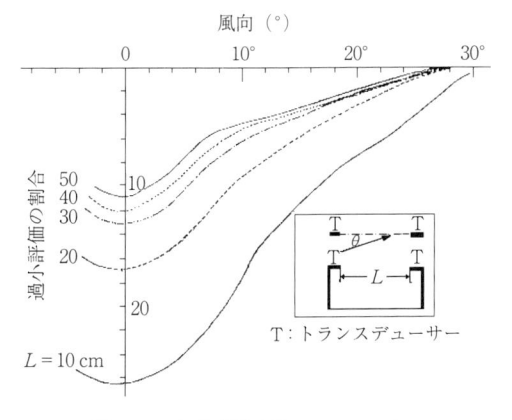

図9.1.9 超音波風速計の shadow effect

shadow effect は，ほとんど無視できるという研究もある[10]．　　　　　　　　　　　　[林　泰一]

文　献

[1] 佐貫亦男, 1953, 地上気象器械, 共立全書, 共立出版
[2] Hayashi, T., 1987, Dynamic response of a cup anemometer, *J. Atmos. Oceanic Tech.*, **4**, pp. 281-287
[3] Deacon, E.L., 1951, The observation error of cup anemometers in fluctuation winds, *J. Sci. Instrum.*, **15**, pp. 231-234
[4] Kondo, J., Naito, G. and Fujinawa, Y., 1971, Response of cup anemometer in turbulence, *J. Meteor. Soc. Japan*, **49**, pp. 63-74
[5] 文字信貴, 2002, 植物と微気象, 大阪公立大学共同出版会
[6] Mitsuta, Y., 1966, Sonic anemometer for general use, *J. Meteor. Soc. Japan*, **44**, pp. 12-24
[7] Wyngaard, J. C., 1981, The effects of probe induced flow distortion on atmospheric turbulence measurement, *J. Appl. Meteor.*, **20**, pp. 784-794
[8] Kondo, J. and Sato, T., 1982, The determination of the von Karman constant, *J. Meteor. Soc. Japan*, **60**, pp. 461-470
[9] Kaimal, J. C., Gaynor, J. E., Zimmerman, H. A. and Zimmerman, G. A., 1990, Minimizing flow distortion errors in a sonic anemometer, *Boundary-Layer Meteor.*, **53**, pp. 103-105
[10] Hanafusa, T., Fujitani, T., Kobori, Y. and Mitsuta, Y., 1982, A new type sonic anemometer-thermometer for field operation, *Pap. Meteor. Geophs.*, **33**, pp. 1-19

9.1.4　風圧実測の方法

構造物に作用する風圧力を実測するには，風向計，風速計，風圧計，温度計，大気圧計，データ収録装置などが必要である．ここでは，自然風中において構造物に作用する風圧力を実測する方法とその注意点について概説する．

(1) 風向計・風速計

風圧実測における風向計の役割は，構造物に入射する風の角度を把握することにある．構造物周りの風の流れの状況は入射する風の向きによって異なる．このため流れに支配される風圧力の性状も風の入射角度に大きく影響される．よって風圧力を実測する場合には，構造物に入射する風の角度を詳細に把握することが大切になる．風向計は，周囲の障害物などの影響を受けにくい場所を選定して設置する必要がある．たとえば，高層建築物

に作用する風圧力などを実測する場合は，屋上のタワーなどを利用して風向計を取り付ける場合が多い．また，風向計を設置する際には，風向計の基準方向と構造物との相対角度を把握しておくことが大切である．一般の風圧実測では，矢羽根式風向計，風速も同時に測れる風車型風向風速計，超音波型風向風速計が用いられる．

風圧実測における風速計の役割は，構造物に入射する風の速さ，風速の変動，さらには風の速度圧などを把握することにある．構造物の耐風性能などの検証を目的とした風圧実測では，外壁面などに作用する圧力 P_x から基準圧力 P_R を差し引いた風圧力 P を基準風速 U と空気密度 ρ から計算される基準速度圧 $q(=\rho U^2/2)$ で除した風圧係数 $C(=P/q)$ で処理することが多い．このような理由から，風圧実測では風速の測定が非常に重要である．風速計の取り付ける場所は，風向計と同様，周囲に障害物がない場所を選定すべきである．たとえば，低層建築物などに作用する風圧力を実測する場合は，周囲の地物の影響を受けにくい場所に観測タワーを建設し，それに風速計などを取り付けて入射してくる風速を測定することがある．また，風向によっては，風速計を取り付けるための適切な場所が確保できないことがあるが，このような場合には，風速計の台数を増やすなどして各風向の風速を正確に把握できるように工夫することが大切である．実測する変動風圧の周波数範囲は，おおむね数 Hz 以下と考えられることから，風速計は応答性能のよい，たとえば超音波風速計などを用いることが望ましい．

(2) 風圧計

風圧実測における風圧計の役割は，当然ではあるが，実測する風圧の強さやその作用の仕方（正圧または負圧）などを把握することにある．構造物の壁面などに作用する風圧力の測定の仕方は，壁面に設けた圧力孔から導圧管を用いて差圧計に導いた後，基準圧力を差し引いて測定するのがごく一般的な方法である．この他にも差圧計の測定側の受感部を壁面に取り付けて測る場合もある．測定面に作用する圧力を差圧計に導く際に導圧管を使用する場合は，この導圧管が作用圧力の変動特性をゆがめる危険性がある．このため導圧管の応答性能をあらかじめ検証しておく必要がある．測定に影響が生じる場合は，導圧管の適切な位置に細い管を挿入して影響を改善する策や導圧管の応答性能を補正する策を講じる必要がある．導圧管の影響を補正する方法としては，たとえば，導圧管の周波数応答特性と高速フーリエ変換によって補正する方法がある．自然風中の構造物に作用する風圧力の変動は，通常，導圧管の影響を考慮しても数 Hz 程度であり，またその強さの範囲も ± 数 kPa 程度と推察される．よって実測に用いる風圧計は，これに見合う性能の風圧計（差圧計）を用いる必要がある．その際差圧計に供する基準圧力は，安定した定圧（実測場の静圧が望ましい）であることが要求される．一般の風圧実測で用いられる基準圧には，周囲の地物の影響を受けない位置に設置した静圧計から得られる圧力や周囲が開けた平坦な地表面に設けたマンホール内の圧力，さらに外圧変動に対する応答時間を適切に制御した容器の圧力などがある．この他には，たとえば，高層建築物の壁面などに作用する風圧力を実測する場合に，空気調和設備などの影響が無視できる室内の圧力を基準圧として用いることがある．しかし，いずれの方法でも基準圧の取得には細心の注意が必要である．

(3) 温度計・大気圧計

風圧実測における温度計と大気圧計の役割は，空気密度 ρ (kg/m^3) を計算する際の気温 t (℃) および気圧 H (hPa) を把握することにある．空気密度は，湿度の影響を無視できることから，$\rho = [1.293/(1+0.00366\,t)] \cdot (H/1013)$ で表される．温度計の受感部は風速計の近傍で周囲に発熱源などのない場所に設置することが望ましい．また，大気圧計の圧力孔は，風速計の近傍で気流影響を受けにくい場所に設置するのが望ましい．

(4) データ収録

風圧データを収録する際にとくに注意すべき点は，差圧計の零点移動を把握することである．そのためには，計測を開始する前後で基準圧を差圧計の測定側にも供給し，差圧計の零点の出力信号を収録しておくことが必要である．収録装置には，

大別すると，各計測器からのアナログ信号を収録するアナログ方式とアナログ信号をディジタル信号に変換してから収録するディジタル方式の2種類がある．あらかじめ設定した風速値を超えた時点から測定を開始する機能や収録したデータを電話回線などで離れた場所のデータ処理室などへ転送する機能などを収録装置に組み込むと便利である．

[上田　宏]

文　献

[1] 立川正夫，1973．8，自然風中において構造物に作用する風圧力に関する実験的研究（その1：実験方法），日本建築学会論文報告集，第150号，pp. 25-27
[2] Proceeding, International Research Seminar on Wind Effects on Buildings and Structures, University of Toronto Press, 1967
[3] Levitan, M. J. and Mehta, K. C., 1992, Texas Tech field experiments for wind loads part 1: building and pressure measuring system, J. Indust. Aerodyn., **41-44**, pp. 1565-1576

9.1.5　振動測定

構造物の振動測定において，対象とする測定項目は加速度，速度，変位に大別することができる．本項ではさまざまな計測器を紹介するとともに，計測原理や測定項目について述べる．

(1) 振り子型センサー

構造物の振動測定で現在最も用いられているのは振り子型センサーである．振り子型センサーとは，1質点の振り子系を考えた場合の強制振動解に相当する振動を計測対象としており，振り子の固有振動数と測定対象物の振動数の関係および減衰定数により，変位・速度・加速度センサーとなる．表9.1.1にそれぞれの測定器の必要条件を示す．以下に，現在よく用いられる代表的なセンサーの概要を記す．

(a) 動電型センサー　　磁界中を導体が運動した際に，導体に発生する電圧が速度に比例するという原理を利用して測定するセンサーである．強力な磁石をセンサー内部に組み込む必要があるため，センサー自体の大きさが大きくなる傾向がある．

(b) 圧電型加速度計　　圧電現象（強誘電体の試料にある一定の直流電圧をかけると，その試料がわずかに伸びる，または縮むという現象）を利用したセンサーであり，このような圧電素子を振動系に取り入れることで，外力に比例した力をこの圧電素子に作用させ，電荷を発生させる．圧電素子に作用する圧力変化が，おもりに作用する慣性力に比例するので，加速度を検出することができる．

(c) サーボ型加速度計　　振り子型センサーのなかで，近年最もよく用いられているのが，サーボ型加速度計である．振り子の揺れを振り子位置検出器で検出し，その信号をサーボ増幅器で増幅した後電磁コイルに流して電気力を発生させる．このとき，発生した電気力は，加わる振動加速度計と逆向きでほぼ同じ大きさであるため，振り子はほとんど動かなくなる．これをサーボ動作といい，このときに電磁コイルを流れる電流は振動加速度計に比例しているため，電流を読み取ることにより加速度を検出することができるという仕組みである．なお，サーボ型加速度計はDC成分（重力加速度など）までフラットな振動数レスポンスに特徴があり，これが圧電型などの加速度計と異なる大きな点である．

(2) 変位計測

構造物の振動測定で，最も用いられている加速度計による振動計測では，構造物の共振成分の測定を行うことは可能であるが，風応答測定を行う際に重要な項目となる，静的成分および準静的成分の計測を行うことは非常に困難である．加速度計により得られた加速度を2回積分することにより，変位に換算することはできるが，静的成分の計測は不可能である．これらの問題を解決する計測手法として，実例は少ないが，絶対変位計測手法があり，代表的な計測手法を以下に記す．

表 9.1.1　振り子型センサー

測定項目	振動数	振り子の減衰定数
変位計	$\omega_0 \ll \omega$	$1/\sqrt{2}$ 以上
速度計	$\omega_0 \approx \omega$	非常に大（過減衰）
加速度計	$\omega_0 \gg \omega$	$1/\sqrt{2}$ 以上

ここで，ω_0 は振り子固有円振動数，ω は対象となる外乱の円振動数．

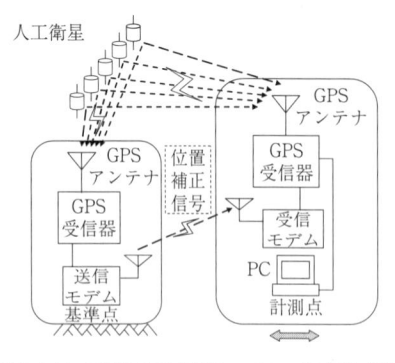

図9.1.10 RTK-GPS計測システムの概念図 [3]

(a) 人工衛星を用いた計測手法（RTK-GPS）[1～3] GPSによる測位は，端的にいえば，GPS衛星から発信された電波をGPS受信機で受信し，到達するまでに要した時間から衛星と受信機の間の距離を決めるものである．しかし，一般的に用いられている単独測位の精度は数十mであり，到底構造物の振動測定に用いることはできないが，RTK-GPSといった手法により構造物の振動測定が可能となる．図9.1.10にRTK-GPSを用いた変位計測システムの概要図を示す．対象となる構造物の頂部にGPSアンテナを取り付け，さらにもう一つのGPSアンテナを正確な位置が既知であり，かつ，不動の場所に取り付ける（基準点）．人工衛星からの電波にはさまざまな誤差が含まれているが，基準点においてその誤差を定量化することができ，リアルタイムで計測点に補正信号を送って，計測点の誤差を補正するという計測手法である．既往の研究によると，2 Hz以下で2 cm以上の変位応答がある場合には実構造物に適用可能であることがわかっている．この計測手法の利点としては，全天候型であることや，ワイアレスシステムであるので機器の設置が容易であるなどがあげられる．問題点としては，ビルの谷間，建物やトンネル内などでは衛星をキャッチすることができず，GPSアンテナを設置する場所が制限されることや，マルチパス（反射波）の影響や強い電波があると障害を受けることなどがあげられる．

(b) 光学系変位計 [4～6] 光学系変位計は，発光部，受光部，検出部の三つの部分から構成されている．構造物の基部（もしくは頂部付近）に

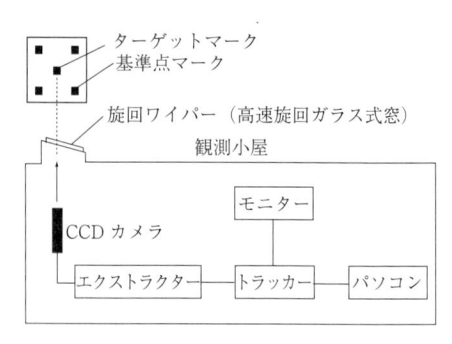

図9.1.11 光学系変位計測システムの一例 [6]

設置した発光部からでる光（レーザーや高輝度発光ダイオードなど）を，構造物の頂部付近（もしくは基部）に設置した受光部でCCDカメラを用いて撮影し，変位量を検出するシステムである．図9.1.11に光学系変位計を用いた振動測定のシステム概要図 [6] を示す．このシステムでは構造物の頂部に高輝度発光ダイオードを設置し，基部（ダイオードの直下）の観測小屋内からCCDカメラで連続撮影している．得られた画像に画像処理を施すことにより，変位を検出している．なお，降雨時にも計測可能にするために，観測小屋の屋根面に船舶用の高速浅海ガラス式の窓を使用している．変位の計測範囲と分解能はモニターの画素数やカメラのレンズの倍率により決まり，本例では800～1600 mmの変位を0.8～1.7 mmの分解能で計測可能である．しかし，ターゲット板を水平に張り出させる必要があるなど，設置が非常に大掛かりとなり，広いスペースも必要となるため，まだ実用例が少ない．　　　　[吉田昭仁]

文　献

[1] Çelebi, M., 1998, GPS and/or strong and weak motion structural response measurements-Case studies, Structural Engineering World Congress '98, San Francisco, Conference Proceedings on CD-ROM, T193-1, pp. 8
[2] 中村俊一，坂本良文，並木厚，渋谷元，1998, GPSを用いた強風時における吊り橋補剛桁の変位観測の報告，第15回風工学シンポジウム論文集, pp. 451-456
[3] 田村幸雄，吉田昭仁，2003, RTK-GPSを利用した都市内高層建築物群の変位応答モニタリング，日本風工学会誌，**94**, pp. 19-28
[4] 川口彰久，伊藤雅保，武田寿一，本間義教，竹本靖，1976, 超高層建築物に作用する風荷重 －大阪大林ビルでの実測－，構造物の耐風性に関する第4回シ

ンポジウム論文集，pp. 85-92
[5] Sanada, S., Suzuki, M. and Matsumoto, H., 1992, Full scale measurements of wind force acting on a 200m concrete chimney and the chimney's response, *J. Wind Engineering and Industrial Aerodynamics*, **41-44**, pp. 2165-2176
[6] 前田潤滋，今村義人，森本康幸，川島裕治，矢沢麻由美，石田伸幸，1998，直接変位計測による超高鉄塔の強風時応答特性の検証，第15回風工学シンポジウム論文集，pp. 251-256

9.1.6 ガス濃度の分析

(1) トレーサーガス法

ガス状のトレーサー物質を大気中に放出し物質の移送や拡散の状況を調べるトレーサーガス法は，大気環境アセスメントにおいて火力発電所，清掃工場，沿道からのガス拡散あるいはトンネル換気算定など適用されている．大気中にて排出口から排出されたガスはわずか数百m風下でも気象条件や排出強度によっては数千倍に希釈される．そのため対象ガスの分析計には広いダイナミックレンジが要求されるとともに，大気中にて低いバックグランド濃度であることが必要である．初期のころは，トレーサー物質として有害な大気汚染物質である二酸化硫黄（SO_2）や二酸化窒素（NO_2）を放出していた時期もあった[1]．その後，多くの野外トレーサーガス実験にて六フッ化硫黄（SF_6）が使用されるようになった．

(2) ガス分析

SF_6のガスの分析にはガスクロマトグラフィーが用いられる．ガスクロマトグラフィーは移動相（キャリヤーガス）にヘリウムなどの気体を使用し充填材を詰めたカラム内の固定相との親和力（吸着性，溶解性，化学結合性）の差を利用し特定の成分を分離する[2]．検出器によく用いられるのは水素炎イオン型（FID：flame ionization detector）や特定化合物に感度の高い電子捕獲型（ECD：electron capture detector），光イオン型（PID：photo-ionization detector）などがあり，SF_6の分析にはECD型が用いられる．またSF_6よりも微小排出で広域拡散トレースが可能なパーフルオロカーボントレーサー（PFT：perfluorocarbon tracer；C_7F_{14}, C_8F_{16}, C_9F_{18} など）

が注目されている[3]．これらのガスは温室効果ガスであり今後新たなトレーサー物質の開発が望まれる．

(3) 瞬間濃度の計測

悪臭ガスや可燃性ガスの拡散現象には平均濃度ではなく短い時間の濃度計測が必要となる．ECD型やPID型の検出器そのものは早い応答性をもつが大気中に干渉ガスがあり分離カラムなしには計測に問題がある．一方，FID型検出器は大気中で反応するバックグランドガス濃度はダイナミックレンジ（10^7）に比べ低く，ガス放出時に安全性の考慮が必要であるが瞬間濃度の計測のためのトレーサーガスとなりうる．図9.1.12，9.1.13はトレーサーガスとしてエチレン（C_2H_4）を用いてモデル建物（一辺 $H=5.4$ の立方体）屋根面の瞬

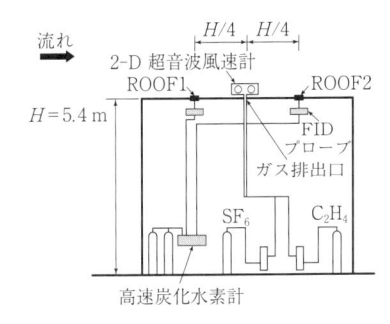

図 9.1.12 モデル建物におけるトレーサーガス排出システム（野外拡散実験）[4]
屋根面の中央よりトレーサーガスとしてエチレンを排出．排出口の風上点（ROOF1）および風下点（ROOF2）にFIDプローブを設置．屋根中央には2次元超音波風速計を設置．10Hzでサンプリング．

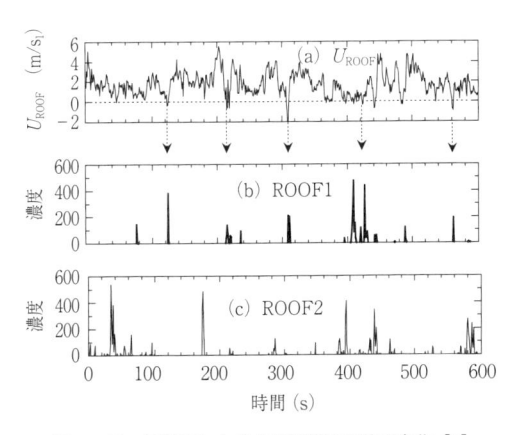

図 9.1.13 屋根面における瞬間濃度の時間変化[4]
(a) 屋根中央の風速，(b) 風上点（ROOF1）の無次元化濃度，(c) 風下点（ROOF2）の無次元化濃度．逆流（(a)の負の風速）の出現とともに瞬間濃度が屋根面の風上側計測点（ROOF1）に現れている．

間濃度場を観測した例を示す［4］.　　［老川　進］

文　献

[1] Gifford, F., 1960, Peak to average concentration ratios according to a fluctuating plume dispersion model, *Int. J. Air Pollut.*, **3**(4), pp. 253-260
[2] 酒井馨, 坂田衛, 高田芳矩, 1995, 環境分析のための機器分析, 日本環境測定分析協会
[3] Bohac, D.L., Harrje, D.T. and Horner, G.S., 1987, Field study comparisons of constant concentration and PFT infiltration measurements, 8th AIVC Conference, Uberlingen, Federal Republic of Germany
[4] Oikawa, S. and Meng, Y., 1997, A field study of diffusion around a model cube in a suburban area, *Boundary-Layer Meteor.*, **84**

9.1.7　積雪深の計測

積雪の深さは自然に降り積もっている雪の鉛直方向の深さをいい，地上積雪深の情報は，構造物の雪荷重の設計，建物配置計画，あるいは除雪などの道路管理の際に必要となる．

積雪深の計測方法を測距原理をもとに表9.1.2に示す［1～3］．（A）の雪尺は目盛りを付けた柱であり気象官署では観測員の目視によって一日数回積雪深が観測されている．雪尺を除く他の計測方法は自動計測により積雪深が記録される．表の（B1）の光学式積雪深計は，雪尺と同様に地面に柱をたてたものであるが柱の内部に投受光装置が組み込まれ光の反射強度を利用した計測器である．これは測定部が雪面に接した計測器である．他の自動計測法（B2），（C），（D）は計測器が直接雪面と接触しておらず，雪面上方の固定点から雪面に向けて光や音波を投射し，その反射を利用している．（D）の超音波積雪深計は無人観測の気象庁アメダス観測点にて使用されている．

上記の観測方法は1地点の計測である．建物の屋根面や地表周囲では複雑な流れ場の影響で場所により積雪深の分布の偏りが生じるため，これら平面分布の把握には多数点の計測が必要である．図9.1.14にはモデル建物周囲の地表平面積雪深分布を把握するために地表700点にて計測者がスケールを堆積雪にさし込み観測した例を示す．建物近傍のすぐ近くには吹き払い域がありその周りを取り囲むように吹きだまり域が組みになったウィンドスクープの形成がみられる［4］．この観測

表9.1.2　積雪深計の種類と特徴

種　類	測距原理		特　徴
（A）雪尺	目視		目盛りをつけた柱にて地表から雪面までの積雪深を目測．気象官署で採用
（B）光学式積雪深計	（B1）光の反射強度		地面に鉛直にたてた柱の側面に適当な間隔で光学繊維の一端を開口．雪面の上下の受光量の鉛直分布から積雪深を計測
	（B2）三角測量		上方の固定点の投光部からでた光の雪面での反射を受光し三角測量にて雪面までの測距
（C）光波式積雪深計	光波の位相差		光波を雪面へ向けて送信し，雪面からの反射光との位相差を測定
（D）超音波式積雪深計	超音波の伝達時間		上方の空中から雪面方向に発射された超音波パルスが雪面より反射して戻ってくるまでの伝播時間を測定し距離を算定．気象庁アメダス観測点の自動計測に採用

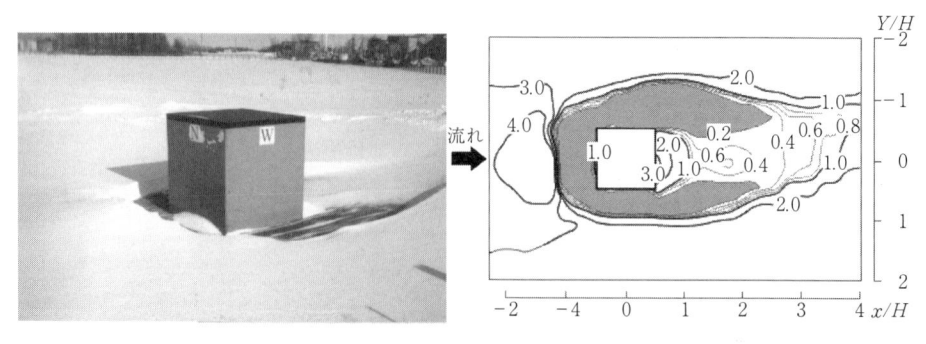

図9.1.14　モデル建物周囲の地表積雪深分布［4］
札幌市，1999年1月8日から24時間の累積積雪深の分布，一辺 $H=1\,\mathrm{m}$ の立方体，日平均風速 $4.8\,\mathrm{m/s}$，風上は左側．グレー色が浸食領域．

では多数点の計測を自動化するために地表にポールをたて積雪深の経時変化をディジタルカメラの撮影による観測も行われている[4]．また屋根面の平面的な分布を把握するために空中写真測量により積雪深の観測が試みられている[5]（新雪時には強い反射光によるハレーションの課題あり）．

[老川　進]

文　献

[1] 日本雪氷学会編，1990，雪氷辞典，古今書院
[2] 日本雪氷学会北海道支部編，1991，雪氷調査法
[3] 雪氷情報収集機器資料集，1995，雪センター
[4] 老川進，苫米地司，2003，モデル建物近傍における雪の堆積と浸食の形成プロセス，雪氷，**65**, pp. 207-218．
[5] 桜井修次，城　攻，1993，屋根上積雪深測定への空中写真測量の応用に関する基礎的研究，日本建築学会構造系論文報告集，450，pp. 25-35

9.2　実物での実測

9.2.1　風観測

建築物壁面に作用する風圧，建築物や橋梁の風応答など，すべての観測において風の観測は必要である．これらのおもな目的はいずれにせよ対象となるものに入力される風（接近流ということがある）がどのような性質をもっているかを知るためのものである．このような目的の場合，観測内容に応じて観測機器を選択し，適切な位置に設置することとなるが，とくに，設置する建物など本体の影響に注意する必要がある．本項で述べるビル風に関する観測においても，風速比の検討などには接近流の観測は重要である．ただし，環境アセスメントの一環として行われるビル風の場合，事前に予測した風速の累積頻度などの統計値に関する予測精度の検討が第一の目的となるので，多くは地上付近の風観測のみが行われる．

(1) 観測期間

観測期間は，風環境の評価が風の発生頻度に基づいて行われるため，四季の変動の影響を考慮し，1年間が原則となる．また，対象建物の建設による影響をみるという観点からは建物建設前後，各1年間の観測が必要である．ただし，特定な風向の現象のみを検討するなど，目的を限定して行う場合にはこの限りではない．

ここで，観測期間の差による影響について若干検討してみる．図9.2.1aは東京管区気象台（以下，気象台と記す）の過去10年間（1993～2002）における風向出現頻度を示すものである．同図には2000年の1年間の風向出現頻度を併記しているが，ほぼ重なっており，1年間の観測記録から長期の傾向をつかむことができることがわかる．図bは2000年の月別，図cは季節別の風向出現頻度を示したものであるが，いずれも1年間統計のものに比べ大きく異なることが読み取れる．図dは各季節の1カ月間，都合4カ月間平均と1年平均とを比較したものであるが，両者は比較的よく一致している．本来，1年間の観測が望まれるが，観測期間を短縮せざるをえない場合の一方法としてこのような観測期間の選択が考えられる．

図9.2.2には風工学研究所が提案する風環境評価指標[1]で用いられる累積頻度55%および95%の風速について図9.2.1の風向出現頻度と同様の検討を行った結果である．図中，横軸に平行な実線は10年間の平均値，点線はそれから±5%の値である．この場合も，四季の各1カ月，都合4カ月の結果はよい対応を示す．

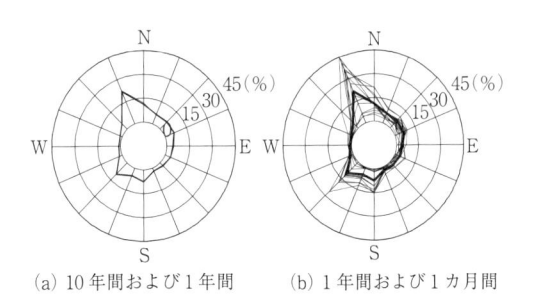

(a) 10年間および1年間　　(b) 1年間および1カ月間

(c) 1年間および四季　　(d) 1年間および四季4カ月

図9.2.1　気象台の風向出現頻度
(a) は太線が10年間統計，(b), (c), (d) は太線が1年間統計値．

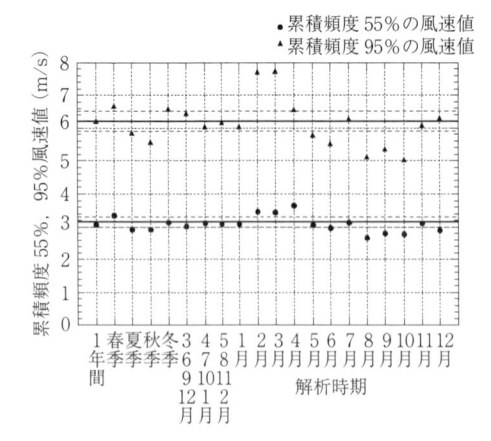

図 9.2.2 累積頻度別風速の観測時期による差

以上，1年間の観測記録から得られる記録の検討を行ってきたが，1年間の間でまれに起こるような現象を対象とした場合には，1年間の観測期間では不十分である．

(2) 観測点

観測点数は多いほどよいが，経済的面から1～5点程度が一般的である．観測点は対象建物の影響度合，地点の重要性などを考慮し，バランスよく配置することとなる．この種の観測は対象建物建設前後ともに同一地点とするのが原則である．しかしながら，実際は観測地点の確保がむずかしく，若干異なる地点を選ばざるをえない場合が多い．また，観測の目的からすれば，広範囲に観測を行いたいところであるが，土地借用などの問題で，大半は計画敷地境界付近となる．

観測高さは事前に行った風環境評価と同じとすることとなるが，地上付近の観測となるため多くの制約がある．とくに，高さ2m以下の場合には，思わぬいたずら，あるいは車など日常的な障害物によるデータへの影響などに注意を要する．また，壁面にあまりにも近いと風向や小さな障害物などによる観測データへの影響が強く，観測点としては不向きである．さらに，樹木のそばでは枝葉の生育などにより思わぬ影響を受けることがあるので注意を要する．

観測器は，観測目的からして応答性のよいものとすることはなく，一般的にプロペラ型や3杯型の風速計が用いられる．

(3) 観測内容

ビル風の評価は，平均風速[1]あるいは日最大瞬間風速[2]の累積頻度などの統計値で行われるので，10分間平均風速と風向および最大瞬間風速と風向を10分間ごとにもれなく観測をしていればよい．ただし，1時間間隔での記録の場合，図9.2.1，9.2.2に示したような統計値としてみる場合には問題ないが，日最大値を必要とする場合には注意を要する．　　［中村　修］

文献

[1] 風工学研究所編，2005，ビル風の基礎知識，鹿島出版会
[2] 村上周三，岩佐義輝，森川泰成，1983，市街地低層部における風の性状と風環境に関する研究（Ⅲ），日本建築学会論文報告集，第325号，pp.74-84

9.2.2 風圧の実測

(1) 既往の風圧実測例

おもに日本国内の風圧実測の実例について紹介されたものを文献にあげた．海外ではテキサス工科大学の低層建物の実測例やイギリスのアイリスベリーの低層住宅の実測などが行われ，風洞実験との対応やさまざまな検討が国際共同研究として大規模に行われてきている．しかしながら実際の高層建物に風圧センサーや風速計，場合によっては振動計測用の振動計まで設置して大規模に観測を行っている実施例では日本は際立っている．1988年以前の実測例についてはKandaとOhkuma[1]が16の実測例について系統的にまとめられている．ここではそれ以降の実施例について国内を中心にまとめた．

(2) 高層ビル壁面の風圧実測

周辺に高い建物のない高さ120mの高層ビルの大規模な実測例を紹介する[7]．壁面には50点前後の差圧式の圧力計を設置し，屋上ペントハウス上のタワー地上140mに超音波風速計を設置している．この実測の特徴は圧力の実測ではつねに問題となる基準となる圧力あるいは室内圧の測定方式である．従来，安定した絶対圧計がなかったので，地上のマンホールなど圧力との差圧で室内圧を測定していたものが直接絶対圧として測定を

行っている．この実測では合計6点の室内を測定している．その結果，室内圧係数が−0.26であったとしている．これらの結果は風洞実験との比較からも妥当であるとしている．

(3) 円筒状構造物の風圧実測

円筒状の建物に限らず，曲面をもった構造物の風洞実験はレイノルズ数の相似を満たすことの困難さからつねに実験データに対する議論がある．実用上の観点からは風洞実験は安全側の値であるとの認識から設計データとして従来からも使われてきている．ここでは煙突およびさらに大規模な円筒状の高層ホテルの実測例を紹介する[3,5]．煙突は高さ200 m，頂部の直径5 mでとくに140 m付近では周方向に16点前後の圧力の測定を行っている．レイノルズ数が10^7オーダーの実測に対して風洞実験の模型表面に直径1 mm前後の丸棒で粗度をつけたものと対応するとしている．

煙突よりもさらに直径の大きな高層ホテル（高さ150 m，直径38 m）の実測例[5]が示されている．ここでは高さ100 m地点に周方向に15点の圧力計が設置され，平均風圧係数や変動風圧係数の実測が行われている．煙突の実測と同じように風洞実験における壁面粗度の対数値と関連づけて議論が行われている．

(4) 外装二重壁の風圧実測

ここではあまり実施例のない二重壁の内外の圧力の実測を行い，風荷重の低減の実証を試みている[12]．最近は二重のガラス窓の内部の一部を外気と通気する工法が取られることが多いが，この実施例は外壁改修工事の工法の一例として紹介されている．高さ60 m程度の中層建築の二重外壁の内外に合計8点の圧力計を設置している．また風速計も屋上ペントハウスされている．それらの結果，二重外壁に作用する平均風力，変動風力が低減されていることが確認されたとしている．

ここでは風圧の実測例のいくつかを紹介した．これ以外にも，低層建物の室内圧の実測[6]，実大建物と風洞縮尺模型の中間的なスケールの実測[8]，日本最大クラスの超高層ビルの実測[9]，スレンダーな観光タワーの実測[11]，橋梁主塔の実測[13]などがあり，いずれも貴重な実測例である．圧力の実測は風速や建物の振動の実測に比べると格段に技術的な困難と多くの費用を要するものである．また，注意深いデータ処理を行っても風洞実験との比較には多くの困難が伴うものである．今後も多くの実測が行われることを期待したい．

[日比一喜]

文　献

[1] Kanda, J. and Ohkuma, T., Oct. 1988, Recent Developments in Full-Scale Wind Pressure Measurment in Japan, *J. Wind Engineering*, **37**, pp. 163-172

[2] 藤井邦雄，田村幸雄，大熊武司，1994.5，風に関する実測からみた建築構造分野の課題，日本風工学会誌，**59**，pp. 61

[3] 丸川比佐夫，田村幸雄，眞田早敏，中村修，1984.4，大型RC煙突に作用する揚力と振動応答，日本風工学会誌，**19**，pp. 37

[4] 大熊武司，丸川比佐夫，新堀喜則，加藤信男，1991.4，高層建築物に作用する風圧力の実測−台風9019号時における平均風圧係数について−，日本風工学会誌，**47**，pp. 13

[5] 上田宏，日比一喜，藤井邦雄，1991，円筒形建物に作用する風圧力，日本建築学会大会学術講演会梗概集，B-1分冊，pp. 151

[6] 上田宏，桂順治，藤澤一善，藤井邦雄，1992.4，強風中における低層建築物の室内圧に関する研究，日本建築学会構造系論文集，No. 434，pp. 51

[7] 加藤信男，大熊武司，新堀喜則，栗田剛，1996.11，高層建築物の外装材を対象とした風力に関する研究（その1）平均室内圧の性状について，日本建築学会構造系論文集，No. 489，pp. 25

[8] 奥田泰雄，桂順治，川村純夫，1993.5，自然風中に置かれた3次元角柱に加わる風圧力の計測，日本風工学会誌，**55**，pp. 115

[9] 浅見豊，大熊武司，山崎真司，溜正俊，中村修，1995.8，横浜ランドマークタワーの風・地震観測−その4　風圧の観測結果，日本建築学会大会学術講演梗概集（北海道），pp. 287

[10] 日比一喜，菊池浩利，野津剛，1996，偏平断面高層ビルの風応答観測，日本建築学会大会学術講演会梗概集，B-1分冊，pp. 275

[11] 大竹和夫，又木義浩，1996.1，高層建物に作用する風力性状に関する実測的研究　その1　千葉ポートタワーにおける平均・変動風圧係数性状について，日本風工学会誌，**66**，pp. 35

[12] 茅野紀子，岩佐義輝，佐藤秀雄，1997.3，外装二重壁の外壁面に作用する風圧力の実測，日本建築学会技術報告集，第4号，pp. 25

[13] 久保喜延，新原雄二，中野龍児，林田宏二，1997.7，コンクリート斜長橋の主桁断面に作用する圧力の実

測ーその1 平均・変動圧力係数について,日本風工学会誌,**72**, pp. 47

9.2.3 建築物の応答測定

以下では高さ100 mの展望タワーの実例(図9.2.3) [1, 2] を示し,建築物の風による応答測定方法について述べる.

(1) 機器構成

応答計測システムは大きく分けてセンサー部,データ演算・収録部,データ転送部から構成されている.

(2) 振動計測用センサーの設置

振動計測用のセンサーには9.1.5項で述べたような種類のものがある.建築物の応答測定では加速度を計測することが多い.これは加速度は居住性の評価に直接に結びつくものであり,また比較的容易に計測できるためである.通常,センサーは建物軸に対して1台ずつを建物平面の中心に近い位置に配置する(図9.2.4).またねじれを評価する場合には建物の端部にもセンサーを配置する必要がある.図9.2.3に示した実例ではサーボ型加速度計4台を用いてねじれも含めた建物の応答を計測し,さらに2台を制振装置のモニター用にあてている.計測にはさまざまな外乱ノイズが加わってくるのでアンプによって増幅された信号はローパスフィルターを通しあらかじめ設定した振動数以上の変動はカットするようにするとよい.

(3) 風向・風速計

風向・風速計には3杯型風速計,プロペラ型風速計,超音波型風速計などがあるので必要な精度を確保できる形式の風向・風速計を設置する.このとき設置場所には細心の注意を払う必要がある.建築物の応答測定の場合,その建築物にあたる風速を代表する場所として一般的には屋上が考えられるが,ペントハウスの影響やアンテナなど屋上に設置されている種々の構造物の影響を考慮してそれらの影響ができるだけ及ばない場所に設置する必要がある.ポールを立ててそこに設置する場合は,パラペットからの風の吹き上げ角度を考慮してウェーク内に入らないような位置と高さにする必要がある.また風向・風速計はブラケットなどでポールから十分離し,ポールが主風向側にならないような配慮が必要である.状況によっては2セットの風向・風速計を配置し,風向によって使い分けることが望ましい場合もある.

(4) データ収録装置

最近のデータ収録装置はPCを内蔵しており,データを収録するとともに直ちに演算を施すことが可能である.風応答の観測ではデータはいわゆる平均値データと瞬時値データに分けて保存すると便利である.平均値データとはある評価時間での風向・風速および応答の平均値,標準偏差,最大・最小値である.評価時間としては通常10分が用いられる.瞬時値データはこれらの時系列データである.瞬時値データはデータサイズが大きくなるので,風速あるいは応答のスレッショルドを設定しておきそれを超えた間のみ保存するようにする.実例ではこれらのデータはいったん大容量のハードディスクに保存しておき,それとは別にデータを取り出せるメモリーカードなどのバックアップメディアを用意し,必要に応じて現場で定期的に交換するようになっている.また平

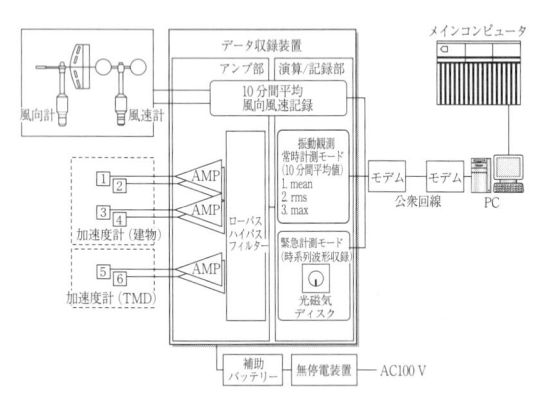

図 9.2.3 風応答観測装置のシステムフロー例 [1, 2]

図 9.2.4 加速度センサーの設置

図9.2.5 データ収録装置の設置

均値データだけならばデータ量は比較的少ないので一般電話回線を介してホストPCからアクセスでき，平均値データは転送することができるようになっている．また無停電電源装置などにより停電時にも計測体制が持続できるような対策を講じておくと貴重なデータを計測し損ねることがない．データ収録装置を設置する場所によっては，埃により装置がうまく作動しなくなることもあるので，設置場所の環境にも十分注意を払い，専用ボックスを用いるなど設置方法を工夫する必要がある（図9.2.5）． ［嶋田健司］

文　献

[1] 田村幸雄，嶋田健司，日比一喜，1992，ハウステンボス　ドム・トールンの風・振動観測　その1　台風時の強風特性，第12回風工学シンポジウム論文集，pp. 107-112

[2] 田村幸雄，嶋田健司，日比一喜，川村満，人見泰義，1992，ハウステンボス　ドム・トールンの風・振動観測　その2　台風時の建物の応答特性および減衰評価，第12回風工学シンポジウム論文集，pp. 113-118

9.2.4　橋梁の応答測定

橋梁での振動測定は，架設中に施工管理の一環として行われるもの，完成後に固有振動数や減衰を計測する目的での振動実験，また維持管理のため完成後に継続して行われる，いわゆる橋梁モニタリング（あるいは動態観測）などがある．このうち，架設中や完成直後の振動実験は，比較的簡便に行える場合もあり，これまでにも多くの橋梁で実施されているが，橋梁モニタリングは吊橋や斜張橋などの長大橋での事例が多い．

ところで，風洞実験などで発現が予測された空力振動や推定された振動発現風速は，構造物の固有振動数と構造減衰に依存する．とくに，長大橋の場合には，空力振動への対応が設計での大きな比重を占めることから，完成した実橋の固有振動数や構造減衰を振動実験で確認することは，耐風工学的に重要である．また，設計で想定した自然風特性や実橋の対風応答特性を把握することも設計検証や次の橋梁設計へのデータベースとして大きな意義をもつ．日本では，若戸大橋以来，関門橋，本州四国連絡橋と，スパンの長大化とともに実橋振動実験による設計検証を逐次行ってきた．諸外国では，完成後の実橋で振動実験を行うことは少ないが，日本で多くの振動実験が行われてきたことは，短期間での着実なスパンの長大化を支える技術であったといえる．以下に，実橋振動実験と橋梁モニタリングの事例を紹介する．

(1) 実橋振動実験

実橋振動実験の目的は，実橋の振動特性（固有振動数，構造減衰，モード形状など）を把握して，設計時に仮定した値の検証，振動解析手法の妥当性の検証，そして特に構造減衰に関しては設計データベースとして活用することにある．

実橋振動実験の方法としては，特に起振力を必要としない常時微動を用いるもの，起振力として段差をつけた橋面上にトラックを走行させるもの，クレーンで重錘を上下させるものなどのほかに，調和外力を正確に与えられるように設計された起振機を用いるものなどがある．また，関門橋の主塔独立時には小型ロケットで初期強制変位を与えて振動させる手法が用いられた．

本州四国連絡橋では，長大橋の耐風設計で重要となる構造減衰を風洞実験での基準振幅（たわみ：$B/200$，ねじれ：$0.5°$，Bは桁幅）程度の大振幅で確認し，設計検証と設計データベース構築のため主要な吊橋，斜張橋において大型起振機を用いた実橋振動実験が行われた．図9.2.6は，大鳴門橋（中央支間長876 m，トラス補剛桁），大島大橋（中央支間長560 m，箱桁補剛桁），南備讃瀬戸大橋（中央支間長1100 m，トラス補剛桁）で実施された振動実験結果の一例で，鉛直たわみ対称1次モードとねじれ対称1次モードの振幅と減

(a) 鉛直たわみ対称1次モード　　(b) ねじれ対称1次モード

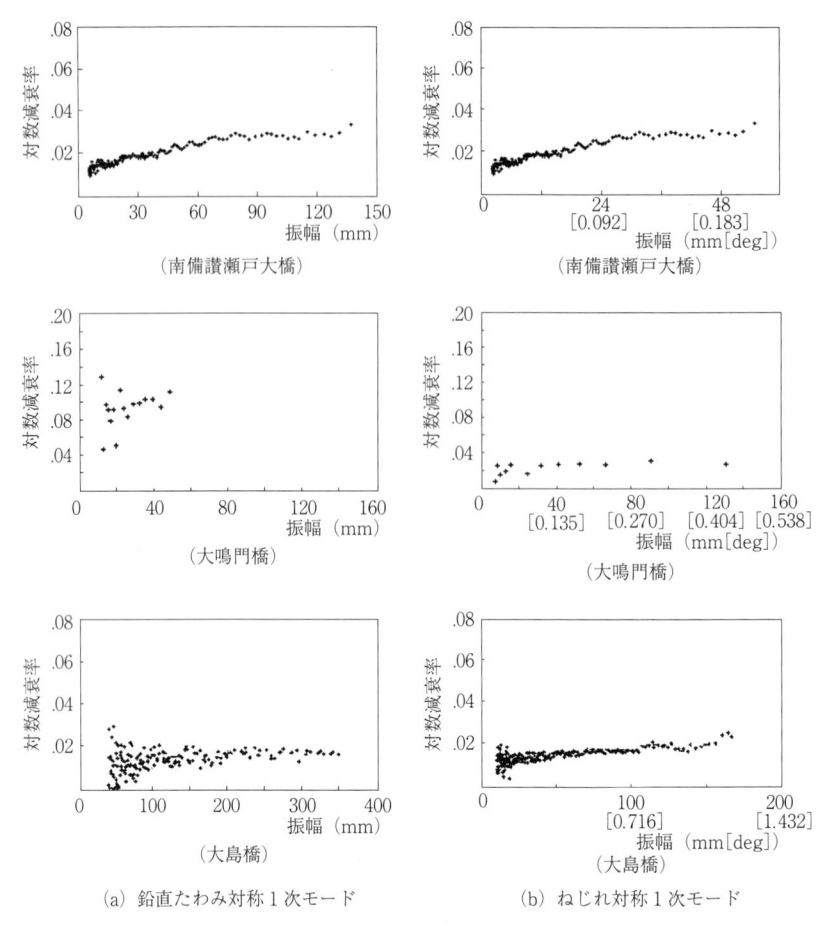

図 9.2.6　強制加振後の振幅と減衰の関係 [1]

衰の関係を示したものである [1]．一部のケースで基準振幅を超える大振幅での減衰評価が行われている．大振幅領域では，おおむね小振幅領域よりも減衰が増大する傾向にあることがわかる．一連の実験の結果，本州四国連絡橋の耐風設計基準で規定する構造減衰をおおむね上回る構造減衰であることが確認されている．

本州四国連絡橋では，吊橋のみならず斜張橋においても大振幅での振動実験が行われた．図 9.2.7 は，櫃石島橋（中央支間長 420 m，トラス桁）の振動実験結果である [2]．櫃石島橋では，減衰評価を精度よく行う試みとして，ナイキスト線図（モーダル円）[3] の利用がなされた．これは，共振点付近での応答振幅と位相が複素平面上で円に適合できることを利用して，最大振幅と減衰を正確に推定しようとするものである．

(2) 橋梁モニタリング

橋梁モニタリング（動態観測）は，橋体に加速度計などの計測機器を設置し，長期間にわたってその応答を計測するものである．その目的としては，

① 風洞実験などで例えば渦励振の発現が推定された場合に，さまざまな特性の自然風中で観測し，渦励振の発現特性をより正確に見極めようとすること，

② 実橋応答を風洞実験，数値解析結果と比較することで，風洞実験手法や数値解析手法の精緻化を図ること，

③ 振動特性の経年変化から橋体損傷を同定すること，

などが考えられる．

このうち，① の目的の例としては，東京湾アクアラインの木更津側橋梁があげられる．この橋

(a) 振幅応答曲線

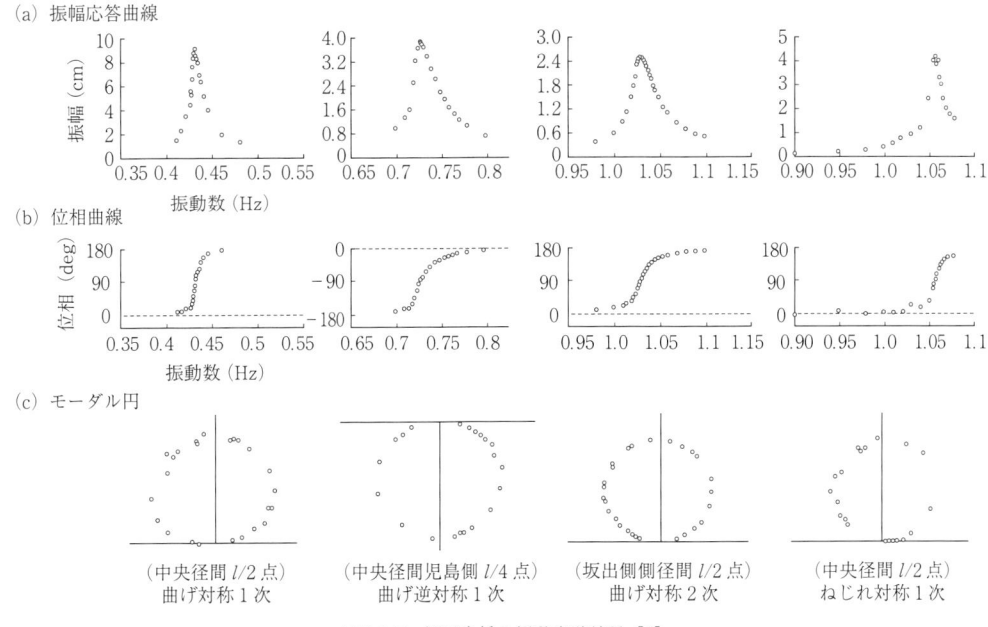

(b) 位相曲線

(c) モーダル円

（中央径間 l/2 点）　　（中央径間児島側 l/4 点）　　（坂出側側径間 l/2 点）　　（中央径間 l/2 点）
曲げ対称 1 次　　　　曲げ逆対称 1 次　　　　　　曲げ対称 2 次　　　　　　ねじれ対称 1 次

図 9.2.7 櫃石島橋の振動実験結果 [2]

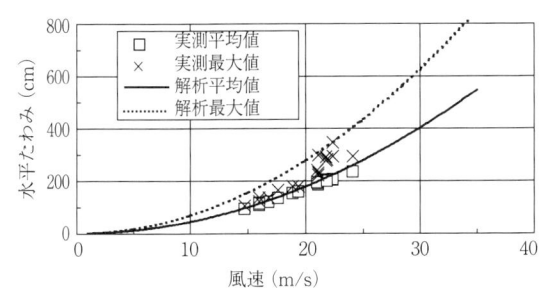

図 9.2.8 明石海峡大橋補剛桁の強風応答と解析値との比較（橋軸直角から ±30° 以内の風向）[6]

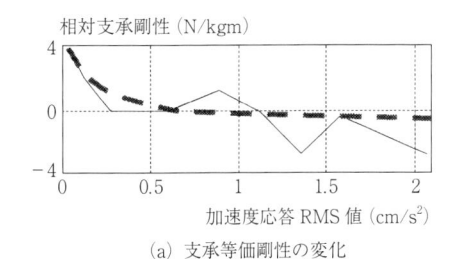

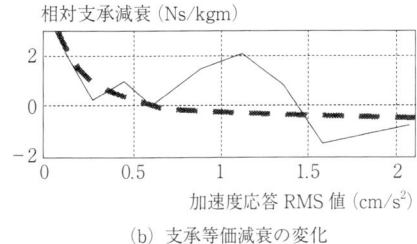

(a) 支承等価剛性の変化

(b) 支承等価減衰の変化

······ クーロン摩擦モデル，── 逆解析結果

図 9.2.9 支承摩擦力による等価剛性と等価減衰 [8]

梁では，風洞実験において渦励振の発生が推定されたため，架設中に風特性とともに橋体振動が観測された [4]．その結果，実橋において観測された振動振幅は，おおむね風洞実験結果と対応するものであったことから，準備された制振対策（TMD）が施された [5]．

②の目的の例としては，本州四国連絡橋をはじめとする長大橋においてよく見られる．本州四国連絡橋の主要な吊橋，斜張橋においては，橋体各部に風速計，加速度計などが設置され，一定の風速を超えた時点で自動的に観測が始まり，強風応答特性が記録されるようになっている．特に，明石海峡大橋は世界最長の支間長を有する吊橋であることから，補剛桁の静的たわみを含む長周期応答を精度よく捉える目的で GPS を利用した変位計が設置されている．1998 年の開通以来，いくつかの比較的大型の台風が橋に接近し影響を与えているが，1998 年 7 号台風においては，中央径間中央点で 10 分間平均風速の最大が 31.9 m/s，最大瞬間風速が 40.7 m/s，補剛桁の最大水平たわみが 6.4 m，また 1999 年の 18 号台風においては，それぞれ 33.1 m/s，39.3 m/s，2.3 m が観測

されている.また,観測結果を使って,おもにガスト応答に対する解析手法の検討 [6] や固有振動数,構造減衰の同定結果が報告 [7] されている.図 9.2.8 に 1999 年 18 号台風時に観測された補剛桁中央径間中央点の水平たわみ(10 分間平均値と最大値)と解析値との比較結果を示す.ここでは,橋軸直角から ±30° 以内の風向に限定しているが,平均値はよい一致がみられるものの,最大値は観測値が解析値を下回っている.これは,文献 [6] にも示されているように自然風の空間相関が解析(設計値)でのそれよりも低いことが原因の一つと考えられている.

また,③の目的の例としては,白鳥大橋での研究があげられる.白鳥大橋では,補剛桁に高密度に配置された加速度計を使って,開通前 2 週間にわたって常時微動観測が実施された.この観測データを使って,最大 19 次までの振動モード特性が同定されるとともに,支承摩擦力,空気力の影響が等価剛性,等価減衰として逆解析された(図 9.2.9)[8].そして,このような観測を継続的に実施することで,橋体各部の経年変化や損傷が同定可能であることが示された.

架設期間中のような比較的短期間の計測を除き,完成後の継続的なモニタリングの実施に関しては,観測機器の定常的なチェック,観測体制の維持など実施上の困難がつきまとう.ただ,実橋の挙動をよりよく理解することが耐風工学のさらなる発展につながることは事実である.

[勝地 弘]

文 献

[1] Okauchi, I., Miyata, T., Tatsumi, M. and Kiyota, R., 1992, Dynamic Field Tests and Studies on Vibrational Characteristics of Long-span Suspension Bridges, *Structural Eng./Earthquake Eng.*, JSCE, **9**, 1, pp. 89s-100s

[2] 岡内功,宮田利雄,辰巳正明,佐々木伸幸,1992,大振幅加振による長大斜張橋の実橋振動実験,土木学会論文集,No. 455/I-21,pp. 75-84

[3] 加川幸雄,石川正臣,1987,モーダル解析入門,オーム社

[4] 吉田好孝,藤野陽三,時田秀往,本田明弘,1999,東京湾アクアライン橋梁部鋼箱桁橋に発現した渦励振とその特性,土木学会論文集,No. 633/I-49,pp. 103-117

[5] 吉田好孝,藤野陽三,佐藤弘史,時田秀往,三浦章三郎,1999,東京湾アクアライン橋梁部鋼箱桁橋に発現した渦励振の振動制御,土木学会論文集,No. 633/I-49,pp. 119-134

[6] Miyata, T., Yamada, H., Katsuchi, H. and Kitagawa, M., 2002, Full-scale Measurement of Akashi-Kaikyo Bridge during Typhoon, *J. Wind Engineering and Industrial Aerodynamics*, 90, pp. 1517-1527

[7] 勝地弘,宮田利雄,山田均,秦健作,楠原栄樹,2004,常時微動データによる明石海峡大橋の固有振動特性,構造工学論文集,50A,土木学会,pp. 637-646

[8] 阿部雅人,藤野陽三,長山智則,池田憲二,2001,常時微動計測に基づく非比例減衰系への構造同定と長大吊橋への適用例,土木学会論文集,No. 689/I-58,pp. 261-274

10

風 洞 実 験

10.1 風をつくり出す装置，測る装置
－既存の技術と最新技術－

10.1.1 風洞の形での区別
(1) 基本レイアウトと特質

風洞は辞書には「人工的に風を発生させるためのトンネル状の研究装置」と説明されている．風洞の基本構成は，この説明にあるように，風つまり空気流を発生させるための送風機と流れを内部に流すトンネル状の空間があればいい．実際には，流れを一方向から他方向へ1次元的に流し風洞端で解放する開放型風洞と，ループ状の風路で回流させる回流型風洞の2種類に風洞の基本レイアウトは分類される．開放型風洞は，風上側に送風機がある噴流型（押し込み型）と吸い込み型の2種類がさらにある．開放型風洞はアイフェル（Eiffel）型風洞，回流型風洞はゲッチンゲン（Göttingen）型風洞ともよばれる．風洞を実務に用いるためには，さらに流れの質を向上させるための装置，研究目的を実現させるための装置が必要になる．風洞で使用する気流は目的によりさまざまであるが，基礎的な風特性は測定部で一様かつ低乱のほうが扱いやすい．したがって，送風機で発生させた気流を断面を広げ拡散させて乱れを減衰させやすくする拡散洞，メッシュの細かい金網（スクリーン）やハニカムなど流れの抵抗を置いたり，旋回流を防ぐ仕組みを設置し風速の一様化，乱れの微細下をしてさらに低乱にする平行洞，さらに断面を絞ることにより所要の風速を得る縮流洞など流れの質を向上させる装置，さらに回流型では回流させるために気流方向を変更させる必要があり，コーナー部にコーナーベーンが設置される．縮流洞で縮流する際に最大断面（通常は縮流洞風上端）と最小断面（通常は風下端で測定部断面と一致）の面積の比を取り，縮流比として風洞設計，風洞性能の測度に用いることがある．きわめて低乱気流を目的とする場合を除き，3から5程度の縮流比が一般的のようである．

上述の風洞形式には得失があり，使用目的，設置場所の制約などを勘案して形式が決まってくる．列挙すると以下のとおり．

（i）開放噴流型： 配置は，送風機（送風機からの振動を遮断する防振装置つき）→拡散洞→平行洞→縮流洞→測定部の順となり，測定部では外気に対し正圧となる．機械部分を1カ所にまとめることができ風洞装置と測定部が分離できるこ

(a) 開放型のレイアウト

(b) 回流型のレイアウト

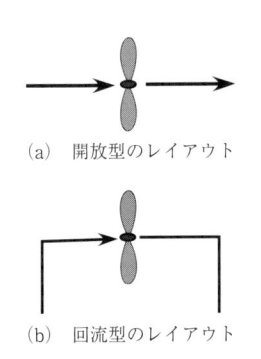

図 10.1.1 気流と送風機の関係

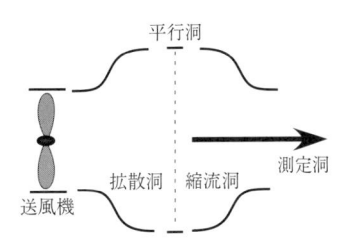

図 10.1.2 噴流型風洞レイアウトの例

とはメリットになりやすいが，送風機で乱れた気流を整流するために装置は大型になりやすい．開放型だけに外気（屋外の風，窓，入口の開け閉めなど周辺の流れの状況）の影響は受けやすい．

　（ii）開放吸い込み型：　配置は平行洞→縮流洞→測定部→送風機（防振装置つき）の順に並ぶ．このレイアウトの最大のメリットは静穏な外気を吸い込めることであり，この点では低乱風洞を実現できる可能性は大きい．しかし，実際には室内など有限な大きさの空間内に置かれることが多く，送風機から吹き出された戻りの気流の乱れを直接吸い込むことになるため，風洞外の影響をきわめて強く受ける．送風機で気流を吸い込むため測定部では負圧となり，空隙からの気流の流入も起きやすいことには注意が必要である．

　（iii）回流型：　配置は送風機（防振装置つき）→拡散洞→平行洞→縮流洞→測定部→送風機であり，気流は回流する．このレイアウトの特色は，一回路として圧力分布が決まることであり，設計上回流する風路内での圧力分布の配慮は必須となる．たとえば，流れの支配方程式から最も高圧になる部分は送風機風下から最も風速の遅い部分であり，この部分で外気と同圧にすると測定部などでは大きな負圧を生じ，負圧が原因となる支障が生じることになる．高速運転をする場合は圧力分布には十分注意すべきで，風洞の剛性はこれで決まるようである．

　開放型に比べ，回流させるため送風機効率は良好であること，外気の影響を受けにくいことはメリットである一方で，回流型のために回路外側の気流速が平均風速に対し早くなる傾向は起きやすい．

(2) 測定部の形式

　風洞の目的によりさまざまな装置を設置する必要があり，その目的に応じ各機関でさまざまな測定部を工夫設置している．概括すると測定部の基本的な形式には，風洞壁をもたない開放型と風洞壁に囲まれた閉鎖型の2種類となる．閉鎖型では壁面の存在により，風洞内に置かれたモデルの周辺流および後流に拘束された影響が生じるいわゆる閉塞率の影響が生じやすく模型設計には注意が必要である．一方，開放型では，風洞気流にアクセスが容易であることにより，外部に機器を置いて風路内で作業が必要な場合にはきわめて効率的である．また，風洞気流境界面が自由大気であるために閉塞率の影響も比較的鈍感ではあるが，境界面の混合層を回避するような工夫が必要である．閉塞率の影響を回避するために，開放型と閉鎖型の中間的な形の測定洞も提案されたことがある．

[山田　均]

10.1.2　流れの違い
(1) 低乱風洞

　航空機や自動車・列車など，対象物の速度が流体速度よりもきわめて大きな場合には，風洞内にて乱れの少ない気流を生成する必要がある．乱れ強さ0.05%以下を達成している風洞もある．具体的には，風洞の計測断面までの絞りを大きく取り，高い整流率を達成している．

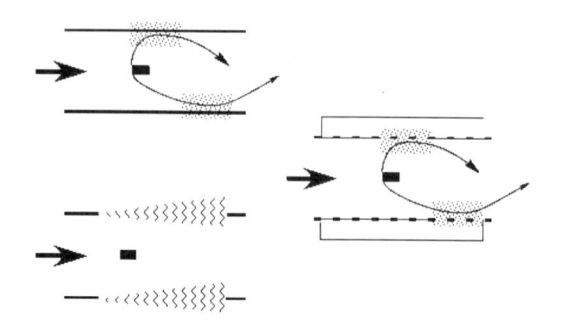

図10.1.3　閉鎖型測定洞（上：ハッチは閉塞率の影響部）と開放型測定洞（下：網掛けは外気との間で発生する境界層）．右は有孔版を風洞壁に置き閉塞率影響を低下させた例

図10.1.4　Pininfarina社が保有する風洞
上流側から下流側をのぞむ（http://arc.pininfarina.it/english/facilities_gess.shtml）．

また，風洞壁面での境界層に関しても，ムービングベルトを床に設置して，その厚みを低減する装置もある．

さらに床面に負圧孔を設置して，境界層を吸い込む装置を設置している場合もある．

イタリアにある自動車関係のPininfarina社が保有する風洞（計測断面は幅9.6 m×高さ4.2 mの半円形）を図10.1.4に示す．

(2) 境界層風洞

地上に固定された構造物などに作用する流体問題を検討するには，現実に生じる接地境界層を再現することが必要である．この種の風洞では，上記の低乱風洞ほど整流を行う必要がなく，計測断面の絞り比もさほど大きくない．計測部での乱れ強さも1〜数%程度である場合が多い．

地表付近の接地境界層の特性は，地形の起伏・粗度条件などにより影響を受け，これを忠実に風洞内で再現するのは困難である．そこで，風洞の床面にスパイヤーやラフネスブロックなどを設置して，短い風路で安定して発達した境界層を発生する工夫が施されている（図10.1.5）．

なお，一般的に，平均流速と乱れ強さに関する高さ方向の分布形状を再現することが多く，流れ方向に十分発達した乱流特性を得るには，風路高さの6倍程度の風路長さが必要であり，長い洞長をもつ風洞となる（図10.1.6）．

(3) 温度成層風洞

大気環境を対象とした風洞実験においては，ときとして低風速における大気安定度を再現する必要がある．この場合には，風洞においても温度勾配を再現して，熱浮力を加味した実験を行う．

［本田明弘］

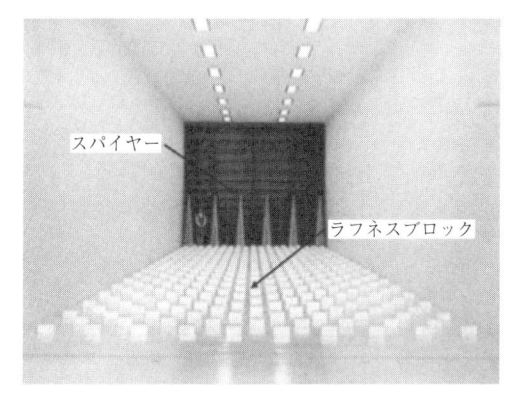

図10.1.5 境界層風洞
下流側から上流側をのぞむ．三菱重工HPより．

図10.1.6 温度成層風洞（加熱部）

10.1.3 目的別の風洞

(1) 可視化風洞

可視化風洞ととくによばれる風洞には煙風洞がある．測定部断面は比較的幅が狭い2次元的な断面となっている．上流部には煙供給のノズルがあり極力流れを乱さないようにして連続的に白煙を導入する．測定部では2次元物体の周囲流が流脈線として観察できる．図10.1.7に煙風洞の一例を示す．流れの可視化は一般の風洞においても目的に応じて種々の方法を用いて可能である［1, 2］．

（i）壁面トレース法： 油膜法，油点法が代表例である．物体表面近傍の流れ，流体機械の内部壁面近傍の流れなどを観察するために用いられる．油膜法に用いられる塗膜は，油と顔料の混合

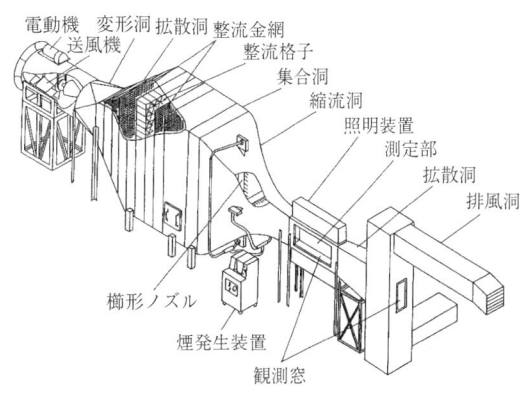

図10.1.7 煙風洞［3］

物である.流体の種類および流速に応じて適切な粘度と表面張力をもった油を選択する.壁面に残されたパターンから境界層内の流れの状態,速度の大きさおよび方向などを知ることができる.

(ii) **タフト法**: 古くから流体実験に用いられてきた.タフトは最も簡単な風向計でこれを使用する可視化をタフト法と称する.特別な設備なしで実施できること,油膜法やトレーサー法(後述)と違って流体や風洞,模型を汚さないこと,広い流速範囲に適用できることが長所である.気流用のタフトとしては刺繍用絹糸,毛糸が一般に使用される.風洞試験用に開発された蛍光ミニタフト法は,ごく細いナイロンの単繊維を使用する表面タフト法である.タフトをグリッド状に配置して流れの一断面の構造パターンを調べるタフトグリッド法もよく用いられる.

(iii) **トレーサー法**: 流れに目印となる物質を混入し,その動きを観察するもので速度場,渦度場も可視化することができる.流れへの導入の方法,撮影の方法などによって,流脈線,タイムライン,流跡線,流線などを可視化することが可能である.使用するトレーサー物質の流れへの追随性は重要で,対象とする流れの速度,流れ場の形状,流体の種類などを考慮してトレーサーに適した物質を検討しておく必要がある.なかでもミスト法,スモークワイヤー法などは一般的に用いられている.

他に,化学反応トレーサー法,電気制御トレーサー法,光学的可視化法などがある [1, 2].

(2) 特殊風洞 [3]

(a) 風波水槽 長い流路の水槽に水をはり,その水面上に気流を送風する.水表面における波の発生の様子,吹送距離と波の高さの関係,変形する自由表面上の境界層流の性質および相互作用などを調べるために用いられる.回流装置によって水槽中の水も風の方向あるいは風に逆方向に流れをつくることができるものもある.また,造波装置を備えたものが多い.

(b) 低温変圧風洞 高レイノルズ数の実験を可能にするために製作された風洞である.気流温度は112 Kで気流圧力は最大8 atmに設定できる.最大風速65 m/sで代表長さを5 cmとすると最大レイノルズ数10^7が達成される [4].気流圧力の変圧はしないが気流温度を100 K程度に低温化し,低速風洞,遷音速風洞として使用されている低温風洞の例もある [5].

(c) 水風洞 [3] 高所に設置された大型ヘッドタンクに汲み上げられた水を重力落下で鉛直の水路中に流す方式である.落下式であるので主流に含まれる乱れが小さい.作動流体が水であるので高いレイノルズ数の実験が可能である.

(d) 火災風洞 [3] 有風下の火災実験を行うために用いられる.測定棟の中の第2測定洞には大型プロパンバーナーが設備されている.建築部材としての木材の燃焼速度や建物火災の火炎性状,延焼メカニズムなどの実験に用いられる.

(e) 雪氷防災低温風洞 [3] 回流型密閉方式の風洞全体が−30〜25℃の温度制御された低温実験室内に収容されている.測定部の風上側底面にある吹雪粒子供給装置より飛雪粒子を気流中に送り,吹雪を発生させることができる.また,測定部天板上には降雪粒子供給装置があり,風洞内に降雪を再現することが可能である.風洞底面の一部を脱着させ高さも可変であるので,雪を積もらせ深い積雪層を再現できる.このような装置を用いて,吹雪現象のメカニズム,構造物への着雪氷の現象,積雪と気流の相互作用など,さまざまな風雪現象の実験が可能である.

(f) 大型低騒音風洞 [3] 鉄道総合技術研究所風洞技術センターに設備されたこの風洞は,測定部の規模,最大風速,低乱性からみても特筆すべき風洞である.自由壁型測定部(幅3.0 m×高さ2.5 m)は約20 m四方の無響室に収められており,その低騒音性を活かして種々の空力騒音実験が可能である.また,固定壁型測定部(幅5.0 m×高さ3.0 m×長さ20 m)の床面には幅2.7 m×長さ6.0 mの移動地面板が設置され,最高速度60 m/sで動かすことが可能であり,鉄道車両,自動車の走行試験に用いられる.図10.1.8に本風洞の平面図を示す.

(g) 超音速風洞 超音速流を発生し,流体実験を行う風洞である.超音速で飛行する航空機

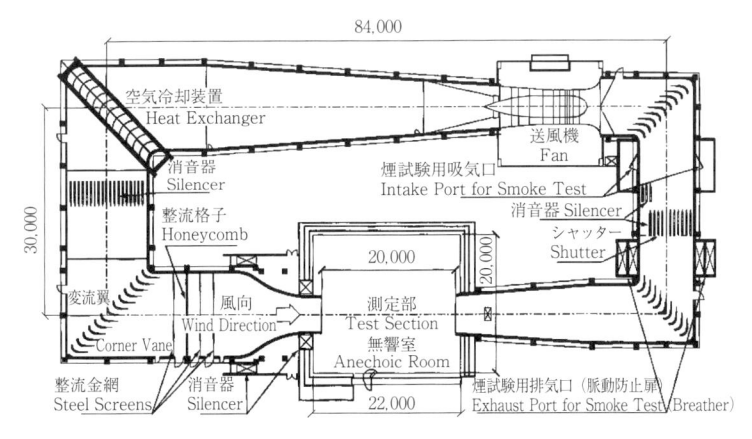

図 10.1.8 大型低騒音風洞 [3]

やロケットなどの空力特性，空力加熱などを調べるために用いられる．風洞の構成は貯気槽，整流筒，ラバールノズル，測定部，ディフューザーからなる．はじめに高圧の気体を貯気槽に貯めておき，整流筒で圧力を調整しノズル部へ導く．ノズル部では断面積が小さくなるので流れは加速され，ノズルの面積が最も狭いところ（のど部，スロートという）で音速となる．すなわち，マッハ数が1となる．その後，ノズルの断面積を広げると流れのマッハ数は1以上となり，さらに加速され超音速の気流を得る．このような先細ノズルと末広ノズルを組み合わせた形状をラバールノズルという．超音速気流の測定部にスティングという模型支持装置を取り付け内部に天秤を装着し，模型にはたらく力やモーメントを測定することができる．

(h) 遷音速風洞 遷音速風洞とは，一般に気流マッハ数が0.3から1.3程度までの亜音速流から超音速流までの流れを発生する風洞である．音速近くで飛行する航空機などの空力特性を調べるために使用される．風洞の構成は貯気槽，整流筒，第1スロート，抽気室つき測定部，第2スロートからなる．亜音速流をつくる場合は第1スロートを使わず，整流筒からなめらかに断面積を小さくし，測定部下流の第2スロートで最も断面積を小さくする．音速より速い流れをつくる場合は，第1スロートを使って音速とし，第2スロートを全開することにより測定部で音速より速い流れを実現する．飛行機の速度を上げ音速に近づく

と抵抗が急速に増加する，いわゆる「音速の壁」が存在する．遷音速風洞はこのような状態で航空機にかかる空気力を調べることなどに利用される．

［大屋裕二］

文　献

[1] 谷一郎ほか編，1977，流体力学実験法，岩波書店
[2] 日本機械学会，1985，技術資料「流体計測法」
[3] 最新の風洞実験法に関する比較研究，資料：日本の風洞，2001，京都大学防災研究所　研究集会 13K-5
[4] 安達勤ほか，1985，高レイノルズ数における円柱まわりの流れと抵抗，日本機械学会論文集 B 編, **51**, pp. 295-299
[5] 澤田秀夫，1987，低温風洞，日本航空宇宙学会誌, **35**-401, pp. 5-13

(3) 気流制御，マルチファン，可変翼アクティブ制御

風工学の研究対象は大気の流れであり，通常は乱れた状態にある．この大気乱流を実験的に再現するにはいくつかの要件がある．平均風速，乱れ強度，乱れスケール，レイノルズ応力，スペクトルなどの諸特性である．さらに，プロファイル，コヒーレンス，相関などの空間構造も重要である．実際には，これらの大気特性は，粗度，浮力などの影響を受けて多様に変化する．

大気乱流の模擬生成のため従来から測定部上流に格子，スパイヤー，粗度要素などを配置し，流下の後に気流を調節するパッシブな方法が行われてきた．しかし，境界層の十分な発達には風洞の規模による制約が伴い，所要の特性を得るまでの調整に多大な労力を要するなどの問題がある．こ

れらを克服するために，外部から強制的に流れを攪拌・制御し，効率的に所要の気流特性を達成しようとするアクティブな方法が試みられてきた．以下，アクティブ制御法のさまざまな取組を目的別に述べる．

乱流の普遍的特性を調べる基礎的な研究では一様乱流が適しているが，乱れが速やかに減衰するので高レイノルズ数（とくにテーラー長に基づく R_λ）を達成することが一つの目標になる．Gad-El-Hakら[1]は，水平管列とそこからのジェットを利用し乱れを助長した（$R_\lambda \approx 160$）．LingとWan[2]は水平板を取り付けた鉛直柱群で流れを攪拌し乱れを生成した（$R_\lambda \approx 60$）．これらの先駆的な研究では等方性に欠け R_λ も十分ではなかったが，Makita[3]は，多数の三角板を，鉛直・水平軸周りに振動させ，気流を攪拌し強乱かつ大スケールの準等方的乱流を達成した（$R_\lambda=390$）．Mydlarskiら[4]は，同じ方法を使って $R_\lambda=50$〜500 の広い範囲で一様乱流の特性の変化を調べた．

実用的には，おもに橋梁などの構造物の強風応答特性を調べる目的で，必要な乱流特性を抽出し変動気流を制御する試みがなされている．脈動流生成にはダンパーを開閉させる方式が一般的であり多くの風洞に採用されている[5]．有孔板とブレードを下流端に重ねて設置しブレードの回転数制御により脈動流を発生する方法もある[6]．Cermak[7]は翼列を2列，Kobayashiら[8]は平板列と翼列を主流方向に並置し u, v 成分の制御を分担させ，フィードバックによって所定のパワースペクトルに近い2次元的な乱れを得た．ダンパーと翼列を組み合わせてもこのような制御は可能であり，とくに[5]ではフレキシブル翼を採用した．Nishiら[9]のマルチファン型風洞は多数の送風機を制御することにより所要の変動気流を得た．これと同様な風洞を Kikitsuら[10]や Robertsonら[11]は採用した．[11]は農業気象用の巨大な風洞である．

プロファイル特性を含めた大気境界層乱流を再現する目的でいくつかのアクティブ制御が試みられている．Teunissen[12]は，風洞の上流の一面に配した管束から噴流を射出し，大気境界層を模擬生成した．関下ら[13]は前述の乱流風洞[3]にせん断流発生装置を付加し，長友ら[14]はマルチファンの独立制御により，それぞれ大気に相似なプロファイル形成を試みた．藤本ら[5]はスパイヤーの開閉運動と粗度ブロックの上下運動を組み合わせ，大気境界層シミュレーションを行った．

汚染物質の大気拡散の研究では長時間の発展過程が問題になるので風向の非定常性を考慮しなければならない．永井ら[15]は床面に置かれた境界層発生翼列を左右に加振して乱流特性を検討した．野村ら[16]はファンの回転数を制御できる二三の風洞を放射状に配置し合流させ，風向や風速変動の制御を試みた．

以上で述べられたアクティブ制御技術には，いまだ検討の余地も多い．いずれにせよ大気境界層乱流というターゲットの正しい理解が前提であり，今後，観測データの蓄積と相まっての発展が望まれる．　　　　　　　　　　　[小園茂平]

文　献

[1] Gad-El-Hak, M. and Corrsin, S., 1974, Measurements of the nearly isotropic turbulence behind a uniform jet grid, *J. Fluid Mech.*, **62**, pp. 115-143

[2] Ling, S. C. and Wan, C. A., 1972, Decay of isotropic turbulence generated by mechanically agitated grid, *Phys. Fluids*, **15**, 8, pp. 1363-1369

[3] Makita, H., 1991, Realization of a large-scale turbulence field in a small wind tunnel, *Fluid Dynamics Research*, **8**, pp. 53-64

[4] Mydlarski, L. and Warhaft, Z., 1996, On the onset of high-Reynolds-number grid-generated wind tunnel turbulence, *J. Fluid Mech.*, **320**, pp. 331-368

[5] 藤本信宏，齋藤通，本田明弘，平井滋登，1994，アクティブ制御による三次元自然風シミュレーションに関する基礎的研究，日本風工学会誌，**61**，pp. 11-20

[6] 松本勝，白石成人，白土博通，1986，主流方向脈動流中における Bluff Body の空力特性，第9回風工学シンポジウム論文集，pp. 175-180

[7] Cermak, J., 1987, Advances in physical modeling for wind engineering, ASCE, EM, No. 5, pp. 737-756

[8] Kobayashi, H. and Hatanaka, A., 1992, Active generation of wind gust in a two dimensional wind tunnel, *J. Wind Engineering and Industrial*

Aerodynamic, **41-44**, pp. 959-970

[9] Nishi, A., Miyagi, H. and Higuchi, K., 1993, Computer controlled wind tunnel, *J. Wind Engineering and Industrial Aerodynamic*, **46/47**, pp. 837-846

[10] Kikitsu, H., Kanda, J. and Iwasaki, R., 1999, Flow simulation by wind tunnel with computer-controlled multiple fans, *J. Wind Engineering and Industrial Aerodynamic*, **83**, pp. 421-429

[11] Robertson, A., Hoxey, R., Quinn, A., Hobson, N. and Burgess, L., 2001, The Atmospheric Flow Laboratory at Silsoe Research Institute:a new facility for wind engineering, 3 EACWE, Paper Ref: 235

[12] Teunissen, H. W., 1975, Simulation of the planetary boundary layer in a multiple-jet wind tunnel, *Atmospheric Environment*, **9**, pp. 145-174

[13] 関下信正, 蒔田秀治, 一郷正幸, 藤田唯介, 2002, 大気乱流境界層の実験的シミュレーション, 日本機械学会論文集, B, **68**, No. 665, pp. 55-62

[14] 長友誠, 小園茂平, 加藤英明, 2002, マルチファン型風洞による大気境界層の模擬生成, 第17回風工学シンポジウム論文集, pp. 107-112

[15] 永井清之, 水本伸子, 1998, 可動翼列装置により作られる乱流の特徴, 風洞実験に関するワークショップ, pp. 23-26

[16] 野村卓史, 北川徹哉, 鈴木洋司, 赤松弘一郎, 2000, 放射状に配置したACサーボモータ風洞による合成気流の変動特性, 第16回風工学シンポジウム論文集, pp. 203-208

10.1.4 測定装置

(1) 磁力支持天秤装置

風洞模型を磁気力により重力や空気力に逆らって気流中に支持し, 模型に作用させた磁気力から空気力を評価する装置である. 気流中で模型を支える支持棒(ストラットやスティングとよぶもの)がないため, 支持干渉がない状態で空気力測定ができる理想的な模型支持装置である. 支持干渉が問題になるのはおもに飛翔体関連の風洞試験であり, 磁力支持天秤装置(magnetic suspension and balance system : MSBS)はおもに航空宇宙分野の風洞で利用されている.

MSBSはフランスのONERAで1950年代に初めて成功して以来, 世界各国で十数基製作された. しかしその多くは1970年代に運用が停止され, その後も利用されているものは少ない[1]. 一方, 1980年代から新たなMSBSの開発が進み, わが国でも現在数基のMSBSが運用されているが[2], 通常の支持装置や天秤の数と比べれば, ほとんど普及していない.

MSBSは低速から極超音速までの風洞に適用可能である. ただし, 解離気体を含む気流が磁場の影響を受ける場合は適用が制限される[3].

MSBSは理想的な風洞試験装置の一つにあげられながら, いまだ普及しない原因の一つに, 装置を供給できるメーカーがなかったことがあげられる. しかし, 最近MSBSを販売する会社が出てきている. 他にも, 世界的にもMSBSを利用した信頼できるデータの数が少なく, 多くの研究者, 技術者の支持を得られなかったことも, MSBSの普及が進まなかった要因であろう.

MSBSの基本原理は次のようなものである. 空中に支持する風洞模型内に永久磁石のような磁

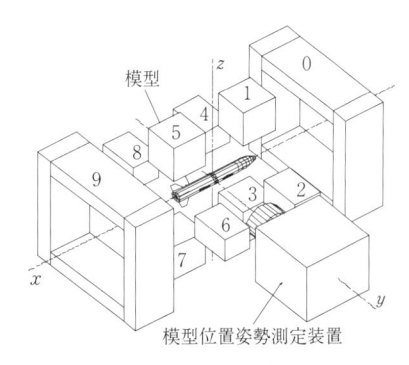

図10.1.9 MSBSのコイル配置例(JAXA 60 cmMSBS)
(0〜9:電磁石, 空芯コイルを表す)

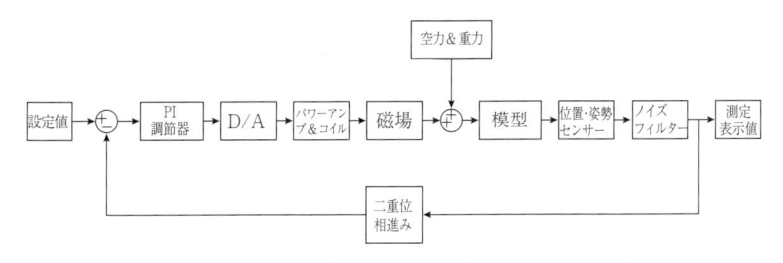

図10.1.10 MSBS制御ブロック図例(JAXA 60 cmMSBS)

気モーメントを保持するものを内蔵させ，模型の位置と姿勢を風洞測定部の外側から非接触で測定し，位置姿勢に変動があれば図10.1.9に示すような測定部周りに配置している多数の電磁石の電流を調整し，模型周りの磁場を変更して，風洞模型内の磁石に作用させている磁気力を変化させて，模型の位置姿勢を所定の状態に戻すようにする．こうした一連の操作を高速で繰り返し行うことにより模型を空中に一定の位置姿勢で支持することができる．模型位置姿勢の変化をフィードバック制御しない場合は不安定となり，磁力支持は実現できない．図10.1.10に典型的な制御ブロック図を示す．磁場を制御するコイル系ではさまざまな設計が提案されている[3]．どれもすぐれた特徴をもつ一方で欠点もあり，理想的コイル配置とよべるものはない．制御法は計算機の発展とともに，アナログ制御からディジタル制御へ変わったが，基本制御はPID制御のような古典制御の単純離散化にとどまっている[4]．浮遊させる模型は磁石材料の進展に伴い，小型で強力な永久磁石が入手可能となり，試験模型が多様化し，MSBSの可能性をさらに広げる動きがみられる．また，超電導コイルの利用により大型風洞用MSBSも具体化されつつある[5, 6]．

図10.1.11に宇宙航空研究開発機構（JAXA）の60 cmMSBSで浮遊している球模型を示す．60 cm測定部に取り付けられる本MSBSは世界最大の大きさを誇る[1]．最高風速35 m/sまでの気流中で球の抗力係数を測定した結果を図10.1.12に示す．軸対称模型の抗力係数測定では

図10.1.11 JAXA 60 cmMSBSで磁力支持中の球

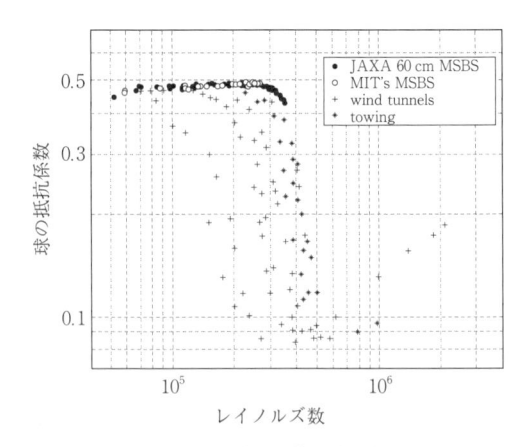

図10.1.12 球の抗力係数測定例

通常天秤と同程度の精度を期待できる試験結果が得られている．今後は，揚力，横力，回転モーメントの計測で，信頼度の高い計測が待たれる．また，支持干渉量評価試験のようにMSBSでしか正確に実施できない試験もMSBSに求められている試験である． ［澤田秀夫］

文　献

[1] Tuttle, M. H., Moore, D. L. and Kilgore, R. A., 1991, Magnetic Suspension and Balance Systems A Comprehensive, Annotated Bibliography, NASA TM 4318
[2] 澤田秀夫, 国益徹也, 2002. 5, 低速風洞用 60 cm 磁力支持装置の開発, 日本航空宇宙学会論文集, 第50巻, 第580号, pp. 188-195
[3] Covert, F. E., Finston, M., Vlajinac, M. and Stephens, T., 1973, Magnetic Balance and Suspension Systems for Use with Wind Tunnels, Progress in Aerospace Sciences, Vol. 14, Pergamon Press
[4] Kilgore, W. A., 1990, Comparison of Digital Controllers Used in Magnetic Suspension and Balance Systems, NASA CR 182087
[5] Boom, R. W., Abdelsalam, M. K., Eyssa, Y. M. and McIntosh, G. E., 1990, Magnetic Suspension and Balance System Advanced Study-Phase II, NASA CR 4327
[6] Sawada, H., Kohno, T. and Kunimasu T., 2000, Status of MSBS Study at NAL, NASA/CP-2000-210291, pp. 659-673

(2) 分力天秤

構造物の対風設計における検討項目は，風速，風外力，風振動など多岐にわたり，必要に応じて風洞実験でその特性を把握する必要がある．

風圧実験は，構造物表面に作用する風圧を圧力

センサーで測定するものである．図10.1.13に多点風圧同時計測装置の設置例を示す．この測定では，模型表面に配置した測定孔から導圧チューブで導いた圧力とピトー静圧管や風洞壁面からの基準静圧との差圧を圧力センサーで測定する．最近では，500～1000点程度の多点で圧力を同時計測できる装置が普及してきており，外装材用風荷重評価のみならず，風圧を積分することで求められる変動風力を用いた応答解析も行われる．

風力実験は，天秤装置とよばれるロードセルで構造物全体に作用する風力を測定するものである．図10.1.14に5分力天秤装置の設置例を示す．この測定では，5, 6分力天秤を用いて模型基部や端部に作用する総せん断力や転倒モーメントを測定する．天秤装置は，100 Hzを超える高周波数域まで測定可能であるが，装置を設置する床の振動や測定系の固有振動などの影響でノイズが生じやすい．このため支持架台の免震化，風力模型の軽量化などの工夫が行われる．

空力振動実験には，自由振動実験（ロッキング振動実験，多質点振動実験），強制振動実験，ハイブリッド型振動実験などがある．図10.1.15に

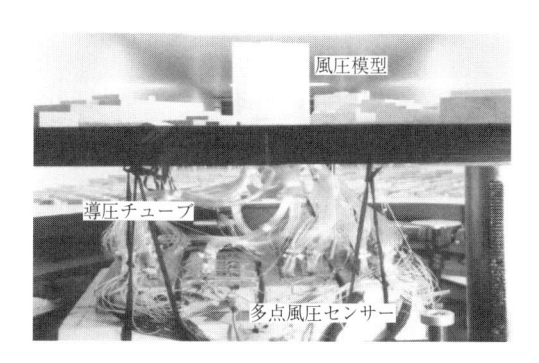

図10.1.13 風圧実験装置

図10.1.14 風力実験装置

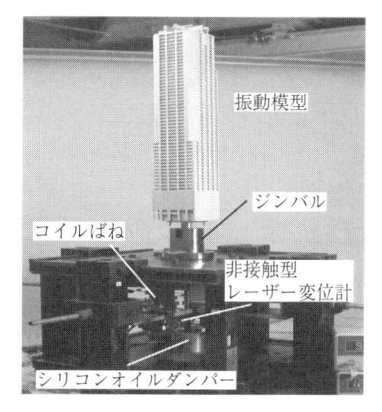

図10.1.15 自由振動実験装置

ロッキング模型を用いた自由振動装置を示す．振動系の固有振動数は，ばねおよび付加質量で調整し，減衰はシリコンオイルダンパーで調整する機構となっている．また，変位は非接触型レーザー変位計で測定される．この他の測定装置については，参考文献を参照されたい［1］．　［近藤宏二］

文　献

［1］　日本建築学会，1999，動的外乱に対する設計－現状と展望－，丸善

(3) 流れの測定技術

風速の測定に一般に用いられているのは定温度型熱線風速計である．5 μmのタングステン線を250 ℃前後に加熱し，風速の変化に対して熱線の温度が一定になるフィードバック回路を用いて，ブリッジ回路へ戻すブリッジ電圧と風速の関係をKingの式から検出して，風速を測定する．応答性状がきわめてよく，センサー部分を工夫することで風方向，風直角方向を同時に測定できるなど数々の長所を有する．図10.1.16にⅠ型プローブの指向特性を示す．温度変化やセンサーへのゴミの付着などに敏感であるため，測定前に必ずセン

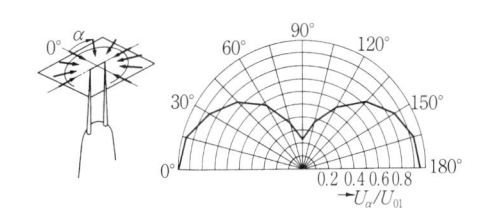

図10.1.16 Ⅰ型プローブの指向特性

サーを較正しなければならない [1, 2].

サーミスター風速計はサーミスター素子の表面をガラス被覆したものをセンサーとしたものである．サーミスター素子に一定電流を流しておくと，風の冷却効果によりサーミスターの抵抗が変化し，端子電圧が変化する．これをホイートストンブリッジで検出して風速を測定する．図 10.1.17 に指向特性を示す．熱線風速計に比べて応答性は低いが，風向変動が激しい気流の測定に適しており，建物周辺気流の風環境評価に用いられる [2].

風向判定ができるものとして，スプリットファイバープローブやパルスワイヤープローブがある．スプリットファイバープローブは，図 10.1.18 に示すように直径 0.2 mm の石英ファイバーの表面に蒸着されたニッケルフィルム（有効長 1.25 mm，分割線の幅 30 μm）に 2 本の分割線をひき，2 枚の半円筒状熱膜を形成させたものである．スプリットファイバープローブの 2 本のフィルムはそれぞれ温度補償つきの定温度型熱線風速計に接続される．図 10.1.19 に一様流中の指向特性を示す [3]．図中の実線は cosine 曲線である．指向特性が cosine 曲線で近似できることを利用して方向別風速を，2 本のフィルムの電圧差から風向判定をする．パルスワイヤープローブは図 10.1.20 に示すように 3 本のワイヤーからなり，

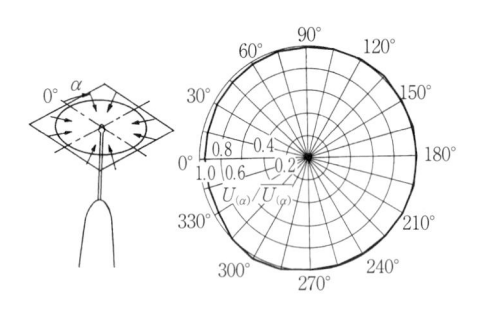

図 10.1.17 サーミスタープローブの指向特性

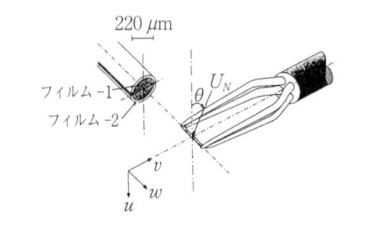

図 10.1.18 スプリットファイバープローブ

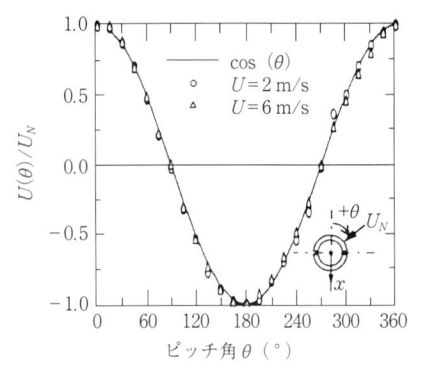

図 10.1.19 スプリットファイバープローブの指向特性

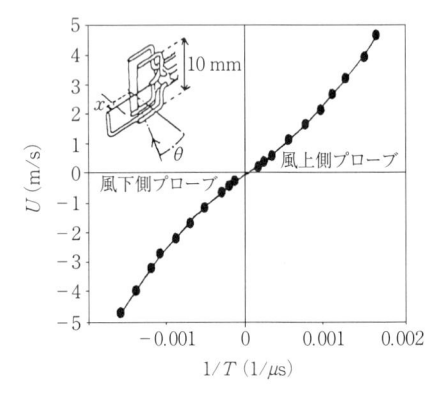

図 10.1.20 パルスワイヤープローブの較正曲線

中央の加熱センサーと両側の温度センサーで構成される．加熱センサーを数マイクロ秒間加熱してワイヤーを通過する空気を加熱し，加熱空気を風下側の温度センサーで検知し，加熱空気の到達時間を測ることで風速を測定する．風向角 70° までは cosine 曲線で近似され，乱れの強さが 20％以上の流れに適している．パルス発生振動数は数十 Hz である．加熱空気の通過時間を測定するので，較正式の安定性はかなり良い [4].

レーザー流速計は，流れとともに運ばれる微粒子に照射する光が散乱を受けてドップラー効果を生じることを利用するものである [5]．レーザー光はレーザー発信器よりトランスミッターを通して緑，青，紫，各色 2 本に分けられる．各 2 本のレーザー光は光ファイバーケーブルによって風洞のトラバース装置に取り付けたヘッドに導かれる．ヘッドから照射されたそれぞれのビームは測定位置で交差し，干渉縞を生じる．そこを通過する微粒子の散乱光が同じヘッド内の受光部によってバックスキャッタリングモードで受信さ

図10.1.21 レーザー流速計のヘッド部とレーザー光

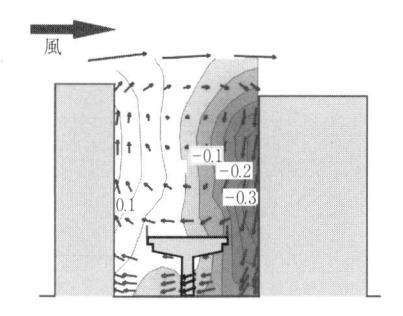

図10.1.22 高架道路周辺の風速ベクトル分布と濃度分布

図10.1.23 単一開口部の解析画像

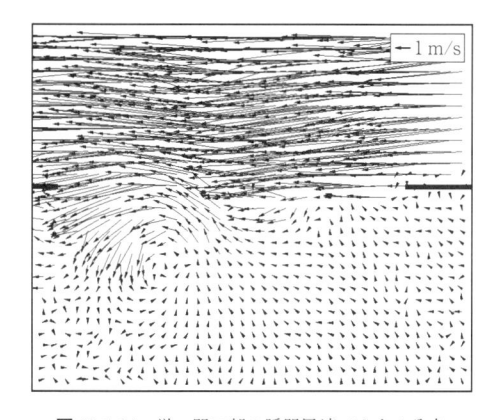

図10.1.24 単一開口部の瞬間風速ベクトル分布

れたフォトマルへと導かれ，ノイズ処理された後，散乱光のドップラー周波数から風速が求められる．10 kHz 程度までの速度変動を測るには 0.4〜0.8 μm の微粒子を使う必要がある [6]．図10.1.21にトラバース装置に取り付けたヘッド装置とレーザー光を示す [7]．図10.1.22は高架道路周辺の風速ベクトル分布を示す．コンターは自動車排ガス濃度を示す．高架道路の風下側で高濃度域が形成される [8]．

PIVは流れ画像解析計測法の総称で，流体中に目印となる微細なトレーサー粒子を混入してその運動を時系列に撮影し，得られた画像をディジタル処理して速度ベクトルを得る [9]．PIVは，流れ場にあらかじめ混入したトレーサー粒子の動きを時々刻々追跡して速度を計測するPTV（粒子追跡法，particle-tracking velocimetry）と異なる時間でのトレーサー粒子の分布パターンの類似性から流速を計測する相関PIV（粒子画像法，particle-imaging velocimetry）および流れ場の散乱粒子のスペクトルパターンを二重露光のスペック写真として記録し，このスペック写真からス

ペックルパターンの移動量を計測するLSV（レーザースペックル法，laser speckle velocimetry）に大別される [10]．図10.1.23に相関PIV法による単一開口部の解析画像を，図10.1.24に瞬時風速ベクトル分布を示す．開口部付近で発生する渦を捉えている [11]． [大場正昭]

文 献

[1] 風洞実験法ガイドライン研究委員会，1994，実務者のための建築物風洞実験ガイドライン，pp. 35-36, 日本建築センター
[2] 勝田高司先生退官記念会，1978，建築における環境調整技術の研究，勝田高司先生退官記念出版，pp. 26-29
[3] 孟 岩，日比一喜，1997，高層建物屋上の流れ場の乱流特性と組織運動，日本風工学会誌，**72**, pp. 21-34
[4] 大場正昭, Lawson, R. E., Snyder, W. H., 1994, ツイン高層建物周りの流れ場に関する風洞模型実験，第13回風工学シンポジウム, pp. 67-72
[5] 谷一郎，小橋安次郎，佐藤浩，1977，流体力学実験法, pp. 200-207, 岩波書店
[6] 流れの可視化学会，1987，新版 流れの可視化ハン

[7] 上原清, 1998, 市街地低層部における流れと拡散に及ぼす大気安定度の影響に関する実験的研究, 学位論文, 東京大学
[8] 林誠司, 平井洋, 上原清, 2003, 実在幹線沿道の大気汚染濃度分布に関する風洞実験－高架道路の覆蓋影響とストリートキャニオン濃度予測手法の検討－, 大気環境学会誌, **38**, 6, pp. 358-376
[9] 佐賀徹雄, 1998, PIVの要点, 可視化情報学会講習会, pp. 1-14
[10] 津田宣久, 1999, CCDカメラによるデジタル画像取得の実際, 可視化情報学会講習会, pp. 6-13
[11] 山中俊夫, 甲谷寿史, 加藤正宏, 2002, 単一開口部を持つ室の風力換気現象に関する研究 その4 PIVによる単一開口部における気流性状の把握, 日本建築学会学術講演梗概集, D-2, pp. 669-670

10.2 目的別の実験法

10.2.1 気流実験

構造物の耐風設計を行う場合，まず建設地の風の性状を十分把握しておく必要がある．通常の平坦な市街地に対しては，種々の基規準類などで，当該地の風の性質や設計風速の大きさを検討するための資料が用意されている．しかし，平坦でない特殊な地形の影響を受ける場所に対しては，風の性状や設計風速の大きさがどのような影響を受けるかを別途検討する必要がある．その場合に，地形模型を用いた風洞実験により，これらの検討をする場合がある．ここでいう特殊な地形の影響とは，半島や島全体を検討対象とするような大地形の問題から，傾斜地や平坦地の一部に部分的にある起伏のような小地形の問題までを対象としている．

大地形を対象にした風洞実験の場合，検討すべき対象範囲が非常に広範囲になること，山岳部では模型高さが高くなること，風洞装置の大きさが限られていることなどから，模型の縮尺率は数千分の1から数万分の1程度とすることがある．地形の起伏を再現した模型の場合，模型化再現範囲の端部が風洞床面と段差が生ずるようなケースが生ずる．このような場合段差をそのままにしておくと，そこから流れのはく離が生じてしまい，実際と異なった状況を生じる．このような場合に，図10.2.1に示すように，端部をテーパー処理するなどの工夫が大切である[1]．また，山岳部などを模型化する際に，そこでの地表面の粗度の状態（樹木で覆われているか否かなど）を考慮することも重要な点であり，スポンジやサンドペーパーなどにより工夫することがある．このように，特殊な地形を対象とする実験の場合は，模型の再現方法が実験結果に及ぼす影響が大きい．図10.2.2に，傾斜地の模型化再現例を示す．測定対象は，平均風速，乱れの強さ，変動風速のパワースペクトル，風向などであり，これらが，このような特殊地形の影響をどのように受けるかを検討する．それらの測定には熱線風速計を用いる場合が多いが，起伏部の後流域で逆流域が生ずる場合には，とくに注意して計測する必要がある[2]．特殊な地形が設計風速の大きさに及ぼす影響を検討する場合，対象とする模型化再現範囲内に，長期間にわたる観測地点(たとえば最寄りの気象台)を入れ，その観測地点での風向・風速データと設計風速の検討対象地点の風向・風速データの対比を実験的に行うことがある．

次に，計画建物が建設されることにより，その建物周辺の風環境が現状と比較してどのように変化するかについて検討する場合について述べる．一般にこの種の実験は，計画建物建設に伴う環境影響評価項目の一つとして実施される場合が多い．そのような場合には，評価対象とする範囲を

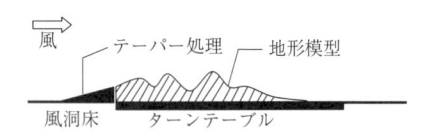

図10.2.1 地形模型周辺の端部にテーパー処理を施した例

図10.2.2 傾斜地の状況を再現した模型の例

図 10.2.3 風環境影響評価の実験に用いる模型の例

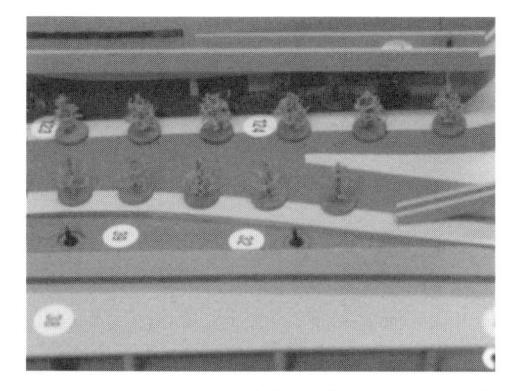

図 10.2.4 サーミスター風速計設置状況および防風植栽設置の例

計画建物高さの2倍の範囲を目安とすることが多い．したがって，この範囲の風環境を適切に評価する場合，周辺の模型化再現範囲を十分広く取る必要があり，この種の実験の場合の縮尺率は数百分の1程度で行われることが多い．図10.2.3に，風環境評価のための風洞実験模型例を示す．特殊な地形を対象とした実験も同様であるが，実現象との相似性を確保するためには，模型上流側の気流の平均風速の鉛直分布，乱れの強さの鉛直分布，境界層高さなどを対象地域のそれらと幾何学的縮尺率を満足させながら再現することが大切である[1]．風速の測定は，図10.2.4に示すようにサーミスター風速計や熱線風速計を模型の各部にセットして行う．この実験では，計画建物周辺の街路上での気流測定がおもな目的であるので，街路模型の幅に比較して風速センサーが十分細いものを用いることが大切である．風向の測定には，各測定点に小旗やタフトをセットし，上部より写真撮影して行うことが多いが，熱線風速計などを用いて電気的に計測することもある．本実験の目的は，周辺の風環境の変化を把握するとともに，計画建物が周辺の風環境に及ぼす影響を少なくする方法を検討することにある．したがって，実験はまず計画建物建設前（現状の状態）の状態，計画建物建設後の状態に注目して実施し，その結果，風環境上の問題が発生すると予測される領域に対して，図10.2.4に示すような植栽などによる防風対策を施した状態で行われる．一般に，風環境の評価は最寄りの気象官署の長期間にわたる風向・風速データと風洞実験結果とを組み合わせて計画地周辺の各評価点での強風レベルと発生頻度をもとにして行われる． ［川端三朗］

文 献

[1] 日本建築センター，1994，建築物風洞実験ガイドブック
[2] 孟 岩，日比一喜，1997，急な斜面をもつ3次元孤立峰周りの流れ場の乱流特性，日本風工学会誌，**73**，pp. 3-14

10.2.2 風圧（圧力）実験，風力（空気力）実験

物体に風が当たると，物体表面には風圧が作用する．風圧は面に垂直に作用する成分と面に平行な摩擦力として作用する成分とに分けられるが，建築物や橋梁などのブラフな構造物では面に垂直な成分だけを扱えばよい．風圧実験では，風洞内や自然風中において，10.1.4項で述べられているような圧力センサーを用いて風圧が測定される．風圧は物体表面に連続的に分布するが，一つの圧力センサーで知ることができる風圧は1点であるので，その全体を知るには多くの点で圧力を測定する必要がある．風洞実験では，模型表面に開けた小さい孔に加わる圧力が導圧チューブを通して圧力センサーに導かれて，電気信号に変換される．

建築物の外装材設計用風圧実験では，測定点ごとに全風向のピーク風圧の最大値を選び，これから風荷重が計算される．ピーク風圧は時間的に変動する風圧のピーク値である．圧力は導圧チューブ内を伝わって圧力センサーに到達するが，導圧チューブ内部および圧力センサー内部の空気塊が

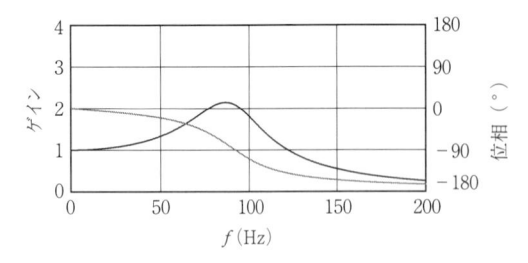

図10.2.5 導圧チューブの伝達特性の例

ばねの役目を果たし，圧力変動にゆがみが生じることがわかっている［1］．この効果は平均風圧を求めるときには関係しないが，高周波数域の圧力変動を測定するときには考慮されなければならない．通常，使用する導圧チューブと圧力センサーの組合せで，圧力信号のゆがみをあらかじめ求めておいて（図10.2.5），測定された圧力を補正する方法が用いられる．

また一般に，風圧はある面に注目しているので，それだけで荷重として扱えないことがある．ある板に風が当たる場合を考えると，風上側の面だけでなく，風下側の面にも風圧が生じる．荷重として扱うためには，風上面の風圧と風下面の風圧のベクトル和を採用しなければならない．外装材用風荷重の場合は，外装材の裏面の圧力を風洞実験結果とは別に考慮しなければならない．通常，建築物の外装材の裏面は室内に面するので，室内圧を別途考慮することになる．室内圧は建物各部の隙間を通した空気の流出入のバランスで決まり，それらの隙間を模型で再現するのは困難であることが多いため，実験で求めずに，耐風設計基準では別途これらを与えている．

圧力は点ごとに測定されるが，全体の圧力分布が把握できる程度に圧力測定点を配置した場合，個々の圧力点周りの面に作用する風圧がその測定点で測定される値と等しいと仮定することにより，測定された圧力にそれが負担する面積を乗じてベクトル合成を行うと風力の近似値が得られ，構造物の骨組設計用風荷重をこの方法で求めることも多い．この場合，風向ごとに風力を求めておいてから，種々の風向における風力の最大値を求めることになる．最近では圧力センサーの性能がよくなり，高周波数域での変動まで測定できるようになったことから，時間平均的な風力だけでなく，変動風力を測定するのにも風圧実験が用いられるようになった．変動風力は構造物の動的外力として扱われ，構造物の動的応答解析に使用される．この場合，変動風圧から構造物全体の変動風力を計算するためには，風圧の信号は構造物全周で同時に測定されなければならず，多点の圧力センサーと同時計測システムが必要である［2］．

風力実験（空気力実験ともよばれる）では，構造物全体または部分に加わる風力を風洞天秤とよばれるロードセルを用いて測定する．風洞天秤は，建築物を対象とする場合は模型の基部に取り付け，橋梁など細長い構造物を対象とする場合には構造物の一部を再現してその両端に取り付けられる．後者の場合，風は模型軸に垂直に当たり，流れは2次元状態を仮定していることから，2次元風力実験とよび，これに対し前者を3次元風力実験とよぶことがある（図10.2.6）．

風力は風に平行な方向だけに作用するものではない．風力は，通常，風方向とそれに垂直な二つの風直交方向（2次元風力実験では一つの風直交方向）の力，およびそれぞれの軸周りのモーメントに分解して6分力（図10.2.7）で測定される．したがって風洞天秤もそれぞれの分力が互いに干渉せず独立して測定できるようになっている．変動風力を測定する風力実験では，模型を支持する

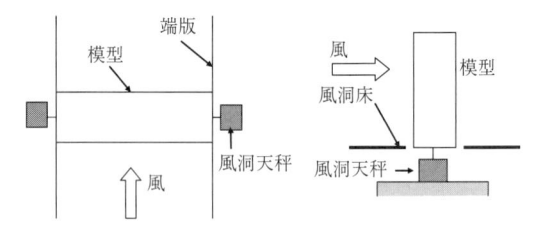

図10.2.6 2次元風力実験（左）と3次元風力実験（右）

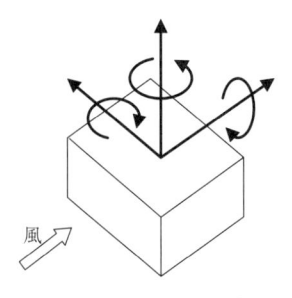

図10.2.7 風力の6分力

測定系の固有振動数成分の変動風力が外力として測定すべき変動風力に混入することを防ぐため，模型の剛性を保ったままできる限り軽量の模型を作る工夫がなされている．軽量の模型を使用してもその固有振動数成分の変動風力が生じるが，外力として用いる変動風力に対して高い周波数の成分であれば，ローパスフィルターを用いるなどして，その成分を除去できる．

一般に風力は外力として作用するが，物体が風で振動すると，その振動に伴う風力が付加的に作用する．その付加的風力は非定常風力とよばれ，その付加的風力が構造系に対して負減衰効果をもたらすとき，構造物は空気力学的に不安定となり，発散的な振動が発生することがある．このような非定常風力は，振幅と振動数をパラメーターとして，模型を強制的に調和振動させた状態で測定される．非定常風力のうち振動速度と同相の風力成分は系の減衰に，また振動変位と同相の風力成分は系の剛性に影響する．得られた速度同相成分の風力から見積もられる負の空力減衰が構造体の減衰を上回るとき空力不安定振動が発生する[3]．非定常風力の実験では模型を振動させることから，測定される非定常風力に模型の振動による慣性力が混入するので，これを模型と同時に振動させたダミー模型の慣性力と相殺するなどの工夫が施される（図10.2.8）[4]．

風圧実験および風力実験で測定された風圧または風力は実験時の速度圧で無次元化され，それぞれ風圧係数または風力係数で表される．これらの係数は無次元量で，構造物の設計に当たっては，設計風速から求められる速度圧をこれらの値に乗じて風荷重に変換される．風洞実験での速度圧は，模型の影響を受けない位置で，模型に当たる風を代表する位置に置かれたピトー静圧管で測定されることが多い．　　　　　　　　　　　　　　［西村宏昭］

文　献

[1] 日本建築学会，1999，動的外乱に対する設計－現状と展望－
[2] 日本建築センター，1994，実務者のための建築物風洞実験ガイドブック
[3] 日本港構造協会，1997，構造物の耐風工学
[4] 西村宏昭，谷池義人，1994，種々の長方形平面をもつ高層建築物の空力不安定振動，第13回風工学シンポジウム

10.2.3　応答実験

(1) 建築系

建築分野における応答実験は，高層建築物，タワー，大スパン屋根などの風による振動の生じやすい建築物を対象として，振動によって生じる付加的空気力を考慮した応答性状を調べるために行われる．とくに，これらの構造物における空力的な不安定振動発生の有無についての検証がおもな目的とされる．高層建築物を対象とした応答実験では，対象とする構造物の動的特性によってロッキング模型，多質点系弾性模型および全弾性模型などが用いられる[1, 2]．

(a) ロッキング模型　多くの高層建築物では1次振動が支配的であり，1次の振動モード形がロッキングモード（直線モード）にほぼ近似している．また，ねじれの固有振動数は並進に比べて十分高く，空力的不安定振動の検討は並進振動のみについて行えばよい場合が多い．このような場合，実験模型の構造特性の調整が比較的容易であり，並進の2自由度を有するロッキング模型による応答実験が用いられる．ロッキング模型に用いられる振動装置は，並進2方向の自由度を有するジンバル，建物の剛性を模擬するばね（コイルばねや板ばねなど），建物の減衰を模擬する減衰装置（オイルダンパーや電磁ダンパーなど）によ

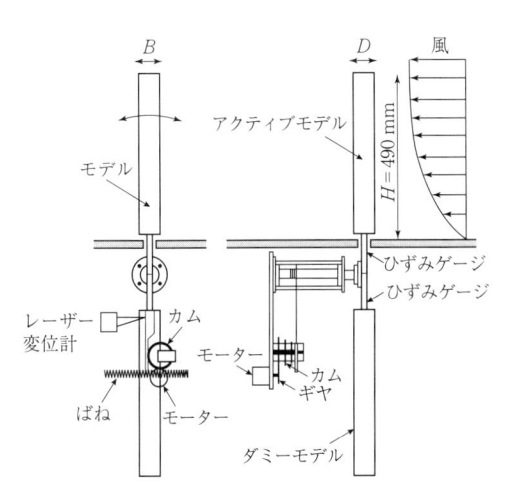

図10.2.8　建築物の非定常空気力の測定装置

り構成される．建築模型は剛体模型が用いられ，質量調整は模型またはジンバル下部に質量を付加することによって行われる

(b) 多質点系弾性模型　高次振動あるいはねじれ振動による応答を検証する必要がある場合には，並進およびねじれの多自由度を有する多質点系弾性模型を用いる必要がある．多質点系弾性模型の骨組は，対象とする建築物をいくつかの層に分割し，各層に質量を調整した剛床を配置し，剛性および振動モードが目的のものと一致するように弾性体の柱で接続して構成される．この骨組の周りに，バルサ材などの軽量素材でつくられた建物外郭模型が各層に分割して取り付けられる．減衰機構としては各層の間に貼り付けた粘弾性体やオイルダンパーが用いられる．多質点系弾性模型では，高次の応答，並進とねじれの連成した応答あるいは偏心を有する建築物の応答などロッキング模型では測定できない応答性状の検証が行える利点を有するが，模型の製作および調整に時間が必要となる．

(c) 全弾性模型　対象とする建築物を相似則に従って連続体で模型化したものであり，複雑な振動性状を再現することができる．しかし，模型製作が困難であるため比較的小さな塔，大スパン屋根および断面形状の一様なRC煙突などへの適用例があるが，一般建築物への適用例は少ない．

[片桐純治]

文　献

[1] 日本建築センター，1994，実務者のための建築物風洞実験ガイドブック
[2] 日本建築学会，1999，動的外乱に対する設計－現状と展望－

(2) 土木系

土木系の応答実験は，おもに橋梁の耐風性を対象としたものであり，その使用する模型の形式から大きくは剛体模型実験（ばね支持実験），弾性模型実験（全橋模型実験）の二つに分けられる．いずれも模型設置状態で風を吹かせ，その応答値を縮尺倍することにより，実機の応答量を評価する．そのためには，重量，構造減衰などのパラメーターを相似則により忠実に与える必要がある．

(a) 剛体模型実験（ばね支持実験）　図10.2.9は橋桁の鉛直たわみ（曲げ），ねじれ2自由度の剛体模型の概略図である．模型本体は変形しない剛体とし，外形形状を相似させて製作する．弾性変形機能は，模型外部に設置したばね支持機構にもたせる．吊橋の橋桁のように，一様断面形状の長い構造物であれば，剛体模型実験に適している．剛体であるため，振動モードの影響は考慮できないが，桁の断片的な模型を緊張したピアノ線に固定するタウトストリップ実験であれば，これを考慮することができる．

(b) 弾性模型実験（全橋模型実験など）　模型そのものに弾性変形機能をもたせ，模型全体が実物と相似された構造特性を有するものとして扱える模型（図10.2.10）．弾性変形できるスケルトン状の剛性棒に構造性能をもたせ，これに離散化された形状相似のための外形材を固定し，模型全体が弾性変形するように設定するもの．動的応答のほか，静的な変形特性も評価することが可能である．

なお，重量や極慣性モーメントは，剛体模型の場合は質点，弾性模型の場合は分布量として与える．いずれにおいても，相似則による所要値は小さくなるため，模型は極力軽量に製作し，付加質量などを貼り付けることにより所要値に合わせること，軽量であっても必要な強度を確保できる構造にすること，模型の減衰は小さくなるよう接合

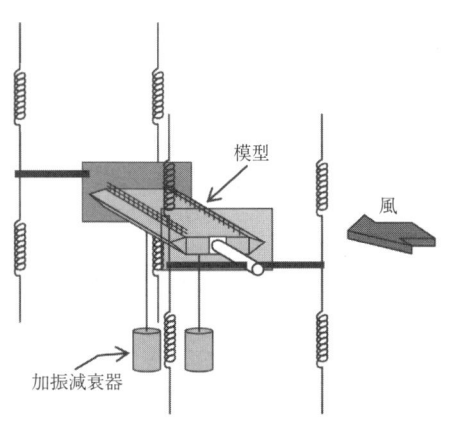

図10.2.9　剛体模型実験（ばね支持実験）

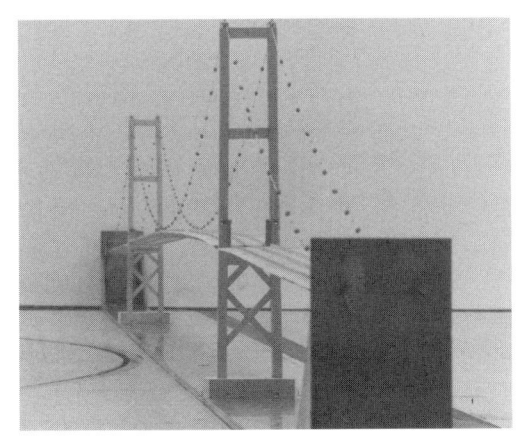

図 10.2.10 弾性模型実験（全橋模型実験）

構造などに注意して製作し，ダンパーなどにより付加減衰を与えた上で所要値に合わせるなど，模型実験を行う上での留意事項を付記しておく．

[加藤真志]

10.2.4 通風・換気

風力によって駆動される建物内の換気や通風の性状を詳しく観察するには，風洞実験がうってつけである．大規模な市場や体育館，またオフィスビルなどでも，風力を駆動力とする通風や換気が採用されることがある．通風と換気は，明確な区別があるわけではないが，一般に通風は換気に比べて室内に大量の空気流動を生じさせ，それによって室内の温熱環境調整（通風の可感気流による涼感の促進）に用いられ，換気は室内で発生する汚染物質などを屋外の新鮮空気で置き換え室内空気の質（空気質）を良好に保つことに用いられる．

風洞実験による通風や換気の測定の目的は，第一に，① 風力により室内にどの程度の空気流量が生じるか明らかにすることであり，次に② 室内にどのような気流分布（風の強さの空間分布，循環流の形成など）が生じるかを明らかにすることであり，③ 室内で汚染物質が生じた際，その汚染質の濃度分布がいかようになるかを明らかにすることである．建物内の換気は風力によってのみ生じるものではなく空気の密度差に伴う浮力によっても生じる．一般の換気量予測は，風力のみでなくこの浮力との相互作用によりどのような換気性状があるかを明らかにすることを目的とすることも多い．なお，室内に屋外に通じる開口が一つしかない場合や，屋外の風圧力がほぼ同じ同一壁面にしか開口がない場合の通風／換気性状を計測することは，室内に二つ以上の開口があり，その開口に作用する風圧力が平均的に異なり，風力による換気駆動力が生じる場合に比べ困難なことが多い．

(1) 風洞模型

二つの模型が用いられる．一つは換気駆動力の源泉となる壁面にはたらく風圧の測定のため，開口部を閉じ，建物内に空気流動が生じないようにして，壁面風圧を測定する目的の模型である．この模型を用いて測定された風圧力は，当然のことながら，開口部があり室内に空気流動が生じている場合と建物内外の流れ性状が異なり，その全圧力（運動圧と静圧力の和）分布が異なるので，この模型で得られた圧力を用いて，各建物内の圧力損失性状（流量と全圧力損失の関係）を用いて，換気量予測を行うには多少の問題を残す．しかしながら，室内を通過する風量が少なければその差異は小さいので，実用的にしばしば用いられる．

いまひとつの模型は，通風の際の建物開口部を再現したものである．これは，建物内外の気流を実際により対応させて再現できるので，その気流性状を詳細に測定できれば当然のことながら，詳細な換気通風性状を明らかにすることができる．しかし，建物内で生じる3次元的な循環を伴う流れを風速計で測定することは容易ではない．PIV風速計など最新の計測技術を用いられるようになってもなかなか実行されない．この開口が再現される風洞模型を用いた実験で，計測，解析されるものは，トレーサーを注入してそのトレーサー濃度から換気量を測定することと，壁面や床面などの風圧力を測定するものである．トレーサーによる換気量測定は後述する．壁面，床面などの風圧力の情報は，全体的に風の流れる方向を表す．これは建物内の流れは，流路の抵抗により流れに従って全圧力損失が生じるので，動圧力が一定であれば壁面，天井面などで計測される静圧力分布は，全圧力損失分布に対応し，流れの方向を示す．

しかし動圧力は建物空間内で大きく変化することが一般的であり，風圧力の変化は流れの方向の目安でしかない．

風洞模型は，風洞の閉塞率に対するガイドライン以下の模型とすべきであるが，とくに開口部を再現する模型は，建物内部の流れ性状を観察するため，大きな模型となることが多い．閉塞率のガイドライン以上となる大きな模型を用いた場合は，測定される通風/換気量が大きめの値，すなわち換気量予測の観点からは危険側になることに注意が必要である．

(2) 風速計による室内を通過する空気流量測定

建物屋外に面した開口部では，その開口を通過する風速を熱線風速計などを用いて比較的容易に計測することが可能である．ただし，流入開口部では収束流，流出開口部でははく離流と開口直後の縮流など，小さなスケールで風速が大きく変動するので，測定ポイントの設定に注意を図る必要がある．建物内部の風速測定は模型内部に風速計を挿入する必要があり，その計測は容易ではない．模型自身を透明に製作して模型内の流れを可視化し，PIV風速計などを用いて計測することが現実的である．

(3) トレーサーによる通風/換気量の測定

模型室内にトレーサーを注入し，そのトレーサー濃度を計測すれば，およその流量を計測することができる．トレーサーは，1点もしくは多点のポイントソースとなることが多いが，室内でその濃度は大きく分布し，トレーサー濃度計測点の設定が問題となる．この際，二つの考え方がある．一つは，流出開口が明らかであれば，その流出開口部での流出流の平均トレーサー濃度を計測するものである．これは，トレーサーの空間内でのマスバランスから室内に投入したトレーサー量と，流出するトレーサー量は等しいため，投入したトレーサー量が既知であれば，流出流のトレーサー濃度を測定すれば，その比から流量が算出される．この場合，トレーサーの発生位置は，流出開口での流出流の平均トレーサー濃度の計測が容易（一点のみの計測で平均値測定が保証されているような場合）であれば，室内のどの地点でトレーサーを発生させてもよい．一般的には，最も風上となる流入開口近傍の流入流中に注入するのがよい．

いまひとつの考え方は，室内の平均トレーサー濃度を計測するものである．室内の平均トレーサー濃度は，室内のトレーサー総量を表す．トレーサー総量が大きければ，トレーサーは室内の滞在時間が長く，総量が小さければ滞在時間が短い．室内のトレーサーの滞在時間を実質的な換気量とみなせば，室内平均トレーサー濃度が低い場合は，換気量が多く，高い場合は少なくなる．この考え方を適用する際は，室内でのトレーサー発生も空間一様に行う必要がある．したがって室内に均一に多くのトレーサー発生ポイントと，トレーサー濃度計測ポイントを設定する必要が生じる．なお説明は省略するが，流出流のトレーサー濃度で計測した換気量と，室内でトレーサーを均一発生させた場合の室内平均濃度から算出した換気量は異なることが多い．後者は，室内の実質的な換気量，前者はショートカットなど室内の気流性状を考慮しない換気量であり，両者の比は室内での換気の効率の程度を表す換気効率を表す．室内でショートカットなどが生じており，換気の悪い部分があれば，室内平均濃度から算出される換気量は小さくなり，換気効率が悪いことを表す．

(4) 浮力の模擬

室内の熱源などにより室内と屋外の空気温度が異なり浮力が生じる場合は，風洞実験で浮力を模擬することが必要になる．縮小模型実験では，浮力に関する相似比の関係から，温度差は大きく熱量は小さくする必要が生じる．実質的には模型縮尺が1/20より小さくなると熱を用いた実験はむずかしいようである．そのような場合は，ヘリウムや六フッ化硫黄などの浮力調整用のガスを用いて密度差を調整し，実験することがある．

［加藤信介］

10.2.5 汚染，拡散実験

(1) 温度測定

温度測定には，気流，水流に接触して測定する方式が一般である．非接触方式のふく射温度計や光高温計などもあるが通常の風洞実験では普通使

用されない．接触式の温度計は，熱電温度計（熱電対），抵抗温度計（白金測温抵抗体，サーミスター測温抵抗体），水晶温度計に大別される[1]．一般に熱電対，サーミスター，白金線，水晶素子などのセンサーはどれも時定数が数秒以上であり，気流の温度変動の測定には適さない．変動温度の測定には白金細線を抵抗温度計として用いる方法が普通である．熱い壁面近くでの測定では，ふく射熱による影響を防ぐために温度センサーを筒の中に入れるなど遮蔽効果をもたせることが必要である．

熱電対は構成材料，素線径などさまざまであり，測定可能な温度範囲はそれらに依存して広範囲に及ぶ[1]．熱電対は測温接点と基準接点との温度差により生じる熱起電力を測定するものであるから，基準接点を設ける必要がある．基準接点としては，氷点式，サーモスタット式，補償式，室温式などがあるが精度のよい測定には氷点式が推薦される．熱電対のプローブ形状は測定状況に応じて，接地型，非接地型，露出型などがある．

抵抗温度計は，白金あるいはサーミスターの電気抵抗が温度によって変化することを利用したもので，あらかじめ温度と抵抗の関係を知っておけば，抵抗を計って温度を知ることができる．市販されている気流温度変動測定用の温度プローブは 1 μm 程度の線径で数十 Ω の抵抗を有し，数 kHz の温度変動に追随し非常に応答性が高い．この種の温度プローブの最大許容周囲温度範囲は 150℃ 程度である．これに対し，高温用温度プローブも市販されており，応答性は悪くなるが最大許容周囲温度は 750℃ 程度である．図 10.2.11 に通常の温度プローブの例を示す．

水晶温度計は水晶の共振周波数が温度により変化する性質を利用したもので，周波数を計って温度を知ることができる．周波数の測定分解能はきわめて高いので 0.0001℃ までの分解能を得ることができる．

(2) 濃度測定

大気環境のシミュレーション実験に関連して，風洞を用いた拡散実験がよく行われる．拡散実験で用いられる試料ガスとその測定方法には次のようなものがある．試料ガスとしては，エタン，エチレン，プロパンなどの炭化水素ガスがトレーサーとして用いられる．これをある時間，適当な吸引速度でサンプリングしてガスクロマトグラフの水素炎イオン化法（FID 法）を用いた炭化水素分析計で定量する方法が一般である．原理は水素を燃料とするバーナー部分に，炭化水素を通して燃焼させると炭素がイオン化される．このイオン電流をバーナーの上部のコレクター電極で測定することにより，炭化水素濃度に応じた電気信号が得られる．この方法での測定範囲は数 ppm レベルから数％までの炭化水素濃度を検出可能である．実験に先立ってあらかじめ，10, 100, 500, 1000 ppm 程度の標準ガスをこのシステムで測定し，実験結果はこの標準ガスで補正する．全体の測定系の例を図 10.2.12 に示す．

あるいはトレーサーガス（たとえばアンモニア NH_3）を吸引サンプリングして，あらかじめ測定部床面下に配置した試験管の中に注入してある吸収液（希硫酸）の中にガス吸収させる．実験後，試験管を取り外し吸収された NH_3 の量を電気伝導法により定量して濃度を求める方法もある．

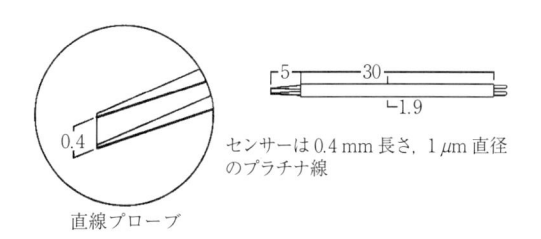

図 10.2.11 温度測定用プローブ（ダンテック社，技術資料カタログ）

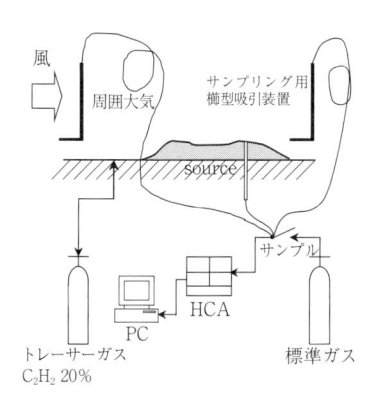

図 10.2.12 ガス濃度測定概要図

水槽中での拡散実験では，フルオレセイン（緑色），ローダミンB（赤色）などの蛍光塗料がよく用いられる．蛍光染料の濃度の定量化は，蛍光光度計で行われる．水槽中の拡散測定にはこのほかにも，食塩水，ヨウ化カリウムなどの各種の化学物質を用いることができる．水槽での実験はふつう低流速なのでトレーサー物質の浮力が実験結果に影響を与えやすいので注意を要する．

[大屋裕二]

文　献

[1] 日本機械学会，1985, 技術資料「流体計測法」

10.3 風洞実験の基本

10.3.1 相似則

相似則は，風洞実験の現象を実現象と相似させるために，満足しなければならない条件である．相似則を導く方法は，一般的に用いられているものとして次の3種類あるが，詳細は文献[1]を参照されたい．

① 現象を支配する微分方程式を求め，これを実現象と模型現象に適用し，各項の比をとって無次元数であるパイナンバーを求める方法

② 現象に関係するパラメーター群を選択し，Buckinghamのπ定理による次元解析によってパイナンバーを求める方法

③ 実現象と模型現象が相似であれば，支配する物理量および物理法則も相似である．実現象のパイナンバーπと模型現象のパイナンバーπ'が等しいとおくことにより相似則を求める方法

風洞実験で対象とする現象は，風（ここでは自然風とする）と構造物の相互作用であることから，自然風，構造物，両者の相互作用に分類してそれぞれに関する相似則について述べる．

(1) 自然風に関する相似則

自然風は大気境界層であることから，自然風に関する代表的な相似則として次があげられる．

・平均風速の鉛直分布

$$\frac{dU}{dz}, \quad \frac{z}{z_0}, \quad \alpha$$

・乱れの強さ

$$I_u = \frac{\sigma_u}{U}, \quad I_v = \frac{\sigma_v}{U}, \quad I_w = \frac{\sigma_w}{U}$$

・乱れのスケール

$$\frac{L_x^u}{L_0}, \quad \frac{L_y^u}{L_0}, \quad \frac{L_z^u}{L_0}$$

・パワースペクトル密度

$$\frac{f \cdot S_u(f)}{\sigma_u^2}, \quad \frac{f \cdot S_v(f)}{\sigma_v^2}, \quad \frac{f \cdot S_w(f)}{\sigma_w^2}$$

・変動風速の空間相関

・境界層厚さ

$$\frac{z_G}{L_0}$$

ここに，Uは平均風速（m/s），zは地上からの距離（m），z_0は粗度長（m），αはべき指数，σ_u, σ_v, σ_wはx, y, z方向の変動風速成分u, v, wの標準偏差，L_x^u, L_y^u, L_z^uはx, y, z方向の乱れのスケール長（m），L_0は代表長さ（m），fは振動数（Hz），$S_u(f)$, $S_v(f)$, $S_w(f)$は変動風速成分u, v, wのパワースペクトル（m^2/s），z_Gは境界層厚さ（m）．

さらに温度成層風洞実験[2～4]のように，慣性力と浮力のバランスで決まる大気安定度まで考慮した大気拡散風洞実験における代表的な相似則として次があげられる．

バルク－リチャードソン数（Bulk Richardson number）

$$R_{ib} = g \frac{\Delta \theta / \theta}{U^2} \delta$$

ここに，gは重力加速度（m/s^2），θは温位（K），$\Delta\theta$は温位差（K），Uは風速（m/s），δは代表長さ（m）．

実際の大気では，浮力は気温だけでなく，気圧，標高，湿度で決まるので，これらを総合的に考慮した温位θを用いる．しかし，温度成層風洞実験では，気圧や湿度は制御せず，温度差のみで温位差を調整して実験する．

(2) 構造物に関する相似則

実験対象となる構造物だけでなくその周辺の地形・地物なども含め，できるだけ実物の幾何学的形状を相似させた模型を用いる．また，無次元パ

ラメーターであるモード形や構造減衰も実構造物にできる限り一致させることが必要である.

・形状の幾何学性

$$\frac{D}{D_0}$$

・慣性パラメーター（密度比）

$$\frac{\rho_s}{\rho},\ \frac{M}{\rho D^3}$$

・モード形　μ

・構造減衰（対数減衰率）　δ

ここに，D は長さ（m），D_0 は代表長さ（m），ρ_s は構造物の密度（kg/m³），ρ は空気密度（kg/m³），M は質量（kg），μ はモード形，δ は構造減衰（対数減衰率）.

(3) 自然風と構造物の相互作用に関する相似則

風が構造物に作用することによって，構造物は変形または振動する．このことが構造物周りの風の特性を変化させる．このため，構造物の空気力学的挙動の面からの相似則を考慮する必要がある．一般の構造物の場合，考慮すべき相似則として以下のものがあげられる．

・粘性パラメーター（レイノルズ数，Reynolds number）

$$Re = \frac{UD}{\nu}$$

・ストローハル数（Strouhal number）

$$St = \frac{fD}{U}$$

・重力パラメーター（フルード数，Froude number）

$$Fr = \frac{U}{\sqrt{gD}}$$

・弾性パラメーター（コーシー数，Cauchy number の逆数）

$$\frac{E}{\rho U^2}$$

ここに，U は風速（m/s），D は気流直角方向長さ（m），ν は動粘性係数（m²/s），f は振動数（Hz），g は重力加速度（m/s²），E はヤング率（N/m²），ρ は空気密度（kg/m³）.

これらの相似則のうちレイノルズ数を相似させることは，対象とする実現象の風速が非常に低い場合を除いて一般の風洞施設では困難である．従来，ビルや橋梁など角張った構造物の場合，流れのはく離は隅角部で生じるため，レイノルズ数の影響は小さいと考えられていた．しかし，建物など [5～7] や隅切りを有する橋梁主塔 [8] の風洞実験結果から，角張った構造物であってもレイノルズ数の影響を受けることが指摘されている．実現象のレイノルズ数に近づけるため，できる限り高いレイノルズ数で風洞実験を行うことが必要であるが，建築分野 [9] では最低限 5×10^4 程度，土木分野 [8] では 1×10^4 以上のレイノルズ数を確保することが望ましいとされている.

なお，各相似則の物理的意味など詳細については，建築分野は文献 [9]，土木分野は文献 [10～12] を参照されたい．　　　　　　　［松田一俊］

文　献

[1] 江守一郎，1988，模型実験の理論と応用　第二版，技報堂出版
[2] 横山長之，北林興二，足立芳寛，1975，環境アセスメント手法入門，オーム社
[3] 大気汚染全国協議会，1973，大気汚染ハンドブック (3)（気象編），コロナ社
[4] 植田洋匡，1984，大気拡散の模型試験，日本機械学会第587回講習会教材（流体工学における相似則と模型実験）
[5] Leutheusser, H.J. and Baines, W.D., 1967, Similitude problems in building aerodynamics, *J. Hydraulics Division, ASCE*, **93**, 3, pp. 35-50
[6] Hoerner, S.F., 1965, Fluid-Dynamic Drag, published by the author
[7] Plate, E.J., 1982, Wind tunnel modelling of wind effects in engineering, Engineering meteorology, Chap. 13, Elsevier Scientific Publishing Company
[8] 土木学会構造工学委員会風洞実験相似則検討小委員会，1994，【委員会報告】風洞実験相似則に関する調査研究，土木学会論文集，489/I-27, pp. 17-25
[9] 日本建築総合試験所，1988，建築物風洞実験の手引き－風洞実験委員会報告書－
[10] 日本道路協会，1991，道路橋耐風設計便覧，丸善
[11] Tanaka, H., 1988, Similitude and modeling in Wind Tunnel Testing of Bridges, *J. Wind Engineering*, **37**, pp. 429-448
[12] 山田均，1995，耐風工学アプローチ，建設図書

10.3.2　自然風の模擬

風工学の分野で扱う自然風は，地表面摩擦力の

影響を受ける大気境界層内の風であり，地表面の粗度により，風速が上層の風速より減少するとともに，気流に乱れを生じ，風速・風向が時間的にも空間的にも変動する．また，気温の分布状態によっては対流現象が起こり，地表面付近の風に大きな影響を及ぼす．

したがって，風洞実験において自然風を模擬するには，模型の縮尺に応じて対象地点での自然風の風速鉛直分布（べき指数）と統計的特性値であるパワースペクトル密度関数，乱れ強さ，乱れのスケール，空間相関（コヒーレンス関数）などを相似にする必要がある．

(1) 乱流発生方法

自然風の模擬には，古くから建築の分野では，風洞床面にラフネスブロックなどの固定障害物を配設して境界層乱流を発生させる方法が用いられてきた（図10.3.1）[1]．しかしながら，十分な厚さの境界層を発達させるためには，かなりの長さの風洞長が必要になる．このため，境界層の発達を促進させるために，風洞上流部にスパイアー，バリアーなどの補助装置（図10.3.2）[2, 3]を設置することが多い．

最近では，さらに効率的かつ乱れのパラメーターをコントロールするために，スパイアーの開閉駆動やブロックの上下駆動をアクティブにコントロールすることも試みられている[4]．

一方，風速の鉛直分布のない一様乱流の発生手法には簡易な手法として，旗や格子（図10.3.3）を設置することが多いが，最近では，翼列と平板列（ダンパー）を水平に設置させて，これらをアクティブに往復駆動させて主流方向および鉛直方向の変動風速をコントロールする手法が用いられることもある[5]．さらに，翼列ダンパー方式で

図10.3.1 スパイヤーとラフネスブロック設置例

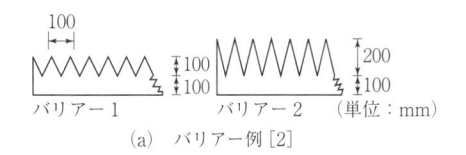

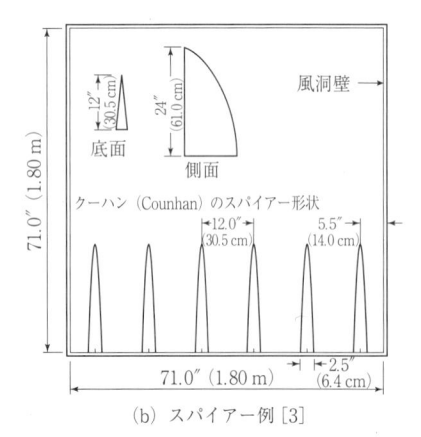

(a) バリアー例 [2]

(b) スパイアー例 [3]

図10.3.2 境界層補助装置例 [2, 3]

図10.3.3 格子

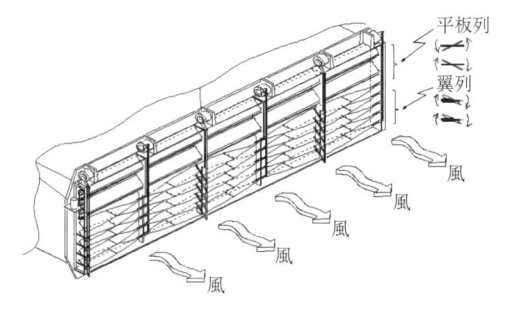

図10.3.4 フレキシブル翼列・ダンパー [5]

はフレキシブルな翼列を用いて，それらをスパン方向に異なった駆動をさせることにより，スパン方向の空間相関を自然風に近づけた変動風速を生成させる装置（図10.3.4）[5]も開発されており，橋梁など水平方向に長い構造物などの空間相関の影響の検討に用いられている．

以上の乱流発生装置では，たとえば橋梁の架設地点近傍に山があるために気流が大きくゆがんでいる場合などでは自然風を再現することには限界があり，このような場合には，周辺地形を再現した地形模型乱流（図10.3.5）により全橋模型の風洞実験が実施された事例（多々羅大橋[6]，女神大橋[7]）もある．

最後に，微風速での大気拡散などの風洞実験では，温度の高さ分布を再現する場合には，風洞上流または床面にヒーターなどによる気流加熱部を設置して温度成層流を再現させている．

(2) 乱流発生方法の選択

風洞内に自然風のすべての乱れのパラメーターを模擬するのはきわめて困難であり，パラメーターによっては装置が複雑化，大型化する．したがって，試験目的，対象とする構造物などにおいて重要となる乱れの特性を模擬できる装置を選択して組み合わせ，場合によっては改善・改良が必要となる．表10.3.1に乱流発生方法の特性と選択例を示す．

［藤本信弘］

文 献

[1] Jensen, M. and Franck, N., 1963, Model Scale Tests in Turbulent Wind, The Denish Technical Press
[2] Cook, N.J., 1978, *J. Industrial Aerodynamics*, **3**, pp. 157-176
[3] Cermak, J.E., 1982, Wind Tunnel Modeling for Civil Engineering Application, pp. 97-125, Cambridge University Press
[4] 藤本信弘，斎藤通，本田明弘ほか，1994，アクティブ制御による境界層乱流のシミュレーション，土木学会第49回年次学術講演会
[5] 斎藤通，藤本信弘，本田明弘，1990，翼列・ダンパーを用いた変動風発生法の研究，日本風工学研究会誌，11
[6] Akiyama, H., 1999, Wind resistant design of the Tatara Bridge, Long-Span Bridges and Aerodynamics, T. Miyata, N. Fujisawa and H. Yamada（Eds.），pp. 266-278, Springer
[7] Honda, A., Fukahori, S., Imagane S. and Ishioka F., 1999, Aerodynamic design of cable-stayed bridge surrounded by undulated topography, Proc. 10th Int. Conf. on Wind Engineering, Copenhagen, Denmark, Wind Engineering into the 21st Century, A. Larsen, G.L. Larose and F.M. Livesey(Eds.), pp. 913-918

図10.3.5 地形模型乱流による全橋模型試験例 [7]

表10.3.1 乱流発生装置の特徴と選択例

発生方法		乱れの特徴	技術的特徴	対象となる実験例
格子，旗	格子 Grid／旗 Flag	・乱れ強さの大きい3次元一様乱流が発生可能 ・スケール極小，空間相関は無相関に近い	・簡易かつ小規模 ・小型風洞でも可能	・定性的な試験 ・スケールを相似にした模型は実施困難
スパイアー，ブロック	スパイアー Spire／ブロック Blocks	・3次元境界層乱流が発生可能 ・スケールは小さい，乱れ強さ，スペクトルはほぼ満足 ・空間相関はコントロール困難	・簡易であるが大がかり ・長い胴長が必要	・3次元的な広がりのある構造物（ビル，ドーム，タワー，橋梁主塔，煙突など）に最適 ・小型模型（1/100～1/400）
翼列，ダンパー	ダンパー Damper／翼列 Cascade	・乱れスケールの大きい2次元一様乱流が発生可能 ・乱れ強さ，スペクトルはほぼ満足，空間相関はフレキシブル翼列などによりコントロール可能	・複雑かつ大規模 ・大きな風路断面積が必要	・剛翼タイプは2次元模型試験 ・フレキシブル翼タイプは水平方向に長い構造物（全径間橋梁など）に最適 ・大型模型（1/20～1/200）

10.4 逆引き風洞実験

10.4.1 風車はどこに建てたら効率的か

風力発電量は風速の3乗に比例することから,風況の善し悪しは風力発電事業に与える影響がきわめて大きい.また複雑地形上の風況は地形により空間的に大きく変化する.たとえば,一般的に急峻な山の上では風速の増加が期待されるが,反対に山の背後では流れのはく離により風速の大幅な減少がみられる.そのため,風力開発を行う際には少しでも風況のよいところをみつけるために,風洞実験が用いられている.

図 10.4.1 には実地形上の風況を調べるために行った風洞実験の例 [1] を示す.この実験では北海道積丹半島の一部を対象とした 1/2000 の地形模型を作成し,上流側から大気境界層を模擬した気流を流入させ,地形上の風速分布を熱線風速計により測定した.また地形による風速の増減を定量的に評価するために,地形上に測定された風速と,平坦な地形上での同じ高さにおける風速との比を風速比として求めた.風速比が1より大きい場所には増速,風力発電に適しているといえる.しかし,複雑地形上では風速比が風向により大きく変化する可能性があり,注意を要する.図 10.4.2 a には稜線上の鞍部に位置する B 地点の地上 40 m における風向別風速比を示す.谷から吹き上げてくる南風のときに流れの収束により大きな増速がみられる.一方,風向が南西になったときには風速が1割程度減速する.また,海岸沿いの崖の上に位置する F 地点においては海からの北西風時に崖の前縁において流れがはく離し,地上 40 m での風速の大幅な減少がみられる(図 10.4.2 b).このように,風車の建設地点を決定する際にはその地域における主風向(風速が高くかつ発生頻度も高い風向)とその地点における風向別風速比を考慮して,高い発電効率を得られるように建設地点を選定する必要がある.

風洞実験は地形上の風速の増減を調べるために有効な手法といえるが,模型作成および風速測定に費用と時間がかかるため,数値風況予測モデルとの併用が広く行われている.数値風況予測モデルを用いた場合には対象地域における風速の空間分布を一度に得ることができ,風力開発の適地探査に適している.数値風況予測モデルには,線形風況予測モデルと非線形風況予測モデルがある.線形モデルはヨーロッパで開発され風力エネルギーの分野で広く用いられてきたが,急峻な地形に対して予測精度が低下するという問題がある.一方,非線形モデルはCFD(数値流体解析)をベースとし,急峻な地形を含む任意傾斜角度を有する地形に適用でき,近年広く使われるようになっている.図 10.4.2 には実験結果とともに数値風況

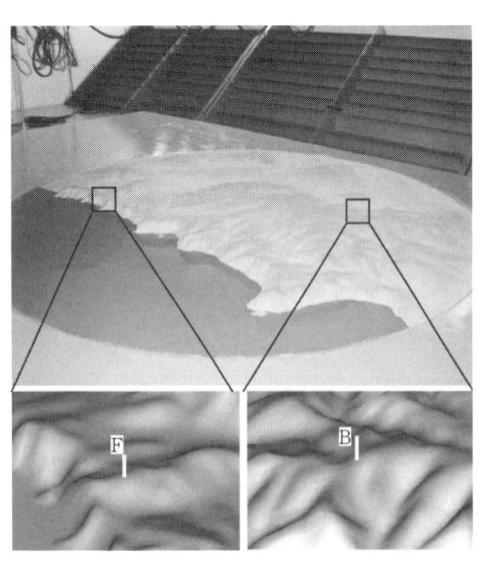

図 10.4.1 複雑地形の風洞実験模型

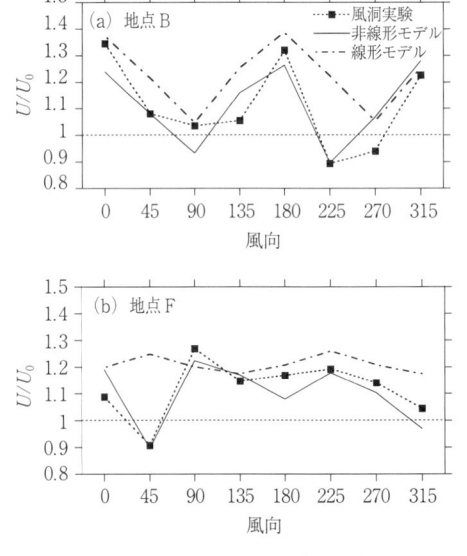

図 10.4.2 複雑地形上の風向別風速比

予測モデルにより求めた風速比を示している．全体的に線形モデル（実線）は風速比を過大評価していることがわかる．また流れのはく離により大きな風速の減速がみられたF地点の北西風向に対して非線形モデル（一点鎖線）は流れのはく離とそれに伴う風速の減少を再現しているのに対し，線形モデルは風速の減速をまったく再現していないことがわかる．

　風力発電の適地を効率的に探すために，地形による風速の増減を正しく理解する必要がある．図10.4.3には平均傾斜角度の異なる三つの2次元尾根を越える気流場の解析結果[2]を示している．平均傾斜角度 5.7°（図 a）のケースでは流れがはく離せず，尾根を越える流れの流線はほぼ対称となっている．平均傾斜角度が 11.3°（図 b）になると，尾根背後の壁面近傍に弱いはく離流が発生するが，尾根上の風速の増大が最も大きい．傾斜角度が 21.8°（図 c）を超えると，尾根の背後に大きな循環流が形成される．傾斜角度がさらに大きくなっても，流れパターンはほとんど変化しなくなり，尾根上の風速の増大もほぼ一定となる．

　わが国の約7割は山岳地帯であり，風力開発に適している場所が多く存在する．これらの適地を探し出したり，風車を効率的に配置したりするために，風洞実験とCFDによる風況予測が有用な手法となる．　　　　　　　　　　［石原　孟・山口　敦］

文　献

[1] 石原孟, 山口敦, 藤野陽三, 2003, 複雑地形における局所風況の数値予測と大型風洞実験による検証, 土木学会論文集, No. 731/I-63, pp. 195-211
[2] 石原孟, 日比一喜, 2000, 2次元山における風の増速に関する数値解析, 第16回風工学シンポジウム論文集, pp. 37-41

10.4.2　周囲の地形模型の範囲はどうしたらいい

　地形の影響による気流の変化は構造物に大きな影響を与えるため，対象とする地点の地形が複雑な場合には，周辺地形を再現した模型を作成することが望ましい．

　一般に風洞実験では，ターンテーブルにより模型を回転させ，複数の風向の実験を行うため，地形模型も，ターンテーブル上に納める（あるいは一部がはみ出す程度）とすることが多い．その際，模型の端部からはく離が生じないように適度な傾斜を施す．また，ターンテーブルに納まらない範囲の地形がある場合には，切り離して風洞風上に再現することもある（図10.4.4）．

　地形の影響が対象地点のごく近傍に限られるならば，1/200〜1/600 程度の縮尺により地形と構造物を同時に再現した実験を実施することができる．しかし，地形の範囲が広範囲に及ぶ場合には，まず $10^{-3}〜10^{-4}$ の小縮尺で，地形のみの影響による対象地点の気流の変化を調べる．次に，構造物に対する実験は，地形による影響を反映させた気流を風洞内にスパイアー，ラフネスブロックなどにより再現して，構造物の模型に適切な縮尺で別途実施するなどの工夫が必要である．模型の縮尺は風洞の大きさなどの制約から決まる場合が多い．ASCE では，縮尺 1/1000 から 1/5000 の実験が平均風速の影響を評価する上では有効であるとしている [1]．

　小縮尺の地形模型による気流の影響の再現性は，実測との比較により検討されている [2〜4]．大気が中立に近い条件では，閉塞率などに注意しつつ，実験風速を高くし，幾何学的相似条件を満たすことにより再現性の高い結果が得られる．一方，大気安定度を考慮することが必要な中弱風の

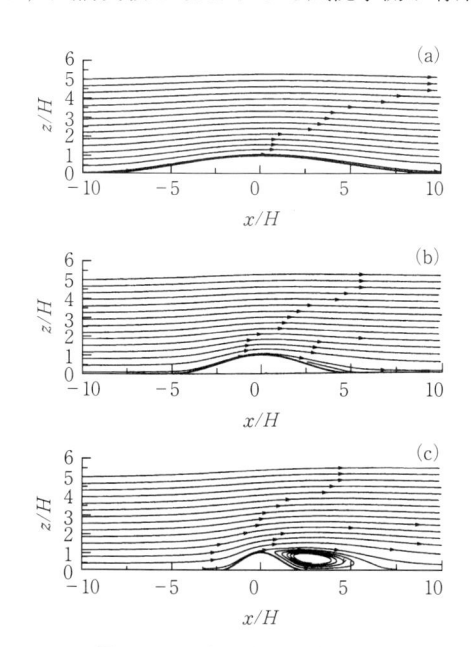

図 10.4.3　2次元尾根を越える流れ

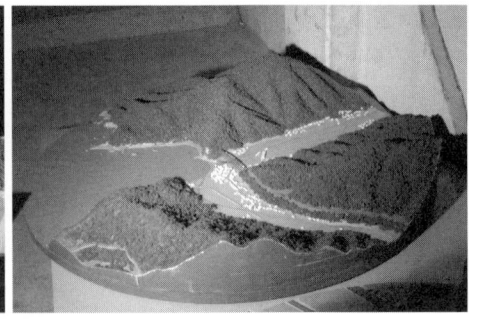

図 10.4.4 風洞実験で用いられる地形模型 [4]
ターンテーブル（直径3m）中央の鉄橋における風を調べるために用いられた．縮尺1/1500，気象研究所．

場合，フルード数など相似条件が増えるため，実験対象に応じた相似条件の緩和などの特別な考慮が必要となる．現象のスケールが大きいほど，いい換えれば模型縮尺が小さいほど浮力の効果が強調されるため，水平と鉛直の縮尺が異なる（水平縮尺＜鉛直縮尺）模型を用いることもある [5]．

[松井正宏]

文　献

[1] Isyumov, N. Ed., 1999, Wind tunnel studies of buildings and structures, ASCE Manuals and Reports on Engineering Practice, No. 67, p. 11
[2] Gumley, S. J. and Wood, C. J., 1982, A comparison of winds at two sites on the Isle of Portland, *J. Wind Engineering and Industrial Aerodynamics*, **10**, pp. 47-62
[3] Kato, M., 1992, A wind tunnel study of the topological effects on atmospheric turbulent flow and diffusion, *Geophysical Magazine*, **44**, pp. 59-117
[4] 加藤真規子，萩野谷成徳，花房龍男，1990，複雑地形上の気流の乱流特性－野外観測と風洞実験の比較－，天気，**37**，pp. 171-183
[5] 小林興二，1994，大気中の気流と拡散の風洞実験，日本風工学会誌，**59**，pp. 83-88

10.4.3　砂が飛んできて困る

風による砂粒子の移動現象は，飛砂とよばれ，海岸工学，農業工学，環境工学上などの立場からその機構の解明とそれに基づく災害の防止対策について研究がなされてきた [1]．本項では，飛砂現象の解明や防止対策の検討を目的とした風洞実験例に基づき測定項目別に概説する．なお飛砂現象の基本的な理論や経験式などについては 7.4.7 項を参照されたい．

(1) 限界摩擦速度の測定

砂表面の砂が移動しはじめるときの風の速度を飛砂限界速度（速度が摩擦速度を対象とした場合には限界摩擦速度，風速が対象の場合には限界風速）とよび，砂の移動しやすさを表す指標となっている．

土屋ら [2] は，以下のような方法で限界摩擦速度を測定している．風洞床面に対象とする砂（およびその他の）粒子を一様にニスづけし，その上に測定粒子を約 300 個から 600 個できるだけランダムに置き，所定の風速で定常状態になったのち，単位時間あたりの粒子の移動数を測定する．それと同時に風速分布を熱線風速計によって測定し，砂粒の大きさを粗度として組み込んだ対数則を仮定して摩擦速度を求める．そして，単位時間・単位面積あたりに移動する砂粒の個数を，床面に露出する砂粒の数で割った数で表した移動割合 p_0 （%/s）を定義し，その値が 0%/s あるいは 0.5%/s となる摩擦速度を実験値から外挿して求め，限界摩擦速度としている．

(2) 飛砂量の測定

飛砂量を知ることは，飛砂防止のための諸施設の構造や規模を決定するために不可欠である．川崎ら [3] は，屋外運動場の飛砂じんを検討対象として，風速に対する飛砂じん量や飛散粒子濃度などの影響を調べる風洞実験を行っている．この実験では，飛砂じんの採取は，風洞床面に均等に埋め込んだ 45 個の内径 75 mm のシャーレと床面から 500 mm に設置したメンブランフィルターによって行っている．その結果，試料の種類によって，ある風速を超えると飛散量が急激に増大する

10.4 逆引き風洞実験

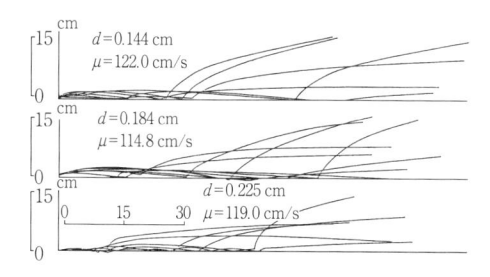

図10.4.5 風洞における砂粒子の跳躍軌跡 [4]

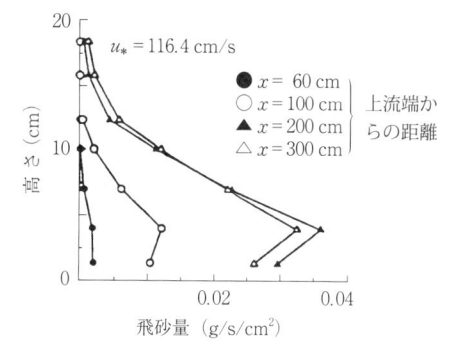

図10.4.7 飛砂量の鉛直分布の測定例 [5]

傾向を見いだしている．

また砂表面からの高さ方向に飛砂量がどのように変化しているかも，飛砂防止施設の構造や配置を考える上で重要である．図10.4.5は土屋ら[4]が高速度カメラで風洞内の砂粒子の移動状況を撮影したものである．移動開始した砂粒子が跳躍運動によって移動している様子が明瞭に観察される．また辻本ら[5]は，風洞内に固定床砂面と乾燥砂移動床を均一粒径砂で作成し，飛砂と風の特性の流下方向変化を調べている．この実験では，飛砂量は，図10.4.6に示すような高さ方向に分割した捕砂箱により測定されている．実験にあたっては，測定開始時に捕砂箱前面の遮蔽板を除去，決められた時間（5分程度）捕砂し，各部分で捕捉された砂の重量を測定して，各高さでの各飛砂量（単位時間・単位面積あたりの通過質量および単位時間・単位幅あたり通過する飛砂の質量）を求めている．結果の一例を図10.4.7に示す．地表面に近づくにつれ飛砂量が多くなることがわかるが，底面付近で飛砂量の減少がみられる．著者らの実験時の観察によれば捕砂箱直前の洗掘などによる捕捉率の低下の影響もあるものと推察されている．

(3) 防風対策効果の測定

吉崎ら[6]は，風洞実験により，防風林の配置が異なる場合の飛砂捕捉効果の違いを調べてい

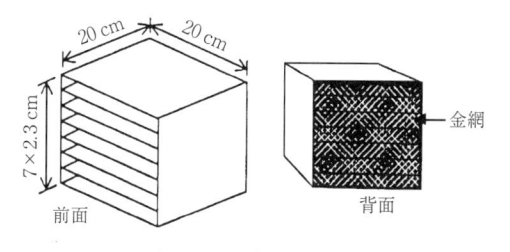

図10.4.6 捕砂箱 [5]

る．実験対象地の砂丘砂を林帯モデル周辺に置き，一定風速（ここでは6.5 m/s）の風を30分間吹走させた後，林帯から前面・林内・林帯後方における飛砂の落下量（落下飛砂量）を測定している．この場合の各点の落下量は風速減衰によって落下・堆積した砂量と樹幹部の枝葉間に捕捉された飛砂量の合計値になる．

[富永禎秀]

文　献

[1] 村井宏，石川政幸ほか編，1992.9，日本の海岸林－多面的な環境機能とその活用－，ソフトサイエンス社
[2] 土屋義人，河田恵昭，1970.3，飛砂における砂粒の運動機構(1)－砂粒の移動限界に関する実験－，京大防災研究所年報，第13号B，pp. 1-16
[3] 川崎浩司，早川一也ほか，1978.9，屋外運動場の飛砂じんの実態調査およびその軽減法に関する基礎的研究（その1, 2），日本建築学会大会学術講演梗概集，pp. 273-276
[4] 土屋義人，河田恵昭，1970.3，飛砂における砂粒の運動機構(2)－砂粒のSaltationの特性について－，京大防災研究所年報，第13号B，pp. 1-16
[5] 辻本哲郎，赤城里至，1995，非平衡状態の飛砂量分布と風速分布，海岸工学論文集，第42巻，pp. 466-470
[6] 吉崎真司，村井宏，河合英二，1994，砂漠地帯における防風・防砂林のための風洞模型実験，森林立地，**36**(2)，pp. 41-54

10.4.4　近くに建設予定の高層建物のビル風の影響が心配

高層建築物が建設されるとその周辺でビル風の影響を受けることはよく知られており，日照阻害，電波障害と同様，相隣問題として必ず取り上げられる．また，都道府県や市町村でビル風害の調査を環境アセスメントの一環として義務づけて

いるところも多い．この種の調査の方法には，既往の研究例により類推する方法，数値流体解析による方法および風洞実験による方法がある．実績，精度の点から，大規模，周辺状況などが複雑な場合には風洞実験が採用され，義務づけられる場合もある．ここでは，都内に建築される高層建築物のビル風に関し，風洞実験により検討された例を紹介する．なお，わが国でおもに用いられているビル風の評価指標には平均風速の累積頻度を用いる方法［1］と日最大瞬間風速の超過頻度を用いる方法［2］とがあるが，いずれも，解析の基本的な方法は同じで，ここでは平均風速の累積頻度を用いる方法を例とした．

(1) 検討のフロー

ビル風の検討フローの概略を示すと図10.4.8のようになる．まず，基準点の風の特性であるが，ここで知りたいのは地上付近の地物に影響されない，対象としている高層建物に吹きつける風の特性である．したがって，建設地が特定されると建物の規模には関係なく建設地の地理的位置と周辺の状況で風の特性が決まる．次に，風洞実験などにより建物建設前後における周辺の風向風速の変化を予測する．続いて，建設地での風の特性と風洞実験より得た結果より風速の発生頻度などを算定し，風環境を評価し，必要あれば対策を講じる．

(2) 基準点の設定

建設地点の地上付近の建物建設前後における風速の累積頻度を求めるには基準となる風向風速の発生頻度が必要となる．この場合，なるべく建設地近くの記録を用いるのがよい．しかしながら，好条件で長期間にわたり観測されている例はきわめてまれで一般的には最寄の気象台の記録が用いられる．ちなみに，気象台以外では役所や消防署などでの観測記録が利用できる場合もある．ただし，観測条件があまりよくない場合もあり，使用に当たっては注意を要する．気象記録は後の解析のため確率モデルを作成しておく．平均風速の累積頻度はワイブル分布で近似されることが知られている．

$$F_j(\leq U) = 1 - \exp\left[-\left(\frac{U}{c_j}\right)^{k_j}\right] \quad (10.4.1)$$

ここに，$F_i(\leq U)$ は風向 i における風速 U の累積頻度，c_i, k_i は風向 i におけるワイブルパラメーターである．

(3) 風洞実験

風洞実験は，計画建物を中心に建物高さの3倍程度の範囲を縮尺1/300～1/500程度で模型化して行われる．風洞気流は対象地の周辺状況を考慮し平均風速および乱れの強さの鉛直分布を合わせる．

風洞実験の役割は風速比を求めることである．

$$R_j = \frac{U_j}{U_r} \quad (10.4.2)$$

ここに，R_j は測定点 j における風速比，U_j, U_r はそれぞれ測定点 j および基準点における風速である．この風速比は，弱風時は別として，基準点の風速に関係なく一定の値となる傾向にあり［3］，これが風洞実験と実際を結びつける重要なパラメーターとなる．

(4) 評　価

気象記録から得たワイブルパラメーター，風向出現頻度および風洞実験から得た風速比を用い次式より各測定点での風速の累積頻度を算定することができる．

$$F_j(\leq U) = \sum_{i=1}^{16} D_i\left[1 - \exp\left\{-\left(\frac{U}{R_{ji}c_i}\right)^{k_i}\right\}\right] \quad (10.4.3)$$

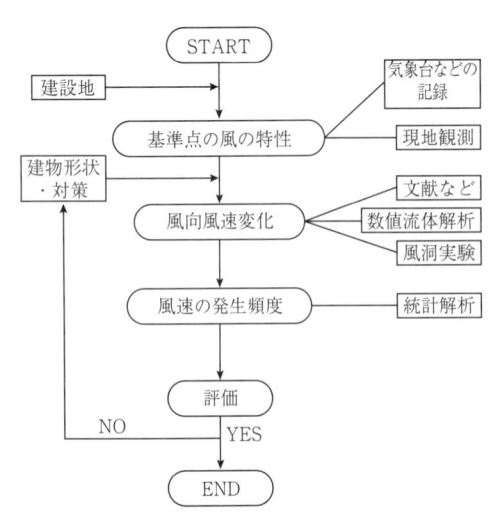

図10.4.8　ビル風検討フロー

表10.4.1 風速の累積頻度を用いた風環境評価指標 [1]

領域区分		累積頻度55%の風速	累積頻度95%の風速
領域A	住宅地としての風環境	≦1.2 m/s	≦2.9 m/s
領域B	住宅地・市街地としての風環境	≦1.8 m/s	≦4.3 m/s
領域C	事務所街としての風環境	≦2.3 m/s	≦5.6 m/s
領域D	好ましくない風環境	>2.3 m/s	>5.6 m/s

ここに，D_i は風向 i の出現頻度，R_{ji} は風洞実験から求められた測定点 j における風向 i 時の風速比である．上式では以下の2点を仮定していることとなる．

(i) 風洞実験から求められた風速比は基準点の風速に関係なく一定である．

(ii) 基準点と同じ高さでの対象地の風向風速は基準点と同じ性質を示す．ただし，基準点と対象としている地点の周辺状況が異なるような場合（たとえば，基準点が都心域で対象地が海岸のような場合）には補正の必要がある．

図10.4.9は評価結果の一例で，式（10.4.3）から求められた累積頻度55%と95%の風速から表10.4.1の風環境評価指標に従い評価したものである．

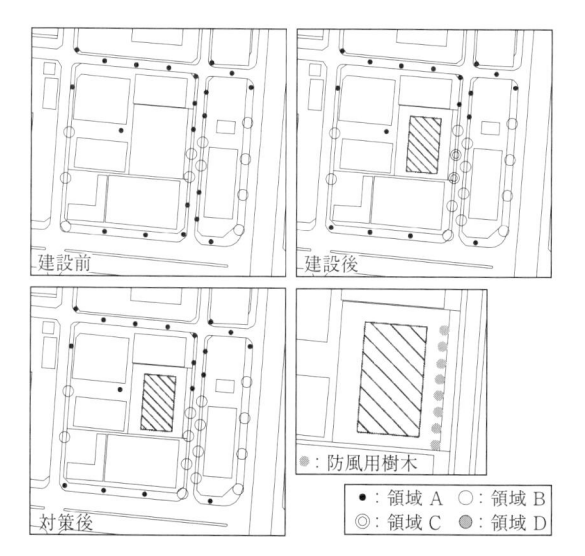

図10.4.9 風環境評価結果

対象建物建設前では領域Aあるいは領域Bであったのが対象建物建設後に領域Bが増え，一部で領域Cがみられるようになる．建設地周辺は住宅も多くあり，領域Cは避けたいとの目標に対し，防風植栽を施すことにより領域Cを領域Bへと改善した．　　　　　　　　　　[中村　修]

文　献

[1] 風工学研究所編，2005，ビル風の基礎知識，鹿島出版会
[2] 村上周三，岩佐義輝，森川康成，1983，市街地低層部における風の性状と風環境に関する研究（III），日本建築学会論文報告集，第325号，pp.74-84
[3] 日本建築センター，1984，建築物周辺気流の風洞実験法に関する研究

10.4.5　跳ね上げ式の扉の風力は？

低層建物の壁面あるいはガレージのシャッターに作用する風圧力を風洞実験によって求める場合は，原則的には10.3節に示されているように相似則を満足した風洞実験によって求めることになる．しかし，低層建物を対象とした場合，測定精度を考えて模型をある程度大きくつくる必要性に迫られることになるため，すべての相似則を満足させて風洞実験をすることが困難である場合がある．とくに，気流の境界層高さを相似にすることが困難である場合がある．しかし対象建物高さの数倍程度の境界層が再現できると，境界層高さによる風圧に与える影響は小さい [1]．

風洞実験によって得られた壁面に作用する風圧力は，測定点ごとに異なり，変動性状も異なる．ただし，測定点が接近していると変動性状は類似したものになる．すなわち，ある大きさをもつガラス窓あるいはシャッターには空間的に平均された瞬間風圧が作用することになる．しかし，面平均された風圧測定を実験的に求めることはむずかしく，代表的な1点あるいは数点での測定によって空間平均された瞬間風圧を求めることが必要となる．風圧力の周波数別の相関係数であるルートコヒーレンスを式（10.4.4）で近似した場合，空間平均された瞬間風圧は，測定されたある点の風圧力を式（10.4.5）に示される評価時間 T で時間平均することによって求めることができる [2]．

$$\sqrt{\mathrm{coh}} = \exp\left(-k\frac{nL}{U}\right) \quad (10.4.4)$$

$$T = \frac{kL}{U} \quad (10.4.5)$$

ここで，kはルートコヒーレンスを指数近似した場合の減衰係数であり，通常8程度の値である．Lは空間的の広がりを示す代表長さであり，対象面積の平方根を用いることが多い．Uは設計風速である．

以上述べたことは，風に曝されている外表面の風圧力（以後，外圧とよぶ）についてのことである．ガラス窓あるいはシャッターには外圧と室内の圧力（以後，内圧とよぶ）の差が風力として作用することになる．内圧は扉の隙間あるいは換気口を通して外圧が室内に伝達されたものである．そのため外圧と内圧を風洞実験で同時に求め風力を評価すればよいわけであるが，隙間が小さいために，隙間からの空気の流入，流出が実物と相似になるように模型を作成することは困難である[3]．

隙間が通常の建物程度である場合，平均内圧は各壁面の隙間を見積もることができれば，隙間から空気の流入量と流出量が等しいという簡単な仮定によって求めることができる．しかし，内圧の変動は隙間からの空気の流出入と室内の空気の応答を求めることになる．しかし，通常の建物のように卓越開口をもたず，壁面にほぼ均等に隙間を有する場合には，室内圧が平衡状態になる時間tは式（10.4.3）で表すことができる[4]．

$$t = \frac{\rho V U}{1.4 k p_0} \frac{A_W A_L}{(A_W{}^2 + A_L{}^2)^{3/2}} (C_{pW} - C_{pL})^{1/2} \quad (10.4.6)$$

ここに，ρは空気密度，Vは室内の容積，Uは平均風速，kはオリフィス係数，p_0は大気圧，C_{pW}は正圧の平均風圧係数，C_{pL}は負圧の平均風圧係数，A_Wは正圧が作用する隙間の面積，A_Lは負圧が作用する隙間の面積である．

室内の容積に対して隙間の面積の比が10^{-4}程度である，通常の建物を対象とした場合，内圧が平行に達するまでの時間は30秒程度になる．すなわち，内圧は外圧に比べ，ゆっくりとした変動になる．また，隙間が壁面に一様であるとみなせると，内圧変動は各面の外圧変動が平均化されていることになり，ある点の外圧変動とは無相関として取り扱うことができる．これらのことを考慮して，日本建築学会の建築物荷重指針・同解説では外圧の最大あるいは最小値と組み合わせる内圧の最大あるいは最小値を平均内圧の1.3倍と定めている[5]．

ある壁面あるいは対象とするシャッターなどに大きな開口（卓越開口）があるような場合は，内圧は開口の位置の外圧の影響を強く受けることになる．すなわち，対象とする窓ガラスあるいはシャッターに作用する風力は，上記に示したような簡単な仮定は成立しないので，同時に作用する外圧および内圧を測定して定める必要がある．この場合，開口の位置，面積と室内の容積が重要なファクターになる．

いままで述べたことは，強風時には窓あるいはシャッターは閉じた状態であるとして，これらに作用する風力について述べてきたものである．次に，強風時に開けなければならないような場合，あるいはこれらが強風によって壊れた場合について考える．扉，シャッターが急激に開放された場合には，内圧は過渡的に応答して，室内外の圧力差の1.5倍程度の値になることもあり[3]，結果として，屋根あるいはその他の壁面に閉鎖時に考えていた風力に比べて大きな風力が作用することになる．この過渡応答の効果を実験的に求める場合は，開口の位置，面積と室内の容積の相似に加えて，開口速度の相似に注意しなければならない．

[丸川比佐夫]

文 献

[1] 日本鋼構造協会編，1997，構造物の耐風工学，東京電機大学出版局
[2] Lawson, T. V., 1980, Wind Effects on Buildings, Vol. 2, Applied Science Publishers
[3] 大熊武司，1984，強風時の窓破壊に伴う内圧変化およびそれに関した幾つかの問題，日本風工学会誌，**21**，pp. 53-68
[4] Harris, R. I., 1990, The propagation of internal pressures in buildings, *J. Wind Engineering and Industorial Aerodynamics*, **34**, pp. 169-187
[5] 日本建築学会，2004，建築物荷重指針・同解説，丸善

10.4.6 風ゆれが心配

強風時に建築物はゆれる．このゆれが知覚するほどでなければよいのだが，建物が高層になるにつれ，比較的日常発生する強風時に知覚するようなゆれを生じる可能性がある．そして，これが建築物の使用性能の検討の観点から重要な要素となっている．この風ゆれの正確な見積もりには風洞実験が不可欠である．ここでは，都内に建築される高層建築物の風ゆれを風洞実験により検討した例を紹介する．なお，風ゆれの性能評価は居住性能評価指針［1］を用いる．

(1) 検討のフロー

居住性の検討フローの概略を示すと図 10.4.10 のようになる．まず，建設地が特定されると建物の規模には関係なく建設地の地理的位置と周辺の状況で設計風速が決まる．次に，建物形状が定まると風洞実験などにより建築物に作用する風力を求めることができる．続いて，建築物の構造特性および建築物に作用する風力を用いることにより応答を算定することができる．この結果より居住性能を評価し，必要あれば対策を講じる．

(2) 設計条件

都内に以下の条件の高層建築物を計画する．

用途：下層部事務所，上層部ホテル
形状：高さ 160 m，平面形状 50 m×40 m
質量：180 kg/m³
固有振動数：0.31 Hz
減衰定数 h：0.7% および 2%
振動モード：ロッキング型
設計風速：23 m/s（再現期間 1 年）

(3) 風ゆれの予測

風ゆれの予測は，転倒モーメントのパワースペクトル密度を用いたモーダル解析により行う．第一段階として，対象としている建築物が単純形状であるので，既往の風洞実験から類似形状の結果を用いて再現期間 1 年の風速時の応答を算定する．ただし，利用できるデータは風が建築物のある面に直角に吹いた風向の場合のみである．次の段階として風洞実験を行い，周辺建物の影響を考慮し，さらに風向発生頻度も考慮した再現期間 1 年の応答加速度を算定する．

図 10.4.11 は風洞実験から得た転倒モーメントのパワースペクトルを用いて算定した建築物頂部高さでの最大応答加速度である．風向による影響と周辺建物の影響によって風向ごとに応答値が異なる．全風向中の最大値（風向角 180°）を再現期間 1 年の応答値として採用する．この結果は，再現期間 1 年の風速が最も応答値が大きくなる風向から吹いた場合の最大応答加速度を意味する．再現期間 1 年の応答加速度を求めるには，風向別の風速の超過確率を用いて次式により算定する必要がある．

$$P_\alpha(>\alpha_{\max}) = \sum_{i=1}^{16} D_i P_V(>V_i)$$

ここに，$P_\alpha(>\alpha_{\max})$ は最大加速度が $\alpha_{\max}$ を超える確率（超過確率），D_i は風向 i の風の発生頻度，$P_V(>V_i)$ は風向 i における風速 V_i の超過頻度，V_i は風向 i において最大加速度が $\alpha_{\max}$ となる風速である．この場合は風向ごとの応答値が必要で

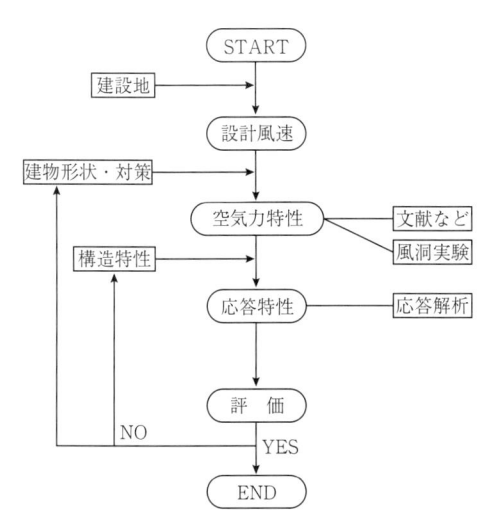

図 10.4.10 風ゆれ検討フロー

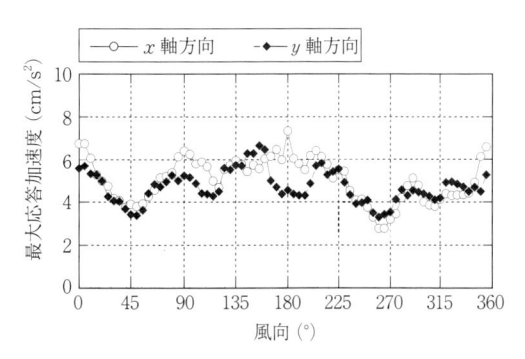

図 10.4.11 風向別の最大応答加速度

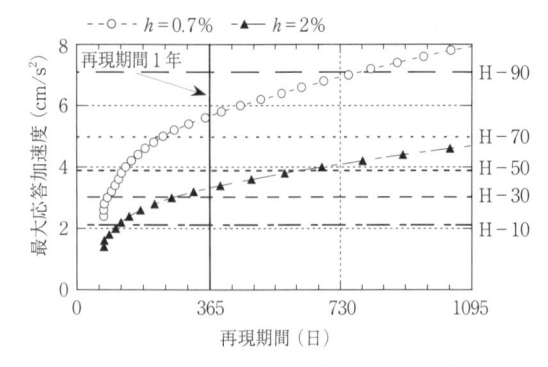

図 10.4.12 再現期間と応答値（風向頻度考慮）

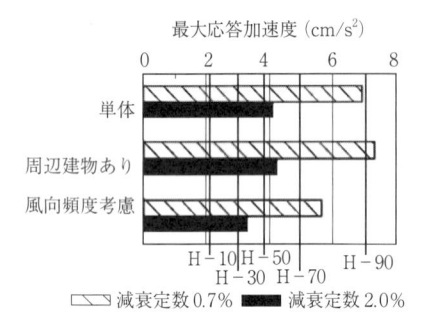

図 10.4.13 風ゆれ評価結果

あるので風洞実験が不可欠である．再現期間を横軸に結果を示すと図 10.4.12 のようになる．

(4) 居住性能の検討

以上より算定した最大応答加速度をまとめて図 10.4.13 に示す．同図の単体とは荷重指針 [2] より算定した結果であるので，周辺建物のない単独建物のある面に再現期間 1 年の風が直角に吹いた場合の解析結果である．これに対し，周辺建物ありの場合，それらの影響で応答値は若干大きくなり，さらに風向頻度を考慮した評価では 2 割程度小さな値が示される．同図に示される H-10～90 の線は居住性能評価指針 [2] で示される知覚確率で，これを 50%（H-50）以下にしたいとの施主の意向で，減衰定数 2% と等価な減衰機構を付加することによりその性能を確保することとした．　　　　　　　　　　　　　　　　［中村　修］

文　献

[1] 日本建築学会，2004，建築物の振動に関する居住性能評価指針・同解説
[2] 日本建築学会，2004，建築物荷重指針・同解説

10.4.7　橋の振動を映画でみたけど

実際に建設された橋が風により振動し，落橋するといった致命的な被害が生じた例は，1940 年の旧タコマナロウズ橋の落橋事故以降，少なくとも技術者が設計・建設にかかわったある程度以上の規模をもつ橋においては生じていないようである．これは，ワシントン大学の Farquharson らによる，旧タコマナロウズ橋の対風振動現象の映画撮影を含む実測および風洞実験による振動現象の解明 [1～3]，さらには落橋の映像に衝撃を受けた世界中の研究者・技術者の原因追求による成果といえる．

すなわち，橋桁や主塔などの風による振動が顕著となる可能性がある長大橋においては，これらの知見をベースとして，主として風洞実験による検討が設計段階において実施され，有害な振動が生じないような空力的・構造的対策を講じてきたことにより，事故の発生が防がれてきたと考えられる．一方，長大斜張橋などのケーブルに対しては，空力振動の発現を精度よく予測することは現在でもむずかしく，風による振動が実際に発現するのを確認してから，ダンパーを設置するなどの対策が採られることがある．

本項では，風による振動が問題となる可能性のある代表的な形式の橋梁について，どのような風洞実験が実施されて耐風性が確保されてきたかについて述べる．また，ケーブルや照明柱など，風による振動が問題となる可能性がある，橋梁の部材や付属物の風洞実験についても簡単に述べる．

なお本項では振動現象を対象とするが，風により作用する風荷重については，どの部材・構造に対しても設計において適切に考慮しておくことが構造物の安全性を確保するために必要不可欠であることにも留意が必要である．

(1) 長大吊形式橋梁

斜張橋や吊橋のようにケーブルで支持された吊形式橋梁においては，構造がフレキシブルとなり固有振動数が低くなるために，風による振動が設計風速よりも低い風速で生じる可能性がある．したがって，既往の知見を整理した経験式 [4] による検討や，より精度の高い結果が得られる風洞

実験による検討が実施される.

吊形式橋梁の耐風性は，桁の空力特性に支配されることから，桁の一部分を切り出した剛体部分模型をばねで支持したものに風を作用させる，いわゆるばね支持実験によって検討されることが多い．構造の一部分のみを模型化することにより，小規模な風洞設備においても縮尺が比較的大きな模型を使用することができ，高欄などの詳細な形状を正確に再現して実験できるのが利点である．ただし，構造特性が実際の橋梁をそのまま模擬していないため，実験における応答振幅から実橋の応答振幅を推定する場合には，相似則を適確に用いて換算する必要があるなど[5]，注意が必要である．

たとえばスパン長が1000 mを超える吊橋や500 mを超える斜張橋といった，非常に長大な橋梁の場合は，耐風性が構造安全性に及ぼす影響が支配的となること，また万一構造物が損傷した場合の社会的な影響が大きいことから，橋梁全体系を模型化した全橋模型実験を実施することがある．全橋模型実験では，大きな測定部をもつ風洞設備が必要となり，模型の製作を含めて実験の実施により大きな費用や手間がかかるが，実橋の挙動を精度よく再現できる模型を製作できれば，耐風性を実際の現象に最も忠実に判断することができる可能性があり，とくに経験がないような規模または構造をもつ橋梁の耐風性を判断する際に実施する意義は大きい．

(2) 長大桁橋

フレキシブルなケーブルで支持された吊形式橋梁だけではなく，桁橋においても，スパン長が100 m程度を超えると，固有振動数の低下により設計風速以下で対風振動が発現する可能性が出てくる．スパン方向に桁高が変化する場合には，代表的な位置における桁断面を用いて製作した剛体部分模型による風洞実験だけでは応答特性を正確に把握できない可能性があるが，全橋模型実験の実施も多くの費用がかかるという問題があり，耐風性の確認のためには的確な判断が要求される．

さらに，経済性から近年建設されることが多くなっている長スパンの鋼I桁橋においては，横構の省略によるねじれ振動数の低下やブラフな断面形状により有害な対風応答が生じやすい傾向があるため，70 m程度のスパン長のものでも注意が必要である．

なお比較的小規模の桁橋においては，経験式[3]による検討によって十分な耐風性が満足されていることが確認されることも多い．

(3) 並列橋

複数の橋梁が平行して架設される並列橋においては，風上側と風下側橋梁の空力的な干渉により，風による振動特性が橋桁の形状や間隔によって複雑に変化する．したがって特性を把握するためには，吊形式橋梁はもちろんのこと，都市内高架橋などのスパンが80 mを超える程度のスパンの桁橋においても，風洞実験を実施する必要がある．部分剛体模型や全橋模型などを用いた実験の実施例が多数ある [6]．

(4) ケーブル

詳細は10.4.8項に譲るが，長大斜張橋のケーブルは風による振動が生じやすく，慎重な検討が必要である．基本的にはダンパーを設置するなどして構造減衰を大きくすることにより振動発現を抑制することができることが多いが，複数のケーブルが平行して設置される並列ケーブルの場合には，構造減衰を大きくしても振動を抑制することができないような強い励振力をもつ振動が発現することがある．剛体部分模型を用いた実験が行われることが多いが，模型端部の詳細によって周辺の流れ特性が変化し，応答特性が大きく変化する可能性があることなどから，風洞実験によって実際の現象を再現するのが最も困難な現象の一つであると考えられる．

(5) 橋梁付属物，部材

強風が作用しやすい海上などの橋梁上に取り付けられた照明柱においては，風による振動が問題となることがある．また，高欄の縦桟などが風により振動し，疲労によって損傷することがある．アーチ橋の吊材が風によって振動し，損傷した例もある．これらについては，現象が発現してから対策が講じられる場合もあるが，事前に風洞実験が行われて対策される例もある [7]．[木村吉郎]

文　献

[1] Farquharson, F.B. et al., 1950-1954, Aerodynamic stability of suspension bridges with special reference to The Tacoma Narrows Bridge, Part I-V, The Structural Research Laboratory, University of Washington

[2] 川田忠樹, 1975, だれがタコマを墜としたか, 建設図書

[3] Scott, R., 勝地弘他訳, 2005, タコマ橋の航跡, 三恵社

[4] 日本道路協会, 1991, 道路橋耐風設計便覧

[5] 山田均, 1995, 耐風工学アプローチ, pp. 84-112, 建設図書

[6] 島賢治ほか, 2002, 遮音壁付き並列高架橋の対風応答メカニズムと空力的制振対策の検討, 構造工学論文集, Vol.48A, pp. 929-938

[7] 土木学会構造工学委員会橋梁耐風設計規準の国際化研究小委員会, 2003, 橋梁の耐風設計－基準と最近の進歩－, pp. 201-203, 土木学会

図 10.4.14　敦賀試験線

10.4.8　雪が降ると，雨が降ると振動が起こる？

雪が降ると着氷雪した送電線がギャロッピング振動を発現したり，雨が降ると斜張橋の傾斜ケーブルにレインバイブレーションが生じたりすることは 4.2.5 項や 4.6.3 項で説明したとおりである．風だけではなく，雪や雨といった自然現象下で生じる空力不安定振動は，一般にきわめて複雑な現象であり，風洞実験で再現することには種々の困難が伴う．

着氷した多導体送電線のギャロッピングを数値解析する場合，一般に準定常理論を用いて空気力を評価する場合が多い（たとえば [1]）．その際，着氷した多導体送電線における 2 次元断面の静的空気力係数が必要となり，抗力係数，揚力係数，ピッチングモーメント係数は，通常の風洞実験と同様の方法で計測可能である．ただし，着氷雪の形状は，実際の送電線もしくは試験線における屋外観測によって，測定された形状をもとに決定されることが多い．また，実際の送電線に作用する空気力は非線形であり，準定常理論だけで説明できない可能性もある．そのため，大振幅時の空気力を測定するために，着氷した多導体送電線の 2 次元剛体モデルを風洞内で強制加振し，非定常空気力を測定する試みも行われている [2]．その他，着氷していない場合であるが，通常の送電線の弾性体模型を風洞内に設置して試験することもある．

一方，斜張橋ケーブルのレインバイブレーションの場合は，降雨時の空力振動であるため，ケーブルの部分剛体模型を風洞内に傾斜させて弾性支持し，風洞内に雨を降らせて水路を再現して実験する試みが行われている（たとえば，[3, 4]）．一般に，レインバイブレーションの発生メカニズムを検討するための風洞実験としては，斜張橋ケーブルの剛体模型を用いた自由振動実験もしくは静的空気力，非定常空気力，非定常圧力などを測定する実験などがあり，雨の影響は，人工的な水路を模型表面につけることで模擬することが多い（たとえば [5]）．ただし，以上のような風洞実験によって，レインバイブレーションの特性はある程度解明されているものの，傾斜ケーブル周りの空気の流れは，きわめて複雑であるため，いまだ不明な部分も数多く残されている．

着氷した多導体送電線のギャロッピングや斜張橋ケーブルのレインバイブレーションは，雪，氷，雨といった自然現象が複雑に絡んだ現象であり，通常の風洞実験だけで，これらの現象解明を行うことは非常に困難である．したがって，とくに多導体送電線の場合は，実規模試験線による空力振動の観測が行われている（たとえば [6]）．送電線への着氷は，人工着氷させる場合と，自然着氷下で観測できる実規模試験線もある（図 10.4.14）．また斜張橋傾斜ケーブルにおいても，大型傾斜ケーブル模型を屋外に設置し，実際の風雨下で観測する試みも行われている [7]．

［八木知己］

文 献

[1] 山口宏樹, 謝 旭, 雪野昭寛, 1998, 多導体送電線のギャロッピング特性に関する考察, 第15回風工学シンポジウム論文集, pp. 563-568

[2] Kimura, K., Inoue, M., Fujino, Y., Yukino, T., Inoue, H. and Moriyama, H., 1999, Unsteady forces on ice-accreted four-conductor bundle transmission line, Proceedings of the Tenth International Conference on Wind Engineering, Wind Engineering into the 21st Century, pp. 467-472

[3] Hikami, Y. and Shiraishi, N., 1988, Rain induced vibrations of cables in cable stayed bridges, *J. Wind Engineering and Industrial Aerodynamics*, **29**, pp. 409-418

[4] Honda, A., Yamanaka, T., Fujiwara, T. and Saito, T., 1995, Wind tunnel test on rain-induced vibration of the stay-cable, Proceedings of International Symposium on Cable Dynamics, pp. 255-262

[5] 松本勝, 白石成人, 北沢正彦, 辻井正人, 平井滋登, 1988, 傾斜円柱の空力振動特性ーケーブル Rain Vibration との関連性ー, 第10回風工学シンポジウム論文集, pp. 139-144

[6] 雪野昭寛, 澤田純, 長谷祐児, 武田浩三, 太田吉彦, 藤野陽三, 山口宏樹, 2001, 送電ケーブルのフィールド観測とフィールド実験, 日本風工学会誌, **86**, pp. 95-105

[7] 松本勝, 白土博通, 八木知己, 酒井精一郎, 大谷純, 岡田太賀雄, 2002, 風洞実験及び屋外動態観測に基づく傾斜ケーブルの空力振動現象に関する研究, 第17回風工学シンポジウム論文集, pp. 369-374

11 数値解析

11.1 離散化方程式と解法

11.1.1 離散化手法

　風工学で流体計算を実施するうえで重要な基礎方程式として，流れをオイラー的に取り扱うことから得られた非圧縮性のナビエ-ストークス方程式があげられる．この運動量保存の基礎方程式は，基本的には移流項，圧力項，粘性項などから構成される時間・空間の偏微分方程式，非線形であることから解を求めるには理論的に困難で，流体計算とよばれる近似解法が用いられることになる．その場合，微分方程式は時間・空間で離散的に定義された物理量を変数とする代数方程式で表され，解を得る際，計算機で取り扱うことが可能となる．これらの近似する方法としては，重要なものとして差分法，有限体積法，有限要素法の三つがあげられる［1］．どの方法でも十分に細かく離散化すれば同じ解が得られることから，これまで風工学で用いられた流体計算の例が，単独の物体周りの流れなどの比較的単純な問題がほとんどで，解像度が十分な計算例ではそれぞれの手法の特徴が十分に活かされていたとはいいがたい．しかし最近では，流体計算の適用範囲が大きく広がり，その対象とする形状もますます複雑なものとなっている．その場合，必然的に形状を表現するための離散点数が少なくなってくるため，離散化手法の選定は重要な意味をもつようになっている．

　差分法は，微分方程式を構成する微分項（導関数）に対して，テーラー展開を用いて，高次の項を無視しながら離散点での変数の関係式を表するる離散化手法である．あるいは，いくつかの離散点の間を多項式で補間しながら，微分方程式に従って離散点での変数の連立線形方程式を導くといった考え方もできる．差分法では，テーラー展開を用いて導入する過程で，打ち切り誤差の評価が可能で，精度の次数が判定できる．展開の幅を変えた近似式の導入を増やしながら打ち切り誤差を低次のものから消去し，高次精度の差分式を導くことができる．一般に高次精度であるほど差分式の離散点は増えることになる．また打ち切り誤差を構成する微分項の次数に基づき，数値解の性質を判断するための修正方程式を求められることから，数値解が包含する離散化に伴う粘性および分散性などの効果をある程度推定することができる．また，任意形状周りの流れを解析する際の曲線座標系への展開も，メモリー負荷となるメトリックを構成しやすいため容易である．以上，差分法は定式化およびその取扱いが容易で，風工学においてもさまざまな実用問題に展開されることが期待されている．しかしながら，支配方程式が本来要請している各種物理量の保存則，あるいは非圧縮性流体を取り扱う上での，流速と圧力のカップリングに関するアルゴリズムの問題から解の精度を悪化させる場合もあり，差分法の適用にあたっては十分な注意が必要となる．

　一方，有限体積法は，支配方程式がそもそもその積分形において要請する保存則を重視し，計算格子の界面での周囲積分に対して保存則が成立するように定式化している［2］．格子界面における移流による流入・流出を示す流束と，拡散による生成・消失の効果を表す流束に対して格子領域ごとの保存則を考える．その際，近似関数を仮定

表 11.1.1 離散化手法の特徴

離散化手法	差分法	有限体積法	有限要素法
基本原理	微分項の差分近似	格子界面での流束の収支	弱定式化と補間
格子	構造格子	構造格子，非構造格子	非構造格子
上流化	上流差分	上流化された数値流束	SUPG法，安定化法

し，重み関数を極端に単純化した［たとえば1］重みつき残差法の一種であるという考え方から，一つの格子領域ごとに代数方程式が得られるものと解釈することができる．保存則を満たしていることから，数値解において極端な破綻を避けることが比較的可能である．また，計算格子の形状も任意にすることが可能で複雑な形状周りの流れを取り扱うことができる方法である．ただし，界面での物理量に関する高次精度の定式化に対して，保存則に対する本来の特徴を失わないように注意する必要がある．物理量の定義点が界面にないとき，界面の物理量に対し，内挿によって対応することが一般に行われる．界面の流速を上流化することによって安定化される．こういった手法は補間法［3］とよばれ，導関数の差分あるいは補間に対して高次精度化を行い，乱流を対象とした解析において，近年発展が著しい各種の高度な乱流モデリング技術と結びつけることから風工学でたびたび登場する複雑乱流場の構造を解明するための成果を数多くあげている［1］．

最後に，有限要素法は重みつき残差法の概念を導入して，任意形状の計算メッシュに対する内挿関数を用い，弱定式化で線形方程式を構成する離散化手法である．数学的な取扱いに基づき，非圧縮性流体における圧力の解釈が慎重になされている．流速と圧力を同時に解く形で離散化した場合，圧力には時間微分項が存在しないため，代数方程式の対角成分に0が入る．この方程式から安定な解を得るために解の一意性が要求され，LBBK（Ladyzhenskaya-Babuska-Brezzi-Kikuchi）条件［4］が与えられる．この条件より，有限要素近似の補間関数は，流速のほうが圧力より高次であることが求められる．計算メッシュの形状に対する任意性は，解析対象の複雑形状を許容する．一方，計算機内での配列に対する不規則な参照要求から，ベクトル化などにある計算効率の飛躍的な向上が期待できず，これまで計算例としては，多くのメッシュ数を必要としないものに限られていた．一方，メッシュ数が少ないながらも，レイノルズ数が高い場合の解析もめざされ，その場合，差分法同様，数値的な意味での安定化技法が必要となり，それに関して各種の方法が提案されている．重み関数を上流化させ，移流方向に人工的な拡散効果を導入したSUPG（streamline upwind Petrov Galerkin）法［5］が代表的な方法としてあげられる．上流化の程度を表すパラメーターが存在するが，近年，より一般化するために安定化項を最小二乗近似から決定するGLS（Galerkin least square）法［6］が提案され，多く用いられている．ただしこの場合も数値安定化は，数値解に大きな誤差を招く可能性があり，やはり，適用にあたっては十分な注意を要する．最近になって，格子スケールフィルタリングに基づく乱流モデリング技術が有限要素法でも模索されはじめ，その発展の期待は大きい．また，風工学で重要である連成振動問題に関しては，従来のALE（arbitrary Lagrangian-Eulerian）法［7］から，時間方向への有限要素法的な考え方も導入されて，DSD/SST（deforming-spatial-domain/stabilized space-time）法［8］による応用例も提示されている．今後，複数の複雑な形状物体が，複雑な配置でかつその相互位置が時間的に変化するような問題も解析対象になりつつあることを考えると，こういった技術の発展も期待される．以上，差分法，有限体積法，有限要素法の特徴をまとめ，表11.1.1に示す［1］． ［田村哲郎］

文　献

［1］ 日本建築学会，2005，建築物の耐風設計のための流体計算ガイドブック
［2］ Ferziger, J. H. and Peric, M., 2002, Computational method for fluid dynamics（3rd. rev. ed.），Springer-Verlag
［3］ 梶島岳夫，1999，乱流の数値シミュレーション，養

賢堂
[4] 菊池文雄, 1994, 有限要素法の数理, 培風館
[5] Franca, L. P., Frey, S. L. and Hughes, T. J. R., 1992, Stabilized finite element methods : II. The incompressible Navier-Stokes equations, *Computer Methods in Applied Mechanics and Engineering*, **99**, pp. 209-233
[6] Brook, A. N. and Hughes, T. J. R., 1982, Streamline upwind/Petrov Galerkin formulations for convection dominated flows with particular emphasis on incompressible Navier-Stokes equations, *Computer Methods in Applied Mechanics and Engineering*, **32**, pp. 199-259
[7] Hirt, C. W., Amsden, A. A. and Cook, J. L., 1974, An arbitrary Lagrangian-Eulerian computing method, *J. Computational Physics*, **14**, pp. 227-253
[8] Tezduyar, T. E., Behr, M. and Liou, J., 1992, A new strategy for finite element computations involving moving boundaries and interfaces—the deforming-spatial-domain/space-time procedure : I. The concept and the preliminary numerical tests, *Computer Methods in Applied Mechanics and Engineering*, **94**, pp. 339-351

11.1.2 非圧縮性，圧縮性流体解析（浮力流れを含む）

音速に対する流れの代表速度の比であるマッハ数が約0.3未満の場合，特殊な場合を除いて，流体の運動に伴う密度の変化は無視することができ，このような流れを非圧縮性流れとよぶ．一方，マッハ数が0.3以上の高速な流れでは流体の運動に対する密度変化を考慮する必要があり，このような流れを圧縮性流れとよぶ．非圧縮性流れと圧縮性流れとではその数値解析手法は大きく異なるが，常温（20℃）の空気の音速は約340 m/sであり，また，水の音速は約1400 m/sであるため，建築学，土木工学で現れるほとんどの流れは非圧縮性流れとして取り扱うことができるので，本項では非圧縮性流れの数値解法を中心に解説する．また，比較的低速の流れであっても，冷暖房時の室内気流のシミュレーションや火災のシミュレーションにおいては，温度変化に伴う流体の密度の変化を考慮する必要がある．このような浮力流れの数値解析方法に関しても概説する．

(1) 非圧縮性流れの数値解析

流体の質量保存則（連続の式）において密度が変化しないという非圧縮条件（$D\rho/Dt = 0$）を適用すると，非圧縮性流れに対する連続の式 div $\boldsymbol{u}$ = 0 が得られる．非圧縮性流れの数値解析では，流体の密度や粘性係数などは既知量であるとして，与えられた初期条件および境界条件の下，運動量の保存則（運動方程式）であるオイラー方程式またはナビエ-ストークス方程式と非圧縮性流れの連続の式 div $\boldsymbol{u}$ = 0 を基礎方程式として，圧力ならびに流速成分を求める．温度分布を求める場合には別途エネルギー方程式を解く必要があるが，浮力の影響を考慮する必要がある場合を除いて，エネルギー方程式は連続の式と運動量の式とは独立して解析することができる．

非圧縮性流れと圧縮性流れの数値解法上の大きな違いは，圧力の計算方法にある．圧縮性流れの場合には，連続の式，運動方程式，エネルギー保存式のすべてが時間発展型になっており，圧力はすべての式を連立させた方程式を解いた結果から，気体の状態方程式により決定される．これに対して，非圧縮性流れでは，連続の式に時間微分項は含まれず，連続の式を満たすように瞬時瞬時の圧力場と速度場を決定しなければならない．連続の式と運動量式とを連立させて，これらを同時に満たす解を求めることも可能であるが，係数行列が非常に大きくなり，数値解析上の困難を伴う．このため，一般には速度場と圧力場とを分離して扱う解法が用いられる．これらのうち，代表的なものとしては，運動量式の発散と連続の式とから導かれる圧力のポアソン方程式を解く fractional step 法，SMAC 法などの MAC 系の解法や，ポアソン方程式を解く代わりに，連続の式を満たすように流速と圧力を反復的に修正する ABMAC 法や SIMPLE 法系の解法などがある．さらにそれらの発展系，改良型として種々の手法が提案されている．そのほか，人工的な（擬似的な）圧縮性を導入することによって，連続の式を時間進行の形に変形した上で圧縮性流れの数値解法を用いる，擬似圧縮性解法も用いられている．これらのアルゴリズムは圧力場の解析に関するものであるが，空間的な離散化方法としては，差分法，有限体積法，有限要素法などが用いられており，一方，時間積分の方法としてはオイラー陽解法，オ

イラー陰解法，ルンゲクッタ法などの手法が用いられる．

非圧縮性流れの解析においては，圧力を決定する段階，すなわち，圧力のポアソン方程式の求解もしくは圧力・流速の反復修正にかかわる計算が計算負荷の大半を占めるため，大規模計算においてはとくに，この段階の計算を高速化することが必須である．そのため，共役勾配法系の反復法やマルチグリッド法など高速な解法が用いられる．なお，非圧縮性流れの数値解析法としては，上記のようなオイラー的な視点に基づく解法以外に，渦法や粒子法などのラグランジュ的な視点に基づく解析方法も用いられているが，紙面の制約によりこれらの説明は割愛する．

(2) 圧縮性流れの数値解析

コンサートホールの音響解析や爆風（デトネーション）の解析では，波動として伝播する音波や衝撃波を求めることが重要となり，これらの解析のためには圧縮性流れの数値解法を用いる必要がある．粘性を考慮しない圧縮性流れの基礎式であるオイラー方程式は，圧力，エントロピー，渦度などの擾乱が特性線に沿って伝播することを表す波動型の方程式の特徴を有している．したがって，圧縮性流れの数値解析では物理量の特性線上の伝播を高精度に解析することが重要であり，とくに，対流項の取り扱い方に関してさまざまな手法が研究されている．たとえば，特性線上の伝播を考慮した高次風上差分法やコンパクトスキームなどの計算効率の高い高精度差分法と高次のフィルタリングを組み合わせる方法などが用いられている．また，衝撃波を伴う流れの解析のためには，数値計算上の安定性と計算精度の両方を考慮することが重要となり，TVD（Total Variation Diminishing）法などの手法が開発されている．一方，時間積分法には陽解法と陰解法があり，前者はクーラン数を1以上にとれないが計算が容易であるという特徴をもち，後者は陽解法に比べ計算量が多くなるがクーラン数を大きくとれるという特徴をもつ．圧縮性流れの数値解析では陰解法のほうが一般的に広く用いられており，積分精度を上げるために，ニュートン反復法などが併用されている．

(3) 浮力流れの数値解析

室内気流，火災，および，密度成相流れなどの解析においては，温度差による密度変化を考慮する必要がある．このために圧縮性流れの数値解析手法を用いることも可能である．しかし，圧縮性流れの数値解析では，前述のように波動の伝播を直接計算することになるため，流れの代表速度が音波の伝播速度，すなわち，音速と比較して小さい場合は，速さスケールの大きく異なる特性量を同時に解析することになり，数値解析が困難になってしまう．このため，ブジネスク近似を用いて，密度差による加速度項のみを重力方向の運動方程式に付加し，密度を一定とした非圧縮性流れとして解析するのが普通である．また，密度差が10%以上になる場合は，気体の状態方程式を連立させる必要があるが，状態方程式における圧力を一定と仮定し，密度と絶対温度との積が一定であるという近似を導入して解析を行う場合が多い．このようにすることにより，気体の弾性波（音）を直接扱う必要がなくなり，非圧縮性流れの場合とほとんど同じ数値解析手法を用いることが可能となる．

［加藤千幸］

文　献

[1] 大橋秀雄，1990，流体力学（1），コロナ社
[2] 数値流体力学編集委員会編，1995，非圧縮性流体解析，数値流体力学シリーズ1，東京大学出版会
[3] 梶島岳夫，1999，乱流の数値シミュレーション，養賢堂
[4] 小林敏雄編集委員長，2003，数値流体力学ハンドブック，丸善

11.1.3　渦法解析

渦法（vortex method）は，流れ場の連続的な渦度の分布を多数の微小渦要素によって離散的に表し，渦度輸送方程式を数値的に解いて各渦要素の保有する渦度変化を時々刻々捉えながら，流れに乗った渦要素の移動と渦度の粘性拡散を追跡することにより，流れを非定常解析するラグランジュ的解析法の一つである．その特徴は，流れ場の格子形成が不要である，RANSタイプの乱流モデルが不要である，移動・変形境界が自在に取

り入れられるなど，他の数値計算法にはみられない利点があり，次世代のCFDを担う有力な解析法として注目されている [1]．

ビオ-サバール（Biot-Savart）則に基づく渦法の基礎式は，非圧縮性粘性流れに対する渦度輸送方程式と一般化されたビオ-サバールの式から成っている．

$$\frac{\partial \omega}{\partial t} + (u \cdot \text{grad})\omega = (\omega \cdot \text{grad})u + \nu \nabla^2 \omega \quad (11.1.1)$$

$$u = \int_V \omega_0 \times \nabla_0 G dv + \int_S [(n_0 \cdot u_0) \cdot \nabla_0 G - (n_0 \times u_0) \times \nabla_0 G] ds \quad (11.1.2)$$

ここで，u および ω はそれぞれ速度ベクトルおよび $\omega = \text{rot}\, u$ で定義される渦度ベクトルを表す．添え字 $_0$ は，位置 r_0 における変数，微分および積分を表し，n_0 は r_0 を含む境界面上 S における法線方向ベクトルである．また G は，スカラーラプラス方程式の基本解であり，2次元および3次元流れ場においてそれぞれ $G = -(1/2\pi)\ln(1/R)$，$G = 1/(4\pi R)$ で与えられる．ただし，$R = r - r_0$ および $R = |R|$ とする．

流れ場に存在する渦度の分布は多数の離散的な渦要素の分布によって近似的に表され，移流による個々の渦要素の位置は，時々刻々次式を数値積分することにより求められる．

$$\frac{dr}{dt} = u \quad (11.1.3)$$

ここで式 (11.1.3) 右辺の u は，式 (11.1.2) で表されたビオ-サバールの式より直ちに求めることができる．

一方，各渦要素が保有する渦度の時間変化率 $d\omega/dt$ は，式 (11.1.1) のラグランジュ的表現として次式で表される．

$$\frac{d\omega}{dt} = (\omega \cdot \text{grad})u + \nu \nabla^2 \omega \quad (11.1.4)$$

式 (11.1.4) の右辺第一項は移流に伴う渦度の伸縮や方向変化による渦度ベクトルの変化を表す．ただし，2次元流れでは，右辺第一項は恒等的に零となる．また，右辺第二項は粘性による渦度の生成および拡散を表し，この項の数値計算モデルとしてランダムウォーク（random walk）法 [2]，渦核拡散（core spreading）法 [3, 4]，拡散速度法 [5] が提案されている．ある時刻における渦要素の分布が定まると，式 (11.1.2) および粘性拡散モデルを用いて式 (11.1.4) の右辺の値が計算され，各渦要素の移流に伴う次の時刻における新たな渦度が計算される．

圧力の計算は，次式に示すベルヌーイ関数に関する積分方程式 [6] を解くことにより流れ場に計算格子を設けることなく任意の時刻の圧力場を解析することができる．

$$\beta H + \int_S H \frac{\partial G}{\partial n} ds = -\int_V \nabla G(u \times \omega) dv - \int_S \left\{ G \cdot n \cdot \frac{\partial u}{\partial t} + v \cdot n \cdot \nabla G(\nabla G \times \omega) \right\} ds \quad (11.1.5)$$

ここに β は，領域内で1であり，境界面上で1/2である．また H は，ベルヌーイ関数であり $H = p/\rho + |u|^2/2$ で定義される．式 (11.1.5) の右辺は，流れ場の渦度および速度分布が求まれば既知の値である．したがって，式 (11.1.5) を離散化して数値積分すれば，境界壁面上の H に関する連立方程式となり，これを数値的に解いて境界壁面上の H が求まる．境界上の H が定まれば，あらためて式 (11.1.5) を用いて物体表面のみでなく流れ場の任意の位置での圧力 p を計算することができる．

渦法では導入渦の挙動を時間的に追跡するので，渦度の離散化スケールとしていわゆる乱流のコルモゴロフスケールに相当する渦コアスケールの微細渦要素（eddy）を大量に流れ場に導入すれば乱流を直接解析できる．しかし，高レイノルズ数流れにおいては，乱れのエネルギー散逸まで解像度を維持できるほどの微細な渦要素を多数導入することは容易ではない．渦コアスケールより小さい乱れスケールの影響を考慮するために，差分法や有限要素法における large eddy simulation（LES）のモデル化と同様に，渦粘性に基づく LES モデルを適用した例が Leonard と Chua [7]，井澤，木谷 [8]，Mansfield ら [9, 10] によって報告されている．一方，渦法では微小な渦要素相互の非定常で非線形な相互作用が考慮されているので，すでに LES モデルとしての基本アルゴ

リズムは考慮されており，さらに微小なスケールをもつ渦要素の非定常なエネルギー散逸をいかにモデル化するかが重要であることから，伸張・近接した渦要素を取り除く，ヘアピンリムーバル (hairpin removal) 法が Chorin [11, 12] により提案されている．渦法の LES モデルとしてはこのような渦要素の分離合体モデルや再配列モデルが合理的で有望であり，最近 Cottet ら [13] は，再配列を用いた渦法による等方性乱流ほかの解析結果を DNS 差分スペクトル法による乱流解析結果と比較した．等方性乱流の乱れエネルギースペクトルの時間発展およびある時刻における等渦度コンターの比較から，乱流特性はもとより計算時間を含めて渦法はスペクトル法に勝るとも劣らない解析法であることが明らかにされている．

差分法や有限要素法のような領域型解析法が苦手とする非定常で高レイノルズ数流れへの適用が進み，水平軸風車非定常流れ [13]，はく離を伴う非定常強制熱伝達流れ [15]，渦流れによる振動・騒音 [16] の解析などに応用されている．また，圧縮性流れへの適用 [17] や燃焼流れ解析への拡張 [18] に関する研究も始まっている．

[亀本喬司]

文 献

[1] 亀本喬司，木田輝彦，2003，渦法の現状，日本機械学会論文集，B 編，**88**，pp. 34-56
[2] Chorin, A.J., 1973, Numerical Study of Slightly Viscous Flow, *J. Fluid Mech.*, **57**, pp. 785-796
[3] Leonard, A., 1980, Vortex Methods for Flow Simulations, *J. Comp. Phys.*, **37**, pp. 289-335
[4] Nakanishi, Y. and Kamemoto, K., 1992, Numerical Simulation of Flow around a Sphere with Vortex Blobs, *J. Wind Engngineering and Industrial. Aerodynamic*, **46**, **47**, pp. 363-369
[5] 大上芳文，赤松映明，1989，粘性拡散モデルによるレイノルズ数依存性離散拡散渦法，日本機械学会論文集 B 編，**55**-110，pp. 2283-2290
[6] Uhlman, J. S., 1992, An integral equation formulation of the equation of motion of an incompressible fluid, Naval Undersea Warfare Center T. R. 10-086
[7] Leonard, A. and Chua, K., 1989, Three-Dimensional Interactions of Vortex Tubes, *Physica. D*, **37**, pp. 490-496
[8] 井澤精一郎，木谷勝，1999，渦法における乱流モデル，日本機械学会論文集 B 編，**65**-630，pp. 581-589
[9] Mansfield, J.R., Knio, O.M. and Meneveau, C., 1998, A Dynamic LES Scheme for the Vorticity Transport Equation: Formulation and a priori test, *J. Comp. Phys.*, **145**, pp. 693-730
[10] Mansfield, J.R., Knio, O.M. and Meneveau, C., 1999, A dynamic LES of colliding vortex ring using a 3D vortex method, *J. Comp. Phys.*, **152**, pp. 305-345
[11] Chorin, A.J., 1990, Hairpin removal in vortex interactions, *J. Comp. Phys.*, **91**, pp. 1-21
[12] Chorin, A.J., 1993, Hairpin removal in vortex interactions, *J. Comp. Phys.*, **107**, pp. 1-9
[13] Cottet, G.H., Michaux, B., Ossia, S. and VanderLinden, G., 2002, A comparison of spectral and vortex methods in three-dimensional incompressible flows, *J. Comp. Phys.*, **175**, pp. 702-712
[14] 小島成，亀本喬司，2001，渦法による水平軸風車周りの非定常流れの解析，ターボ機械，**29**-5, pp. 311-319
[15] 中村元，亀本喬司，2001，渦および熱要素法による円柱まわりの非定常熱伝達解析，日本機械学会論文集 B 編，**67**-662, pp. 2525-2532
[16] Iida, A., Kamemoto, K. and Ojima, A., 2001, Prediction of aerodynamics sound spectra by using an advanced vortex method, Proceedings of the 2nd International Conference on Vortex Methods, Istanbul, Sep. 26-28, pp. 211-217
[17] Eldredge, J.D., Colonius, T. and Leonard, A., 2002, A vortex particle method for two-dimensional compressible flow, *J. Comp. Phys.*, **179**, pp. 371-399
[18] Lakkis, I. and Ghoniem, A.F., 2003, Axisymmetric vortex method for low-Mach number, diffusion-controlled combustion, *J. Comp. Phys.*, **184**, pp. 435-475

11.1.4 非線形連立方程式の数値計算アルゴリズム

流体力学の数値解析においては，非線形方程式を解くことになり，その解法には，一般に反復解法が用いられている．非線形連立方程式の係数には，未知数が含まれるため 1 回の計算では厳密解を得られず，これを反復解法によって厳密解に近づけてゆく解法である．流体計算においては，連立方程式の解法の計算時間が，全計算時間の大部分を占める．そのため，この解法が高速であることが重要である．従来から，SOR 法（successive over relaxation method）や ADI 法（alternate direction implicit method）などが用いられているが，並列計算，ベクトル計算むきの計算方法として共役勾配法がよく利用されている．ここでは，前処理つき共役勾配法とよばれる解法を示す．

(1) 共役勾配法

共役勾配法（CG法）は，最急降下法（steepest descents）の収束性の悪さを改良する方法の一つとして提案された．これは，行列 A が対称であるときに，

$$r = b - A\phi$$

を反復解法によって 0 に近づけることを目的としている．ここで，r は残差を表す．共役勾配法は，数学的には有限回の反復計算により，厳密解を得ることができるが，実用的な計算においてはこの反復回数は非常に大きくなるので，一定の収束条件により反復回数は打ち切られる．

以下がこの CG 法の計算手順である．
① 初期化．ϕ^0 を決める
② $p^0 = r^0 = b - A\phi^0$ を計算する
③ 繰り返し計算．i を繰り返しの回数とする
④ $\alpha^i = \dfrac{(r^i, r^i)}{(p^i, Ap^i)}$
⑤ $\phi^{i+1} = \phi^i + \alpha^i p^i$
⑥ $r^{i+1} = r^i - \alpha^i A p^i$
⑦ $\beta^i = \dfrac{(r^{i+1}, r^{i+1})}{(r^i, r^i)}$
⑧ $p^{i+1} = r^{i+1} + \beta^i p^i$
⑨ 解が収束するまで ③〜⑧ の計算を繰り返す

この CG 法は他の LU 分解法などの直接解法と比較すると，計算量が減少する．CG 法の行列 A は対称行列であることが条件であるが，この行列 A が非対称行列である場合に用いる解法には，BCG 法や，CGS 法 [1]（conjugate gradients squared method），CGSTAB 法 [2] がある．

(2) CGSTAB 法 （Bi-CG-Stable 法）

これは CGS 法の欠点といわれる，収束の不安定性を改良したものである．以下に，CGSTAB 法の計算手順を示す．
① 初期化．ϕ^0 を与える．
② $r^0 = b - A\phi^0$ を計算
③ $\rho^0 = \alpha = \omega^0 = 1$
④ $v^0 = p^0 = 0$
⑤ 繰り返し計算．i を繰り返しの回数とする
⑥ $\rho^i = (r^0, r^{i-1})$
⑦ $\beta = \left(\dfrac{\rho^i}{\rho^{i-1}}\right)\left(\dfrac{\alpha}{\omega^{i-1}}\right)$
⑧ $p^i = r^{i-1} + \beta(p^{i-1} - \boldsymbol{\omega}^{i-1} v^{i-1})$
⑨ $v^i = Ap^i$
⑩ $\alpha = \dfrac{\rho^i}{(r^0, v^i)}$
⑪ $s = r^{i-1} - \alpha v^i$
⑫ $t = As$
⑬ $\omega^i = \dfrac{(t, s)}{(t, t)}$
⑭ $\phi^i = \phi^{i-1} + \alpha p^i + \omega^i s$
⑮ $r^i = s - \omega^i t$
⑯ 解が収束するまで ④〜⑮ を繰り返す

ここで述べた CG 系の解法は，他の解法に比べて並列化，ベクトル化が容易で，大型計算機での数値解析において高速であることが知られている．

(3) 前処理

CG 法の収束を早くする目的で，上記のアルゴリズムの中に前処理（preconditioning）とよばれる手順が追加される．具体的には，CG 法においては，前述の手順の ⑥，⑦ の間に

$$z^{i+1} = K^{-1} r^{i+1}$$

という前処理行列 K に関する行列計算（前処理）が入り，⑦ が

⑦ $\beta^i = \dfrac{(r^{i+1}, z^{i+1})}{(r^i, z^i)}$

になる．この前処理においては，前処理行列を適切に選ぶことが重要である．前処理行列には，多くの形が提案されている．有名なものには対象行列の場合には，不完全コワレスキー分解（Cholesky factorization），非対称な行列においては，不完全 LU 分解 [3] などがあげられる．

［荒川忠一・有賀清一］

文　献

[1] Sonneveld, P., 1989, CGS-A fast Lanczos-type solver for nonsymmertic linear system, *SIAM J. Sci. Stat. Comput.*, **10**, 1, pp. 36-52
[2] Van Der Vorst, H.A., 1992, A fast and smoothly converging variant of Bi-CG for the solution of nonsymmetric linear systems, *SIAM J. Sci. Stat. Comput.*, **13**, 2, pp. 631-644
[3] Stone, H.L., 1968, Iterative Solution of Implicit Approximations of Multidimensional Partial

Differential Equations, *SIAM J. Numer. Anal.*, **5**, pp. 530-558

11.1.5 並列計算

流体の数値解析において，計算にかかる時間はつねに検討されるパラメーターである．計算機の計算速度は日進月歩の加速をみせているが，本格的な数値解析を行うには膨大な時間を必要とする．そこで，計算を速くする方法が模索され，ここで取り上げる並列計算がよく用いられる．有名な Moore's Law では経験則として半導体の性能は 18～24 カ月で倍になるとしている．しかしながら，単純計算では二つの計算機を並列に動作させれば，上記の 1.5～2 年を待たずに 2 倍の性能の計算機を手に入れることができる．

並列計算を実装する方法は，アーキテクチャーによっていくつか存在する．ここでは，その代表的な例を示す．

(1) 計算機のアーキテクチャー

(a) 共有メモリー SMP (symmetric multi-processor) ともよばれる．複数の CPU を搭載した計算機のことである．この方式の特徴はメモリー空間が一つであることである．そのため，プロセス間の通信 (inter process communication, IPC) には，メモリーへの入出力とシグナルを用いることができる．これは，TCP/IP を使う方法などに比べて，高速である．ただし，一つの計算機に搭載できる CPU やメモリーの量には上限があるため，大規模な並列計算機をこの方式だけで構成することはできない．

(b) 分散メモリー これは，複数のメモリー空間で計算機を構成する方法である．超並列計算機や PC クラスターなど，大規模な数値解析に用いられる並列計算機はこのアーキテクチャーを採用することが多い．計算ノードを大量に高速なネットワークで繋ぐことで，高速な並列計算機を構成することができる利点がある．共有メモリーの場合にあった，CPU 数やメモリー容量の制限もない．ただし，IPC にネットワーク通信が必要となるので，並列計算の実装は多少複雑になる．

ここでは，2 種類に並列計算機を分類したが，たとえば実際は複数の計算機であっても，メモリーを共有する NUMA (non-uniform memory architecture) のようなアーキテクチャーなども存在する．二つのアーキテクチャーを比較すると，前者は小規模な並列計算機に向き，後者は大規模並列計算機に最適であるといえる．多くの大規模並列計算機では，分散メモリーと共有メモリーの両方を採用している．たとえば，地球シミュレーターにおいては，8 個の CPU を搭載した共有メモリー型並列計算機をノードとして，これを 640 台ネットワークで接続することで，分散メモリー型並列計算機を構成している．

(2) 通信方法

並列計算には，本質的に単一プロセッサーによる計算と異なる点がある．それは，自明なことであるが，複数のプロセスの間での通信が必要であるという点である．ここでは，通信を実装する代表的な方法をあげる．

(a) スレッド・共有メモリー これは，単一のプロセスの中にスレッドとよばれる実行単位を複数動作させる手法である．ウィンドウシステムを使ったアプリケーションなど，数値解析以外の場面で多用されている．共有メモリー型の並列計算機では，共有メモリーとシグナルを使った通信によって並列処理を行うこともできる．Unix 系 OS の場合，これらはシステムコールとして実装されており，Unix 系であればある程度の互換性がある．すでに述べたが，共有メモリー型の並列計算機は大規模な並列計算機を構成することができないため，これらの通信方法で実装できるのは小規模な並列計算に限られる．

(b) ネットワーク 分散メモリー型並列計算機で用いられる通信方法である．ネットワークでノード間を繋ぎ，おもに TCP/IP による通信を行う．汎用性と拡張性があり，大規模な計算機での並列計算の実装に向いている．この方法を使った極端な例としては，インターネットを使って複数の計算機を結ぶことで，仮想的に高性能な並列計算機をつくる，グリッドコンピューティングが研究されている．ただし，グリッドコンピューティングは，プロセッシングエレメントどうしの通信

が多い流体計算には向かないこともある.

(c) 並列計算ライブラリー 前述の通信方法はプリミティブなものであり,より抽象化された通信方法の根底にあるものであり,必要ならば利用される.しかしながら,これらは単純であるために,数値解析の研究者が直接扱うには,使い勝手が悪い.並列計算ライブラリーは,そのような煩わしさから解放されるための非常によいツールである.多くの並列計算ライブラリーでは,複数ノードでのプロセスの実行,通信の初期化,データの送受信,同期などの計算に必要な処理を簡単な関数呼び出しに置き換えている.

(d) MPI MPI(message passing interface)[1]は,並列計算の通信部分を担うライブラリーの規格である.現在はMPI-2.0まで策定されている.MPIに準拠したライブラリーには,通信の初期化からデータ転送,同期など,並列計算に必要な処理は関数として用意されているため,この点での煩わしいプログラミングの必要がなくなる.また,計算機アーキテクチャーの違いも,各アーキテクチャー用につくられたMPI準拠のライブラリーを用いることで,ライブラリーの実装側に吸収され,計算機利用者はとくに意識せずに,他のアーキテクチャー上で開発された並列計算であっても,同様に動かすことができる.MPI準拠のライブラリーは,並列計算用としては,最も多用されているライブラリーである.

(3) 並列計算の効率

並列計算においては,単一プロセッサーによる計算と違い,プロセッサー間の同期やデータ通信が必要になる.この通信にかかる時間は,プロセッサー数が増えると全計算時間に占める割合は増加する傾向にある.一つの例として,表11.1.2にHitachi SR2201を用いた場合のプロセッサー数と計算時間の関係を示す.この計算は,格子点数$128\times64\times32=$約26万点の格子を用いて,円柱周りの流れ計算(図11.1.1)によって並列化効率の測定をしたものである.ここでは,運動方程式と連続の式を同時に解くことで,通信の関数呼び出しによる効率の低下を少なくすることのできる,連立解法(coupled method)を計算コードとして用いている.また,この計算での並列化手法は領域分割を用いた.これは,各PEに割り当てられる計算格子が均一になるように計算領域を分割する並列化手法である.

並列化効率の算出は,使用できるメモリー量の制約から,単一プロセッサーでの計算ではなく,最低プロセッサー数を64個とした.そのため,個々に示す並列化効率とは,T_{64}を64プロセッサーでの計算時間,T_nをn個のプロセッサーでの計算時間としたときの,$64T_{64}/nT_n$を示している.この結果からもわかるとおり,並列化効率は

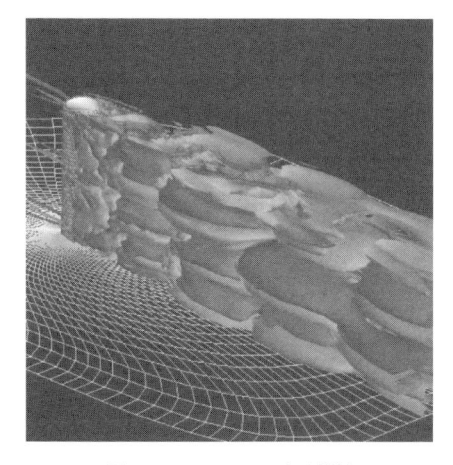

図 11.1.1 SR2201による解析

表 11.1.2 SR2201による並列化効率

プロセッサー数	64	256	512	1024
格子点数/プロセッサー数	4096	1024	512	256
並列化効率(%)	1	71.1	51.16	45.46
計算時間/イタレーション	1.328	0.405	0.267	0.147

図 11.1.2 風車翼型の騒音解析(渦度等値面)

プロセッサー数の増加に伴い,減少する.ただし,どの程度の効率が得られるかは計算に用いるアプリケーションごとに異なる.

(4) 大規模な数値解析の例

上記の解析は,並列計算の効率を調べるために行った解析であり,解析結果自体は実用的なものではないが,図11.1.2に,実際の大規模な数値解析の例として,風車の騒音解析の結果を示す.これは地球シミュレーターでの並列計算により,約3億格子点の圧縮性LES計算により,風車翼から発生する騒音の低減を目的として行った数値解析[2]である.この解析では地球シミュレーターにおいて,最大14ノードを使い解析を行っている.

[荒川忠一・有賀清一]

文　献

[1] Gropp, W., Lusk, E., Doss, N. and Skjellum, A., 1996, A High-Performance, Portable Implementation of the Message Passing Interface Standard, *Parallel Computing*, **22**, 6, pp. 789-828

[2] Fleig, O., Iida, M. and Arakawa, C., 2004, Wind Turbine Blade Tip Flow and Noise Prediction by Large-eddy Simulation, *J. Solar Energy Engineering ASME*, **126**, pp. 1017-1024

11.1.6 解析格子生成

CFDを実行するにあたり最初に行うプロセスは格子生成である.計算格子の優劣が計算の成否や精度・時間に大きく影響を与えるため格子生成には十分な配慮が要求される.格子は一般に構造格子系と非構造格子系に大別される.構造格子系で最もシンプルなものが直交座標に基づいた直交格子である.直交格子は,解析対象が直方体形状であったり,複雑な形状を粗く近似する場合には有効な方法である.この場合格子生成の完全自動化も比較的容易である.直交座標に基づいて格子分割を行う場合,斜めの線や曲線の取扱いが問題となるが,それほど高い精度を要求されていない場合には,斜線・曲線などを階段状の格子で代用することで十分なことが多い.あるいは斜めの形状を解析上考慮できるFAVOR (fractional area volume obstacle representation) 法が採用されることもある.一方,曲線・曲面などに対し,精度のよい解析を行うためには,一般化曲線座標または境界適合座標系 (boundary fitted coordinate system, BFC) 格子を用いることが多い.この場合,物理空間は曲線座標上で表示されるが,計算空間は直交座標に変換されるため,差分表現形式は座標変換の手続きを経る結果となりやや複雑になる.これらの座標系を形成するための方法として,代数的方法による場合や,楕円形偏微分方程式によるものなど各種提案されている.さらに直交座標系の体系内で計算領域をいくつかの小領域に分割し,その小領域ごとに格子生成を行い,その後それらの格子を接合して,最終的に単一の構造格子を得る方法もある.あるいはより複雑な形状を扱う場合には重合格子が用いられる.この方法は計算領域の中でとくに注目して観察したい部分に高密度の格子を重ね,領域間は内挿をしながら計算する方法である.格子分割が十分細かくないとき誤差を生じやすい場合には,部分的に細かい格子を用いることが望ましい.そのために有効な手法が一般に複合グリッドまたはローカルグリッド (local grid) などとよばれる手法であり,必要に応じて流れ場に複数の格子系をセットし,必要な部分のみ格子分割を細かくするという手法である.複合グリッドの例を図11.1.3に示す.複合グリッドの利用は,計算量をそれほど増加させることなく解析精度の向上を図ることができるので,複雑な形状をした流れ場を取り扱う実用問題に適している[1].

以上で述べた構造格子に対し,4面体要素あるいは多面体を基本要素として格子を作成する非構造格子法が近年実用化されはじめた.この手法は複雑な形状に柔軟に対応でき,最適な格子点配置を実現しやすい特徴をもつ.非構造格子の格子生

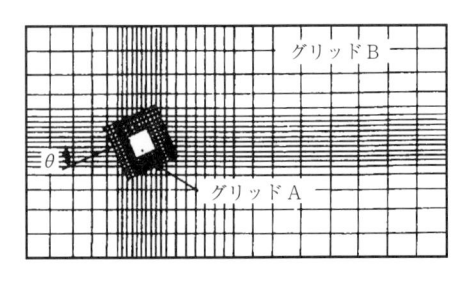

図11.1.3 複合グリッドの例[1]

成は自動化が可能であるが，非常に複雑な形状に対しては形状処理が困難な場合もある．非構造格子による格子生成例を図11.1.4に示す．

格子の生成と連動して重要なものが物理量の変数配置である．この変数配置には一般に，スタガードグリッド（staggered grid：食い違い格子）とコロケーテッドグリッド（collocated grid：集中格子）の2種類がある．なお，後者はレギュラーグリッド（regular grid：一般格子）とよばれることもある．おのおののグリッドを図11.1.5，11.1.6に示す．

スタガードグリッドは現在最も多く使用されているグリッドであり，圧力，温度，乱流エネルギーなどのスカラー変数をコントロールボリュームの中心で定義し，速度などのベクトル変数の成分をコントロールボリュームの界面で定義する．しかし非構造格子系にスタガードメッシュを採用すると，方程式の変数に応じた幾何学的考慮が必要になり，膨大な記憶容量が必要になるばかりではなく，プログラムは複雑になり，境界条件の取扱いもきわめて複雑になる．これらの不便さを取り除くために考え出された格子がコロケーテッドグリッドである．

コロケーテッドグリッドはすべての変数をコントロールボリュームの中心，すなわちグリッドの交点で定義する．このため，コロケーテッドグリッドはスタガードグリッドに比べて，一般化曲線座標や複合グリッドへの拡張が容易であることや，解析結果として算出する乱流統計量の取扱いが簡明であるといった利点を有する．　　　［森川泰成］

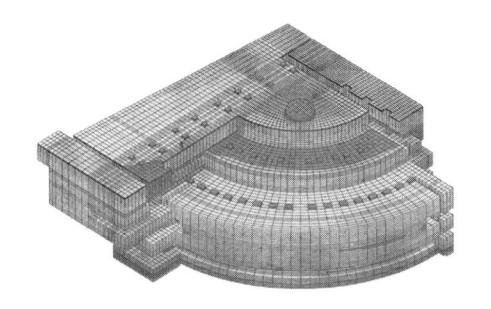

図11.1.4　非構造格子による格子生成例

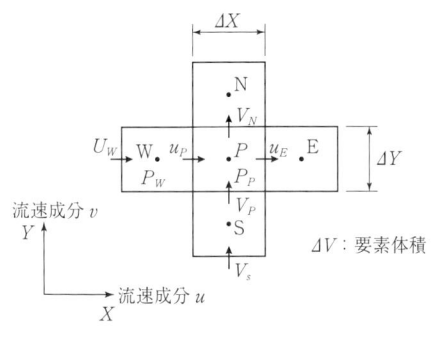

図11.1.5　スタガードグリッド

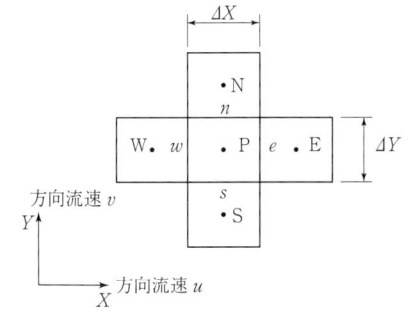

図11.1.6　コロケーテッドグリッド

文　献

［1］村上周三，2000，CFDによる建築・都市の環境設計工学，東京大学出版会

11.1.7　誤差評価

CFDにおけるシミュレーションの誤差には，その派生原因により二つの種類がある．一つは，解析の基礎とした乱流の数学モデルにかかわるものであり，いま一つはその数値解法にかかわるものである．

乱流シミュレーションでは，現象を物理的に記述する方程式ではなく，平均的な流れ場を記述する乱流のモデル方程式を基礎とする．乱流モデルは，現象を数学的に忠実に表す方程式ではなく，現象をモデル化して数学的に取扱いが容易となるよう近似した方程式である．すなわち乱流モデルは，実現象を忠実に表すものではなく，つねにモデル化により失われた部分が実現象との誤差として解析結果に含まれているものである．

後者の数値解法による誤差は，現象に対して十分細かい（分解能の確保された）解析格子が用いられれば避けることができるので，乱流CFDシミュレーションの誤差は，おもに乱流モデルから

表 11.1.3　各種流れ場に対応する乱流モデルの精度評価

	チャンネル・パイプ乱流（乱流混合主体流れ）	バックステップ流・建物周辺気流（はく離・乱流混合に伴う再付着を伴う流れ）	噴流・サーマルプリューム（乱流混合主体流れ）	衝突噴流（乱流混合および逆圧力勾配流れ）	等温室内気流（全体的にみて移流・圧力勾配卓越流れ）	温度成層のある室内気流
k-ε モデル	◎	△（○）	△（○）	△	○	△（○）
ASM・DSM モデル	◎	△（○）	○	△（○）	○	○
LES	◎	◎	◎	◎	◎	◎

◎：良い　○：実用上差し支えない　△：問題あり　（○）：修正モデルでは可

のみ派生することが前提となる．しかし，実用問題では，計算容量の制約および CFD に対して定量的な予測よりは定性的な予測を期待し，相当な精度を求めないことなどの理由により，必ずしも厳密性を確保した数値解析が必ずしも行われるわけではない．すなわち，多くの場合，数値解析解に格子依存性（より細かい解析格子を用いて解析するとシミュレーション解が変わること）があっても，期待する精度の範囲内との見込みがあればこれを許容することが一般的である．

乱流の数学モデルが本質的にもつ誤差をさまざまな流れ場で定量的に評価することは，かなり困難な課題である．あえて定性的，経験的，感覚的に乱流モデルのもつ精度を評価するならば表 11.1.3 のようになる．LES（ラージエディシミュレーション）は，流れ場における非定常の大きなスケールの運動をモデル化することなくそのまま再現するため，平均流の大きなスケールの構造もモデル化して乱流モデルに組み込む必要性のある RANS モデル系の k-ε モデルや ASM（代数応力方程式モデル），DSM（応力方程式モデル）に比べ，つねによい結果をもたらすことが期待できる．ただし，LES は乱流の非定常流れ性状を再現すること，またある程度細かい渦運動もシミュレーションで再現する必要があるためより分解能の高い解析格子を必要とし，その計算負荷は RANS 系のモデルの 10 倍以上に達する．表 11.1.3 に各種流れ場に対応する乱流モデルのおよその精度評価を示す．

乱流の数値シミュレーションにおいて，乱流モデルから派生する誤差は乱流モデルを選択した時点で不可避的に混入し，これを人為的に制御することはできない．しかし数値解析手法にかかわる誤差は，これを評価しコントロールすることが可能である．一般に用いられる数値解析手法は，たとえそれが有限要素法，コントロールボリューム法，差分法など，どのような種類のものであろうと基本的に解析の際の独立変数に対する離散化間隔を現象の最小スケールに比べて十分に小さくし，これを極限的に小さくしていけば，数値解析で得られる解と真の解との差がゼロに収束し，正確な基礎方程式の解が得られることが期待されている．

数値解析の際の誤差は，ある程度の解析格子間隔が使用されれば，解析格子間隔を縮小させることにより単調に減少するので（この条件は数値解析解が存在するための基本条件である），解析格子間隔を縮小させてその数値解の変化を観察することにより，誤差の程度を知ることができる．数値解析の誤差として，数値解析解と真の解の差である solution error（解の誤差）と連続量で定義される微分方程式を離散化方程式に置き換えたことにより生じる truncation error（打ち切り誤差）の 2 種類を考える．一般に解の誤差は流れ場の各点で微分方程式を離散化方程式に書き下したことによる打ち切り誤差が，流れにより移流・拡散して流れ場全体に広がって生じるものと考えられている．解の誤差は，粗い離散化格子とその格子間隔を半分にした細かい離散化格子を用いた二つの流れ場解析を行うことにより，容易に評価される [1]．数値解を真の解と解の誤差の和と考えると，同じ地点における解の変化は，解析格子間隔の変化により「解の誤差」が変化したものと考えられる．解析格子間隔の変化に対する解の誤差の変化を評価すれば，解析格子が無限小すなわち真の解を評価することも可能となる．

以下，簡単のため 1 次元の例を示す．解析格子間隔 h で打ち切り誤差が p 次精度の空間スキー

ムを用いたときの解の誤差を $e(h, x)$，従属変数 u の数値解を $u(h, x)$ とする．x は独立変数で1次元座標位置を表す．u を h に関しテイラー展開し，数値解析の打ち切り誤差が p 次とすると解の誤差は以下のように表される．

$$e(h, x) = u(0, x) - u(h, x)$$
$$= h^p F(x) + h^q G(x) + \cdots \quad (11.1.6)$$

ここで $F(x)$，$G(x)$ はテイラー級数 h^p，$h^q (q>p)$ の係数，$h^p F(x)$ は $u(h, x)$ の主要誤差項，$h^q G(x)$ は高次誤差項となる．解析格子間隔 $2h$ の誤差項は，

$$e(2h, x) = u(0, x) - u(2h, x)$$
$$= 2^p h^p F(x) + 2^q h^q G(x) + \cdots \quad (11.1.7)$$

式 (11.1.6)，(11.1.7) より $e(h, x)$ の推定値 $e'(h, x)$ を $u(h, x)$，$u(2h, x)$ を用いて表すと，

$$e'(h, x) = \frac{u(h, x) - u(2h, x)}{2^p - 1}$$
$$= h^p F(x) + \frac{(2^q - 1)}{(2^p - 1)} h^q G(x) + \cdots$$
$$(11.1.8)$$

式 (11.1.8) は式 (11.1.6) と比較すると次式のように書ける．

$$e'(h, x) = e(h, x) + O(h^q) \quad (11.1.9)$$

すなわち $e(h, x)$ は q 次の精度で推定されていることになる．誤差の推定値 $e'(h, x)$ から真の解 $u(0, x)$ も式 (11.1.6) を用いて推定することができる．真の解の推定値 $u'(0, x)$ を基礎方程式の離散式に代入すれば，x 地点における打ち切り誤差の大きさを評価することができる．なお，通常，輸送方程式の移流項に関し2次精度の中心スキームを用いれば，p は2，1次精度の風上スキームを用いる場合，p は1となる． ［加藤信介］

文 献

[1] 村上周三，加藤信介，永野紳一郎，1988．3．差分間隔に伴う数値誤差の推定・評価方法，日本建築学会計画系論文報告集，第385号

11.2 乱流モデル
－ブラフボディ周りを中心として－

11.2.1 乱流モデルの概要

乱流には微細な変動から大きな変動まで，さまざまのスケールの乱れが含まれている．高レイノルズ数の流れに含まれる微小スケールの渦を数値的に正しくシミュレートするためには，膨大な計算機資源が必要とされ実際上ほとんど不可能である．これを克服するための取扱いとして，ある程度以上のスケールの渦のみをシミュレートの対象とし，それ以下のスケールの変動はモデルにより表現するという手法が用いられる．これらの方法で用いられるモデルの総称を乱流モデルとよぶ．どの程度の微小スケールの渦までを数値解析で捕捉するかという観点から，図 11.2.1 に示すような乱流モデルの分類がなされる［1］．一般に，図 11.2.1 の下に位置するほどモデル化・近似化の程度が強く，逆に計算量は少ない． ［村上周三］

11.2.2 DNS（直接シミュレーション）

前述のように流れ場には，微細な変動から大きな変動まで，さまざまのスケールの乱れが含まれている．乱流現象を数値的に解析する場合，流れの基礎方程式をそのまま解き，流れに含まれるすべてのスケールの渦をシミュレートするのが理想的な方法であり，これを DNS（direct numerical simulation）とよぶ．しかし DNS の場合，コルモゴロフのマイクロスケールの渦まで解像できるように十分細かい計算格子を施す必要があるので，必然的に要求される計算量は膨大なものとなり，実用上は適用困難な場合が多い．風工学で扱われるような高レイノルズ数の流れにおいては最小渦のスケールが微細となるため，DNS を適用することは計算機能力の制約上現在はもちろん遠い将来においてもきわめてむずかしい．

［村上周三］

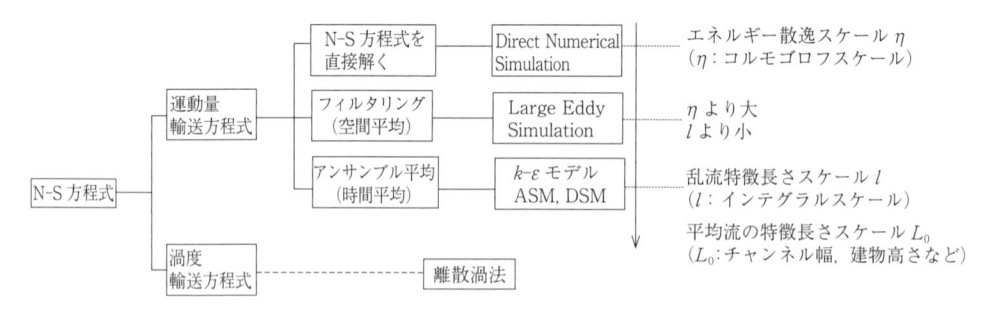

図11.2.1 乱流モデルの分類と関連する長さスケール [1]

11.2.3 RANS モデル

(1) RANS モデルの概要

流れの基礎方程式に対してアンサンブル平均や時間平均という平均化操作を施して平均流のみを解析対象として，平均値からのずれの変動成分についてはモデル化して予測するという方法が，RANS（Reynolds averaged Navier-Stokes equations）モデルとよばれるものである．

アンサンブル平均（定常流れであれば，時間平均と考えることもできる）を流れの基礎方程式である連続式とナビエ-ストークス方程式（以下N-S方程式）に施すとき，変数を以下のように表現する．

$$f = \langle f \rangle + f' \quad (11.2.1)$$

ここでfは変数fの瞬時値，$\langle f \rangle$は変数fのアンサンブル平均値，f'は変数fの変動値（$=f-\langle f \rangle$，アンサンブル平均値からのずれに対応）である．

式（11.2.1）に示す関係はレイノルズ分解とよばれる．式（11.2.1）の関係を連続式とN-S方程式に代入し，これらに対してアンサンブル平均を施せば次式が得られる．

$$\frac{\partial \langle u_i \rangle}{\partial x_i} = 0 \quad (11.2.2)$$

$$\frac{D\langle u_i \rangle}{Dt} = -\frac{1}{\rho}\frac{\partial \langle p \rangle}{\partial x_i} \\ + \frac{\partial}{\partial x_j}\left(v\frac{\partial \langle u_i \rangle}{\partial x_j} - \langle u_i' u_j' \rangle\right) \quad (11.2.3)$$

式（11.2.2），（11.2.3）はそれぞれアンサンブル平均を施した連続式とN-S方程式であり，式（11.2.3）はレイノルズ方程式ともよばれる．上式において，式（11.2.2）はもとの連続式と同じ形をしているが，式（11.2.3）にはレイノルズ応力$-\langle u_i' u_j' \rangle$が新たに加わっている．これは，非線形項である移流項をレイノルズ分解する過程で生じたものである．レイノルズ応力は新たな未知数で3次元解析の場合，$-\langle u_i' u_j' \rangle$は9成分（対称性を考えると6成分）を有するため，方程式系がクローズしなくなる．このため，新たに生じた未知数を何らかの方法で，たとえば$\langle u_i \rangle$などの既知の物理量で表現（モデル化）することにより，クローズした方程式系を作成する必要性が発生する．このような問題をクロージャープロブレム（完結問題）とよぶ．また，クローズさせるための工夫がRANSモデルにおける乱流モデリングに対応する．

(2) 代表的な RANS モデル

$-\langle u_i' u_j' \rangle$の輸送方程式を解くことにより，方程式系をクローズさせるモデリングの方法が，応力方程式モデル（differential second-moment closure model, DSM）であり，DSMを簡略化したものが代数応力モデル（algebraic second-moment closure model, ASM）である．$-\langle u_i' u_j' \rangle$の輸送方程式を解かずに，これを渦粘性$v_t$を用いてモデリングすることによりクローズさせる方法がk-ε型2方程式モデル，1方程式モデル，0方程式モデルなどである．

k-εモデルは工学的応用を含めて最も成功を収めた乱流モデルである．しかしながら，もともと管内流などの単純流れを対象にして開発されたモデルであり，これを衝突，はく離，循環流などを含む風工学で取り扱う流れ場に適用した場合には，誤差を生じることが多い[2〜7]．これは，k-εモデルが等方的な渦粘性v_tに基づいて定式化

がなされているためである．この欠点を克服する一つの方法として，非等方 k-ε モデル [8～11] が提案されている．

DSM は，流れ場の非等方性の再現をはじめとして，複雑乱流の予測に関して，k-ε モデルに比べよい性能を示す．ただし，取扱いが複雑で計算不安定などを発生しやすいため，利用されることは多くない．

ASM では $\langle u_i' u_j' \rangle$ の偏微分方程式を直接解かず，代数方程式に変換したものを解くので計算量の負担は減少する．ただし，近似的とはいえ $\langle u_i' u_j' \rangle$ の輸送方程式を解いてこれを求めるので，k-ε モデルに比べ流れ場の非等方性的性状の再現において改良された結果を示す．

(3) 各種 RANS モデルによる立方体周辺流れの数値解析

乱流境界層流中に置かれた立方体形状の建物周辺流れ場を各種乱流モデルを用いて解析し，その予測精度の比較を行った事例を以下に示す [12～14]．使用した乱流モデルは標準 k-ε モデル，ASM, DSM（ここでは LRR モデル [15] を使用），および次節で示す LES（ここでは S モデル [16]（Cs = 0.12）を使用）の四つである．

建物中心断面の風速分布の比較を図 11.2.2 に示す [12～14]．屋上面のはく離，逆流の再現に関して，ここで用いた流入条件の場合，LES, DSM, ASM ではこれに成功しているのに対し，標準 k-ε モデルではこれらは再現されていない．これは建物風上コーナー部周辺の乱流エネルギー k の過大評価に起因する．

図 11.2.3 は建物中心断面における乱流エネルギー k の分布を比較したものである [12～14]．LES により得られた結果が実験結果と最もよく対応している．ASM, DSM がこれに続き，標準 k-ε モデルの結果が実験との対応が最も悪い．とくに風上コーナー部において標準 k-ε モデルでは

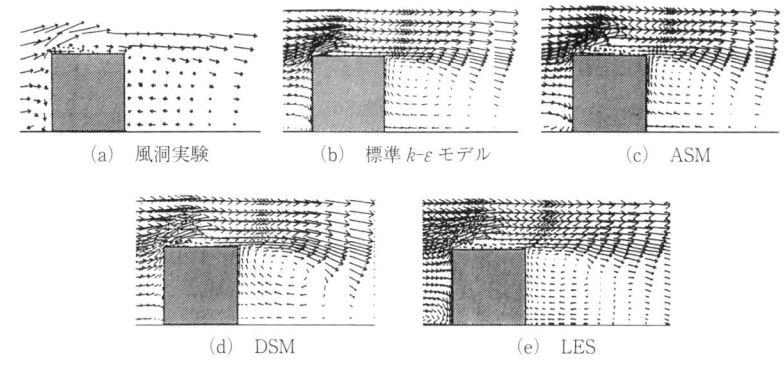

図 11.2.2 各種乱流モデルによる風速分布の比較（立方体モデル）[12～14]

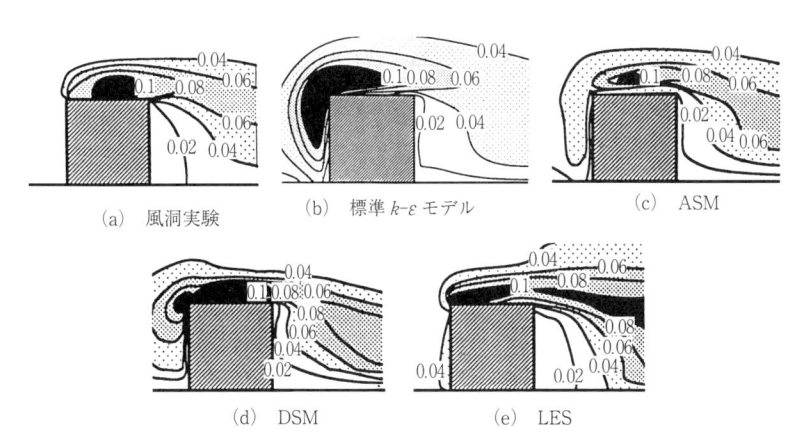

図 11.2.3 各種乱流モデルによる乱流エネルギー k の分布の比較（立方体モデル）[12～14]

k の著しい過大評価が認められる．この点において等方型の渦粘性モデルに基づいた標準 k-ε モデルの衝突流れに対する適用の限界が認められる．この問題を改善するために LK モデル [17, 18]，改良 LK モデル [19]，MMK モデル [19, 20] などの改良 k-ε モデルが提案されている．

[村上周三]

11.2.4 LES

(1) LES の概要

流れの基礎方程式に適当な空間フィルターを施して粗視化を行い，フィルター幅に対応するスケールよりも大きなスケールの流れのみを解析対象として，フィルター幅以下のスケールの変動成分についてはモデルにより表現する方法が，LES (large eddy simulation) である．LES は RANS モデルに比べて相対的にモデル化・近似化の程度が小さくなり，一般に RANS モデルよりも精度のよい解を与えるが，計算量もそれに対応して増加する．

LES では流れ場の変数 f をフィルタリングまたは格子平均された量 $\bar{f}$ と，それからのずれ f'' により，次のように表す．

$$f = \bar{f} + f'' \qquad (11.2.4)$$

$\bar{f}$ は数値的に解析される量（grid scale (GS) あるいは resolvable scale の量）であり，f'' は subgrid scale (SGS) の量（あるいは unresolvable scale の量）である．$\bar{f}$ が LES で解析の対象とされる large eddy であり，微細な変動である f'' は SGS モデルを用いて適当なモデル化を施すことにより方程式系をクローズさせる．$\bar{f}$ は適当な空間フィルター関数を用いて次のように定義される [21]．

$$\bar{f}(x_1, x_2, x_3, t) = \iiint_{-\infty}^{+\infty} \prod_{i=1}^{3} G(x_i - x_i')$$
$$\times f(x_1', x_2', x_3', t) dx_1' dx_2' dx_3' \qquad (11.2.5)$$

ここで，式 (11.2.5) は 1 次元フィルター関数 $G(x_i - x_i')$ を 3 方向に課したものとなっている．LES における $G(x_i - x_i')$ としては，Gaussian フィルターや Top-hat フィルターなどが一般的に用いられる．

連続式および N-S 方程式にフィルタリングを施せば，フィルタリングされた基礎方程式，すなわち GS の連続式，運動方程式が得られる．

$$\frac{\partial \bar{u}_i}{\partial x_i} = 0 \qquad (11.2.6)$$

$$\frac{\partial \bar{u}_i}{\partial t} + \frac{\partial \bar{u}_i \bar{u}_j}{\partial x_j} = -\frac{1}{\rho}\frac{\partial \bar{p}}{\partial x_i} + \frac{\partial}{\partial x_j}\left(v \frac{\partial \bar{u}_i}{\partial x_j}\right) - \frac{\partial \tau_{ij}}{\partial x_j}$$
$$(11.2.7)$$

$$\tau_{ij} = \overline{u_i u_j} - \bar{u}_i \bar{u}_j \qquad (11.2.8)$$

式 (11.2.7) の右辺第 3 項の τ_{ij} はフィルタリング操作により新たに現れる未知数であり，SGS 応力とよばれる．SGS の乱れによる GS の流れ場への影響は τ_{ij} を通じて GS の運動方程式に組み込まれる．τ_{ij} は伝統的には次のように分解して取り扱われてきた．

$$\tau_{ij} = L_{ij} + C_{ij} + R_{ij} \qquad (11.2.9)$$
$$L_{ij} = \overline{\bar{u}_i \bar{u}_j} - \bar{u}_i \bar{u}_j \qquad (11.2.10)$$
$$C_{ij} = \overline{\bar{u}_i u_j''} + \overline{u_i'' \bar{u}_j} \qquad (11.2.11)$$
$$R_{ij} = \overline{u_i'' u_j''} \qquad (11.2.12)$$

L_{ij}，C_{ij} および R_{ij} はそれぞれ，レオナード項，クロス項およびレイノルズ項とよばれる SGS 項である．このうち L_{ij} は 2 重フィルターが陽に施されるならばモデル化なしに評価できる．一方，C_{ij}，R_{ij} はともに SGS の変動量 u_i'' を含むために何らかのモデル化が必要となる．これらの量を GS の量に結びつけ，式 (11.2.6)，(11.2.7) を閉じた方程式系にするための工夫が LES におけるモデリング（SGS モデリング）である．

LES を工学的問題に利用する場合，流入境界条件の取扱いは最もむずかしい問題の一つである．建物に当たる approach flow はつねに乱れており，また流入風の乱れ性状は建物周辺の流れに大きな影響を及ぼす．流入変動風の性状を数値解析でどのように再現するかにより結果が左右されるので，これに関してもさまざまの研究がなされている [11, 22〜26]．

(2) 代表的な SGS モデル

LES では Smagorinsky により提案された渦粘性モデル（標準 Smagorinsky モデル，S モデル [16]）が最も一般的に用いられてきた．このモデルはさまざまな乱流場に適用され，多くの成功を収めてきている．しかし，S モデルにはいく

つかの欠点がある．たとえば，① つねにエネルギーの順輸送を仮定しているため，エネルギー散逸が過大となること，② 各種流れ場に対してSmagorinsky定数 C_s を最適化しなければならないことなどである．ただし ① はモデル上の欠陥ではあるが，数値解析上は逆に安定化条件としてはたらく．この点がSモデルが汎用的に広く利用されてきた大きな理由である．

Sモデルにおける C_s の値は各種流れ場に対して最適化され，0.1（たとえばチャンネル流れ）から 0.25（たとえば等方性乱流）の値が用いられている．しかし，建物のようなブラフボディ周辺流れでは衝突，はく離，循環などのさまざまな流れ性状を含むため，一つの最適な C_s の値を決めることは容易ではない．

この欠点を改善するために現在までに幾つかのモデルが提案されているが，最も成功したモデルが dynamic モデル［27〜28］である．dynamicモデルではモデル係数 $C(=C_s^2)$ を流れ場の性状に応じて時間・空間の関数として動的（dynamic）に同定する．

［村上周三］

文　献

［1］ 村上周三，2000，CFD による建築・都市の環境設計工学，東京大学出版会
［2］ 村上周三，加藤信介，近藤靖史，1990，2次元等温流れ場における代数応力モデルと k-ε モデルの比較―代数応力方程式モデルによる室内気流解析（第1報）―，日本建築学会計画系論文報告集，第415号，pp. 21-28
［3］ 加藤信介，村上周三，近藤靖史，1991，代数応力モデルによる2次元等温拡散場，非等温場の解析―代数応力方程式モデルによる室内気流解析（第2報）―，日本建築学会計画系論文報告集，第421号，pp. 1-9
［4］ 近藤靖史，村上周三，加藤信介，1991，代数応力モデルによる3次元等温流れ場の解析―代数応力方程式モデルによる室内気流解析（第3報）―，日本建築学会計画系論文報告集，第429号，pp. 1-5
［5］ 加藤信介，村上周三，近藤靖史，1993，代数応力モデルによる3次元非等温流れ場の解析―代数応力方程式モデルによる室内気流解析（第4報）―，日本建築学会計画系論文報告集，第433号，pp. 15-20
［6］ 持田灯，村上周三，林吉彦，1991，立方体モデル周辺の非等方乱流場に関する k-ε モデルと LES の比較―乱流エネルギー生産の構造とノルマルストレスの非等方性の再現に関して―，日本建築学会計画系論文報告集，第423号，pp. 23-31
［7］ Murakami, S., Mochida, A. and Hayashi, Y., 1991, Scrutinizing k-ε EVM and ASM by means of LES and wind tunnel for flowfield around cube, 8th Symp. on Turbulent Shear Flow, 17.1.1-17.1.6
［8］ Yoshizawa, A., 1984, Statistical analysis of the deviation of the Reynolds stress from its eddy viscosity representation, *Phys. Fluids*, **23**, pp. 1377-1387
［9］ 西島勝一，1991，非等方 k-ε モデル，生産研究（東京大学生産技術研究所所報），**43** (1), pp. 20-27
［10］ Speziale, C.G., 1987, On nonlinea k-1 and k-ε models of turbulene, *J. Fluid Mech*, **178**, pp. 459-475
［11］ Shih, T.H. and Lumley, J. I., 1992, The prediction of laminarizatioj with a two-equation model turbulence, *Int. J. Heat Mass and Transfer*, **15**, pp. 301-314
［12］ Murakami, S., Mochida, A. and Hayashi, Y., 1990, Examining the k-ε model by means of a wind tunnel test and large eddy simulation of the turbulence structure around a cube, *J. Wind Engineering and Industrial. Aerodynamic*, **35**, pp. 87-100
［13］ 村上周三，持田灯，林吉彦，1991，立方体モデル周辺の非等方乱流場の再現に関する k-ε モデル，ASM と LES と風洞実験の比較，日本建築学会計画系論文集，第423号，pp. 23-31
［14］ 大岡龍三，持田灯，村上周三，林吉彦，1997，ASM による立方体周辺の非等方乱流場の数値解析―風洞実験及び LES, DSM との比較による ASM の精度・問題点の検討，日本建築学会計画系論文集，第495号，pp. 61-68
［15］ Launder, B.E., Reece, G.J. and Rodi, W., 1975, Progress in the development of a Reynolds-stress turbulence closure, *J. Fluid Mech.*, **68**, pp. 537-566
［16］ Smagorinsky, J., 1963, General circulation experiments with the primitive equations ; part 1 The basic experiment, *Monthly weather review*, **91**, pp. 99-164
［17］ Launder, B.E. and Kato, M., 1993, Modeling flow-induced oscillations in turbulent flow around a square cylinder, *ASME Fluid Eng. Conf.*, **157**, pp. 189-199
［18］ Kato, M. and Launder, B. E., 1993, The modeling of turbulent flow around stationary and vibrating square cylinders, Prep. 9th Symp. on Turbulent shear flow, Kyoto, Japan, 10-4 1-6
［19］ 村上周三，持田灯，近藤宏二，1995，改良 k-ε モデルによる2次元建物モデル周辺気流の数値計算，生産研究（東京大学生産技術研究所所報），**47**, 2, pp. 29-33
［20］ 持田灯，村上周三，近藤宏二，土谷学，1996，改良 k-ε モデルを用いた低層建物モデル壁面風圧力の数値解析，生産研究（東京大学生産技術研究所所報），**48**, 2, pp. 29-33
［21］ Leonard, A., 1974, Energy cascade in large eddy

simulations of turbulent fluid flows, *Advance in Geophysics*, **18A**, pp. 237-248
[22] Lee, S., Lele, S. K. and Moin, P., 1992, Simulation of spatially evolving turbulence and the applicability of Taylor's hypothesis in compressible flow, *Phys. Fluids*, **A4**(7), pp. 1521-1530
[23] 丸山敬, 盛川仁, 1994, 乱流境界層の実測データを条件とする風速変動の数値シミュレーション, 第13回風工学シンポジウム, pp. 227-232
[24] 近藤宏二, 持田灯, 村上周三, 1997, LESのための流入変動風の生成に関する研究—流入変動風を用いた等方性乱流のLES解析, 日本建築学会構造系論文集, 第501号, pp. 57-62
[25] 近藤宏二, 持田灯, 村上周三, 土谷学, 1998, 乱流境界層を対象とするLESのための流入変動風の生成—風洞実験に基づくクロススペクトルマトリクスのモデル化, 日本建築学会構造系論文集, 第509号, pp. 33-40
[26] Iizuka, S., Murakami, S., Tsuchiya, N. and Mochida, A., 1999, LES of flow past 2D cylinder with imposed inflow turbulence, Proc. 10th International Conference on Wind Engineering, Copenhagen, Denmark, Vol. 2, pp. 1291-1298
[27] Germano, M., Piomelli, U., Moin, P. and Cabot, W. H., 1991, A Dynamic subgrid scale eddy viscosity model, *Phys. Fluids*, **A3**(7), pp. 1760-1765
[28] Lilly, D. K., 1992, A proposed modification of the Germano subgrid-scale closure method, *Phys. Fluids*, **A4**(3), pp. 633-635

11.2.5 樹木のキャノピーモデル
(1) 樹木キャノピーモデルの必要性

ビル風対策としての防風植栽や都市の温熱環境改善のための都市緑化などと関連して, 樹木の流体力学的効果の適切な予測が必要とされる場合が多い. 最新の格子生成の技術を用いれば, 木の枝や葉の一枚一枚の幾何学的形状を逐一正確に再現したメッシュ分割を用いた解析を行うことも不可能ではないかもしれない. しかし, 要求される計算量は膨大なものとなり, 実用上は適用困難な場合が多く, 通常の解析では, 枝や葉の一枚一枚のサイズに比べると粗いメッシュ分割にならざるをえない. 植物群落内の気流を比較的粗いメッシュサイズで解析する場合, 個々の葉の境界を明確にして計算をすることは不可能である. そこで, 葉群をセル体積内の抵抗物体とみなし, その流体力学的効果を表す項を基礎方程式に対して付加するという形式のモデル化が種々考案されており, このような考えに基づくモデルをキャノピーモデルとよぶ.

(2) 樹木キャノピーのモデル化

解析に用いるメッシュ内に抵抗物体がある場合, このような流れの場を数値的に解くには何らかの平均化操作が必要となってくる. その方法としては, ① 空間平均のみを行うケース, ② 空間平均を施し, 次に時間平均（あるいはアンサンブル平均）を行うケース, ③ 時間平均（あるいはアンサンブル平均）を施した後に空間平均を施すケースなどが考えられるが, 平岡は実験データとの比較が可能であるという観点から第3の平均化の方法を推奨している [1].

時間平均（あるいはアンサンブル平均）された流れに空間平均操作を施すと, 図11.2.4のように平均化体積内部で平均流に空間分布が残る. この分布は, 内部の抵抗物体と平均化体積以上のスケールのせん断成分によって生じ, 乱れはこのような平均流の局所的な分布からおもにつくられる. 平均流から受け取ったエネルギーは, 乱れのエネルギーカスケード過程によって, より小さいスケールの乱れに分解され, 熱エネルギーに変換される（図11.2.5）[1].

平岡らはナビエ-ストークスの方程式に粗度要素の体積変化を考慮した時間平均・空間平均操作を行い, 植物および都市キャノピー内の乱流現象を記述する乱流モデルを導出している [1]. まず有効体積率 G を, 体積 V_0 内の流体体積 $V_a(x)$ を用いて式 (11.2.13) のように定義する.

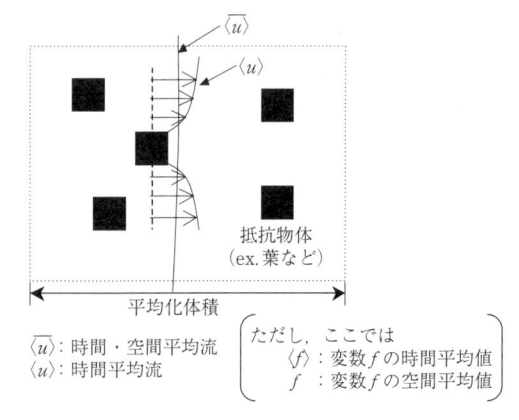

図11.2.4 モデル化のための概念図 [1]

11.2 乱流モデル

$$G(x) = \frac{V_a(x)}{V_0} \quad (11.2.13)$$

有効体積率 G の組み込みの必要性は，数値シミュレーションが扱う対象のスケールによって異なる．有効体積率 G を用い，時間平均（あるいはアンサンブル平均）した連続式に空間平均を施すと式（11.2.14）のようになる．

$$\frac{\partial G\langle u_i \rangle}{\partial x_i} = 0 \quad (11.2.14)$$

ナビエ-ストークス方程式に対し，時間平均（あるいはアンサンブル平均）操作を施した後に空間平均をすると，表11.2.1の式（1）のような平均流の式が得られる．ここで $-F_i$ は空間平均操作を施す際に現れる項であり，物体の抵抗によって流体が受ける力である．時間変動成分による乱れのエネルギーと空間変動成分による乱れのエネルギーをあわせたものを乱れのエネルギー k と定義し，その輸送方程式を導出すると，F_i に対して時空間平均を施した風速を掛け合わせた項が現れる（表11.2.1 の式（2）中の F_k）．また，ε の輸送方程式中にこれに対応する項が現れる（表11.2.1 の式（3）中の F_ε）．

既往の研究で採用されているこれら付加項（F_i, F_k, F_ε）の形式およびモデル係数の値を表11.2.2にまとめて示す．ここでは，既往の研究における代表的なモデルを Type A～D の四つに大別している．運動方程式に現れる付加項 F_i に関しては研究者間で差はみられないが，k の輸送方程式中の付加項 F_k は二つのタイプに分けられる．一つ目のモデルは表11.2.2中の Type A と Type B で用いられている形式であり，F_i に平均風速を掛け合わせる形で表現している [1～5]．この形式

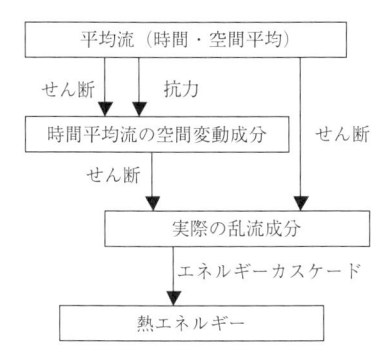

図 11.2.5 エネルギーの流れ [1]

表 11.2.1 k-ε 型キャノピー乱流モデル基礎方程式

[平均流の式]
$$G\frac{\partial \langle u_i \rangle}{\partial t} + \frac{\partial \langle u_i \rangle \langle u_j \rangle}{\partial x_j} = \frac{\partial}{\partial x_i}\left\{G\left(\frac{\langle p \rangle}{\rho}+\frac{2}{3}k\right)\right\} + \frac{\partial}{\partial x_j}\left\{v_t\left(\frac{\partial G\langle u_i \rangle}{\partial x_j}+\frac{\partial G\langle u_j \rangle}{\partial x_i}\right)\right\} - F_i \quad (1)$$

[k の輸送方程式]
$$G\frac{\partial k}{\partial t} + \frac{\partial G\langle u_j \rangle k}{\partial x_j} = \frac{\partial}{\partial x_j}\left(\frac{v_t}{\sigma_k}\frac{\partial Gk}{\partial x_j}\right) + GS - G\varepsilon + F_k \quad (2)$$

[ε の輸送方程式]
$$G\frac{\partial \varepsilon}{\partial t} + \frac{\partial G\langle u_j \rangle \varepsilon}{\partial x_j} = \frac{\partial}{\partial x_j}\left(\frac{v_t}{\sigma_k}\frac{\partial G\varepsilon}{\partial x_j}\right) + G\frac{\varepsilon}{k}(C_{1\varepsilon}S - C_{2\varepsilon}) + F_\varepsilon \quad (3)$$

表 11.2.2 樹木の影響を表す付加項の形式とモデル係数の値

	F_i	F_k	F_ε	備考
Type A		$\langle u_i \rangle F_i$	$\eta \frac{\varepsilon}{k} \cdot C_{p\varepsilon 1} \frac{k^{3/2}}{L} \left(L=\frac{1}{a}\right)$	平岡ら [2]：$C_{p\varepsilon 1}=0.8\sim1.2$
Type B	$\eta C_f a \langle u_i \rangle \sqrt{\langle u_j \rangle^2}$	$\langle u_i \rangle F_i$	$\frac{\varepsilon}{k} \cdot C_{p\varepsilon 1} F_k$	Uno ら [3]：$C_{p\varepsilon 1}=1.5$ Svensson [4]：$C_{p\varepsilon 1}=1.95$ 岩田, 持田ら [5]：$C_{p\varepsilon 1}=1.8$
Type C		$\langle u_i \rangle F_i - 4\eta C_f a \sqrt{\langle u_j \rangle^2}$	$\frac{\varepsilon}{k}[C_{p\varepsilon 1}(\langle u_i \rangle F_i) - C_{p\varepsilon 2}(4\eta C_f a \sqrt{\langle u_i \rangle^2})]$	Green [6]：$C_{p\varepsilon 1}=C_{p\varepsilon 2}=1.5$ Liu ら [7]：$C_{p\varepsilon 1}=1.5$, $C_{p\varepsilon 2}=0.6$
Type D		$\langle u_i \rangle F_i - 4\eta C_f a \sqrt{\langle u_j \rangle^2}$	$\eta \frac{\varepsilon}{k} \cdot C_{p\varepsilon 1} \frac{k^{3/2}}{L} \left(L=\frac{1}{a}\right)$	大橋 [8]：$C_{p\varepsilon 1}=2.5$

η：樹木占有率，a：葉面積密度，C_f：抗力係数，$C_{p\varepsilon 1}$, $C_{p\varepsilon 2}$：モデル係数，F_i：平均流の輸送方程式中の付加項，F_k：k の輸送方程式中の付加項，F_ε：ε の輸送方程式中の付加項

のモデルは基礎方程式に空間平均操作を施すことにより導出される [1]．もう一つのモデルは，表11.2.2中のTypeCとTypeDで用いられているモデルで，ここでは葉などの抵抗体が乱れの生成のほかに消散にも作用すると考え，前述のタイプに対してシンク項が加えられている [6, 7]．一方，εの輸送方程式の付加項は三つのタイプに分けられる．すなわち，キャノピー層の特徴的長さスケールLを導入し，これを葉面積密度aから与えるタイプ（表11.2.2中のTypeAとDで採用されているモデル [1]），kの輸送方程式中の付加項F_kを乱れのタイムスケール（$=k/\varepsilon$）で除し，さらにモデル係数C_{pe1}を導入したタイプ（表11.2.2中のTypeBで採用されているモデル [3～5]），さらにシンク項の加わった形式のF_kのモデルを基礎とし，このF_kを乱れのタイムスケール（$=k/\varepsilon$）で除して，生成項，シンク項のおのおのに対してモデル係数C_{pe1}, C_{pe2}を導入したタイプ（表11.2.2中のTypeCで採用されているモデル [6, 7]）に分けられる．表11.2.2の備考欄に示したように，実験や実測との比較などにより，それぞれのタイプに関してその付加項に含まれるモデル係数の最適化が行われている． ［持田 灯］

文 献

[1] 平岡久司，丸山敬，中村泰人，桂順治，1989, 植物群落内および都市キャノピー内の乱流モデルに関する研究（その1）乱流モデルの作成，日本建築学会計画系論文報告集，406, pp. 1-9
[2] 平岡久司，丸山敬，中村泰人，桂順治，1990, 植物群落内および都市キャノピー内の乱流モデルに関する研究（その2）実験データとの比較によるモデルの検証，日本建築学会計画系論文報告集，416, pp. 1-8
[3] Uno, I., Ueda, H. and Wakamatsu, S., 1989, Numerical Modeling of the Nocturnal Urban Boundary Layer, *Boundary-Layer Meteor.*, **49**, pp. 77-98
[4] Svensson, U. and Haggkvist, K., 1990, A Two-Equation Turbulence Model For Canopy Flows, *J. Wind Engineering and Industrial Aerodynamics*, **35**, pp. 201-211
[5] 岩田達明，木村敦子，持田灯，吉野博，2004, 歩行者レベルの風環境予測のための植生キャノピーモデルの最適化，第18回風工学シンポジウム論文集，pp. 69-74
[6] Green, S. R., 1992, *PHOENICS Journal Computational Fluid Dynamics and its Applications*, **5**, pp. 294-312
[7] Liu, J., Chen, J. M., Black, T. A. and Novak, M.D., 1996, E-ε Modelling of Turbulent Air Flow Downwind of a Model Forest Edge, *Boundary-Layer Meteor.*, **77**, pp. 21-44
[8] 大橋征幹，2004. 4, 単独樹木周辺の気流解析に関する研究，日本建築学会環境系論文報告集，578, pp. 91-96

11.3 流体シミュレーションの応用

11.3.1 台風シミュレーション

風荷重の評価は，設計風速の設定，空力特性の評価，構造物の応答，安全性照査などさまざまなプロセスを経て実施され，設計風速の設定は最も重要な項目の一つである．現在耐風設計で用いられている設計風速は，主として過去の気象台記録の年最大風速を極値分布に当てはめることにより求められているが，年最大風速の記録は最も長く観測を実施している気象台でもたかだか70年間であり，再現期間500年の風速が要求される場合には，観測データを外挿して求めることになり，精度が悪くなる．わが国では耐風設計で対象となる強風の主要因が台風であることが多く，台風は1年を周期として年間平均3個上陸するが，ある一つの観測地点でみた場合に，強風をもたらす台風が観測される確率は非常に少ない．このため，台風の気圧場に関する統計量に比べ，一つの観測地点で得られる台風による強風に関する統計量は不安定である．これらの問題を解決するために，台風の気圧場の確率分布に基づくモンテカルロシミュレーションにより人工的に台風を発生させ，そして気圧場から地上風を予測し，対象地点の年最大風速の確率分布を求める台風シミュレーション手法が提案されている [1, 2]．

この方法により，将来発生しうる顕著な強風を考慮でき，また数多くの台風に伴う強風を予測することにより安定した年最大風速を推定することが可能になる．図11.3.1には台風シミュレーションの流れを示す．まず過去の台風観測データにより，気圧場を表す五つのパラメーター（中心気圧低下量 Δp, 最大旋衡風速半径 R_{MAX}, 進行速度

11.3 流体シミュレーションの応用

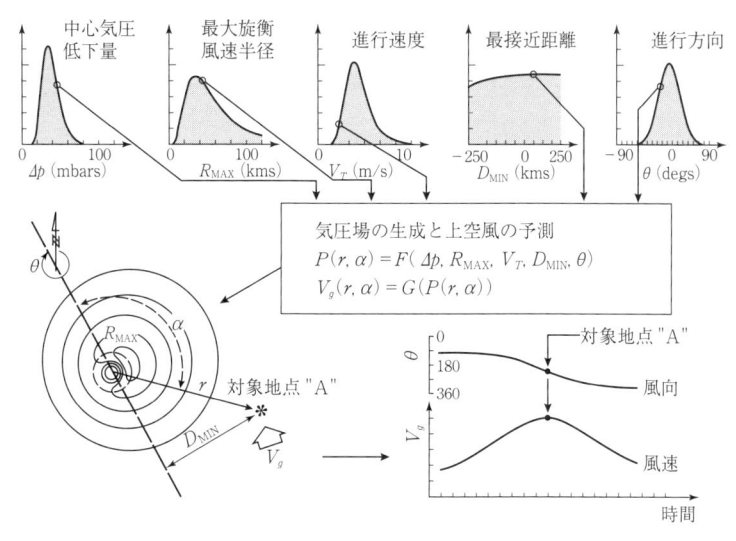

図11.3.1 台風シミュレーションの流れ

V_T, 最接近距離 D_{MIN}, 進行方向 θ) および台風の年発生数 λ の確率分布を求める. 次に, 台風の年発生数 λ の確率分布に従い台風の発生個数を定め, さらに気圧場を表す五つのパラメーターの確率分布に従い, 人工的に台風の気圧場を発生させる. そして, 発生させた台風の気圧場から上空風を求め, 地表面の粗度や地形の効果を考慮して地上風を算出し, 地上風の年最大風速を求める. 最後に, シミュレートした数千年~数万年間の年最大風速を大きい順に並べ, 年最大風速の確率分布を求め, 任意再現期間の設計風速を算出する. 図11.3.2 には千葉測候所における年最大風速の実測値と予測値との比較結果 [2] を示す. 実線と点線は台風シミュレーションの結果, 丸印は実測値である. 台風シミュレーションと実測の評価時間の違いを考慮したシミュレーションの結果(実線)は実測値とよく一致していることがわかる. 台風シミュレーション手法を用いる際には, 評価エリアの大きさや目的によって, 異なる二つのタイプのモデルを使い分ける必要がある. 日本全国における強風災害リスクの評価や一回の台風における全国の損害の算定が目的である場合には地域限定型モデル (region specific model) [1] を用いる必要があり, 一方, ある特定の地点における設計風速や強風災害リスクの評価が目的である場合にはサイト限定型モデル (site specific model) [2] を用いる必要がある.

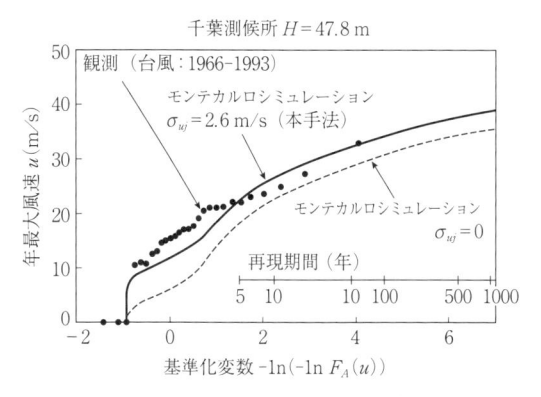

図11.3.2 千葉測候所における年最大風速

台風シミュレーション手法は設計風速の評価のみならず, リスクマネジメントの分野や損害保険の分野でも使われるようになっている. 最近, 気圧場の確率分布に関しては, 任意地点における台風パラメーターを近似できる混合確率分布関数ならびに台風パラメーター間の相関関係と確率分布を同時に再現できる修正直交変換法 [3] が提案され, 気圧場の予測精度が格段に向上している. また数値流体シミュレーションと融合すること [3] により, 山岳地帯における台風時の強風場の評価も可能になり, 台風シミュレーション手法の応用範囲はますます広くなっている.

[石原 孟]

文 献

[1] 藤井健, 光田寧, 1986, 台風の確率モデルによる強風のシミュレーション, 日本風工学会誌, **28**, pp.

[2] 松井正宏, 石原孟, 日比一喜, 1998, 実測と台風モデルの平均化時間の違いを考慮した台風シミュレーションによる年最大風速の予測法, 日本建築学会構造系論文集, 506, pp.67-74

[3] Ishihara, T., Khoo, K. S., Cheong, C. L. and Fujino, Y., 2005, Wind Field Model and Mixed Probability Distribution Function for Typhoon Simulation, Proc. of APCWE VI

11.3.2 メソスケール気象シミュレーション

(1) メソスケール気象のモデル化

メソスケールとは，気象分野において用いられる空間スケール分類の中の一つであり，2～2000 km 程度の範囲を表す．このスケールにおける気象現象で近年最も注目されているのは，ヒートアイランド現象に代表される都市固有の気候（都市気候）の形成である．これは都市化に伴う緑地面積の減少，地表の幾何形状の変化，人工排熱の増加による暑熱化と大気汚染などの問題を引き起こす．また，このような気候の形成には，気流，熱，水蒸気，放射など多くの物理要素がかかわると同時に，各物理現象が複雑に関連している．このようなメソスケール気象を詳しく分析するため，多様な物理現象のモデル化ならびに連成した数値解析手法が開発され，実際の解析に応用されている．

(2) メソスケール気象解析のための乱流モデルと基礎方程式

メソスケール気象を数値解析する際の基礎方程式の取扱いは，二つの方法に大別される．一つは，静水圧近似を仮定した方程式を用いる方法である．静水圧近似は，鉛直方向より水平方向への広がりの大きな気象構造を着目することにより，鉛直方向の運動方程式において圧力の鉛直方向への勾配と浮力項がつりあうことを仮定するものであり，この近似に基づいて圧力場を求めるものである．この場合，風速の鉛直成分は連続式より得られることとなる．これを採用することにより計算負荷が大幅に削減できるため，従来はこの近似を仮定した基礎方程式を用いることが多かった．しかし，近年はこの静水圧近似の仮定を用いず，より基礎方程式を忠実に解く非静水圧近似に基づく解法への移行が進んでいる．

乱流モデルとしては，従来 Mellor-Yamada の開発した大気乱流モデル [1～3] が広く利用されてきた．Mellor-Yamada の乱流モデルと k-ε モデルなどの工学分野の乱流モデルの大きな違いの一つは，乱れ長さスケール l の与え方にある．工学分野のモデルでは，l そのものではなく粘性消散率 ε の輸送方程式を解き，ε と k から l を与えるのに対し，Mellor らの大気乱流モデルでは l そのものを未知量として取り扱う．Mellor らの大気乱流モデルは最も簡易な level 1 から最も精緻な level 4 まで階層化されている．一般的には鉛直方向の乱流フラックスの予測に，工学分野の乱流モデルの一つである代数応力モデル（ASM）と対応するモデル化を行った level 2.5 が利用されることが多い．しかし，このモデルでは鉛直方向の乱流拡散が過小評価されるという指摘もあり，近年，改良モデルが提案されている [4]．また，気象分野のモデルにおいては低次なものにも

(a) 江戸時代（天保年間）　　(b) 1990 年代

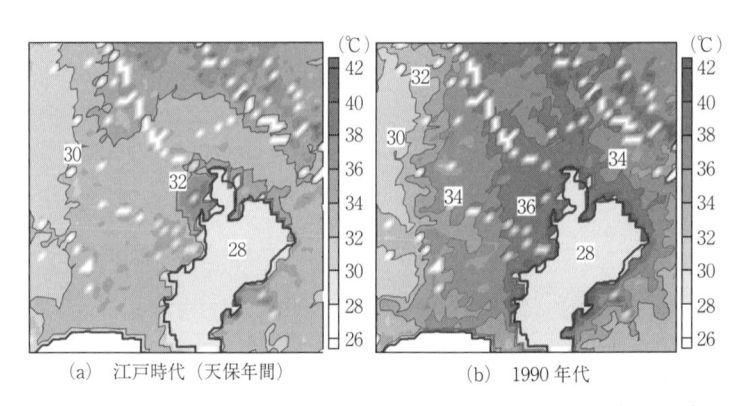

図 11.3.3 メソスケール気象解析による江戸時代と現代の地表面温度分布の比較 [11]
（8月上旬の晴天日における 15 時の結果）

乱流輸送への浮力の効果が組み込まれていることを参考に，工学分野のモデルに対して改良を加える試みも行われつつある [5, 6].

また，従来のメソスケールの解析のほとんどは，大気の循環，地表面熱収支，土壌内（地中）の熱移動については解析するものの，海水面については，その表面温度に一定値を与えるなど，その情報を境界条件として取り扱う場合が多かったが，近年では大気循環と海洋循環を連成して解析する手法も提案されている [7].

(3) メソスケール気象の解析事例

メソスケール気象解析は大気汚染，熱汚染問題の評価・分析に応用されている．これらの研究の先駆的なものとしては，1990年代初期における気象分野の木村による東京首都圏の土地利用と人工排熱が都市気候に及ぼす影響の詳細な検討があげられる [8]．1990年代半ば以降には都市，建築，土木などの工学分野の研究者による検討も行われるようになり [9]，① 都市化のもたらす気候変化の分析（図11.3.3[10, 11]），② 土地利用，都市表面被覆の変更の効果の分析 [12, 13]，③ 国内の各都市の環境改善のための気候解析 [14]，④ 冬季に東京湾上で形成される局地前線の3次元構造の解析と光化学反応を含む物質輸送モデルによる大気汚染物質（NO_2，SPMなど）の生成メカニズムの検討 [15, 16]，⑤ 東アジアまで含む広領域を対象とした黄砂，NO_2の長距離越境大気汚染の分析 [17] など，その適用範囲は多岐にわたる．また，これらの検討は国内のみならず海外においても行われており，たとえばアメリカのLawrence Berkeley研究所のグループは高反射性塗料の利用を中心とするヒートアイランド対策の評価を精力的に行っている [18, 19]．従来，これらの検討は観測によるところが大きかったため，数値解析の利用は，これらの環境問題の構造的理解やヒートアイランド対策の研究の発展に大きく寄与している．また，ここに示した解析の多くはnested gridという格子分割法を採用することにより，広大な範囲を解析領域としつつも，とくに着目したい領域については別途細かい格子分割を用いた詳細な分析を可能としている．また，

従来ミクロスケール気象，メソスケール気象の解析はおのおの個別に行われてきたが，実際の気象はメソ・ミクロの気象の相互関連のもとに形成されている．近年，メソスケールのモデルとミクロスケールのモデルを連成させ，統合的に解析する試みが行われており [20]，これにより都市気候改善のための種々の対策手法が都市全体の気候に及ぼす影響と市街地内の外部環境に与える影響の両面から総合的に予測・評価することが可能となりつつある． ［持田　灯・吉田伸治］

文　献

[1] Mellor, G. L. and Yamada, T., 1974, A Hierarchy of Turbulence Closure Models for Planetary Boundary Layer, *J. Applied Meteor.*, **13**(7), pp. 1791-1860

[2] Yamada, T. and Bunker, S., 1988, Development of a Nested Grid, Second Moment Closure Model and Application to the 1982 ASCOT Brush Creek Data Simulation, *J. Applied Meteor.*, **27**, pp. 562-578

[3] Yamada, T. and Bunker, S., 1989, A Numerical Model Study of Nocturnal Drainage Flow with Strong Wind and Temperature Gradients, *J. Applied Meteor.*, **28**, pp. 545-554

[4] Nakanishi, M., 2001, Improvement of the Mellor-Yamada Turbulence Closure Model Based on Large Eddy Simulation Data, *Boundary Layer Meteor.*, **99**, pp. 349-378

[5] 平岡久司, 1999, ε式を用いた乱流モデルによるLeipzig Wind Profileの再現性の検討, 日本建築学会計画系論文集, **525**, pp. 53-58

[6] ヴタンカ, 足永靖信, 浅枝隆, 2000, 都市境界層の乱流モデリング　都市建築計画における都市気候予測システムの開発　その1, 日本建築学会計画系論文集, **536**, pp. 95-99

[7] Takagi, K., Yamada, M. and Uematsu, Y., 1999, A Coupled Simulation Model for Mesoscale Airflow and Water Current, *J. Wind Engineering and Industrial Aerodynamics*, **81**, pp. 249-259

[8] Kimura, F. and Takahashi, S., 1992, The Effects of Land-use and Anthropogenic Heating on The Surface Temperature in The Tokyo Metropolitan Area：A Numerical Experiment, *Atmospheric Environment*, **25B**(2), pp. 69-91

[9] 村上周三, 2000, CFDによる建築・都市の環境設計工学, 東京大学出版会

[10] 一ノ瀬俊明, 1999, 近世以降の土地利用変化に起因するローカルな気候変動, 環境システム研究—全文審査部門論文（提案型論文）—, **27**, pp. 115-126

[11] Kim, S., 村上周三, 持田灯, 大岡龍三, 吉田伸治, 2000, 数値気候モデルによる都市化がもたらす関東地方の気候変化のメカニズムの解析, 日本建築学会

[12] 大岡龍三, 吉田伸治, 村上周三, 佐々木澄, 持田灯, 吉野博, 2004, 都市の熱代謝モデルの提案と緑化に係わる熱収支分析, 都市気候モデルに基づく東京の都市熱環境の分析, 日本建築学会環境系論文集, **579**, pp. 73-80

[13] 佐藤大樹, 村上周三, 大岡龍三, 吉田伸治, 原山和也, 近藤裕昭, 2004, ヒートアイランド緩和方策が夏季と冬季の都市熱環境へ及ぼす影響の数値解析, 夏季・冬季の都市気候特性の分析及び緑化と高アルベド化の効果の検討, 日本建築学会環境系論文集, **579**, pp. 55-62

[14] 鳴海大典, 大谷文人, 近藤明, 下田吉之, 水野稔, 2002, 都市における人工廃熱が都市熱環境に及ぼす影響, 都市熱環境評価モデルを用いたヒートアイランド現象の改善策に関する検討 その1, 日本建築学会計画系論文集, **562**, pp. 97-104

[15] 大原利眞, 鵜野伊津志, 1997, 房総前線出現時の局地気流とNO_2高濃度汚染の数値シミュレーション, 天気, **44**, pp. 855-874

[16] 近藤裕昭, 兼保直樹, 吉門洋, 山本晋, 鈴木基雄, 1996, 関東地方の冬季二酸化窒素大気汚染のシミュレーション, 環境管理, **32**, pp. 721-732

[17] 鵜野伊津志, 菅田誠治, 1997.12, 日本海の春季の対流圏オゾン高濃度のシミュレーション, 天気, **45**, pp. 425-439

[18] Taha, H., 1989, Modifying A Mesoscale Meteorological Model to Better Incorporate Urban Heat Strage : A Bulk-Parameterization Approach, *J. Applied Meteor.*, **38**, pp. 466-473

[19] Rosenfeld, A. H., Akbari, H. et al, 1995, Mitigation of urban heat islands: materials, utility programs, updates, *Energy and Buildings*, **22**, pp. 265-473

[20] 持田灯, 村上周三, Kim, S., 近藤裕昭, 島田昭男, 玄地裕, 吉田伸治, 2000, ヒートアイランド現象の解析とその対策技術の総合評価のためのSoftware Platformの開発と風環境の解析事例, 第16回風工学シンポジウム論文集, pp. 137-142

11.3.3 LES, k-εにおける流入風の生成

流体シミュレーションで建物周りの気流分布を予測する場合, 有限の広がりをもった領域が対象となる. したがって, 領域の境界では適切な境界条件の設定が必要である. ここでは, 強風中立状態を対象とし, LESならびにk-εにおける流入風の生成法について述べる.

(1) k-εにおける生成

k-ε二方程式乱流モデルなど, 乱流に対してRANS (Reynolds averaged Navier-Stokes) モデルを用いる場合, 流入風は以下のように与える.

(a) 平均速度分布 実験や観測結果が得られる場合には, それに基づいた分布を与える. しかし, 上空の一点でしか風速が得られない場合には, たとえば建築学会荷重指針[1]に従って次式のように流入風の平均速度の鉛直分布を与えることができる.

$$\left. \begin{array}{l} \langle u(z) \rangle = u \langle (z_G) \rangle \left(\dfrac{z}{z_G} \right)^{\alpha} \\ \langle v(z) \rangle = 0, \ \langle w(z) \rangle = 0 \end{array} \right\} \quad (11.3.1)$$

ただし, u, v, wは, それぞれ風速の風 (x) 方向, 風直角水平 (y) 方向, 同鉛直 (z) 方向の速度成分. ここでは, 境界層厚さに相当する高さz_Gでの平均風速$\langle u(z_G) \rangle$を基準風速とし, べき指数αのべき乗則で与えている. 境界層内部の風速が既知の場合には, 同風速を基準風速とし, z_Gにその高さを代入して, べき乗則で鉛直分布を与える.

(b) 乱流エネルギーkの分布 乱流エネルギーkの分布についても, 実験や観測結果が得られる場合には, それに基づいた分布を与える. あるいは, 建築学会荷重指針に示される乱れ強さ$I_u(z)$の鉛直分布を表す式

$$I_u(z) = \frac{\sigma_u(z)}{\langle u(z) \rangle} = 0.1 \left(\frac{z}{z_G} \right)^{-\alpha - 0.05} \quad (11.3.2)$$

から次式のように与えることができる.

$$\begin{aligned} k(z) &= \frac{1}{2} \{ \sigma_u^2(z) + \sigma_v^2(z) + \sigma_w^2(z) \} \\ &\cong \sigma_u^2(z) = \{ I_u(z) \langle u(z) \rangle \}^2 \end{aligned} \quad (11.3.3)$$

(c) 乱流散逸εの分布 一方, 乱流散逸εの分布は, 乱れの生成と散逸がつりあっていることを仮定して, 以下の式で求めることが, 一般に行われている.

$$\varepsilon(z) \cong P_k(z) \cong C_\mu^{1/2} k(z) \frac{d \langle u(z) \rangle}{dz} \quad (11.3.4)$$

(2) LESにおける生成 LES (large eddy simulation) では, 流入風の時々刻々の風速変動を与える必要がある. これを実現する方法は, 図11.3.4に示すように, 流入境界面での風速変動を乱数を用いて与えて変動を模擬する方法と, 流入風そのものを流体計算で求める方法の二とおりに大別できる.

(a) 乱数を用いて模擬する方法 風洞実験または観測から目標となる統計量を設定し, 統計

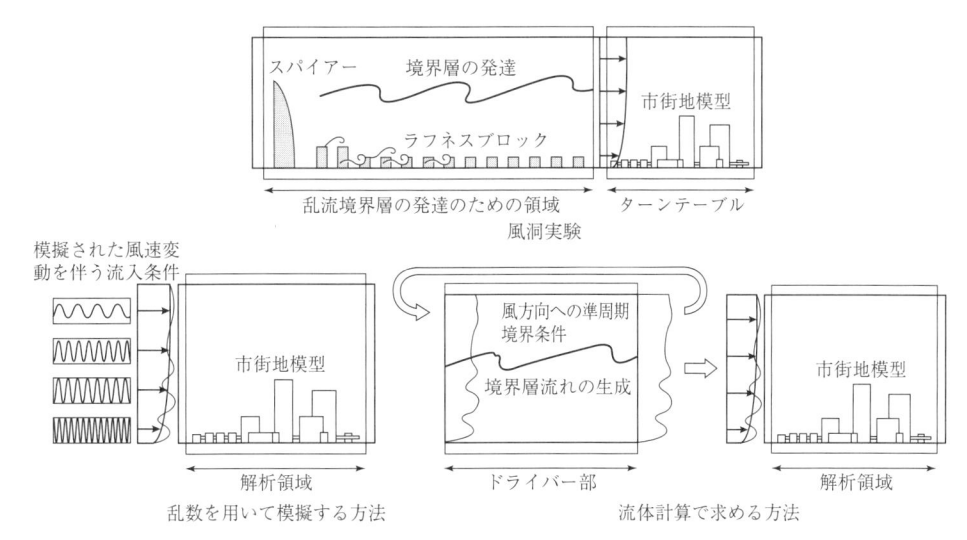

図 11.3.4 LES における流入風の生成法ならびに風洞実験との比較

量と一致するように乱数を用いて風速変動を与える方法である．丸山ら[2]は，実験結果からパワースペクトル，ルートコヒーレンス，フェイズを求め，これらを目標に条件つき確率場として風速変動を発生させている．また近藤ら[3]は，実験結果からパワースペクトル密度，クロススペクトル密度の目標を設定し，周波数空間で変動波形を生成している．

これらの手法では，比較的少ない計算負荷で，目標となる統計量に応じた流入変動風が生成可能である．反面，与えた変動風に物理的な流れ場の構造をもたせるためには，高次の統計量を測定もしくは実験結果から与える必要がある．

(b) 流体計算で求める方法　計算領域とは別のドライバー部を設定し，そこで境界層流れを解く方法である．流れ場が再現されるので，流れ場に関する高次の統計量は必要ない．一方で，生成される風速分布は，ドライバー内の床面条件や，風方向の境界条件の設定によってある程度の制御が可能であるが，目標となる風速の平均値や変動と一致させることが課題である．ここでは，滑面の上空で発達する境界層流れを対象とした Lund ら[4]の方法と，それを建物周りの気流に応用した例について述べる．

Lund ら[4]は，ドライバー出口付近の抽出断面 B で，速度 u を平均速度 $\langle u \rangle$ と変動成分 $u' = u - \langle u \rangle$ に分離し，それぞれに対して境界層の

発達に応じた縮尺変換（rescale）を行った上で，ドライバー流入断面 A に戻す（reintroduce）手法を提案した．すると，壁法則に従う内部領域では，風方向の平均ならびに変動速度分布に関して次式が成り立つ．

$$\langle u \rangle_A = \gamma \langle u(z_A^+) \rangle_B, \quad u_A'(y, z, t) = \gamma u_B'(y, z_A^+, t),$$
$$\gamma = \frac{u_A^*}{u_B^*} \tag{11.3.5}$$

ここで，u^* は壁面摩擦速度，z^+ は壁座標（$=u^* z / \nu$）．また z_A^+ のついた値は，流入断面での壁座標に相当する値を，抽出断面内の格子点補間から求める．流入断面での境界層厚さ δ や γ を指定すれば，次式より流入断面の速度が決まる．

$$u_A(y, z, t) = u\langle (z) \rangle_A^+ + \frac{u_A^*}{u_B^*} \{ u_B(y, z_A', t) - \langle u(z_A^+) \rangle_B \} \tag{11.3.6}$$

同様の操作を，速度欠損則に従う外部領域に対しても行う．

片岡ら[5]は，十分に発達した境界層乱流では，ドライバー部内における u^* や δ の変化が小さく，縮尺変換が無視できると仮定して，以下のように簡略化した．

$$\left. \begin{array}{l} u_A(y, z, t) = u\langle (z) \rangle_A \\ \qquad + \phi(\theta)\{u_B(y, z, t) - \langle u(z) \rangle_B\} \\ \theta = \dfrac{z}{\delta} \end{array} \right\} \tag{11.3.7}$$

ただし $\phi(\theta)$ は境界層の内側で 1，外側で 0 とな

る damping 関数．この簡略化により，流入断面における平均速度分布を，与条件として設定できる．同手法を用いた計算では，比較対象となる風洞実験の平均速度分布だけでなく，乱れ強さに関しても再現されている．また，同気流分布中におかれた正方形角柱周りの気流計算を行い，角柱周りの平均速度分布に関しても，実験結果とのよい一致が得られている．

一方，野澤ら [6] は Lund らによる方法を用いて，ラフネスブロック上で発達する境界層流れを計算している．その際，粗面上を流れる気流の抵抗式から，式（11.3.5）中の縮尺変換のためのパラメーター γ を求める式を提案した．また，同気流を用いて，低層建物周りの気流を計算している[7]．ラフネスブロックの設置パターンを変え，接近流の乱れ強さによる屋根面のはく離性状の変化を調べたところ，風洞実験と一致する傾向が得られている．

[片岡浩人]

文献

[1] 日本建築学会，2004，建築物荷重指針・同解説
[2] 丸山勇祐，丸山敬，1999，人工的に生成した変動風を流入条件とする LES による直方体周りの乱流場の数値計算，日本建築学会構造系論文集，520，pp. 37-43
[3] 近藤宏二，持田灯，村上周三，1999，生成された流入変動風を用いた LES－流入変動風生成時のクロススペクトルマトリクスの再現性が計算結果に及ぼす影響について－，日本建築学会構造系論文集，523，pp. 47-54
[4] Lund, T. S, Wu, X. and Squires, K. D., 1998, Generation of turbulent inflow data for spatially-developing boundary layer simulations, J. Computational Physics, 140, pp. 233-258
[5] 片岡浩人，水野稔，1999，流入変動風を用いた三次元角柱周りの気流解析，日本建築学会計画系論文集，523，pp. 71-77
[6] 野澤剛二郎，田村哲郎，2001，ラフネス上に空間発達する乱流境界層の LES と変動風の評価，日本建築学会構造系論文集，541，pp. 87-94
[7] Nozawa K. and Tamura, T., 2002, Large eddy simulation of the flow around a low-rise building immersed in a rough-wall turbulent boundary layer, J. Wind Engineering and Industrial Aerodynamics, 90, pp. 1151-1162

11.3.4 流体音解析

流体音は流れから発生する音であり，代表流速の増大に伴い急激に増大する性質があるため，その予測や低減は航空工学，機械工学，土木工学・建築学などの幅広い工学分野において重要な課題となっている．最近の計算機性能の向上により，数値解析による流体音の予測も可能になりつつある．本項では数値解析による流体音の予測手法を概説する．

(1) 流体音の予測手法

流体音は流れの中の渦運動に起因して発生し，等エントロピー過程により遠方まで伝播する，密度，圧力，速度の微弱な変動であり，流体運動の基礎式である質量，運動量，および，全エネルギーの保存式により記述される．したがって，音源となる流れの変動が生じている領域を含めて，音の伝播領域に対して，圧縮性ナビエ－ストークス方程式（11.1.2項参照）を非定常解析すれば流体音を求めることができる．流体音のこのような予測手法は直接計算とよばれており，マッハ数の大きい高速な流れや，基本的な流れから音が発生する原理的なメカニズムを検討するのに適している．しかし，土木や建築分野で対象となるような比較的低速の流れの場合は，流れの中を伝播する流体音の変動強度は，音源領域の変動強度に比較して桁違いに小さく，かつ，音の伝播領域は音源領域に比べてはるかに大きいため，このような場合に直接計算を適用することは現実的ではない．そこで，音の発生の解析（音源計算）と伝播の解析（音場計算）とを分離して予測する，分離計算が工学的には広く用いられている．

(2) 直接計算

直接計算は最も厳密な流体音の計算方法であり，分離計算では予測することができない，音から流れへのフィードバック現象も含めて，すべての流体・音響現象を再現することができ，混合層，噴流，後流，キャビティ流れなどの基本的な流れから流体音が発生するメカニズムの解明に用いられている．流れの中を伝播する微弱な音波の変動まで計算するためにはとくに解析精度の高い方法を用いる必要があり，また，上流境界や出口境界，

遠方境界などの人工的な境界における非物理的な音波の反射を抑えるための工夫も必要である.

(3) 分離計算

流れの変動は音を発生するが,発生した音が流れの変動に影響を与えることはないと仮定し,音源の解析と音場の解析とを独立に行うのが分離計算である.したがって,共鳴現象のように音と流れとが相互に干渉している場合には分離計算は適用できない.このような場合を除いて,低速のファン,自動車周りの流れやビル風などの比較的低速の流れから発生する音の強度は流れの変動強度に比べてはるかに小さいため,音から流れへのフィードバック効果は無視することができ,分離計算を適用することが可能である.流れ場と音場とを分離して計算することにより,音源と音場の空間スケールや変動の強度の違いに起因する困難を排除することができる.一口に分離計算といっても,流れの計算と音場の計算との接続の仕方や,音場の計算方法によりさまざまな計算方法が提案されているが,本項では,土木・建築分野で重要となる物体(ブラフボディ)周りの流れから発生する音の予測方法とそれを用いた計算例を紹介する.

流体音も流れの微小変動であるため,流れの基礎方程式を変形することにより,音の伝播を表す波動方程式(Lighthill方程式)を得ることができる[1].物体の寸法に比較して波長(正確には波長$/2\pi$)が長い,つまり,比較的低周波数の音の場合,音源は点音源とみなすことができる.点音源から,音を吸収したり反射したりするものがない自由空間中に放射される音に関しては解析的な取扱いが可能であり,次式に示すように物体表面の圧力変動がわかれば計算することができる[2].

$$p_a = \frac{1}{4\pi a} \frac{x_i}{r^2} \frac{\partial}{\partial t} \int_S n_i p\left(y, t - \frac{r}{a}\right) dS \quad (11.3.8)$$

ここに,右辺は音源となる物体表面Sにおける流れの静圧変動pを表し,左辺は遠方場(波長に対して物体から離れた点)x_iの音$p_a(x_i, t)$を表す.aは静止流体中を伝播する音波の速度,すなわち,音速であり,rは観測点x_iと音源点yとの間の距離,n_iは物体表面Sにおける外向き単位法線ベクトルをそれぞれ表す.

物体以外の境界において音が反射されたりする場合は式(11.3.8)はそのままの形では適用できないが,このような場合でも音源となる渦の変動や物体表面の流れの静圧変動が計算できれば,線形化オイラー方程式や境界要素法などによる音響計算と組み合わせることにより,発生する流体音を予測することができる.また,流体機械のような回転機械から発生する流体音を予測する場合は,翼が回転している効果も考慮する必要があるが,このような場合には,音源が回転している場合にも適用できるように式(11.3.8)を拡張した式が導出されており[3],動翼表面などの静圧変動から遠方場音を計算することができる.

上述の計算においては,音源領域は音波のスケールに比較して小さいことが前提となっているため,音源となる流れの変動を求める計算では,流れの圧縮性を考慮する必要はない.一般に流体音の予測のためには,音源となる流れの渦の変動を精度よく解析することが重要であるが,このためにはLES(larged eddy simulation)とよばれる手法が最も有望である[4, 5].工学的な乱流計算に一般的に用いられているRANS(Reynolds averaged Navier Stokes simulation)とよばれる手法では,原理的に乱流の非定常変動に起因する

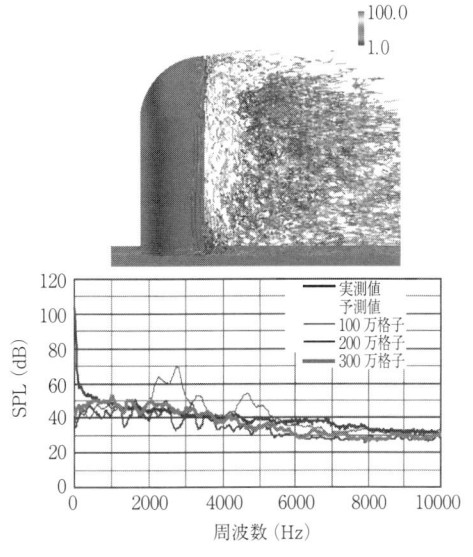

図11.3.5 自動車用ドアミラー周りの流れのLES計算と発生する流体音の実験値との比較[6]

流体音のスペクトルを予測することはできない.

円柱や自動車のドアミラーなどのブラフボディ周りの流れから発生する流体音は数百万点程度の格子を用いたLES解析により定量的な予測が可能である.一例として,自動車用ドアミラーの模型から発生する流体音を予測し,実測値と比較した結果を図11.3.5に示す[6]. 　　[加藤千幸]

文　献

[1] Lighthill, M. J., 1952, On Sound Generated Aerodynamically I. General Theory, *Proc. Roy. Soc., London*, Series A, **211**, pp. 564-581

[2] Curle, N., 1955, The Influence of Solid Boundaries upon Aerodynamic Sound, *Proc. Roy. Soc., London*, Series A, **231**, pp. 505-514

[3] Ffowcs Williams, J. E. and Hawkings, D. L., 1969, Sound Generation by Turbulence and Surfaces in Arbitrary Motion, *Philosophical Transactions of the Royal Society*, Series A, **264**-1151, pp. 321-342

[4] 加藤千幸ほか4名, 1994, LESによる流体音の予測(第1報,二次元円柱からの放射音の予測), 日本機械学会論文集B編, **60**-569, pp. 126-132

[5] Kato, C., Kaiho, M. and Manabe, A., 2003, Finite-Element Large Eddy Simulation Method with Applications to Turbomachinery and Aeroacoustics, *Trans. ASME, J. Applied Mech.*, **70**-1, pp. 32-43

[6] 王　宏,加藤千幸, 2004, ドアミラー周りの非定常流れのLES解析と流体音の予測, 第18回数値流体シンポジウム講演論文集, B3-2, 東京

11.3.5　多相流れの解析

気体,液体,固体の二つ以上の相が互いに相互作用を及ぼしあっている流れが多相流れであり,土木・建築分野においても,火災時における煙の拡散,スプリンクラーの散水,排水管内の水と空気の2相流れ,石油タンク内のスロッシングなど,多相流れが問題となることも多く,その数値解析は重要な課題である.多相流れでは,一般に物性値が大きく異なる気相,液相,固相の異なる相が複雑に干渉し合いながら流動構造が決定されるため,さまざまな時空間スケールの構造が流れの中に存在し,典型的な多重スケール構造となっている.このため,多相流れの数値解析においては,どのようなスケールを狙って解析するのかということによって,支配方程式そのものが異なり,また,その数値解析手法も異なってくる.多相流れの数値解析方法は直接解法,多流体モデル解法(平均化方程式による計算),ならびに,オイラー－ラグランジュ法に大別される.本項ではそれぞれの解析方法に関して概説する.

(1) 直接解法

異なる相どうしが接し合う境界面(界面)では種々の物理量の値が急変し,質量,運動量,エネルギー,および,物質などの交換が行われる.このような界面の位置形状や界面を介しての諸量のやり取りを基礎方程式に基づき計算するのが直接解法であり,図11.3.6[2]に示すように,界面が解析領域に対して相対的に大きなスケールを有し,かつ,界面を介した物理現象を正確に予測する必要がある場合に有効な手法である.直接解法は界面の計算方法により,境界適合格子を用いる方法と固定格子を用いる方法の二つに分類される.有限差分法,有限体積法や有限要素法などの境界に適合する格子を用いた直接解法は,界面の形状を比較的正確に計算することができるという特長があるが,界面が大きく変形したり分裂したりする場合は計算格子を移動したりすることが困難になる.一方,固定格子を用いる方法には,気相,液相,固相などの「相」を決定するための特殊な関数の輸送方程式を解くことにより,界面の位置や形状を決定する界面捕獲法と,界面を要素

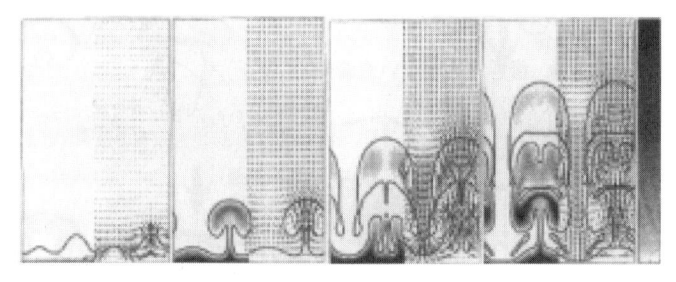

図 11.3.6　沸騰気泡の直接シミュレーション(文献[1]より転載,オリジナルは文献[2])

(segment) として有し，界面の移動はこの界面要素を直接ラグランジュ的に移動させる界面追跡法とがある．これらの方法では，計算を進めるにつれ，界面がだんだんとぼやけてきてしまうことが問題になり，シャープにかつ安定に界面の移動を求めるために，VOF（volume of fraction）法，密度関数法，レベルセット法（以上，界面捕獲法），immersed boundary method（界面追跡法）などの種々の方法が研究されている [1]．

(2) 多流体モデル解法

煙の拡散やキャビテーション流れなど，連続相の中に分散相との界面が無数に存在する多相流れでは，分散相との一つ一つの界面を直接計算することは不可能であり，なんらかの意味での巨視化や平均化をした取扱いが必要となる．このような流れに対しては，それぞれの相に対する基礎方程式を平均化した多流体モデル解法を用いる．多流体モデルによる解析では，界面で生じる物理現象を直接的には考慮できないので，これらの効果をモデル化した構成方程式を構築し，その効果を間接的に計算に導入する．多流体モデルは，各相を別々の流体として取り扱い，相間の質量，運動量やエネルギーの交換を適当な構成方程式を用いて表す2流体モデルと，混相流れを一つの混合体とみなして保存式を立て，各相の間の速度差，温度差などに関する相関式を用いて解析をする混合体モデルなどがある．多流体モデル解法に用いられる構成方程式や相関式は半経験的に導かれたものが多く，このことが多流体モデルの予測精度の限界を決めている．最近では図11.3.7 [1] に示すように，直接解法と多流体モデルの長所をあわせもったマルチスケール解法も盛んに研究されている．

(3) オイラー-ラグランジュ法

オイラー-ラグランジュ法は分散相の解析にしか適用できないが，直接解法と多流体モデルとの中間に位置づけられるものであり，図11.3.8 [3] に示すように多数の粒子を含むような分散相の解析に対して有効である．この方法では，分散相に関しては，粒子の運動をモデル化した方程式を解いてラグランジュ的に追跡し，一方，連続相に関

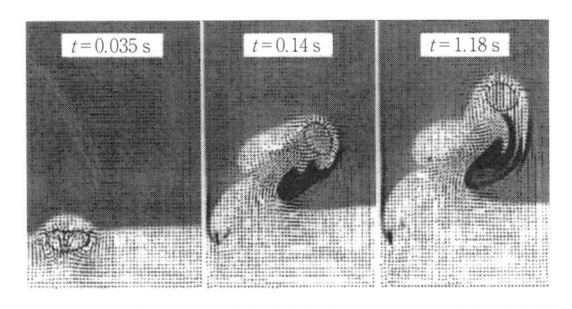

図11.3.7 直径5 mmの大気泡と直径0.25 mmの小気泡群と周りの空気との干渉計算 [1]

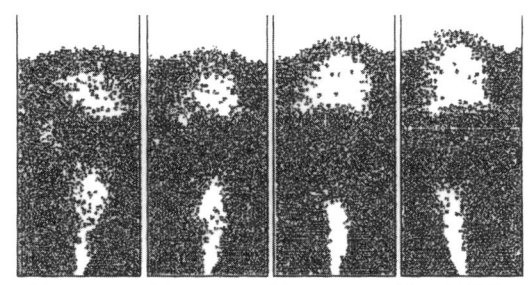

(a) $k=8$ N/m (b) $k=80$ N/m (c) $k=800$ N/m (d) $k=8000$ N/m

図11.3.8 2次元流動層内の粒子流動の計算（kは粒子間相互作用をモデル化したばねの強度を表す）（文献 [1] から転載，オリジナルは文献 [3]）

しては，有限差分法や有限要素法などのオイラー的手法により解析する．それぞれの相間での運動量の交換などを介して相間の相互作用が考慮される．また，分散相の密度が高い場合には，分散相と連続相との相互作用だけではなく，分散相どうしの相互作用も考慮する必要もある（図11.3.8）．

[加藤千幸]

文　献

[1] 小林敏雄編集委員長，2003，数値流体力学ハンドブック，丸善
[2] Juric, D. and Tryggvason, G., 1998, Computations of boiling flows, Int. J. Multiphase Flow, **24**, pp. 387-410
[3] Crowe, C., et al., 1998, Multiphase Flows with Droplets and Particles, CRC Press

11.3.6　構造物の連成解析

本項では流体シミュレーションの応用として，風と構造物の連成解析について述べる．

(1) 流体シミュレーションによる構造物の空力特性評価の流れ

流れのはく離を伴う構造物に作用する空気力の

評価にも流体シミュレーションが本格的に試みられるようになったのは1970年代後半からである．しかし高レイノルズ数領域では数値的不安定が生じ，ナビエ-ストークス方程式をうまく解くことができなかった．高レイノルズ数での物体に作用する空気力の解析が初めて可能になったのは，1980年代半ばのKawamuraとKuwahara[1]による3次精度風上差分を用いた非圧縮性ナビエ-ストークス方程式の非定常解析によってである．このとき粗さつき円柱の抗力がレイノルズ数によって劇的に変化する現象（drag crisis）が捉えられた．

空気力の評価ではそれが平均値であっても，構造物からの渦放出に伴う乱流混合を再現する必要があり，そのために非定常解析が必須である．河村・桑原の方法は，非定常な変化を捉えることに成功した最初の手法であったが，非常に高い空間解像度での解析を前提とした手法であるため，高い演算能力をもつ計算機を必要とする．また，数値粘性が大きく，かつ空間解像度に依存する特性を有していることが指摘されていた．一方で，比較的小さい空間解像度で解析でき，かつ乱流粘性が空間解像度に依存しないLESにより，ブラフボディーに作用する空気力評価も行われるようになった[2]．LESに関しては近年ではDynamic-LESにより，乱流粘性の合理的な評価が可能になり，精度の高い解析が行なわれている．風上差分は，数値粘性の大きさを調節したかたち[3]や構造物の隅角部など数値的安定性を生じやすい部分の計算安定化のためにLESと組合わせて用いられている[4]．

(2) 流体シミュレーションによる基本断面の空力特性の辺長比，迎角による変化

RANSに関しては1980年代後半から1990年代初頭に村上[5]やLaunderとKato[6]によりそれまでのモデルの不備が指摘され，乱流エネルギーのモデルに重要な改良が提案される．またそれまで定常解析にしか用いられてこなかったが，非定常解析によって渦放出が再現されることがみいだされたこと[7]もRANSの構造物の空力力評価への適用のきっかけともなった．図11.3.9には一様流中での静止時の種々の辺長比を有する角柱まわりに形成される流れのパターンを乱流エネルギーの生産項にKato-Launderの修正を用いたk-εモデルによる2次元非定常解析によって再現した結果[8]を示す．カルマン渦の放出パターンが辺長比に伴って変化していることがわかる．図11.3.10にはストローハル数の辺長比による変化を示す．$B/D=2.8$および6～7付近にストローハル数が不連続に変化する様子（ストローハル数ジャンプ）が捉えられていることがわかる．

図11.3.10に示す辺長比よりさら辺長比が小さい領域では，$B/D=0.6$付近で平均抗力係数に

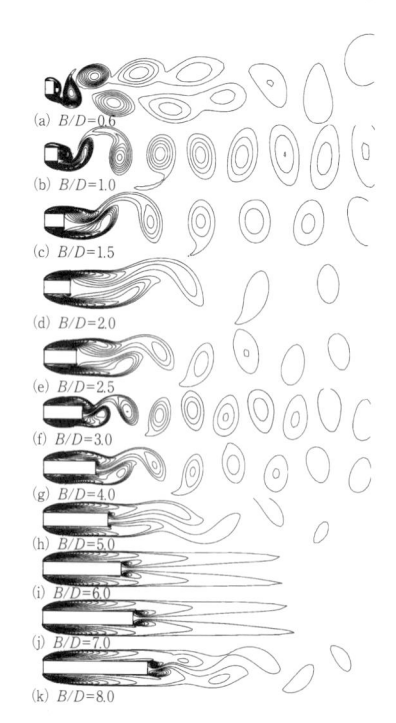

図 11.3.9 種々の辺長比の矩形断面柱の瞬間渦度分布 [8]

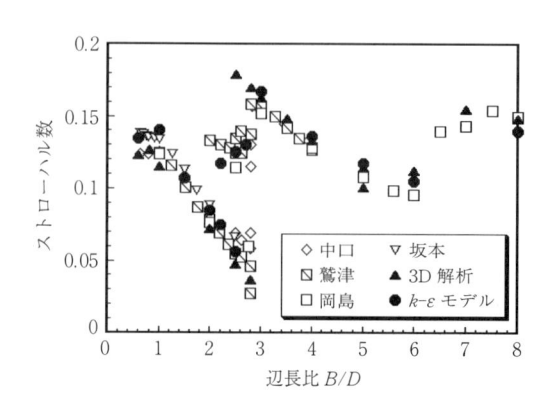

図 11.3.10 矩形断面のストローハル数の辺長比による変化 [8]

ピークを示すことや，空気力のスイッチング現象［23］が見られる．石原ら［9］，平野ら［10］はそれぞれ $B/D=1$ および $0.5〜2$ 断面の空気力の迎角による変化を捉えることに成功している．また，田村ら［23］は $B/D=0.2$ までの断面について LES により空気力のスイッチング現象の再現を試みている．

(3) 構造物の振動との連成

構造物の振動を考慮した非定常非圧縮性流体の運動方程式は以下のように表される．

$$\frac{\partial u_i}{\partial t} + (u_j - \dot{x}_j)\frac{\partial u_i}{\partial x_j}$$
$$= -\frac{1}{\rho}\frac{\partial p}{\partial x_i} + \frac{1}{Re_j}\left(\frac{\partial u_i}{\partial x_j} + \frac{\partial u_j}{\partial y_i}\right) \quad (11.3.9)$$

ここに $\dot{x}_j$ は構造物の振動速度を表す．つまり，移流速度が構造物の振動速度との相対流速として考慮される．構造物に作用する空気力は，ナビエ－ストークス方程式から得られる構造物表面の圧力および摩擦力を積分することによって得られる．構造物の変位および速度は，この空気力を用いて振動に関する運動方程式を解くことにより求められる．

(4) 流体シミュレーションによる空力不安定振動の解析

構造物にはその流れ方向の長さによってさまざまな空力不安定振動が生じる．図 11.3.11 には矩形断面の空力不安定振動と流れのパターンとの関係［11］を示す．矩形断面の空力不安定振動は，3 つの瞬間的なフローパターン（完全はく離型，周期的再付着型，定常的再付着型）によって分類される．ここでは $B/D=2$ 矩形断面の 1 せん断層不安定型の渦励振（前縁はく離渦型渦励振）の例を示す．$B/D=2$ 断面は完全はく離型断面と周期的再付着型断面の二つの断面の性質を併せ持つことから，流体シミュレーションの可能性を検証するには興味ある断面である．

図 11.3.12 には 3 次元解析［12］により得られた $B/D=2$ 断面まわりの瞬間的な渦度分布を示す．図 11.3.12a を見ると，風上端付近に非常に強い前縁はく離渦の形成とそれが物体側面を流下し，後縁二次渦と融合して後流に規則的に放出される様子がみられ，振動に伴って周囲流れ場が同図 b に示す静止時と非常に大きく異なっていることがわかる．振動時の空気力に対して，フーリエ展開を行い，振動速度と同相な成分を取り出すと，これが正であるとき，構造減衰による減衰力を打ち消すため，振動が発達する．図 11.3.13a には k-ε モデルにより求められた揚力の速度同相成分を示す［13］．また，同図 b には自由振動時の応答を示す．正の振動速度同相成分が生じている風速域で，空力不安定振動が発生していること

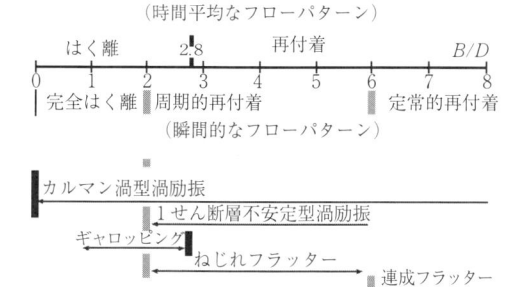

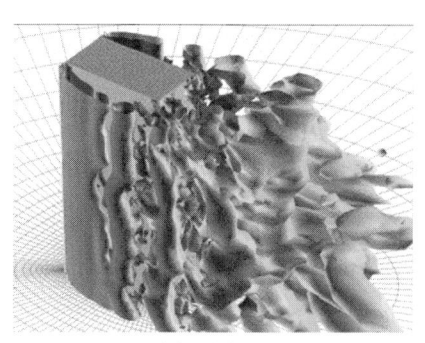

図 11.3.11 流れのパターンと空力不安定振動の関係［11］

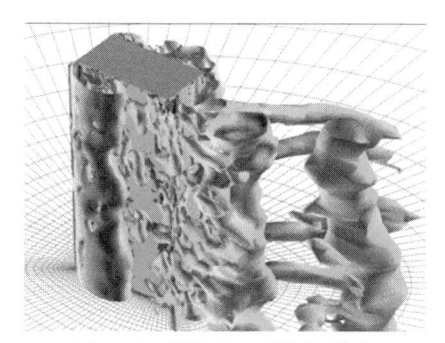

(a) 1 せん断層不安定型渦励振動時　　(b) 静止時

図 11.3.12 $B/D=2$ 矩形断面柱の瞬間渦度分布［12］

(a) 揚力の速度同相成分 [13]

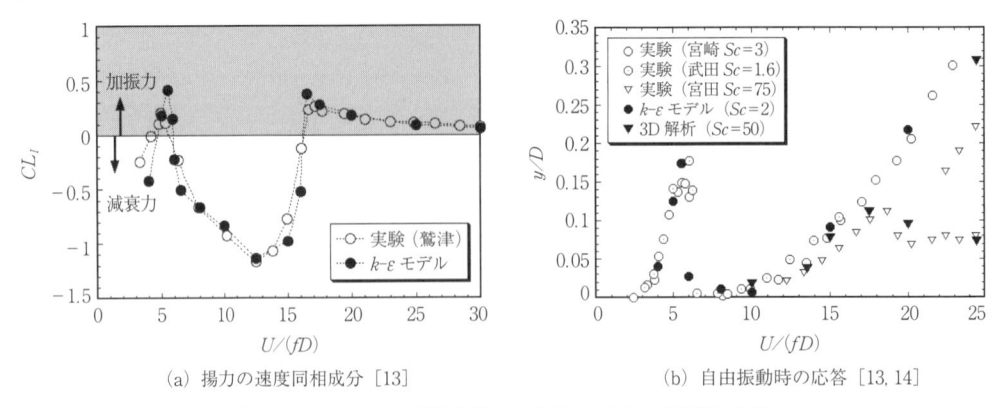

(b) 自由振動時の応答 [13, 14]

図 11.3.13 $B/D=2$ 矩形断面柱の非定常空気力と応答振幅の比較

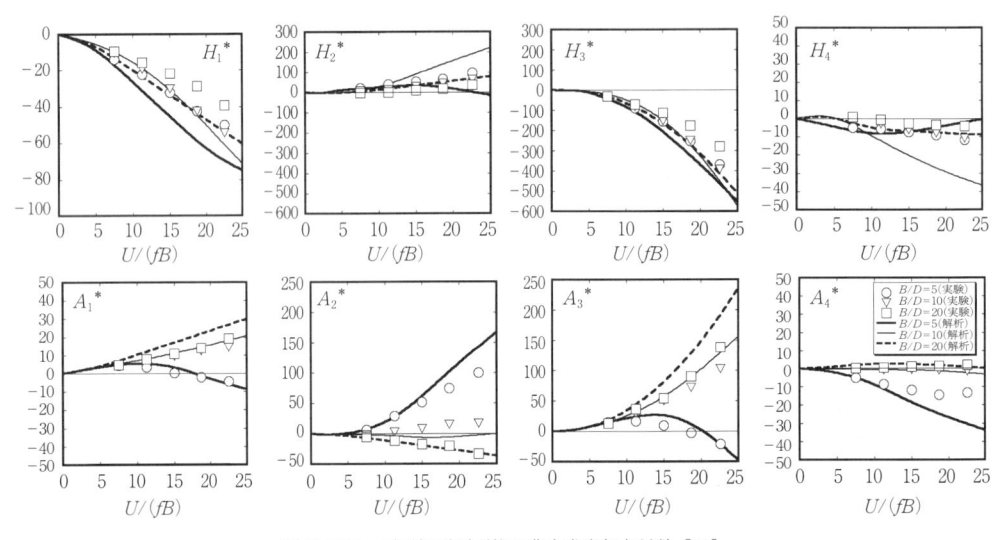

図 11.3.14 扁平矩形断面柱の非定常空気力係数 [19]

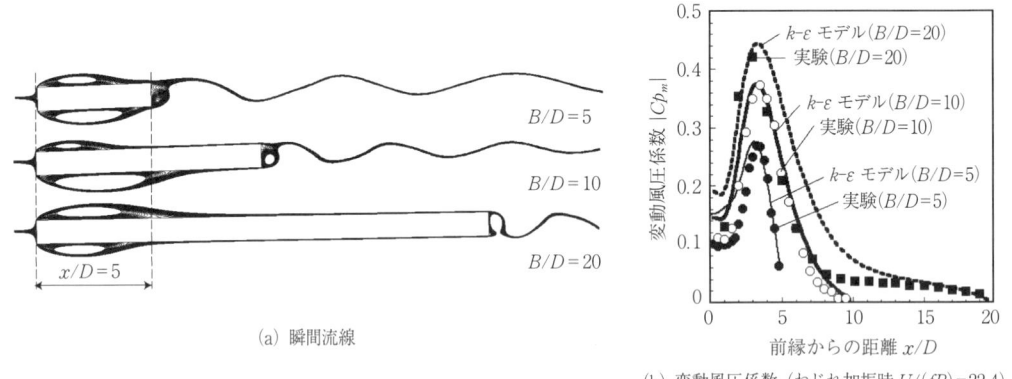

(a) 瞬間流線

(b) 変動風圧係数（ねじれ加振時 $U/(fB)=22.4$）

図 11.3.15 扁平矩形断面柱の瞬間流線と変動風圧係数 [19]

がわかる．

1せん断層不安定型渦励振は質量と減衰の積で定義される質量減衰パラメータによってその応答の大きさが決定される．質量減衰パラメータが小さいと応答は大きく，逆に大きいと応答は小さくなる．図 11.3.13b に示す3次元解析ではこのような構造特性の違いによる空力不安定振動の傾向もよくとらえられている．

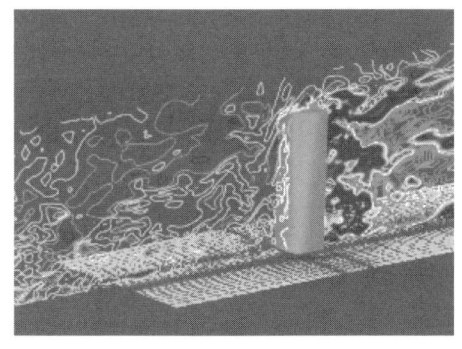

11.3 流体シミュレーションの応用

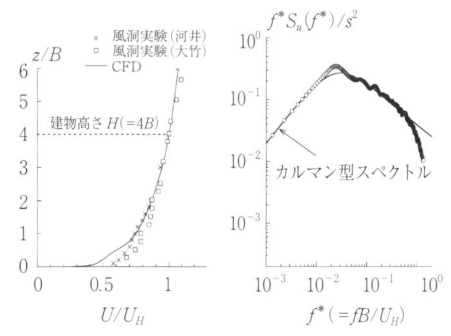

(a) 流れ場 (b) 流入風鉛直プロファイル (c) パワースペクトル密度

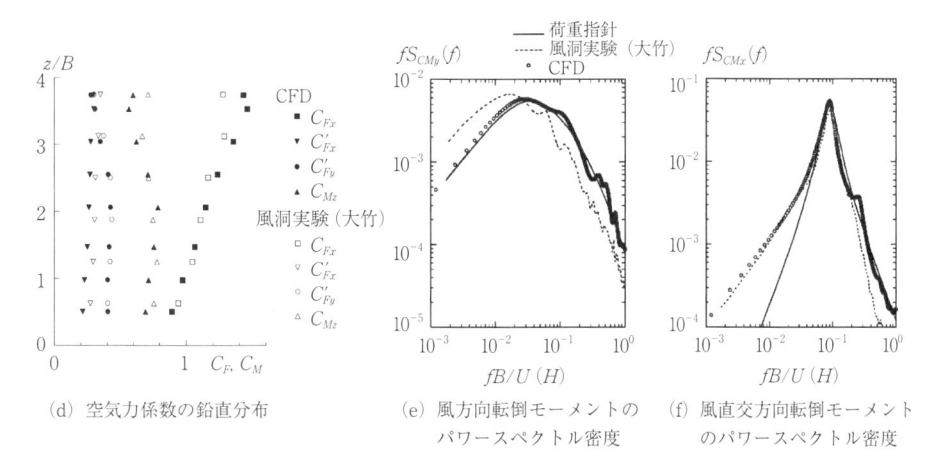

(d) 空気力係数の鉛直分布 (e) 風方向転倒モーメントのパワースペクトル密度 (f) 風直交方向転倒モーメントのパワースペクトル密度

図 11.3.16 乱流流入風による 1:1:4 角柱の解析結果 [20]

(5) 流体シミュレーションによる扁平矩形断面の非定常空気力の評価

橋梁の耐風設計では，設計風速内でフラッターが発現しないことを確認するために，フラッター解析が行なわれる．フラッター解析では，断面を強制的に振動させることで得られる非定常空気力からフラッターの発生風速が求められる．最近では流体シミュレーションにより非定常空気力を求めることが試みられている [15〜18]．図 11.3.14 には k-ε モデルによって求められた扁平な矩形断面の非定常空気力係数を示す [19]．これらの扁平な断面に，たわみやねじれの強制振動を与えると，図 11.3.15a に示す流線からわかるように，辺長比に関係なく前縁からほぼ $5D$ の範囲に，はく離バブルが定在的に形成される．また，風圧分布（同図 b）と対応づけると，その中における風圧変動が引金となって非定常空気力が生じていることがわかる．一見，複雑にみえる非定常空気力であるが，流体シミュレーションから得られる流れ場や風圧分布と対応づけて見ると，そのメカニズムがよく理解できる．

(6) 乱流流入風を用いた流体シミュレーションによる構造物の空気力評価

建築物や土木構造物のように大気境界層中にある構造物の空気力を評価するうえで乱れの影響を考慮することは非常に重要なことである．風の乱れによる変動外力を受ける構造物の動的解析のためには，広い周波数レンジにわたっての外力変動を評価する必要があることから，LES のような格子平均型乱流モデルの非定常解析が有望な方法であると考えられている．そのための変動空気力を評価するうえで，非定常な乱流流入風の発生方法の開発はこの分野における最近の最も注目すべき展開である．図 11.3.16 はこのような解析 [20, 21] によって評価された幅：奥行き：高さが 1:1:4 の角柱の空気力の結果を示したものである．流入風として同図 b および c に示すような鉛直プロファイルおよび変動特性をもつ気流を計算により

生成している．また同図d～fには，構造物に作用する空気力の平均および変動特性を示すが，風洞実験に匹敵する精度の解が得られるようになっている［22］．

文　献

［1］ Kawamura, T. and Kuwahara, K., 1984, Computation of high Reynolds number flow around circular cylinder with surface roughness, AIAA paper 84-0340

［2］ Murakami, S. and Mochida, A., 1995, On turbulent vortex shedding flow past 2D square cylinder predicted by CFD, J. Wind Engineering and Industrial Aerodynamics, **54, 55**, pp. 191-211

［3］ 片岡浩人，水野稔，1998，流入変動風を用いた三次元角柱周りの流れの計算－平均速度分布を与条件とした流入変動風の作成方法について－，第12回数値流体力学シンポジウム論文集，pp. 173-174

［4］ 小野佳之，田村哲郎，2003.1，角柱の空力不安定振動に及ぼす乱流効果に関するLES解析，日本建築学会構造系論文集，第563号，pp. 67-74

［5］ 村上周三，1982，乱流エネルギーの過剰生成に関する改良，日本風工学会誌，第13号，pp. 15-27

［6］ Kato, M. and Launder, B.E., 1993.8, The modeling of turbulent flow around stationary and vibrating square cylinders, Ninth symposium on "Turbulent shear flows", Kyoto, Japan

［7］ Franke, R. and Rodi, W., 1991.9, Calculation of vortex shedding past a square cylinder with various turbulence models, Eighth Symposium on Turbulent Shear Flows, 20-1, Technical University on Munch

［8］ 嶋田健司，孟岩，1998.12，種々の辺長比を有する矩形断面柱の空力特性評価に関する修正型k-εモデルの適用性の検討，日本建築学会構造系論文集，第514号，pp. 73-80

［9］ 石原孟，岡新一，藤野陽三，2006.1，一様流中に置かれた正方形角柱の空力特性の数値予測に関する研究，土木学会論文集，No. 808, I-74, pp. 113-125

［10］ 平野廣和，丸岡晃，渡辺茂，2002，断面辺長比2：1矩形柱の風の傾斜角による空力特性に関する数値解析，構造工学論文集，Vol.48A, pp. 971-978

［11］ Takeuchi, T. and Matsumoto, M., 1992, Aerodynamic response characteristics of rectangular cylinders in tandem arrangement, J. Wind Engineering and Industrial Aerodynamics, 41-44, pp. 565-575

［12］ Tamura,T. and Itoh, Y., 1997, Three-dimensional vortical flows around a bluff cylinder in unstable oscillations, J. Wind Engineering and Industrial Aerodynamics, **67, 68**, pp. 141-154 (http://at.depe.titech.ac.jp/kenkyu/collection2/sindou-wake.html)

［13］ 嶋田健司，石原孟，1998.12，矩形断面柱の空力特性と$B/D=2$断面柱の空力振動のk-εモデルによる数値解析，第15回風工学シンポジウム論文集，pp. 161-166

［14］ 田村哲郎，伊藤嘉晃，1997.7，3次元流体解析による角柱に発生する種々の空力弾性挙動の再現と精度検討，日本建築学会構造系論文集，第497号，pp. 25-32

［15］ 嶋田健司，石原孟，2001.1，k-εモデルによる扁平矩形断面の非定常空気力評価，第50回理論応用力学講演会，pp. 97-98

［16］ Kuroda, S., 2001.6, Numerical Computations of Unsteady Flows for Airfoils and Non-airfoil Structures, AIAA 2001-2714

［17］ 丸岡晃，渡邊茂，平野廣和，2001.10，偏平矩形断面の非定常空気力に関する数値流体解析，土木学会第56回年次学術講演会，I-B354

［18］ Sarwar, M.W., Ishihara, T., Shimada, K., Yamasaki, Y. and Ikeda, T., 2006, Prediction of aerodynamic characteristics of cable stayed bridge girder using LES turbulence model, J. Wind Engineering, Vol. 31, No. 3, pp. 283-286

［19］ 嶋田健司，石原孟，2002.12，k-εモデルによる矩形断面柱のフラッター解析，第17回風工学シンポジウム論文集，pp. 291-296

［20］ 野澤剛二郎，田村哲郎，2003，LESによる乱流境界層中の高層建物表面の風圧予測，日本風工学会誌，No. 95, pp. 169-170

［21］ Nozawa, K. and Tamura, T., 2003, Feasibility study of LES on predicting wind loads on a high-rise building, Proceedings of 11th International Conference on Wind Engineering.

［22］ 日本建築学会，2005，建築物の耐風設計のための流体計算ガイドブック

［23］ 田村哲郎，ダイアス，P. P. N. L., 小野佳之，2004.7，辺長比の小さい角柱の空気力特性に関するLES解析－接近流の乱れの影響について－，日本建築学会構造系論文集，第581号，pp. 15-22

11.3.7　熱輸送・物質輸送・燃焼・化学変化の連成解析

　流体による輸送現象に伴って生じる熱輸送・物質輸送・燃焼・化学変化など多数の物理現象を合わせて解析する総合シミュレーションは，一般に個別の物理現象のシミュレーションの組合せとして行われる．シミュレーションのプログラム（コード）自身，これら個別のシミュレーションを行うプログラムの組合せにより作成されるのが一般的である．ただし種々の物理現象を一つのコードに統合し，すべての現象を包含した大規模な連立多元方程式を一度に解くシミュレーション方法も考えられる．そのほうが各物理現象の相互関係が直接的に解析手順にコードされるため，数値シミュレーションにおける収束計算の計算安定性もよく

11.3 流体シミュレーションの応用

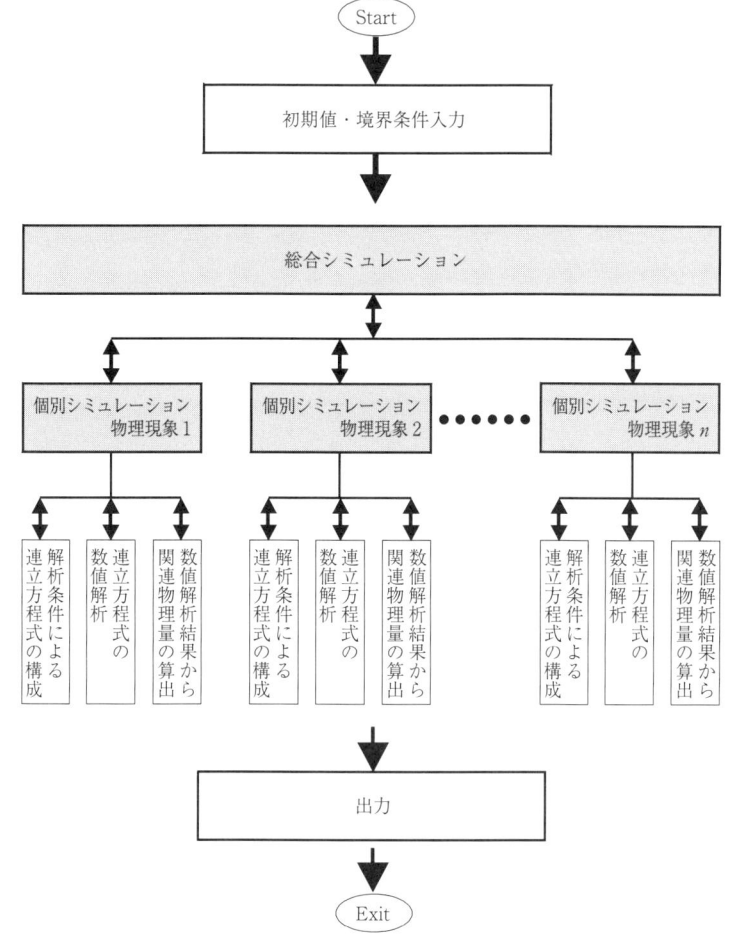

図 11.3.17 総合シミュレーションにおける個別シミュレーション

表 11.3.1 建物火災の総合シミュレーションにおける個別シミュレーション要素例

個別物理現象シミュレーション	シミュレーション入力	出 力
気流シミュレーション（CFD）	境界層流れ	建物周辺気流分布
固体内熱伝導シミュレーション	固体内熱発生と対流伝熱量	固体内温度分布
熱輸送シミュレーション	対流熱伝達量と発熱量	温度分布
熱分解シミュレーション	固体内温度分布	熱分解物生成
熱分解ガス等物質輸送シミュレーション	熱分解生成物発生量等物質生成量	熱分解ガス等物質の空間分布
ガス燃焼シミュレーション	ガス混合比	発熱量分布
放射シミュレーション	固体表面温度とガス温度およびすす量	放射熱輸送性状
すす発生シミュレーション	熱分解ガス等物質の空間分布とガス温度分布	すす生成量
すす輸送シミュレーション	すす発生量	すすの空間分布

なるものと期待できる．しかし，このようなプログラムコードの作成は，大規模なプログラム開発で常識になっている構造化プログラミングの指針に必ずしも馴染むものとはならない．それより各物理現象に個別に対応してプログラミングコードを作成し，これを組み合わせて必要となるシミュレーション機能を実現したほうが，生産性の面（多人数で分担してプログラム作成することが容易である），デバッグ（コードの誤りの訂正）の手間の面（個別の物理現象に関して個別に誤りがないことを確認できる）から，有利となる．また個別の物理現象に対する既存のコードの利用が可能となるので，総合シミュレーションの実行もさほどむずかしいものではなくなる．

総合シミュレーションは，図11.3.17に示すように個別の物理現象のシミュレーションの入力と出力を互いに交換することにより，物理現象の相互の依存関係を表現し，この相互依存関係のループを繰り返して評価し，収束計算を行うことで実現される．

建物の火災現象の総合熱輸送性状解析シミュレーションで必要となる個別の物理現象シミュレーションの一例としてあげると表11.3.1になる．ただし，あくまでも表11.3.1は総合シミュレーションの一つの例であり，モデリングによりさまざまな個別シミュレーションの組合せが考えうる．総合シミュレーションでは，これら個別の物理現象に関するシミュレーション結果が相互に影響を及ぼすのと同様に，各個別シミュレーションの誤差も他の現象のシミュレーション入

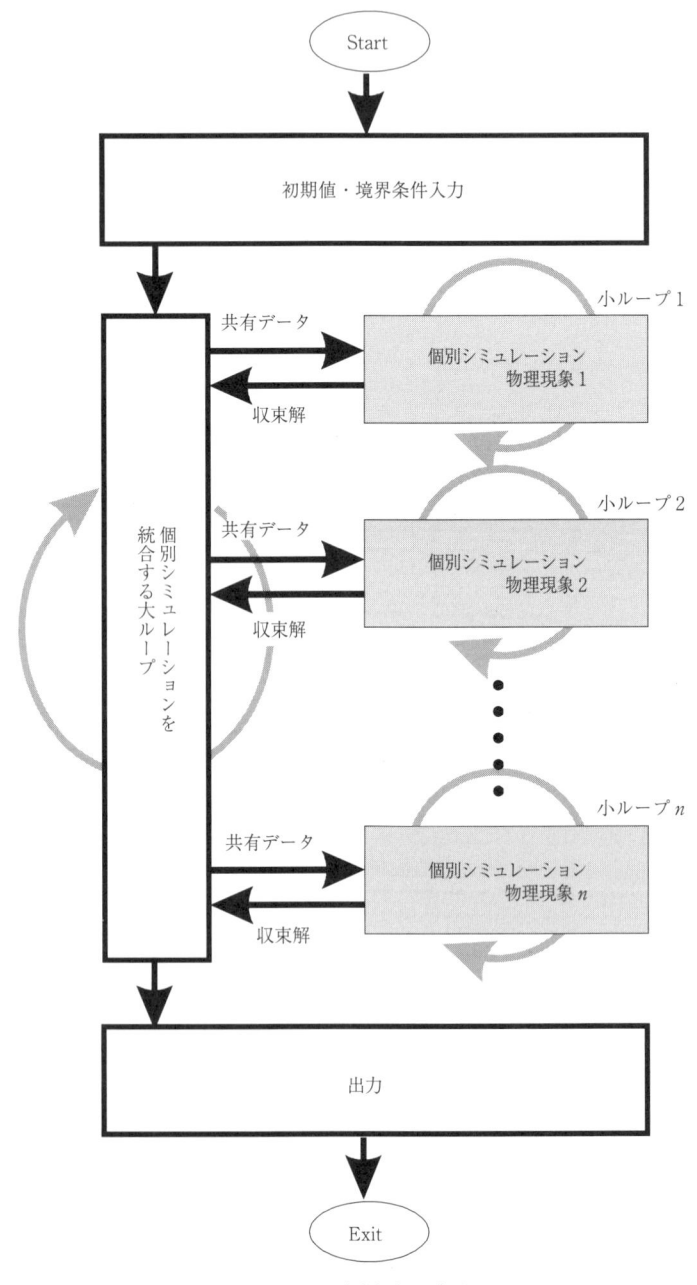

図 11.3.18 連成解析の手順

力となって，総合シミュレーション全体にも少なからずの影響を及ぼすので注意が必要となる．

[加藤信介]

11.3.8 ビジュアリゼーション(解析結果の可視化)

風工学の分野でコンピュータ解析の結果を可視化することは必須技術である．

可視化は現象理解のための手段であり，その手法は当然解析目的によって異なる．

解析が大規模化・複雑化するに従い，結果の可視化についても高度な処理が要求される．通常CFDにおいて出力する物理量はベクトル量としての流速，スカラー量としての圧力，温度，乱流エネルギー量に大別される．通常ベクトル量は文字どおりベクトル（矢印）で，コンター量はコンター（等値線）で表現される．しかし近年グラフィック能力の向上に伴い，色分けや粒子，フォグなど多彩な表現が可能となりつつある．また，非定常現象の理解のために結果のムービー化，さらには空間に没入して視点を自由自在に変更しながら観察・評価するVR技術も適用されはじめている．

以下にビジュアリゼーションの例を示す．

ドーム内環境解析

図11.3.19は大規模ドーム内の気流の動きをボールの動きとしてアニメーション表示したある時刻の結果である．このドームの空調方式は旋回流方式を採用しており，ドーム内を気流が旋回する様子が理解できる．このような現象の理解には3次元（あるいは時間を含めた4次元）的可視化が欠かせない．

一方，図11.3.20は広域エリアのヒートアイランド解析の一例である．気温の上昇メカニズムは人工物の発熱やアルベド，気流の流れなどが複雑に絡み合った現象であるため，その原因などを探るには詳細に市街地を再現した環境解析を行い，任意の領域内の解析結果をウオークスルーなどを通して自由自在に可視化できる技術が有効となる．

ある団地内に清涼な川風を導入するために建物の配置変更しながら，風の流れを解析した例を図11.3.21に示す．河川上の気流（河風）を粒子で表現し，その動きを動画表現したものである．図11.3.21のように建物配置を変更させることで新鮮な気流が風の道に入っていく様子がわかる．このように建物配置変更と気流シミュレーションがリアルタイムに連動して検討できれば非常に有効な環境解析手法となると考えられる．

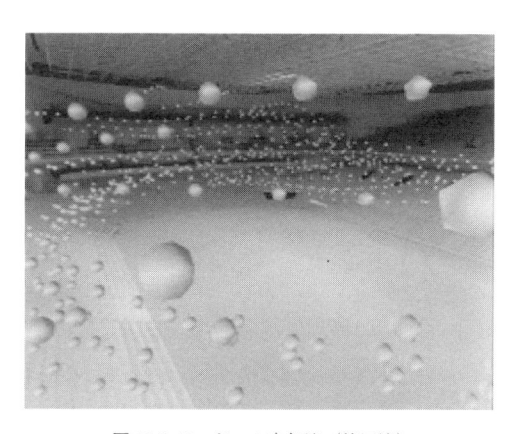

図11.3.19 ドーム内気流（旋回流）

図11.3.20 都市ヒートアイランド解析

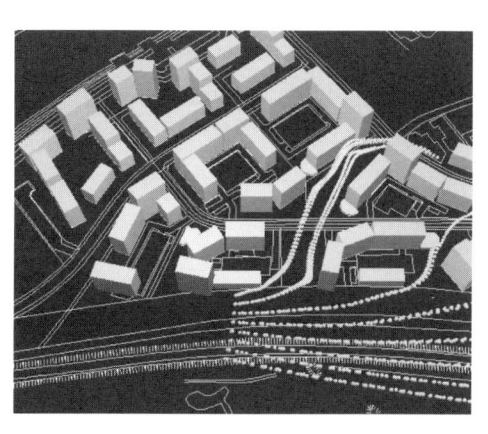

図11.3.21 建物配置変更と気流解析

図 11.3.22　屋上緑化に伴う快適性評価

図 11.3.23　大空間内の気流と人体モデル

図 11.3.24　VRを用いた気流解析評価例

ものである.

　図 11.3.23 に解析したアトリウム内に人間モデルを表示し解析者が自由に歩かせることで疑似体験している例を示す.この人間モデルの視点で空間内の気流や温度を認識できる機能も開発されている.また上述のように複雑な3次元現象の理解のために大型スクリーンでVR技術を用いて可視化している例を図 11.3.24 に示す.図 11.3.24 では複雑な建物間の気流の変化を詳細に検討しようとするものである.

　図 11.3.22 には屋上緑化を施した場合の温熱快適性を解析して評価した例を示す.ここでは北風を防ぎ屋上を快適に使用できるか否かを検討した

　このように解析が多様化・複雑化するに伴い,結果の可視化も多彩な表現機能が要求されつつある.コンピュータがより高速化すれば解析と可視化が一体となったシステムも開発されるであろう.

［森川泰成］

TVL法

ある広がりをもつ面に作用する外装材風圧力のピーク値としては面全体で積分した面平均風圧力の瞬間最大値を考えればよい．しかし風洞実験で得られる風圧は離散点であるうえ，縮小模型を用いるため，小さな部材についてはその領域上に必ずしも十分な数の測定点を配置することがむずかしい．一方，外装風圧力のピーク値を少ない測定点で評価する便宜的な方法として，対象とする面に同時に風圧が作用するとみなしうる等価な平均化時間を求め，個々の測定点の風圧時系列にこの平均化時間により移動平均を行うことでピーク値を評価するTVL法[1]がある．TVL法によれば，外装材などの最大瞬間風圧力，建築構造部材や規模の小さい建築物全体に作用する最大瞬間風力を近似的にではあるが簡単に見積もることができる．Lawson[1]は代表長さがlである構造物に適当な平均化時間は，

$$T_l = \frac{kl}{U}$$

であるとしている．ここにT_lは平均化時間である．定数kとしては変動風圧計測の実験や実測から得られるルートコヒーレンス（基準化コスペクトル）のディケイコンスタントkを用いるとしている．高層建築物の外装材に対しては$k=4$〜8が用いられることが多いようである（図）．一般にk値は建物部位によって異なるため，風洞実験に基づいて決定することが望ましい．

[嶋田健司]

文　献

[1] Lawson, T. V., 1980, Wind effects on buildings Volume 1 Design Applications, pp. 38-40, Applied Science Publishers

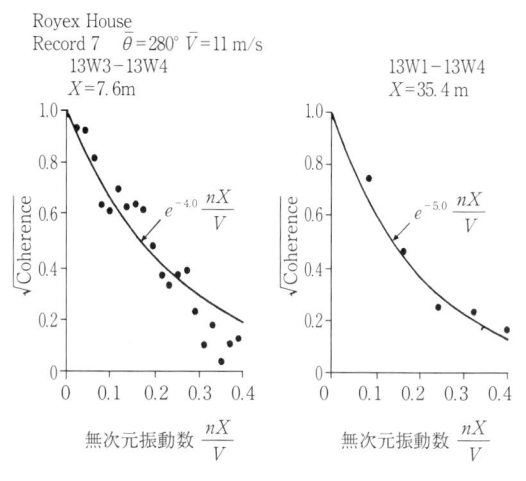

図　壁面風圧変動のルートコヒーレンスの実測例[1]

ウェーブレット解析

時系列データの解析には,一般にフーリエ解析が用いられる.フーリエ解析は,以下のフーリエ変換を基礎とする方法

$$f(t)=\int_{-\infty}^{\infty}\hat{f}(\omega)e^{i\omega t}d\omega \Leftrightarrow \hat{f}(\omega)=\frac{1}{2\pi}\int_{-\infty}^{\infty}f(t)e^{-i\omega t}dt$$

$$\left(\int_{-\infty}^{\infty}|f(t)|^2 dt<\infty\right)$$

と,フーリエ級数に基づく方法

$$f(t)=\sum_{n=-\infty}^{\infty}c_n e^{i2\pi nt/T} \Leftrightarrow c_n=\frac{1}{T}\int_0^T f(t)e^{-i2\pi nt/T}dt$$

$$\left(\int_0^T |f(t)|^2 dt<\infty\right)$$

がある.両者が表す関数空間は異なるが,時系列 $f(t)$ について無限の時間領域における情報を必要とするという共通した特徴がある.これは,フーリエ変換ではその積分範囲から明らかであり,フーリエ級数ではその前提条件

$$f(t+T)=f(t)$$

により,時系列 $f(t)$ の定常性という制限となって表れる.これらは,フーリエ解析の基底 $e^{i\omega t}$ が時間軸上で一様に広がる関数であることに起因している.結果として,フーリエ空間での時間に関する情報の消失と,周波数に関する厳密性という,フーリエ解析の著しい特徴を生む.

ウェーブレット解析では,時間軸上で局所性をもつウェーブレット $\varphi(t)$ を基底として用いる.これにより,フーリエ変換と同様の2乗可積分関数の空間が表される.われわれの扱うデータは有限の情報しかもたない.しかし,ウェーブレットによる解析結果は,対象区間の過去あるいは未来にほとんど影響を受けない.したがって,解析には時系列 $f(t)$ の定常性などの仮定を必要とせず,特定の周波数成分の時間変化を表すことも可能である.

もちろん,ウェーブレット $\varphi(t)$ が周波数領域においても強い局所性を有することが望ましい.しかし,時間軸上での局所性を強めれば,そのフーリエ変換 $\hat{\varphi}(\omega)$ は周波数領域で広がる.その逆もいえて,フーリエ解析の基底 $e^{i\omega t}$ の場合がそれにあたる.したがって,局所性の程度によりウェーブレット $\varphi(t)$ は一とおりではなく多くの自由度をもつが,いずれにせよ周波数領域である程度の幅をもつため,周波数領域での厳密性ではフーリエ解析に劣る.

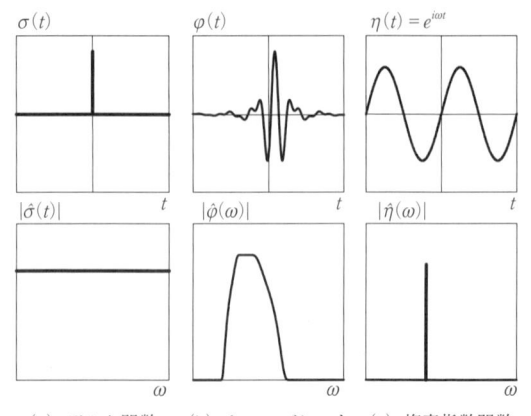

(a) デルタ関数 (b) ウェーブレット (c) 複素指数関数

図 基底の局所性

図に示した基底の特徴から,ウェーブレット解析についてもう少し考えてみる.時系列を,デルタ関数を単位元として用いた表現だとすれば,フーリエ解析は周波数領域で単位元となる基底 $e^{i\omega t}$ を用いた評価であると考えられる.両基底の時間および周波数領域での特徴は対照的であり,フーリエ解析が時間に関する情報をほぼ完全に失うことと引き換えに,厳密な周波数特性を得ることが伺える.基底としてのウェーブレットは,両者の中間に位置しており,時間および周波数領域で,ある程度の局所性を有する.

フーリエ解析には自己相似性の検出というもう一つの特徴がある.これは基底 $e^{i\omega t}$ が互いに相似な関係にあることに起因する.ウェーブレット解析でも,互いに相似な基底 $\varphi_{a,b}(t)$ を用いることによりこの特徴を受け継ぐ.その結果,フーリエ解析で得られたスペクトルのべき則が,ウェーブレット解析でも検出されることが期待される [1].

$$\varphi_{a,b}(t)=\frac{1}{\sqrt{a}}\varphi\left(\frac{t-b}{a}\right)$$

ここで,a, b はそれぞれ周期および時刻を代表するパラメーターである.

ウェーブレット変換 $W_f(a, b)$ は以下で定義される.なお,*は複素共役を表す.

$$W_f(a, b)=\int_{-\infty}^{\infty}f(t)\varphi_{a,b}^{*}(t)dt \quad \left(\int_{-\infty}^{\infty}|f(t)|^2 dt<\infty\right)$$

ウェーブレット変換 $W_f(a, b)$ を,時刻 b における周波数 $1/a$ の成分を代表する大きさとみることも可能であるが,基底が過剰であることにより,1次従属性をもつことに注意する必要がある.もっと

も，解析結果を視覚的に捉える際，過剰基底による冗長性はむしろプラスに作用する場合もある．

パラメーター a, b が連続な実数の場合を連続ウェーブレットとよぶ．また，離散的な場合を離散ウェーブレットとよび，パラメーター a を2のべき乗にとる場合が多い．

$$\varphi_{j,k}(t) = 2^{j/2}\varphi(2^j t - k) \leftarrow a = 2^{-j}, b = k/2^j$$

ここで，j, k は整数であり，それぞれ周波数および時刻を代表するパラメーターである．上式で，j が1ずつ増加する場合，周波数は2倍，4倍，8倍，…と増加し解像度がそれほどよくないことがわかる．ただし，時刻に関する解像度はよくなり，高周波数の現象ほど，より細かい時間間隔で調べることができることを示している．

離散ウェーブレットのうち，次の条件を満たす完全正規直交系 $\varphi_{j,k}(t)$ は重要である．

$$\int_{-\infty}^{\infty} \varphi_{j,k}(t) \cdot \varphi_{l,m}^*(t) dt = \delta_{jl}\delta_{km}$$

すべての j, k に対し $\int_{-\infty}^{\infty} f(t) \cdot \varphi_{j,k}^*(t) dt = 0$
ならば $f(t) = 0$

ここで，δ_{jl} はクロネッカーのデルタを表す．また，第2式は $\varphi_{j,k}(t)$ により対象とする関数空間に属するすべての関数を表すことができるという完全性を示している．

完全正規直交系 $\varphi_{j,k}(t)$ を用いて，時系列 $f(t)$ のウェーブレット級数表現が得られる．

$$f(t) = \sum_{j=-\infty}^{\infty}\sum_{k=-\infty}^{\infty} \alpha_{j,k}\varphi_{j,k}(t) \Leftrightarrow \varphi_{j,k} = \int_{-\infty}^{\infty} f(t)\varphi_{j,k}^*(t)dt$$

$$\left(\int_{-\infty}^{\infty} |f(t)|^2 dt < \infty\right)$$

フーリエ変換とフーリエ級数が基本的に無関係であるのに対し，上式はウェーブレット変換とウェーブレット級数の密接な関係を示している［2］．

最後に，ウェーブレット $\varphi_{j,k}(t)$ の正規直交性により次式が得られる．

$$\int_{-\infty}^{\infty} |f(t)|^2 dt = \sum_{j=-\infty}^{\infty}\sum_{k=-\infty}^{\infty} |\alpha_{j,k}|^2$$

上式は，時系列 $f(t)$ の変動エネルギーを，パラメーター j, k に対応する周波数および時刻におけるエネルギー $|\alpha_{j,k}|^2$ の総和として評価できることを示している．

［谷口徹郎］

文　献

［1］山田道夫，1992，ウェーブレット変換とは何か，数理科学，**354**，pp. 67-73
［2］Chui, C. K.（桜井明，新井勉訳），1994，ウェーブレット入門，東京電機大学出版局

付　　　録
強風災害と耐風設計の変遷

1828	子年の大風（シーボルト台風，シーボルト事件，死者約 15,000 人）
1875	東京気象台設立
1879	テイ橋の落橋（イギリス）
1890	フォース鉄道橋完成（風荷重の定量的評価）
1889	エッフェル塔完成
	天竜川橋梁上で強風による列車転覆
1891	「エッフェル塔の設計風力」が紹介される
1909	エッフェル風力研究所を設立
1926	道路構造に関する細則案（トラス弦材の風荷重を日本で初めて規定）
	送電用支持物設計標準 JEC127-1926
1928	警視庁令第 27 条（強度計算に適用する風圧力を日本で初めて規定）
1934	室戸台風（死者・行方不明 3036 人）
	東海道線瀬田川鉄橋上他 3 カ所で列車が脱線転覆（室戸台風）
	大阪四天王寺五重の塔倒壊（室戸台風）
	建築物についてのわが国初の風洞実験（警視庁技師の池口ら）
1937	日本学術振興会災害科学研究所を設立
1938	風水害保険の創設
1939	鋼道路橋設計示方書案（鈑桁の風荷重を日本で初めて規定）
1940	タコマナロウズ橋の崩壊事故（アメリカ）
1941	竜巻（愛知県豊橋市，11 月 28 日，死者 13 人）
	鉄骨構造計算規準（案）（速度圧，風力係数の概念）
1945	枕崎台風（16 号，「知られざる猛台風」，死者・行方不明 3756 人）
1948	竜巻（神奈川県川崎市，8 月 2 日，死者 3 人）
1950	ジェーン台風（死者・行方不明 539 人）
	建築基準法・同施行令第 87 条（速度圧 $q = 60\,h^{1/2}$）
1951	ルース台風（死者・行方不明 943 人）
1954	洞爺丸台風（死者・行方不明 1761 人）
	青函航路で洞爺丸他 4 隻の連絡船が沈没（死者・行方不明 1430 人，洞爺丸台風）
	青函海底トンネル建設構想
	名古屋タワー完成（180 m，速度圧 $q = 120\,h^{1/4}$）
1955	竜巻（南大東島，1 月 26 日，死者 3 人）
1956	鋼道路橋設計示方書（風荷重の変更）
1958	狩野川台風（死者・行方不明 1269 人）
	東京タワー完成（333 m，速度圧 $q = 120\,h^{1/4}$）
	送電用支持物設計標準 JEC127-1958 改訂
	自然風を模した風洞実験が行われる（ジェンセン，デンマーク）
1959	伊勢湾台風（死者・行方不明 5098 人）
	東海道本線他で電車線柱倒壊（伊勢湾台風）
	伊勢神宮，春日山で倒木被害（伊勢湾台風）

1961	第2室戸台風（死者・行方不明202人） 住宅総合保険（風水害危険を担保）
1962	竜巻（霞ヶ浦7月2日，死者2人） 若戸大橋完成
1963	建築基準法改正（高さ制限撤廃） 土木学会耐風設計小委員会発足
1964	外装ガラスの耐風圧性能試験法 本州四国連絡橋・耐風設計指針および解説（長大橋の耐風設計法）
1965	送電用支持物設計標準 JEC127-1965 改訂（T5822, T5915, T6118 による鉄塔被害を踏まえて） 通産省令第61号（電気設備技術規準）
1966	第2宮古島台風（最大瞬間風速 85.3 m/s） イギリス BOAC 機富士山に墜落（山岳波による乱気流が原因）
1967	ガスト影響係数の概念（ダヴェンポート，カナダ）
1968	三井霞ヶ関ビル完成（156 m）
1969	竜巻（茨城県猿島町他8月23日，死者1人） 竜巻（愛知県豊橋市12月7日，死者1人） 架空送電規定 JEAC6001-1969（電技の補完および詳細解説）
1971	竜巻（埼玉県浦和市・大宮市，7月7日，死者1人） 建設省告示第109号（外装材の耐風対策）
1972	本州四国連絡橋耐風設計基準・同解説 道路橋示方書・同解説（動的問題に対する記述）
1973	ボストン・ローガン空港で着陸事故（低層ウィンドシア，アメリカ）
1974	アメダス運用開始
1975	台風13号（八丈島で甚大な建物被害） 建築物荷重規準案・同解説 ニューヨーク JFK 空港，デンバー空港で着陸事故（ダウンバースト，アメリカ）
1976	本州四国連絡橋耐風設計基準・同解説改定
1977	台風5号（八重山地方，死者・行方不明6人） 沖永良部台風（死者・行方不明1人）
1978	竜巻（神奈川県川崎市〜千葉県鎌ヶ谷市，2月28日，地下鉄東西線荒川・中川鉄橋上で列車脱線転覆事故）
1979	台風20号（死者・行方不明115人） 新宿高層ビルの風揺れ（台風20号） 送電用支持物設計標準 JEC127-1979 改訂（荷重の地域区分，実効最大荷重と降伏点応力を対応させる）
1980	リオ・ニテロイ橋で渦励振が発生（ブラジル）
1981	建築基準法・同施行令改正（速度圧 $q = 60\,h^{1/2}$, $120\,h^{1/4}$） 建築物荷重指針・同解説
1984	火災保険の改定（風水害の補償拡充）
1986	山陰線余部鉄橋の列車転落事故
1988	本四連絡橋児島・坂出ルート完成
1989	JMA-95型気象観測装置（風車型風向風速計）
1990	竜巻（千葉県茂原市，12月11日，死者1人） 明石海峡大橋耐風設計要領・同解説 道路橋示方書・同解説改定（抗力係数を断面辺長比の関数とする）
1991	台風19号（りんご台風，死者・行方不明62人，保険金支払い額5679億円） 西日本一帯の送電用幹線鉄塔に被害（台風19号） 青森県のリンゴに被害（台風19号） 九州・東北地域で杉・檜に被害（台風19号） 広島県厳島神社に被害（台風19号） 建築物の振動に関する居住性能評価指針・同解説 高層建築物の構造評定用風荷重 道路橋耐風設計便覧（動的耐風設計）
1992	鉄道構造物等設計標準・同解説（鉄道橋梁の風荷重） ハリケーン・アンドリューによる強風災害（アメリカ）

1993	台風13号（死者・行方不明48人） 建築物荷重指針・同解説改定（屋根風荷重，風直角方向風荷重，ねじれ風荷重） 横浜ランドマークタワー完成（296 m） 日本電気協会JEAC6001-1993改訂（局地風対策を追加規定）
1994	東京湾横断道路橋で渦励振が発生
1996	ダウンバースト（茨城県下館市，7月15日，死者1人）
1997	通産省令第52号改正，同解釈制定（電気設備技術規準の性能基準化）
1998	台風7号，8号（死者・行方不明19人） 奈良・和歌山県で杉の倒木，温室被害（台風7号） 倒木で奈良県室生寺の五重塔が損傷（台風7号） 明石海峡大橋のハンガーケーブルが振動（台風7号） 明石海峡大橋完成 建築基準法改正（性能規定化） 耐風設計基準（案）－明石海峡大橋・多々羅大橋・来島大橋 グレートベルト・イースト橋で渦励振が発生（デンマーク）
1999	台風18号（死者・行方不明31人） 竜巻（愛知県豊橋市・豊川市，9月24日，台風18号） 本四連絡橋尾道・今治ルート完成
2000	建築基準法施行令大幅改正・関係告示全面的変更・新制定 架空送電規定日本電気協会JEAC6001-2000改訂
2002	竜巻（神奈川県横須賀市，東京都大島町，愛知県南知多町，鹿児島県加世田市・野尻町，10月6日～7日） 台風21号（死者・行方不明4人） 茨城県で送電鉄塔の被害（台風21号）
2003	台風14号（宮古島で被害，死者・行方不明3人） 台風15号（八丈島で被害） 宮古島で風力発電用風車の倒壊（台風14号）
2004	台風6, 16, 18, 22, 23号（日本各地で強風被害，10個の台風が日本に上陸） 竜巻（佐賀県6月27日，栃木県小川町6月29日，愛知県豊橋市9月29日，北海道門別町10月22日） 広島県厳島神社に被害（台風18号）
2005	ハリケーン・カトリーナによる強風災害（アメリカ） 突風によるJR羽越線の脱線事故（12月25日，死者5名・負傷者32名）
2006	台風13号（九州・沖縄各地で強風被害） 竜巻（宮崎県延岡市9月17日，台風13号の接近に伴って発生，死者3名・負傷者143名，JR日豊本線で脱線事故） 竜巻（北海道佐呂間町11月7日，死者9名・負傷者31名）

索　引

ア 行

アクティブ制振　149
アクティブな方法　338
足場　231
　　──の倒壊　231
アスペクト比　59
アーチ形渦　61
圧縮性流れ　371, 372
圧縮性ナビエ-ストークス方程式
　394
圧力係数　44
圧力損失係数　79
圧力抵抗　73
圧力方程式　90
アニメーション表示　405
亜熱帯ジェット気流　1
アフターボディ　52
余部橋梁事故　239, 240
亜臨界(領)域　50, 59, 63, 85
亜臨界レイノルズ数領域　38
アンサンブル平均　382
安全限界状態　163
安全性能レベル　189
安定度　4
鞍点　35
アンボンドブレース　149

イオンバランス　275
石狩川河口橋　225
伊勢湾台風　215
位相差　25
一般風　7

ウィーグナー分布　27
ウィリィウィリィ　209
ウィンドシアー　212, 243
ウェイクインデューストフラッター
　135, 227
ウェイクギャロッピング　114, 124,
　227
ウェイクレゾナンス　142
ウェーブレット解析　26, 27

渦　22
　　──のスケール　94
渦糸　44
渦核拡散法　373
渦格子法　308
渦なし流れ　43
渦発生　172
渦法　372
渦励振　101, 113, 114, 116, 144, 155,
　158
　　エッジトーンタイプの──　50
　　カルマン渦列タイプの──　50
渦励振振動　116
打ち切り誤差　380
運動量輸送　26

エアポケット　243
影響関数　181, 185
エオルス音　192
エクマン層　4
エッジトーン　38, 48, 192
エッジトーンタイプの渦励振　50
エネルギー方程式　371
園芸施設共済　245
円弧断面柱　53
円錐渦　37, 62, 70, 88
円柱の表面粗さ　84
円柱の平均抗力係数　83
円柱の平均風圧分布　85
鉛直スタビライザー　157
鉛直板　114
鉛直分布風速　318
鉛直変動風速　76
円筒状構造物の風圧実測　327
遠方場音　395

オイラーの運動方程式　40, 42, 371
オイラーの背理　73
オイラー-ラグランジュ法　397
オイルダンパー　149
応答の相関係数　184
大型低騒音風洞　336
大型風車　224

置き屋根　222
汚染ガスの拡散性状　260
オーバリング振動　116, 142
オフショア風力発電　297
重み係数　182
重みつき残差法　370
オロシ　8
温室　244
温帯性低気圧　209
温度差換気　271
温度成層風洞　335
温度測定　350

カ 行

外圧係数　79
外層　292
外装材　186
外装二重壁の風圧実測　327
海底に着底したオフショア風力発電施
　設　298
海難事故　209
解の誤差　380
海風　258, 273
海風前線　11, 212
外部境界層　4
外壁外装材の被害　218
開放型風洞　333
界面追跡法　397
海陸風　7
回流型風洞　333
カウリング　151
架空送電線　236
拡散実験　350
角柱　82, 106
撹拌曝気装置　304
確率統計的解析手法　181
火災　371
火災性状　266
火災風洞　336
火災保険　246
可視化風洞　335
荷重係数　163, 171

荷重効果 181
荷重作用 189
荷重・耐力係数 163
荷重の特性値 171
ガスト 136
ガスト影響係数法 92, 155, 181
ガスト応答 114, 136, 139, 158, 179
ガスト応答解析 138
ガストフロント 214
ガス濃度測定 351
風応答測定 321
風荷重 186, 364
　　——の組合せ 183
風環境 345
　　——の評価尺度 253
風環境アセスメント 254
風観測 325
　　——の観測期間 325
風振動 190
風騒音 192
風直交方向荷重 161
風直交(角)方向振動 109, 156, 169
風直交方向の変動風力係数 98
風波水槽 336
風のエネルギー保存の式 301
風の道 258
風方向荷重 161
風方向風荷重 182
風方向の変動風力係数 98
風ゆれ 363
仮想質量 74
加速度応答 111
加速度計 321
片揺れモーメント 80
家庭用風力発電 302
可変速制御 296
ガラス温室 244
カルマン渦 35, 50, 51, 56, 59, 67, 77
カルマン渦音 192
カルマン渦励振 117
カルマン渦列 46, 107
カルマン渦列タイプの渦励振 50
カルマン形渦 61
カルマン振動 115
換気 270
換気効率 259
換気量 270
換気量測定 349
換算風速 92
慣性項 185
慣性抵抗 74, 103
完全はく離型 53
完全流体 39
観測器 326

機械換気 271
機械固定式防水シート 223
機構的減衰要素 149
基準圧力 320
基準速度圧 78, 320
気象災害 209
気象変動 212
季節風 212
規模効果 95, 100, 102, 161
キャノピー層 70, 259, 388
キャノピーモデル 386
キャビティトーン 48
ギャロッピング 104, 116, 122, 141, 144, 366
ギャロッピング振動 92, 119, 158, 206, 236
境界層 37, 73
境界層風洞 335
境界層乱流 354
境界適合格子 396
境界要素法 395
共振効果 156, 161, 172
共振成分 110, 111, 181, 184
共振風速 155
強制渦 41
強制振動実験 341
強風 29
強風災害 209, 249
強風被害 234
共役勾配法 375
共有メモリー 376
橋梁 203
　　——の耐風設計 164
橋梁モニタリング 329
清川ダシ 8, 10
極慣性モーメント 348
局所抗力係数 59
局所スペクトル 27
局所地形 179
局地前線 213
局地風 7, 210
極超臨界(領)域 38, 51, 60, 84, 85
　　——の流れ 86
局部負圧 67
居住性能 190, 363
許容応力度設計法 163
許容応力度等計算法 188
許容破壊確率 163

空間的スケール 93
空間的に平均された瞬間風圧 361
空間平均値 95
空中スギ花粉の分布 278
空力アドミッタンス 96, 100, 102, 137, 139
空力干渉現象 143
空力振動 155

空力振動実験 341
空力的制御 65, 151
空力的対策 204
空力不安定振動 172, 347, 399
空力負減衰効果 102
空力モーメント係数 80
矩形窓 27
クッタ−ジューコフスキーの式 44
クッタ−ジューコフスキーの定理 75
雲解像モデル 20
雲物理モデル 19
グライダー 311
クリマアトラス 258
グレーチング 151
クロージャープロブレム 382
クロスフロー型風車 294

傾斜円柱 55
傾度風 6
ゲイラカイト 310
激甚災害 248
結節点 35
煙風洞 335
ケルビンの循環不変定理 42
限界状態設計法 163
限界耐力計算法 188
限界摩擦速度 284, 358
減衰材料 149
建設工事 231
建築基準法 219
減風効果 279

広域的海風 273
光化学オキシダント 272, 273
高架道路 263
航空気象ドップラーレーダー 244
黄砂 276
　　——の発生源 276
鋼材ダンパー 149
格子依存性 380
降水の化学組成 274
剛性 150
構造化プログラミング 403
高層建築(物) 66, 109, 359
構造格子系 378
構造的対策 204
高層ビル壁面の風圧実測 326
構造物 172
構造物周りの流れ 33
剛体模型実験 348
高風速渦励振 141
高風速ギャロッピング 123
高ライズ空気膜構造物 112
後流 61
後流渦 243
　　——のストロハル数 83

後流端 118
抗力 73, 80, 83, 97
抗力係数 59, 63
小型風車 302
小型風力発電機 300
個材集計法 103
コ字型断面 53
五重塔の常時微動計測 234
固定障害物 354
固定速制御 296
コヒーレンス 25, 138
コーヘン分布 27
ゴールデンゲート橋 150
コロケーショングリッド 379

サ 行

災害対策基本法 247
災害調査 249
サイクロン 209
再現期間 29
再現期間換算係数 188
再現期待値 219
最大応答加速度 363
最大荷重効果 180, 184
最大風荷重分布 184
最大風速半径 6
サイト限定型モデル 389
再付着点 35
砂塵嵐 277
サブスパン振動 115, 158, 206
差分法 369, 371
サボニウス型風車 294
サーミスター風速計 342, 345
山岳波 8
3次元角柱 61
3次元地形 179
酸性雨 274
3杯型 326

ジェットトーン 39
時間周波数構造 27
時間積分 371
時間変動のスペクトル 3
時空間スケール 26
軸方向流れ 55
時刻歴応答解析手法 181
自己相関関数 23
自然外気冷房システム 272
自然換気 271
自然風 318, 352
　──の模擬 354
実橋振動実験 329
実スケールによる実測 315
実測 66, 315
室内圧 67, 362

室内気流 371
視程障害 241, 242
ジブ 307
地吹雪 282
ジャイロダンパー 150
ジャイロミル型 303
遮風 198
遮風壁 241
遮蔽率 280
車両 193
自由渦 41
終局強度設計法 163
終局的安全性 188
充実率 199
自由振動実験 341
自由流線理論 44
重力換気 271
重力流ヘッド 11
縮尺変換 393
主流接近流の乱れ 84
主流の乱れ 83
瞬間濃度 323
瞬間風力分布 184
循環流 259
瞬時開口 97
瞬時値データ 328
準静的成分 110, 111, 181, 185
準定常仮定 88, 91, 182
準定常空気力 104
準定常理論 102, 121, 122, 124
準等方的乱流 338
ジョイントアクセプタンス 138
使用限界状態 163
条件つき確率場 393
使用性能 203
使用性能評価 190
状態方程式 372
小地形 344
上流化 370
磁力支持天秤装置 339
自励振動 237
振動制御 147, 203
振動測定 321
振動の照査 164
信頼性指標 188

吸い上げ渦 16
垂直軸(型)風車 294, 303
推定式 165
随伴渦 59
水平風荷重 183
水平軸型風車 302
数値風況予測モデル 356
末広大橋 226
スカート 154
スギ花粉症 277

スギ花粉飛散 277
スクルートン数 147
スコールライン 17
スタガードグリッド 379
ストークスの定理 42
ストックブリッジダンパー 150
ストリップ理論 100, 138
ストリートキャニオン 263
ストール制御 296
ストローハル数 56, 60, 77, 94, 117, 145, 398
　　後流渦の── 83
スパイアー 354
スパイラルロッド 158
スーパーセル 15
スピネーカー 307
スプリットファイバープローブ 342
スペクトル密度関数 23
隅切り 82, 152, 205, 256
隅丸 82
スモークワイヤー法 34
スリット 152, 206
スロッシング 150

制振機構 200
制振対策 157
制振デバイス 200
静水圧近似 390
静的風荷重 181
静的成分 111
性能規定型 189
性能規定型設計法 187
性能試験方法 220
性能設計 187
制風(防風対策) 301
制風効果 301
正方形周りの流れ 51
静力学モデル 19
積雲パラメタリゼーション 19
積雪 324
積雪深 324
積乱雲 12
設計風荷重 164
設計クライテリア 161
設計風速 173, 179, 343
　　──の評価 389
設計用風荷重 182
設計用再現期間 188
接地境界層 4
接地層 70
雪氷防災低温風洞 336
セミアクティブ 149
セーリングヨット 306
セール 306
ゼルベルグ式 147
遷移 50

遷移位置　86
前縁はく離渦励振　50
遷音速風洞　337
全橋模型　355
全橋模型実験　348
線形丘越え気流理論　291, 292
線形化オイラー方程式　395
全国風況マップ　288
線状構造物　100
前線　209
全弾性模型　347
せん断層　37
せん断層衝突不安定　48

相関関数　22
相関数　22
相間スペーサー　159
相関PIV　343
走行安全性　193
総合シミュレーション　402
相互相関関数　23
相似則　352, 361, 365
相対風向　92
相対風速　92
送電線　236, 366
送電鉄塔　166, 234
層塔建造物　233
層流　38
層流はく離　50
速度圧　78
速度ポテンシャル　43
速度予測プログラム　306
組織運動　26
粗度長　70
粗度密度　70

タ　行

大気環境アセスメント　323
大気境界層　3, 70
大気大循環　1
大気乱流　242
対数則　70
大数の法則　246
大スパン屋根　111
台地風　12
台風　5, 209
台風0221号　236
台風9119号　234
台風9918号　235
耐風安全性能　189, 190
台風シミュレーション　388
耐風設計　161, 166, 187, 189
　　橋梁の――　164
台風モデル　196
タイムライン法　34

対流境界層　11
対流混合層　4
耐力係数　163
タウトストリップ実験　348
ダウンバースト　214
高潮　209, 228
凧　310
タコマナロウズ橋　144, 225, 364
　　――の落橋　229
ダシ　8
多質点系弾性模型　347
多重渦構造の竜巻　16
多自由度フラッター　130
他自由度フラッター解析　131
多重の時間空間変動像　2
多重フラクタル　28
多相流れ　396
竜巻　12, 209, 210, 213, 216
　　多重渦構造の――　16
竜巻警報　15
縦渦　36
建物近傍汚染　260
縦揺れモーメント　80
多点風圧同時計測装置　341
谷風　7, 12
タフトグリッド法　34, 336
タフト法　336
ダランベールの背理　44, 73
ダリウス型風車　294
多流体モデル　397
撓度理論　229
単一せん断層不安定　49
炭酸ガス　274
弾性模型実験　348
弾塑性挙動　189
タンデム配列　57
単独運転防止　297
断熱二重折板　221
ダンパー　157
断面比　52

地域限定型モデル　389
知覚閾　190
地形準拠座標系　19
地形の影響　179
地形模型　179, 344, 356, 357
地形模型乱流　355
地衡風抵抗則　291
地上風　2
地表からの蒸発の抑制　264
中央防災会議　248
抽出断面　393
中性帯　271
超音速風洞　336
超音波風速計　317, 318
長尺金属屋根葺材　222

跳躍　284
超臨界域　51, 84, 85
　　――の流れ　86
超臨界レイノルズ数領域　63
直接解法　396
直接計算　394
直線翼型風車　294
直交ウェーブレット　28
地理情報システム　234
築地松　198
墜落　232
通常フラッター解析　131
通風　270
通風阻害　262

低温変圧風洞　336
低降伏点鋼　149
ディチューニングペンディラム　158
テイ橋　225
低風速ギャロッピング　123
低乱風洞　334
ディンプル　153
適地探査　356
適風環境　257
テーパリングクラウド　213
デリバティブ　247
転送遮断　297
転動　284
転倒モーメント　363
デン・ハルトークの判別式　122
天秤装置　341
転覆限界風速　239

等価Küssner関数　140
等価Sears関数　140
等価静的風荷重　168, 180, 184
同期発電機　297
塔状構造物　110, 169
動態観測　329
道路橋耐風設計便覧　165
特殊な地形　344
門崎高架橋　226
都市気候　390
都市部における人工排熱　264
土壌起源系エアロゾル　276
ドップラーソーダー　317
都道府県別の竜巻発生率　13
ドブシーウェーブレット　28
ドライステートギャロッピング　141
ドライバー　194
ドライバー部　393
トルネード　210, 213, 216
トレーサーガス法　323
トレーサー法　34, 336

ナ 行

内圧係数　79
内圧の非定常性　96
ナイキスト線図　330
内層　292
内部循環流　124
中口ピーク　53, 81
流れ関数　43
流れの非定常性　66
ナックルボール　64
浪華丸　309
ナビエ-ストークス方程式　45, 369, 371
鉛公害事件　262
鉛ダンパー　149

二酸化窒素　272
2次元円柱周りの流れ　50
2次元角柱周りの流れ　51
2次元地形　179
二重湧出し　43
日最大瞬間風速　254
日本の風力エネルギーマップ　288

ねじり風荷重　161
ねじれ振動　109, 156, 169
ねじれフラッター　92, 126, 144, 231
熱線風速計　341, 344, 345
熱帯(性)低気圧　5, 209
捻回抑止装置　159
年間排出量　275
年最大風速　29
粘性　37
粘性壁　149
粘弾性ダンパー　149

農業施設　244
濃度測定　351

ハ 行

ハイドローリックジャンプ　9
ハイブリッド型振動実験　341
ハイブリッド換気　272
爆弾低気圧　212
爆風　372
はく離　37, 73
はく離せん断層　35
はく離点　35
はく離流れ　38
はく離バブル　51
はく離泡　35
はく離流　65
バックグラウンド降水　274
パッシブ制振　149

馬蹄形渦　36, 61, 69
ばね支持実験　348
跳ね水　9
バフェッティング　109, 136, 155
バフェッティング空気力　136
バフェッティング振動　169
パーフルオロカーボントレーサー
　　323
ハリケーン　209
春一番　212
パルスワイヤープローブ　342
パワースペクトル　24
パワースペクトル密度　93
帆船　305

非圧縮性流れ　371
ビオ-サバール則　373
菱垣廻船　309
ピーク風力係数　186
非構造格子系　378
飛砂　228, 284, 358
飛砂量　358
肱川あらし　10
非正規分布　88
非静水圧近似　390
非静力学モデル　19
ピッチ角制御　296
必要換気量　271
非定常空気力　105, 401
非定常空気力係数　105, 128, 133
非定常現象　26
非定常な流れ場　90
非定常風力　347
ヒートアイランド現象　258, 264, 390
非同時性低減係数　168
微風振動　115, 206
標準Smagorinskyモデル　384
表面粗さ　83
　　円柱の――　84
表面せん断力分布　86
飛来塩分　228
ビル風　215, 253, 359
ビル風害　215
疲労　195
疲労設計曲線　195
疲労損傷　163, 195
疲労破壊　195
広戸風　8, 9

フィルタリング　384
フィンキール　306
風圧　326
風圧計　320
風圧係数　78
風圧実験　340
風圧実測　319

　　外装二重壁の――　327
　　高層ビル壁面の――　326
風圧中心　306
風圧-風力アドミッタンス　96
風圧分布　86
風圧力　78
風況予測　180
風況予測モデル　290
風向係数　177
風向出現頻度　325
風向特性　177
風向頻度　255
風向別基本風速　167
風車型風速計　318
風雪　282
風速鉛直分布　176
風速計　316
風速の増減　357
風速の対数則　4
風速比　357, 360
風速-風圧アドミッタンス　94
風速マップ　175
風洞実験　165, 263, 345, 352
風杯(型)風速計　316, 318
風力　73
　　――の農業利用　304
風力エネルギー　301
風力エネルギー資源　287
風力エネルギー変換　293
風力換気　271
風力係数　80
風力実験　341, 346
風力タービン　293
風力発電　180
　　――の賦存状況　290
風力発電導入目標　288
フェアリング　152, 205
付加質点系　149
付加質量　74
吹き下ろし　313
複合グリッド　378
複雑地形　356
複素関数解析　42
複素ポテンシャル　43
フジタスケール　216
ブジネスク近似　372
浮体式　299
双子渦　50
吹雪　282
吹雪風洞実験　283
浮遊　284
浮遊粒子状物質　272
フライトレコーダー　242
フラクタル　28
プラスチックハウス　244
フラッター　105, 126, 143

フラップ 153, 157, 204
ブラフな物体 73
ブラフボディ 35
プランドルの境界層理論 47
フーリエ変換 27
振り子型センサー 321
フリスビー 312
浮力流れ 372
浮力の模擬 350
フルイド数 46
プレート 152, 205
フロートーン 192
プロペラ型 326
プロペラ型(風車型)風向風速計 316
プロペラ風車 293
文化財建造物の台風被害 233
分散相 397
分散メモリー 376
分離計算 394
分力天秤 340

平均化時間 95
平均抗力係数 80
　　円柱の―― 83
平均再現期間 29
平均成分 110
平均値データ 328
平均風圧分布 185
　　円柱の―― 85
平均揚力係数 80
並行突起 153
並列橋 365
並列計算 376
べき乗則 70
壁面トレース法 335
壁面風圧 349
ヘリカルストレイク 153
ヘリカルワイヤー 136
ベルヌーイ関数 373
ベルヌーイの定理 40, 41, 44, 75, 90
ヘルムホルツモデル 96
変位計 322
偏心 184
変動風圧 106
変動風圧係数 90
変動風圧力 88
変動風力 97
変動揚力 101
偏搖角 193

放出渦 61
防風垣 279
防風効果 255
防風植栽 361
防風雪 282
防風対策 255

防風ネット(網) 198, 279
防風フェンス 198, 280
防風林 279
保険金 211
ポーラーダイアグラム 309
ボルテックスジェネレーター 153

マ 行

マイクロバースト 214, 243
マイクロ風車 302
−5/3乗則 24
前処理 375
膜構造物 223
マグヌス効果(揚力) 44, 199
曲げねじれ連成フラッター 127
摩擦ダンパー 149
摩擦抵抗 73
窓関数 27
窓付きフーリエ変換 27
マラー変換 28
マルチファン型風洞 338

水風洞 336
乱れのスケール 92
乱れの変形 93
密度関数法 397
密度成相流れ 372

無次元固有振動数 111
無次元周波数 94
無次元振動数 137

メインセール 307
メソサイクロン 213
メソスケール気象 390
メソスケール数値気象モデル 19
メソ対流システム 213
眼の壁域 5

目標信頼性指標 163
模型化再現範囲 344, 345
モーダル解析 363
モーニン-オブコフの相似則 4
モーニン-オブコフの長さ 4
モンスーン 2
モンテカルロシミュレーション 246, 388

ヤ 行

屋根上積雪 283
屋根風荷重 183
屋根小屋組の被害 218
屋根葺材 221
　　――の被害 218

山風 7
やまじ風 8
やまじ風前線 8
山谷風 7

有限体積法 369, 371
有限要素法 370, 371
有効体積率 386
有孔フェンス 280
誘導発電機 296
有風下火炎性状 267
有風下熱気流性状 269
雪尺 324
雪の吹きだまり 283

要求性能水準 163
洋上ウィンドファーム 298
洋上風力発電 287
揚水 305
洋凧 310
揚力 74, 80, 97
抑制対策 156
翼列 338
　　――と平板列 354
横風 194
　　――の非定常性 194
横すべり 194
横たわみ・曲げ・ねじれ連成フラッター 129
横抵抗中心 306
横揺れモーメント 80
横力 80
ヨット 305
よどみ点 35

ラ 行

雷雨 16
ラグランジュ的解析法 372
ラチス構造物 102
ラチスプレート理論 102
ラフネスブロック 354, 394
ラプラスの方程式 42
ランキン渦 41
ランダムウォーク法 373
乱流 38
乱流エネルギー 383
乱流境界層 26
乱流スケール 23
乱流はく離 51
乱流モデル 379, 381

力学的相似 46
粒子画像法 343
流線 43
流体音 394

流体シミュレーション　398, 399
流入断面　393
粒子法　372
臨界断面　123
臨界レイノルズ数　38, 51, 84
臨界レイノルズ数領域　63

ルーズスペーサー　158
ルートコヒーレンス　95

冷気湖　10
冷気流　258
レイノルズ数　37, 46, 50, 73, 83, 145
レイノルズ方程式　382
レインバイブレーション　114, 141, 227, 366
レーザー流速計　342
列車運転規制　240
列車脱線転覆事故　238
レベルセット法　397
連続ウェーブレット変換　28

労働災害　232
ローカルグリッド　378
ロッキング模型　347
ローデマン橋　226

ワ　行

ワイブル分布　196, 197, 253, 360
和風　310

欧　文

ALE　370
AMD　150
ASM　382
AVENU　290
AVS　150

Blackman 窓　27

Bronx-Whitestone 橋　151

CA-OWEE　300
CFD　308
CGS 法　375
CGSTAB 法　375

decay constant　25, 95
DNS　381
DSM　382
dynamic stall vortex　39

edge-tone　118
ejection　26

F スケール　13, 14, 216

Gaussian 窓　27
GIS　234
glancing angle　88, 106
GPS　111, 322
Gringorten の方法　196
Gumbel 分布　196

Hamming 窓　27
Hanning 窓　27
Hazen の方法　196
HMD　150

IEC　299

Jackson と Hunt の理論　292

L 字型部材　54
large scale turbulence　146
LES　384, 395
Lighthill 方程式　395
LRC 法　185

Manson-Coffin 式　195
Mellor-Yamada の乱流モデル　390

Miner 則　195
MPI　377

nested grid　391
NO_x　275

PIV　34, 343
pressure dip　6
PTV　343

RANS　382, 395, 398
RD 法　111

Sears 関数　137, 138
separation bubble　39
SET　257
SGS モデル　384
side by side 配列　57
Smagorinsky 定数　385
small scale turbulence　146
SO_2　275
stick-slip 現象　111
super-gradient な風　7
sweep　26

Taylor の渦凍結の仮説　23
Theodorsen 関数　77
TLCD　150
TLD　150
TMD　113, 149, 157, 204
TVD 法　372
TVL 法　96

VOF 法　397
vortex patch　39
VR 技術　405

WAsP　290
Wind Atlas　291
Wind Force 12　287, 288
Wöhler 曲線　196

資 料 編

―掲載会社索引―
(五十音順)

株式会社 大手技研………………………………………………………………… 1
株式会社 カイジョーソニック…………………………………………………… 2
株式会社 風技術センター………………………………………………………… 3
株式会社 環境シミュレーション………………………………………………… 4
サンシステムサプライ株式会社………………………………………………… 5
日本カノマックス株式会社……………………………………………………… 6
メロンテクノス株式会社………………………………………………………… 7

スキャニバルブ社 LAN・USB接続型
高精度・高速・多点計測システム

超小型・圧力・電圧計測システム
RAD/ZOC System

- 圧力レンジ：1kPa〜700kPa
- 圧力計測精度：±0.1％F.S.（オンライン校正なし）
  　　　　　　：±0.06％F.S.（オンライン校正時）
- 電圧計測確度：±0.003％F.S.
- サンプリングレート：250Hz〜500Hz/ch
- 温度安定性：±0.004％F.S./℃以下
- チャンネル数：16ch〜2048ch
- 本体寸法：W45×H45×D68mm
- 128ch圧力スキャナ寸法：W30×H39×D126mm
- オペレーションソフトウェア・各種ドライバ完備

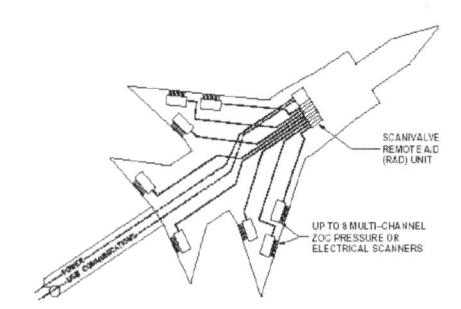

Wind Tunnel Model—Typical RAD Application

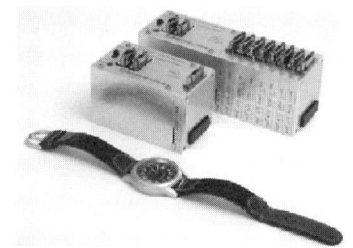

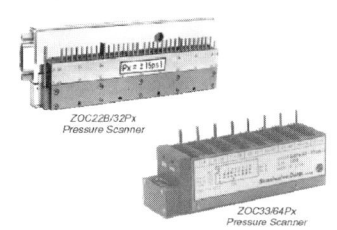

モジュール型・圧力スキャナー
DSA3217・3218・3207(液圧用)

- 圧力レンジ：1kPa〜14MPa
- 圧力計測精度：±0.05％F.S.（オンライン校正不要）
- サンプリングレート：500Hz/ch
- 温度安定性：±0.001％F.S./℃以下
- フレキシブル：16ch/モジュール・拡張は自由自在
- 高速LAN接続・TCP/IPプロトコル
- オペレーションソフトウェア・各種ドライバ完備

DSA3217

ラックマウント型・圧力・電圧スキャナー
DSA3016

- 圧力レンジ：1kPa〜5.1MPa
- 圧力計測精度：±0.05％F.S.(オンライン校正不要)
- 電圧計測確度：±0.003％F.S.
- サンプリングレート：200Hz/ch〜1kHz/ch
- 温度安定性：±0.001％F.S./℃以下
- 16ch/モジュール×8スロット/ラック
- モジュール移動・拡張自由
- 高速LAN接続・TCP/IPプロトコル
- オペレーションソフトウェア・各種ドライバ完備

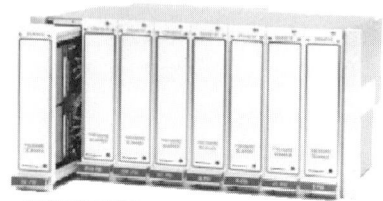

DSAENCL3000

OG PRESSURE STANDARDS / MULTI PRESSURE MEASURING

株式会社大手技研 営業技術グループ　sales@ohtegiken.co.jp
本　　社：茨城県つくば市千現2-9-1　　TEL:029-855-8778　FAX:029-855-8700
関西営業所：兵庫県明石市松の内2-1-8 6F　　TEL:078-926-1178　FAX:078-926-1180

KAIJO

21世紀の大気環境を考えるカイジョーソニックの気象観測機器
超音波で地球に優しく環境計測!!!

三次元超音波風向風速計
SATシリーズ
一般気象観測に…パソコンで風速データを収録!

通信機能付き積雪深計
SL-20M
データ通信機能装備!観測ネットワークを低コストで構築!

ドップラーソーダ
AR／KPAシリーズ
大気境界層内の風向・風速をリアルタイムで観測!
● 移動観測が容易なリモートセンシング装置
● 風向、風速、乱流、温度成層の時間空間分布を連続観測

超音波風向風速温度計
DAシリーズ
乱流、熱収支、水収支観測に…風洞、ビル、橋梁の風観測に…
● 三次元風速成分を測定
● ハイレスポンスで風と温度変動を測定
● 8タイプのプローブをラインアップ

[気象観測関連機器] 気象観測システム・超音波積雪深計・トンネル用超音波風速計・クリーンルーム用風速計

株式会社 カイジョーソニック

本　社／東京都西多摩郡瑞穂町箱根ヶ崎東松原19-6 〒190-1222 TEL 042-568-3200(代)　FAX 042-568-3300 URL　http://www.kaijosonic.co.jp E-mail info@kaijosonic.co.jp	営業本部　TEL 03-3294-7620(代)　FAX 03-3294-7630 北海道支店　TEL 011-251-2280(代)　FAX 011-251-4694 東北支店　TEL 022-772-7730(代)　FAX 022-772-7740 東京支店　TEL 03-3294-7620(代)　FAX 03-3294-7630 中部支店　TEL 052-365-5180(代)　FAX 052-365-5280	関西支店　TEL 06-6430-2050(代)　FAX 06-6430-2060 九州支店　TEL 092-436-6055(代)　FAX 092-436-6057 長崎支店　TEL 095-821-5321(代)　FAX 095-825-3673 海外営業課　TEL 03-3294-7615(代)　FAX 03-3294-7630

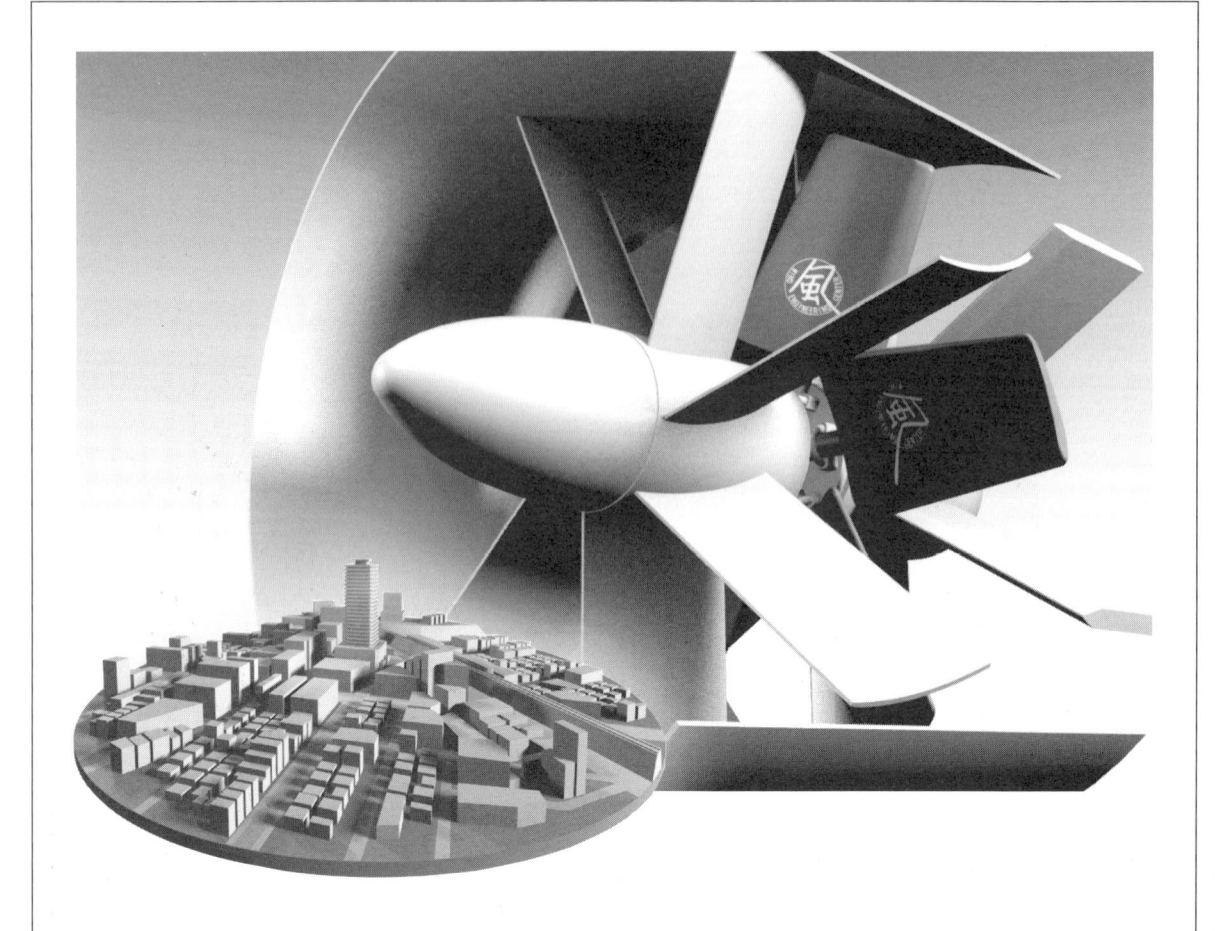

- 風洞実験システムの設計・製作
  - 境界層風洞
  - 温度成層風洞
  - 火災風洞
  - 雪風洞
  - 低乱流風洞
  - 可視化風洞
  - 検定用風洞
  - その他各種風洞
- 各種風洞実験用模型の制作
  - 環境実験模型
  - 風圧実験模型
  - 風力実験模型
  - 振動実験模型
  - 可視化実験模型
  - 橋梁実験模型
  - 拡散実験模型
  - その他工学模型
- 風洞実験装置のメンテナンス

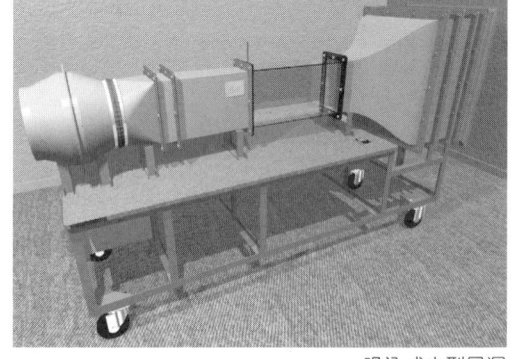

吸込式小型風洞

風工房

株式会社　風技術センター

〒131-0031　東京都墨田区墨田4丁目8番7号
TEL 03-3610-6100　FAX 03-3610-7200
http://www.windec.co.jp　E-mail:sales@windec.co.jp

風を見たことがありますか？

風環境サービス／風荷重解析／伝熱・拡散移流解析サービス／温熱環境解析サービス

戸建て住宅からマンション・オフィスビル, 複合ビル群や土木構造物まで、様々な建築構造物の風環境や風荷重を予測します。また、風や自然換気に伴う伝熱問題や拡散問題も迅速に解析し、分かりやすく報告します。

解析対象
- ◆16風向風環境解析による風害ランク評価予測（風工学方式・村上方式）
- ◆夏季・冬季卓越風に関する風環境変化予測（近隣説明用など）
- ◆傾斜地・丘陵地・建物密集地の気流予測　◆島嶼・半島などをカバーする広域風環境解析
- ◆建築構造物などの風荷重・風圧係数の予測　◆工場・煙突などからの排ガス等移流拡散解析
- ◆街区・地区スケールのヒートアイランド解析（緑化・人口排熱・開水面などを考慮）　など

▲某マンション風環境解析（風速分布図） 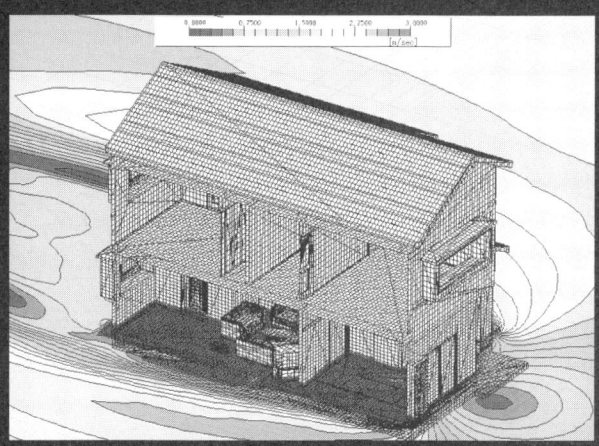　　▲戸建住戸換気解析（風速分布図）

建築・土木向け3次元熱流体解析ソフトウェア
WindPerfect V3.6

- 風環境解析, 風荷重解析, 伝熱・拡散連成解析・温熱環境解析など、広範な適用分野。
- マウスを多用した使いやすさで、簡単な問題から大規模・複雑な問題まで幅広くカバー。
- 斜め境界・複雑曲面を自在に表現するSuper Cartesian機能を搭載（オプション）。
- DNS（直接シミュレーション）乱流解析で、風荷重の高精度予測が可能（オプション）。
- DXF, STLなどCADデータのインポート機能により、格子データを自動的に生成。
- 地図情報（GIS）データのインポート機能により、周辺地形・近隣建物形状を簡単生成。
- 訴求力あるプレゼンテーション機能と、分かりやすいアニメーション機能を搭載。
- 豊富な解析経験と充実したサポートで、お客様の問題解決を効果的に支援します。

▲M駅周辺風環境解析 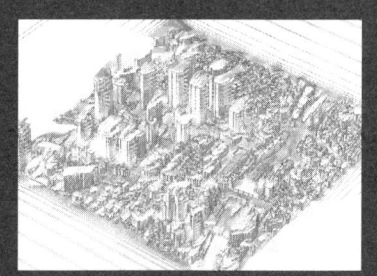　　▲新宿副都心風環境解析
▲N市市民病院風環境解析 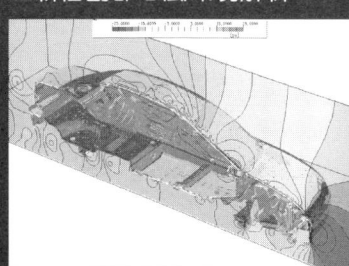　　▲車体外部・内部気流解析 

WindPerfect / e-flow の詳しい最新情報はホームページからご覧ください!!
▶▶▶ http://www.env-simulation.com

E-sim
株式会社環境シミュレーション
Environment Simulation Inc.

株式会社環境シミュレーション
〒101-0032　東京都千代田区岩本町3-4-6　岩本町高橋ビル7F
TEL:03-5823-3561～3　FAX:03-5823-3564
Email:info_e-sim@env-simulation.com

大型構造物のライフマネージメントを推進する
リアルタイム光ネットワーク計測制御システム

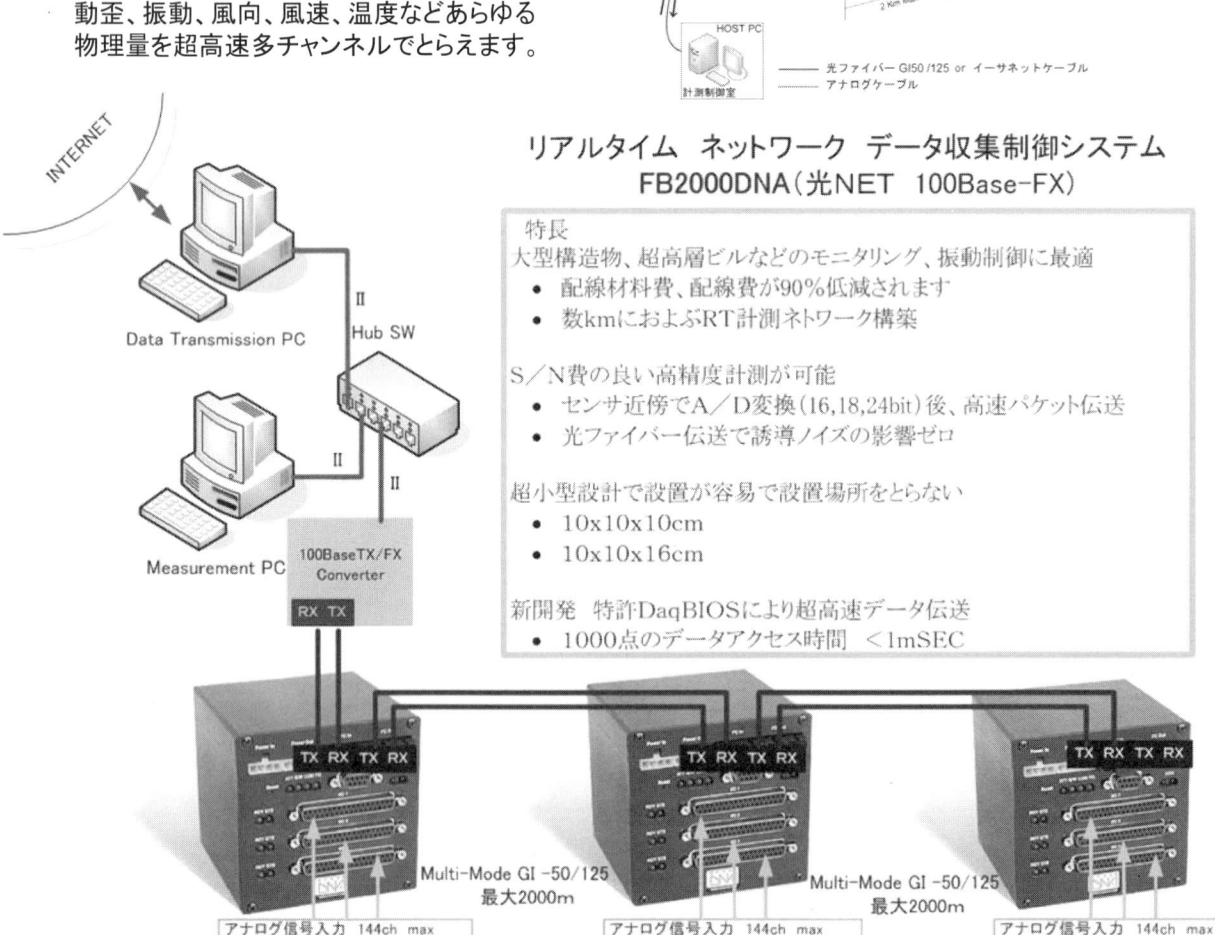

フィールド計測の新時代

SCADA Application for Wind farm

長大構造物、広範なエリアを光LANにより
リアルタイムに計測/制御します。
動歪、振動、風向、風速、温度などあらゆる
物理量を超高速多チャンネルでとらえます。

リアルタイム ネットワーク データ収集制御システム
FB2000DNA（光NET 100Base-FX）

特長

大型構造物、超高層ビルなどのモニタリング、振動制御に最適
- 配線材料費、配線費が90％低減されます
- 数kmにおよぶRT計測ネットワーク構築

S/N費の良い高精度計測が可能
- センサ近傍でA／D変換(16,18,24bit)後、高速パケット伝送
- 光ファイバー伝送で誘導ノイズの影響ゼロ

超小型設計で設置が容易で設置場所をとらない
- 10x10x10cm
- 10x10x16cm

新開発 特許DaqBIOSにより超高速データ伝送
- 1000点のデータアクセス時間 ＜1mSEC

Multi-Mode GI -50/125 最大2000m

アナログ信号入力　144ch max
アナログ信号出力　48ch max
デジタル入出力信号　288ch max

1670021　東京都杉並区井草3－32－2
サンシステムサプライ株式会社モニタリングチーム
TEL 03-33975241　　FAX 03-3399-2245
www.sunss.co.jp　info@sunss.co.jp

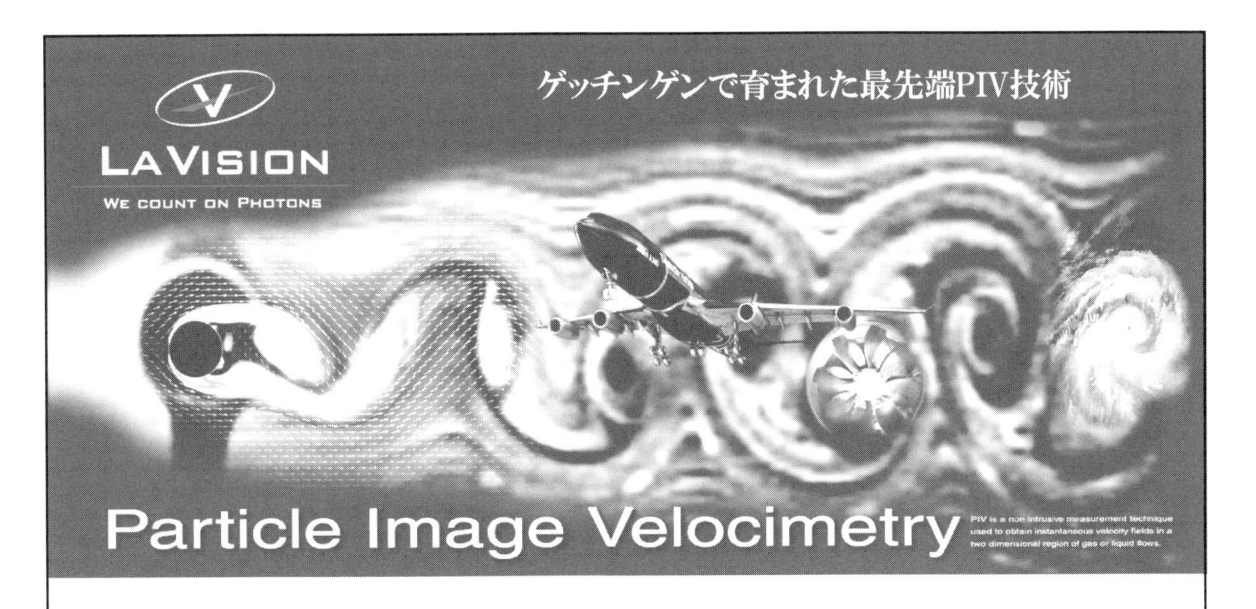

LaVision
WE COUNT ON PHOTONS

ゲッチンゲンで育まれた最先端PIV技術

Particle Image Velocimetry
PIV is a non intrusive measurement technique used to obtain instantaneous velocity fields in a two dimensional region of gas or liquid flows.

Messen ist Wissen

LaVision社は、マックスプランク研究所の研究者が創立した技術開発指向の企業です。
創立以来、LIF、Raman、Rayleigh、LII などのイメージング技術で高い評価を得ています。
PIVに関しても、常に最先端の開発に取り組み、科学技術の発展に貢献しています。

Stereo-PIV (3C-PIV)

- セルフキャリブレーション機能が、3C-PIVを強力にサポート
  ⇒ 容易なセットアップと高精度解析を提供 (Patent No. DE 10312696)
- アプリケーション事例&貢献：
  埋め込み型血液ポンプ内部の翼間流： http://www.smart-piv.com/results.htm
- 最先端の技術開発に挑戦： 3D-3C PIVの開発
  トモグラフィ手法を利用して3次元空間の速度3成分をPIV解析
  論文発表 Tomographic particle image velocimetry(PIV'05)

3D-3C PIV計測結果

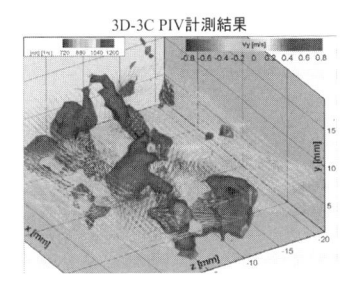

HS-PIV (Time Resolved PIV)

- DaVisプラットフォームが全てのハードウエア制御をサポート
  (ハイスピードカメラ、DPSSパルスレーザ、AD変換器、トラバース装置etc)
- 音、圧力、温度etcのPIV同期データ収録&表示が可能
- アプリケーション事例：PIVとマイクロフォン同期計測
  論文発表 Measurements of Trailing-Edge-Noise Sources by means of Time-Resolved PIV (PIV'05)

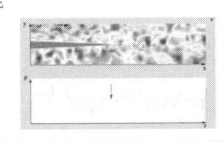

DLR風洞でのPIV計測

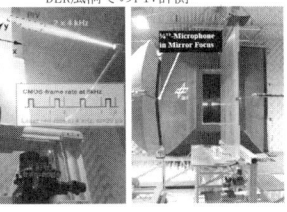

LaVision社 FlowMaster PIV 日本総代理店

KANOMAX
日本カノマックス株式会社 　流体計測部

本広告の製品仕様は改善のため予告無く変更する場合があります
お問い合わせは，カスタマーサービス窓口へ
fluids@kanomax.co.jp
TEL. (03)6825-9090　FAX. (03)5371-7680
URL http://www.kanomax.co.jp/fgroup.html

風洞実験計測、解析システム

流速、圧力、温度、濃度、分力計等広範囲のセンサを対象とした風洞実験用のデータ収録、解析システムです。各種センサに応じたキャリブレーション機能、周波数補正機能、非線形補正機能及び各種解析機能を持つソフトウエアとデータ収録装置により構成されています。

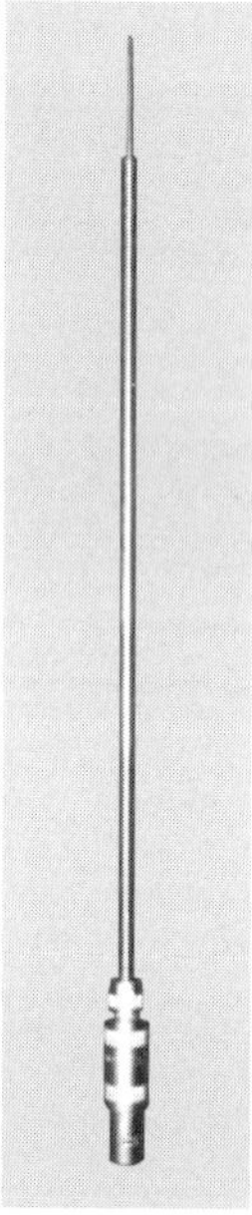

風環境計測用 風速センサ

風環境評価を行う場合の風洞実験用として設計された安定性、平面での無指向性特性が極めてよい白金タイプです。

（センサ部）
- ■計測対象：常圧下の清浄な空気速度
- ■対象風速：標準仕様 0.1m/s〜20m/s
  （ご要求により変更可能）
- ■センサタイプ：白金タイプ
- ■動作環境：0〜50℃
- ■重　量：約15g

（アンプ部）
- ■チャンネル数：32ch/ユニット
- ■出　力　電　圧：0〜10V
- ■出力インピーダンス：100Ω以下
- ■電　源：AC100V

32ポート圧力センサユニット

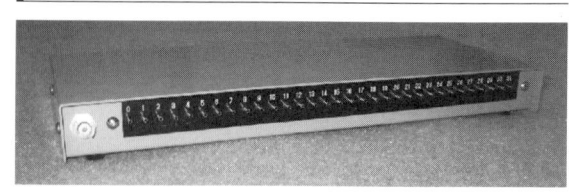

- ■圧力計測ポート数：32（静圧側共通）
- ■定格出力：±10V FS
- ■固有周期：2KHz以上
- ■圧力計測レンジ：
  ±1250Pa（標準仕様）

センサは以下のタイプがあります
±500Pa　±1250Pa　±2500Pa
±5000Pa　±7500Pa

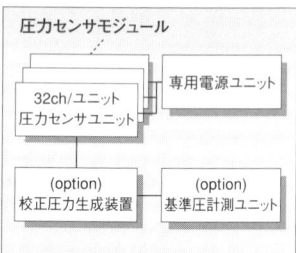

圧力センサモジュール
- 32ch/ユニット 圧力センサユニット
- 専用電源ユニット
- (option) 校正圧力生成装置
- (option) 基準圧計測ユニット

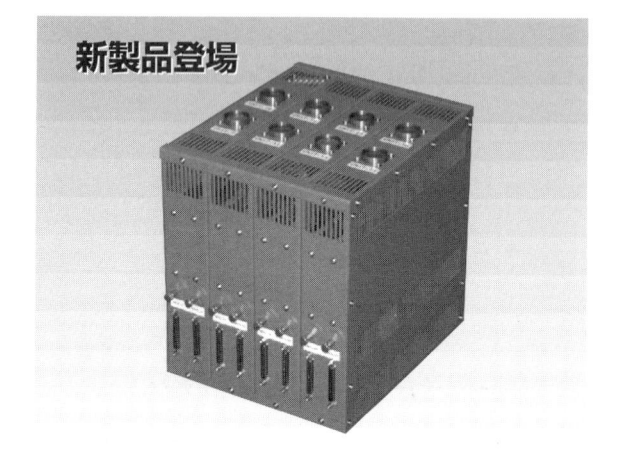

計測システム（構築例）

流体計測システム
- 多ch計測システム 32〜512ch
- 計測・解析ソフト Version 3
- (option) サンプル&ホールド
- (option) ローパスフィルター

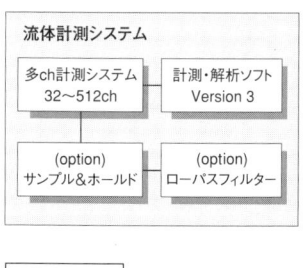

基本機能

- ■AD分解能：16ビット
- ■工学値変換手法：線形変換、区分線形変換（バイリニア, 5,7点）、関数変換（2次、3次、4次）
- ■周波数補正機能、時系列処理機能（移動平均、フィルタリング処理）
- ■一括処理：複数データ周波数補正機能
- ■自動校正：圧力センサの自動校正機能
- ■解析機能：スペクトル解析（パワー、クロス、各種コヒーレンス、最大エントロピー法、伝達関数
- ■基準化スペクトルの出力
- ■その他：統計処理、アンサンブル平均、アニメーション機能（2次元）等

注）記載の商品名は、各社の商標または登録商標です。仕様および外観は改良のため予告なく変更されることがあります。

新製品登場

計測・解析ソフトウエア

各種センサに適合可能な計測モジュールと、専用解析モジュールにて構成。
弊社計測システムを使用することで最大512chまでの計測システムを構築することが出来ます。
多チャンネル化、周辺機器制御、解析機能のカスタマイズ等にも有償にて対応。

開発・販売元

メロンテクノス株式会社

〒243-0018　神奈川県厚木市中町1-8-24 リバーサイドビル6F
TEL：046-294-4635　FAX：046-294-4636
E-mail：info@melontechnos.co.jp
http://www.melontechnos.co.jp

風工学ハンドブック

2007年4月30日　初版第1刷
2008年5月30日　　　第2刷

編　集　日本風工学会
発行者　朝　倉　邦　造
発行所　株式会社　朝　倉　書　店
　　　　東京都新宿区新小川町6-29
　　　　郵便番号　162-8707
　　　　電　話　03(3260)0141
　　　　ＦＡＸ　03(3260)0180
　　　　http://www.asakura.co.jp

〈検印省略〉

© 2007〈無断複写・転載を禁ず〉　　　中央印刷・渡辺製本

ISBN 978-4-254-26014-4　C 3051　　　Printed in Japan

西川孝夫・北山和宏・藤田香織・隈澤文俊・
荒川利治・山村一繁・小寺正孝著
シリーズ〈建築工学〉2

建築構造の力学

26872-0 C3352　　　B5判 144頁 本体3200円

初めて構造力学を学ぶ学生のために，コンピュータの使用にも配慮し，やさしく，わかりやすく解説した教科書。〔内容〕力とつり合い／基本的な構造部材の応力／応力度とひずみ度／骨組の応力と変形／コンピュータによる構造解析／他

首都大 西川孝夫・明大 荒川利治・工学院大 久田嘉章・
早大 曽田五月也・戸田建設 藤堂正喜著
シリーズ〈建築工学〉3

建築の振動

26873-7 C3352　　　B5判 120頁 本体3200円

建築構造物の揺れの解析について，具体的に，わかりやすく解説。〔内容〕振動解析の基礎／単純な1自由度系構造物の解析／複雑な構造物(多自由度系)の振動／地震応答解析／耐震設計の基礎／付録：シミュレーション・プログラムと解説

京大防災研究所編

防災学ハンドブック

26012-0 C3051　　　B5判 740頁 本体32000円

災害の現象と対策について，理工学から人文科学までの幅広い視点から解説した防災学の決定版。〔内容〕総論(災害と防災，自然災害の変遷，総合防災的視点)／自然災害誘因と予知・予測(異常気象，地震，火山噴火，地表変動)／災害の制御と軽減(洪水・海象・渇水・土砂・地震動・強風災害，市街地火災，環境災害)／防災の計画と管理(地域防災計画，都市の災害リスクマネジメント，都市基盤施設・構造物の防災診断，災害情報と伝達，復興と心のケア)／災害史年表

前気象庁 新田　尚・東大住　明正・前気象庁 伊藤朋之・
前気象庁 野瀬純一編

気象ハンドブック（第3版）

16116-8 C3044　　　B5判 1032頁 本体38000円

現代気象問題を取り入れ，環境問題と絡めたよりモダンな気象関係の総合情報源・データブック。[気象学]地球／大気構造／大気放射過程／大気熱力学／大気大循環[気象現象]地球規模／総観規模／局地気象[気象技術]地表からの観測／宇宙からの気象観測[応用気象]農業生産／林業／水産／大気汚染／防災／病気[気象・気候情報]観測値情報／予測情報[現代気象問題]地球温暖化／オゾン層破壊／汚染物質長距離輸送／炭素循環／防災／宇宙からの地球観測／気候変動／経済[気象資料]

愛知大 吉野正敏・学芸大 山下脩二編

都市環境学事典

18001-5 C3540　　　A5判 448頁 本体16000円

現在，先進国では70%以上の人が都市に住み，発展途上国においても都市への人口集中が進んでいる。今後ますます重要性を増す都市環境について地球科学・気候学・気象学・水文学・地理学・生物学・建築学・環境工学・都市計画学・衛生学・緑地学・造園学など，多様広範な分野からアプローチ。〔内容〕都市の気候環境／都市の大気質環境／都市と水環境／建築と気候／都市の生態／都市活動と環境問題／都市気候の制御／都市と地球環境問題／アメニティ都市の創造／都市気候の歴史

水文・水資源学会編　京大 池淵周一総編集

水文・水資源ハンドブック

26136-3 C3051　　　B5判 656頁 本体35000円

きわめて多様な要素が関与する水文・水資源問題をシステム論的に把握し新しい学問体系を示す。〔内容〕【水文編】気象システム／水文システム／水環境システム／都市水環境／観測モニタリングシステム／水文リスク解析／予測システム【水資源編】水資源計画・管理のシステム／水防災システム／利水システム／水エネルギーシステム／水環境質システム／リスクアセスメント／コストアロケーション／総合水管理／管理・支援モデル／法体系／世界の水資源問題と国際協力

防災科学研 岡田義光編

自然災害の事典

16044-4 C3544　　　A5判 708頁 本体20000円

〔内容〕地震災害-観測体制の視点から(基礎知識・地震調査観測体制)／地震災害-地震防災の視点から／火山災害(火山と噴火・災害・観測・噴火予知と実例)／気象災害(構造と防災・地形・大気現象・構造物による防災・避難による防災)／雪氷環境防災(雪氷環境防災・雪氷災害)／土砂災害(顕著な土砂災害・地滑り分類・斜面変動の分布と地帯区分・斜面変動の発生原因と機構・地滑り構造・予測・対策)／リモートセンシングによる災害の調査／地球環境変化と災害／自然災害年表

上記価格（税別）は2008年4月現在